Simone de Beauvoir

Das Alter

[La Vieillesse]

Essay

Deutsch von
Anjuta Aigner-Dünnwald
und Ruth Henry

Rowohlt

Die französische Originalausgabe erschien unter dem Titel
La Vieillesse
bei Éditions Gallimard, Paris
Der Erste Teil des Buches wurde von ANJUTA AIGNER-DÜNNWALD,
der Zweite Teil von RUTH HENRY ins Deutsche übertragen
Schutzumschlag- und Einbandentwurf von Werner Rebhuhn

1.–10. Tausend Februar 1972

Gesetzt aus der Garamond-Buchschrift (Linofilm-Super-Quick)
Gesamtherstellung Clausen & Bosse, Leck/Schleswig
Das Werkdruckpapier lieferte die Peter Temming AG, Glückstadt/Elbe
Printed in Germany
ISBN 3 498 00433 6

Einführung

Zu der Zeit, da Buddha noch als Prinz Siddharta von seinem Vater in einem herrlichen Palast festgehalten wurde, entwischte er manchmal und fuhr im Wagen in der Umgebung spazieren. Bei seinem ersten Ausflug begegnete ihm ein gebrechlicher Mann, zahnlos, voller Falten, weißhaarig, gebeugt, auf einen Stock gestützt, zittrig und brabbelnd. Er staunte, und der Kutscher erklärte ihm, was ein Greis ist. «Was für ein Unglück», rief der Prinz aus, «daß die schwachen und unwissenden Menschen, berauscht vom Stolz der Jugend, das Alter nicht sehen. Laß uns schnell wieder nach Hause fahren. Wozu all die Spiele und Freuden, da ich doch die Wohnstatt des künftigen Alters bin.»

Buddha erkannte in einem Greis sein eigenes Schicksal, weil er, geboren, um die Menschen zu retten, ihr Los uneingeschränkt auf sich nehmen wollte. Darin unterschied er sich von ihnen: die Menschen verdrängen, was ihnen mißfällt. Und besonders das Alter. Amerika hat das Wort *Tote* aus seinem Vokabular gestrichen: man spricht von *lieben Dahingegangenen*; ebenso vermeidet man jeden Hinweis auf hohes Alter. Auch im heutigen Frankreich ist dieses Thema geächtet. Als ich am Schluß meines Buches *Der Lauf der Dinge* gegen dieses Tabu verstieß, welch ein Zetergeschrei löste ich da aus! Zuzugeben, daß ich an der Schwelle des Alters stand, hieß, daß es allen Frauen auflauerte, daß es viele schon ereilt hatte. Freundlich oder erbost sagten mir viele Leute, vor allem ältere, bis zum Überdruß, es gäbe kein Alter. Es gäbe lediglich mehr oder weniger junge Leute, das sei alles. Für die Gesellschaft ist das Alter eine Art Geheimnis, dessen man sich schämt und über das zu sprechen sich nicht schickt. Über die Frau, das Kind, den Jugendlichen gibt es auf allen Gebieten eine reiche Literatur; doch Hinweise auf das Alter sind, außer in Spezialwerken, sehr selten. Der Verfasser eines Zeichentrickfilms mußte eine ganze Serie noch einmal machen, weil unter seinen Personen ein Großelternpaar vorkam: «Streichen Sie die Alten!» befahl man ihm.[1] Wenn ich sagte, daß ich an einem Essay über das Alter arbeite, riefen die meisten: «Was für eine Idee!... Aber Sie sind doch nicht alt!... So ein tristes Thema ...»

Und das ist der Grund, weshalb ich dieses Buch schreibe: um die Verschwörung des Schweigens zu brechen. Die Konsumgesellschaft, so schreibt Marcuse, hat das unglückliche Bewußtsein durch ein glückliches Bewußtsein ersetzt und

1 Berichtet von François Garrigue in *Dernières nouvelles d'Alsace*, 12. Oktober 1968.

verwirft jedes Schuldgefühl. Sie muß aus ihrer Ruhe gerissen werden. Denn gegenüber den alten Menschen ist sie nicht nur schuldig, sondern kriminell. Verschanzt hinter den Mythen des Wirtschaftswachstums und des Überflusses, behandelt sie die Alten wie Parias. In Frankreich, das den höchsten Prozentsatz an Alten auf der Welt hat – 2 % der Bevölkerung sind älter als 65 Jahre –, sind sie verurteilt zu Armut, Einsamkeit, Krankheit, Verzweiflung. In den USA ist ihr Los nicht besser. Um diese Barbarei mit der humanistischen Moral in Einklang zu bringen, die die herrschende Klasse im Munde führt, befleißigt sie sich der bequemen Haltung, die Alten nicht als Menschen anzusehen; wenn man ihre Stimme hörte, müßte man erkennen, daß es eine menschliche Stimme ist; ich werde meine Leser zwingen, sie zu hören. Ich werde beschreiben, in welcher Lage sie sich befinden und wie sie leben; ich werde sagen, was – entstellt von Lügen, Mythen, Klischees der bürgerlichen Kultur – wirklich in ihren Köpfen und Herzen vorgeht.

Übrigens verhält sich die Gesellschaft ihnen gegenüber sehr doppelzüngig. Im allgemeinen sieht sie das Alter nicht als deutlich nach Jahren abgegrenzte Klasse. Die Pubertätskrise ermöglicht es, zwischen Jugendlichen und Erwachsenen eine Demarkationslinie zu ziehen, die nur in engen Grenzen willkürlich sein kann: mit 18, mit 21 Jahren werden die Jungen in die Gesellschaft der Menschen aufgenommen. Fast immer begleiten ‹Übergangsriten› diesen Aufstieg. Hingegen ist der Zeitpunkt, wann das Alter beginnt, schlecht definiert, er wechselt je nach Zeit und Ort. Man findet nirgends ‹Übergangsriten›, die einen neuen Status herstellen. (Die Feste, die in einigen Gesellschaften anläßlich des 60. oder 80. Geburtstages gefeiert werden, haben nicht den Charakter einer Einweihung.) Im staatlichen Leben behält der Mensch bis an sein Ende die gleichen Rechte und Pflichten. Das Bürgerliche Gesetzbuch macht keinerlei Unterschied zwischen einem Hundertjährigen und einem Vierzigjährigen. Die Juristen gehen davon aus, daß die alten Menschen, abgesehen von pathologischen Fällen, strafrechtlich die gleiche Verantwortung tragen wie die jungen.[1] Praktisch behandelt man sie nicht als eine eigene Kategorie, und im übrigen würden sie es gar nicht wollen; es gibt Bücher, Veröffentlichungen, Filme, Fernseh- und Radiosendungen eigens für Kinder und Erwachsene: für Alte nicht.[2] Auf allen diesen Gebieten setzt man sie den jüngeren Erwachsenen gleich. Urteilt man jedoch über ihren wirtschaftlichen Status, so scheint man anzunehmen, sie gehörten einer fremden Gattung an: Offenbar haben sie weder die gleichen Bedürfnisse noch die gleichen Gefühle wie die anderen Menschen, wenn es genügt, ihnen ein erbärmliches Almosen zu geben, um sich ihnen gegenüber quitt zu fühlen. Diese bequeme Selbsttäuschung sanktionieren die Wirtschaft und die Gesetzgebung, wenn sie darüber klagen, welche Last

1 Generalstaatsanwalt Mornet eröffnete seine Anklage gegen Pétain mit der Feststellung, daß die Justiz keinerlei Rücksicht auf das Alter nehme. Seit einigen Jahren können die «Feststellungen zur Person» wohl das Alter des Angeklagten hervorheben: aber nur als eine Besonderheit unter vielen.

2 *La Bonne Presse* bringt seit kurzem eine Veröffentlichung für alte Leute: sie beschränkt sich darauf, Informationen und praktische Ratschläge zu geben.

die Nicht-Aktiven für die Aktiven darstellen: als ob diese nicht selber künftige Nicht-Aktive wären und als ob sie nicht ihre eigene Zukunft sicherten, indem sie die Sorge für die alten Menschen gesetzlich verankern. Die Gewerkschaften geben sich hier keinen Illusionen hin: wenn sie ihre Forderungen erheben, weisen sie dem Problem der Altersversorgung stets breiten Raum zu.

Die Alten, die keinerlei wirtschaftliche Kraft darstellen, haben nicht die Mittel, ihre Rechte durchzusetzen: das Interesse der Ausbeuter geht dahin, die Solidarität zwischen den Arbeitenden und den Unproduktiven zu brechen, so daß diese von niemand mehr vertreten werden. Die Mythen und Klischees, die das bürgerliche Denken in Umlauf setzt, zielen darauf ab, den Alten als einen *anderen* zu zeigen. «Aus Jugendlichen, die eine ausreichende Anzahl von Jahren überdauern, macht das Leben Greise», sagt Proust; sie behalten die Vorzüge und Fehler jenes Menschen, der sie ja weiterhin sind. Und das will die öffentliche Meinung nicht wahrhaben. Wenn die Alten die gleichen Wünsche, die gleichen Gefühle, die gleichen Rechtsforderungen wie in der Jugend bekunden, schockieren sie; bei ihnen wirken Liebe, Eifersucht widerwärtig oder lächerlich, Sexualität abstoßend, Gewalttätigkeit lachhaft. Sie müssen ein Beispiel für alle Tugenden geben. Vor allem fordert man von ihnen heitere Gelassenheit; man behauptet einfach, sie besäßen sie, was einem erlaubt, gleichgültig über ihr Unglück hinwegzusehen. Weichen sie von dem erhabenen Bild ab, das man ihnen aufnötigt, nämlich dem des Weisen mit einem Heiligenschein weißer Haare, reich an Erfahrung und verehrungswürdig, hoch über dem menschlichen Alltag stehend — so fallen sie tief darunter: diesem Bild steht das des alten Narren gegenüber, der dummes Zeug faselt und den die Kinder verspotten. Auf jeden Fall stehen die Alten, sei es dank ihrer Tugend, sei es durch ihre Erniedrigung, außerhalb der Menschheit. Man kann ihnen also ohne Skrupel jenes Minimum verweigern, das man für ein menschenwürdiges Dasein als unerläßlich erachtet.

Wir gehen in dieser Verfemung so weit, daß wir sie sogar gegen uns selbst anwenden: wir lehnen es ab, uns in dem Greis zu erkennen, der wir einmal sein werden: «Unter allen Realitäten ist es (das Alter) vielleicht diejenige, von der wir im Leben am längsten eine rein abstrakte Vorstellung bewahren», schrieb Proust ganz richtig. Alle Menschen sind sterblich: daran denken sie. Viele von ihnen werden alt: diese Veränderung zieht fast niemand im voraus in Betracht. Nichts sollte erwartungsgemäßer eintreten, aber nichts kommt unvorhergesehener als das Alter. Wenn man die Jungen nach ihrer Zukunft fragt, dann lassen sie, vor allem die jungen Mädchen, ihr Leben spätestens mit 60 Jahren enden. Manche sagen: «Ich werde nicht so alt, ich sterbe vorher.» Und einige sogar: «Ich bringe mich vorher um.» Der Erwachsene verhält sich so, als ob er nie alt würde. Oft ist der Arbeitende verblüfft, wenn die Stunde der Pensionierung schlägt: das Datum stand seit langem fest, er hätte sich darauf vorbereiten können. Doch in Wirklichkeit war ihm dieses Wissen bis zum letzten Augenblick fremd geblieben – es sei denn, das Thema ist ein ernstliches Politikum.

Zu gegebener Zeit, und schon wenn man sich ihm nähert, zieht man das Alter gewöhnlich dem Tod vor. Dennoch sehen wir diesen auf weite Sicht klarer vor uns. Der Tod ist eine unserer unmittelbaren Möglichkeiten, er bedroht uns in jedem Alter; gelegentlich streift er uns, oft haben wir Angst vor ihm. Dagegen wird man nicht von einem Augenblick zum anderen alt: jung oder in der Blüte der Jahre, denken wir nicht wie Buddha daran, daß das künftige Alter schon in uns wohnt: es ist durch eine so lange Zeitspanne von uns getrennt, daß es in unseren Augen mit der Ewigkeit verschmilzt; diese ferne Zukunft erscheint uns irreal. Und außerdem sind die Toten *nichts*; man mag einen metaphysischen Schauder vor diesem Nichts empfinden, aber in gewisser Weise beruhigt es, es stellt kein Problem dar. «Ich werde nicht mehr sein»: ich bewahre meine Identität bei diesem Verschwinden. (Diese Identität ist jenen um so mehr garantiert, die eine unsterbliche Seele zu besitzen glauben.) Wenn ich mit 20, mit 40 Jahren an mein Alter denke, dann sehe ich mich als jemand anderen. In jeder Metamorphose liegt etwas Erschreckendes. Als Kind war ich bestürzt, ja sogar entsetzt, als mir klar wurde, daß ich mich eines Tages in einen Erwachsenen verwandeln würde. Aber der Wunsch, man selbst zu bleiben, wird in jungen Jahren im allgemeinen kompensiert durch die erheblichen Vorteile, die das Erwachsensein mit sich bringt. Wohingegen das Alter wie ein Unglück erscheint: selbst bei Leuten, die als «gesund und rüstig» gelten, springt der körperliche Verfall ins Auge. Denn beim Menschen sind die Veränderungen, die das Alter hervorruft, am auffallendsten. Tiere werden mager, schwach, aber sie machen keine Metamorphose durch. Wir hingegen schon. Es schnürt einem das Herz zusammen, wenn man neben einer schönen jungen Frau ihren Abglanz im Spiegel der Zukunft sieht: ihre Mutter. Die indischen Nambikwara, berichtet Lévi-Strauss, haben nur ein Wort, «um jung und schön» auszudrücken und auch nur eines für «alt und häßlich». Vor dem Bild, das die alten Leute uns von unserer eigenen Zukunft zeigen, stehen wir ungläubig; eine Stimme in uns flüstert uns widersinnigerweise zu, daß uns dies nicht widerfährt: das sind nicht mehr wir, wenn es eintritt. Ehe es nicht über uns hereinbricht, ist das Alter etwas, das nur die anderen betrifft. So kann man auch verstehen, daß es der Gesellschaft gelingt, uns daran zu hindern, in den alten Menschen unseresgleichen zu sehen.

Hören wir auf, uns selbst zu belügen; der Sinn unseres Lebens ist in Frage gestellt durch die Zukunft, die uns erwartet; wir wissen nicht, wer wir sind, wenn wir nicht wissen, wer wir sein werden: erkennen wir uns in diesem alten Mann, in jener alten Frau. Das ist unerläßlich, wenn wir unsere menschliche Situation als Ganzes akzeptieren wollen. Dann werden wir das Unglück des Alters nicht mehr gleichgültig hinnehmen, wir werden uns betroffen fühlen: wir sind es. Eklatant liegt das System der Ausbeutung bloß, in dem wir leben. Der Greis, der unfähig ist, selbst für seine Bedürfnisse aufzukommen, stellt immer eine Bürde dar. Aber in Gesellschaften, in denen eine gewisse Gleichheit herrscht – in einer ländlichen Gemeinschaft, bei einigen primitiven Völkern –, weiß der reife Mensch, auch wenn er es nicht wahrhaben möchte, daß seine Stellung morgen jene sein wird, die er heute dem Alten zuweist. Das ist der Sinn des Grimmschen Märchens, das in abgewandelter Form in fast allen Landstrichen vorkommt: Ein Bauer läßt seinen alten Vater abseits von der Familie aus einem kleinen Holznapf essen; er überrascht seinen Sohn, wie er Hölzchen zusammenträgt: «Das ist für dich, wenn du alt bist», sagt das Kind. Sofort hat der Großvater seinen Platz am gemeinsamen Tisch wieder. Die aktiven Mitglieder der Gemeinschaft erfinden Kompromisse zwischen ihrem langfristigen und ihrem unmittelbaren Interesse. So zwingt die Knappheit der Nahrung manche primitive Völker, ihre alten Eltern zu töten, auch auf die Gefahr hin, später das gleiche Schicksal zu erleiden. In weniger extremen Fällen mildern Vorsorge und Kindesliebe den Egoismus. In der kapitalistischen Welt spielt das langfristige Interesse keine Rolle mehr: Die Privilegierten, die über das Schicksal der Masse entscheiden, fürchten nicht, es einmal teilen zu müssen. Was humanitäre Gefühle angeht, so treten sie, trotz scheinheiliger Lippenbekenntnisse, kaum noch auf. Die Wirtschaft beruht auf Profit, ihm ist praktisch die ganze Zivilisation untergeordnet: für das Menschenmaterial interessiert man sich nur insofern, als es etwas einbringt. Danach wirft man es weg. «In einer sich wandelnden Welt, in der die Lebensdauer von Maschinen nur sehr kurz ist, dürfen die Menschen nicht allzu lange arbeiten. Alles, was 55 Jahre überschreitet, muß ausgeschaltet werden», sagte kürzlich Dr. Leach, Anthropologe aus Cambridge, auf einem Kongreß.[1]

Das Wort ‹ausgeschaltet› macht deutlich, was das heißt. Man macht uns weis, der Ruhestand wäre die Zeit der Freiheit und Muße; Dichter priesen einst «die Wonnen des Hafens»[2]. Das sind schamlose Lügen. Die Gesellschaft zwingt der überwiegenden Mehrheit der Alten einen so erbärmlichen Lebensstandard auf, daß der Ausdruck «arm und alt» fast ein Pleonasmus ist; umgekehrt sind die meisten Bedürftigen Alte. Der Ruhestand eröffnet dem Pensionierten keine neuen Möglichkeiten; in dem Augenblick, da der Mensch endlich befreit ist von den Zwängen, nimmt man ihm die Mittel, seine Freiheit zu gebrauchen. Er ist dazu verurteilt, in Einsamkeit und Langeweile dahinzuvegetieren, ein purer Nichtsnutz. Daß ein Mensch während der letzten 15 oder 20 Jahre seines Lebens nur noch Ausschuß ist, offenbart das Scheitern unserer Zivilisation. Dieser Sachverhalt würde uns die Kehle zusammenschnüren, wenn wir die Alten als Menschen, die ein Leben als Mensch hinter sich haben, ansähen, und nicht als wandelnde Leichname. Jene, die unser verstümmelndes System anprangern, müßten diesen Skandal aufdecken. Nur wenn man seine Anstrengungen auf das Schicksal der am meisten Benachteiligten konzentriert, vermag man eine Gesellschaft zu erschüttern. Gandhi hat die Stellung der Parias als Angriffspunkt genommen, um das Kastensystem zu zerschlagen; das kommunistische China hat die Frau emanzipiert, um die feudalistische Familienstruktur aufzubrechen. Die Forderung, daß Menschen im Alter Menschen bleiben müssen, würde eine radikale Umwälzung implizieren. Aber unmöglich ist dieses Ergebnis durch ein paar begrenzte Reformen zu erreichen, die das System unangetastet lassen: die Ausbeutung der Arbeiter, die Atomisierung der Gesellschaft, das Elend einer Kultur, die einem Mandarinat vorbehalten ist –

1 Im Dezember 1968 geschrieben.
2 Die Formulierung stammt von Racan (1589–1670).

das alles führt zu diesem entmenschlichten Alter. Und es zeigt, daß alles neu zu regeln ist, von Anfang an. Deshalb wird dieses Problem so beflissentlich mit Schweigen übergangen; deshalb ist es nötig, dieses Schweigen zu brechen: ich bitte meine Leser, mir dabei zu helfen.

Vorwort

Bisher habe ich vom Alter gesprochen, als ob dieses Wort eine genau definierte Realität umfaßte. In Wahrheit kann man es, wenn es um unsere Spezies geht, nicht leicht abgrenzen. Es ist ein biologisches Phänomen: der Organismus des alten Menschen weist bestimmte Besonderheiten auf. Das Altwerden zieht psychologische Konsequenzen nach sich: manche Verhaltensweisen werden zu Recht als charakteristisch für das hohe Alter angesehen. Wie alle menschlichen Situationen hat es eine existentielle Dimension: es verändert die Beziehung des einzelnen zur Zeit, also seine Beziehung zur Welt und zu seiner eigenen Geschichte. Andererseits lebt der Mensch niemals im Naturzustand; im Alter wird ihm, wie in jeder Lebensphase, sein Status von jener Gesellschaft aufgezwungen, zu der er gehört. Was das Problem kompliziert macht, ist die enge Wechselbeziehung dieser verschiedenen Gesichtspunkte. Wie wir heute wissen, ist es abstrakt, die physiologischen und die psychologischen Gegebenheiten getrennt zu betrachten: sie bedingen sich gegenseitig. Wir werden sehen, daß diese Beziehung im Alter besonders deutlich zutage tritt: sie ist das Gebiet der Psychosomatik schlechthin. Indessen läßt sich das, was man das psychische Leben eines Individuums nennt, nur im Licht seiner existentiellen Situation verstehen; diese hat also auch Auswirkungen auf den Organismus; und umgekehrt: die Beziehung zur Zeit wird verschieden empfunden, je nachdem, ob der Körper mehr oder weniger verfallen ist.

Schließlich weist die Gesellschaft dem Greis seinen Platz und seine Rolle unter Berücksichtigung seiner individuellen Eigenarten zu; seiner körperlichen Behinderung, seiner Erfahrung; umgekehrt wird das Individuum geprägt von der praktischen und ideologischen Haltung der Gesellschaft ihm gegenüber. Es genügt also nicht, die verschiedenen Aspekte des Alters analytisch zu beschreiben: jeder reagiert auf andere und wird von ihnen bestimmt; das Alter muß in der unbegrenzten Bewegung dieser Zirkularität erfaßt werden.

Aus diesem Grund sollte eine Studie über das Alter versuchen, erschöpfend zu sein. Da mein Hauptziel darin besteht, aufzuzeigen, wie das Los der alten Leute heute in unserer Gesellschaft ist, wird der Leser sich vielleicht wundern, daß ich ihrer Stellung in sogenannten primitiven Gemeinschaften wie auch innerhalb verschiedener Epochen der Menschheitsgeschichte so viele Seiten widme. Doch wenn das Alter als biologisches Schicksal eine transhistorische Realität ist, so gilt nicht weniger, daß dieses Schicksal je nach dem sozialen

Zusammenhang verschieden erlebt wird; umgekehrt: der Sinn oder Nicht-Sinn, den das Alter innerhalb einer Gesellschaft hat, stellt diese insgesamt in Frage, denn dadurch enthüllt sich der Sinn oder Nicht-Sinn des ganzen vorhergegangenen Lebens. Um das unsere zu beurteilen, müssen wir die Lösungen, die unsere Gesellschaft gewählt hat, jenen gegenüberstellen, für die sich andere Gemeinschaften an anderen Orten und zu anderen Zeiten entschieden haben. Dieser Vergleich ermöglicht uns, festzustellen, was an der Situation des alten Mannes unvermeidlich ist, in welchem Maß, zu welchem Preis man seine Schwierigkeiten beheben könnte und wie groß ihm gegenüber die Verantwortung des Systems ist, in dem wir leben.

Jede menschliche Situation kann von außen betrachtet werden – so wie sie sich anderen darstellt –, und von innen her, so wie der einzelne sie aufnimmt, indem er sie durchlebt. Für die anderen ist der alte Mensch Gegenstand eines Wissens; er selbst jedoch hat über seinen Zustand eine erlebte Erfahrung. Im ersten Teil dieses Buches werde ich den ersten Gesichtspunkt behandeln. Ich werde untersuchen, was die Biologie, die Anthropologie, die Geschichte, die heutige Soziologie uns über das Alter lehren. Im zweiten Teil werde ich mich bemühen, zu beschreiben, auf welche Art und Weise der alte Mensch selbst seine Beziehung zu seinem Körper, zur Zeit (Vergangenheit – Gegenwart – Zukunft), zu anderen sieht. Keine dieser beiden Untersuchungen ermöglicht uns, *das* Alter zu definieren; wir werden im Gegenteil feststellen, daß es eine Vielzahl von Gesichtern hat, die sich nicht aufeinander zurückführen lassen. In der Geschichte ebenso wie in der Gegenwart bedingt der Klassenkampf die Art, wie ein Mensch von seinem Alter befallen wird; ein Abgrund trennt den alten Sklaven vom alten Eupatriden, einen alten Arbeiter mit erbärmlicher Rente von einem Onassis. Die Verschiedenartigkeit der individuellen Altersformen hat noch andere Ursachen: Gesundheit, Familie usw. Aber es gibt zwei Kategorien von Alten – die eine außerordentlich groß, die andere auf eine kleine Minorität beschränkt –, die auf dem Gegensatz zwischen Ausbeutern und Ausgebeuteten beruhen. Jede Aussage, die behauptet, sich ganz allgemein auf das Alter zu beziehen, muß zurückgewiesen werden, weil sie dazu neigt, diese Kluft zu verschleiern.

Eine Frage erhebt sich gleich zu Anfang. Das Alter ist kein statisches Faktum; es ist Ende und Verlängerung eines Prozesses. Worin besteht er? Mit anderen Worten: was ist altern? Dieser Gedanke ist mit dem der Veränderung verbunden. Aber das Leben des Embryos, des Neugeborenen, des Kindes ist eine fortgesetzte Veränderung. Muß man daraus schließen, wie manche es getan haben, daß unsere Existenz ein langsames Sterben ist? Sicher nicht. Ein solches Paradoxon verkennt die essentielle Wahrheit des Lebens; es ist ein labiles System, bei dem das Gleichgewicht in jedem Augenblick verlorengeht und wiedergefunden wird: nur Stillstand ist gleichbedeutend mit Tod. Das Gesetz des Lebens ist Veränderung. Und eine ganz bestimmte Art von Veränderung kennzeichnet das Altern: unumkehrbar und ungünstig, ein Verfall. Der amerikanische Gerontologe Lansing schlug folgende Definition vor: «Ein fortschreitender nachteiliger, gewöhnlich vom Ablauf der Zeit abhängiger Veränderungsprozeß, der nach der Reife eintritt und stets zum Tode führt.»

Aber sogleich stoßen wir auf eine Schwierigkeit: was bedeutet das Wort *nachteilig*? Es impliziert ein Werturteil. Fortschritt oder Rückschritt gibt es nur im Verhältnis zu einem angestrebten Ziel. Marielle Goitschel mußte sich von dem Tag an, als sie weniger gut Ski lief als jüngere, in sportlicher Hinsicht als alt betrachten. Die Rangordnung der Altersklassen wird in dem Unternehmen Leben festgelegt, und ihr Kriterium ist weitaus unbestimmter. Man müßte wissen, welches Ziel das menschliche Leben anstrebt, um entscheiden zu können, welche Veränderungen es davon entfernen oder ihm näher bringen.

Das Problem ist einfach, wenn man beim Menschen nur seinen Organismus betrachtet. Jeder Organismus zielt darauf ab, sich zu erhalten. Deshalb muß er sein Gleichgewicht jedesmal, wenn es wankt, wiederherzustellen versuchen, muß sich gegen Aggressionen von außen verteidigen, auf der Welt den breitesten und festesten Stand suchen. Unter diesem Gesichtspunkt haben die Worte: vorteilhaft, gleichgültig, schädlich einen klaren Sinn. Von der Geburt bis zum Alter von 18 bis 20 Jahren strebt die Entwicklung des Organismus danach, seine Überlebenschancen zu erhöhen: er stärkt sich, er wird widerstandsfähiger, seine Energiequellen wachsen, seine Möglichkeiten vermehren sich. Alle physischen Fähigkeiten des Menschen erreichen ihren höchsten Entwicklungspunkt um das 20. Lebensjahr. Während der ersten 20 Jahre ist die Mutation des Körpers, insgesamt gesehen, also vorteilhaft.

Gewisse Veränderungen ziehen weder eine Verbesserung noch eine Verschlechterung des organischen Lebens nach sich, sie sind unwesentlich: so die Rückbildung der Thymusdrüse, die in der frühen Kindheit eintritt; dann jene der Gehirnneuronen, deren Zahl um ein vielfaches höher ist als der Bedarf des Menschen.

Nachteilige Veränderungen treten sehr bald ein. Die Weite der Akkomodationsspanne nimmt vom 10. Lebensjahr an ab. Die Obergrenze der hörbaren Laute sinkt bereits vor dem Jugendalter. Eine gewisse Form von Rohgedächtnis läßt vom 12. Lebensjahr an nach. Kinsey zufolge nimmt die sexuelle Potenz des Mannes nach dem 16. Lebensjahr ab. Diese sehr begrenzten Verluste verhindern nicht, daß die Entwicklung des Kindes und Jugendlichen weiter einer aufsteigenden Linie folgt.

Nach dem 20. und vor allem nach dem 30. Lebensjahr beginnt eine Rückbildung der Organe. Muß man von diesem Augenblick an von Altern sprechen? Nein. Beim Menschen ist der Körper nicht nur reine Natur. Die Verluste, die Veränderungen, die Ausfälle können durch Montagen, Automatismen, ein praktisches und intellektuelles Wissen kompensiert werden. Solange die Mangelerscheinungen sporadisch bleiben und leicht behoben werden können, spricht man nicht von Altern. Erst wenn sie Bedeutung erlangen und irreparabel sind, wird der Körper gebrechlich und mehr oder weniger hinfällig: dann kann man eindeutig sagen, daß er verfällt.

Das Problem wird sehr viel komplexer, wenn wir das Individuum als Ganzes betrachten. Man verfällt, nachdem man einen Höhepunkt erreicht hat: wo ist dieser anzusetzen? Trotz ihrer gegenseitigen Abhängigkeit durchlaufen Physis und Geist keine streng parallele Entwicklung. Geistig kann ein Mensch erheblich verloren haben, ehe sein physischer Verfall beginnt; andererseits ist es auch möglich, daß er im Laufe dieses Verfalls intellektuell beträchtlich gewinnt. Welchem Vorgang messen wir höheren Wert bei? Jeder wird eine andere Antwort geben, je nachdem, ob er den körperlichen oder den geistigen Fähigkeiten oder einem glücklichen Gleichgewicht zwischen beiden größere Bedeutung beimißt. Nach solchen Gesichtspunkten stellen die Gesellschaften eine Rangordnung der Altersklassen auf: doch es gibt keine, die allgemein anerkannt würde.

Das Kind ist dem Erwachsenen überlegen durch den Reichtum seiner Möglichkeiten, die Vielfalt der aufgenommenen Eindrücke, die Frische seiner Empfindungen: genügt das, um zu behaupten, daß es mit zunehmendem Alter verfalle? Dies scheint bis zu einem gewissen Punkt Freuds Meinung gewesen zu sein: «Denken Sie an den traurigen Kontrast, der zwischen der strahlenden Intelligenz eines gesunden Kindes und der geistigen Schwäche eines durchschnittlichen Erwachsenen besteht», schrieb er. Diesen Gedanken hat auch Montherlant oft entwickelt: «Wenn das Genie der Kindheit erlischt, dann für alle Zeiten. Man sagt immer, aus der Raupe entschlüpfe der Schmetterling; beim Menschen ist es der Schmetterling, der zur Raupe wird», sagt Ferrante in *Die tote Königin*.

Beide hatten persönliche Gründe – sehr unterschiedlicher Natur –, die Kindheit aufzuwerten. Ihre Meinung wird nicht allgemein geteilt. Allein das Wort Reife zeigt schon, daß man dem fertigen Menschen Vorrang vor dem Kind und dem Jugendlichen gibt: Er hat Wissen, Erfahrung, Fähigkeiten erworben. Gelehrte, Philosophen, Schriftsteller setzen gewöhnlich den Höhepunkt des Menschen in der Mitte des Lebens an.[1] Manche von ihnen halten das Alter sogar für die privilegierte Zeit des Daseins: es bringt, so meinen sie, Erfahrung, Weisheit und Frieden. Das menschliche Leben kenne keinen Verfall.

Wenn man definieren will, was Fortschritt und was Rückschritt für den Menschen ist, so setzt das voraus, daß man sich auf ein bestimmtes Ziel bezieht; aber a priori, absolut ist keines gegeben. Jede Gesellschaft schafft ihre eigenen Werte: nur im sozialen Kontext kann das Wort Verfall einen präzisen Sinn erhalten.

Diese Überlegungen bestätigen, was ich bereits anfangs sagte: das Alter läßt sich nur in seiner Gesamtheit erfassen; es ist nicht nur eine biologische, sondern eine kulturelle Tatsache.

1 Nach Hippokrates erreicht er ihn mit 56 Jahren. Aristoteles glaubt, daß der Körper seine Vollendung mit 35 Jahren, die Seele die ihre mit 50 erreicht. Dante zufolge beginnt das Alter mit 45 Jahren. Die industriellen Gesellschaften von heute versetzen die Erwerbstätigen im allgemeinen mit 65 Jahren in den Ruhestand. Ich werde Menschen von 65 und darüber Alte, Greise, Betagte nennen. Wenn ich von anderen spreche, werde ich ihr genaues Alter angeben.

ERSTER TEIL

Von außen betrachtet

I. KAPITEL

Alter und Biologie

Wir haben gesehen: in biologischer Hinsicht hat der Begriff Verfall einen klaren Sinn. Der Organismus verfällt, wenn seine Lebenschancen sich verringern. Zu allen Zeiten waren sich die Menschen der Unvermeidlichkeit dieser Veränderung bewußt. Nach ihren Ursachen hat man, wie wir wissen, seit dem Altertum gesucht. Die Antwort hing jeweils von der Vorstellung ab, die sich die Medizin insgesamt vom Leben machte.

In Ägypten und bei allen alten Völkern verschmolz die Medizin mit der Magie. Im antiken Griechenland unterschied sie sich anfangs nicht von der religiösen Metaphysik oder der Philosophie. Erst mit Hippokrates gewann sie ihre Eigenständigkeit: sie wurde eine Wissenschaft und eine Kunst; sie baute auf Erfahrung und Urteilskraft auf. Hippokrates übernahm seinerseits die pythagoreische Theorie der vier Körpersäfte: Blut, Schleim, Galle, schwarze Galle; die Krankheit beruht auf einer Störung ihres Gleichgewichts; das Alter ebenfalls. Er ließ es mit 56 Jahren beginnen. Er war der erste, der die Etappen des menschlichen Lebens mit den vier Jahreszeiten der Natur verglich und das Alter mit dem Winter. In mehreren Büchern und vor allem in seinen Aphorismen vermittelte er exakte Beobachtungen über alte Menschen. (Sie brauchen weniger Nahrung als die Jungen. Sie leiden unter Atembeschwerden, Katarrhen mit Hustenanfällen, Harnzwang, Gliederschmerzen, Nierenkrankheiten, Ohnmachten, Schlaganfällen, Kräfteverfall, Juckreiz am ganzen Körper, gesteigertem Schlafbedürfnis; sie scheiden Wasser durch den Darm, durch Augen und Nasenlöcher aus; sie haben oft grauen Star, sind kurzsichtig, hören schlecht.) Auf allen Gebieten rät er ihnen zur Mäßigkeit, aber auch dazu, ihre Tätigkeiten nicht zu unterbrechen.

Hippokrates' Nachfolge war weniger gut. Aristoteles zwang seine Meinungen auf, die sich auf Spekulation und nicht auf Erfahrung gründeten; er hielt die innere Wärme für die Grundbedingung des Lebens und setzte das Altern mit einem Erkalten gleich. Rom übernahm die Begriffe, mit denen die Griechen die organischen Phänomene erklärt hatten: Temperamente, Säfte, Mischung der Körpersäfte, Pneuma. Im Rom Marc Aurels waren die medizinischen Kenntnisse nicht weiter fortgeschritten als in Griechenland unter Perikles.

Im 2. Jahrhundert schuf Galenus eine allgemeine Synthese der antiken Medizin. Er betrachtete das Alter als ein Stadium zwischen Krankheit und Gesundheit. Es ist kein eigentlich pathologischer Zustand: indessen sind alle physiologischen Funktionen des Greises reduziert und geschwächt. Dieses Phänomen erklärt er, indem er die Theorie der Körpersäfte und die der inneren Wärme kombiniert. Die Wärme nährt sich von den Säften: sie erlischt, wenn der Körper seine Feuchtigkeit verliert und die Säfte verdunsten. In seiner *Gerocomica* gibt er Ratschläge über Gesundheitspflege, an die man sich in Europa bis ins 19. Jahrhundert hielt. Er ist der Meinung, daß nach dem *contraria contrariis*-Prinzip der Körper des alten Menschen erwärmt und befeuchtet werden muß: er soll heiße Bäder nehmen, Wein trinken, aber auch aktiv bleiben. Er gibt ihm detaillierte Ernährungsvorschriften. Als Beispiel führt er den alten Arzt Antiochos an, der noch mit 80 Jahren seine Kranken besuchte und an politischen Versammlungen teilnahm, sowie den Grammatiker Telephos, der sich bis zu fast 100 Jahren guter Gesundheit erfreute.

Jahrhundertelang hat die Medizin nichts anderes getan, als sein Werk zu umschreiben. Autoritär, seiner Unfehlbarkeit gewiß, triumphierte er zu einem Zeitpunkt, als man es vorzog zu glauben, anstatt zu erwägen. Vor allem lebte er in einer Epoche und in einem Milieu, wo der vom Orient kommende Monotheismus sich gegen das Heidentum durchsetzte. Seine Theorien sind von Religiosität durchtränkt. Er glaubt an die Existenz eines einzigen Gottes. Er betrachtet den Körper als materielles Instrument der Seele. Die Kirchenväter haben seine Gedanken übernommen, ebenso die Juden und die islamisierten Araber. Und deshalb entwickelte sich die Medizin während des ganzen Mittelalters kaum weiter: folglich wußte man auch über das Alter sehr wenig. Indessen machte Avicenna – auch er ein Schüler von Galenus – im 11. Jahrhundert interessante Feststellungen über chronische Krankheiten und geistige Störungen der Alten.

Die Scholastiker verglichen das Leben mit einer Flamme, die das Öl der Lampe nährt: das ist ein mystisches Bild, denn die Seele wird im Mittelalter oft als Flamme dargestellt. Auf weltlichem Gebiet gilt die Hauptsorge der Ärzte weniger dem Heilen als dem Vorbeugen. Die Schule von Salerno, in der die abendländische Medizin entstand und sich weiterentwickelte, arbeitete «Verordnungen für Gesundheit und Langlebigkeit» aus. Eine reichhaltige Literatur über dieses Thema kommt auf. Im 13. Jahrhundert schrieb Roger Bacon, der das Alter für eine Krankheit hielt – er stimmte darin mit Terenz überein, der dies schon in der Antike geäußert hatte – für Klemens VI. eine Gesundheitslehre des Alters, in der er der Alchimie breiten Raum gab. Er ist der erste, der auf die Idee kam, das Sehen durch vergrößernde Gläser zu verbessern. (In Italien wurden kurz nach seinem Tod im Jahre 1300 Brillen hergestellt. Die Verwendung falscher Zähne war schon bei den Etruskern bekannt. Im Mittelalter entnahm man sie Tierkadavern oder verstorbenen jungen Leuten.) Bis zum Ende des 15. Jahrhunderts sind alle Werke über das Alter Abhandlungen über Gesundheitslehre. Die Schule von Montpellier verfaßte ebenfalls *«régimes de santé»*. Am Ende des 15. Jahrhunderts tritt in Italien eine Renaissance der Wissenschaft ein, parallel zu der der Kunst. Der Arzt Zerbi schriebt eine *Gerontocomia*, die erste Monographie, die der Pathologie des Alters gewidmet ist. Aber er erfindet nichts Neues.

Der Zweig der Medizin, der zu Beginn der Renaissance den größten Fortschritt verzeichnete, war die Anatomie. Tausend Jahre lang war es verboten gewesen, den menschlichen Körper zu sezieren. Das wurde nun, mehr oder weniger offiziell, Ende des 15. Jahrhunderts möglich. Bemerkenswert, aber nicht überraschend ist, daß der Schöpfer der modernen Anatomie Leonardo da Vinci war: als Maler hatte er sich leidenschaftlich für die Darstellung des menschlichen Körpers interessiert und wollte ihn genau kennenlernen. «Ich habe, um ein vollständiges und wahres Wissen darüber zu erlangen, mehr als zehn menschliche Körper seziert», schrieb er. Tatsächlich hat er im Laufe seines Lebens mehr als dreißig Leichen seziert: darunter auch Leichen von Greisen. Er zeichnete viele Gesichter und Körper von alten Menschen; er stellte auch, nach eigenen Beobachtungen, ihre Eingeweide, ihre Adern dar. (Darüber hinaus hat er sich schriftlich über anatomische Veränderungen geäußert, die er beobachtete, aber diese Texte wurden erst sehr viel später bekannt.)

Die Anatomie macht weitere Fortschritte mit Vesalius, der ihr großer Meister ist. Doch die anderen Disziplinen stagnieren. Die Wissenschaft bleibt durchtränkt von Metaphysik. Der Humanismus versucht gegen die Tradition anzukämpfen, aber es gelingt ihm nicht, sich von ihr zu befreien. Paracelsus schreibt, um modern zu sein, im 16. Jahrhundert seine Bücher deutsch, nicht lateinisch. Er hat einige neue und bemerkenswerte Gedanken, die allerdings in verworrenen Theorien untergehen. Ihm zufolge ist der Mensch eine «chemische Verbindung», und das Alter beruht auf einer Selbstvergiftung.

Bis dahin befaßten sich die dem Alter gewidmeten Werke nur mit der vorbeugenden Gesundheitspflege: auf Diagnostik und Therapeutik findet man nur vereinzelte Hinweise. David Pomis, ein venezianischer Arzt, behandelte diese Fragen als erster systematisch und klar. Einige seiner Beschreibungen von Alterskrankheiten sind sehr genau, insbesondere die des erhöhten Blutdrucks.

Im 17. Jahrhundert entstanden viele Werke über das Alter, die jedoch uninteressant sind. Im 18. Jahrhundert hat Galenus immer noch Jünger, darunter Gerard van Swieten. Dieser hält das Alter für eine Art unheilbarer Krankheit; er mokiert sich über die von der Alchimie oder Astrologie beeinflußten Heilmittel; er beschreibt sehr genau gewisse altersbedingte anatomische Veränderungen. Indessen führen der Aufstieg des Bürgertums, Rationalismus und Mechanismus, zu denen es sich bekennt, zur Gründung einer neuen Schule: der Iatrophysik. Borelli, Baglivi wenden die Ideen von La Mettrie in der Medizin an: der Körper ist eine Maschine, ein Komplex von Zylindern, Spindeln, Rädern, die Lunge ein Blasebalg. Hinsichtlich des Alters greifen sie also die Theorien der Mechanisten aus der Antike auf[1]: der Organismus nutzt sich ab wie eine Maschine, die lange Zeit in Gebrauch war.[2] Diese These hatte bis ins

1 Unter anderen von Demokrit und Epikur.

2 Die Gleichsetzung ist völlig irrig; die Organe nützen sich keineswegs ab, sondern bleiben dadurch, daß sie in Gebrauch sind, funktionsfähig; wenn sie ihre Tätigkeit einstellen, verkümmern sie.

19. Jahrhundert Verfechter und erlebte damals sogar ihre größte Popularität. Aber der Begriff ‹Abnutzung› ist stets sehr unbestimmt geblieben. Andererseits leitet Stahl die unter dem Namen Vitalismus bekannte Theorie ein: im Körper des Menschen soll ein Lebensprinzip existieren, dessen Nachlassen zum Altern und dessen Verschwinden zum Tod führe.

Die Anhänger der Tradition und die der modernen Systeme lieferten sich viele sinnlose Dispute. Die Medizin hatte ernste theoretische Schwierigkeiten. Sie gab sich nicht mehr mit der alten Pathologie der Körpersäfte zufrieden, hatte aber noch keine neuen Grundlagen entdeckt. Sie befand sich in einer Sackgasse. Indessen machte sie empirisch Fortschritte. Man widmete sich mehr der Autopsie und hatte in der Anatomie große Fortschritte gemacht. Das kam der Untersuchung des Alters zugute. In Rußland brach Fischer, Direktor des Gesundheitsdienstes, mit Galenus und beschrieb systematisch die altersbedingte Rückbildung der Organe. Sein Buch machte Epoche, trotz mancher Mängel. Ebenfalls sehr bedeutend war das 1761 erschienene Werk des Italieners Morgagni. Er stellte erstmals eine Wechselbeziehung her zwischen den klinischen Symptomen und den bei Autopsien gemachten Beobachtungen. Dem Alter widmete er einen eigenen Abschnitt.

Im letzten Jahrzehnt des 18. Jahrhunderts erschienen drei Bücher über dieses Thema, die die Entdeckungen des 19. und 20. Jahrhunderts vorwegnahmen. Der amerikanische Arzt Rush veröffentlichte eine auf seinen Beobachtungen beruhende physiologische und klinische Studie. Der Deutsche Hufeland trug ebenfalls viele interessante Beobachtungen in einer Abhandlung zusammen und erfreute sich großer Popularität. Er war Vitalist. Er glaubte, jeder Organismus sei mit einer bestimmten Lebensenergie ausgestattet, die sich mit der Zeit erschöpfe. Das bedeutendste Werk war das von Seiler, das 1799 erschien: es befaßte sich ausschließlich mit der Anatomie des alten Menschen und stützte sich auf Autopsien. Zwar ermangelt es der Originalität, dennoch war es jahrzehntelang eines der geschätztesten Arbeitsinstrumente. Man benutzte es bis zur Mitte des 19. Jahrhunderts.

Zu Beginn des 19. Jahrhunderts vertraten die Ärzte von Montpellier weiterhin den Vitalismus.[1] Aber die Medizin begann vom Fortschritt der Physiologie und aller experimentellen Wissenschaften zu profitieren. Die Untersuchungen über das Alter wurden präzise und systematisch. Rostan studierte 1817 das Asthma der alten Leute: er entdeckte eine Verbindung mit einer Gehirnstörung. Prus schrieb 1840 die erste systematische Abhandlung über die Alterskrankheiten.

Von der Mitte des 19. Jahrhunderts an gibt es eine regelrechte Geriatrie – ohne daß damals schon diese Bezeichnung auftauchte. In Frankreich wurde sie durch die Gründung großer Krankenhäuser begünstigt, die viele alte Menschen aufnahmen. Die Salpêtrière war das größte Krankenhaus Europas; sie

1 Die Theorie der Körpersäfte wurde aufgegeben, bestand aber auf einer mystischen Ebene weiter. Faraday verglich in einer berühmten Vorlesung Alter und Tod mit der Flamme einer Kerze, die flackert und erlischt. Das Bild ist noch heute lebendig.

beherbergte 8000 Kranke, von denen 2000 bis 3000 Alte waren. Auch Bicêtre beherbergte zahlreiche alte Menschen. Folglich wurde es leicht, klinische Daten über sie zu sammeln. Man kann die Salpêtrière als den Kern der ersten geriatrischen Einrichtung ansehen. Charcot hielt dort seine berühmten Vorlesungen über das Alter, die 1886 veröffentlicht wurden und ein riesiges Echo fanden. Damals erschienen viele Abhandlungen über Gesundheitspflege, durchweg stereotyp und uninteressant. Aber insgesamt gesehen wich die vorbeugende Medizin der therapeutischen: von nun an bemühte man sich, die Alten zu heilen – zumal sie immer zahlreicher wurden, anfangs in Frankreich, dann auch in anderen Ländern: die Ärzte hatten sich bei ihren Patienten immer mehr mit altersbedingten Degenerationskrankheiten zu befassen. Schon vor dem Buch von Charcot waren 1847 ein Werk von Pennock und 1852 eine Abhandlung von Réveillé-Parise erschienen, in denen diese die Pulsfrequenz und den Atmungsrhythmus bei alten Leuten untersuchten. Geist veröffentlichte zwischen 1857 und 1860 eine gute Synthese der in Deutschland, Frankreich und England erschienenen geriatrischen Literatur.

Ende des 19. und im 20. Jahrhundert wurden immer mehr Untersuchungen durchgeführt. In Frankreich veröffentlichten 1895 Boy-Tessier, 1908 Rauzier, 1912 Pic und Bamamour große zusammenfassende Werke. Sehr bedeutend waren auch in Deutschland die Arbeiten von Bürger, in Amerika die Abhandlungen von Minot und Metschnikoff, die beide 1908 erschienen, sowie das 1915 herausgekommene Buch des Zoologen Child. Wie in früherer Zeit hofften einige Gelehrte noch immer, den Prozeß des Alterns durch eine einzige Ursache erklären zu können. Ende des 19. Jahrhunderts vertraten einige die Ansicht, er beruhe auf einer Rückbildung der Geschlechtsdrüsen. Charles Édouard Brown-Séquard, Professor am Collège de France, injizierte sich im Alter von 72 Jahren einen Extrakt aus den Hoden von Meerschweinchen und Hunden: ohne dauerhaftes Ergebnis. Serge Voronoff, ebenfalls Professor am Collège de France, erfand eine Methode, alten Männern Affendrüsen zu überpflanzen: ein Mißerfolg. Bogomoletz wollte ein Verjüngungsserum auf Hormonbasis herstellen: ein Mißerfolg. Metschnikoff seinerseits übernahm in modernisierter Form den Gedanken, daß die Vergreisung auf Selbstvergiftung beruhe. Zu Beginn des 20. Jahrhunderts behauptete Cazalis in einer Formel, die Schlagzeilen machte: «Man ist so alt wie seine Arterien»; er sah in der Arteriosklerose den entscheidenden Faktor des Alterns. Am weitesten verbreitet war die Vorstellung, daß der Altersprozeß auf einem Nachlassen des Stoffwechsels beruhe.

Als Vater der Geriatrie gilt der Amerikaner Nascher. Geboren in Wien – das ein wichtiges Zentrum für Studien über das Alter war –, kam er als Kind nach New York und studierte dort Medizin. Bei einem Altersheimbesuch mit einer Studentengruppe hörte er, wie sich eine alte Frau beim Professor über verschiedene Beschwerden beklagte. Dieser erklärte, ihre Krankheit sei nichts weiter als ihr hohes Alter. «Was kann man dagegen tun?» fragte Nascher. – «Nichts.» Nascher war über diese Antwort so verblüfft, daß er beschloß, sich dem Studium des Alters zu widmen. Nach Wien zurückgekehrt, besuchte er ein Altersheim; er wunderte sich über die Langlebigkeit und die gute Gesundheit seiner Insassen. «Das kommt daher, weil wir die alten Patienten so behandeln wie die Kinderärzte die Kinder», sagten ihm seine Kollegen. Dies bewog ihn, einen eigenen Zweig der Medizin zu schaffen, den er *Geriatrie* taufte. 1909 veröffentlichte er sein erstes Programm; 1912 gründete er die Gesellschaft für Geria von New York und 1914 veröffentlichte er ein neuartiges Buch über das Problem; er hatte Mühe, einen Verleger zu finden: man fand das Thema nicht interessant.

Neben der Geriatrie entwickelte sich in neuerer Zeit eine Wissenschaft, die man heute Gerontologie nennt: sie untersucht nicht die Pathologie des Alters, sondern den Prozeß des Alterns selbst. Zu Anfang des Jahrhunderts waren die biologischen Forschungen über das Alter nur ein Nebenprodukt anderer Untersuchungen: bei dem Studium vom Leben der Pflanzen und Tiere interessierte man sich nebenbei auch für die Veränderungen, die mit zunehmendem Alter eintreten. Während Kindheit und Jugend Gegenstand zahlreicher Spezialwerke waren, untersuchte man das Alter nicht um seiner selbst willen – und zwar hauptsächlich wegen der bereits erwähnten Tabus.[1] Es galt als unangenehme Angelegenheit. Zwischen 1914 und 1930 gab es kaum etwas Nennenswertes außer den Arbeiten von Carrel, dessen Ansichten in Frankreich weite Verbreitung fanden; er kam wieder auf die Idee zurück, daß das Alter eine Selbstvergiftung infolge von Stoffwechselablagerungen in den Zellen sei.

In der Folge änderte sich die Situation. In den USA hatte sich zwischen 1900 und 1930 die Zahl alter Menschen verdoppelt, und sie verdoppelte sich zwischen 1930 und 1950 abermals; die Industrialisierung der Gesellschaft führte zur Konzentration vieler Alten in den Städten, woraus sich ernste Probleme ergaben. Zahlreiche Untersuchungen, die angestellt wurden, um eine Lösung zu finden, lenkten die Aufmerksamkeit auf die alten Menschen: man wollte besser über sie Bescheid wissen. In der Biologie, Psychologie und Soziologie machte die Forschung von 1930 an Fortschritte. In gleicher Weise entwickelte sie sich in anderen Ländern. In Kiew fand 1938 ein nationaler Kongreß über das Altern statt. Im selben Jahr erschien in Frankreich das umfassende Werk von Bastaï und Pogliatti und in Deutschland die erste Fachzeitschrift. 1939 beschloß eine Gruppe englischer Gelehrter und Medizinprofessoren, einen internationalen Klub für Altersforschung zu gründen. In den USA erschien das Monumentalwerk von Cowdry *Problems of Ageing*.

Während des Krieges ließen die Forschungen nach. Aber unmittelbar danach wurden sie wieder aufgenommen. 1945 entstand in den USA eine Gesellschaft für Gerontologie, und 1946 brachte man dort die zweite dem Alter gewidmete Zeitschrift heraus. In allen Ländern erschienen nun solche Veröffentlichungen. In England gründete Lord Nuffield die Nuffield Foundation, die über beträchtliche Mittel verfügt: sie studiert die Geriatrie und auch die

1 Der amerikanische Gerontologe Birren weist darauf hin, daß Untersuchungen über das Alter «ein Unbehagen verursachen» können. Heute setze sich die Wissenschaft jedoch darüber hinweg, sagt er.

Stellung der alten Menschen in Großbritannien. In Frankreich erlebte die Altenforschung durch Léon Binet einen neuen Aufschwung. 1950 entstand in Lüttich eine internationale Vereinigung für Gerontologie; sie hielt noch im selben Jahr in Lüttich einen Kongreß ab, dann 1951 einen in St. Louis am Missouri, 1954 einen in London und in der Folge noch viele weitere. In zahlreichen Ländern wurden Forschungsgesellschaften gegründet. 1954 enthielt ein in den USA zusammengestellter bibliographischer Index über die Gerontologie 19 000 Angaben. Dr. Destrem zufolge ist diese Zahl heute doppelt so hoch anzusetzen. Was Frankreich betrifft, so konstituierte sich die französische Gesellschaft für Gerontologie im Jahre 1958. Im selben Jahre entstand das von Prof. Bourlière geleitete Centre d'études et de recherches gérontologiques. Bedeutende Abhandlungen erschienen in Frankreich: die von Grailly und Destrem 1953, die von Binet und Bourlière 1955. Die *Revue française de gérontologie* wurde 1954 gegründet. Schließlich wurde in Paris eine Sonderkommission für Sozialhygiene ins Leben gerufen, um die Probleme des Alters zu erforschen. In den USA veröffentlichte die Universität von Chicago 1959 und 1960 drei Abhandlungen, die sowohl aus individueller als auch sozialer Sicht regelrechte Gesamtwerke über das Alter in Amerika und Westeuropa darstellen.

Die Gerontologie entwickelte sich auf drei Gebieten: dem biologischen, psychologischen und sozialen. Auf allen dreien bleibt sie der gleichen positivistischen Einstellung treu; es geht nicht darum, zu erklären, warum die Phänomene auftreten, sondern zusammenfassend mit größtmöglicher Genauigkeit die Erscheinungen zu beschreiben.

Die moderne Medizin weist dem biologischen Altern keine spezifische Ursache mehr zu: sie betrachtet es als zum Lebensprozeß gehörend, ebenso wie Geburt, Wachstum, Fortpflanzung, Tod. Die Rattenversuche von McCay [1] veranlaßten Dr. Escoffier-Lambiotte zu einem interessanten Kommentar: «Das Altern und danach der Tod hängen also nicht mit einem bestimmten Grad der Energieverausgabung, einer bestimmten Zahl von Herzschlägen zusammen, sondern sie treten dann ein, wenn ein vorgegebenes Wachstums- und Reifeprogramm abgeschlossen ist.» Das heißt, das Alter ist kein mechanischer Zwischenfall; ebenso wie den Tod, den, so Rilke, jeder in sich trägt wie die Frucht ihren Kern, scheint jeder Organismus schon von Anfang an sein Alter in sich zu tragen, die unausweichliche Folge seiner Vollendung.[2]

Nach heutiger Auffassung ist das Altern ein allen Lebewesen gemeinsamer

1 McCay bewies, daß Ratten, deren Wachstum in der Jugend durch eine «kalorienarme Nahrung» verzögert wurde, viel länger leben als normal ernährte Ratten. Eine der unterernährten Ratten erreichte fast das Doppelte der durchschnittlichen Lebensdauer der Testtiere.

2 Selbstverständlich können Unfälle und Abweichungen aller Art das Leben vor Vollendung des Programms zum Stillstand bringen, vor allem beim Menschen: bei ihm wäre es abstrakt, sein biologisches Schicksal isoliert zu untersuchen, da er nie im Naturzustand lebt und die Gesellschaft seine Entwicklung bestimmt.

Prozeß. Bis vor nicht allzu langer Zeit meinte man, die Zellen selbst seien unsterblich: lediglich ihre Kombinationen lösten sich mit der Zeit auf. Carrel hatte diese These verteidigt und glaubte, sie bewiesen zu haben. Aber unsere Erfahrungen haben erhärtet, daß auch die Zellen sich mit der Zeit verändern. Gemäß dem amerikanischen Biologen Orgel führt das Alter zu Mängeln in dem System, das gewöhnlich die Produktion der Zellenproteine präzise bestimmt und plant. Jedoch sind diese biochemischen Forschungen noch nicht sehr weit gediehen.

Was beim Menschen physiologisch den Alterungsprozeß bestimmt, ist die von Destrem so benannte «pejorative Gewebeveränderung». Die Menge der stoffwechselaktiven Gewebe verringert sich, während die der inaktiven Gewebe sich vermehrt: Bindegewebe und verhärtetes Muskelgewebe; sie sind Gegenstand einer Dehydrierung und entarteten Verfettung. Die Fähigkeit der Zellerneuerung läßt merklich nach. Die Vermehrung des Bindegewebes gegenüber den edlen Geweben ist vor allem bei den Drüsen und beim Nervensystem frappierend. Sie führt zu einer Rückbildung der wichtigsten Organe und einer Schwächung gewisser Funktionen, die unaufhörlich weiter verfallen bis zum Tod. Biochemische Veränderungen treten ein: Zunahme von Natrium, Chlor, Kalzium; Abnahme von Kalium, Magnesium, Phosphor und der Weißkörpersynthesen.

Die Erscheinung des Menschen verändert sich und ermöglicht es, sein Alter bis auf wenige Jahre genau zu bestimmen. Die Haare werden weiß und schütter, warum, weiß man nicht: der Mechanismus der Depigmentierung der Haarwurzel ist nicht bekannt; die Körperhaare werden ebenfalls weiß, während an manchen Stellen – zum Beispiel am Kinn alter Frauen – ein verstärktes Wachstum einsetzt. Infolge von Dehydrierung und nachlassender Elastizität des unteren Lederhautgewebes wird die Haut faltig. Die Zähne fallen aus. Im August 1957 zählte man in den USA 21,6 Millionen zahnlose Menschen, das heißt 13 % der Bevölkerung. Der Verlust der Zähne führt zu einer Verkürzung der unteren Gesichtshälfte, so daß die Nase – die sich auf Grund der Atrophie ihrer elastischen Gewebe vertikal verlängert – dem Kinn näher kommt. Die Alterswucherung der Haut führt zu einer Verdickung der oberen Augenlider, während unter den Augen Tränensäcke entstehen. Die Oberlippe wird schmal; das Ohrläppchen wächst. Auch das Skelett verändert sich. Die Bandscheiben der Wirbelsäule werden zusammengedrückt, und die Wirbelkörper senken sich: zwischen 45 und 85 Jahren verkürzt sich der Oberkörper bei Männern um 10, bei Frauen um 15 Zentimeter. Die Schultern werden schmaler, das Becken verbreitert sich; der Brustkasten neigt dazu, eine Bogenform anzunehmen, vor allem bei Frauen. Muskelschwund, Sklerose der Gelenke führen zu Gehbeschwerden. Das Skelett leidet unter Osteoporose: die kompakte Knochensubstanz wird schwammig und brüchig; deshalb ist der Bruch des Oberschenkelhalses, der das Gewicht des Körpers trägt, ein so häufiger Unfall.

Das Herz verändert sich nicht wesentlich, aber es arbeitet schlechter; es verliert nach und nach seine Anpassungsfähigkeit, der Mensch muß seine Tätigkeiten einschränken, um es zu schonen. Der Blutkreislauf wird in Mitleidenschaft gezogen; die Arterienverkalkung ist nicht Ursache des Alters, aber eines seiner deutlichsten Merkmale. Man weiß nicht genau, was sie auslöst: Hormonstörungen, sagen die einen; überhöhter Blutdruck sagen andere; im allgemeinen glaubt man, daß ihre Hauptursache eine Stoffwechselstörung der Fette ist. Die Folgen sind verschieden. Manchmal greift sie das Gehirn an. Auf jeden Fall wird die Durchblutung des Gehirns schwächer. Die Adern verlieren ihre Elastizität, die Herzleistung nimmt ab, die Zirkulationsgeschwindigkeit verringert sich, der Blutdruck steigt. Übrigens sei darauf hingewiesen, daß der für den erwachsenen Menschen sehr gefährliche Bluthochdruck vom alten Menschen gut vertragen wird. Der Sauerstoffverbrauch des Gehirns verringert sich. Der Brustkorb wird starrer, und die Atmungskapazität, die mit 25 Jahren 5 Liter beträgt, fällt bei 85 Jahren auf 3 Liter. Die motorischen Nerven übertragen die Reize weniger rasch, und die Reaktionen erfolgen langsamer. Nieren, Verdauungsdrüsen und die Leber bilden sich zurück. Auch die Sinnesorgane werden in Mitleidenschaft gezogen. Die Akkomodationsfähigkeit läßt nach. Bei fast allen alten Leuten tritt Weitsichtigkeit auf; die Sehkraft nimmt ab, die Unterscheidungsfähigkeit des Auges läßt nach. Ebenso das Gehör, oft bis zur Taubheit. Gefühl, Geschmack, Geruchssinn sind weniger ausgeprägt als früher.

Die Rückbildung der endokrinen Drüsen ist eine der verbreitetsten und offensichtlichsten Folgen des Alterns; gleichzeitig erfolgt eine Rückbildung der Geschlechtsorgane. Über diesen Punkt wurden kürzlich einige präzise Tatsachen ermittelt.[1] Beim alten Mann stellt man keine besondere Anomalie der Samenzellen fest; theoretisch ist die Befruchtung des Eies durch das Sperma des alten Mannes unbegrenzt möglich. Es gibt kein allgemeines Gesetz über das Aufhören der Spermenbildung, sondern nur Einzelfälle. Indessen tritt die Erektion zwei- bis dreimal langsamer ein als in der Jugend. (Die Morgenerektionen, die selbst in hohem Alter noch vorkommen, haben keinen sexuellen Charakter.) Sie kann lange Zeit ohne Ejakulation aufrechterhalten werden, was zum Teil auf sexueller Erfahrung, zum Teil auf einem weniger intensiven Ansprechen auf sexuelle Reize beruht. Nach dem Orgasmus geht die Erektion außerordentlich schnell zurück, und es dauert beim alten Menschen viel länger, bis er wieder auf sexuelle Reize reagiert, als beim jungen.

Beim jungen Mann verläuft die Ejakulation in zwei Phasen: dem Ausstoßen der Samenflüssigkeit in die Ausführungsgänge der Prostata; ihrem Weg durch die Harnröhre nach außen; in der ersten Phase spürt er, daß die Ejakulation unweigerlich eintritt. Der alte Mann empfindet im allgemeinen nichts dergleichen; die beiden Phasen verschmelzen zu einer einzigen, und er hat oft mehr das Gefühl eines Heraussickerns als eines Ausstoßens. Mit zunehmendem Alter lassen die Möglichkeiten der Ejakulation und Erektion nach und verschwinden sogar ganz. Doch die Impotenz führt nicht immer zum Erlöschen der Libido.

Bei der Frau wird die Fortpflanzungsfähigkeit in relativ jungem Alter brutal abgebrochen. Einzigartig im Alterungsprozeß, der auf allen anderen Gebieten

1 Insbesondere durch William H. Masters und Virginia E. Johnson in *Die sexuelle Reaktion.*

kontinuierlich verläuft, kommt es mit etwa 50 Jahren zu einem abrupten Einschnitt: der Menopause. Die Eierstöcke stellen ihre Produktion ein, die Menstruation bleibt aus; die Frau kann nicht mehr befruchtet werden. Die Geschlechtssteroide [1] verschwinden, und die Geschlechtsorgane bilden sich zurück.

Ein verbreitetes Vorurteil ist, daß alte Menschen schlecht schlafen. Aus einer 1959 in französischen Krankenhäusern durchgeführten Untersuchung geht hervor, daß sie mehr als sieben Stunden pro Nacht schlafen. Allerdings stellt man bei vielen von ihnen Schlafstörungen fest. Entweder können sie schlecht einschlafen oder sie wachen früh auf, oder ihr Schlaf wird von kurzen Wachperioden unterbrochen; die Gründe für diese Anomalien können physiologischer, biologischer oder psychologischer Natur sein. Nach 80 Jahren schlummern fast alle untertags.

Die gesamten organischen Rückbildungen führen beim alten Menschen zu einer Ermüdbarkeit, der niemand entgeht; körperliche Anstrengungen kann er sich nur noch in engen Grenzen erlauben. Er ist weniger anfällig für Infektionen als junge Menschen; aber sein reduzierter Organismus kann sich schlecht gegen die Angriffe von außen wehren: die Rückbildung der Organe verringert den Sicherheitsspielraum, der es ermöglicht, ihnen standzuhalten. Manche Ärzte gehen so weit, das Alter mit einer Krankheit gleichzusetzen: das tat kürzlich [2] auch Dr. Aslan, die berühmte rumänische Spezialistin für Geriatrie, in einem Interview, das sie in Italien gab. Ich halte das nicht für gerechtfertigt; die Krankheit ist ein Zwischenfall; das Alter hingegen ein Gesetz des Lebens. Dennoch ist der Ausdruck «alt und gebrechlich» fast ein Pleonasmus. «Diese summarische Gebrechlichkeit, das Altern», schreibt Péguy. Samuel Johnson sagte: «Meine Krankheiten sind Asthma, Wassersucht und, was weniger leicht heilbar ist, 75 Jahre.» Ein Arzt fragte eine alte Frau nach ihrer Brille: «Was fehlt Ihnen? Sind Sie weitsichtig oder kurzsichtig? – Ich bin alt, Herr Doktor.»

Es besteht eine Wechselbeziehung zwischen Alter und Krankheit; diese beschleunigt das Altern, und hohes Alter macht anfällig für pathologische Störungen, insbesondere für entsprechende Degenerationsprozesse. Sehr selten kommt «das Alter im Reinzustand» vor, wie man es nennen könnte. Alte Menschen sind mit einer Vielzahl chronischer Krankheiten behaftet.

Wenn man 100 kranke Alte und 100 kranke Junge betrachtet, so ist der Anteil derer, die den Arzt aufsuchen oder Medikamente kaufen, bei den letzteren sehr viel höher. Andererseits stellen die Alten nur etwa 12 % der Bevölkerung dar. Indessen machen sie in Frankreich in den Krankenhäusern ein Drittel der Eingänge aus und eines Tages sicher mehr als die Hälfte der Kranken, weil sie länger bleiben als die anderen. In den USA war 1955 ein Fünftel der Krankenhausbetten mit alten Menschen belegt, obgleich sie nur ein Zwölftel der Bevölkerung betrugen. Eine 1955 in Kalifornien angestellte Untersuchung erbrachte, daß die Zahl der Arztbesuche mit zunehmendem Alter stieg. Sie war

1 Produkte der endokrinen Drüsen.

2 Geschrieben im Oktober 1969.

bei den Alten um 50 % höher als bei der Gesamtbevölkerung und bei alten Frauen doppelt so hoch wie bei Männern. Frauen überwiegen auch in den Krankenhäusern. Sie werden älter als Männer, sind aber im ganzen genommen häufiger krank.[1] Insgesamt ist in den USA die Zahl der chronisch Kranken bei alten Menschen im Durchschnitt viermal höher als bei den anderen. Untersuchungen in Australien und Holland haben ähnliche Ergebnisse erbracht.

Alte Leute leiden vor allem unter «schwer definierbarem Unwohlsein» und Rheumatismus. Eine amerikanische Statistik nennt als hauptsächlich vorkommende Alterskrankheiten: Arthritis, Rheumatismus, Herzkrankheiten. Eine andere: Herzkrankheiten, Arthritis, Rheumatismus, Nierenentzündung, hohen Blutdruck, Arteriosklerose. Wieder eine andere: Koordinationsstörungen, Rheumatismen, Erkrankungen der Atemwege, des Verdauungsapparats, der Nerven. Dr. Vignat, der in Lyon alte, im Krankenhaus liegende Menschen beobachtete, stellte fest, daß sie in sinkender Folge an Krankheiten der Herzkranzgefäße, der Atemwege, Geisteskrankheiten, biologischem Kräfteverfall, Gefäßkrankheiten, Neurosen, Krebs[2], Störungen der Muskulatur und Verdauungsbeschwerden litten. Da das Alter schlechthin das Gebiet der Psychosomatik ist, hängen die organischen Krankheiten auch eng mit psychologischen Faktoren zusammen.

Tatsächlich kann man in zahlreichen Fällen die beiden Ursachenkomplexe nicht voneinander trennen. So zum Beispiel hinsichtlich der Unfälle, die bei alten Menschen relativ häufig vorkommen. Sie sind die Folge gewisser Verhaltensweisen, die den Einsatz intellektueller Fähigkeiten erfordern – Aufmerksamkeit, Wahrnehmung –, sowie affektiver Verhaltensweisen: Gleichgültigkeit, Nachlässigkeit, Eigensinn. Aber andererseits erklären sie sich zum großen Teil durch Orientierungsstörungen, Schwindelanfälle, die Steifheit der Muskeln, Brüchigkeit des Skeletts. Sie müssen also hier angeführt werden. Bei der vom National Health Survey untersuchten Gruppe hatten 33 % der Männer und 23 % der Frauen im Laufe des Jahres einen Unfall erlitten, der die Betroffenen einen oder mehrere Tage lahmlegte. Zwischen 45 und 55 Jahren zählt man bei 100 000 Personen einen Durchschnitt von 52 Unfällen pro Jahr; über 75 Jahren erhöht sich der Durchschnitt auf 338 Unfälle. Es handelt sich vorwiegend um Stürze innerhalb des Hauses, die manchmal zum Tod führen. Alte Menschen werden auch leicht zu Verkehrsopfern, weil ihnen das Gehen Mühe macht und sie schlecht sehen. Viele verzichten darauf, ihr Heim zu verlassen.

Manche Untersuchungen äußern sich optimistisch über die Gesundheit der Alten: aber man müßte wissen, welchen genauen Sinn die Untersuchenden ihren Worten beimessen. Dem Bericht zufolge, den Sheldon 1948 in den USA

1 In den USA hat der National Health Survey festgestellt, daß im Jahr 1957/58 die 45- bis 64jährigen durchschnittlich 25 Tage durch Krankheiten bettlägerig waren; die über 65jährigen 50 Tage und die über 75jährigen 72 Tage.

2 Der Krebs steht in keiner Beziehung zum Alter als solchem. Wenn er meistens zwischen 50 und 80 Jahren auftritt, so liegt das an der Wirkungsweise der Krebserreger. Der Prozentsatz der Krebstode ist deshalb so hoch, weil die Medizin eine Vielzahl anderer Krankheiten wirksam bekämpft, den Krebs aber noch nicht besiegen kann.

herausgab, fielen von 471 Personen über 60 Jahren nur 29,3 % unter die Normalgrenze: darunter befanden sich viele 80jährige: 2,5 % waren bettlägerig, 8,5 % blieben zu Hause, 22 % bewegten sich nur in ihrer unmittelbaren Nachbarschaft, 46 % waren völlig normal und 24,5 % sogar bemerkenswert gesund. Soweit gut. Aber auf welche *Norm* stützt sich Sheldon? Ist es die, die er auf einen 40jährigen angewandt hätte? Zweifellos nein. Eine präzisere Auskunft liefert eine 1955 in Sheffield angestellte Untersuchung: von 476 Personen über 61 Jahren standen 54,9 % Frauen und 71,2 % Männer noch voll aktiv im Leben. Zu ähnlichen Ergebnissen kam man 1954 und 1957 in Holland. Die Aktivität setzt in der Tat ein gewisses Maß an Gesundheit voraus. Aber viele Gründe, psychologischer und sozialer Art, können dazu beitragen, sie zu verlängern, selbst bei physischem Verfall.

Was aus allen Beobachtungen hervorgeht, sind die erheblichen Unterschiede bei Angehörigen ein und derselben Altersgruppe. Das chronologische und das biologische Alter stimmen keineswegs immer überein: die physische Erscheinung sagt mehr aus über die Zahl unserer Jahre als physiologische Untersuchungen. Die Jahre wiegen nicht auf allen Schultern gleich schwer. «Das Altern», sagt der amerikanische Gerontologe Howell, «ist nicht ein Abhang, den alle mit der gleichen Geschwindigkeit hinuntergehen. Es ist eine Folge von unregelmäßigen Stufen, die einige schneller hinunterpurzeln als andere.»[1] Es gibt eine Krankheit, die «Progeria», die alle Organe des Patienten vorzeitig altern läßt.[2] Am 12. Januar 1968 starb im Krankenhaus von Chatham in Kanada ein 10jähriges Kind, das äußerlich die Erscheinung einer 90jährigen Frau hatte. Ein Bruder war im Alter von 11 Jahren an derselben Krankheit gestorben. Dr. Dénard-Toulet erzählte mir von einer Frau, die mit 45 Jahren an den Folgen einer Altersrückbildung ihrer Organe gestorben war. Abgesehen von diesen sehr seltenen Fällen wird der Verfall von zahlreichen Faktoren beschleunigt oder verzögert: der Gesundheit, den Erbanlagen, der Umwelt, den Emotionen, den früheren Gewohnheiten, dem Lebensstandard. Er nimmt unterschiedliche Formen an, je nachdem, welche Funktionen als erste nachlassen. Manchmal ist es ein kontinuierlicher Prozeß; dann wieder bekommen Leute, die bis dahin knapp so alt wirkten, wie sie wirklich waren oder sogar jünger, plötzlich «ein altes Aussehen». Im Fall einer Krankheit, Überanstrengung, Trauer, eines schweren Mißerfolgs sind es nicht die Organe, die unvermittelt nachlassen, sondern der Bau, der ihre Mängel kaschierte, bricht zusammen. Der Betroffene hatte in Wahrheit in seinem Körper die Altersrückbildung durchgemacht, sie aber durch Automatismen oder überlegtes Verhalten ausgleichen können: plötzlich ist er nicht mehr in der Lage, seine Abwehrmechanismen einzusetzen, und sein latentes Alter enthüllt sich. Dieser geistige

1 «Die Takte der Zeit selbst können für bestimmte Menschen schneller oder langsamer sein», schrieb Proust.

2 Die Existenz dieser Krankheit deutet auf einen unbekannten, aber genau definierten Altersfaktor hin. Wenn es gelänge, ihn zu entdecken, wäre es also vielleicht möglich, seine Wirkung aufzuhalten oder wenigstens zu verlangsamen.

Zusammenbruch wirkt auf die Organe zurück und kann zum Tod führen. Man hat mir die Geschichte einer sehr gut erhaltenen 63jährigen Frau erzählt, die tapfer die qualvollen Schmerzen ertrug, derentwegen sie behandelt wurde. Nachdem ein unbesonnener Assistenzarzt ihr gesagt hatte, daß sie nie wieder gesund würde, alterte sie schlagartig um 20 Jahre, und ihre Schmerzen steigerten sich. Ein großer Ärger, zum Beispiel ein verlorener Prozeß, kann einen Mann von 60 Jahren physisch wie auch geistig in einen Greis verwandeln.

Wenn keinerlei Schock dieser Art eintritt, wenn die Gesundheit gut bleibt, kann es dagegen vorkommen, daß der Mensch bis zu einem fortgeschrittenen Alter die verlorenen Fähigkeiten zu kompensieren vermag. Dank einer erprobten Technik, einer genauen Kenntnis ihres Körpers, bleiben manche Sportler lange Zeit «in Form». Ted Meredith, ein Fußballspieler von internationalem Format, wurde noch mit 52 Jahren aufgestellt. Eugène Lenormand gab noch mit 63 Jahren Schwimmvorstellungen; Borotra war mit 56 Jahren Tennisweltmeister.

In früheren Zeiten bestand oft ein krasser Gegensatz zwischen der geistigen und der physischen Entwicklung eines Menschen. Montesquieu beklagte diese Unterschiedlichkeit; «Unglückseliges Los der Menschen! Kaum hat der Geist den Punkt der Reife erlangt, beginnt der Körper schwächer zu werden!» Delacroix notiert in seinem Tagebuch: «Dieses seltsame Mißverhältnis zwischen der Kraft des Geistes, die das Alter mit sich bringt, und der Schwächung des Körpers, die es ebenfalls zur Folge hat, verwundert mich immer wieder und erscheint mir wie ein Widerspruch in den Fügungen der Natur.»

Die Fortschritte der Medizin haben die Situation verändert. Gegen eine Vielzahl von Gebrechen und Krankheiten abgeschirmt, hält der Körper länger dem Verfall stand. So lange der Geist sein Gleichgewicht und seine Kraft bewahrt, gelingt es gewöhnlich, den Menschen bei guter physischer Gesundheit zu erhalten: diese bricht erst zusammen, wenn der Geist nachläßt. Und umgekehrt: wenn der physiologische Zustand sich ernstlich verschlechtert, trüben sich auch die geistigen Fähigkeiten. Auf alle Fälle leiden sie unter körperlichen Veränderungen. Die Botschaften werden weniger schnell übermittelt und durch die schlechte Qualität der Empfangsorgane deformiert. Die Funktionsweise des Gehirns ist weniger flexibel; wie wir bereits gesehen haben, verringert sich sein Sauerstoffverbrauch; die ungenügende Anreicherung des Blutes mit Sauerstoff führt zu einer Minderung des unmittelbaren Gedächtnisses und des Merkvermögens, einer Verlangsamung der Vorstellungsprozesse, zu Unregelmäßigkeiten in den leichten Denkvorgängen und zu heftigen Gefühlsreaktionen: Euphorie oder Depression. Man kann das Altern als Beispiel jener «diffusen Amputation» ansehen, von der Goldstein im Zusammenhang mit posttraumatischen Gehirnstörungen spricht. Hier kommt es auch zur Einbuße von Gehirnzellen. Da diese jedoch zahlreich sind, kann der Mensch relativ leicht damit fertig werden, sofern eine Situation nicht übermäßige Anstrengung erfordert. Wenn aber in seinem Leben das Gleichgewicht fehlt, besteht die Gefahr von Katastrophen. Auf jeden Fall ermüdet ihn geistige Anstrengung; Arbeitskraft und Konzentrationsfähigkeit lassen nach, zumindest vom 70. Lebensjahr an.

Bei ihren Untersuchungen über die Psychologie alter Menschen greifen die Gerontologen zu denselben Methoden wie bei der Erforschung ihrer Physiologie. Sie behandeln die Patienten äußerlich. Dabei stützen sie sich hauptsächlich auf die Psychometrie, eine Disziplin, die mir äußerst anfechtbar erscheint. Die einem Test unterworfene Person befindet sich in einer künstlich herbeigeführten Situation, und die erzielten Ergebnisse sind reine Abstraktionen, die sich erheblich von der praktischen und lebendigen Realität unterscheiden. In Wirklichkeit hängen die intellektuellen Reaktionen eines Menschen von seiner Gesamtsituation ab: Man weiß zur Genüge, daß ein bisher frühreifes Kind durch familiäre Konflikte plötzlich dumm wirken kann. Wenn ich später an anderer Stelle die Psychologie alter Menschen untersuchen werde, gehe ich von einer Gesamtperspektive aus, indem ich sie gemäß dem bereits erwähnten Zirkularitätsprinzip in einen biologischen, existentiellen und sozialen Zusammenhang stelle. Da ich meinen Lesern eine genaue Vorstellung von der bis heute geleisteten Arbeit der Gerontologen vermitteln möchte, begnüge ich mich hier damit, auf ihre Methoden hinzuweisen und auf die Resultate, die sie erzielt zu haben glauben.

1917 wollte man im amerikanischen Heer das geistige Niveau der Offiziersanwärter feststellen: zu diesem Zweck wurden die ersten Intelligenztests erfunden. Danach vermehrten sich die Forschungen auf diesem Gebiet. 1927 übernahm Willoughby einzelne der im amerikanischen Heer verwendeten Tests und unterzog ihnen eine Gruppe von Familien, die in der Umgebung der Universität von Stanford lebte. Jones und Conrad stellten 1925 und 1926 die in New England erzielten Ergebnisse zusammen, nachdem sie 1191 Personen getestet hatten. Die Forschungen wurden dann in Amerika, Deutschland, England fortgesetzt. In Frankreich beobachtete Suzanne Pacaud 1955 die Reaktionen von 4000 Eisenbahnangestellten zwischen 20 und 55 Jahren und von Lehrlingen zwischen 12½ und 15½ Jahren. Kürzlich hat Prof. Bourlière in Sainte-Périne eine ‹Test-Batterie› zur Ermittlung der geistigen Fähigkeiten entwikkelt. Da verlangt man zum Beispiel von der Testperson, die Irrtümer in einer Reihe von Zeichnungen festzustellen; in einem Labyrinth den Weg einzuzeichnen, auf dem man am schnellsten herausgelangt; unvollständige Zeichnungen zu vollenden; ähnliche und unähnliche Worte zusammenzustellen oder zu trennen; synonyme zu unterstreichen und die Nuancen anzugeben, die sie unterscheiden; Buchstaben und Zahlenverbindungen zu handhaben (Kodetest); aus dem Gedächtnis geometrische Figuren wiederzugeben; auf ein Signal zu reagieren; mit «Richtig» oder «Falsch» auf Behauptungen zu antworten, die das Verhalten und die Persönlichkeit betreffen; spiegelverkehrte Zeichnungen anzufertigen. Dabei stellte man fest, daß das unmittelbare Gedächtnis bei älteren Menschen kaum Einbußen erleidet; das konkrete Gedächtnis (das wohlbekannte Gegebenheiten betrifft) läßt zwischen 30 und 50 Jahren nach; ebenfalls das logische Gedächtnis. Am stärksten vermindert sich das Gedächtnis, das die Bildung neuer Assoziationen erfordert: zum Beispiel das Erlernen einer Sprache. Im übrigen bestehen große Unterschiede je nach dem Bildungsgrad der

Testperson. In Groeningen zeigten Gedächtnistests bei 3000 Personen, daß es bei allen Menschen im höheren Alter nachläßt, bei intellektuell Schaffenden aber weniger als bei manuell Tätigen, bei ehemaligen Facharbeitern weniger als bei Hilfsarbeitern, bei Erwerbstätigen weniger als bei Pensionierten.

Was die motorischen Reaktionen angeht, so sind sie bei 25jährigen am raschesten und präzisesten; ihre Schnelligkeit und Genauigkeit verringert sich nach dem 35. Lebensjahr und noch stärker nach dem 45. Bei den Denkvorgängen nimmt die Geschwindigkeit bis zum 15. Lebensjahr zu, zwischen 15 und 35 Jahren tritt eine Stabilisierung ein, danach eine Verminderung. Der über 60jährige schneidet bei Intelligenztests, in denen die Zeit bemessen ist, schlecht ab: wird hingegen die Zeit nicht begrenzt, so kann er mit einem Menschen mittleren Alters Schritt halten und ihn sogar überrunden. Alte Menschen haben große Schwierigkeiten, sich neuen Situationen anzupassen; bekannte Dinge können sie ohne weiteres wieder in Ordnung bringen, aber gegen Veränderungen sträuben sie sich. Einen sogenannten *set* zu erwerben – das heißt eine Haltung, eine geistige Ausrichtung –, kostet sie große Mühe: sie sind Sklaven früher angenommener Gewohnheiten, es fehlt ihnen an Beweglichkeit. Haben sie sich aber einmal einen *set* angeeignet, so trennen sie sich schwer wieder davon. Selbst bei Problemen, für die es absolut nicht mehr paßt, klammern sie sich daran fest. Ihre Lernmöglichkeiten sind also sehr vermindert. Jede Fähigkeit, die eine Anpassung erfordert, läßt nach dem 35. Lebensjahr nach, vor allem wenn man sie nicht übt: Beobachtung, Abstraktion und Synthese, Integrieren, Strukturieren. Kopfrechnen, räumliches Gliedern, logisches Denken fallen schwerer. Hinsichtlich des Wortschatzes sind die Ergebnisse der Tests frei erfunden. Bei Ungebildeten verarmt er nach 60; bei Menschen mit hohem intellektuellem Niveau hält er sich und wird manchmal sogar reicher. Insgesamt gesehen verschlechtern sich gut angeeignete Kenntnisse, Vokabular, unmittelbares oder verzögertes Gedächtnis für Worte und Zahlen kaum. Es gibt also beim Menschen ein fließendes, anpassungsfähiges Potential, das altert, und einen kristallisierten, aus Mechanismen bestehenden Teil, der nicht altert.

Aus allen Tests und Statistiken geht eine wichtige Tatsache hervor: je höher das geistige Niveau eines Menschen ist, desto geringer und langsamer lassen seine Fähigkeiten nach. Wenn er sein Gedächtnis und seine Intelligenz immer weiter trainiert, kann er sie sich erhalten. Ich komme später noch einmal auf diesen Punkt zurück, den man nur erklären kann, wenn man Intelligenz und Gedächtnis eines Menschen im Zusammenhang sieht mit seiner Aufgeschlossenheit gegenüber dem Leben, seinem Interesse an dieser Welt, der Gesamtheit seiner Pläne. Beschränken wir uns für den Augenblick auf die Feststellung, daß manche sehr alte Menschen sich als tüchtiger erweisen als junge. In der Tat lassen sich viele geistige Arbeiten ohne zeitliche Begrenzung durchführen. Fachliches Können, Technik, Urteilsvermögen, Organisation der Aufgaben können Mängel des Gedächtnisses, leichte Ermüdbarkeit, Anpassungsschwierigkeiten ausgleichen. Viele alte Menschen bleiben aktiv und geistig klar bis zu ihrer letzten Stunde.

Da jedoch der Organismus und, mit ihm verbunden, die seelische Struktur des alten Menschen anfällig sind, kommen bei ihm häufiger Geisteskrankheiten vor als beim jungen.[1] Nach einem Bericht des amerikanischen National Institute for Mental Health beläuft sich bei 100 000 Personen derselben Altersgruppe die Zahl der Geisteskranken auf 2,3 unter 15 Jahren, 76,3 zwischen 25 und 34 Jahren, 93 zwischen 35 und 54 Jahren und 236,1 bei den Alten. In Schweden gibt es, bei 7 Millionen Einwohnern, 9000 Fälle von Altersirrsinn im engen Sinne des Wortes. In den USA hat sich die Zahl der Geisteskranken zwischen 1904 und 1950 vervierfacht, und die Zahl der in psychiatrischen Kliniken behandelten Alten ist neunmal so hoch: zum Teil deshalb, weil man sich weniger davor scheut, dorthin zu gehen. In Schweden hat sich die Situation seit 25 Jahren nicht verändert.

Heute sind die alten Menschen weniger behindert als früher; man findet weniger Bettlägerige unter ihnen. Manchmal trifft man sogar, wenn man mehrere Altersgruppen vergleicht, bei den Ältesten auf eine Art Anti-Verfall: die Erklärung ist, daß sie, um so lange leben zu können, von Anfang an ein Potential außergewöhnlicher Gesundheit haben mußten. Dessen ungeachtet tritt von einem gewissen Zeitpunkt an bei jedem Menschen ein Rückgang ein. Wenn man von «schönem Alter» oder «grünem Alter» spricht, so bedeutet das, daß der alte Mensch physisch und geistig sein Gleichgewicht gefunden hat, aber nicht, daß sein Organismus, sein Gedächtnis, seine Fähigkeiten zur psychomotorischen Anpassung die eines jungen Menschen wären. Niemand, der lange lebt, entrinnt dem Alter; es ist ein unvermeidliches und nicht umkehrbares Phänomen.

Das Alter führt stets zum Tod. Aber selten ist es nur das Alter, ohne ein hinzukommendes pathologisches Element. Schopenhauer behauptet, sehr alte Leute gekannt zu haben, die ohne genau zu bestimmende Ursache gestorben seien. Prof. Delore erzählt die Geschichte einer 100jährigen, die zu Fuß ins Krankenhaus kam und ein Bett verlangte, um darin zu sterben, weil sie sich sehr müde fühlte. Sie starb am nächsten Tag, und die Autopsie ergab keinerlei organische Störung. Aber das ist ein fast einmaliger Fall. Die sogenannten ‹natürlichen› Tode – im Gegensatz zu den Unfalltoden – werden in Wahrheit von einem organischen Verfall ausgelöst.

Der Mensch lebt länger als die anderen Säugetiere. Aus zuverlässigen Quellen weiß ich nur von einem Menschen, der 105 Jahre überschritt: Antoine-Jean Giovanni, der in dem Dorf Grossa lebte und 108 Jahre alt wurde.[2] Man meint, ohne es allerdings sicher zu wissen, daß die Erbanlagen eine direkte oder indirekte Rolle bei der Langlebigkeit spielen. Viele andere Faktoren kommen hinzu, in erster Linie das Geschlecht: bei allen Tiergattungen werden die Weib-

1 Ich werde später darauf zurückkommen, wenn ich die Lage der alten Menschen insgesamt untersucht habe.

2 Die Mitteilung wurde von *France-Soir* Anfang 1969 veröffentlicht. A.-J. Giovanni kam am 1. August 1860 in Zicavo auf Korsika zur Welt und verbrachte sein ganzes Leben in Grossa (s. Anhang I: *Die Hundertjährigen* [S. 471]).

chen älter als die Männchen; in Frankreich leben Frauen im Durchschnitt sieben Jahre länger als Männer. Ferner wirken Wachstumsbedingungen, Ernährung, Umgebung, wirtschaftliche Verhältnisse mit.

Dies alles beeinflußt das Altern sehr entscheidend, wie die Gerontologen in zahlreichen Untersuchungen festgestellt haben. Die bereits erwähnte Untersuchung in Sheffield wies nach, daß die Gesundheit eng mit dem Lebensstandard zusammenhängt. Das geht auch aus der Studie hervor, die Prof. Bourlière mit seiner Gruppe bei bretonischen Bauern und Fischern durchführte. Man behauptet, auf dem Land gäbe es öfter ein «schönes Alter» als in den Städten: tatsächlich aber befanden sich alle untersuchten Personen in schlechterem Gesundheitszustand als wohlhabende Pariser derselben Arbeitsgruppe.[1]

Diese Rolle der wirtschaftlichen Faktoren zeigt uns die Grenzen der Gerontologie, soweit sie das Altern des einzelnen biologisch definiert. Die Ergebnisse, zu denen sie gelangt, sind von höchstem Interesse; es ist unmöglich, das Alter zu begreifen, ohne sich auf sie zu beziehen. Aber sie allein genügen nicht. Bei der Untersuchung des Alters stellen sie nur ein abstraktes Moment dar. Die altersbedingte Rückbildung eines Menschen vollzieht sich immer innerhalb einer Gesellschaft; sie hängt eng zusammen mit der Art dieser Gesellschaft und dem Platz, den die betreffende Person in ihr einnimmt. Selbst der wirtschaftliche Faktor kann nicht getrennt werden von den sozialen, politischen, ideologischen Überstrukturen, die ihn überlagern; absolut betrachtet ist auch der Lebensstandard nur ein Abstraktum; bei gleichbleibendem Vermögen gilt ein Mann in einer armen Gesellschaft als reich, in einer reichen Gesellschaft als arm. Um die Realität und die Bedeutung des Alters zu begreifen, ist es folglich unerläßlich, zu untersuchen, welchen Platz die Alten zugewiesen bekommen, welche Vorstellung man sich zu verschiedenen Zeiten, an verschiedenen Orten von ihnen machte. Das Interessante an dieser Gegenüberstellung ist, wie ich bereits sagte, daß sie es ermöglicht, eine Antwort auf die entscheidenden Fragen –: Was ist an der Lage des alten Menschen unvermeidlich? In welchem Maße ist die Gesellschaft dafür verantwortlich? – wenn schon nicht zu geben, so doch wenigstens ahnen zu lassen. Wir beginnen unsere Untersuchung mit den Gesellschaften, die man geschichtslos oder ‹primitiv› nennt.

1 Eine Untersuchung, die Prof. Desanti 1969 in Marseille bei 17 000 Sozialversicherten durchführte, hat gezeigt, daß die Berufsgruppen nicht in gleicher Weise altern. Ihr zufolge kann man sie nach steigender Abnutzung einteilen:
Lehrer an Volks-, Ober- und Berufsschulen;
leitende Führungskräfte;
mittlere Führungskräfte;
Menschen mit paramedizinischen und sozialen Berufen;
Büro- und Gemeindeangestellte;
Chauffeure, Vertreter am Ort, Arbeitslose;
Betriebsleiter;
Dienstpersonal;
Werkmeister, gelernte Arbeiter, Facharbeiter;
Hilfsarbeiter.

2. KAPITEL

Die Gegebenheiten der Ethnologie

Es gibt keine menschliche Gemeinschaft, die nicht eine gewisse Kultur besäße, und sei sie noch so grob; die Tätigkeiten, die der Mensch mit Hilfe der von ihm hergestellten Geräte ausübt, stellen eine Arbeit dar, auf der sich zumindest eine embryonale gesellschaftliche Organisation aufbaut. Versuchen wir also nicht, uns vorzustellen, was ein *natürliches* Alter für den Menschen wäre. Doch kann man beobachten, was sich bei den Tieren abspielt – obwohl selbst im Zusammenhang mit ihnen das Wort Natur zu Meinungsverschiedenheiten Anlaß gibt. Bei vielen Arten – und zwar um so mehr, je stärker sie entwickelt sind – genießen die alten und erfahrenen Tiere großes Ansehen; sie geben die Kenntnisse, die sie im Laufe ihres Lebens erworben haben, an die anderen weiter. Der Rang, den jeder in der Gruppe einnimmt, steht in unmittelbarer Beziehung zur Zahl seiner Jahre. Die Zoologen haben auf diesem Gebiet eine Reihe merkwürdiger Beobachtungen gesammelt. Wenn zum Beispiel bei den Dohlen ein junger Vogel Angst zeigt, achten die anderen gar nicht darauf; wenn aber ein altes Männchen Alarm gibt, fliegen alle davon. Es sind die alten, erfahrenen Dohlen, die die anderen lehren, ihre Feinde zu erkennen. Mitarbeiter des Zoologen Yerkes brachten einem jungen Schimpansen bei, sich durch Betätigung eines komplizierten Apparates Bananen zu verschaffen: keiner seiner Artgenossen versuchte ihn nachzuahmen. Der gleichen Lehre unterzog man einen alten, also ranghöheren Schimpansen: alle anderen beobachteten ihn und ahmten ihn nach. Sie imitieren prinzipiell nur die Artgenossen höheren Ranges.

Besonders interessant ist es, zu beobachten, wie sich die uns am nächsten stehenden Tiere, die Menschenaffen, verhalten. In allen Herden spielt das alte Männchen gegenüber den Weibchen und den jungen Tieren eine beherrschende Rolle. Manchmal übt eine ganze Gruppe von Männchen die Macht aus und teilt sich die Weibchen; manchmal gibt es nur ein einziges dominierendes Männchen, das in die Teilung der Weibchen einwilligt. In beiden Fällen erwekken sie keine Aggressivität und sterben eines natürlichen Todes. Aber es kommt auch vor, daß das älteste Männchen die Weibchen mit Beschlag belegt; die jungen wagen sich dann nur heimlich an sie heran und werden bei Entdeckung streng bestraft. Mit 50 Jahren noch kräftig, verteidigt der Alte die Weibchen und die Jungtiere gegen die Angriffe von Raubtieren. Wenn die jungen Männchen dann älter und stärker werden, rebellieren sie. Sie lauern dem Alten auf, der immer schwächer wird. Seine Zähne, die seine gefährlichste Waffe sind, brechen aus oder verfaulen. Halten die Jungen dann den Augenblick für gekommen – sei es, weil ein Kampf mit einem Raubtier ihn erschöpft hat oder weil er sein Schicksal hinnimmt –, so stürzt sich das älteste Tier auf ihn. Oft wird er getötet oder tödlich verletzt. Selbst wenn der Alte nur leicht verletzt ist, weiß er sich besiegt und hat Angst. Er verläßt die Gruppe, an deren Spitze sein Herausforderer tritt, und lebt fortan in der Einsamkeit. Er hat Mühe, sich zu ernähren und siecht dahin. Dann fällt er oft Raubtieren zum Opfer. Oder er zieht sich tödliche Krankheiten zu oder wird gebrechlich, unfähig, sich zu ernähren, und verhungert. Ist er noch kräftig, wenn die jüngeren Männchen sich seiner entledigen, so stellt er auch dann keine Last für die Gemeinschaft dar, einmal weil er noch aktiv ist, zum anderen, weil man sie als eine Überflußgesellschaft bezeichnen kann: in Anbetracht der Üppigkeit der Natur, in der die Herde lebt, und der Leichtigkeit, mit der sie weiterziehen kann, stellt sich das Nahrungsproblem für sie nicht. Wird das alte Männchen mißhandelt – ebenso wie später sein Nachfolger –, so deshalb, weil es die Weibchen monopolisiert und die Jungen tyrannisiert hatte. Die alten Äffinnen werden in keinem Fall getötet: die Herde übernimmt die Sorge für sie.

Wir werden sehen, daß – wie bei vielen anderen Tierarten – in den menschlichen Gesellschaften Erfahrung und angehäuftes Wissen einen Trumpf für den Alten bilden. Wir werden auch sehen, daß er oft mehr oder weniger brutal aus der Gemeinschaft ausgestoßen wird. Indessen vollzieht sich das Drama des Alters dann nicht auf sexuellem, sondern auf wirtschaftlichem Gebiet. Der Alte ist nicht, wie bei den Menschenaffen, ein Wesen, das nicht mehr kämpfen kann, sondern er kann nicht mehr arbeiten und ist damit ein unnützer Esser geworden. Niemals hängt seine Stellung nur von biologischen Gegebenheiten ab: kulturelle Faktoren fallen ins Gewicht. Für den Menschenaffen, der die Weibchen an sich reißt, ist das Alter ein absolutes Übel, das ihn der Gnade seiner Artgenossen ausliefert und ihn daran hindert, sich gegen die Aggressionen von außen zu verteidigen. Es führt zu einem brutalen Tod oder zu einsamem Dahinsiechen. Wohingegen in den menschlichen Gemeinschaften diese natürliche Geißel, das Alter, integriert ist in eine Zivilisation, die immer, sei es auch nur in ganz schwachem Maße, den Charakter einer *Antiphysis* trägt und folglich ihren Sinn wesentlich ändern kann. So ergreifen in gewissen Gesellschaften die alten Männer zu einem Zeitpunkt Besitz von den Frauen, da sie ihre physische Kraft verloren haben, und zwar dank eines Prestiges, das sie gegen die Gewalt schützt.

Doch wie auch immer der Zusammenhang beschaffen sein mag, die biologischen Gegebenheiten bleiben bestehen. Für jeden Menschen zieht das Alter eine Minderung nach sich, die er fürchtet. Sie widerspricht dem männlichen oder weiblichen Ideal, das die Jungen und die Erwachsenen sich zu eigen machen. Die spontane Haltung ist, sie abzuwehren, soweit sie sich als körperliche Behinderung, Häßlichkeit, Krankheit definiert. Das Alter der anderen löst auch einen unmittelbaren Widerwillen aus. Diese elementare Reaktion besteht selbst da, wo die Sitten sie zurückdrängen. Das ist der Ursprung eines Widerspruchs, für den wir zahlreiche Beispiele finden werden.

Jede Gesellschaft ist bestrebt zu leben, zu überleben; sie preist die Kraft, die Fruchtbarkeit, die mit der Jugend verbunden sind; sie fürchtet die Abnutzung und Sterilität des Alters. Das geht, unter anderem, aus den Arbeiten von Frazer hervor. In vielen Gemeinschaften verehrt man, wie er sagt, das Oberhaupt als eine Inkarnation der Gottheit, die nach seinem Tod in den Körper seines Nachfolgers übergeht; aber wenn sie dann durch das Alter geschwächt ist, kann sie die Gemeinschaft nicht mehr wirksam beschützen: das Oberhaupt muß also getötet werden, ehe der Verfall beginnt. So erklärt Frazer den Mord an dem Priester von Nemi in der Antike sowie jenen, den die Schilluk am Weißen Nil noch zu Beginn unseres Jahrhunderts praktizierten: bei den ersten Anzeichen von Krankheit, Schwäche, Impotenz wurde das Oberhaupt getötet.[1] Ebenso tötete man den Hohepriester des Kongo, den Chitume, sobald seine Gesundheit nachzulassen schien; wenn er auf natürliche Weise nach dem Verfall seiner Kräfte verschieden wäre, so würde der Gott mit ihm gestorben und die Welt im selben Augenblick untergegangen sein. In gleicher Weise verfuhr man mit dem König von Calicut. Bei voller Kraft getötet, hinterläßt das Oberhaupt seinem Nachfolger eine starke Seele.

Nach Frazer verleiten ähnliche Anschauungen die Alten auf den Fidschi-Inseln und an mehreren anderen Orten dazu, sich freiwillig den Tod zu geben: sie glauben, in demselben Alter weiterzuleben, das sie bei ihrem Abgang von dieser Welt hatten; deshalb warten sie nicht den Verfall ab, der sonst in alle Ewigkeit ihr Los wäre.

Mit diesen Bräuchen ist auch das «lebendige Begräbnis» in Parallele zu setzen, das verschiedenen Beobachtungen zufolge die Dinka – ein etwa 900 000 Menschen umfassendes Volk im Süden des Sudan – praktizieren. Manche Greise, deren Rolle für das Gemeinwesen so wichtig ist, daß man glaubt, seine Existenz hänge von ihnen ab – Regenmacher, Meister der Fischlanze –, werden, sobald sie Zeichen der Schwäche erkennen lassen, lebendig begraben, und zwar im Verlauf einer Zeremonie, an der sie freiwillig teilnehmen. Man glaubt, wenn sie ihren letzten Atem auf natürliche Weise aushauchen, anstatt ihn im Innern

1 Evans Pritchard bestreitet Frazers Interpretation. Er behauptet, das Volk sei in zwei Regionen gespalten, den Süden und den Norden; in jeder existiere ein Königshaus, und der König werde abwechselnd aus dem einen und dem andern gewählt. Er sei die Inkarnation des großen Ahnherrn, in dem sich die Interessen der alten Teile der Nation vereinen. In der Idee des Königsmordes manifestiere sich im Gegenteil die Zersplitterung der Gesellschaft. Sie bedeute, daß man jedes Unheil, das über das Land hereinbricht, einer Verminderung der Macht des Königs zuschreibe und daß man einen Prinzen der anderen Linie ermutige, sich gegen ihn zu erheben. Tatsächlich finden Rebellionen statt, wenn eine Katastrophe eintritt und der König eines gewaltsamen Todes stirbt. Das Königtum verkörpert einen Widerspruch zwischen Amt und Person, der durch den traditionellen Königsmord gelöst werde. Diese Erklärung ist umfassender als die von Frazer, aber sie widerlegt sie nicht. Die Schwäche ist nicht unbedingt mit dem Alter verbunden: dieses kann vorgeschoben werden, um die Rebellion zu rechtfertigen, deren konstante Möglichkeit in der gesellschaftlichen Organisation begründet ist. Ungeachtet dessen ist bei beiden Thesen das Alter mit einem negativen Zeichen behaftet.

ihres Körpers zu bewahren, würde das Leben der Gemeinschaft mit ihnen erlöschen. Die Totenfeiern hingegen sind für die Gesamtheit eine Art Wiedergeburt, eine Verjüngung des Lebensprinzips.

Das Dahingehen der Zeit führt zu Verschleiß und Verfall; diese Überzeugung äußert sich in den Regenerationsmythen und -riten, die eine so große Rolle in allen auf Wiederholung gegründeten Gesellschaften spielen: in der Antike, bei den primitiven Völkern und selbst bei fortgeschritteneren ländlichen Gesellschaften. Kennzeichnend für sie ist, daß die Technik bei ihnen keine Fortschritte macht; das Verstreichen der Zeit wird nicht begriffen als Ankündigung einer Zukunft, sondern als Entfernung von der Jugend; diese gilt es wiederzuerlangen. Viele Mythologien unterstellen, daß die Natur und das Menschengeschlecht nur deshalb die Kraft besäßen, zu leben und fortzudauern, weil ihnen zu einem bestimmten Zeitpunkt die Jugend wiedergegeben worden sei: die alte Welt wurde vernichtet und diese neue ging daraus hervor. Das glaubten auch die Babylonier: eine Sintflut habe die Menschheit verschlungen, und die aus den Fluten auftauchende Welt sei aufs neue bevölkert worden. Der Mythos findet sich auch in der Bibel. Noah beginnt wieder wie Adam, die Tiere der Arche sind wie die im Paradies, und der Regenbogen bezeichnet den Anfang einer neuen Ära. Die Völker, die heute im Umkreis des Pazifik leben, glauben, daß die Erde infolge eines rituellen Fehlers überschwemmt wurde. Der Clan schreibt seinen Ursprung einem legendären Wesen zu, das der Katastrophe entrinnen konnte. Ihr von den Überschwemmungen des Nils periodisch fruchtbar gemachtes Land gab den Ägyptern die Idee einer fortwährenden Regeneration ein: Osiris, der Gott der Fruchtbarkeit, starb jedes Jahr mit der Ernte und wurde wieder geboren, wenn das Getreide zu sprießen begann, mit der ganzen frischen Kraft einer unbegrenzt wiedererstehenden Jugend.[1]

Zahlreiche Riten hatten oder haben noch zum Zweck, die in einem bestimmten Zyklus abgelaufene Zeit auszulöschen: man kann dann aufs neue ein vom Gewicht der Jahre befreites Dasein beginnen. Bei den Babyloniern wurde während der Feiern zum Neuen Jahr das Schöpfungsgedicht gelesen. Die Hethiter aktualisierten den Kampf zwischen der Schlange und dem Gott Teshup sowie den Sieg, der es diesem ermöglichte, die Welt zu ordnen und zu regieren. Vielerorts wird das Ende des alten Jahres mit Festen begangen, durch die man es liquidiert: man verbrennt sein Bildnis; man löscht die Feuer und entzündet neue; man entfesselt Orgien, die das ursprüngliche Chaos wiederbringen. Der Umsturz der gesellschaftlichen Hierarchien, die Saturnalien, zielten ebenfalls auf die Negation der etablierten Ordnung ab: die Gesellschaft, die Welt lösen sich auf; dann erschafft man sie in ihrer ursprünglichen Frische wieder. Diese Feste finden sowohl im Laufe des Jahres als auch an seinem Beginn statt: die

1 Von einem goldenen Zeitalter träumend, in dem das Menschengeschlecht dem Tod entrinnt, glaubten die Bambara, das Leben sei eine ständige Rückkehr des Alters zur Kindheit. Die Alten kletterten auf einen heiligen Baum und öffneten sich die Adern. Des Blutes entleert, stiegen sie wieder herab. Die Jungen rissen ihnen die Haare aus und schlugen sie. Dabei verlören sie das Bewußtsein und würden wieder zu 7jährigen Kindern.

Frühlingsfeste verleihen dieser Jahreszeit den Sinn einer kosmischen Verjüngung. Der Regierungsantritt eines Herrschers wird häufig als der Beginn einer neuen Ära angesehen. Wenn der Kaiser von China den Thron bestieg, legte er einen neuen Kalender fest: die alte Ordnung brach zusammen, eine andere wurde geboren. Die Idee der Regeneration erklärt in Japan einen der Bräuche des Schinto-Kultes: die Schinto-Tempel müssen von Zeit zu Zeit völlig erneuert, ihr Mobiliar und ihre Dekoration vollständig ausgewechselt werden. So baut man insbesondere den großen Tempel von Ise, den kultischen Mittelpunkt der Religion, alle 20 Jahre neu auf; seit der ersten Kulthandlung, die Kaiserin Jito (686-689) vornahm, wurde er neunundfünfzigmal umgestaltet, ebenso wie die zu ihm führende große Brücke und die vierzehn Nebentempel. Die Schinto-Tempel bekunden sehr wirksam die Beziehung der Blutsverwandtschaft, die den einzelnen mit der gesamten Welt verbindet: das Gebäude neu zu bauen, bedeutet zu verhindern, daß die Zeit diese Verbindung schwächt. Noch bezeichnender sind die von Frazer beschriebenen Zeremonien, bei denen Gemeinschaften vorgaben, das Alter aus ihrer Mitte zu vertreiben. In Italien, Frankreich, Spanien schritt man am vierten Fastensonntag zum «Zersägen der alten Frau»; man tat so, als zersägte man wirklich eine alte Frau in zwei Teile. Die letzte dieser falschen Exekutionen fand 1747 in Padua statt. In anderen Fällen verbrannte man tatsächlich Puppen, die Greise darstellten.

Auf mythischer Ebene fürchten also die auf Wiederholung gegründeten Gesellschaften die Abnutzung der Natur und der Einrichtungen und wehren sich dagegen. Sie wollen nicht einer neuen Zukunft entgegengehen, sondern eine verehrte Vergangenheit, nach der sie die Gegenwart formen, unversehrt erhalten, indem sie sie rituell unaufhörlich neu beleben.

Das Problem liegt ganz anders, wenn die Gemeinschaft es mit Wesen aus Fleisch und Blut zu tun hat: mit ihnen muß sie reale Beziehungen herstellen. Das Alter ist verabscheuungswürdig, man stößt es aus. Aber wenn der Alte nicht das Altern der Gruppe zum Ausdruck bringt – was im allgemeinen der Fall ist –, gibt es a priori keinen Grund, ihn zu beseitigen. Sein Status wird sich empirisch nach den Umständen richten. Durch das Alter unproduktiv geworden, stellt er eine Last dar. Aber wie ich bereits sagte, entscheidet in gewissen Gesellschaften der Erwachsene, indem er das Schicksal der Alten bestimmt, über seine eigene Zukunft; er trägt seinem Interesse auf lange Sicht Rechnung. Es kann auch sein, daß eine sehr starke Zuneigung ihn an seine alten Eltern bindet. Andererseits hat der alte Mensch mit den Jahren Fähigkeiten erworben, die ihn sehr nützlich machen können. Die primitive menschliche Gesellschaft bedarf, da sie komplizierter ist als Tiergemeinschaften, noch dringender eines Wissens, das nur die mündliche Tradition weiterreichen kann. Wenn der alte Mensch dank seines Gedächtnisses Träger des Wissens ist, wenn er die Erinnerung an die Vergangenheit bewahrt, flößt er Achtung ein. Schließlich steht er mit einem Bein bereits in der Welt der Toten: das prädestiniert ihn für die Rolle des Vermittlers zwischen Erde und Jenseits; und das verleiht ihm auch furchterregende Macht. Diese Faktoren fallen ins Gewicht, um seinen Status zu bestimmen. Im übrigen sei festgestellt, daß bei den Primitiven nur wenige 65 Jahre alt werden: ihre Zahl überschreitet selten 3 % der Bevölkerung. Im allgemeinen gelten die 50jährigen als alt, ja sogar als sehr alt. In diesem Kapitel bezeichne ich als Alte diejenigen, die die Gemeinschaft für solche hält und die es in den meisten Fällen biologisch auch sind.

Um ihre Stellung zu untersuchen, werde ich mich auf die Arbeiten der Ethnologen stützen. Ich habe im wesentlichen die *Human Relation Area Files* benutzt, die mir das Laboratorium für soziale Anthropologie freundlicherweise zur Verfügung stellte. Die dort gesammelten Informationen sind manchmal sehr alt, manchmal unvollständig oder von zweifelhaftem Wert. Hier ist also Vorsicht geboten. Nur wenige Beobachter übernehmen, wenn sie eine Gemeinschaft beschreiben, deren Wertmaßstäbe. Sie sehen und beurteilen sie aus der Sicht ihrer eigenen Zivilisation, ohne sich vorzustellen, daß man von deren Normen und Gebräuchen absichtlich abweichen kann. Und auch nur wenige Beobachter fassen ihre Feststellungen, wenn es um das Alter geht, systematisch zusammen: es interessiert sie nicht sonderlich; oft liefern sie unverständliche, wenn nicht gar widersprüchliche Angaben. Ich werde versuchen, die Hinweise, die wir über die Stellung der Alten besitzen, mit der Gesamtstruktur der Gemeinschaft in Beziehung zu setzen. Ich weiß, daß eine Mustersammlung leicht willkürlich erscheinen kann, aber die Statistik ist es nicht weniger: sie erhellt nichts. Während man durch Vergleiche und Gegenüberstellungen wenigstens hoffen kann, kennzeichnende Bezüge aufzudecken.

Die Lebensbedingungen bringen es mit sich, daß die Naturvölker entweder Sammler, Jäger, Viehzüchter oder Bauern sind; bei den beiden ersten Kategorien handelt es sich um Nomaden, bei der dritten um seßhafte Völker; es gibt auch Halbnomaden, Viehzüchter mit verschiedenen Festpunkten, Bauern, die nacheinander verschiedene Teile des Waldes roden. Ich werde sie nach Arbeitsmethoden und Umwelt klassifizieren, nicht nach ihrer geographischen Lage: die Analogien zwischen den Sammlern in Australien und Afrika sind größer als die zwischen afrikanischen Sammlern und afrikanischen Bauern.

Oft besteht eine erhebliche Diskrepanz zwischen den Mythen einer Gemeinschaft und ihren tatsächlichen Gepflogenheiten. Dieser Umstand ist besonders frappierend hinsichtlich der Rolle der Alten in den primitiven Gesellschaften. Gerade die am stärksten benachteiligten Völker preisen in ihren Mythen oft das Alter. Bei den Eskimos berichten zahlreiche Legenden von der wunderbaren Rettung eines Gesetzes: eine gräßliche Strafe erwartet jene, die sich seiner entledigen wollten. In anderen Erzählungen werden die Alten als mächtige Zauberer, Erfinder, Heiler beschrieben. Häufig stellen die Naturvölker die Götter als große Alte voller Kraft und Weisheit dar. Bei den Eskimos ist die Göttin Nerwik eine uralte Frau, die mit den Geistern der Toten unter dem Wasser haust; manchmal weigert sie sich, die Seehundjäger zu retten, bis ein Schamane kommt und ihr das Haar kämmt. Anderswo herrscht eine alte Frau über die Winde. Bei den Hopi ist es eine alte Spinnenfrau, die das Handwerk erfunden hat. Beispiele gibt es zur Genüge. Aber wir werden sehen, daß diese Fabeln keinerlei Auswirkungen auf die Praxis haben.

Extreme Armut verleitet zu Unbesorgtheit: die Gegenwart beherrscht alles, man opfert ihr die Zukunft. Wenn das Klima hart ist, die Umstände schwierig, die Mittel ungenügend sind, gleicht das Alter der Menschen oft dem der Tiere. Das galt zum Beispiel für die Jakuten, die im Nordosten Sibiriens ein halbnomadisches Leben führten; sie züchteten Vieh und Pferde; die Winter waren eisig, die Sommer glühendheiß. Die meisten von ihnen litten ihr Leben lang Hunger.

In dieser rudimentären Zivilisation konnten Wissen und Erfahrung nichts ausrichten. Eine Religion gab es kaum. Die Magie spielte eine wichtige Rolle: der Schamanismus stand in hoher Blüte.[1] Schamanische Offenbarung und Einweihung finden im allgemeinen in jungen Jahren statt: aber die erworbenen Fähigkeiten lassen im Laufe der Zeit nicht nach. Unter den alten Menschen achtete man lediglich die Schamanen. Die Familie war patriarchalisch. Der Vater besaß die Herden. Er übte eine absolute Autorität über seine Kinder aus, konnte sie verkaufen oder töten; vor allem der Mädchen entledigte man sich oft. Wenn der Sohn seinen Vater beleidigte oder ihm nicht gehorchte, enterbte ihn dieser. Solange der Vater stark blieb, tyrannisierte er seine Familie. Kaum ließen seine Kräfte nach, entrissen ihm die Söhne seinen Besitz und verurteilten ihn mehr oder weniger zum Sterben. Da sie in der Kindheit mißhandelt worden waren, hatten sie keinerlei Mitleid mit ihren alten Eltern. Ein Jakute, dem man vorwarf, seine Mutter schlecht zu behandeln, antwortete: «Soll sie doch weinen! Soll sie Hunger leiden! Sie hat mich mehr als einmal zum Weinen gebracht und mir mein Essen mißgönnt. Sie hat mich wegen Nichtigkeiten geschlagen.» Trostschansky zufolge, der 20 Jahre in der Verbannung bei den Jakuten lebte, wurden die Alten aus dem Hause verjagt und zur Bettelei verurteilt; oder die Söhne machten sie zu Sklaven, schlugen sie und zwangen sie zu harter Arbeit. Ein anderer Beobachter, Sieroschevski, berichtet: «Selbst in wohlhabenden Häusern sah ich lebendige Skelette, verrunzelt, halb oder ganz nackt, verkrochen in Winkeln, aus denen sie nur, wenn kein Fremder da ist, hervorkommen, um sich am Feuer zu wärmen und den Kindern Essensreste streitig zu machen.» Noch schlimmer erging es entfernten Verwandten. «Sie lassen uns langsam an Kälte und Hunger in einem Winkel sterben, nicht wie Menschen, sondern wie Tiere.» Um diesem entsetzlichen Schicksal zu entgehen, baten sie ihre Söhne oft, sie mit einem Messerstich ins Herz zu töten. Nahrungsmittel, niedriges kulturelles Niveau, Haß auf die Eltern, hervorgerufen durch patriarchalische

1 Die Grenze zwischen Magie und Religion ist ziemlich fließend. Beide geben vor, übernatürliche Kräfte zu beherrschen. Mauss zufolge benutzt die Religion diese immer nur für das Wohl der Gemeinschaft; die Magie hat oft eine soziale Dimension, aber sie kann auch die übernatürlichen Mächte umleiten zugunsten eines Menschen, der fähig ist, sie für sich zu gewinnen – manchmal in unheilvoller Weise. Nach Lévi-Strauss ist die Religion eine Humanisierung der Naturgesetze, die Magie eine Neutralisierung der menschlichen Handlungen: das sind zwei stets gemeinsam gegebene Komponenten, bei denen lediglich die Gewichtsverteilung variiert. Jede Magie enthält mindestens ein Körnchen Religion. Das Übernatürliche existiert nur für eine Menschheit, die sich selbst übernatürliche Kräfte beimißt und der Natur die Kräfte ihrer Übermenschlichkeit verleiht.

Strenge: alles verschwor sich gegen die Alten.

Bevor die Ainu von der japanischen Kultur beeinflußt wurden, stieß man bei ihnen auf eine ähnliche Situation. Auch ihre Gesellschaft stand auf sehr rudimentärer Stufe; das Klima war kalt und ihre Nahrung – auf der Grundlage roher Fische – unzureichend. Sie schliefen auf der Erde, besaßen wenige Gerätschaften, jagten Bären und fischten. Die Erfahrung der alten Leute nützte ihnen wenig. Ihre Religion war ein grober Animismus: kein Tempel, kein Kult; man begnügte sich damit, zu Ehren der Götter Weidenzweige aufzurichten, die man inao nannte und für heilig hielt. Sie kannten einige Lieder, aber weder Feste noch Feiern. Ihre hauptsächlichste und fast einzige Zerstreuung war, daß sie sich betranken. Die Alten hatten also keine Traditionen zu überliefern. Die Mütter vernachlässigten ihre Kinder, die nach der Pubertät nicht mehr die geringste Anhänglichkeit zeigten. Wenn die Eltern alt wurden, vernachlässigte man sie ebenfalls. Die Frauen behandelte man ihr ganzes Leben lang wie Parias, sie arbeiteten schwer und durften nicht an den Gebeten teilnehmen, mit zunehmenden Jahren verschlechterte sich ihr Los. Landor[1] berichtet von einem Besuch, den er 1893 in einer Hütte machte: «Als ich näher trat, entdeckte ich ein Gewirr von weißen Haaren und zwei Klauen, beinahe wie magere menschliche Füße, mit langen, gebogenen Krallen; auf dem Boden lagen ein paar Gräten verstreut, und in der Ecke türmte sich der Schmutz; der Gestank war entsetzlich. Ich vernahm ein Atmen unter diesem Gewirr von Haaren. Ich berührte sie, schob sie auseinander, da streckten sich mir mit einem Grunzen zwei schwache, knochige Arme entgegen und ergriffen meine Hand ... sie bestand nur noch aus Haut und Knochen, und ihre langen Haare, ihre langen Nägel machten sie erschreckend ... Sie war fast blind, taub, stumm und litt offenbar unter Rheumatismus, durch den ihre Arme und Beine steif geworden waren; sie hatte Lepranarben. Ihr Anblick war gräßlich, abstoßend, unmenschlich. Von dem Dorf oder von ihrem Sohn, der in der gleichen Hütte lebte, wurde sie weder mißhandelt noch gepflegt, sie war einfach ein ausgedienter Gegenstand und wurde dementsprechend behandelt; von Zeit zu Zeit warf man ihr einen Fisch hin.»

Wenn die Armut extrem ist, wird sie ein bestimmender Faktor: sie erstickt die Gefühle. Die Sirionó, die im bolivianischen Urwald leben, töten niemals ihre Neugeborenen, obwohl viele von ihnen mit Klumpfüßen zur Welt kommen; sie lieben ihre Kinder, die diese Zuneigung erwidern. Doch dieser halbnomadische Volksstamm leidet ständig unter Hunger. Seine Angehörige leben als Wilde, praktisch nackt, ohne Zierat, ohne Geräte; sie schlafen in Hängematten, fertigen Bogen an, aber sie besitzen keine Kanus und bewegen sich zu Fuß fort. Sie können nicht einmal mehr ein Feuer anzünden, deshalb nehmen sie es auf ihren Wanderungen mit. Sie haben auch keine Haustiere. In der Regenzeit hausen sie in staubigen Erdhöhlen; sie bauen einige Pflanzen an, essen aber vor allem wildwachsende Gemüse und Früchte. In der trockenen Jahreszeit fischen

1 *Alone With the Hairy Ainu.* Das Buch von Batchelor, wohlwollender als das von Landor, zeichnet von den Ainu ungefähr das gleiche Bild.

und jagen sie. Sie haben keine Mythen, keine Zauberei, sie können weder zählen noch die Zeit messen. Sie besitzen keine soziale oder politische Organisation; niemand spricht Recht. Sie streiten sich fürchterlich wegen Nahrungsfragen: jeder kämpft um sein Leben. Dieses Dasein ist so mühevoll, daß vom 30. Lebensjahr an die Kräfte nachlassen; mit 40 Jahren ist jeder verbraucht. Dann beginnen die Kinder ihre Eltern zu vernachlässigen; bei den Essenszuteilungen vergessen sie sie. Die alten Leute gehen langsam, sie behindern die Wanderungen. Holmberg erzählt vom Vorabend eines allgemeinen Aufbruchs: «Meine Aufmerksamkeit wurde auf eine alte Frau gelenkt, die krank in einer Hängematte lag, zu krank, um sprechen zu können. Ich fragte das Oberhaupt des Dorfes, was man mit ihr zu tun gedächte. Er verwies mich an ihren Mann, der mir sagte, man würde sie hier sterben lassen ... Am nächsten Tag brach das ganze Dorf auf, ohne sich von ihr auch nur zu verabschieden ... Drei Wochen später ... fand ich die Hängematte und die sterbliche Hülle der Kranken.»

Der etwa 127 000 Angehörige umfassende Stamm der Fang im nördlichen Teil von Gabun ist zwar nicht so arm wie die Sirionó, lebt aber größtenteils dennoch in Unsicherheit. Von den Weißen mehr oder weniger zum Christentum bekehrt und zivilisiert, befinden sie sich in einer Übergangsphase zwischen den Sitten, die sie aufgegeben haben, die ihnen auch nicht mehr entsprechen, und einer modernen Ethik, die noch nicht ausgebildet ist.

Lange Zeit bestritten sie ihren Lebensunterhalt durch kriegerische und wirtschaftliche Eroberungen: die politische Macht lag in den Händen der Alten, aber die Feldzüge leitete ein Rat von Jungen. Die Mobilität, die diese voraussetzten, verhinderte das Entstehen einer hierarchischen Organisation, und so bilden sie noch heute eine Gesellschaft, in der die Oberhäupter unaufhörlich wechseln. Der Stamm ist auf mehrere Dörfer verteilt, die häufig ihren Standort wechseln. Gegenwärtig sind ihre Haupttätigkeiten Jagd und Fischfang. Es gibt auch seßhafte Bauern, die vorwiegend Kakao anbauen und sich eines gewissen Wohlstands erfreuen. In allen diesen Gemeinschaften werden die Reichsten am meisten verehrt. Ihre Religion – vom Christentum weitgehend zerstört – beruhte auf einem Ahnenkult, den man mittels ihrer in einem Korb aufbewahrten Schädel ausübte; der Besitz des Korbes verlieh die Macht; dieser Besitz wird erlangt durch Vererbung oder durch geistige und sittliche Fähigkeiten; das Alter galt als ein Vorzug, aber in geringerem Maße als die erwähnten Fähigkeiten und nur, wenn es nicht zu hoch war. Familienoberhaupt ist der älteste der arbeitsfähigen Erwachsenen. Die alten Verwandten leben bei ihm und behalten eine gewisse moralische Autorität, solange sie «richtige Männer» und «richtige Frauen» bleiben. Indessen haben die Frauen nie sehr viel davon: sie sind reine Reproduktions- und Produktionsinstrumente; im Alter fürchtet man sich vor denen, die man für Hexen hält, was sich möglicherweise gegen sie kehrt. Ihr Abstieg beginnt frühzeitig: sobald sie keine Kinder mehr bekommen können. Wohingegen der Mann um die Fünfzig seinen Höhepunkt erreicht, wenn ihm Enkel geboren werden und unter seinem Dach leben. Sobald jedoch ihre Kräfte nachlassen, verlieren die Alten jegliches Ansehen. Die Fang glauben, daß das menschliche Leben von der Kindheit bis zur Reife eine aufsteigende Linie bildet; dann sinkt sie auf den tiefsten Stand ab, um nach dem Tod wieder anzusteigen. Reichtum, magisches Wissen können den Altersverfall kompensieren. Aber insgesamt gesehen sind die Alten vom öffentlichen Leben ausgeschlossen; sie führen ein Dasein am Rande, man erweist ihnen keinerlei Achtung. Man verachtet die Hinfälligen und Altersschwachen sogar bis zu dem Grade, daß man nach ihrem Tod ihren Schädel nicht einmal bei den Kultfeiern verwendet. Wenn sie keine Kinder haben, ist ihr Los sehr hart. Selbst bei den zum Christentum Bekehrten führen sie ein erbärmliches Leben, vor allem die Witwen. Früher setzte man sie während der Wanderungen im Urwald aus. Wenn heute ein Dorf seinen Standort wechselt, was häufig vorkommt, läßt man sie einfach völlig hilflos zurück. Sie nehmen ihr Schicksal hin, und man sagt, sie scherzen sogar noch darüber. Manche bezeichnen sich als «lebensmüde» und lassen sich lebendig verbrennen. Zuweilen sind es auch die Erben, die sich ihrer entledigen.

Die Thonga sind keine Nomaden; dieser Bantustamm lebt an der Ostküste Südafrikas, auf dürrem Land. Die Bevölkerung ist verstreut. Der Boden gehört dem Häuptling, der ihn an die Mitglieder der Gemeinschaft verteilt; jeder ist uneingeschränkter Herr über die Früchte der Arbeit, die er selbst leistet oder von seinen Frauen ausführen läßt, denn viele Aufgaben sind gemäß dem Ritus den Frauen vorbehalten. Sie bauen Mais, Früchte, Gemüse an, züchten Rinder und Ziegen, gehen auf Jagd und Fischfang. In geringem Umfang fertigen sie Holzschnitzereien und Töpferwaren an. Ihre Folklore umfaßt Tänze und Gesänge. Sie kennen Perioden des Überflusses, aber auch Hungersnöte infolge von Überschwemmungen oder Heuschreckenschwärmen. Die Mahlzeiten werden gemeinsam eingenommen, wobei sich zuerst die Ehemänner, dann die Kinder und zuletzt die Frauen bedienen; im Prinzip teilt man mit den Gebrechlichen und den Alten. Diese werden wenig geachtet. Wirtschaftlich mittellos, flößen sie kaum Zuneigung ein. Die Kinder leben vom 3. bis zum 14. Lebensjahr bei den Großeltern, die sie aufs Geratewohl aufwachsen lassen; sie sind stets hungrig, sie stehlen, und die Initiation der Knaben ist eine sehr strenge Prüfung. Danach leben die jungen Leute beider Geschlechter zusammen in einer ihnen vorbehaltenen Hütte. Sie haben wenig Verbindung mit ihren Eltern und keinerlei Sympathien für die Generation, die sie so nachlässig großgezogen hat. Erwachsen geworden, benehmen sie sich den alten Leuten gegenüber rüpelhaft. Auch die Kinder, gezwungen, mit ihren Großeltern zusammenzuleben, mögen die Alten nicht: sie spotten über sie und essen ihnen ihre Anteile weg. Die Thonga haben kaum eine kulturelle und religiöse Tradition: das Gedächtnis der Alten ist zu nichts nütze. Die Religion ist rudimentär. Der älteste Bruder bringt in der Familie den Ahnen Opfer dar, die sich manchmal im Traum zeigen und die man mittels ‹Wahrsageknochen› befragt. Alte Frauen singen und tanzen bei bestimmten Feierlichkeiten, häufig in obszöner Weise. Sie sind nicht mehr gewissen Tabus unterworfen: nur sie und Mädchen vor der Pubertät dürfen das Fleisch des zum Opfer getöteten Hirsches essen. Sowohl die einen wie die anderen entgehen dem Fluch ihres Geschlechtes, ohne dabei der Gemeinschaft der Männer anzugehören. Auf Grund dieser Sonderstellung braucht die alte Frau gewisse übernatürliche Gefahren nicht zu fürchten: so wendet man sich an sie, um das Dorf und die Waffen der Krieger zu ‹reinigen›. Aber wenn sie den Boden nicht mehr bestellen kann – sie hält verbissen daran fest, bis ihre Kräfte sie im Stich lassen –, wird sie eine Last, man verachtet ihre Hinfälligkeit. Bei den Feierlichkeiten zelebrieren oft alte Männer; das reicht aber nicht aus, ihnen Respekt zu verleihen. Am höchsten geachtet sind bei den Thonga die Dicksten, Stärksten, Reichsten; um zu Reichtum zu gelangen, heiratet man mehrere Frauen, denn diese sind es vor allem, die arbeiten; dann hat der Ehemann reichlich Nahrung zur Verfügung, er richtet Festmahle für seine Kinder aus, empfängt Fremde, wird bewundert, geehrt und hat großen Einfluß. Doch wenn einem Mann alle Frauen gestorben sind, wenn er runzlig, ausgezehrt, schwach und arm ist, sieht man in ihm nur noch etwas Nutzloses und eine Last, die man ungeduldig erträgt. Nur die wenigsten finden bei ihren Kindern ein wenig Entgegenkommen. Insgesamt ist ihre Lage sehr unglücklich, und sie beklagen sich darüber. Wenn das Dorf den Standort wechselt, läßt man die Alten zurück. In Kriegszeiten sterben sie in großer Zahl. Wenn die anderen in Augenblicken der Panik fliehen, verstecken sie sich in den Wäldern; entweder werden sie von den Feinden entdeckt und niedergemetzelt oder sie verhungern.

Dennoch, die meisten Gesellschaften lassen die Alten nicht wie Tiere verenden.[1] Man umgibt ihren Tod mit einem Zeremoniell und holt sich ihre Zustimmung ein oder tut zumindest so. So war es zum Beispiel bei den Korjaken [2], die im nördlichen Sibirien unter ebenso strengen Bedingungen wie die Jakuten lebten. Ihr einziges Vermögen bestand in den Renherden, mit denen sie durch die Steppe zogen; die Winter sind hart, die langen Märsche erschöpfen die alten Leute. Es kam selten vor, daß jemand noch weiterleben wollte, nachdem ihn seine Kräfte verlassen hatten. Man tötete die Alten, wie man auch die unheilbar Kranken tötete. Das erschien den Korjaken so natürlich, daß sie sich sogar mit ihrer Geschicklichkeit brüsteten und die Stellen des Körpers nannten, wo ein Lanzen- oder Messerstich tödlich wirkt. Die Ermordung fand nach langen, komplizierten Zeremonien in Anwesenheit der ganzen Gemeinschaft statt.

Bei dem sibirischen Stamm der Tschuktschen, die Beziehungen zu weißen Händlern unterhielten, hatten die ausschließlich vom Fischfang Lebenden unter ihnen große Ernährungsschwierigkeiten. Sie töteten mißgestaltete Kinder oder solche, die schwer großzuziehen schienen, gleich nach der Geburt. Einige Alte, denen es gelungen war, sich durch Handel ein kleines Kapital zu beschaffen, wurden geachtet. Die anderen empfand man als Last, und ihr Dasein war so mühselig, daß sie sich leicht dazu überreden ließen, den Tod zu wählen. Man veranstaltete ihnen zu Ehren ein großes Fest, an dem sie teilnahmen: man aß

1 In seinem 1945 veröffentlichten Sammelwerk – *The Role of the Aged in Primitive Society* – weist Simmons darauf hin, daß von 39 unter diesem Gesichtspunkt untersuchten Stämmen 18 die Alten vernachlässigten und aussetzten, und zwar nicht nur Nomaden, sondern auch seßhafte Gemeinwesen.

2 Über die heutige Lage der in Sibirien lebenden Primitiven sind wir sehr schlecht unterrichtet.

Seehundfleisch, trank Branntwein, sang und schlug die Trommel. Dann schlich sich der Sohn oder ein jüngerer Bruder hinter den zum Tod Verurteilten und erwürgte ihn mit einer Seehundsgräte.

Bei den Hopi, den Stämmen Creek- und Krähen-Indianer sowie bei den südafrikanischen Buschmännern war es Sitte, die Alten in eine eigens zu diesem Zweck abseits des Dorfes errichtete Hütte zu bringen, ihnen ein wenig Wasser und Essen mitzugeben und sie dann ihrem Schicksal zu überlassen. Bei den Eskimos, deren Mittel sehr beschränkt sind, überredet man die Alten, sich draußen in den Schnee zu legen und dort auf den Tod zu warten; oder man läßt sie bei einem Fischzug im Packeis zurück oder schließt sie in einem Iglu ein, wo sie erfrieren. Die Eskimos von Angmagssalik in Grönland pflegten freiwillig in den Tod zu gehen, wenn sie sich als Belastung für die Gemeinschaft empfanden. Sie legten eines Abends eine Art öffentlicher Beichte ab, bestiegen dann zwei oder drei Tage später ihr Kajak und verließen das Land, um nicht mehr zurückzukehren.[1] Paul-Émile Victor erzählt von einem gebrechlichen Alten, der zu schwach war, um noch in sein Kajak zu steigen; er bat darum, ins Meer geworfen zu werden, da das Ertrinken als kürzester Weg zum Jenseits galt. Seine Kinder fügten sich dem Wunsch, aber seine Kleider trugen ihn, und er schwamm auf der Oberfläche. Eine seiner Töchter, die ihn sehr liebte, sagte zärtlich zu ihm: «Vater, tauche den Kopf ein, dann ist der Weg kürzer.»

Viele Gemeinschaften respektieren die alten Menschen, solange sie noch klar im Kopf und rüstig sind, entledigen sich ihrer jedoch, wenn sie hinfällig und kindisch werden. Das gilt zum Beispiel für die Hottentotten, die in Afrika ein halbnomadisches Leben führen. Jede Familie besitzt ihre Hütte, ihre Herden, und die Bande zwischen den Mitgliedern sind sehr eng. Die Worte «Großvater» und «Großmutter» sind Ausdrücke der Freundschaft, die man auch außerhalb jeder verwandtschaftlichen Beziehung gebraucht; Sagen und Märchen bezeugen die Ehrerbietung, die man den alten Menschen erweist. Die Hottentotten verfallen sehr frühzeitig: mit 50 Jahren sind sie schon alt. Dann können sie nicht mehr arbeiten und werden unterhalten. Ihre Erfahrung, ihr Wissen kommen der Gemeinschaft zugute. Sie werden vom Rat befragt, der ihre Meinung berücksichtigt. Ihr Alter schützt sie vor den übernatürlichen Mächten, was ihnen erlaubt, im sozialen Leben eine besondere und sehr wichtige Rolle zu spielen. Vor allem stehen sie den Übergangsriten vor. Ein Mensch, der sich in einer Übergangssituation befindet – kürzliche Verwitwung, Rekonvaleszenz –, gehört keiner Gruppe mehr an; er ist in Gefahr und gefährlich, er ist *inau*. Nur jemand, der alle Lebensalter durchschritten hat, der jenseits von Gut und Böse ist, kann sich ihm unbeschadet nähern und ihn wieder in die Gemeinschaft zurückführen. Dazu muß er allerdings derselben Kategorie angehören wie der *inau*: der Witwer wird sich des Witwers annehmen; der schwer Erkrankte und Genesene des Rekonvaleszenten. Für die Initiation der Heranwachsenden sind alle alten Leute qualifiziert. So bleibt dank den Alten der Zusammenhalt der Gemeinschaft gewahrt; nichtsdestoweniger vernachlässigt

1 Nach R. Gessain.

man sie jedoch, sobald sie hinfällig und nutzlos werden. Dann ersuchten ihre Kinder sogar um das Recht – zumindest bis zum Beginn des letzten Jahrhunderts [1] –, sich ihrer entledigen zu dürfen: man verweigerte es ihnen nie. Der Sohn gab ein Fest für das Dorf, das damit von dem Alten Abschied nahm; dann hob man ihn auf einen Ochsen, und viele folgten ihm zu einer abgelegenen Hütte, wo man ihn mit ein wenig Nahrung zurückließ. Er verhungerte oder fiel Raubtieren zum Opfer. Das war hauptsächlich bei den Armen Sitte; manchmal aber auch bei den Reichen, weil man den Alten magische Kräfte zuschrieb – vor allem den Frauen – und sich vor ihnen fürchtete.

Die Ojibwa des Nordens, die in der Nähe des Winnipegsees leben, sind heute sehr stark von der weißen Zivilisation beeinflußt. Aber zu Beginn des Jahrhunderts, als sie noch ihren alten Bräuchen anhingen, war der Gegensatz zwischen der Stellung der noch rüstigen Alten und dem Los der ‹Hinfälligen› frappierend. Der Stamm lebt in einem Gebiet, wo die Winter streng sind, das Klima aber gesund und der Boden fruchtbar ist, so daß sie Reis, Gemüse und Früchte anbauen können. Die Familien sammeln sich im Sommer in Lagern von 50 bis 200 Personen und zerstreuen sich im Winter in kleine Gruppen, um Pelztiere zu jagen, deren Felle sie verkaufen. Die Kinder werden sehr gut behandelt. Man entwöhnt sie erst mit drei oder vier Jahren, und die Mütter nehmen sie überallhin mit. Man bringt ihnen sehr viel Zärtlichkeit entgegen, bestraft sie nie und läßt sie völlig frei aufwachsen. Ganz allgemein schikaniert in dieser Gemeinschaft keiner den andern. Man pflegt geduldig die Kranken. Das Bestreben, den Nachbarn nicht zu kränken, beruht zum Teil auf dem Mißtrauen, das er einflößt: man fürchtet die Zauberei. Die Religion zielt vor allem darauf ab, gegen Verhexungen zu schützen und den Interessen des einzelnen zu dienen.

Die Großeltern leben im allgemeinen bei den Eltern und beraten sie. Einer von ihnen wählt einen Namen für das Neugeborene. Sie unterhalten mit ihren Enkeln «scherzende Beziehungen»; die Großväter behandeln ihre Enkel wie ihresgleichen, die Großmütter ihre Enkelinnen als gleichberechtigt; sie necken und helfen sich gegenseitig. Das hindert die Kinder nicht daran, sie zu achten: man lehrt sie, alle Alten zu ehren. Diese gehören dem Rat an, in dem auch die jüngeren Erwachsenen vertreten sind, die ihnen Ehrerbietung erweisen. Dieser Respekt ist ziemlich äußerlich und verbal. Indessen existiert bei manchen Stämmen eine «große Gemeinschaft der Medizin», die sich mit den Kräutern befaßt: man glaubt, daß bestimmte Kräuter Gesundheit und Langlebigkeit verleihen. Die Jungen werden eingeführt und eingeweiht von den Alten, denen man große Zauberkräfte zuschreibt und die man für gefährlich hält. Manchmal fungieren sie als Priester. Aus ihren Reihen kommen auch die ‹Ausrufer›, die nachts das Arbeitsprogramm des nächsten Tages verkünden und Ratschläge geben. Man bewundert die Langlebigkeit, solange sie von guter Gesundheit begleitet ist, und glaubt, daß man sie durch Tugend und Kräuter erringt.

Wenn das hohe Alter und die Hinfälligkeit kommen, gibt es je nach der

1 Die Berichte, die mit Sicherheit von diesem Brauch sprechen, liegen vor 1900.

Familie große Unterschiede in der Behandlung; meistens aber werden die Alten vernachlässigt, und die Jungen stehlen ihnen sogar ihr Essen. Man glaubt, sie hätten ihre Zauberkraft verloren, und man fürchtet sie nicht mehr. Manchmal werden sie in einer Hütte abseits des Dorfes oder auf einer verlassenen Insel ausgesetzt. Wollte einer der Verwandten sie retten, so würde man ihn auslachen und daran hindern. Im allgemeinen zogen es die Alten vor, feierlich getötet zu werden. Man veranstaltete ein Fest, rauchte die Friedenspfeife, sang ein Totenlied, tanzte, sang wieder, und dann tötete der Sohn seinen Vater mit dem Tomahawk.

Die Ethnologen behaupten mit Vorliebe, daß sich die Alten leicht mit dem ihnen auferlegten Tod abfinden: das ist Brauch, ihre Kinder können nicht anders handeln; vielleicht haben sie früher selber ihre Eltern getötet; und sie fühlen sich sogar geehrt durch das Fest, das ihnen zu Ehren gefeiert wird. In welchem Maße ist dieser Optimismus berechtigt? Das läßt sich schwer sagen, denn die Dokumente hierüber sind äußerst spärlich. Ich bin auf zwei gestoßen. Das erste ist der sehr schöne japanische Roman *Narayama* [1], in dem Shichiro Fukazawa, auf Tatsachen gestützt, das Ende einer alten Frau beschreibt. In einigen Gebieten Japans waren die Dörfer noch bis in die jüngste Zeit so arm, daß man, um zu überleben, die Alten opfern mußte: man brachte sie auf sogenannte ‹Totenberge› und ließ sie dort zurück.

Zu Beginn der Erzählung hört O Rin, eine fast 70jährige Frau von beispielhafter Selbstverleugnung und Frömmigkeit, die von ihrem Sohn Tappei zärtlich geliebt wird, auf der Straße den Narayama[2]-Gesang; darin heißt es, daß man drei Jahre älter wird, wenn drei Jahre vergehen: den Alten soll damit klargemacht werden, daß die Zeit der ‹Pilgerschaft› näher rückt. Am Vorabend des Totenfestes rufen diejenigen, die «zum Berg gehen» müssen, alle Leute des Dorfes zusammen, die ihre Eltern schon zu diesem Berg gebracht haben. Es ist das einzige große Fest des Jahres: man ißt weißen Reis, die kostbarste aller Speisen, man trinkt Reiswein. O Rin beschließt, in diesem Jahr den Gang anzutreten. Alle ihre Vorbereitungen sind getroffen, außerdem heiratet ihr Sohn wieder: es wird sich also eine Frau um das Haus kümmern. Sie selber ist noch kräftig, sie arbeitet, hat noch alle ihre Zähne: das bereitet ihr sogar Kummer, denn in einem Dorf, in dem die Nahrung knapp ist, empfindet man es als Schande, daß sie in ihrem Alter noch alles essen kann. Einer ihrer Enkel hat ein Liedchen verfaßt, in dem er sie verspottet und sie die Alte mit den 33 Teufelszähnen nennt; alle anderen Kinder singen es halblaut vor sich hin. Es gelingt ihr, sich zwei Zähne mit einem Stein auszubrechen, aber das Gespött hört nicht auf. Ihr ältester Enkel heiratet: nun, da zwei Frauen im Hause sind, fühlt sie sich überflüssig und denkt immer mehr an die Pilgerschaft. Ihr Sohn und ihre Schwieger-

1 Shichiro Fukazawa: *Schwierigkeiten beim Verständnis der Narayama-Lieder.* Reinbek 1964. (Anm. d. Übers.)

2 Das ist der Name des Berges, auf dem man die Alten aussetzt: Der Berg mit den Eichen.

tochter weinen, als sie ihnen ihren Entschluß mitteilt. Das Fest findet statt. Sie hofft, daß es auf dem Berg schneien wird: das würde bedeuten, daß sie im Jenseits wohlwollend aufgenommen wird. Im Morgengrauen setzt sie sich auf ein Brett, das Tappei auf seinem Rücken trägt. Der Sitte gemäß verlassen sie heimlich das Dorf und sprechen kein Wort mehr miteinander. Sie steigen den Berg hinauf. Nahe dem Gipfel sehen sie am Fuß der Felsen Leichname und Skelette. Raben umkreisen den Ort. Der Gipfel ist von Knochen übersät. Der Sohn setzt die alte Frau auf dem Boden ab; sie breitet eine Matte aus, die sie mitgebracht hat, legt einen Reisklumpen darauf und läßt sich nieder. Sie sagt kein Wort, macht aber heftige Gebärden, um ihren Sohn zu vertreiben. Weinend entfernt er sich. Während er hinuntergeht, beginnt es zu scheinen. Er macht noch einmal kehrt, um es seiner Mutter zu berichten. Auch auf dem Gipfel schneit es, sie ist in weiße Flocken gehüllt und singt ein Gebet. Er ruft ihr zu: «Mama, du hast Glück, es schneit!» Abermals gibt sie ihm ein Zeichen zu gehen, und er wendet sich ab. Er liebt seine Mutter zärtlich, aber die Sohnesliebe bewegt sich in jenem Rahmen, wie sie in der Gemeinschaft üblich ist; da diese Sitte durch Not erzwungen wurde, erweist er sich als ergebener Sohn, indem er O Rin auf den Berg bringt.

Als Gegensatz zu diesem traditionskonformen und von den Göttern gesegneten Tod berichtet der Roman vom alten Mata-yan, der bereits 70 Jahre überschritten hat, seinen Aufbruch zum Berg aber nicht vorbereitet. Sein Sohn will ihn jedoch loswerden. Er bindet ihn am Tag des Narayama- Festes mit einem Strick fest. Doch der Vater beißt den Strick durch und trennt damit die ‹Verbindung› zu seinem Sohn, zur Gemeinschaft, zu den Göttern; er flieht. Aber sein Sohn fängt ihn. Am nächsten Tag, als Tappei vom Berg heruntersteigt, sieht er am Rand einer Schlucht den von Kopf bis Fuß gefesselten Greis: sein Sohn wirft ihn in den Abgrund wie einen alten Sack, und die Raben stürzen sich hinterher. Es ist ein schändlicher Tod. Der Sohn hat wie ein Verbrecher gehandelt, aber der Vater verdient dieses Schicksal, weil er sich dem von den Göttern gewollten Brauch entzog.

Man würde gern wissen, ob die zum Tod verurteilten Alten oft wie Mata-yan reagierten, daß heißt mit Angst und Aufbegehren. Wenn Fukazawa ihm in seinem Roman einen so bedeutenden Platz einräumt, dürfte seine Haltung nicht ungewöhnlich, sondern repräsentativ sein. Vielleicht war die erbauliche Ergebenheit von O Rin eine Ausnahme.

Es gibt ein ergreifendes Dokument, aus dem hervorgeht, daß die Greise oft ihr unglückliches Schicksal verfluchten: das Epos der Narten, das vor langer Zeit bei den Ossäten entstand und durch mündliche Überlieferung auf die Tscherkessen kam. Einige Stellen [1] beschreiben die Angst der Greise vor der ihnen drohenden Hinrichtung. Die Narten waren die mythischen Ahnen der Ossäten, welche ihnen ihre eigenen Bräuche zuschrieben. Nach dem Ethos der Narten waren sie in drei Familien aufgeteilt, die sich vom Gipfel bis zum Fuß eines Berges abstuften. Die ganz oben waren Krieger, die ganz unten ‹Reiche›.

1 Berichtet von Dumézil in *Mythes et épopée.*

Auf halber Höhe befanden sich die Alaegatae, gekennzeichnet durch ihre Intelligenz und im Besitz der höchsten Würden. Alle Narten versammelten sich bei ihnen zu Beratungen von allgemeinem Interesse und zu Festmahlen mit religiösem Charakter. Während des Festes wurden jene Greise der drei Familien getötet, die die «Versammlung für die Ermordung der Alten» dazu ausgewählt hatte. Man vergiftete sie oder erschlug sie. Plinius d. Ä. und Pomponius Mela berichten, daß die Skythen, verwandt mit den Ossäten des Nordens, die Ermordung der Alten praktizierten. Wenn die *satietas vitae* sie nicht von selbst dahin brachte, von einem bestimmten Felsen ins Meer zu springen, stürzte man sie gewaltsam hinab. Das nartische Epos beschreibt einen ähnlichen Fall von freiwilligem Tod: «Urizmaeg war gealtert. Er war zum Gespött der jungen Narten geworden, die ihn anspuckten und ihre schmutzigen Pfeile an seinen Kleidern abwischten ... Er beschloß zu sterben. Er erstach sein Pferd, ließ aus seinem Fell einen Sack nähen, stieg hinein, und dann warf man ihn ins Meer.» Doch gewöhnlich waren die Greise, die man tötete, nicht freiwillig bereit zum Tod: sie fügten sich dem allgemeinen Gesetz, das sich auf die Religion und das Recht gründete. Die Alten wurden respektiert und spielten eine wichtige Rolle; erreichten sie aber ein hohes Alter, so berichtet das Epos, dann banden die Narten sie «in einer Wiege fest wie ein kleines Kind und sangen ihnen, um sie einzuschläfern, das Wiegenlied vor».

Die Schwiegertochter dem Schwiegervater:

Schlaf, schlaf, mein Prinz Vater,
Schlaf, schlaf, mein kleiner Papa.
... Wenn du nicht schläfst, mein kleiner Papa,
Dann laß ich dich zu den Aleg tragen.

Die Schwiegertochter der Schwiegermutter:

Schlaf, schlaf, meine Prinzessin,
Schlaf, schlaf, Prinzessin Mama.
Wenn du nicht schläfst, meine alte Mama,
Dann laß ich dich zu den Aleg tragen.

Die alte Frau:

Laß mich nicht zu den Aleg tragen, ach meine Goldprinzessin!
Da töten sie die Alten ...

In einer anderen Szene unterhält sich ein Greis mit seiner Frau:

Die Frau:

Die böse Schwiegertochter macht mir Kummer!
Sie bringen dich hoffentlich nicht zu den Aleg!
Alle, die sie zu den Aleg bringen,
Werfen sie vom Gipfel des Berges ins Tal.

Der Mann:

Halt endlich deinen Mund, du!
Wenn sie gar nicht dran denken, bringst du es doch noch so weit, daß sie mich wirklich holen.
Was man oft beschwört, tritt ein, sagt man.
Ah! hätte ich dir nur entkommen können!
(Zu den Männern, die kommen, um ihn abzuholen:)
Gebt mich dem Rachen wilder Tiere zum Fraß.

Eine andere Szene erzählt von dem letzten Streit eines alten Ehepaares: «Das Oberhaupt der Versammlung der Altentöter fragt: ‹Wer ist der ältere von euche beiden?› – ‹Selbstverständlich ist die Frau die ältere›, sagt der Mann mit zusammengebissenen Zähnen. Da kann die kleine Alte nicht mehr an sich halten, sie platzt heraus und strampelt dabei mit den Beinen, daß beinahe die Gurte der Wiege reißen: ‹Ah! Gott hat mich geschlagen! Kann ein Mensch überhaupt so reden, wie du redest? Da es ans Sterben geht, sagt er, ich sei die ältere ... Wenn ihr mir nicht glaubt, seht euch unsere Zähne an: meine Zähne sind noch nicht ausgefallen, die seinen sind schon zweimal, dreimal ausgefallen ...›

Nachdem die Versammlung ihre Zähne angesehen hatte, entschied sie, daß der Mann der ältere sei. Man trug den Murrenden fort, gab ihm Bier zu trinken und stürzte ihn ins Tal.»

Die heutigen Ossäten, die die Alten achten, haben gewisse Episoden des Epos geändert. Man stellt die Altenmorde als kriminelle Verschwörungen dar und nicht als Anwendung eines alten Brauchs. In der Mitte des Festes erscheint ein junger Held, der den Greis rettet.

Es gibt sehr arme Völker, bei denen man die alten Leute nicht beseitigt: es ist interessant, festzustellen, worauf dieser Unterschied gegenüber den vorhergehenden Beispielen beruht. Im Gegensatz zu den Tschuktschen im Küstengebiet achten jene im Landesinnern die alten Leute. Wie die Korjaken ziehen sie mit ihren Renherden durch die nördlichen Steppen; ihr Dasein ist so hart, daß sie sehr früh altern: aber die Altersschwäche bewirkt keinen sozialen Abstieg. Die Bande der Familie sind sehr eng. Der Vater herrscht in der Familie und ist Besitzer der Herden; er bleibt bis zu seinem Tod der Eigentümer. Weshalb wird ihm diese wirtschaftliche Macht zugestanden? Offensichtlich hat die ganze Gemeinschaft mehr oder weniger ein Interesse daran, sei es, weil die jüngeren Erwachsenen vor dem Gedanken zurückschrecken, sich eines Tages selbst enteignet zu sehen, sei es, weil dadurch eine soziale Stabilität gewahrt bleibt, die ihnen wünschenswert erscheint. Vor allem spielt der Alte – und das ist hier vielleicht der Fall – häufig eine wichtige Rolle bei der Vermögensverteilung anläßlich von Heiraten; Herden oder Land zu besitzen bedeutet, daß er sie dem Brauch gemäß zwischen seinen Schwiegersöhnen und Söhnen aufteilen muß. Mehr noch als Eigentümer ist er der Mittler zwischen den gesetzlichen Nutznießern seiner Reichtümer. Es ist also keine Rede davon, daß einer der Jüngeren sie ihm entreißt, wie das bei so rauhen Völkern wie den Jakuten geschieht. Jedenfalls verleihen die Reichtümer, deren Besitzer der Alte bleibt, ihm hohes Ansehen. Es kommt vor, daß er, fast schon senil, noch an der Spitze des Lagers steht: er entscheidet über die Wanderungen und den Standort des Sommerlagers. Wenn das Lager verlegt wird, besteigen die Alten mit den anderen die Schlitten; ist nicht genügend Schnee vorhanden, tragen die Jungen sie auf ihren Schultern. Ein solcher Alter, berichtet Bogoras, begab sich jedes Frühjahr an den Fluß Wolverene, um bei den Händlern der arktischen Dörfer Gerätschaften einzukaufen. Er kaufte aufs Geratewohl, brachte zum Beispiel Tischmesser anstatt Jagdmesser mit. Die Jungen lachten freundlich: «Der alte Narr!... Aber was soll's? Er ist eben ein alter Mann.» Bogoras zitiert einen humpelnden, an Krücken gehenden 60jährigen, der Herr der Herde und des Hauses blieb. Er begab sich jedes Jahr zum Markt und legte fast sein gesamtes Geld in Alkohol an. Nichtsdestoweniger achtete man ihn.

Die Yaghan, die, etwa 3000 an Zahl, an der Küste Feuerlands leben [1], zählen zu den primitivsten Volksstämmen, die wir kennen: sie haben weder Äxte noch Angeln oder Schlingen, noch Küchengeräte, noch Töpfereien. Sie legen keine Vorräte an [2] und sind also gezwungen, von einem Tag zum andern zu leben; sie kennen weder Spiele noch Zeremonien, noch eine richtige Religion: lediglich einen vagen Glauben an ein höchstes Wesen und an die Macht der Schamanen. Immerhin besitzen sie Hunde und Kanus. Sie leben als Nomaden auf dem Wasser, fischen und jagen. Ihre Gesundheit ist gut, trotz der äußerst dürftigen Lebensbedingungen. Sie leiden fast ständig unter Hunger und bringen ihre ganze Zeit damit zu, Nahrung zu suchen. Ihr Zusammenleben basiert auf ehelichen Familien, die sich in den Zeiten der Untätigkeit in Lagern zusammenfinden, die aber keiner höheren Gewalt unterstellt sind. Niemand spricht Recht. Sie haben viele Kinder, das ist ihr Daseinsgrund, und sie vergöttern sie; auch die Großeltern lieben ihre Enkel zärtlich. Kindermord wird nur praktiziert, wenn die Mutter von ihrem Gatten verlassen wurde oder wenn das Neugeborene verkrüppelt oder anomal zur Welt kommt: das geschieht selten. Jungen und Mädchen werden sehr gut behandelt, sie lieben ihre Eltern und legen Wert darauf, im Lager mit ihnen in derselben Hütte zu leben. Diese Liebe bleibt den Eltern bis ins hohe Alter erhalten, alle alten Leute genießen Achtung. Die Nahrung wird in der ganzen Gemeinschaft aufgeteilt: die Alten werden als erste versorgt; man gibt ihnen den besten Platz in der Hütte. Niemals läßt man sie allein, stets kümmert sich eines ihrer Kinder um sie. Nie werden sie verspottet. Man hört auf ihren Rat. Wenn sie gescheit und ehrenwert sind, haben sie großen moralischen Einfluß. Es gibt alte Witwen, die Familienoberhäupter sind und

1 Ich schreibe von ihnen in der Gegenwart, aber sie sind heute ausgestorben. Diese Beobachtungen stammen vom Ende des letzten Jahrhunderts.

2 Nahrungsmittel anzuhäufen setzt bereits einen ziemlich hohen Grad der Zivilisation voraus. Die Gemeinschaft kann sich dann andere Ziele setzen als das bloße Überleben. Wir werden sehen, daß die Inkas riesige Kornkammern hatten.

deren Anweisungen genau befolgt werden. Die Erfahrung der alten Leute kommt der Gemeinschaft zugute: sie wissen, wie man sich Nahrung beschafft und die häuslichen Aufgaben erledigt. Sie überliefern das ungeschriebene Gesetz und verschaffen ihm Achtung. Sie geben ein gutes Beispiel, tadeln diejenigen, die sich schlecht benehmen, und bestrafen sie notfalls.

Dieser Status fügt sich in ein harmonisches Gesetz ein. Die Yaghan haben sich ihrer harten Umgebung bemerkenswert gut angepaßt. Sie lieben Geselligkeit, besuchen sich gegenseitig, helfen einander und empfangen gern Freunde. Ihr Lebenskampf ist schwierig, aber frei von egoistischer Härte. Gelegentlich praktizieren sie die Euthanasie, um das Leiden eines Todkranken abzukürzen. Aber nur, wenn seine Lage hoffnungslos und die ganze Gemeinschaft damit einverstanden ist.

Beobachter, die die Sitten der Yaghan beschrieben haben, geben keine Erklärung für ihre friedliche Lebensart. Freilich ist dies Faktum nicht einzigartig. Bei den Aleuten leben die Alten trotz unsicherer Lebensbedingungen ebenfalls glücklich. Der Grund dafür ist zweifellos, daß man ihre Erfahrung schätzt, und vor allem die gegenseitige Liebe, die Kinder und Eltern verbindet. Die Aleuten sind Mongolen, gut gebaut und kräftig. Sie leben auf den Aleuten-Inseln und bewegen sich in Kanus fort, gehen auf Fischfang, nähren sich von Walen und gegorenen Fischköpfen. Sie legen sich keine Vorräte an, und obwohl die Nahrung knapp ist, gehen sie verschwenderisch damit um: ihre Geduld ist groß, und sie können mehrere Tage ohne Essen auskommen, das sie unter allen Mitgliedern der Gemeinschaft aufteilen. Ihr Leben spielt sich in Hütten ab. Bei ihrer Arbeit sind sie langsam, aber geschickt und unermüdlich. Sie haben ein gutes Gedächtnis, können russisches Handwerk nachahmen und Schachspielen. Beobachter haben sie als faul bezeichnet, aber das kommt daher, daß die Aleuten nicht die gleichen Wertmaßstäbe haben wie die merkantilen Gesellschaften; sie wollen keine Besitztümer ansammeln; man achtet die Reichen wegen ihrer technischen Geschicklichkeit, die es ihnen ermöglicht, zu Wohlstand zu gelangen, aber nicht wegen ihres Besitzes. Indessen ist der Schmuck der Frauen recht aufwendig; manchmal unternehmen sie große Expeditionen, um Bergkristall oder anderes kostbares Gestein zu suchen. Sie feiern Feste mit Tanz, Vorführungen und Festmahlen. Sie sind nicht sehr religiös, glauben aber an die Macht der Schamanen. Kindermord kommt äußerst selten vor. Ihre Liebe zu Kindern ist sehr groß: man tut alles für sie, gibt ihnen immer das Beste, was man hat. Es kann vorkommen, daß sich ein Mann aus Verzweiflung umbringt, wenn er seinen Sohn oder seinen Neffen verliert. Umgekehrt lieben die Kinder ihre Eltern sehr und bemühen sich, ihr Alter zu erleichtern; sie im Stich zu lassen, ist ehrlos; man muß ihnen helfen, alles mit ihnen teilen, sich notfalls für sie aufopfern, vor allem für die Mutter, auch wenn sie gebrechlich und hinfällig ist. Wenn man seine Eltern gut behandelt und ihre Ratschläge befolgt, wird man dafür belohnt: der Fischfang wird reich sein und man wird ein glückliches Leben führen. Altwerden bedeutet, den Nachkommen ein hohes Beispiel zu geben. Die Greise unterrichten die Jugend: jedes Dorf hat einen oder zwei Greise, die die Kinder erziehen; man hört ehrerbietig auf sie, selbst wenn sie dummes Zeug reden. Sie haben die Aufgabe, über den Kalender zu wachen (sie rücken das Streichholz weiter, das den Tag des Monats anzeigt). Die alten Frauen pflegen die Kranken: man vertraut ihnen. Alles in allem hat man ein glückliches Gleichgewicht zwischen Haushaltung und Kindesliebe geschaffen. Die Natur bietet genug Möglichkeiten, so daß die Eltern ihre Kinder gut ernähren können und Muße haben, sich mit ihnen zu beschäftigen; umgekehrt lassen die Kinder es ihren alten Eltern an nichts fehlen.

Die Gemeinschaften, die wir bisher beschrieben haben, verfügen nur über elementare Lebensformen; Religion und selbst Magie spielen kaum eine Rolle. Wenn das wirtschaftliche Leben ein größeres Wissen erfordert, wenn der Kampf gegen die Natur weniger hart ist und einen gewissen Spielraum läßt, dann entwickeln sich Magie und Religion; die Rolle des alten Menschen wird dadurch komplexer: er kann über große Macht verfügen. Typisch dafür sind die Aranda: vor der Ankunft der Missionare herrschte bei ihnen eine regelrechte Gerontokratie. Die Aranda sind Jäger und Sammler; sie leben, fast nackt, in den australischen Wäldern. Im allgemeinen können sie sich genug Nahrung verschaffen, wenngleich sie auch Notzeiten kennen. Zu jeder Familie gehören ein Mann, eine oder mehrere Ehefrauen, Kinder und Hunde; mehrere Familien sind zu Totemgruppen zusammengefaßt. Man praktiziert Kindermord, wenn die Mutter das Neugeborene nicht aufziehen kann, weil sie noch ein anderes stillt; man tötet Zwillinge [1]; es kommt auch vor, daß ein kleines Kind getötet wird, um mit ihm ein älteres von schwacher Gesundheit zu ernähren (und die Mutter nimmt zuweilen am Festmahl teil). Aber jene, die man behält, behandelt man sehr gut. Die Mütter sind freigebig. Niemals verweigern sie dem Säugling die Brust, und sie entwöhnen ihn erst sehr spät; man läßt den Kindern sehr viel Freiheit, erst in vorgerücktem Alter zwingt man sie, die sexuellen Tabus zu respektieren. Hingegen ist die Initiation sehr schmerzhaft. Die geachtetsten Mitglieder der Gemeinschaft sind die «Männer mit grauem Haar». Die «beinahe Toten», die zu hinfällig sind, um ein bewußtes und tätiges Leben zu führen, werden gut ernährt, gepflegt, umhegt [2], haben aber keinen Einfluß mehr. Die ‹Grauköpfe› hingegen spielen eine erhabene Rolle. Ihre praktische Erfahrung ist für das Wohlergehen der Gruppe unerläßlich. In der Tat müssen die Jäger-Sammler eine Menge Dinge wissen: was eßbar ist und was nicht, an welchen Zeichen man das Vorhandensein von Jamswurzeln erkennt, wie man verborgene Wasser entdeckt, wie gewisse Nahrungsmittel zuzubereiten sind, damit sie ihre schädlichen Eigenschaften verlieren. Es gibt Blicke, Handbewegungen, die man nur durch lange Praxis erlernt. Wenn alte Männer darüber hinaus die geheiligten Traditionen kennen – Gesänge, Mythen, Zeremonien, Stammesbräuche –, dann ist ihre Autorität unermeßlich. Das Wissen

1 Es ist eine verbreitete Sitte, beide oder einen der Zwillinge zu töten. Die Anomalie erschreckt.

2 Da freilich die Jagd und das Sammeln ständige Ortsveränderungen und eine große Beweglichkeit erfordern, läßt man sie zurück, wenn sie eine zu schwere Bürde werden.

ist bei den Naturvölkern untrennbar mit Magie verbunden; wenn man die Eigenschaften der Dinge kennt, so kann man diese sowohl nach den Gesetzen raioneller Kausalität als auch nach ihrer magischen Zugehörigkeit nutzbar machen; überdies sind die Lebensformen unlöslich mit magischen Riten verbunden, ohne die sie wirkungslos wären. Das Wissen der ‹Grauköpfe› paart sich mit dem Besitz einer magischen Macht: beide wachsen mit zunehmendem Alter. *Yenkon* geworden, fast bewegungsunfähig, erreichen sie ihren Höhepunkt. Sie können ganze Personengruppen mit Krankheit schlagen: man fürchtet sie. Sie unterliegen nicht mehr den Nahrungstabus.[1] Sie befinden sich gewissermaßen jenseits des Schicksals der Menschen und sind immun gegen die übernatürlichen Gefahren, die diese bedrohen. Was dem normalen Menschen verboten ist – in seinem eigenen Interesse und in dem der Gemeinschaft –, gilt nicht für sie. Ihre außergewöhnliche Stellung prädestiniert sie, eine religiöse Rolle zu spielen. Derjenige, den das Alter dem Jenseits näher bringt, ist der beste Mittler zwischen dieser Welt und der anderen. Es sind die alten Leute, die das religiöse Leben bestimmen, und dieses umfaßt das gesamte soziale Leben. Sie besitzen die geheiligten Gegenstände, die bei den Zeremonien verwendet werden. Sie allein haben das Recht, die *Churinga* zu berühren: heilige Steine, die zugleich die mythischen Ahnen und die Totems symbolisieren. Diese sind desto wertvoller, je älter sie sind, denn um so enger verbinden sie die lebende Gemeinschaft mit den Heroen vergangener Zeiten. Die alten Leute leiten die Zeremonien, bei denen die Totems zur Schau gestellt werden. Man erweist ihnen die größte Ehrerbietung: während dieser Feierlichkeiten sprechen die Jungen nur, wenn die Alten das Wort an sie richten. Sie haben die Pflicht, ihre Nachkommen zu unterweisen: sie weihen sie in die Gesänge, Mythen, Riten ein, behalten aber einige Geheimnisse für sich.[2] Die Übergangsriten machen ihnen die Jungen untertänig, die Angst vor ihnen haben. Den Jungen werden zugunsten der Alten strenge Nahrungseinschränkungen auferlegt. In einigen Stämmen spenden die Jungen ihnen Blut, um sie zu kräftigen: man zapft es von einer Ader am Arm, am Handrücken oder unter den Nägeln ab und bespritzt damit den Körper der Alten oder gibt es ihnen zu trinken. Man schenkt den Alten Nahrungsmittel für ihre Kenntnis der Zeremonien, ihre rituellen Tätigkeiten und ihre Gesänge. Ihr Reichtum, ihr Prestige machen sie zu Oberhäuptern der Gemeinschaft, die im Prinzip von den Ältesten regiert wird. Doch wenn die Fähigkeiten des Greises nachlassen, übt er die Macht nur noch dem Namen nach aus: man stellt ihm schonend einen jüngeren Stellvertreter zur Seite. Er fragt seine Altersgefährten um Rat. Selbst in Stämmen, bei denen die Häuptlingswürde erblich übertragen wird – und der Häuptling also jung sein kann –, sind die Alten die eigentlichen Herren. Sie schlichten die Streitigkeiten, bezeichnen die Standorte, wo neue Lager aufgeschlagen werden sollen, ordnen Festmahle an. Nichts kann ohne ihre Zustimmung geschehen. Früher nutzten

1 Dieses Merkmal findet man in vielen Gemeinschaften.

2 Um die Jungen, die mit den Weißen zusammenarbeiten, zu bestrafen, weigern sie sich, sie zu unterweisen. Dadurch sind viele Traditionen verlorengegangen.

sie diese Autorität aus, um sich der Frauen zu bemächtigen. Sie verlangten, daß ihnen alle jungen Mädchen reserviert wurden. Der Beweggrund war weniger sexueller als wirtschaftlicher und sozialer Art. Die jungen Mädchen müssen sofort beim Eintreten der Pubertät heiraten, die Burschen hingegen auf die Initiation warten. Der Greis und seine alte Frau haben vor allem ein Interesse daran, sich von einer jungen Frau ernähren zu lassen. Die alte Frau sagte dann: «Der arme Alte braucht eine junge Gattin, die ihm Honig und Wasser holt.» Die Jungen hatten keine Gelegenheit, zu heiraten.

Praktisches Wissen, Magie, Religion bilden das Wesentliche in der Kultur primitiver Gesellschaften. Diese drei Gebiete hängen eng zusammen, da die Magie sowohl mit dem praktischen Können als auch mit der Religion verbunden ist. Beide sind für die Gemeinschaft von Nutzen: die Magie ist ambivalent. Bei den Aranda dominiert der ‹Graukopf› auf allen drei Gebieten. Er ist wertvoll, da er über alles Wissen verfügt und fähig ist, die religiösen Ämter auszuüben. Durch seine Zauberkräfte flößt er gleichzeitig Achtung und Furcht ein.

Bei den Zande im Sudan findet man ein ähnliches Schema, doch ist hier die Magie vorherrschend, und der alte Mann gründet seine dominierende Rolle vor allem auf die Furcht. Dieser Stamm lebt in der Savanne von Jagd, Fischfang, Sammeln, Ackerbau (Mais, Maniok, süßen Bataten, Bananen). Wild gibt es reichlich. Das Handwerk ist ziemlich hoch entwickelt. Die Zande glauben an einen Gott, Mbori, widmen sich aber hauptsächlich der Zauberei. Sie meinen, daß jeder Mensch eine Art Macht besitzt, die sie *mangu* nennen: das ist eine Substanz, die in einer Beziehung zur Leber steht und mit den Jahren wächst. Die alten Männer verfügen, wie bei den Aranda, über nützliche Kenntnisse; sie sind auch die mächtigsten Zauberer; weniger als die anderen scheuen sie davor zurück, sich Hexereien zu bedienen, denn die Nähe des Todes macht sie den Gefahren der Vergeltung gegenüber gleichgültiger. Das hat zur Folge, daß die Macht über die Gemeinschaft in ihren Händen liegt. Man bittet sie, die Jagdzüge zu segnen: sie würden fehlschlagen, wenn sie sie verhexten. Man erkauft sich ihr Wohlwollen mit Gaben von Wild, wenn die Jagd erfolgreich war. Früher war der Sohn seinem Vater unmittelbar untergeordnet. Die Alten nutzten die Lage aus, sich der Frauen zu bemächtigen, so daß es für einen jungen Mann schwierig war, zu heiraten. In diesem Punkt haben sich die Dinge etwas geändert durch Kontakte mit den Weißen.

Zweifellos ist es deren Einfluß zuzuschreiben, daß zwischen junger und alter Generation Glaubensunterschiede bestehen. Die Alten führen den Tod stets auf eine Verhexung zurück. Wenn der Gestorbene sehr alt ist, glaubt man, er habe die ihm auf der Erde zubemessene Zeit ausgeschöpft und es sei nur ein sehr schwacher *mangu* nötig gewesen, um ihn zu töten. Manchmal schreibt man den Tod dem Gott zu. Man sagt: «Mbori hat ihn geholt»; das Leben ist einem Stab vergleichbar, den Mbori nach und nach beschneidet: wenn er am Ende ist, haucht man seinen Geist aus; aber nicht ohne Einmischung eines Zauberers, dessen Familie sich rächen will. Die Jungen dagegen bringen den Tod mit dem Altersverfall in Verbindung. Sie sagen von dem Gestorbenen: «Er hat sein Teil gegessen.» Auch sie glauben an die Zauberei, aber der Tod eines Greises erscheint ihnen als etwas Natürliches, er ist es nicht wert, daß man viele Umstände darum macht. Das sagen sie zynisch unter sich, aber in der Öffentlichkeit erfüllen sie ihre Pflichten gegenüber den Toten.

Die Rolle der Magie ist ebenfalls sehr bedeutend bei den Indianern im Gran Chaco – Choroti, Matako, Tobé –, halbnomadischen Stämmen, die von den reichlich vorhandenen Früchten des Waldes und von der Straußenzucht leben. Sie sind genügsam und legen keine Vorräte an, weil sie sich auf das Morgen verlassen: an Nahrung wird es ihnen schon nicht fehlen. Der Häuptling ist ein alter Mann, der nach dem Tod des vorigen Häuptlings von den ältesten der Familienväter gewählt wurde; seine Macht ist mehr nominell als real. Der Einfluß des Greises beruht vor allem auf dem heiligen Charakter, den ihm das Alter verleiht. Da diese Indianer das Leben leicht meistern, haben sie Muße, der Religion breiten Raum zu geben. Sie wird von den Alten beherrscht, die nicht mehr den Ernährungstabus unterliegen. Man fürchtet sie wegen ihrer Zauberkräfte: sie vermögen ihre Feinde zu behexen. Man meint, daß sie nach dem Tod böse Geister werden: wenn diese Indianer sagen, sie hätten böse Geister gesehen, so stets in der Gestalt eines Greises. Sie glauben, daß seine schädliche Wirkung mit den Jahren wächst: wenn er schwach und bewegungsunfähig wird, tötet man ihn mit einem Pfeilschuß ins Herz und verbrennt seinen Leichnam. Offenbar glaubt man, daß – wie in den Zombi-Geschichten – durch diese völlige Vernichtung des Körpers seine Verwandlung in ein Gespenst verhindert wird.

Die Verbindung von Wissen und magischer Macht tritt sehr deutlich zutage bei den Navaho und sichert einigen Alten eine große Autorität. Sie bilden eine komplexe Gesellschaft mit einer hochentwickelten Kultur, die von der Zivilisation der Weißen [1], mit denen sie in ständigem Kontakt stehen, beeinflußt wurde. Sie bewohnen im Nordwesten Arizonas ein ausgedehntes, trockenes Gebiet, das aber dank Bewässerungsanlagen und reichlicher Niederschläge fruchtbar ist. Sie haben Pferde, Viehherden und je nach Jahreszeit zwei oder drei Festpunkte, wo sie sich sammeln. Es ist eine Wohlstandsgemeinschaft. Sie essen Brot, Fleisch, Konserven, die sie den Weißen abkaufen. Sie tragen schöne Kleider, verziert mit Silber und Türkisen; sie machen Silberschmuck, weben und malen. Dichtkunst, Gesang, Tanz, freie Künste sind bei ihnen hochentwikkelt. Die Familie ist mutterrechtlich ausgerichtet, die Frau geachtet. Ihre Herde ist oft größer als die ihres Mannes. Großeltern und Enkelkinder stehen in herzlicher Beziehung zueinander; die Eltern der Mutter vor allem beteiligen sich an der Erziehung der Kinder. Manchmal leben diese vom 9. bis zum 10. Lebensjahr an bei ihren Großeltern und erweisen ihnen kleine Dienste. Der Enkel unterhält zu seinem Großvater «scherzhafte Beziehungen». Sie fordern sich zum Wettlauf heraus: der Sieger gewinnt einen Pferdesattel. Oft ist es der Junge, der seinem Großvater die Kraftproben vorschlägt: sich im Schnee wälzen, über einen Graben springen. Er lacht ihn dann auf eine freundliche Weise

1 Sie verkaufen ihnen die Erzeugnisse ihrer Handwerkskunst und kaufen ihrerseits Fertigwaren usw.

aus.[1] Die Großeltern gehen bewundernswert mit den Kindern um. Dennoch erwecken die Aufgaben, zu denen man sie zwingt, bei diesen Ressentiments.

Diese zivilisierte und wohlhabende Gesellschaft nimmt sich aller Schwachen, Kranken, Asozialen an. Sie kümmert sich liebevoll um die Alten, selbst wenn sie hinfällig und senil sind. Manchmal kommt es vor, daß Greise in geistiger Umnachtung ihr Heim verlassen und umherirren: dann bringt man sie wieder nach Hause. Doch vielleicht kompensiert man die Ehrerbietung, die man ihnen entgegenbringen muß, durch Heuchelei. Junge Leute und reife Männer spotten über Stammelnde und Stotternde, aber sie tun es heimlich, aus Furcht vor der Rache der Greise. In der Tat gelangen diese durch das Alter vom profanen in den heiligen Bereich, und man schreibt ihnen große übernatürliche Macht zu, vor allem den Männern. Bei einem Prozeß gegen 222 Zauberer zählte man unter ihnen 38 Frauen, alle alt, und 184 Männer, davon 122 Greise. Alle Alten sind gefürchtet. Man wagt nicht, einem Greis die Gastfreundschaft zu versagen, so ungelegen er auch kommen mag. Andererseits haben viele von ihnen keinerlei Einfluß, sie führen ein Leben am Rande der Gesellschaft. Ein alter Dummkopf genießt wenig Achtung. Am angesehensten sind die Sänger, die das Andenken an die Traditionen bewahren und weitergeben können: Märchen, Mythen, Riten, Zeremonien, Zauberformeln. Man betrachtet sie als heilige Wesen, die ungeheure Macht besitzen. Dank ihrem Gedächtnis sichern sie die Kontinuität der Gemeinschaft über die Zeitalter hinweg. Aber die ‹Gesänge› haben auch den Wert von Beschwörungsformeln; sie ermöglichen es buchstäblich, Regen oder schönes Wetter zu machen, Krankheiten zu heilen, die Zukunft vorauszusehen. Die Gesänge sind persönliches Eigentum dessen, der sie kennt; die Jungen, denen er sie beibringt, machen ihm Geschenke: Pferde, Geldbeträge. Die Alten werden auch beschenkt, wenn sie ihr Wissen zugunsten eines Menschen, einer Gruppe oder der Gemeinschaft einsetzen.

Das höchste Ansehen genießt ein Sänger in seinem Alter. Die alten Sänger sind also in doppelter Hinsicht mächtig: einmal durch die Zahl ihrer Jahre, zum anderen durch ihr Wissen. Sie sind die reichsten Mitglieder der Gemeinschaft. Sie stehen ganz oben auf der sozialen Stufenleiter.

Nach seinem Tod wird der Greis ein gefährliches Gespenst: es ist ein allen Naturvölkern gemeinsamer Glaube, daß die Toten in Gestalt von mehr oder weniger furchtbaren Gespenstern weiterleben. Aber während man bei den Indianern des Gran Chaco die postume Bösartigkeit um so mehr fürchtet, je älter der Greis wurde, glauben die Navaho, wie alle Beobachter ausdrücklich hervorhoben, das Entgegengesetzte. Wenn ein Mensch stirbt, nachdem er «sein Leben erschöpft» hat, das heißt ohne Schmerz, im Zustand der Greisenhaftigkeit – ohne noch gehen oder irgend etwas ohne fremde Hilfe tun zu können –, so ist das für ihn und seine Familie ein großes Glück; mehr kann man sich nicht wünschen, denn nun wird er kein Gespenst. Er erscheint in neuer Inkarnation und lebt abermals lange genug, um wiedergeboren zu werden: ohne Ende.

1 Roheim sieht in diesem Brauch den Versuch, die übliche Aggression der Söhne dem Vater gegenüber auf den Großvater umzuleiten.

Weder seine Agonie noch sein Begräbnis umgibt man mit den üblichen Riten, die die Familie und die Gemeinschaft vor dem Geist des Verstorbenen schützen sollen. Die Verwandten erledigen selbst die Beerdigung wie irgendeine beliebige häusliche Pflicht und halten auch nicht die übliche Trauer ein. Das legt den Gedanken nahe, daß nach Auffassung der Navaho – und sicher auch anderer Naturvölker – die Bösartigkeit des Gespenstes ihren Grund in einer Rachsucht hat: ungern und früher, als er wollte, gestorben, rächt sich der Tote, und sein Zorn richtet sich vor allem gegen seine Familie. Die Navaho sehen immer nur Gespenster von Leuten, die verwandtschaftlich mit ihnen verbunden sind. Wenn ein Mann friedlich von dannen geht, weil seine Zeit abgelaufen ist, braucht er sich für nichts zu rächen. Bei den Navaho hat auch der Tod eines ganz kleinen Säuglings – unter einem Monat – keine beunruhigenden Folgen: er hat noch nicht lange genug gelebt, um ein Gespenst zu werden.

Die Jivaro stellen ebenfalls eine wohlhabende Gesellschaft dar; sie leben im Urwald am Fuß der Anden von Gartenbau, Jagd und Fischfang. Die Männer jagen, die Frauen bestellen das Land: es ist fruchtbar, Wild gibt es reichlich, die Nahrung geht nie aus. Sie fertigen Webereien und schöne Keramik an. Ein politisches Leben gibt es nicht. Die Familien leben verstreut; sie haben gern viele Kinder und töten nur die Mißgeburten. Die alten Männer werden geachtet. Dank ihrer Erfahrung konnte sich das Wissen über die Tiere und Pflanzen wie auch die Arzneimittelkunde entwickeln. Sie überliefern die Mythen und Lieder. Außer dieser Weisheit besitzen sie eine übernatürliche Macht, die immer mehr wächst, selbst bei körperlichem Verfall. Die ältesten Familienmitglieder geben den Kindern ihre Namen: sie fügen das Neugeborene der Hausgemeinschaft ein. Die Greise deuten die Träume der Jungen und nehmen ihre Initiation vor; sie lehren sie den Gebrauch der Narkotika und des Tabaks. Alte Männer und Frauen leiten auch – ohne Priester zu sein – die religiösen Feiern und Feste. Der liebste Zeitvertreib der Jivaro ist der Krieg: der Anführer des Feldzugs ist gewöhnlich ein ziemlich alter Mann. Es kommt vor, daß alte Krieger weibliche Gefangene von feindlichen Stämmen mit nach Hause nehmen und mit ihnen schlafen; aber häufig betrügen diese sie mit jüngeren Männern, dann schlagen sie sie – manchmal zu Tode. Auch bei den Jivaro fürchtet man die postume Rache der Alten. Wenn man sie schlecht behandelt, glaubt man, sie kämen in Gestalt eines gefährlichen Tieres wieder (als Jaguar, Anakonda usw.), um die Schuldigen zu bestrafen.

Bei den Lele, einem Stamm, der unweit des Kongo ein Wald- und Savannengebiet bewohnt, genossen die Alten bis etwa 1930 beträchtliche Vorrechte. Dieser Stamm war bei weitem nicht so reich wie der der Bushong, der ganz in ihrer Nähe unter ähnlichen Bedingungen lebte: von Landwirtschaft, Jagd, Fischfang, Weberei. Bei den Lele ist der Boden etwas karger, die trockene Jahreszeit dauert ein wenig länger, aber das erklärt nicht den Unterschied im Lebensstandard; dieser beruht im wesentlichen auf dem sozialen Kontext. Die Lele – so berichten die Ethnologen, die sie zu Beginn des Jahrhunderts beobachteten – arbeiten weniger und mit primitiveren Techniken; sie streben nicht nach individuellem Erfolg, zum Teil, weil sie den Neid der anderen fürchten, vor allem aber weil nicht die Anhäufung von Besitz, sondern das Alter Achtung verschafft. Die Arbeitsteilung läßt den Alten nur eine geringe Zahl von Aufgaben; sie praktizieren die Polygamie, nehmen die Frauen in Beschlag und lassen sie für sich arbeiten; ihre Schwiegersöhne sind ihnen ebenfalls zu Diensten verpflichtet. Die jungen Männer haben lediglich Anrecht auf eine gemeinsame Gattin: als Gegenleistung für gewebte Kleider schenkt der alte Mann eine seiner Töchter einem jungen Jahrgang des Dorfes, der damit als Ganzes sein Schwiegersohn wird. Zwischen den Altersklassen gibt es keine freundschaftliche Zusammenarbeit. Die Jungen dürfen nicht mit den Alten rivalisieren; der alte Mann hat das Monopol für die Tätigkeit, die er ausübt: trommeln, schmieden, holzschnitzen. Zu einem gegebenen Zeitpunkt lehrt er sie einen Jungen, der von nun an das Monopol innehat, und zieht sich zurück.

Kein hohes politisches Amt wird den Alten übertragen, aber sie besitzen eine religiöse Macht, die ihnen große Privilegien sichert. Um sich diese zu erhalten, wachen sie eifersüchtig darüber, für die Gemeinschaft unentbehrlich zu bleiben. Sie hüten das Geheimnis der Riten, der Zeremonien, der Heilmittel; innerhalb ihres eigenen Clans sind sie die einzigen, die die Schulden der verschiedenen Mitglieder sowie die Heiratsverhandlungen kennen: dieses Wissen ist unerläßlich für den guten Gang der Geschäfte. Indessen brauchen sie die Jungen auch, weil nur sie über ausreichende physische Kraft verfügen, um zu jagen, zu fischen und die Lasten der Europäer zu tragen. Fühlen sich die Jungen aber geprellt, so drohen sie wegzugehen. Die Alten bestrafen die Undisziplinierten, indem sie ihnen Frauen vorenthalten, sie vom Kult ausschließen. Trotz solcher Konflikte herrscht jedoch ein gewisses Gleichgewicht. Die Jungen wissen, daß die Alten am Ende zwangsläufig sterben, dann werden sie die Witwen erben und selbst in den Genuß der Privilegien des hohen Alters gelangen. Alles ist so geregelt, als hätten die Lele ihren allgemeinen Lebensstandard darauf abgestellt, eine Art Sozialversicherung zu schaffen, die ihr Alter sichert. 1949 etwa hatte sich die Situation sehr verändert: die Jungen waren zum Christentum übergetreten; sie standen unter dem Schutz der Missionen und der Regierung. Sie heirateten junge Christinnen und arbeiteten bei Europäern. Die Altersklassen existierten fast nicht mehr.

Bei den Tiv ist es der kulturelle Beitrag der Alten, der ihre Privilegien begründet. Sie sind nigerianische Bantus, die das Land bestellen, ein bißchen Viehzucht treiben, jagen, nützliche Pflanzen sammeln, weben und Töpferwaren herstellen. Ihre Kinder, die, wenn sie erwachsen werden, mit den Eltern zusammenarbeiten, erziehen sie sehr frei. Die Kinder sind auch eng mit den Großeltern verbunden, die ihnen häufig ihre religiöse und magische Erfahrung weitergeben. Als bestes Alter gilt das des Erwachsenen; zu ihm gehört die Wärme, während die Körper von Kindern und Greisen kalt sind. Von den Uralten sagt man, sie «vollenden ihren Körper». (Jedoch scheinen sie weder die Impotenz noch das Austrocknen mit dem Alter in Verbindung zu bringen: das eine schreiben sie der Magie, das andere einer Krankheit zu.) Offiziell respektiert man sie alle; aber tatsächlichen Einfluß besitzen sie nur, wenn sie über Kenntnisse und Fähigkeiten verfügen; andernfalls betraut man sie mit keinerlei

Funktion; man ernährt sie zwar und ist höflich mit ihnen, aber sie spielen kaum eine Rolle. Die Familie ist patriarchalisch; als ihr Oberhaupt fungiert der älteste Mann, wenn er die nötigen Fähigkeiten besitzt. Das Oberhaupt der Gemeinschaft ist ebenfalls der älteste Mann, und zwar unter der gleichen Bedingung; sonst hat er nur noch einen Titel, aber keinerlei echte Autorität. Jene, die gerecht urteilen, gut reden, die Genealogien und Riten kennen, gelten als weise und lenken das Volk. Sie «wissen die Dinge» und beherrschen die magischen Kräfte. Sie wachen über die Fruchtbarkeit des Bodens. Alle die Gesellschaft betreffenden Handlungen – Verträge, Krieg und Frieden, Erbschaften, Prozesse – fallen in den Bereich der Magie und liegen folglich in ihren Händen.[1] Sie heilen die Kranken; sie schlichten die Streitfälle; sie sorgen für die Aufrechterhaltung der sozialen Strukturen. Den Vorfahren nahestehend, spielen sie eine bedeutende religiöse Rolle und verkünden Orakel. Die Tiv beten heilige Steine an; alte Frauen kochen die Speisen, die man diesen darbietet; alte Männer und Frauen leiten die Zeremonien. Wenn die Greise ihre Kraft und ihre Fähigkeiten verlieren, ziehen sie sich aus dem gemeinschaftlichen Leben zurück; sie spielen nur noch ehrenhalber eine Rolle oder gar keine mehr. Manche behalten religiöse Ämter. Es kommt vor, daß ein Greis des Lebens müde ist: dann versammelt er seine Verwandten und verteilt seine Fetische, ehe er sich den Tod gibt.

Bei den Kikuyu gründet sich die Autorität der alten Männer ebenfalls auf die Achtung, die ihre Weisheit einflößt. Dieser Bantustamm lebt am Fuß und an den Hängen des Mount Kenia; er zählte 1948 mehr als eine Million Angehörige und hatte sehr viele Kontakte mit der modernen Zivilisation: als Sklaven europäischer Farmer. Ihren Lebensunterhalt bestreiten sie mit Landwirtschaft und Viehzucht. Der Schlüssel zu ihrer Zivilisation ist die Stammesordnung, die auf der Familiengruppe beruht; man arbeitet gemeinsam innerhalb der Großfamilie. Höchste Bedeutung wird den ‹Altersklassen› beigemessen, die alle im selben Jahr beschnittenen Männer umfassen: die des frühesten Jahres haben Vorrang vor den anderen Jahrgängen. Zwischen Großeltern und Enkeln herrschen enge Beziehungen, sie gehören symbolisch derselben Altersgruppe an. Die Großmutter nennt ihren Enkel «mein Mann» und der Großvater seine Enkelin «meine Frau». Die Kinder achten ihre Eltern, der Fluch eines Vaters oder einer Mutter ist das schrecklichste Unglück: keine Reinigung kann ihn auslöschen. Wenn die Eltern alt werden, nimmt man sich ihrer an und pflegt sie. Der alte Mann ohne Kinder wird von den Kindern des Nachbarn versorgt, die er als seine eigenen betrachtet. Die militärische Organisation liegt in den Händen der Jungen. Die Generation der Alten lenkt die öffentlichen Angelegenheiten. Eine Generation herrscht 20 bis 30 Jahre: dann tritt sie zugunsten der nachfolgenden zurück, mit einer Zeremonie, die man *itwika* nennt. Die Generation umfaßt also alle Altersklassen zwischen zwei *itwika*. Ein Mann, dessen Kinder alle beschnitten sind und dessen Frau das gebärfähige Alter überschritten hat,

1 Die Magie zeigt hier jenen kollektiven Charakter, den Mauss ihr zuerkannt hat. Man verdächtigt den einzelnen nicht, sie zu seinem eigenen Nutzen zu mißbrauchen.

zieht sich aus der Leitung der öffentlichen Angelegenheiten zurück; aber er erreicht nun die höchste Stufe der sozialen Hierarchie und gehört dem höchsten Rat an. Dieser hat hohe religiöse Funktionen. Um in ihn eintreten zu können, muß man sich einer Initiation unterziehen.[1] Die Eingeweihten haben das Recht, den Göttern und den Geistern der Ahnen Opfer darzubringen; sie tilgen die rituellen Befleckungen; sie verfluchen die Bösen: ihr Fluch ist fürchterlich. Sie legen den Zeitpunkt der Beschneidung und der *itwika* fest. Sie sprechen Recht, weil man glaubt, sie seien befreit von Leidenschaften und urteilten unparteiisch. Es gibt auch einen Rat alter Frauen, der über die Einhaltung der Sitten wacht, junge Missetäterinnen bestraft und eine magische Macht besitzt. Alte Männer und Frauen spielen eine entscheidende Rolle bei den Einweihungs-Zeremonien. Die Greise gelten als ‹heilige Männer›, heiter und losgelöst von dieser Welt. Ihr Einfluß hängt von ihren Fähigkeiten und auch von ihrem Reichtum ab. Ganz allgemein hält man sie für weise: «Ein alter Bock spuckt nicht wegen nichts», sagt man; und auch: «Alte Leute lügen nicht.» Die alten Frauen werden sehr geachtet, wenn sie keine Zähne mehr haben; man glaubt, sie seien «angefüllt mit Klugheit», und begräbt sie mit Pomp, anstatt ihre Leichname den Hyänen zu überlassen.

Häufig erlangen die alten Leute dank ihrem Gedächtnis eine privilegierte Stellung. Das ist der Fall bei den Miao, die im hochgelegenen Wald- und Buschland Chinas und Thailands leben. Diese Völker hatten begonnen, eine hohe Kultur zu entwickeln, sind aber durch Kriege in der weiteren Entfaltung gehemmt worden. Die Familie ist patriarchalisch: der Sohn verläßt das Elternhaus nicht vor dem 30. Lebensjahr. Im Prinzip verfügt der Hausherr über Leben und Tod aller Familienmitglieder; in der Praxis sind die Beziehungen zwischen Vätern und Söhnen sehr gut; sie fragen sich gegenseitig um Rat. Sie haben viele Kinder, und die Großeltern kümmern sich um ihre Eltern. Frauen, Kinder, alte Leute werden sehr gut behandelt. Bleibt einer von ihnen allein übrig, weil er seine Nachkommen überlebt hat, so stellt er sich unter den Schutz des Oberhaupts einer großen Familie; man nimmt ihn stets auf, obwohl er eine Last darstellt. Man glaubt, daß die Seele eines Toten im Hause weiterlebt und beschützt sie: sie verkörpert sich wieder in den Neugeborenen. Vor allem achtet man die Alten deshalb, weil sie es sind, die die Traditionen weitergeben; ihr Gedächtnis, durch das die alten Mythen weiterleben, verleiht ihnen hohes Ansehen. Sie sind die Lenker und Ratgeber der Gemeinschaft. Die politischen Entscheidungen werden von den Jungen ausgeführt, deren Zustimmung also nötig ist; doch im allgemeinen richten sie sich nach dem Willen der Alten.

Die Rolle des Gedächtnisses kommt noch deutlicher zum Ausdruck bei den Mende, deren politische Organisation in einer fernen Vergangenheit wurzelt.

1 Diese Initiation ist kein ‹Übergangsritus› wie jener, der sich in einer Gesellschaft alle Heranwachsenden unterziehen müssen. Sie ist vielmehr eine *Unterweisung*, die einer Elite vorbehalten ist. Man muß ein gewisses Stadium des Daseins erreicht haben, um Mitglied des höchsten Rates werden zu können. Diese Einweihung sanktioniert nicht den Alterswechsel als solchen.

Es handelt sich bei ihnen um ein mohammedanisches Volk, das in Sierra Leone lebt und 1931 rund 572 000 Angehörige zählte. Die Familie ist patriarchalisch, mehrere Generationen wohnen unter einem Dach. Oberhaupt der Familie ist der älteste Mann. Bei Tisch bedient er sich als erster und teilt dann aus, und zwar zuerst an die Angehörigen seiner Generation. Es gibt zwei deutlich getrennte Klassen. Die obere Klasse stellen die Nachkommen der Jäger und Krieger, die zuerst das Land einnahmen; sie umfaßt die Oberhäupter und ihre Familien; die ältesten werden die «Großen» genannt. Die zweite Klasse bilden die Neuankömmlinge und die Nachkommen von Sklaven. Die obere Klasse besitzt das Land, das der Vater seinem ältesten Sohn vererbt.

Die Angehörigen der unteren Klasse sind nur Benutzer. Der Eigentümer hat Anrecht auf die Dienste aller Familienmitglieder, die die Arbeit auf dem Hof besorgen, Reis anbauen, Palmöl herstellen, auf Jagd und Fischfang gehen. Er webt für sie die Kleidung. An der Spitze jeder Gruppe steht als Oberhaupt ein älterer Mensch: nicht notwendigerweise der älteste, sondern der einflußreichste; es kann auch eine Frau sein, wenn ihr Mann gestorben ist und er eine bemerkenswerte Persönlichkeit war. Wenn das Oberhaupt senil wird, ersetzt man es durch einen Regenten. Nur das Gedächtnis macht deutlich, welcher Klasse ein Mensch angehört. Wer das Amt des Oberhauptes anstrebt, muß die Geschichte des Landes kennen, die Abstammungen, die Biographien der Gründer und ihrer Nachfahren, und dieses Wissen kann ihm nur von den Alten vermittelt werden. Sie hüten die Traditionen, und folglich beruht auf ihnen die politische Organisation. Andererseits leben die Mende in enger Vertrautheit mit den Geistern der nahen Vorfahren: denen der beiden vorhergehenden Generationen. Man nennt sie «Großväter» und meint, sie nähmen am Familienleben teil. Da die Alten den Ahnen näher stehen als die übrigen Mitglieder der Gemeinschaft, fungieren sie als Mittler. Der Älteste der Familie leitet die Kulthandlungen. Er ist ein sehr ernst zu nehmender Ratgeber in religiösen Fragen und besitzt auf allen Gebieten großen Einfluß.

Nicht so wichtig ist die Rolle der Alten bei Völkern, die so fortgeschritten sind, daß sie nicht mehr an Magie glauben und der mündlichen Überlieferung wenig Bedeutung beimessen. Das ist der Fall bei den Leptscha, die im Himalaja leben. Sie können lesen und praktizieren den Lamaismus. Sie haben Teeplantagen und bauen Mais, Reis und Hirse an; sie halten Vieh und gehen auf die Jagd. Ihr Lebensstandard ist sehr hoch, was Nahrung und Getränke angeht. Die Familie ist patriarchalisch; die Kinder leben glücklich und lieben ihre Eltern. Innerhalb der Familie wird das Alter geehrt. Aus Respekt benennt man die einzelnen mit den Bezeichnungen einer älteren Generation. Die Schwiegereltern heißen: Großvater, Großmutter; die älteren Brüder und Schwestern: Vater und Mutter. Man bezeichnet jemanden als alt, um ihm Ehrerbietung zu bezeigen. Die Kinder erweisen ihren alten Eltern viele Aufmerksamkeiten. Das Los eines Greises, der zahlreiche noch lebende Nachkommen hat, ist sehr glücklich. Man bewundert seine Gesundheit, sein Wohlergehen und sieht in ihm eine Art Talisman. Man bringt ihm Geschenke in der Hoffnung, sich dadurch seine Tugenden anzueignen. Hat er aber weder Kinder noch die Kraft, zu arbeiten, so ist der Greis nur ein Geduldeter; bestenfalls behandelt man ihn mit Höflichkeit, empfindet ihn aber als eine Plage. Diese Einstellung gilt für beide Geschlechter. Gorer, der einige Zeit bei den Leptscha gelebt hat, erzählt, daß man ihn auf einen sehr frommen Greis aufmerksam machte, den man aber verachtete, weil er nicht lesen konnte. Er hatte keine Kinder und war mit Wunden bedeckt. Alle verspotteten ihn und sagten, er wäre besser schon tot: «Warum sterbt Ihr nicht jetzt, da die Europäer hier sind; sie könnten dann Eurem Begräbnis beiwohnen?» In dieser Gesellschaft ist der einzige Trumpf der Alten die Liebe ihrer Kinder; an sich haben sie keinerlei Wert.

Wir haben bereits viele Fälle kennengelernt, bei denen die Alten entweder ganz oben oder ganz unten auf der sozialen Stufenleiter standen. Das hing von ihren Fähigkeiten und von ihrem Besitz ab. Ein frappierendes Beispiel für eine auf Reichtum gegründete Diskriminierung bieten die Thai–Buddhisten, die im Grenzgebiet von Jünnan und Birma leben. Sie teilen das menschliche Leben in vier Perioden ein; der Übergang von einer in die andere wird durch eine religiöse Feier vollzogen, das *Pai*. Um die vierte Stufe zu erreichen, muß man, wenn die Kinder großgezogen sind, das *große Pai* feiern; das ist eine lange Zeremonie, begleitet von Gesängen, Tänzen, Spielen, Prozessionen, Opfern, die mindestens drei Tage dauert. Dieses Fest ist außerordentlich kostspielig, und nur die Reichen können es sich leisten. Wenn sie die Mittel haben, feiern sie es nicht nur einmal, sondern öfter, wodurch ihr Ansehen wächst. Die Zahl der Jahre allein verleiht keine soziale Überlegenheit: aber ein Mann, der sich ruiniert hat, weil er zwölfmal das *große Pai* feierte, wird verehrt. Sein Titel *Paga* bringt ihm keine politische oder wirtschaftliche Macht; aber dadurch, daß er sein Vermögen für Riten verbrauchte, hat er sich an die Spitze der gesellschaftlichen Hierarchie gestellt.

Es gibt wohlhabende und ausgewogene Gesellschaften, bei denen das Alter weder einen Abstieg bedeutet noch ein besonderes Prestige verschafft. Das stellen wir bei den drei folgenden, im übrigen recht unterschiedlichen Beispielen fest.

Die Kuna, 25 000 an Zahl, leben in Panama an der Küste und auf den Atlantik-Inseln, wo das Klima gemäßigt ist, obgleich manchmal Sturmfluten über die Dörfer hinfegen. Sie bewegen sich mit Kanus durch den Urwald. Mit einer kräftigen Gesundheit gesegnet, werden viele von ihnen 100 Jahre alt. Sie leben in Dörfern und arbeiten in Gruppen, die Frauen zu Hause und auf den Feldern, die Männer beim Fischfang, bei der Jagd und beim Holzfällen. Sie erzielen reiche Ernten: Mais, Bananen, Kokosnüsse, mit denen sie Handel treiben. Die Frauen verwahren das Geld, das es den Männern ermöglicht, sich unter anderem Motorboote zu kaufen. Frauen und Kinder tragen schöne Trachten, während die Männer sich europäisch kleiden. Alle sind äußerst gepflegt, baden sich häufig, ihre Straßen und Häuser sind sehr sauber. Sie haben eine ziemlich hochentwickelte Kultur: Lieder, ein Rechensystem, zwei Geheimsprachen, die den Häuptlingen und Schamanen vorbehalten sind, eine rudimentäre Schrift. Die Religion bleibt in engen Grenzen: man verehrt nur Götter und Geister, die mit der Gesundheit des Körpers zusammenhängen. Die Schamanen und Medizinmänner schützen die Leute vor Krankheiten. Die Familien basieren auf der Ehe und sind in einer matrilokalen Gruppe zusammengefaßt, an deren Spitze der Mann der ältesten Schwester steht. Die Kuna haben viele Kinder. Dank ihrer guten Gesundheit bleiben die Alten und sogar die Hochbejahrten lange aktiv; die alten Frauen sind für das Haus verantwortlich und widmen sich dem Handel mit Kokosnüssen. Die alten Männer sind auf die religiösen Angelegenheiten spezialisiert, können aber kein besonderes Prestige daraus ableiten. Das Alter an sich verleiht kein Ansehen, es sei denn, es paart sich mit Klugheit und Erfahrung. Man gehorcht dem im allgemeinen betagten Familienoberhaupt, sofern es Fähigkeiten besitzt. Vom Dorfhäuptling, der die Versammlungen leitet, verlangt man in erster Linie, daß er über alles Bescheid weiß: das Alter zählt nur bis zu einem gewissen Grad. Insgesamt nehmen die alten Leute die gleiche Stellung ein wie die jüngeren, sie werfen keine besonderen Probleme auf.

Die Inka haben eine Geschichte. Innerhalb eines Jahrhunderts eroberten und verloren sie ein Reich. Ihre Zivilisation gründete sich jedoch auf Wiederholung und beruhte auf mündlichen Überlieferungen. Unter den archaischen Zivilisationen gehört die ihre mit zu denen, die wir am besten kennen. Es ist interessant, festzustellen, welchen Platz die Alten darin einnahmen.

Die Inka hatten rohe Sitten, aber eine bemerkenswert hochentwickelte Technik und soziale Organisation. Die Männer brachten einen Großteil ihrer Zeit im Krieg zu und gingen grausam mit den Gefangenen um. Sie waren beachtliche Landwirte, die an den Berghängen Terrassen anlegten und den Boden mit Guano düngten; sie bauten Kartoffeln, Maïs, Getreidearten und eine Vielfalt von Pflanzen an, hatten das Lama und das Alpaka als Haustiere abgerichtet, und ihre Herden gediehen. Sie speicherten Getreide in riesigen Kornkammern. In ihren Bergwerken gewannen sie Gold, Silber, Blei, Quecksilber. Auf dem Gebiet des Wasserbaus hatten sie großartige Leistungen vollbracht: Kanäle, Reservoire, Schleusen. Sechs große Straßen durchquerten das Land, die Flüsse überspannten Hängebrücken aus Stricken. Sie errichteten prächtige Bauten: Häuser, Tempel, Paläste. Das Handwerk war hochentwikkelt, unter anderem auch die Gold- und Silberschmiedekunst. Das wirtschaftliche Leben war sehr rege, es gab Märkte, auf denen die Bauern ihre Erzeugnisse austauschten. Das Land war in drei Teile aufgeteilt: einer war der Sonne geweiht, der zweite gehörte dem Inka, der dritte den oberen Kasten, die ihn von den Bauern bewirtschaften ließen.

Am bemerkenswertesten an ihrer Zivilisation war die Vollbeschäftigung. Vom 5. Lebensjahr an mußte sich jeder nützlich machen. Die Männer waren in zehn Klassen eingeteilt; die Frauen ebenfalls; neun dieser Klassen gliederten sich nach dem Alter, die zehnte umfaßte alle Körperbehinderten. Jede Kategorie hatte ihre Aufgabe und mußte der Gemeinschaft nach besten Kräften dienen. Die geachtetste Gruppe waren die Krieger zwischen 25 und 50 Jahren. Sie standen im Dienst des Königs und der Grundherren; manche wurden in die Minen entsandt. Sie heirateten mit etwa 35 Jahren, die Frauen mit etwa 33. Alle unter 25 Jahren mußten den Eltern gehorchen, ihnen helfen, den Kaziken zu dienen. Vom 9. Lebensjahr an machten sich die Mädchen in der Familie nützlich, webten und hüteten die Herden.

Das Alter entband nicht von der Verpflichtung zu arbeiten. Nach 50 waren die Männer vom Militärdienst und von allen schweren Arbeiten befreit. Aber sie mußten sich im Hause ihres Oberhauptes und auf den Feldern betätigen. In der Familie behielten sie ihre Autorität. Die Frauen über 50 webten Kleider für die Gemeinschaft oder traten als Helferinnen, Köchinnen usw. in den Dienst reicher Frauen. Nach 80 waren die Alten taub und konnten fast nur noch essen und schlafen. Aber man setzte sie trotzdem noch ein: sie fertigten Stricke und Teppiche an, hüteten das Haus, versorgten Kaninchen und Enten, sammelten Laub und Stroh. Die Frauen spannen und webten, hüteten ein, halfen bei der Kindererziehung und blieben weiterhin im Dienst reicher Frauen, wo sie die jungen Dienerinnen überwachten. Wenn sie Felder hatten, fehlte es ihnen an nichts; andernfalls erhielten sie ein Almosen. Die Männer ebenfalls: man gab ihnen Essen und Kleidung, hütete ihre Ziegen und pflegte sie, wenn sie krank waren. Im allgemeinen fürchtete man die alten Männer, verehrte sie und gehorchte ihnen. Sie konnten beraten, lehren, gute Beispiele geben, das Gute predigen, beim Gottesdienst assistieren. Sie fungierten als Wächter für junge Frauen. Sie hatten das Recht, die Jungen und Mädchen zu peitschen, wenn sie ungehorsam waren.

Die Bewohner von Bali kann man nicht als Primitive ansehen: sie besaßen schon jahrhundertelang eine hohe Zivilisation. Diese ist dank der Abgeschiedenheit ihrer Insel vor allen ausländischen Einflüssen bewahrt geblieben. Die Holländer beherrschten sie mittels der Aristokratie, die die Landbevölkerung ausbeutete, aber weder ihre Sozialstruktur noch ihre Lebensweise änderte. Durch mündliche Überlieferung erhielt sich bis in unsere Tage eine archaische Kultur, denn die Balinesen können weder lesen noch schreiben. Man darf sie also wohl den Völkern ohne Geschichte zuordnen.

Die Balinesen bauen Reis an und haben dabei einen Grad der Vollkommenheit erzielt, den kein anderes Volk erreicht. Sie besitzen Vieh von hoher Qualität, Schweine, Geflügel. Früchte, Gemüse, die Erzeugnisse des Bodens sind vielfältig und reichlich vorhanden. Sie verkaufen sie auf großen Märkten, die häufig stattfinden. Die Dörfer sind gut gebaut und sehr gepflegt; das Handwerk ist hochentwickelt, ebenso wie Musik, Dichtung, Tanz und Theater. Die einfachen Leute achten die Aristokratie, die sich nicht unter sie mischt. Praktisch ist jedes Dorf eine kleine Republik. Geleitet wird sie von einer Versammlung, der alle verheirateten Männer mit Haus- oder Grundbesitz angehören müssen. Die Führenden werden im allgemeinen gewählt, manchmal gilt aber auch das Prinzip der Erblichkeit. Sie vertreten auf der Erde die Autorität der Götter: sie beherrschen das Land, die Häuser, das ganze soziale Leben. Die Bande jedes einzelnen an die Gemeinschaft sind sehr eng: die größte Strafe, die man einem der Mitglieder auferlegen kann, ist, ihn daraus zu verbannen. Sie sind gastfreundlich und von ausgesuchter Höflichkeit zueinander. Sie sind intelligent, schön gebaut und sind sich dessen wohlbewußt: ihre Gebärden sind überlegt und harmonisch. Alle fügen sich bereitwillig in die Rolle, die man ihnen zuweist: Kind, Jugendlicher, Frau, Erwachsener, Greis.

Die Kinder werden von ihren Eltern und Großeltern verwöhnt und geliebt. Die Alten ehrt man, obgleich sie nicht über magische Fähigkeiten verfügen. In den Räten steigt der Rang des einzelnen mit den Jahren. Jeden Monat versammeln sich die Alten des Dorfes und teilen ein Festmahl mit ihren Göttern. Diese Götter stehen den Menschen nahe und besuchen sie gern. Die Balinesen haben eine synkretische Religion, zusammengesetzt aus indischen, chinesischen und javanischen Elementen und durchdrungen vom Animismus. Sie beten die Sonne, den Mond, das Wasser und alle Fruchtbarkeitsprinzipien an. Ein Kult hat sich um den Reis entwickelt. Sie glauben an die Existenz von Gespenstern, die unheilvolle Kräfte gegen die Lebenden einsetzen können.

Man berichtet, daß früher in Bali, in einem tief in den Bergen gelegenen Dorf, Greise geopfert und gegessen worden seien. Zu einer bestimmten Zeit sei dann nur noch ein einziger übrig gewesen und die Tradition verlorengegangen. Damals wollte man einen großen Saal für die Ratssitzungen bauen. Aber als man die Stämme der zu diesem Zweck gefällten Bäume besah, konnte niemand sagen, was oben und was unten war: eine Verwechslung der Richtung hätte aber Katastrophen entfesselt. Ein junger Mann erklärte, er könne das Problem lösen, wenn man ihm verspräche, die Greise nicht mehr zu essen. Es wurde ihm versprochen. Daraufhin führte er seinen Großvater heran, den er versteckt gehalten hatte; dieser lehrte die Gemeinschaft, oben und unten zu unterscheiden.

Die Bewohner des Dorfes bestreiten, daß ein solcher Brauch je bestanden hätte. Wie dem auch sei, die Alten werden jedenfalls im ganzen Land geachtet: vor allem deshalb, weil sie dem Altersverfall entgehen, da sie im Wohlstand leben. Sie erhalten sich lange eine gute Gesundheit, sind weder gekrümmt noch ungeschickt, sondern bewahren die Beherrschung ihres Körpers, die in der Jugend erworbene Ungezwungenheit. Frauen von 60 und sogar darüber haben noch eine schöne Haltung und die nötige Kraft, um auf ihren Köpfen schwere Wasserkrüge und Obstkörbe von 40 bis 50 Pfund zu tragen. Sie hören nicht auf zu arbeiten, es sei denn, sie bekommen ein schweres Gebrechen; sie meinen, der Müßiggang wäre schädlich für ihre physische und geistige Gesundheit und sie liefen Gefahr, von übernatürlichen Kräften angegriffen zu werden. Die Aktivität der Frauen wächst sogar mit den Jahren: man hat Sechzigjährige und Ältere gesehen, die den ganzen Haushalt leiteten und die meisten Aufgaben selbst erledigten. Die alten Männer arbeiten wenig, sie diskutieren und kauen Betel. Aber sie haben zahlreiche Verpflichtungen: sie leiten die Dorfversammlung, sind Ärzte, Geschichtenerzähler, bringen den Jungen Dichtung und Kunst bei. Häufig führen sie auch die Enten auf die Felder. Sie spielen eine wichtige Rolle bei den religiösen Zeremonien. Es gibt sehr alte Männer und Frauen, die noch ausgezeichnete Tänzer sind; sie geraten dann in Trance und verkünden Orakel. Ihre Rolle ist bedeutend, sowohl die der Frauen als auch die der Männer, denn die Geschlechtsunterschiede verwischen sich mit dem Alter. Man fragt sie in allem um Rat. Wenn sie sehr alt und arbeitsunfähig werden,

werden sie Großvater und Großmutter genannt. Man sieht die Zahnlosen als den kleinen Kindern nahestehende; man glaubt, sie würden sich bald in der Gestalt eines Neugeborenen reinkarnieren. Von diesem Augenblick an verlieren sie ihren Einfluß, werden aber weiterhin ausreichend ernährt und gut behandelt. Selbst wenn er schwach und bewegungsunfähig ist, kann ein Greis Priester eines Tempels sein, nur hat er dann einen jüngeren Gehilfen und seine Funktion wird ehrenamtlich.

Es scheint so, als hätte man keine Angst vor ihnen. Indessen wird Ranga, die Hexe, die Kinder ißt, in den Zauberstücken als monströse alte Frau dargestellt mit hängenden Brüsten und weißem, bis zu den Füßen hinabfallendem Haar. Ihre Rolle wird von einem alten Schauspieler gespielt: dank seinem Alter entrinnt er dem unheilvollen Geist der Hexe, die er verkörpert.

Mit dem Material, über das ich verfügte, konnte ich einen Faktor, dem die Ethnologen im Hinblick auf die Stellung der Alten eine außerordentliche Bedeutung beimessen, nicht klären: die soziale Organisation. Manche Gemeinschaften sind Horden, Banden, wenig strukturierte Gruppierungen. Aber wenn die Clans oder Stämme sich in einem bestimmten Gebiet ansiedeln – was voraussetzt, daß die Gemeinschaft landwirtschaftlich wird –, erweist es sich oft als notwendig, die verschiedenen Ahnenreihen genau zu bestimmen, um die Erbfolgerechte, die Heiratsmitgiften, die Beziehungen zwischen den Menschen zu regeln. Die Nachkommenschaft geht auf den Ahn zurück, sie wird durch ihn gültig, ist sein Weiterwirken. Die Vorfahren sind nicht in die Vergangenheit verbannt; die Gemeinschaft – Familie, Clan, Stamm –, der das Land gehört, umfaßt die Toten ebenso wie die Lebenden; sie gründet ihre Rechte mystisch auf die der Gestorbenen, als deren Erbin sie sich betrachtet. Manchmal glaubt man, der Ahn reinkarniere sich in einem Neugeborenen seiner Nachkommenschaft, so daß die neuen Generationen die alten wieder zum Leben erwekken. Zwar praktiziert man den Ahnenkult nicht in allen auf Ahnenreihen basierenden Gesellschaften, aber doch in den meisten. Der Ahn ist ein wohlwollender Geist, der unter dem Dach seiner Nachkommen haust oder ihnen zumindest günstig gesonnen ist, wenn ihm der gebührende Kult erwiesen wird. Die Zeremonien und Opfer, durch die man ihn ehrt, müssen die Alten leiten. Da sie dem Ahn näherstehen als die Jungen und dazu bestimmt sind, bald ihrerseits Ahnen zu werden, stattet man sie mit einem heiligen Charakter aus. Die Ahnenreihe inkarniert sich im alten Menschen, und dank ihm lassen sich vorschriftsmäßige Beziehungen mit den anderen Ahnenreihen herstellen: er ist Symbol und Schöpfer der Ordnung. In solchen Gesellschaften existiert also ein genau fixiertes Bild des Alten, ihm wird offiziell eine Stellung zuerkannt, während in den Horden und Banden – wie auch in unseren modernen Industriegesellschaften – seine Stellung zufällig ist. Sie wechselt von einer Gruppe zur andern und selbst innerhalb der Gruppe.

Man sieht, daß man sich, was die Stellung der Alten in den primitiven Gesellschaften angeht, vor Vereinfachungen hüten muß. Es ist nicht wahr, daß man überall «die Kokospalme schüttelt»; es ist auch nicht richtig, sich von ihrem Los ein idyllisches Bild zu machen. Ihre Stellung wird durch die Faktoren erklärt, die wir bisher angedeutet haben und deren Rolle und Beziehungen wir nun feststellen müssen.

Es ist offensichtlich, daß der alte Mensch in reichen Gemeinschaften bessere Lebensmöglichkeiten hat als in armen und in den seßhaften bessere als in nomadischen. Für die seßhaften erhebt sich lediglich das Problem der Ernährung; für die nomadischen außerdem noch die schwierigere Frage des Transports. Selbst wenn die Nomaden sich eines gewissen Wohlstands erfreuen, so erlangen sie diesen nur dank unaufhörlicher Ortswechsel: die alten Menschen können nicht folgen, man läßt sie zurück. In landwirtschaftlichen Gesellschaften würde er gleiche relative Wohlstand genügen, sie zu ernähren. Doch die wirtschaftliche Lage ist nicht absolut bestimmend: im allgemeinen handelt es sich um eine Wahl, die die Gesellschaft trifft und die von verschiedenen Umständen beeinflußt werden kann. Tatsache ist, daß die Tschuktschen im Landesinnern sich trotz der Härte ihres Daseins einig sind, die Alten mitzunehmen, wenn sie ihr Lager wechseln. Andererseits lassen landwirtschaftliche Gesellschaften, die nicht zu den ärmsten zählen, ihre alten Menschen gleichgültig verhungern.

Man könnte annehmen, daß in armen Gemeinschaften Magie und Religion zugunsten der Alten vermitteln. Aber das stimmt nicht. Eben weil diese Gemeinschaften in bedrückenden Verhältnissen leben, entwickeln sie fast keine religiöse Kultur. Die Magie ist bei ihnen nicht ein «Wissen von den Dingen», sondern ein Komplex von plumpen Vorschriften, den die Schamanen für sich gepachtet haben. Die Alten werden geachtet, aber das Alter verleiht keine magische Macht. Gelegentlich existiert auch eine Religion, die aber lediglich die von Bedürfnissen erzwungenen Bräuche bestätigt und heiligt; aus den gleichen Beweggründen führt die Gemeinschaft die für ihr Überleben unerläßlichen Bräuche ein und rechtfertigt sie ideologisch: ein Beispiel dafür haben wir bei den Narten gesehen; bei Fukazawa glaubt O Rin, dem Willen der Götter zu gehorchen.

Ein wirksamerer Schutz für die alten Eltern ist die Liebe ihrer Kinder. Roheim hat die Ähnlichkeit zwischen dem Glück des ersten und dem des letzten Alters betont. Man weiß, wie entscheidend für die Persönlichkeitsentwicklung die Art ist, mit der ein Kind behandelt wird. Wenn es ihm an Nahrung, Geborgenheit, Zärtlichkeit mangelt, wächst es mit Groll, Angst und vielleicht sogar Haß auf; erwachsen, ist seine Beziehung zu anderen aggressiv: es wird seine alten Eltern vernachlässigen, wenn diese sich nicht mehr selbst ernähren können. Wenn dagegen die Eltern ihre Kinder gut ernähren und verwöhnen, so wachsen sie zu glücklichen, offenen, wohlgesonnenen Menschen heran, bei denen sich altruistische Gefühle entwickeln: sie hängen an ihren Eltern und Großeltern, erkennen ihre Pflichten ihnen gegenüber an und erfüllen sie. Bei allen Fällen, die ich untersuchte – es sind sehr viel mehr als die hier angeführten –, habe ich nur ein einziges Beispiel dafür gefunden, daß glückliche Kinder zu grausamen Erwachsenen gegenüber ihren alten Eltern werden: jenes der Ojibwa. Während die Jakuten und die Ainu, die ihre Kinder schlecht behandeln, ihre Greise unmenschlich vernachlässigen, verehren die Yaghan, die Aleuten, die ungefähr unter den gleichen Bedingungen leben, bei denen aber das Kind König ist, ihre Alten. Freilich sind sie oft Opfer eines verhängnisvollen Kreislaufs: zu große Not ist schuld daran, daß die Erwachsenen ihre Kinder schlecht ernähren, sie vernachlässigen. Erwähnt sei auch, daß die Kindesliebe jene Form annimmt, die ihr Sitte und Religion auferlegen. Der Sohn bezeugt seinen Eltern Achtung und Liebe, indem er die Zeremonien, bei denen man sie tötet, so genau wie möglich ausführt.

Die Greise könnten hoffen, weiterzuleben, wenn sie ihre Arbeitskraft behielten. Aber da sie schlecht ernährt, schlecht gepflegt worden sind, sich durch die Arbeit verbraucht haben, werden sie frühzeitig untauglich: auch das ist oft ein für sie verhängnisvoller Circulus vitiosus.

In den armen Gemeinschaften kommt es selten vor, daß ein Alter Güter besitzt, die es ihm ermöglichen, sich selbst zu versorgen. Bei den Jäger-Sammlern gibt es kein Eigentum: sie legen nicht einmal Nahrungsvorräte an. Bei den Hirten und Bauern ist es oft gemeinschaftlich: der einzelne besitzt nur die Früchte der Arbeit, die er selbst leistet oder durch seine Frauen besorgen läßt. Wenn er diese überlebt oder sie arbeitsunfähig werden, wenn er selbst nichts mehr tun kann – oder die Sitte ihm verbietet, eine dem anderen Geschlecht vorbehaltene Arbeit zu verrichten –, ist er völlig mittellos. Manchmal ist das Familienoberhaupt Herr über seine Herde, sein Land; aber wenn seine Kräfte nachlassen, entreißen ihm die Erben seinen Besitz und entledigen sich sogar seiner selbst, um rascher ihrerseits Herren zu werden. Wir haben nur zwei Fälle angetroffen, bei denen die alten Männer Eigentümer blieben: bei den Tschuktschen im Landesinnern und bei einigen wenigen Tschuktschen an der Küste, die mit den Weißen Handel trieben.

Man kann also daraus folgern, daß die Wahl der landwirtschaftlichen oder nomadischen Gesellschaften, deren Mittel unzureichend sind, gewöhnlich darin besteht, die Alten zu opfern.

Wie diese ihr Los ertragen, wissen wir in Wahrheit nicht. Die Berichterstatter, die Soziologen gefallen sich darin, zu erklären, sie stürben heiter: ich habe literarische Zeugnisse angeführt, die erlauben, das zu bezweifeln.

Wenn eine Gesellschaft über einen gewissen Spielraum an Sicherheit verfügt, kann man a priori annehmen, daß sie für ihre Alten sorgt: es liegt im Interesse der Erwachsenen, ihre eigene Zukunft zu regeln. Die Verkettung der Umstände stellt hier keinen verhängnisvollen Kreislauf dar, sondern wirkt sich günstig aus: die Kinder werden gut behandelt und behandeln wiederum ihre Eltern gut; angemessene Ernährung und Gesundheitspflege schützen den Menschen vor allzu frühem Verfall. Es kommt zu einer höheren Entwicklung der Kultur, wodurch die alten Leute großen Einfluß gewinnen können. Die Magie wird dann zu einem Gedankensystem, das sich einer Wissenschaft nähert.

Die Naturvölker erkennen Menschen, die durch eine Besonderheit auffallen, eine ‹magische Berufung› zu: zum Beispiel Gebrechlichen, Kriminellen usw. Das Alter gilt ebenfalls als besondere Kategorie. Aber die Alten machen sich auf diesem Gebiet vor allem durch ihr Gedächtnis unentbehrlich; diese Tatsache kommt sehr deutlich in der balinesischen Legende zum Ausdruck, die ich anführte: ohne Tradition wäre die Gemeinschaft unfähig, ihre Tätigkeiten auszuüben. Diese erfordern nicht nur Techniken, die die Erwachsenen wiedererfinden könnten; sie müssen sich nach rituellen Vorschriften richten, die nicht in der Gegenwart vorgezeichnet sind, sondern von der Vergangenheit aufgezwungen werden und die nur den Alten bekannt sind. Mit Baumstämmen kann man ohne weiteres bauen; wenn man sie aber nicht auf eine bestimmte Weise anordnet, auf die die Praxis nicht hinweist, löst man Katastrophen aus. Es ist unmöglich, wirksam einen Pfeil abzuschießen, wenn man nicht jene Zaubersprüche kennt, die ihn zum Ziel führen. Die Alten sind die Hüter dieser Geheimnisse, und sie geben sie nur mit Vorsicht preis; wir haben bei den Lele gesehen, wie die Greise dafür sorgen, daß der Stamm sie braucht: sie teilen ihr Wissen nur zögernd mit.

Der Greis ist unentbehrlich, aber auch gefährlich, denn er kann das magische Wissen zu seinem eigenen Nutzen mißbrauchen. Seine Ambivalenz hat noch eine andere Ursache: da er dem Tod nahe ist, steht er auch der übernatürlichen Welt nahe. In diesem Punkt sind die Naturvölker unschlüssig in ihrer Meinung. Außer bei ganz kleinen Kindern erscheint ihnen der Tod niemals als etwas Natürliches. Selbst in hohem Alter beruht er auf einer Verhexung.[1] Dennoch wissen sie sehr wohl, daß der Greis bald sterben wird, so daß manche ihn sogar einen «fast Toten» nennen. Er entgleitet bereits dem menschlichen Los: er ist beinahe schon ein Gespenst und daher immun für die anderen Gespenster. Die Beziehung zum toten Ahn wird als ambivalent empfunden: in vielen Gesellschaften ist er derjenige, der für seine Nachkommen Gutes will. In allen aber ist er ein Gespenst und als solches gefürchtet. Fast überall werden die Gespenster verantwortlich gemacht, wenn dem einzelnen oder der Sippe etwas Schlimmes zustößt. Ihr Weiterleben ist ungewiß: nach mehr oder weniger langer Zeit lösen sie sich auf, es bleibt nichts mehr von ihnen übrig. Aber solange sie noch da sind, muß man versuchen, sie durch Riten und Opfer zu versöhnen oder sich wenigstens gegen sie zu schützen. In allen Situationen, in denen sie bedrohlich sind – Übergang von einer Gruppe in eine andere, von einem Alter zum nächsten, Befleckung durch einen rituellen Verstoß –, kann nur der Greis sie bannen. Er ist von der profanen Welt in die heilige Welt übergetreten, und das bedeutet, daß er selbst dieselben Kräfte hat wie das Gespenst, das er bald sein wird.

Das ist der Grund, weshalb der Greis zugleich Achtung und Angst einflößt. Bei Gemeinschaften, in denen die Magie der Hexerei näher ist als einer Wissenschaft, in der die Gespenster sehr gefürchtet werden, überwiegt das Gefühl der Angst. Es gestattet den alten Männern, hohe Ämter zu erlangen und sogar die Jungen zu tyrannisieren. Dennoch ist die Haltung gegenüber dem ‹Graukopf› und dem sehr betagten Greis nicht die gleiche. Die Langlebigkeit erweckt

1 Außer wenn, wie bei den Navaho, ein hochbetagter Greis «sein Leben erschöpft hat».

manchmal Bewunderung. Sie beweist, daß der betreffende Mensch sein Leben weise geführt hat, folglich ist er ein Vorbild. Wer allen natürlichen und übernatürlichen Prüfungen standgehalten hat, muß mit einer besonderen magischen Tugend ausgestattet sein. Wenn dann allerdings der Verfall eintritt, meinen viele, diese Tugend schwäche sich mit den anderen Fähigkeiten ab, und dann bietet die Angst diesem Menschen keinen Schutz mehr. Andere stellen sich hingegen vor, daß die magische Macht mit den Jahren immer mehr wächst. Auch hier sind zwei Haltungen möglich. Das Grauen, das er zu seinen Lebzeiten oder, vorsichtshalber, als künftiges Gespenst einflößt, bringt dem Greis den Vorteil, daß man ihn gut behandelt, selbst bei größter Hinfälligkeit. Oder aber man beeilt sich, der Eskalation Einhalt zu gebieten, die ihn von Tag zu Tag gefährlicher macht: man tötet ihn, vernichtet seinen Leichnam. Auf den Trobriand-Inseln – in Polynesien – und in einigen abgelegenen Winkeln Japans aßen die Erwachsenen die Alten, die ein gewisses Alter erreicht hatten; so eigneten sie sich ihre Weisheit an und verhinderten gleichzeitig, daß sie Zauberer und dann allzu mächtige Wahrsager wurden.

In seiner Eigenschaft als Priester oder Offiziant ist der Alte frei von Ambivalenz. Hier spielt er eindeutig eine Rolle von höchster Bedeutung. Und auch hier qualifiziert er sich dank seines Gedächtnisses. Die für die Zelebrierung des Kultes unerläßlichen Zeremonien, Riten, Tänze, Gesänge werden durch ihn überliefert. Er bringt sie den anderen bei, ist aber durch dieses Wissen ganz besonders dafür geeignet, sie selbst auszuführen. Und noch aus einem anderen Grund qualifiziert er sich dafür: er ist der Mittler zwischen dieser Welt und der übernatürlichen.

Als Wahrer der Überlieferungen, als Fürsprecher und Beschützer gegen die übernatürlichen Mächte sichert der alte Mensch im Augenblick und in der Zeit den Zusammenhang der Gemeinschaft. Oft ist er beauftragt, die Neugeborenen in diese Gemeinschaft einzugliedern, indem er einen Namen für sie auswählt. Bisweilen, wenn die Gemeinschaft eine komplizierte politische Organisation hat, sichert er auch ihr Funktionieren: er allein hat die Genealogien im Gedächtnis, wodurch jedem einzelnen oder jeder Familie der ihr gebührende Platz zugewiesen werden kann.

Alle diese Dienste, die die Alten dank ihrer Kenntnis der Traditionen leisten, bringen ihnen gewöhnlich neben Achtung auch materiellen Wohlstand ein. Man belohnt sie mit Geschenken. Besonders groß sind die der Neophyten, an die sie ihre Geheimnisse weitergeben. Das ist die sicherste Quelle des individuellen Reichtums. Aber das gilt nur für Gesellschaften, die wohlhabend genug sind, um eine hochentwickelte Kultur zu haben, und für Leute, die ohnehin ein hohes Ansehen genießen.

Doch bei den noch weiter fortgeschrittenen Gesellschaften läßt der Einfluß der alten Leute nach. Man glaubt weniger an Gespenster und selbst an Magie: man fürchtet sich nicht vor den «fast Toten». Das Prestige der Alten beruht auf ihrem positiven Beitrag zur Kultur. Und es verliert sehr viel an Wert bei jenen Gemeinschaften, in denen sich das Handwerk von der Magie löst, und mehr noch in jenen, die schreiben können.

Wenn eine Gesellschaft harmonisch und ausgeglichen ist, sichert sie den Alten einen angemessenen Platz, indem sie ihnen Arbeiten zuweist, die ihren Kräften entsprechen. Aber sie privilegiert sie nicht mehr.

Das Alter hat für Männer und Frauen weder den gleichen Sinn noch die gleichen Konsequenzen. Für die Frau bietet es einen speziellen Vorteil: nach der Menopause ist sie nicht mehr geschlechtlich; sie wird zu einer Entsprechung des jungen Mädchens vor der Pubertät und ist wie dieses von gewissen Nahrungstabus ausgenommen. Die Verbote, die ihr wegen der monatlichen Befleckung auferlegt waren, fallen weg. Sie kann nun an Tänzen teilnehmen, trinken, rauchen, sich neben die Männer setzen. Die Faktoren, die sich zugunsten der alten Männer auswirken, sichern auch ihr gewisse Vorteile. Vor allem in den matrilinearen Gesellschaften ist ihre kulturelle, religiöse, soziale und politische Rolle sehr bedeutend. In den anderen stellt ihre Erfahrung einen gewissen Wert dar. Man schreibt ihr übernatürliche Kräfte zu, die ihr Ansehen verschaffen, sich aber auch gegen sie richten können. Im allgemeinen bleibt ihre Stellung hinter der der Männer zurück. Man vernachlässigt sie stärker. Man setzt sie leichter aus.

Viele Gesellschaften sehen eine enge Beziehung zwischen den Alten und den Kindern. Die Analogie zwischen der Hilflosigkeit des Säuglings und des Altersschwachen läßt sich nicht leugnen: sie kommt deutlich zum Ausdruck im Epos der Narten, von denen es heißt, daß sie die Alten in Wiegen festbanden. Die einen kommen gerade erst aus dem Unbestimmten, die anderen werden bald darin verschwinden: bei den Navaho sterben der Säugling, der noch kaum gelebt hat, und der hochbetagte Greis, der kaum mehr lebt, ohne Groll und werden keine Gespenster. Praktisch sind sie alle nutzlose Münder und belastendes Gepäck: sehr arme Stämme, vor allem Nomaden, ermorden sowohl Kinder als auch Greise. Es kommt vor, daß man nur die Alten umbringt. Der umgekehrte Fall jedoch nie, denn das Kind, das die Zukunft darstellt, hat den Vorrang gegenüber dem Greis, der purer Abfall ist. Beide sind Parasiten, was in Notzeiten manchmal zu Rivalitäten zwischen ihnen führt: die Kinder stehlen den Essensanteil der Alten. Aber wenn diese Einfluß haben, reißen sie dank strenger Nahrungstabus einen erheblichen Teil der Nahrung an sich. Oft sind Enkel und Großeltern eng miteinander verbunden: sie gehören symbolisch einer gleichen Altersklasse an; die Kindererziehung wird den Großeltern anvertraut, und die Enkel erweisen ihnen dafür Dienste. Auf das Kind gründen sich die Hoffnungen für die Zukunft; der in der Vergangenheit verankerte Greis besitzt das Wissen; er muß seine Erben heranbilden, die mit ihrem Gedächtnis sein Weiterleben sichern, entweder durch den Ahnenkult oder indem sie Frauen zeugen, in denen er sich einnistet, um wiedergeboren zu werden. Diese Verbindung ist es, die über alle Zeiten hinweg die Einheit der Gemeinschaft festigt. Praktisch hat der Alte, von den Aufgaben der Erwachsenen befreit, Zeit, sich um die Jungen zu kümmern, die ihrerseits die Muße haben, ihren Großeltern die geforderten Dienste zu leisten. Dieser Austausch von guten Diensten geht mit heiteren Beziehungen einher; da Kinder und Alte aber unfähig in praktischen Dingen und zudem als Randpersonen von vielen sozialen

Zwängen frei sind, entfernen sie sich von der Ernsthaftigkeit der Erwachsenen: sie scherzen miteinander, beteiligen sich an Spielen, fordern sich gegenseitig heraus.

Bei den Naturvölkern ist der Alte wirklich *der andere* mit der ganzen Doppelwertigkeit dieses Ausdrucks. Als *andere* wird die Frau in den männlichen Mythen gleichzeitig wie ein Idol und wie eine Närrin behandelt. Ebenso ist der Greis – aus anderen Gründen, auf andere Weise – in diesen Gesellschaften ein Untermensch und ein Übermensch. Gebrechlich, nutzlos, fungiert er auch als Mittler, Zauberer, Priester: er steht diesseits oder jenseits des Menschenloses und häufig beides zugleich.

Wie in allen Gesellschaften werden diese Einstellungen auf eine besondere und zufällige Weise erlebt. Das Schicksal der alten Leute hängt zum großen Teil von ihren Fähigkeiten ab, vom Ansehen und von den Reichtümern, die sie ihnen eingebracht haben; das des Privilegierten unterscheidet sich von dem des gemeinen Mannes. Je nach den Gruppen und Familien gibt es ebenfalls Unterschiede in der Behandlung. Theorie und Praxis stimmen nicht immer überein; es kommt vor, daß man insgeheim über das Alter spottet, ihm aber dennoch Dienste erweist. Der umgekehrte Fall ist häufiger: man ehrt es mit Worten und läßt die alten Leute in der Praxis zugrunde gehen.

Als wichtigster Umstand ist hervorzuheben, daß der alte Mensch sich seine Stellung nie selber schafft, sondern daß sie ihm aufgezwungen wird. Ich habe in *Das andere Geschlecht* gezeigt, daß die Frauen, wenn sie aus ihrer magischen Macht hohes Ansehen gewinnen, dies in Wahrheit den Männern verdanken. Das gleiche gilt für die Alten hinsichtlich der jüngeren Erwachsenen. Ihre Autorität gründet sich auf die Angst oder die Achtung, die sie einflößen: sobald die Erwachsenen sich davon befreien, haben die Alten keinerlei Trumpf mehr. Dies trat ziemlich oft durch die Berührung mit der Zivilisation der Weißen ein. Die Zande und die Aranda bemächtigen sich nicht mehr der Frauen. Jüngere Leute – zum Beispiel die Lao Afrikas – verließen ihre Dörfer, wo sie die alten Eltern unterhielten, um Arbeit in den Städten zu suchen. Die jungen Lele haben das Joch der Alten abgeschüttelt, indem sie zum Christentum übertraten und für die Europäer arbeiteten.

Dort, wo die Autorität der Alten weiter erhalten bleibt, beruht das auf dem Wunsch der gesamten Gemeinschaft, durch sie ihre Traditionen zu wahren. Die Gemeinschaft entscheidet je nach ihren Möglichkeiten und Interessen über das Los der Alten: sie müssen es ertragen, selbst wenn sie sich für die Stärksten halten.[1]

So summarisch diese Untersuchung ist, genügt sie doch, um zu beweisen, in welchem Maß die Stellung des Alten vom sozialen Kontext abhängt. Er erleidet ein

1 Simmons scheint das Gegenteil zu sagen, aber in Wahrheit stimmt das nicht. Er zeigt, daß manche Alte, wenn ein Statut geschaffen ist, es besser für sich auszunützen verstehen als andere: sie klammern sich an die Arbeit, sie finden Möglichkeiten, sich unentbehrlich zu machen, usw. Aber das Statut selbst wird immer von der gesamten Gemeinschaft geschaffen.

biologisches Schicksal, das fatalerweise eine wirtschaftliche Konsequenz nach sich zieht: er wird unproduktiv. Aber seine Rückbildung geht je nach den Möglichkeiten der Gemeinschaft mehr oder weniger schnell vonstatten: bei manchen beginn der Verfall mit 40, bei anderen mit 80 Jahren. Andererseits steht ihm, wenn eine Gesellschaft relativ wohlhabend ist, eine gewisse Wahl offen: es ist ein großer Unterschied für einen alten Menschen, ob er als lästige Bürde angesehen oder in eine Gemeinschaft integriert wird, deren Mitglieder sich entschieden haben, bis zu einem gewissen Grad ihre Besitztümer zu opfern, um sein Alter zu sichern. Dabei spielt nicht nur seine materielle Situation eine Rolle, sondern auch der Wert, den man ihm beimißt: er kann gut behandelt und verachtet werden oder gut behandelt und geehrt oder gefürchtet sein. Dieser Status hängt von den Zielen ab, die sich die Gemeinschaft setzt. Ich sagte, daß das Wort Verfall nur sinnvoll ist in bezug auf ein bestimmtes Ziel, dem man näher kommt oder von dem man sich entfernt. Wenn eine Gruppe nichts weiter will, als von einem Tag zum andern leben, dann ist es ein Verfall, wenn man ein nutzloser Mund wird. Aber wenn sie, mystisch mit den Ahnen verbunden, ein geistiges Weiterleben wünscht, dann inkarniert sie sich im Greis, der zugleich der Vergangenheit und dem Jenseits angehört; selbst der größte physische Verfall kann dann als Höhepunkt des Lebens betrachtet werden. Meistens liegt dieser Höhepunkt in dem Alter, da die Haare ergrauen, und die Gebrechlichkeit wird als Niedergang angesehen; aber nicht immer.

Der Sinn, den die Menschen ihrer Existenz geben, ihr globales Wertsystem: das ist es, was Sinn und Wert des Alters bestimmt. Umgekehrt: durch die Art, wie sich eine Gesellschaft gegenüber ihren Alten verhält, enthüllt sie unmißverständlich die Wahrheit – oft sorgsam verschleiert – über ihre Grundsätze und Ziele.

Die praktischen Lösungen, die die Naturvölker für das Problem der Alten gewählt haben, sind sehr unterschiedlich: man tötet sie, läßt sie sterben, gesteht ihnen ein Lebensminimum zu, sichert ihnen ein bequemes Ende oder man verehrt und verwöhnt sie sogar. Wir werden sehen, daß ihnen die sogenannten zivilisierten Völker die gleichen Behandlungen angedeihen lassen; lediglich der Mord ist verboten, wenn er nicht verschleiert wird.

3. KAPITEL

Das Alter in den historischen Gesellschaften

Die Stellung der alten Menschen im Laufe der verschiedenen Epochen zu untersuchen, ist kein leichtes Unterfangen. Die Dokumente, über die wir verfügen, erwähnen sie nur selten: sie werden mit der Gesamtheit der Erwachsenen gleichgesetzt. Aus der Mythologie, der Literatur, der Ikonographie ergibt sich ein bestimmtes Bild des Alters, das je nach Zeit und Ort wechselt. Doch wie es sich zur Wirklichkeit verhält, läßt sich schwer entscheiden. Es ist ein verschwommenes, undeutliches, widersprüchliches Bild. Auch gilt es festzustellen, daß das Wort Alter in den einzelnen Zeugnissen zwei ganz verschiedene Bedeutungen hat. Einmal ist es eine je nach den Umständen mehr oder weniger aufgewertete soziale Kategorie. Zum andern ist es für jedes Individuum ein Einzelschicksal, das seine. Den ersten Gesichtspunkt vertreten die Gesetzgeber, die Moralisten; den zweiten die Dichter; meistens stehen sie einander unvereinbar gegenüber. Moralisten und Dichter gehören stets den privilegierten Klassen an, einer der Gründe, die ihre Aussagen zum großen Teil entwerten: sie drücken immer nur eine unvollständige Wahrheit aus, und sehr oft lügen sie. Indessen sind die Dichter spontaner und dadurch ehrlicher. Die Auffassung der Ideologen vom Alter deckt sich stets mit den Interessen ihrer Klasse.

Sogleich drängt sich eine weitere Feststellung auf: Es ist unmöglich, eine Geschichte des Alters zu schreiben. Die Geschichte impliziert eine Zirkulation. Die Ursache, die eine bestimmte Wirkung hervorruft, wird ihrerseits von dieser modifiziert. Der diachronischen Einheit, die durch diese Verkettung entsteht, liegt ein gewisser Sinn zugrunde. Man kann zur Not von einer Geschichte der Frau sprechen, denn sie war Symbol und Anlaß gewisser männlicher Konflikte: zwischen ihrer eigenen Familie und der ihres Mannes zum Beispiel. In dem menschlichen Abenteuer war die Frau nie Subjekt, aber immerhin Vorwand und Triebfeder; ihre Stellung hat sich in einer zwar eigenwilligen, aber doch bedeutungsvollen Linie weiterentwickelt. Dagegen hat der Greis als soziale Kategorie nie in den Lauf der Welt eingegriffen.[1] Solange er leistungsfähig bleibt, ist er in die Gemeinschaft integriert und unterscheidet sich nicht von ihr: er ist ein männlicher Erwachsener in vorgerücktem Alter. Verliert er jedoch seine Fähigkeiten, erscheint er als ein *anderer*; er wird dann, in weitaus stärkerem Maße als die Frau, bloßes Objekt. Sie ist notwendig für die Gesell-

1 Wohlgemerkt: als Individuen haben Frauen und Greise oft aktive Rollen gespielt.

schaft; er ist zu nichts mehr nutze, weder als Tauschwährung noch als Erzeuger, noch als Wiedererzeuger, er ist nur noch eine Last. Wie wir gesehen haben, wird ihm sein Status aufgezwungen: es kann bei ihm also nie irgendeine Evolution geben. Man sagt, das Negerproblem sei ein Problem der Weißen; das der Frau ein Problem des Mannes: doch die Frau ringt um ihre Gleichberechtigung, die Neger kämpfen gegen die Unterdrückung; die Alten aber verfügen über keine einzige Waffe, und ihr Problem ist allein ein Problem der aktiven Erwachsenen. Diese entscheiden nach ihren eigenen praktischen und ideologischen Interessen, welche Rolle den Alten zuzuweisen ist.

Selbst in komplexeren Gesellschaften als den von uns untersuchten kann diese Rolle bedeutend sein, da die reifen Menschen sich in der Abwehr gegen das Ungestüm der Jungen auf die alte Generation stützen. Diese weigert sich, die einmal erlangte Macht abzugeben; will man sie ihr mit Gewalt entreißen, bedient sie sich ihrer, um sie zu behalten. In allen Mythologien, Chroniken, Literaturen findet man ein Echo dieser Konfrontationen. Unvermeidlich unterliegen die Alten am Ende, weil sie eine unwirksame Minderheit darstellen und ihre Stärke lediglich auf der Mehrheit beruht, die sie sich nutzbar macht.

Das Problem des Alters als Machtproblem stellt sich nur innerhalb der herrschenden Klassen. Bis zum 19. Jahrhundert ist nie von «armen Alten» die Rede. Solche gab es kaum, denn ein langes Leben war nur in den privilegierten Klassen möglich. Die «armen Alten» traten überhaupt nicht in Erscheinung; Geschichte und Literatur übergehen sie mit Schweigen. Das Alter enthüllt sich bis zu einem gewissen Grad nur innerhalb der privilegierten Klassen.

Noch etwas anderes springt ins Auge: es handelt sich hierbei um ein Männerproblem. Als persönliche Erfahrung betrifft das Altern die Frauen genauso, und sogar noch mehr, da sie länger leben. Betrachtet man das Problem jedoch theoretisch, so beschäftigt man sich vorwiegend mit der Lage der Männer. Einmal, weil sie es sind, die sich in den Kodizes, Legenden und Büchern äußern; hauptsächlich aber, weil der Kampf um die Macht nur das starke Geschlecht interessiert. Bei den Affen entmachten die Jungen das alte Männchen gewaltsam; es allein wird getötet, die alten Äffinnen nicht.

Die Gesellschaften, die eine Geschichte haben, werden von Männern beherrscht; die jungen und die alten Frauen mögen sich im Privatleben um Machtbefugnisse streiten, im öffentlichen Leben ist ihre Stellung die gleiche: sie bleiben ewig Minderjährige. Die Stellung des Mannes ändert sich hingegen im Laufe der Zeit. Der junge Mann wird ein Erwachsener, ein Staatsbürger, und der Erwachsene ein Greis. Die Männer bilden Altersklassen, deren natürliche Grenze nicht scharf gezogen ist, denen jedoch die Gesellschaft genaue Grenzen setzen kann, wie sie dies in unserer Zeit mit der Festlegung des Rentenalters tut. Der Übergang von einer Altersklasse in die andere kann Aufstieg oder Abstieg bedeuten.

Ethnologie und Biologie zeigen, daß der positive Beitrag der Alten für die Gemeinschaft ihr Gedächtnis und vor allem ihre Erfahrung ist, die, wo es sich um Wiederholungen handelt, ihre Leistungs- und Urteilsfähigkeit steigert. Was ihnen fehlt, ist Kraft und Gesundheit; ist auch die Fähigkeit, sich Neuem anzupassen und, mehr noch, zu erfinden. Man kann a priori annehmen, daß sich in stark organisierten und repetierenden Gesellschaften die Erwachsenen auf die Alten stützen. In zersplitterten Gesellschaften, in wirren oder revolutionären Zeiten gewinnt hingegen die Jugend die Oberhand. Die Rolle, die die alten Männer zu Hause in der Familie spielen, spiegelt jene, die ihnen der Staat zuweist. Wenn wir die Stellung der Alten in den verschiedenen Epochen betrachten, finden wir dieses Schema bestätigt.

Auf den folgenden Seiten werde ich mich darauf beschränken, die westlichen Gesellschaften zu untersuchen. Eine Ausnahme drängt sich indessen auf, und das ist China, weil es den Alten eine einzigartig privilegierte Stellung eingeräumt hat.

In keinem anderen Land war die Zivilisation während so vieler Jahrhunderte so statisch und so ausgeprägt hierarchisch wie in China. Es war eine ‹hydraulische› Zivilisation, die eine zentralisierte, autoritäre Macht erforderte. In Anbetracht der geographischen und wirtschaftlichen Gegebenheiten ging es für die Bevölkerung nicht darum, sich weiterzuentwickeln, sondern zu überleben. Die Verwaltung begnügte sich damit, das zu erhalten, was immer gewesen war. Sie setzte sich aus Gebildeten zusammen, deren Befähigung und Verantwortung mit den Jahren wuchsen: an der Spitze standen automatisch die Ältesten. Diese überragende Stellung spiegelte sich in der Familie. Konfuzius, der das Verhältnis zwischen den Unteren und den Höherstehenden streng festgelegt hatte, formte nach dem Bild der Gemeinschaft den Mikrokosmos, den er ihr als Grundlage gab: die Familie. Das ganze Haus schuldete dem ältesten Mann Gehorsam. Seine moralischen Vorrechte waren praktisch nicht anfechtbar, denn die intensive Bewirtschaftung des Bodens in China verlangt mehr Erfahrung als physische Kraft. Leben und Wandel führten keinerlei Widerspruchsprinzip in die Familie ein, da die Frau ihrem Mann Gehorsam schuldete und ihm gegenüber keine Rechte besaß. Der Vater konnte über Leben und Tod seiner Kinder verfügen, und oft beseitigte er die Mädchen gleich nach der Geburt oder er verkaufte sie später als Sklavinnen. Der Sohn mußte dem Vater gehorchen, der jüngere Bruder dem älteren. Die Ehe wurde den jungen Leuten aufgezwungen, sie heirateten, ohne sich je gesehen zu haben, und waren dann den älteren Verwandten des jungen Mannes untergeordnet. Die Autorität des Patriarchen nahm mit fortschreitenden Jahren nicht ab. Sogar die Frau, obgleich hart unterjocht, profitierte von dem altersbedingten Aufstieg: als Alte nahm sie eine weitaus höhere Stellung ein als die jungen Menschen beider Geschlechter. Bei ihr lag die Erziehung der Enkel, mit denen sie gewöhnlich sehr streng umging. Und sie rächte sich an ihren Schwiegertöchtern für die Unterdrückung, die sie von ihrer eigenen Schwiegermutter erfahren hatte. Die Achtung erstreckte sich, auch außerhalb der Grenzen der Familie, auf alle Alten: Oft gaben sich die Leute für älter aus als sie waren, um ein Anrecht auf Ehrerbietung zu haben. Der 50. Geburtstag stellte ein wichtiges Datum im Leben eines Mannes dar. Allerdings traten die Männer nach dem 70. Lebensjahr von ihren öffentlichen Aufgaben zurück, um sich auf den Tod vorzubereiten. Sie behielten zwar noch ihre volle Autorität, überließen jedoch dem ältesten Sohn die Leitung des Hauses. Und die Familie verehrte in ihnen den Ahn, dem sie bald kultische Dienste erweisen würde. Die Jungen nahmen diese Autorität der Alten mit Resignation oder Verzweiflung hin – wie in der Literatur vor allem in alten Opern bezeugt wird –, denn sie hatten keinerlei Möglichkeit, sich davon zu befreien, es sei denn durch Selbstmord, der vor allem bei jungen Frauen häufig war. Konfuzius rechtfertigte diese Autorität moralisch, indem er das Alter mit dem Besitz der Weisheit gleichsetzte: «Mit 15 Jahren bemühte ich mich um das Studium der Weisheit; mit 30 gewann ich Sicherheit darin; mit 40 hatte ich keine Zweifel mehr; mit 60 konnte mich nichts auf der Welt mehr erschüttern; mit 70 vermochte ich den Wünschen meines Herzens zu folgen, ohne gegen das Sittengesetz zu verstoßen.»

Tatsächlich gab es sehr wenige hochbetagte Greise, da die Umstände die Langlebigkeit nicht gerade begünstigten. Im Taoismus galt hohes Alter als eine Tugend an sich. Die Lehre von Laotse setzt den Zeitpunkt, zu dem der Mensch sich durch die Ekstase von seinem Körper befreien und ein Heiliger werden kann, mit 60 Jahren an. Im chinesischen Neo-Taoismus ist das höchste Ziel des Menschen das Streben nach dem «langen Leben». Alle Väter des Taoismus spielten darauf an. Es handelte sich fast um eine nationale Lehre. Man konnte durch Askese und Ekstase eine Heiligkeit erlangen, die einen sogar vor dem Tod schützte. Heiligkeit, das war die Kunst, nicht zu sterben, der absolute Besitz des Lebens. Das Alter war also das Leben in seiner höchsten Form. Man stellte sich vor, wenn es lange genug dauere, würde es in einer Apotheose enden. Tschuangtse ruft alte Glaubensvorstellungen wach, wenn er berichtet, daß «die höheren Menschen, nach tausendjährigem Leben der Welt überdrüssig, in den Rang von Genien aufsteigen».

In der chinesischen Literatur kommt es vor, daß die Jungen die Unterdrückung beklagen, deren Opfer sie sind. Aber niemals wird das Alter als eine Geißel gebrandmarkt. Dagegen zeichnet im Westen der erste bekannte Text über das Alter ein düsteres Bild; er stammt aus Ägypten und wurde 2500 v. Chr. von dem Philosophen und Dichter Ptahhotep geschrieben:

«Wie qualvoll ist das Ende eines Greises! Er wird jeden Tag schwächer; seine Sicht läßt nach, seine Ohren werden taub; seine Kraft schwindet; sein Herz findet keine Ruhe mehr; sein Mund wird schweigsam und spricht nichts mehr. Seine geistigen Fähigkeiten nehmen ab, und es wird ihm unmöglich, sich heute noch daran zu erinnern, was gestern war. Alle seine Knochen schmerzen. Die Tätigkeiten, denen er sich einst mit Vergnügen hingab, kann er nur noch mit Mühe ausführen, und der Geschmackssinn verschwindet. Das Alter ist das schlimmste Unglück, das einem Menschen widerfahren kann. Die Nase ist verstopft, und man kann nichts mehr riechen.»

Solche trostlosen Aufzählungen der Altersgebrechen finden wir in allen Zeiten, und es ist wichtig, auf die Permanenz dieses Themas hinzuweisen. Wenn sich auch der dem Alter beigemessene Sinn und Wert je nach den Gesellschaften ändert, so bleibt es dennoch eine transhistorische Tatsache, die eine gewisse

Zahl gleicher Reaktionen hervorruft. Organisch gesehen ist das Alter unzweifelhaft ein Abstieg, und als solchen haben es die meisten Menschen gefürchtet. Aber schon bei den Ägyptern hegten sie die Hoffnung, es besiegen zu können. Auf einem Papyrus liest man: «Beginn des Buches über die Art, einen Greis in einen jungen Mann zu verwandeln.» Darin wird geraten, frische Drüsen von jungen Tieren zu verzehren. Diesen Traum der Verjüngung finden wir bis in unsere Tage.

Das jüdische Volk ist bekannt für die Achtung, die es dem Alter zollte. Was ist Mythos, was Wirklichkeit in den Berichten, die vom 9. Jahrhundert an in der Bibel gesammelt sind? Das läßt sich schwer entscheiden. Sie beruhen zum Teil auf alten mündlichen Überlieferungen, zum Teil auf Tatsachen der damaligen Lage. Zu jener Zeit hatten sich die Hebräer in Palästina angesiedelt; die Nomaden waren Bauern geworden, die alte patriarchalische Stammes- und Familienkultur hatte sich gewandelt. Es gibt soziale Klassen: die Reichen sind gleichzeitig die Richter, die Inhaber der Verwaltung, die Herren des Handels, die Prätoren. Die Verfasser der heiligen Bücher gedenken wehmütig der Vergangenheit und projizieren in sie jene Werte, die sie von ihren Zeitgenossen anerkannt wissen möchten. Wenngleich man bei ihnen den Widerhall einer sehr alten matrilinearen Stammesfolge findet, beschreiben sie eine patriarchalische Gesellschaft, in der die großen Vorfahren, denen sie unendlich viele Lebensjahre zuschreiben, die Auserwählten und Wortführer Gottes waren. Sie sehen in der Langlebigkeit den höchsten Lohn der Tugend. Wenn «du haltest die Rechte und Gebote, die ich dir heute gebiete», sagt Gott im *Deuteronomium*, «so wird dir's und deinen Kindern nach dir wohlergehen, daß dein Leben lang währe in dem Lande, das dir der Herr, dein Gott, gibt ewiglich». «Die Furcht des Herrn mehret die Tage; aber die Jahre der Gottlosen werden verkürzt», liest man in den *Sprüchen Salomos*. «Graue Haare sind eine Krone der Ehren, die auf dem Weg der Gerechtigkeit gefunden werden», heißt es dort weiter. Von Gott gesegnet, gebietet das Alter Gehorsam und Achtung: «Du sollst dich vor grauem Haar erheben und die Person des Greises ehren», schreibt der *Leviticus* vor. Die Gebote Gottes verlangen von den Kindern, daß sie Vater und Mutter ehren. Wenn ein Sohn sich weigert, seinem Vater zu gehorchen, und alle Versuche, ihn zum Nachgeben zu bewegen, fehlschlagen, so bringe ihn der Vater zu den Ältesten der Stadt, heißt es im *Deuteronomium*: «Und alle Männer seiner Stadt werden ihn steinigen, und er wird sterben.» Es wäre interessant, zu wissen, ob derartige Strafen tatsächlich ausgeführt worden sind. Sicher ist allerdings, daß die Kinder nicht so unbedingt gehorchten wie in China, sonst hätte man solche Strafen nicht vorzusehen brauchen. Die jüdische Gesellschaft war keineswegs so streng organisiert und ließ dem Individualismus mehr Raum. Die Alten spielten darin politisch eine Rolle. Den *Numeri* zufolge hat Jahwe zu Mose gesagt: «Versammle mir siebzig der Alten Israels. Sie werden mit dir die Bürde dieses Volkes tragen, und du brauchst sie nicht mehr allein zu tragen.» Wir wissen nicht, ob es einen solchen Rat tatsächlich gegeben hat. Die Bibel berichtet auch, daß Roboam bestraft wurde, weil er nicht auf die Alten hörte, die ihm zur Großmut gegenüber Israel geraten hatten: die unterdrückten Stämme lösten sich daraufhin vom Hause Davids. Zweifellos beruft man sich auf alle diese Überlieferungen, um die Sitte zu untermauern. In Palästina spielten die Alten, wie in allen fortgeschrittenen Agrargesellschaften, sicher eine wichtige Rolle im öffentlichen Leben, und die Familie wurde vom ältesten Mann geleitet, solange er noch einige physische und geistige Kraft besaß. Unter Antiochos III. dem Großen (242–187), spricht Joseph von einer *Gerusia*, der der Hohepriester vorstand und in der die Priesteraristokratie dominierte; das ist der Sanhedrin. Offenbar ist er erst in den letzten Jahrhunderten gebildet worden. Er bestand aus 70 Mitgliedern: den Fürsten der Priester (Hohepriester im Ruhestand) und den Vertretern der 24 Priesterklassen von Schriftgelehrten, Gesetzeskundigen und Ältesten des Volkes. Er war das höchste Gericht, erließ die Gesetze und schaltete sich in die Beziehungen mit der römischen Besatzung ein. Er kontrollierte das, was die Religion betraf, das heißt praktisch alles. Die Alten spielten also eine bedeutende Rolle. Doch glaubte man, daß der vollkommene Richter weder zu jung noch zu alt sein dürfe.

In der Bibel kommt nur eine einzige Episode vor, die das hohe Alter nicht mit der Tugend, sondern mit dem Laster in Verbindung bringt. Sie ist in einer spät verfaßten Schrift – zwischen 167 und 164 v. Chr. – zu finden, nämlich im Buch Daniel.[1] Es handelt sich um die berühmte Geschichte von Susanna und den beiden Ältesten. Diese, vom Hausherrn hochgeachteten Richter, verlieben sich in seine schöne Frau. Eines Nachmittags verstecken sie sich im Garten, um sie beim Bad zu überrumpeln. Sie verweigert ihnen ihre Gunst, worauf die Alten aus Rache behaupten, sie hätten sie mit einem jungen Mann überrascht. Man glaubt ihnen, und Susanna wird zum Tode verurteilt. Aber der noch ganz junge Daniel rettet sie, indem er die beiden Richter getrennt verhört, wobei sie sich in Widersprüche verwickeln. Nun werden sie ihrerseits zum Tode verurteilt. Vielleicht hegte man zur damaligen Zeit Ressentiments gegen die Alten, von denen manche ihre Reichtümer, ihre hohen Ämter, die Achtung, die man ihnen zollte, mißbrauchten.

Der *Prediger Salomo* – ein rätselhaftes, sicher zusammengesetztes Werk, dessen Entstehungszeit ungewiß ist – weicht erheblich vom übrigen jüdischen Denken ab. Man stößt hier auf ein frappierendes Beispiel des bereits erwähnten Widerspruchs zwischen der offiziellen Haltung der Gesellschaft gegenüber dem Alter und den spontanen Reaktionen, die es bei den Dichtern hervorruft. Zu den Mißgeschicken des Menschen zählt der *Prediger* das hohe Alter, und seine Beschreibung des Verfalls ist von bitterer Grausamkeit, wenn man sie gemäß der Auslegung des jüdischen Exegeten Maurice Jastrow liest.

«Gedenke an deinen Schöpfer in deiner Jugend, ehe denn die bösen Tage kommen, und die Jahre herzutreten, da du wirst sagen: Sie gefallen mir nicht;

1 Diese Episode ist aus der protestantischen Bibel herausgelassen. Zweifellos wegen der ungeheuren Achtung, mit der die Puritaner die Alten ehrten. (Luther nahm die *Geschichte von der Susanna und Daniel* unter den *Apokryphen* in die Bibel auf. Anm. d. Übers.)

ehe denn die Sonne und das Licht, Mond und Sterne finster werden, und Wolken wiederkommen nach dem Regen [Nachlassen der Sehkraft, Erlöschen der geistigen Fähigkeiten]; zur Zeit, wenn die Hüter im Hause [die Arme] zittern, und sich krümmen die Starken [die Beine], und müßig stehen die Müller [die Zähne], weil ihrer so wenig geworden ist und finster werden, die durch die Fenster sehen [die Augen], und die Türen an der Gasse geschlossen werden [Beschwerden bei der Verdauung und beim Wasserlassen], daß die Stimme der Mühle leise wird [Taubheit], und man erwachet, wenn der Vogel singet [schlechter Schlaf, frühes Erwachen], und gedämpft sind alle Töchter des Gesangs [Schwierigkeiten beim Sprechen]; wenn man auch vor Höhen sich fürchtet [Atemlosigkeit beim bergauf Gehen] und sich scheuet auf dem Wege; wenn der Mandelbaum blühet [weißes Haar], und die Heuschrecke beladen wird [Nachlassen der Potenz], und alle Lust vergehet ... ehe denn der silberne Strick wegkomme [Krümmung der Wirbelsäule], und die goldene Schale zerbreche, und der Eimer zerfalle an der Quelle, und das Rad zerbrochen werde am Born [Insuffizienz der Leber und der Nieren] ...»

Bei den anderen Völkern des Altertums sind wir über die Stellung der Alten sehr schlecht unterrichtet. Obwohl die Beziehung zwischen den Gebräuchen und der Legende äußerst fraglich ist, kommen wir in Anbetracht dieses Mangels nicht umhin, in den Mythologien zu forschen: die meisten von ihnen behandeln das Alter aus dem Blickwinkel des Generationskonflikts. Die älteste Kultur, die wir kennen, ist die von Sumer und Akkad. Ihrer Überlieferung zufolge waren am Anfang Apsu, der Gott des Wassers, und Tiamat, die Göttin des Meeres. Aus ihrer Verbindung gingen Mummu (der Aufruhr der Wogen), dann Lahmu und Iahamu hervor, die ihrerseits Anshar, den Himmel, und Kishar, die Erde, gebaren. Diese zeugten Anu, Bel-Marduk, Ea und andere Gottheiten der Erde und der Unterwelt. Die jungen Götter störten mit ihrem Ungestüm die Ruhe des alten Apsu, der sich darüber bei Tiamat beklagte: sie schmiedeten ein Komplott, ihre Nachkommen zu vernichten. Doch Ea bemächtigte sich Apsus und Mummus. Darauf gebar Tiamat riesige Schlangen und viele Ungeheuer; den Befehl über sie übertrug sie einem der Götter, den sie auf ihre Seite gezogen hatte, Quingu. Die anderen Götter ernannten Marduk zu ihrem König; er forderte Tiamat zum Kampf heraus und tötete sie.[1] Danach ordnete er die Welt und erschuf die Menschen. Einen ähnlichen Ablauf findet man, den Tafeln von Ras Schamra zufolge, bei den Phöniziern. Philon von Byblos vermittelt uns am Ende des 1. Jahrhunderts unserer Zeitrechnung ein Echo dieser Glaubensvorstellungen. Er erzählt, wie Kronos seinen Vater Epigeios verstümmelte, der danach den Namen Uranos annahm.

Dieses Schema findet sich übereinstimmend in zahlreichen Religionen wieder: am Anfang der Welt existiert eine uranische Gottheit, ein einzelnes Prinzip, das fern bleibt, abstrakt und ohne Beziehung zu den Menschen, die ihm

1 Dieser Mord symbolisiert zweifellos den Übergang vom Matriarchat zum Patriarchat.

keinen Kult erweisen. Dann steigt die Heiligkeit auf eine Vielzahl konkreter Gottheiten herab, die in direkter Verbindung mit der Welt stehen und von den Menschen mittels Opfern, Gebeten, Zeremonien angebetet werden. Aber es ist bezeichnend, daß dieser Übergang hier den Aspekt einer Kindschaft annimmt, wobei der Ahn verwiesen wird von der Welt, die seine Nachkommen regieren.

Auch bei den Griechen ist Uranos keine abstrakte Wesenheit: er erscheint als das große Fruchtbarkeitsprinzip, aber auch als der Rabenvater und Zerstörer. Es kommt zu einem Streit der Generationen, der mit dem Sieg der Jungen endet. Diese Mythologie ist von jener der Phönizier beeinflußt: man würde gern wissen, welcher Realität sie entsprach. In der griechischen Geschichte und Literatur findet man manches Echo der Konflikte, die Junge und Alte, Söhne und Väter gegeneinander aufbrachten. Gab es solche zu jener Zeit, als die Mythen entstanden? Müssen wir annehmen, daß die Alten ein Prestige besaßen, das man ihnen später aberkannte? Oder haben die Jungen, die in Wirklichkeit Macht besaßen, solche Mythen wieder aufgegriffen und ausgeschmückt, die ihre Vorherrschaft rechtfertigten? Wir haben keine Möglichkeit, von diesen Hypothesen die richtige auszuwählen. Daher werden wir uns damit begnügen, die Gegebenheiten zu untersuchen, über die wir im Bereich der Mythen und der Wirklichkeit verfügen.

Nach Hesiod war zuerst das Chaos da, dann Gaia und Eros. Gaia «gebar ein Wesen genau wie sie, das sie ganz bedecken konnte, Uranos». Aus ihren Umarmungen ging die zweite Generation hervor, die der Uraniden, bestehend aus: 1. den Titanen und Titaniden, zwölf an der Zahl; 2. den drei Kyklopen; 3. den drei Hekatoncheiren, von denen jeder 100 Arme und 50 Köpfe hatte. Gaia haßte Uranos wegen seiner unerschöpflichen Fruchtbarkeit, und der wiederum verabscheute seine Kinder. Sofort nach ihrer Geburt versteckte er sie im Schoße Gaias, das heißt, er vergrub sie in der Erde. Aufbegehrend, schuf diese ein hartes, schneidendes Metall, den Stahl, machte eine Hippe daraus und befahl ihren Söhnen, ihren Vater zu entmannen. Nur Kronos gehorchte und entmannte Uranos mit der Hippe. Der große Ahn, Uranos, wird also von den Griechen als regelloser Erzeuger, als tyrannischer und hassenswerter Herrscher geschildert. Sein Sohn Kronos heiratete, nachdem er ihm die Macht entrissen hatte, seine Schwester Rhea. Sie hatten zahlreiche Kinder. Aber auch er haßte seine Kinder – vielleicht weil er seinen Vater entmannt hatte und ihnen mißtraute – und verschlang sie. Rhea versteckte ihren Letztgeborenen, Zeus, und gab Kronos an seiner Statt einen großen, in Windeln gewickelten Stein. Als Zeus erwachsen war, sagte er seinem Vater den Kampf an. Er zwang ihn, die verschlungenen Kinder wieder auszuspeien; dann erklärte er Kronos und dessen Brüdern, den Titanen, den Krieg. In diesem Krieg unterstützten ihn die Hundertarmigen. Nach einem gräßlichen Gemetzel – der Titanomachie – unterlagen die Titanen.

Inzwischen war Gaia vom Blut des Uranos befruchtet worden und hatte die Giganten geboren. Diese – Halbbrüder von Kronos und damit der gleichen Generation zugehörig – erhoben sich gegen Zeus. Pindar hat als erster diese

Gigantomachie erzählt, aus der Zeus als Sieger hervorging. Er bezwang auch Typhon.

Von diesen mythischen Ereignissen existieren zahlreiche Varianten. Interessant daran ist der Grundgedanke, der den Anlaß zu den Beschreibungen gab: die alten Götter werden mit zunehmendem Alter immer bösartiger und verderbter – oder zumindest wird ihre tyrannische Bösartigkeit immer unerträglicher und führt schließlich zu einem Aufstand, der sie entthront. Von da an sind fast alle Götter, die über die Welt herrschen, jung. Eine Ausnahme bilden lediglich Charon, der Fährmann in der Unterwelt, den die Griechen sich als einen abscheulichen oder zumindest griesgrämigen Greis vorstellten, sowie einige Meergottheiten: Nereus, «der Alte des Meeres», Sohn von Pontos und Gaia, gut und schweigsam. Sein Bruder Phorkys, «Greis, der über die Fluten gebietet», sagt Homer; Proteus, «der Alte des Meeres», Sohn von Uranos und Thetis. Man kann hier auch die drei Graien zitieren, entsetzliche Megären, die zusammen nur einen Zahn und ein Auge besaßen, die sie abwechselnd benutzten.

Einige andere Hinweise über die Einstellung der alten Griechen zum Alter liefern uns die wenigen mythischen Erzählungen, in denen es in Erscheinung tritt. Die Legende von Philemon und Baukis handelt von einem alten Paar: ihre großzügige Gastfreundschaft, ihre eheliche Treue bringen ihnen ein langes, glückliches Alter ein und eine Metamorphose, die ihre Liebe verewigt. Es sind ihre Tugenden, die belohnt werden, und die Langlebigkeit verkörpert hier einen Sieg gegenüber dem Tod, wenn auch einen unsicheren Sieg: es bedarf eines Wunders von Zeus, um sie für immer zu retten. Der Mythos von Teiresias stellt eine Beziehung – auf die wir häufig stoßen – zwischen Alter, Blindheit und innerem Licht her. Durch Heras Zorn erblindet, erhielt Teiresias von Zeus als Ersatz die Gabe der Weissagung; er wußte auf alle Fragen unfehlbare Antworten. So stellten sich die Griechen auch den alten Homer blind vor: der Dichter wie der Prophet sind um so inspirierter, je weniger die Außenwelt für sie existiert. Die bezeichnendsten Legenden sind die von Tithonos und Aison. Die erste zeigt, daß der Altersverfall den Griechen als eine schlimmere Geißel erscheint als der Tod. Aurora, die für ihren Gatten die Unsterblichkeit erwirkte, vergaß darum zu bitten, daß sich diese mit ewiger Jugend paare; wie sehr sie ihn auch mit Ambrosia nährte, verfiel er doch immer mehr; einsam, bejammernswert, schrumpfte er derart ein, daß die mitleidigen Götter ihn in eine Zikade verwandelten. In der Geschichte von Aison, der an der Schwelle des Todes durch die Zauberei seiner Schwiegertochter Medea verjüngt wird, kommt der alte Traum einer ewigen Jugend zum Ausdruck. Sie spiegelt genau die Geschichte von Tithonos wider: die Unsterblichkeit ist nichts ohne die Jugend; dagegen wäre eine ewigwährende Jugend für den Menschen das höchste Glück. Bei den Griechen gab es mehrere Jungbrunnen, unter denen der berühmteste der von Karathos nahe Nauplia war.

Wie war die Stellung der Alten im archaischen Griechenland tatsächlich? Während man sich in noch nicht allzu ferner Zeit der verkrüppelten oder unwillkommenen Kinder entledigte, und zwar nicht nur in Sparta, läßt nichts darauf schließen, daß jemals alte Menschen beseitigt wurden. Nach der Semantik zu urteilen, scheint in der Frühantike mit dem Alter die Vorstellung der Ehre verbunden gewesen zu sein. *Gera, geron*, die das hohe Alter bezeichnenden Worte, bedeuten auch das Privileg des Alters, das Recht der Anciennität, die Abgeordnetenwürde. Jeanmaire kommt in seiner Studie *Kouroi et Kourètes*, in der er den Spuren der archaischen griechischen Kultur folgt, zu demselben Schluß: die damaligen Institutionen verbanden mit dem Alter die Vorstellung der Ehre. In der heroischen Zeit stand dem Oberhaupt, dem Herrscher, ein Rat der Ältesten zur Seite: aber sie hatten Homer zufolge nur eine beratende Funktion. Manchmal übertrug der König ihnen auch die Aufgabe, Recht zu sprechen: sie lösten sie nicht immer gut, und ihre Fehlurteile entfesselten Naturkatastrophen.

Nach Homer verbindet sich das Alter jedoch mit Weisheit. Diese verkörpert sich in Nestor, dem obersten Ratgeber; die Zeit hat ihm Erfahrung, Kunst der Rede, Autorität verliehen. Indessen erscheint er körperlich wie ein Behinderter. Und er ist es auch nicht, der den Griechen den Sieg sichert. Nur ein Mann in der Kraft seiner Jahre vermochte eine List zu ersinnen, die wirksamer war als alle herkömmlichen Taktiken. Odysseus ist Nestor weit überlegen, und auch seinem Vater Laertes, der ihm die Königswürde überließ. Desgleichen wird Priamos durch Hektor in den Schatten gestellt. Man kann daraus folgern, daß die Alten, solange Griechenland ein Feudalstaat war, mehr ehrenhalber als tatsächlich eine Rolle spielten. Es bedurfte der physischen Kraft eines Odysseus, um die Thronanwärter zu vertreiben, die Laertes wegen seiner Schwäche dulden mußte. Bei der Betrachtung des Mittelalters werden wir sehen: wenn das Eigentum nicht durch feststehende Einrichtungen garantiert ist, sondern durch Waffengewalt gewonnen und verteidigt wird, verweist man die Alten in den Hintergrund; das System stützt sich auf die Jungen, sie besitzen die Macht tatsächlich. Andererseits spottet Homer über den Rat der Ältesten von Troja. Er spricht von der «verfluchten Schwelle des Alters». In einer ihm zugeschriebenen Hymne sagt Aphrodite: «Auch die Götter hassen das Alter.»

Im 7. Jahrhundert hat die Kolonisierung einer neuen Welt eine wirtschaftliche Revolution zur Folge. Das Grundeigentum ist nicht mehr die einzige Quelle des Reichtums, sondern nun kommen auch Gewerbe, Handel, Geld hinzu. Die Aristokratie ändert ihren Charakter. Die bisher untergeordnete Klasse, die der «Demiurgen» – Handwerker, Arbeiter, Selbständige –, gelangt zu Reichtum. Die Stadt wird von einer Plutokratie beherrscht. Die Königswürde wird abgeschafft oder behält lediglich ehrenamtlichen Charakter. Die Stadt ist klein: sie zählt zwischen 5000 und 10 000 Bürger, zu denen noch die Sklaven und die Metöken kommen, die keine politischen Rechte haben. Die Verfassung hatte im Laufe der Zeit verschiedene Formen, je nachdem, ob die Reichen reicher oder die Armen ärmer und die Klassenkämpfe verzweifelter wurden. Doch ob eine Oligarchie, eine Tyrannis oder eine Demokratie herrschte, an der Spitze stand immer eine Ratsversammlung. Es ist sehr bezeichnend, daß in den Oligarchien – zwangsläufig autoritär und konservativ, weil eine Minderheit von Reichen an der Macht bleiben wollte – die Räte stets *Gerusia* waren. Man wurde in hohem Alter Mitglied und blieb es bis zum Tod. So war es in Ephesus, in Kroton, Kreta, in Knidos und an vielen anderen Orten. In Elis gab es 90 Älteste im Rat; in Korinth 80. Die Oligarchien versperrten den Jungen den Zugang zu wichtigen Ämtern. Es galt die etablierte Ordnung zu erhalten, deshalb fürchtete man den Ehrgeiz der jungen Männer, ihren Unternehmungsgeist.

Das Alter war also in vielen antiken Städten eine Qualifikation. Doch obwohl es dem einzelnen Macht verlieh, war es nicht beliebt: die Dichter bezeugen das.

Bei den Griechen nimmt das Alter nach Jacob Burckhardt «eine ausgesprochene Sonderstellung in der Gesamtheit der Klagen ein, zu denen das irdische Leben Anlaß gibt». Im sinnenfreudigen und hedonistischen Ionien drückt Mimnermos, Priester in Kolophon, um 630 v. Chr. die Gefühle seiner Mitbürger aus; er preist die Freuden, die Jugend, die Liebe; er verabscheut das Alter: «Was ist das Leben, was die Freude ohne die goldene Aphrodite?» Er bedauert Tithonos: «Der Unglückliche! Die Götter haben ihn mit einem unsterblichen Übel geschlagen!» Er wiederholt ununterbrochen, daß er lieber sterben als alt werden würde: «Gleich den Blättern, welche die blühende Jahreszeit unter den Strahlen der Sonne wachsen läßt, genießen wir einen flüchtigen Augenblick lang die Blüte unserer Jugend, und bald umringen uns die dunklen Parzen, die eine das schmerzliche Alter bringend, die andere den Tod. Die Frucht der Jugend verfault nur allzu bald: sie dauert kaum so lang wie die Helligkeit des Tages. Und sobald dieser Punkt erreicht ist, wird das Leben schlimmer als der Tod. Wer einst schön war, flößt selbst seinen Kindern und Freunden Mitleid ein, wenn die Stunde der Jugend vorüber ist.» Und weiter: «Wenn die Jugend vergeht, ist es besser, zu sterben als zu leben. Denn manches Unglück bemächtigt sich der menschlichen Seele: Zerstörung des Heims, Elend, Tod der Kinder, Gebrechen; es gibt niemanden, dem Zeus nicht in reichem Maße Unglück schickte.» Und an anderer Stelle: «Wenn einmal das schmerzliche Alter da ist, das den Menschen häßlich und unnütz macht, so verlassen die bösen Sorgen sein Herz nicht mehr, und die Strahlen der Sonne spenden ihm keinen Trost. Er ist den Kindern widerwärtig, und die Frauen verachten ihn. So ist uns das Alter von Zeus gegeben, voller Leid.» Er wünschte sich, nicht alt zu werden: «Könnte ich doch, ohne Krankheit und ohne Kummer, mit sechzig Jahren der Parze und dem Tod begegnen.» Bei Archilochos von Paros, der nach Thasos auswanderte, taucht ein Thema auf, das in den folgenden Jahrhunderten weidlich ausgeschlachtet wird: der abgewiesene Liebhaber [1] sagt der Grausamen ihren künftigen Verfall voraus: «Schon welkt deine Haut, und das traurige Alter gräbt seine Furchen ein.» Theognis aus Megara ist untröstlich: «Wehe mir! Wehe! O Jugend! O Alter, das alles verändert! Dieses nähert sich, jene wendet sich ab.» Wie Mimnermos pries Anakreon, auch er aus Ionien stammend, im 6. Jahrhundert die Liebe, die Freuden, den Wein, die Frauen; zu altern bedeutet, alles zu

1 Er hatte die Schönheit von Neobule, der Tochter eines Adligen, gepriesen, die er heiraten wollte; aber der Vater war gegen diese Heirat.

verlieren, was das Leben köstlich machte; er beschreibt voller Schmerz das Bild, das ihm sein Spiegel zurückwirft: schütteres Haar, graue Schläfen, lokkere Zähne, und er beklagt seinen nahen Tod. Pindars Optimismus wirkt viel akademischer. Er war sein Leben lang Opportunist gewesen. Als Thebaner trat er bei der Schlacht von Salamis für die Kollaboration ein; danach feierte er die Befreiung seines Vaterlandes. Reich, berühmt, hatte er die höchste Meinung von sich selbst und erweckte lieber Neid als Mitleid. Er erklärte, das hohe Alter sei für ihn eine Quelle stiller Befriedigungen: er dankte den Göttern, daß sie ihm Ruhm und Reichtum geschenkt hatten.

Wir haben bereits gesehen: der Einstellung der Dichter zu diesem individuellen Abenteuer, das für sie das Alter ist, stehen die Ideologien entgegen, die es als eine soziale Kategorie betrachten. So lehnt Solon die kummervolle Vorstellung ab, die Mimnermos vom hohen Alter hat. Er antwortet ihm, es sei sogar wünschenswert, 80 Jahre alt zu werden: «Ich höre nicht auf zu lernen, je weiter ich in meinem Alter fortschreite.» Der Grund dafür ist, daß sein Wertsystem ein ganz anderes war. Die Sinnenfreude, die Vergnügungen zählten für ihn kaum. Sein Problem war ein politisches. Er behauptete, zwischen den Eupatriden und den Theten zu vermitteln: in Wahrheit begünstigte er die Aristokratie. Wie alle Konservativen wollte er sich auf die Alten stützen und ihnen viel Mitsprache in der Verfassung einräumen.

Bei den Privilegierten hängt die Stellung der Alten von den Eigentumsverhältnissen ab. Wenn Besitz nicht mehr auf der Macht beruht, sondern durch das Gesetz und die Institutionen gewährleistet ist, dann wird die Person des Eigentümers nebensächlich und gleichgültig; er ist von seinem Eigentum abgerückt, und man respektiert es in seiner Person. Man hält sich nicht an seine individuellen Fähigkeiten, sondern an seine Rechte. Es spielt also kaum eine Rolle, ob er alt, schwach oder gebrechlich ist. Da der Reichtum gewöhnlich mit den Jahren wächst, sind es nicht mehr die Jungen, die auf der sozialen Stufenleiter ganz oben stehen, sondern die Ältesten. So war es auch in den griechischen Städten, nachdem sie sich feststehende Einrichtungen geschaffen hatten. Bei den Eupatriden verschmolzen die Interessen des Eigentums mit denen des Alters.

Man weiß, daß in Sparta das Alter in Ehren stand. Die Kaste der Krieger – die sich die «Gleichen» nannten, obwohl die einzelnen sehr ungleich vermögend waren – bestand aus einer Menge von Nicht-Bürgern, Heloten und Periöken. Das Ganze war ein riesiges Lager, in dem die Erwachsenen bis zum 60. Lebensjahr ein Kasernenleben führten; Männer und Frauen hatten sich einer unerbittlichen Disziplin zu beugen. Von ihren militärischen Verpflichtungen befreit, waren die Männer von 60 Jahren und noch darüber hinaus dann geradezu prädestiniert, die Ordnung aufrechtzuerhalten, der sie unterworfen gewesen waren; die gesamte Kaste der Ausbeuter war daran interessiert, den Status quo beizubehalten, und ganz besonders die Grundbesitzer. Es ist einleuchtend, daß diese oligarchische, unterdrückende und erstarrte Gesellschaft den größten Teil der Macht jenen Bürgern anvertraute, die zugleich die Ältesten und die Reichsten waren; unter ihnen wählte man die 28 Mitglieder der *Geru-*

sia. Sie versammelten sich auf Einladung der Ephoren – fünf jüngeren Magistraten –, die so eine gewisse Kontrolle über die Alten ausübten; aber die Macht lag dennoch in ihren Händen. Da die Greise beauftragt waren, die Jugend zu erziehen, prägten sie ihr den Respekt vor dem Alter ein.

In Athen verliehen die Gesetze Solons alle Macht den Alten; der Areopag, der die öffentlichen Angelegenheiten lenkte, setzte sich aus alten Archonten zusammen. Solange das System aristokratisch und konservativ blieb, bewahrte die alte Generation ihre Vorrechte. Sie verlor sie erst, als Kleisthenes die Demokratie einführte. Aber sie wehrte sich. Bei Thukydides, bei Isokrates findet man den Widerhall eines Generationenkonflikts. Die alten Leute behielten einige Machtbefugnisse. Wurden Kinder eines schlechten Verhaltens gegenüber ihren Eltern beschuldigt – Verweigerung der notwendigen Pflege, Schläge, Verletzungen –, dann mußten die Richter, die über den Fall urteilten, älter als 60 Jahre sein. Dieses Alter forderte man auch von den Exegeten, die beauftragt waren, das Recht auszulegen. Andererseits erkannte man gewissen Alten beider Geschlechter übernatürliche Fähigkeiten zu. Manchmal hatten sie Erscheinungen im Traum, enthüllten Wahrheiten oder gaben nützliche Ratschläge. Zuweilen trug man ihnen Träume oder Orakel vor, damit sie sie deuteten. Dennoch hatten sie sehr an Autorität eingebüßt, und im Privatleben erwies man ihnen wenig Hochachtung. Xenophon beklagt sich: «Wann nur werden die Athener nach dem Beispiel der Lakedämonier dahin gelangen, ihre Ältesten zu achten, sie, die mit der Verachtung der Greise bei ihren Vätern beginnen?» Wie Cicero in den Dialogen über das Alter beschreibt, verweigerten die Athener einem alten Mitbürger, der sich bei den öffentlichen Spielen verspätete, einen Platz; daraufhin erhoben sich die Abgeordneten von Lakedaimon und hießen ihn sich setzen. Als die Versammlung das sah, applaudierte sie. Darauf sagte einer der Spartaner: «Offenbar wissen die Athener, was man tun muß, wollen es aber nicht tun.» Diese Haltung wirkt in der Tat verwirrend. Was erfahren wir über dieses Thema aus der Literatur?

Die Tragödie spiegelt die Sitten nicht wahrheitsgemäß; aus Gründen der Ästhetik, und da alle ihre Protagonisten mit einer übermenschlichen Dimension ausgestattet sind, stellt sie die Alten groß und edel dar. Indessen trägt ihr Kummer aufrichtigere Züge als das konventionelle Lob, das man ihnen zollt.

> «Wir aber beraubt nun der Ehre des Zugs,
> Weil nieder die Last uns des Alters gedrückt,
> Einst blieben daheim,
> Kinderähnlich die Kraft aufstützend dem Stab.
> Denn jüngeres Mark, wie es strebend sich regt
> Tief in der Brust, ist
> Greisähnlich und darbt noch der Stärke des Kampfs.
> Was dem Alter erliegt, wenn herbstlich das Laub
> Hinwelket, das schleicht dreifüßigen Pfad
> Nicht besser als schwach, unmündiges Kind,
> an der Helle des Tages ein Traumbild.»

So spricht der Chorführer in *Agamemnon* von Aischylos. In *Die Perser* sprechen die Greise mit Schmerz über ihre weißen Bärte.

«Wenn man alt ist», schreibt Sophokles, «ist die Vernunft erloschen, das Handeln wird unnütz, man hat nichtige Sorgen.» Indessen hat er herrlich gezeigt, welche Größe sich zu dieser Trauer gesellen kann. Mit 89 Jahren schildert er in *Ödipus auf Kolonos*, wie Ödipus, vagabundierend, elend, blind, sich dem Ende seiner Tage nähert.

> «Habt Mitleid mit dem armen Schattenbild
> Des Ödipus; er selber lebt nicht mehr.»

> «Ihr seht: Ich ziehe mit fremdem Aug
> Meine Straße, ich schreite
> Längst erwachsener Mann
> Auf ein Kind gestützt.»

Er ist noch erfüllt von Leidenschaft, Zorn, Haß gegen seine Söhne und einer innigen Liebe zu seinen Töchtern:

> «Mein Liebstes hab ich wieder und der Tod
> Ist nicht mehr schrecklich, wenn ihr bei mir steht.»

Profan gesehen ist er nur noch ein Schatten seiner selbst. Aber er weiß nicht, daß er eine heilige Gestalt geworden ist: so sah ihn das Publikum, kaum daß er auf der Bühne erschien; die Schönheit der Tragödie liegt in diesem Kontrast zwischen der sichtbaren Erniedrigung des Ödipus und dem übernatürlichen Charakter, den ihm die Götter ohne sein Wissen verliehen haben. Der Landstrich, der ihn aufnimmt, erringt dank ihm die Gunst der Götter: er ist ein Retter und stirbt in einer Apotheose. Auf diese Weise wird die Ambivalenz des Alters großartig zum Ausdruck gebracht: er ist eine Quelle des Unglücks, erscheint als mitleiderregend; doch bei manchen Menschen verliehen ihm die Griechen einen heiligen Charakter.

Euripides, der die menschliche Existenz pessimistisch beurteilt, sieht das Alter in düsteren Farben. In *Alkestis* nimmt Admetos es seinem Vater bitter übel, daß er nicht an seiner Statt zu sterben bereit ist. Zornig ruft er aus:

«Wenn man die alten Leute hört, dann sehnen sie den Tod herbei, ihr Alter drückt sie nieder, sie leben schon zu lange. Doch das sind nur Worte! Sobald der Tod naht, will keiner gehen, und das Alter hat aufgehört, eine Last zu sein.»

In *Hekabe* läßt sich die alte Königin von den anderen Gefangenen stützen.

> «Ihr troischen Mädchen, führt mich hinaus,
> O fasset, o tragt, o geleitet und hebt,
> O greift mir unter den zitternden Arm:
> Und ich, dem gebogenen Stabe die Hand

Aufstützend, ich setz, ob langsam auch
Vorschreitend, den Fuß in Bewegung.»

In *Die Troerinnen* verflucht sie ihre Ohnmacht; sie ruft sich selbst zu: «Unnütze Hornisse!» Aber wie Ödipus besitzt auch sie einen heiligen Charakter. Ihre körperlichen Mängel, ihr Unglück lassen ihre übermenschliche Größe nur um so deutlicher hervortreten.

In *Ion* beklagt sich der alte Sklave, daß ihm das Gehen Mühe mache, und Jokaste in *Die Phoinikerinnen* geht zittrigen Schrittes. Dennoch verteidigt Euripides durch ihren Mund das Alter:

«Dem Alter ist nicht lauter Übles zugesellt,
Mein lieber Sohn Eteokles; nein, viel weisen Rat
Gibt ihm Erfahrung an die Hand als Jüngeren.»

In der Tat erteilen die alten Leute gute Ratschläge, die nicht befolgt werden.

Doch hinsichtlich des hohen Alters gewinnt bei Euripides die pessimistische Anschauung die Oberhand. Ein Chor klagt: «Wir Greise, wir sind nichts als eine Herde, eine Erscheinung, wir wanken wie Traumbilder, wir haben keinen gesunden Menschenverstand mehr, so intelligent wir uns auch dünken mögen.»

In der Tragödie ist der Alte Subjekt: man zeigt ihn so, wie er für sich lebt. Als die Komödie, 50 Jahre nach Euripides, mit Aristophanes ihre erste Blüte erlebt, bemächtigt sie sich des Alten als Objekt. Das Athener Publikum ließ sich weiterhin von Ödipus und Hekabe bewegen; aber es lachte auch aus vollem Herzen über den Anblick lächerlicher Greise.

Aristophanes vertritt in seinen Komödien politische und moralische Thesen. Athen wurde damals von Kleon regiert, einem Demagogen, der den Einfluß der oberen Klasse bekämpfte und eine kriegstreiberische Politik machte. Aristophanes, der die Aristokratie achtet und an den alten Traditionen hängt, haßt Kleon und alle Neuerungen, die er in der Stadt eingeführt hat: den Parteiengeist, die Denunzierungen, die Prozesse, den Krieg und auch die Philosophie. Das Alter spielt nur eine zweitrangige Rolle in den Intrigengeschichten, die darauf abzielen, die Mängel der Zeit anzuprangern. Seine Haltung gegenüber seinen alten Personen ist also wechselhaft.

Konservativ eingestellt, fordert er Respekt vor ihnen. In *Die Acharner* ergreift er, ohne ihren Verfall zu verhehlen, Partei für die Alten gegen die Jungen: man schuldet ihnen Gerechtigkeit für die Dienste, die sie der Republik erwiesen haben. Er legt ihnen diese Worte in den Mund: «Wir, die Alten, die Ahnen, haben Grund, uns über unsere Mitbürger zu beklagen. Weit entfernt davon, von euch so belohnt und behandelt zu werden, wie es unserer Taten in den Seeschlachten würdig wäre, erleiden wir ein erbärmliches Schicksal. Ihr zerrt uns in unserem Alter vor die Richter; ihr erlaubt jungen Grünschnäbeln von Rednern, über uns zu spotten, da wir zu nichts mehr taugen mit unserer Taubheit und unserer zittrigen Rede ... Als faselnde Alte stehen wir vor dem Steintisch, ohne etwas anderes zu erkennen als die Schatten des Gerichts.» Sie entrüsten sich des langen und breiten darüber, daß die jungen Advokaten sie quälen und ihnen Fallen stellen.

Indessen zögert Aristophanes in anderen Stücken nicht, sich über sie lustig zu machen; das Alter ist für ihn ein Mittel der Komik. Es ist ein Greis, der in *Die Wolken* von Sokrates die Handhabung der falschen Beweisführung erbittet, die es ihm ermöglichen soll, seine Gläubiger abzuschütteln. Das Publikum lachte über die Sophisten, aber auch über diesen Schüler, der zu kindisch ist, um noch etwas zu lernen. Er schickt seinen Sohn, damit er sich an seiner Statt unterrichte; dieser zieht die Nutzanwendung aus Sokrates' Lehren und verprügelt seinen Vater, indem er ihm gleichzeitig nachweist, daß sein Tun berechtigt ist. Aristophanes verwendet hier zum erstenmal das später so oft wiederholte Thema des verhöhnten und geschlagenen Alten.

In *Die Wespen* behandelt Aristophanes etwas, das er als Geißel ansieht: die Prozesse. Das Regime hielt die reichen oder mächtigen Bürger für verdächtig und strengte daher zahllose Prozesse gegen sie an. Die Richter kamen aus allen Bürgerschichten. Kleon hatte ihre Entschädigung für jede Sitzung auf drei Obolusse festgesetzt. Die wohlhabenden Athener waren an dieser Einnahme nicht interessiert und weigerten sich, zu erscheinen. Folglich waren die Richter und Geschworenen kleine Leute, und die Urteile spiegelten den Geist der unteren Klassen. Aristophanes schloß sich in ihrer Verachtung der Einstellung der oberen Klassen an: er hätte gern gesehen, daß man damit aufhörte, eine Unmenge nutzloser Volksrichter zu unterhalten. Es waren oft alte Männer, da die jüngeren genug mit ihren Berufen zu tun hatten.

Es sind also die besitzlosen Alten, die Kleon zu Beginn des Stückes anhält, Laches, den er der Unterschlagung und Bestechlichkeit beschuldigt, zu verurteilen: in der Tat bestand eine Solidarität zwischen dem Demagogen und den Richtern. Der alte Philokleon [1] befindet sich nicht unter ihnen, weil sein Sohn Bdelykleon [2] ihn im Hause eingesperrt hat, damit er nicht kommen kann. Aber der Alte entwischt und hält eine große Lobrede auf die Gerichte, die in Wahrheit eine Satire ist. Sein Sohn geht zum Gegenangriff über und überzeugt die alten Volksrichter. Aber sein Vater will um jeden Preis zu Gericht sitzen. Er sperrt ihn abermals ein und läßt ihn dann zu Hause Recht sprechen in einem Prozeß, in dem ein Hund von einem andern angeklagt wird. Später versucht er, ihn zu zerstreuen. Da er reicher ist als sein Vater, nimmt er ihn zu Festmahlen mit. Der Alte betrinkt sich, stellt sich zur Schau, faselt dummes Zeug, prügelt seine Sklaven, nimmt eine nackte Flötentänzerin mit nach Hause, die er lüstern liebkost. Die restliche Nacht verbringt er mit irren Tänzen. In diesem Stück verkörpert der junge Mann den gesunden Verstand. Die alten Volksrichter werden als Kleons Kreaturen verachtet.

1 Der Name bedeutet: Kleonsfreund.
2 Der Name bedeutet: den vor Kleon ekelt.

Die gleiche Situation ist in *Lysistrata* anzutreffen. Es ist ein Stück gegen den Krieg. Aristophanes wünschte einen Friedensschluß zwischen Athen und Lakedaimon, während Kleon die Feindseligkeiten fortsetzte. Aristophanes hat den Einfall, daß alle Frauen der Stadt sich in der Zitadelle einschließen, um den Krieg zu beenden. Die Greise unterstützen Kleons Standpunkt und versuchen, die Zitadelle einzunehmen. Ihre Kriegslüsternheit macht sie hassenswert, und außerdem geben sie sich der Lächerlichkeit preis: obwohl impotent, schäkern sie mit den jungen Frauen und erregen deren Spott. Auch in *Plutos* karikiert Aristophanes die Alten.

Warum spendete man ihm Beifall? Das Publikum bestand zum großen Teil aus kleinen Grundbesitzern aus der Umgebung von Athen, die ihren Spaß daran hatten, wenn die Städter lächerlich gemacht wurden. Auch sie standen dem Demagogen Kleon feindselig gegenüber. Die Alten von Athen, von jeher respektheischend und mit einer gewissen Autorität ausgestattet, waren in ihren Augen schuldig, mit dem Feind zusammenzuarbeiten, indem sie seine Eroberungspolitik unterstützten und ihm halfen, seine Prozesse zu gewinnen. Halten wir fest, daß der alte Mann in beiden Stücken die Rolle eines lächerlichen Vaters spielt: die Söhne, die darunter litten, dem Vorstand der Familie gehorchen zu müssen, freuten sich zweifellos, wenn er lächerlich gemacht wurde.

Aristophanes geißelt auch die Lüsternheit der Greise: ein Thema, das im Laufe der Jahrhunderte unermüdlich ausgeschöpft wird, vor allem in der Komödie. Warum erscheint gerade dieser Zug dem Erwachsenen besonders abstoßend? Weil der Alte noch fähig ist, zu lieben, oder weil er es nicht mehr kann? Im ersten Fall ist er ein Rivale, der durch Besitz und Ansehen gefährlich ist; außerdem verletzt er die Erwachsenen in ihrem Narzißmus, der fast immer eine wichtige Komponente der Liebe, selbst der käuflichen, ist: losgelöst von der Jugend, der Kraft, dem Reiz, wird der Geschlechtsakt zur rein animalischen Funktion; die Frau, sie sich dazu hergibt, entwertet die Umarmungen ihrer jüngeren Partner. Aber es ist vor allem der ausschweifende und impotente Alte, der die jungen Männer empört: in ihm verkörpert sich die Angstvorstellung, die selbst die männlichsten verfolgt. Die Psychoanalytiker sind der Ansicht, daß der Kastrationskomplex niemals ganz verschwindet; der Anblick eines gebrechlichen Alten rückt dem erwachsenen Mann wieder jene Bedrohung vor Augen, die den kleinen Jungen einst so erschreckte. Mit anderen Worten: der männliche Erwachsene ist nie ganz frei von Angst hinsichtlich seiner sexuellen Potenz; er verabscheut die Vorstellung, daß er eines Tages Wünsche empfinden könnte, die er nicht mehr befriedigen kann. Er haßt im Greis sein künftiges Schicksal. Er weist es lachend zurück: nie wird er der grotesken Gestalt gleichen, die sich da auf der Bühne produziert – das scheint ihm völlig überzeugend.

Bei Aristophanes kommen nur wenige alte Frauen vor, und denen fehlt es an Persönlichkeit; zu erwähnen sind lediglich einige Kupplerinnen, und in der *Weibervolksversammlung* drei Greisinnen, die sich um die Liebe eines schönen jungen Mannes streiten.

Menander, der 100 Jahre später Aristophanes in der Gunst des Publikums folgt, geht ebenfalls nicht sehr sanft mit dem alten Menschen um. Ihm zufolge ist es besser, gar nicht erst ein vorgerücktes Alter zu erreichen:

«Wer zu lange bleibt, stirbt angeekelt; sein Alter ist mühsam, die Bedürftigkeit sein Los; da und dort aneckend, macht er sich Feinde; man verschwört sich gegen ihn. Er ist nicht rechtzeitig abgetreten; er hat keinen schönen Tod gehabt.»[1]

Auch er findet es betrüblich, daß ein alter Mann noch Anspruch auf ein sexuelles Leben erhebt: «Es gibt kein unglücklicheres Wesen als einen verliebten Greis, es sei denn noch einen anderen Greis, der liebt. Wer etwas genießen will, was ihn im Stich läßt – die Zeit ist schuld daran –, wie sollte der nicht unglücklich sein?»

Bei ihm – und dieses Thema wird ebenfalls häufig aufgegriffen – erscheint das Alter wie eine unheilvolle Macht, die den Menschen von außen angreift: «Alter, du bist der Feind des Menschengeschlechts, du verwüstest alle Schönheit der Formen, du verwandelst die Pracht der Glieder in Schwerfälligkeit, die Schnelligkeit in Langsamkeit.»

«Ein langes Leben ist eine mühselige Angelegenheit. O schweres Alter! Du bringst den Sterblichen nichts Gutes, sondern nur Schmerzen und Übel. Und dennoch möchten wir dich alle erreichen und bemühen uns, es zu schaffen.»

In den Komödien von Menander, die uns erhalten sind – sei es durch Original-Fragmente, sei es durch Terenz –, gibt es zahlreiche Gestalten von Greisen. In der *Samierin* befaßt sich der Autor mit dem Generationenproblem. Der «positive Held» ist Demeas, ein liebevoller, großzügiger Alter, der seinen Sohn liebt und traurig seine Illusionen über ihn zerrinnen sieht. Doch bei allem Kummer bleibt er heiter. Nikeratos hingegen ist einer der Vorfahren aus einer ganzen Ahnenreihe böser, geiziger, roher Greise. Ein ähnliches Greisenpaar kommt in *Der Selbstquäler* vor, das Terenz aufgegriffen und weiterentwickelt hat. In *Die Geschorenen* gleicht der alte Pataikos dem Demeas; er ist ein guter, maßvoller, empfindsamer Weiser. Dagegen kommt in *Theophorumenos* ein mürrischer Alter vor, Kraton; und in *Das Schiedsgericht* ein geiziger, barscher, abstoßender Greis, Smikrines. Menander hat die Gestalt des lächerlichen und unerträglichen Alten, der später so große Popularität erlangen sollte, viel weiter entwickelt als Aristophanes. Aber seine Ansichten waren nuancierter; er glaubte, das hohe Alter könne auch von Weisheit und Güte begleitet sein.

Platon und Aristoteles haben sich Gedanken über das Alter gemacht und sind zu entgegengesetzten Schlüssen gelangt. Die Auffassung Platons hängt eng mit seinen politischen Ansichten zusammen. Als er *Der Staat* schrieb, war er durch seine Erfahrungen angewidert von der Oligarchie, der Tyrannis und unterzog die Männer, die politischen Sitten, den Staatsgeist der athenischen Demokratie einer harten Kritik: er hielt sie für anarchisch und tadelte ihre Gleichmacherei. Sie respektiere die Fähigkeiten nicht ausreichend genug. Er schätzte die «Timokratie» von Sparta, bedauerte aber, daß Sparta nicht die weisesten Männer

1 Fragmente.

in die höchsten Ämter berief, sondern jene, die sich im Krieg ausgezeichnet hatten. Der Idealstaat ist seiner Meinung nach jener, der das Glück der Menschen gewährleistet; aber Glück ist die Tugend, und Tugend ergibt sich aus der Kenntnis der Wahrheit. Nur Menschen, die das Dunkel hinter sich gelassen, den Ideen nachgesonnen haben, sind also zum Regieren geeignet. Erst nach einer Erziehung, die in der Jugend beginnen muß und ihre vollen Früchte mit 50 Jahren trägt, sind sie dazu befähigt. Von diesem Alter an ist der Philosoph im Besitz der Wahrheit und wird dann zum Hüter des Staates. Die Herrschaft der ‹Befähigten›, wie Platon sie wünscht, ist also gleichzeitig eine Gerontokratie. Seine Philosophie erlaubte ihm, den physischen Verfall des Individuums für bedeutungslos zu halten. In der Tat liegt für ihn die Wahrheit der Menschen in seiner unsterblichen Seele, die mit den Ideen verwandt ist: der Körper ist nichts weiter als eine Täuschung. In seiner Verbindung mit der Seele sah Platon anfangs nur eine Fessel; später glaubte er, die Seele könne den Körper zu ihrem Nutzen ausbeuten, aber sie brauche ihn nicht. Der Verfall des Alters berührt sie nicht, sie wird sogar freier, wenn die Gelüste und die Kraft des Körpers nachlassen. Als Platon in jungen Jahren das Werk *Der Staat* schreibt, legt er Kephalos ein Lob des Alters in den Mund: «Je schwächer die sinnlichen Genüsse werden, um so stärker wird mein Verlangen und meine Freude am Gedankenaustausch.» Und Sokrates entgegnet, daß man sich durch den Umgang mit Greisen bilde. Es stimme zwar, antwortet Kephalos, daß die meisten sich, wenn sie beisammen seien, in Klagen über die verlorenen Freuden der Jugend ergingen und sich über die Kränkungen beschwerten, die sie von ihren Angehörigen erfahren. Indessen erinnert er daran, daß Sophokles, auf die Liebe angesprochen, gesagt hat: «Still: Ich bin glücklich, dem rasenden, trotzigen Tyrannen entronnen zu sein.» Kephalos pflichtet diesen Worten bei: «Ja, das Alter hat Friede und Freiheit von solchen Dingen.» Die vergeistigte Auffassung, die sich hier ausdrückt, steht in radikalem Widerspruch zu jener der Satiriker, was die Sexualität der Alten angeht: angeblich verschwindet die Libido gleichzeitig mit der Potenz; dank dieser Harmonie soll der Greis eine heitere Gelassenheit erlangen, die den noch ihren Instinkten ausgelieferten Männern verwehrt ist. Trotz zahlloser Dementis hat sich diese Vorstellung bis auf den heutigen Tag erhalten, weil sie so beruhigend ist: sie gestattet, das unangenehme und beunruhigende Bild des lüsternen Greises wegzuschieben.

Da der Rang des Alters unumstritten war, folgerte Platon: «Die Ältesten müssen befehlen, die Jungen gehorchen.» Indessen fügt er zum Kriterium des Alters das des Wertes hinzu. In seinem *Staat* sind die Wächter, die über der Wahrung der Gesetze wachen, zwischen 50 und 75. Die Herrscher, die zugleich Richter sind, spielen eine sehr wichtige Rolle, sie sind zwischen 50 und 70 Jahre alt. Männer über 60 nehmen nicht mehr an den Gesängen und Trinkgelagen bei Mahlen teil. Aber sie stehen ihnen vor, verhindern Ausschweifungen und erörtern moralische Themen, die die Gesänge inspirieren.

Mit 80 Jahren kommt Platon in dem Werk *Gesetze* noch einmal ausführlich auf das Thema zurück; er verweist mehrmals mit Nachdruck auf die Verpflichtungen der Kinder gegenüber ihren alten Eltern. Sie müssen respektvoll mit ihnen sprechen und Besitz und Person in ihren Dienst stellen. Man erweist den toten Ahnen einen Kult; der künftige Ahn ist schon geheiligt: «Wir können keinen Kultgegenstand besitzen, der größerer Hochachtung würdig wäre als ein Vater oder ein Großvater, eine Mutter oder eine Großmutter, die vom Alter gebeugt sind.»

Aristoteles kommt in seiner Philosophie zu ganz anderen Schlußfolgerungen. Die Seele ist bei ihm nicht reiner Intellekt; selbst die Tiere besitzen eine Seele, und sie steht notwendigerweise in Beziehung mit dem Körper; der Mensch existiert nur durch die Verbindung beider: sie ist die Form des Körpers, die Leiden, die diesen heimsuchen, befallen also den ganzen Menschen. Der Körper muß intakt bleiben, damit das Alter glücklich ist: «Ein schönes Alter ist jenes, das die Gemessenheit der fortgeschrittenen Jahre hat, aber ohne Gebrechen. Es hängt von den körperlichen Vorzügen ab, die man besitzt, aber auch vom Zufall», schreibt er in der *Rhetorik*. In der *Nikomachischen Ethik* stellt er fest, daß der Weise alle Wechselfälle großmütig ertragen kann. Indessen sind Wohlstand und Wohlbefinden des Körpers unerläßlich für das des Geistes. Er glaubt, daß der Mensch bis zu 50 Jahren Fortschritte macht. Man muß ein gewisses Alter erreicht haben, um jene kluge Weisheit zu erlangen, die es ermöglicht, sich richtig zu verhalten und Erfahrung zu besitzen sowie Wissen, das nicht mitteilbar ist, weil es erlebt und nicht abstrakt ist. Aber danach führt der Verfall des Körpers zu einer Auflösung der Persönlichkeit. In der *Rhetorik* schildert Aristoteles die Jugend in den heitersten Farben: warmherzig, leidenschaftlich, großmütig; das Alter erscheint ihm in jeder Hinsicht als das Gegenteil: «Weil die Alten viele Jahre gelebt haben, weil sie oft getäuscht wurden, weil sie Fehler begingen und es um die menschlichen Angelegenheiten meistens schlecht steht, haben sie zu nichts Vertrauen und bleibt bei ihnen erwiesenermaßen alles unter dem Niveau, das angebracht wäre.» Sie sind zurückhaltend, zögernd, eingeschüchtert. Andererseits: «Sie haben einen schlechten Charakter, denn im Grunde ist es ein schlechter Charakter, stets anzunehmen, daß alles schlechter gehe. Infolge ihres Mißtrauens erwarten sie immer das Schlechte, sie sind mißtrauisch durch ihre Lebenserfahrung.» Sie sind lau in ihrer Liebe wie in ihrem Haß. Sie sind kleinlich, weil das Leben sie gedemütigt hat. Es fehlt ihnen an Großzügigkeit. Sie sind egoistisch, furchtsam, kalt und unverschämt: die Meinung anderer verachten sie. «Sie leben mehr in der Erinnerung als in der Hoffnung.» Sie schwatzen, käuen die Vergangenheit wieder. Ihre Gemütsbewegungen sind lebhaft, aber ohne Kraft. Sie erscheinen maßvoll, weil sie keine Wünsche, sondern nur Interessen haben. Dafür leben sie, nicht für die Schönheit. Sie sind aufgeschlossen für das Mitleid, aber nicht aus Seelengröße, sondern aus Schwäche. Sie jammern und können nicht mehr lachen.

Besonders interessant an dieser Schilderung, die sich nicht auf eine vorgefaßte These, sondern auf ausgedehnte und sachliche Beobachtungen stützt, ist der Gedanke, daß die Erfahrung nicht ein Faktor des Fortschritts, sondern der Rückbildung ist. Ein Greis ist ein Mensch, der ein ganzes langes Leben damit zugebracht hat, sich zu täuschen, das kann ihm keinesfalls eine Überlegenheit über die Jüngeren geben, die nicht so vielen Irrtümern erlegen sind wie er.

Auch kritisiert Aristoteles in der *Politik* die *Gerusia* von Sparta: «Eine lebenslängliche Souveränität für wichtige Entscheidungen ist eine sehr anfechtbare Einrichtung; denn die Intelligenz erlebt ebenso wie der Körper ein Alter, und die Erziehung durch die Geronten ist nicht so beschaffen, daß der Gesetzgeber selbst nicht Anlaß hätte, ihrer Tugend zu mißtrauen.» Er beschuldigt sie, oft bestechlich zu sein und dem öffentlichen Interesse zu schaden. Er rät, die Alten mit dem Priesteramt zu betrauen. Dort erwartet man von ihnen nur noch weise Ratschläge und gerechte Urteile.

Aristoteles' Auffassung vom Alter geht dahin, die Alten von der Macht auszuschalten, da er in ihnen verminderte Individuen sieht. Überdies stellt seine Politik, die sich von der Platons sehr unterscheidet, nicht Intellektuelle, sondern eine Polizei an die Spitze des Stadtwesens; sein Ideal wäre, daß alle Bürger Männer von hoher Tugend sind und daß jeder abwechselnd regiert und regiert wird. Doch das ist nur ein Traum von Vollkommenheit, der sich unmöglich verwirklichen läßt. Wenn man die Realität berücksichtigt, so ist die beste Verfassung Aristoteles zufolge jene, die mit der Demokratie eine starke Dosis Oligarchie verbindet. Das Recht zur Ausübung der Macht gründet sich auf die militärischen Fähigkeiten einer Mittelklasse: ihr soll es obliegen, die Ordnung aufrechtzuerhalten. Doch Soldaten sind junge Männer oder solche in der Kraft ihrer Jahre. Die Polizei eines Stadtwesens wird sich also nicht aus Greisen rekrutieren. Aristoteles schließt die Alten sowohl aus psychologischen Gründen als auch in Übereinstimmung mit seinen sozialen Vorstellungen von der Regierung aus.

Die mißmutige Haltung der Griechen gegenüber dem Alter findet sich im 1. Jahrhundert n. Chr. bei Plutarch wieder. Er urteilte aus persönlicher Erfahrung, denn er starb erst mit 80 Jahren. Philosoph, Moralist und am Ende seines Lebens sehr fromm – er war Priester in Delphi –, haben wir es bei ihm mit einem Repräsentanten des sogenannten mittleren Platonismus zu tun. Aber er steht der Strenge von Aristoteles viel näher als dem Optimismus Platons. Er vergleicht das Alter mit einem traurigen Herbst.[1] Er schreibt: «Es scheint, als sei der Herbst das Alter des Jahres, das seinen Lauf vollendet: denn die Feuchtigkeit ist noch nicht da, und die Wärme ist fort oder nicht mehr stark, und er, dessen Merkmal Kälte und Verdorren ist, macht die Körper geneigt und anfällig für Krankheiten. Also muß die Seele zwangsläufig mitleiden und sich fühlen wie der Körper, und weil der Geist erstarrt und gedunsen ist, trübt sich da nicht die Sehergabe gleich wie ein Spiegel, der mit Nebel überhaucht ist?»

Dieser Pessimismus setzt sich mit Lukian bis zum 2. Jahrhundert unserer Zeitrechnung fort.[2] In einem Epigramm hält er einer alten Frau vor: «Du kannst dir wohl deine Haare färben, aber nie vermagst du dein Alter zu färben,

1 Das ist ungewöhnlich, denn für die Alten war der Herbst die Jahreszeit des Überflusses: *Pomifer autumnus* (= obsttragender Herbst).

2 Lukian gehört der Antike an. Skeptisch, satirisch, unreligiös, wollte er das Christentum nur kennenlernen, um sich darüber lustig zu machen.

nie die Falten auf deinen Wangen unsichtbar machen ... Weder Zinnober noch Bleiweiß können aus Hekuba eine Helena machen.» In den *Totengesprächen* wundert er sich wie Euripides, mit welchem Starrsinn die Alten sich an das Leben klammern. Er gibt zwei- oder dreimal ein grausames Bild von ihnen: «Ein hinfälliger Greis, der nur noch drei Zähne hat, der kaum noch lebt, der sich zum Gehen auf vier Sklaven stützt, dessen Nase ständig einen Tropfen ausschwitzt, dessen Augen voller Schleim sind, unempfänglich für alle Sinnesfreuden, ein lebendiges Grab, das Gespött der Jugend.»

Abermals erregt der unglückliche, gebrechliche, halbtote Alte weder Mitleid noch Entsetzen, sondern Gelächter. Wir haben gesehen, warum.

Die griechische Ikonographie stimmt mit der Literatur überein. Auf Vasen des 5. Jahrhunderts und späterer Zeit sieht man Herkules im Kampf gegen das Alter: es wird verkörpert durch einen abgezehrten Zwerg oder durch eine eingefallene, runzlige, fast kahlköpfige Gestalt. Manchmal auch durch eine sehr große Figur mit langem Haar und Bart, die Herkules auf Knien anfleht. Im 4. Jahrhundert schuf Demetrios eine Lysimache als abstoßend häßliche Frau.

Daß eine enge Beziehung zwischen der Stellung des alten Menschen und der Stabilität der Gesellschaft besteht, beweist die römische Geschichte. Möglicherweise hatten die alten Römer die Gewohnheit, sich der Alten zu entledigen, indem sie sie ertränkten, denn man sprach davon, sie *ad pontem* zu schikken, und nannte die Senatoren *depontani*. Wie in fast allen Gesellschaften soll ein radikaler Gegensatz zwischen den Alten der Oberschicht und denen der Masse bestanden haben. Später jedenfalls war keine Rede mehr davon, sich am Leben der Alten zu vergreifen, während man die Neugeborenen weiter nach dem Gutdünken des *pater familias* aussetzte. Ich sagte bereits, wie sehr die Greise geachtet werden, soweit sie über Besitz verfügen, wenn Privateigentum durch das Gesetz geschützt wird. Dieses war der Fall, als die römischen Institutionen fest verankert waren. Es gab verschiedene Formen von Eigentum. Das Vermögen eines römischen Patriziers bestand in erster Linie in Grundbesitz. Aber er besaß auch Häuser, die Miete einbrachten, und zuweilen Aktien großer Finanzgesellschaften, die Steuern und öffentliche Arbeiten pachteten. Die Ritter bildeten eine Geldaristokratie; sie verliehen Geld zu Wucherzinsen. Auch der Handel war eine Quelle des Reichtums. Auf allen diesen Gebieten war das Vermögen eines Bürgers normalerweise größer am Ende eines Lebens, das er der Mehrung und Verwaltung seines Kapitals gewidmet hatte. Unter den Reichen gab es viele Alte, und ihr Besitz war eine der Ursachen ihres Ansehens.

Sie hatten zu Anfang die Macht: der Senat setzte sich aus reichen Grundbesitzern zusammen, die am Ende ihrer Magistratslaufbahn angelangt waren. Bis zum 2. Jahrhundert v. Chr. war die Republik mächtig, zusammenhängend, konservativ; es herrschte Ordnung; die Privilegien des Vermögens waren beträchtlich; der Staat war eine Oligarchie; diese begünstigte die Alten, deren konservative Neigungen mit den ihren übereinstimmten. Der Senat genoß ungeheure Vorrechte. Er lenkte die gesamte römische Diplomatie. Er hatte das Oberkommando über die großen militärischen Unternehmungen. Jedem Armeebefehlshaber standen Leutnants zur Seite, die innerhalb des Senats und durch ihn ernannt wurden. Er verwaltete die Finanzen. Er urteilte über schwere Vergehen: Verrat, Pflichtverletzung. Die hohen Ämter erreichte man erst in vorgeschrittenem Alter: Die «Laufbahn der Ehren» war so streng geregelt, daß es keine Möglichkeit gab, eine Blitzkarriere zu machen. Zudem hatte die Wahlstimme der Alten mehr Gewicht als die der übrigen Bürger. Man stimmte in Rom nach Centurien ab: die Centurien der *seniores* waren bei gleichem Stimmwert viel kleiner als die der *juniores*; die gesetzliche Mehrheit entsprach also nicht der zahlenmäßigen Mehrheit, und die alten Männer waren begünstigt.

Diese politische Situation stützte sich auf eine Ideologie, die ihre Wurzeln in einer vorwiegend ländlichen Wirtschaft hatte. Bauern mißtrauen dem Neuen, und die Haupttugend bei den Römern war Beständigkeit. Der Brauch der Ahnen *mos maiorum* hatte Gesetzeskraft und forderte den Glauben an die archaische Weisheit. Die Ahnen blieben gegenwärtig in der Familie: an gewissen Tagen stiegen die Manen aus der Unterwelt herauf, und man mußte sie durch Opfer besänftigen. Man gehorchte ihnen, indem man die Traditionen wahrte. Die Beständigkeit wurde gewährleistet durch die *pietas*, die man von jedem Bürger gegenüber seinem Vaterland, den Herrschenden und vor allem gegenüber seinem Vater verlangte.

Ein Problem beschäftigte allerdings die Historiker: diese traditionalistische Gesellschaft, die sich der Stagnation verschrieben zu haben schien, eroberte nichtsdestoweniger im Laufe der Jahrhunderte die Welt. Die Krieger bildeten keine Kaste, sie besaßen keine Privilegien; und dennoch breitete sich der römische Imperialismus unter der Herrschaft des Senats unaufhörlich weiter aus. Warum?

Die Antworten der Historiker sind zögernd. Gegen Ende der Republik hatten die Eroberungen die materiellen und moralischen Bedingungen für eine Anarchie geschaffen, die zur Eroberung trieb: aber wie begann diese Verkettung? Man führt an: die Habgier eines Bauernvolkes; ein Sicherheitsbedürfnis; den römischen Stolz; den Wunsch, sich zu bereichern; den Ehrgeiz einzelner. Sicher ist jedenfalls, daß die militärische Expansion sich in den Dienst der wirtschaftlichen Expansion stellte. Durch die eroberte Beute, die Kriegsentschädigungen, die geforderten Tribute hat Rom sich beträchtlich bereichert. Frappierend ist auch die Art der Eroberung: sie erfolgte langsam, sehr langsam sogar, wenn man sie mit der Alexanders vergleicht. Außer gegen Ende der Republik wird sie nicht von Menschen vollbracht, deren soziale und politische Rolle herausragend gewesen wäre: die Generale, selbst die ruhmreichen, bleiben einfache Diener Roms. Das vom Senat, das heißt von den alten Männern geleitete Gesamtwerk vollzieht sich methodisch, kontinuierlich, ohne Widerspruch zu der Beständigkeit der etablierten Ordnung; mehrere Jahrhunderte lang bringt es diese nicht aus dem Gleichgewicht.

Die privilegierte Stellung der Alten wird innerhalb der Familie offenbar. Die Macht des *pater familias* ist fast ohne Grenzen. Er kann über die Menschen in gleicher Weise verfügen wie über Sachen: er kann töten, verstümmeln, verkaufen. Diese Macht erlischt nur durch den Tod oder die *capitis deminutio*, die – in ganz seltenen Fällen – den Bürger vom staatsbürgerlichen Leben ausschloß. Ein Sohn, der seinen Vater schlug, galt als *monstrum*; er gehörte der Gesellschaft der Menschen nicht mehr an; man erklärte ihn für *sacer*, das heißt, man wies ihn aus der Welt, indem man ihn zum Tod verurteilte. Wollte ein junger Mann heiraten, so brauchte er nicht nur die Einwilligung seines Vaters, sondern auch die seines Großvaters, wenn dieser noch lebte – was beweist, daß der Patriarch seine Autorität bis zum Ende behielt.

Obwohl theoretisch dazu befugt, kam es immer seltener vor, daß der Vater seinen Sohn als Sklaven verkaufte. Offenbar schränkten Sitte und Brauch diese Ausübung seiner Autorität ein. Die römische Matrone besaß in ihrem Haus großen Einfluß [1], und diese Machtteilung mußte sich zugunsten der Kinder auswirken. Die Beziehung zwischen der Literatur und den Sitten ist ungewiß. Aber wären die Alten so mächtig und so geachtet gewesen wie in China, so könnte man sich kaum vorstellen, daß Plautus sie mit solchem Erfolg auf der Bühne hätte verhöhnen können. Die Atellane (alte süditalienische Volksposse) hatte von den Griechen die Gestalt des lächerlichen Alten übernommen: er trat unter den Namen Casnar oder Pappus auf. Plautus weist ihm eine entscheidende Rolle zu. Er entwirft ihn immer als einen Vater, der durch seinen Geiz den Sohn in seinem Vergnügen behindert und – lüstern wie bei Aristophanes – in Rivalität mit ihm gerät; er benutzt seine Reichtümer und üble Machenschaften, um ihm die geliebte Frau zu rauben: zum Beispiel kauft er sie und gibt sie dann einem Sklaven zur Ehe, der ihm in der Hochzeitsnacht seinen Platz im Bett überlassen soll. Aber dank einem anderen gerissenen Sklaven, der dem Sohn zu Hilfe kommt, schlagen seine Intrigen stets fehl: er wird entlarvt; seine Frau – immer häßlich und zänkisch – macht ihm bittere Vorwürfe. Er wird zum Gespött des Hauses und der ganzen Nachbarschaft. Das ist auch das Thema seiner Komödie *Die Eseltreiberin*, in der Demenetes ein schamloser Senator ist, gedemütigt von seiner Frau, verachtet von seinen Sklaven, bloßgestellt von seinem Sohn, verhöhnt von einer Kurtisane. In *Casina* bestäubt Stalinon sich mit Parfums, um dem jungen Mädchen zu gefallen, das sein Sohn liebt; in dem Bett, wo er mit ihr zusammenzutreffen hofft, findet er statt ihrer einen Mann vor. Das ist auch das Thema des *Mercator*. In *Baccides* bemühen sich zwei Alte, ihre Söhne den Kurtisanen zu entreißen, verfallen aber am Ende selbst der Ausschweifung.

Selbst wenn Greise ehrenwert und liebenswürdig sind, genügt allein ihr Alter, um sie als Gegenstand der Lächerlichkeit erscheinen zu lassen. In der Komödie *Epidicus* sind die beiden Greise weder lasterhaft noch bösartig; doch die Komik des Stückes beruht darauf, daß sie sich von einem gerissenen Sklaven

1 Dank ihrer Zugehörigkeit sowohl zur Sippe des Vaters als auch zu der ihres Gatten konnte sie sich auf beide berufen. Von dem Tag an, da sie von ihrem Vater eine Mitgift erhielt, besaß sie völlige wirtschaftliche Unabhängigkeit. Da sie im Haus stets gegenwärtig war und die Arbeit der Sklaven leitete, spielte sie eine wichtige Rolle bei der Kindererziehung.

das Geld aus der Tasche ziehen lassen. In *Das Gespenst* amüsiert man sich darüber, wie der rechtschaffene Theuropides von einem Sklaven betrogen wird, der seinem ausschweifenden Sohn ergeben ist.

Plautus hat auch zahlreiche sympathische Greisengestalten geschaffen. Trotz seines niederträchtigen Geizes erweist sich Euclio in *Die Geldtopfkomödie* am Ende als liebevoller und liberaler Vater; einer seiner Freunde, ebenso alt wie er, ehrbar und liebenswürdig, heiratet seine Tochter ohne Mitgift. In *Pseudolus, Das Schiffsseil, Trinummus, Der Karthager* sind die auf der Bühne erscheinenden Alten heiter, intelligent und gut. Ein vollkommener Greis ist der in *Der Maulheld*. Die abstoßende Gestalt ist der Soldat, ein Mann in den besten Jahren; Periplektomenes dagegen ist weise, geistreich, fröhlich, gut zu den Jungen, im Herzen jugendlich geblieben und vertraut mit der Kunst zu leben. Er hilft dem Liebhaber der Heldin, sie vor dem prahlerischen Soldaten zu schützen. Indem er lächelnd sein eigenes Porträt zeichnet, weist er auf die Fehler, vor denen sich die Alten hüten müssen: «Bei Tisch betäube ich die Leute nicht mit meinem Gezeter über Politik; nie lasse ich während eines Mahles meine Hand unter das Kleid einer Frau gleiten, die nicht die meine ist; ich dränge mich nicht, vor meinen Nachbarn den Teller zu nehmen oder den Becher zu ergreifen; nie erregt mich der Wein derart, daß ich während eines Gelages Streit suche.» Als einziger in Plautus' Stücken hat er nie geheiratet; er beglückwünscht sich, weder Frau noch Kinder zu haben. Lediglich ein Greis – in *Die Zwillinge* – beklagt sich über sein Alter: «Eine schlechte Ware sind diese schlechten Jahre, die einem den Rücken krümmen; sie bringen Ärger und Schmerzen mit sich!»

Die Rolle der alten Frauen ist begrenzt: als zänkische Gattinnen, als alte, mehr oder weniger kupplerische Kurtisanen sind sie kaum von Belang. Es ist vor allem der *pater familias*, den Plautus in Frage stellt. Zweifellos erfüllte seine Macht die Jungen mit Bitterkeit: er hielt den Daumen auf dem Geldbeutel und verfügte über ihr Schicksal. Sie hatten ihr Vergnügen daran, ihn karikiert zu sehen. Vielleicht ertrugen es die jungen Leute und die reifen Männer auch schwer, von Greisen regiert zu werden: Demenetes in *Die Eseltreiberin* ist nicht nur Vater, sondern auch ein alter Senator. Indessen stellt Plautus den lüsternen und lächerlichen Tyrannen liebenswürdige Greise gegenüber; das hohe Alter an sich ist achtenswert: man erweist sich dieser Achtung als unwürdig, wenn man seine Autorität mißbraucht, um seine Laster zu befriedigen. Plautus ergreift nicht uneingeschränkt Partei für die Söhne: sie sind oft ausschweifend, gewinnsüchtig, egoistisch.

Terenz, kultivierter und verfeinerter, hat das Problem des Generationenkonflikts ernsthafter und nuancierter behandelt. In *Das Mädchen von Androsa*, von Menander inspiriert, sind die Gestalten der Alten sympathisch, aber glanzlos. Erheblich mehr Relief besitzen sie in *Der Selbstquäler*. Die beiden Helden, mehr als 60 Jahre alt, sind reich und autoritär. Menedemos, gewalttätig, leidenschaftlich, hat die Heirat seines Sohnes verhindert, der daraufhin nach Asien geht und sich in der Armee verpflichtet. Der verzweifelte Vater macht sich aus Gewissensbissen zum «Henker seiner selbst», er straft sich mit erschöpfenden Arbeiten. Sein Nachbar Chremes, ebenfalls in Konflikt mit seinem Sohn, ist ein falscher Philosoph, der den Mund immer voller großer Worte nimmt [1]; er quält seine Frau, die besser ist als er, und läßt sich von seinen Sklaven übers Ohr hauen. Chremes' Sohn, ein ziemlich übler Bursche, beklagt sich: «Wie ungerecht sind doch die Väter gegenüber den jungen Leuten! Am liebsten wäre ihnen, wir wären schon von Kindheit an Grauköpfe.» Bis zum Ende des Stückes lassen Menedemos' Großherzigkeit und Edelmut, die Kraft seiner Liebe für den Sohn nicht nach, selbst wenn er sich über dessen Verhalten Sorgen macht und fürchtet – zu Unrecht –, durch ihn ruiniert zu werden.

Ein ähnliches Paar findet man in *Die Brüder*. Demea ist Vater zweier Söhne. Einen hat er seinem unverheirateten Bruder Micio anvertraut. Micio ist nachsichtig und gütig, er liebt und versteht die Jugend. Deshalb vergöttert sein Adoptivsohn ihn, und alle Welt hat ihn gern. Demea, hart gegen sich und die anderen, schikaniert seinen Sohn, der gegen ihn aufbegehrt. Doch am Ende begreift er und ändert sich: «Auch ich will, daß meine Kinder mich lieben.» In *Phormio* ist der Vater des Helden, Demipho, ein autoritärer und cholerischer Mann. Er macht fürchterliche Szenen, als er erfährt, daß sein Sohn in seiner Abwesenheit geheiratet hat, und will ihn zum Bruch mit seiner Frau zwingen.

Didaktischer als Plautus lehrt Terenz die Väter, wie sie sich verhalten müssen, um ihre Söhne und sich selbst glücklich zu machen. Er will die Alten weniger der Lächerlichkeit preisgeben als sie warnen. Aus seinen Komödien kann man auch schließen, daß die Jungen nur mit Ungeduld eine Autorität ertrugen, die übrigens der Druck der Meinung einschränkte.

Es ist frappierend, festzustellen, daß sich mit dem Verfall des oligarchischen Systems die Privilegien der Alten verringerten, dann ganz verschwanden. Seit den Gracchen gibt es keine feste Regierungsmehrheit mehr, sondern nur noch Koalitionsmehrheiten. Das Scheitern der Agrarreform [2] und der italischen Reform [3] verurteilte die Republik zum Tode. Die römischen Eroberungen führten schließlich zu einer politischen und sozialen Auflösung. In dieser bewegten Zeit verlor der Senat nach und nach seine Befugnisse, die in die Hände des Militärs, das heißt junger Männer, übergingen. Die Magistrate befreiten sich von der Autorität des Rates. Sobald die persönliche Macht eingeführt war, ging der Einfluß des Senats unaufhörlich zurück. Der Imperator, ein junger Mann, regierte praktisch ohne ihn. Man entzog ihm seine politischen und administrativen Funktionen. Um 270 verlor er mit Gallienus auch seine Finanz- und Münzprivilegien. Gleichzeitig büßte der *pater familias* an Macht ein. Das Recht über die Person war nicht mehr dem Recht über Sachen gleichgestellt. Die Ausübung des Rechtes über Leben und Tod wurde als Mord angesehen.

1 Er sagt das berühmte Wort: «Ich bin ein Mensch und achte drum nichts Menschliches mir fremd», aber er will lediglich seine Nase in des Nachbarn Angelegenheiten stecken, die seine Neugier reizen.

2 Die darin bestanden hätte, Land innerhalb der römischen Bürgerschaft zu verteilen.

3 Die darin bestanden hätte, Land an die Italiker zu verteilen, indem man ihnen gleichzeitig das Stadtrecht gewährte.

Man ließ den alten oder gebrechlichen Sklaven von Amts wegen frei, wenn sein Herr ihm keine Unterstützung gewährte.

Unter diesem Aspekt muß man Ciceros *Dialoge über das Alter* lesen. Als Senator verfaßt er, 63 Jahre alt, eine Verteidigung des Alters, um zu beweisen, daß die seit langem erschütterte Autorität des Senats wieder gestärkt werden müsse. Zu der Zeit, da er schreibt, dachten die Edlen und Reichen nur noch an ihr Vergnügen und ihren Ehrgeiz: doch in der Öffentlichkeit setzten sie sich eine Maske auf und respektierten die anerkannten Werte. Auf diese stützte sich Cicero. Seit der beginnenden Dekadenz des Senats hatte der Stoizismus in deformierter Gestalt in Rom Eingang gefunden. Die Senatoren machten eine konservative Ideologie aus ihm: die Welt ist Harmonie; alles was natürlich ist, ist gut; jeder muß sich mit dem Platz zufriedengeben, der ihm innerhalb des Ganzen zugewiesen ist; man muß den Status quo respektieren und den Privilegierten ihre Privilegien lassen. Einen Widerhall dieser bequemen Ideen findet man in den *Dialogen über das Alter.*

«In äußerster Armut kann das Alter nicht erträglich sein, selbst nicht für einen Weisen», gibt Cicero zu. Aber die Armen sind keine Senatoren, und um diese geht es bei ihm. Cicero will beweisen, daß das Alter, weit davon entfernt, sie zu disqualifizieren, ihre Fähigkeiten steigert. Aus diesem Grund läßt er Cato d. Ä. sprechen, der mit 80 Jahren noch im Vollbesitz seiner Persönlichkeit war: Das Alter hat zwar einen schlechten Ruf, räumt Cato ein; aber das ist die Folge von Vorurteilen, die er beseitigen will.

Das Alter sei unproduktiv, heißt es. Das stimmt nicht. Die großen Dinge geschehen «durch den Rat, die Autorität, die weise Reife, die das Alter keineswegs abgelegt hat, sondern in höchstem Maße besitzt». «Die Staaten wurden stets von jungen Leuten ruiniert, gerettet und wieder aufgebaut aber von den Alten.» Cato leugnet, daß diese in ihrer Persönlichkeit vermindert seien: «Der Alte behält alle seine geistigen Fähigkeiten, sofern er nicht darauf verzichtet, sie zu üben und zu bereichern.» Cicero nennt Sophokles, Homer, Hesiod, Simonides, Isokrates, Gorgias, Pythagoras, Demokritos, Platon und viele andere, um diese Behauptung zu untermauern. Er widerlegt die Meinung von Caecilius [1], der sagte: «Das Beklagenswerteste am Alter scheint mir, daß man spürt, wie sehr man in diesem Lebensabschnitt den jungen Leuten verhaßt ist.»

Außerdem wird behauptet, es fehle dem Greis an Kräften. Aber die physische Kraft ist nichts. Wenn Milon über seine Arme klagt: «Ah! sie sind schon abgestorben!», so erregt er nur Verachtung. «Wie schwach und matt ein Mann auch sein mag, wenn er ein Beispiel von Weisheit und Tugend gibt, werde ich ihn immer für glücklich halten.» Cato erklärt, er sei mehr als 80 Jahre alt, aber noch frisch und munter. Es gäbe zwar alte Menschen mit schlechter Gesundheit: aber auch junge. «Der Schwachsinn des Alters, den man gemeinhin zweite

1 Caecilius, 168 v. Chr. gestorbener Komödiendichter, schrieb auch: «Wahrlich, Alter, und wenn du auch kein anderes Übel mitbrächtest – dein Kommen allein ist schon genug.»

Kindheit nennt, ist nicht bei allen Greisen festzustellen, sondern nur bei jenen, die von Natur aus einen armen Geist haben.»

Cicero kommt dann auf den im *Staat* dargestellten Gemeinplatz zu sprechen, wonach der Greis wenige Vergnügen genieße: das bedeute, er sei von Leidenschaften und Lastern befreit, und das sei von allen Privilegien das beneidenswerteste. Um seine segensreiche Impotenz auszugleichen, schlägt Cato dem Alten andere Freuden vor: die der Tafel, des Gesprächs, des Studiums, der Literatur, der Landwirtschaft. Gefällig versichert er: «Wenn einem etwas versagt ist, wonach man keine Lust hat, empfindet man die Entbehrung nicht sehr schmerzlich.» Doch kann man die Verstümmelung, die das Verlangen abtötet, viel schmerzlicher empfinden als die Einbuße eines Vergnügens. Einen Sinn verloren zu haben, ist schlimmer, als ihn nicht immer befriedigen zu können.

Er behauptet auch, die sehr treffenden Bemerkungen von Aristoteles übergehend, daß die dem Alter angelasteten Fehler nicht Schuld des Alters wären, sondern des Charakters: in *Die Brüder* ist ein alter Mann liebenswert und ein anderer abscheulich. Er zieht einen belehrenden Schluß daraus: das Alter ist liebenswürdig und glücklich, wenn es ein tugendhaftes Leben vollendet.

Schließlich geht er so weit, ein derart irriges Argument wie dieses anzuführen: der Tod ereilt die Jungen ebenso wie die Alten, der Beweis dafür ist, daß es so wenige Alte gibt. Im übrigen hat der Tod nichts Furchterregendes: «Alles, was natürlich ist, muß für gut gehalten werden.» Gemäß dieser vom Stoizismus inspirierten Schlußfolgerung hätte er es sich sparen können, seine Abhandlung zu schreiben, da das Alter ebenso natürlich ist wie der Tod.

Hundert Jahre danach vertritt Seneca in den *Briefen an Lucilius* aus ähnlichen Gründen, aber viel knapper, die gleichen Gedanken wie Cicero. Seneca war einer der reichsten Männer seiner Zeit. Er wurde von Claudius wegen Messalina in die Verbannung geschickt und später von Agrippina mit der Erziehung Neros betraut. Als dieser den Thron bestieg, benutzte er seinen Einfluß dazu, die Macht des Senats gegenüber jener Agrippinas wieder zu stärken. Er beteiligte sich an der Aufteilung des Vermögens von Britannicus, wurde Konsul und bediente sich jeglicher Mittel, um seine Politik durchzusetzen. Er war Mitwisser bei der Ermordung Agrippinas. Im Jahre 62 bat er um seinen Rücktritt. Doch Nero lehnte ab. Seneca war eine Garantie für die Meinung des Senats, den er bei Nero vertrat. Diese Rolle als Bürge spielte er weiterhin [1], entfaltete aber weniger Aktivität und zog sich immer mehr zurück. In dieser Zeit, mit 61 Jahren, schrieb er die *Briefe*. Er bekannte sich zum Stoizismus in der abgewandelten Form, die ich bereits erwähnte. Diese Form des Optimismus und seine politische Haltung zugunsten des Senats bestimmen seine Bemerkungen über das Alter. Es ist gut, wie alles Natürliche, und führt zu keinerlei Verfall: «Bereiten wir dem Alter einen freudigen Empfang, lieben wir es; es ist reich an Annehmlichkeiten, wenn man es zu nutzen weiß. Die Früchte erlangen ihren vollen Geschmack erst in dem Augenblick, da sie vergehen. Es ist eine erlesene Zeit des Lebens, wenn man den Abhang der Jahre hinabgleitet mit einer Bewe-

1 Bis er, in die Pisonische Verschwörung verwickelt, zum Tode verurteilt wurde.

gung, die noch nichts Gewaltsames an sich hat... Wenn man will, ersetzt das sogar das Vergnügen, kein Bedürfnis danach zu verspüren» (12. Brief). Und im 20. Brief: «Die Seele ist voller Jugendkraft und freut sich, nicht mehr viel Gemeinschaft mit dem Körper zu haben.»

Wir haben gesehen, welche Interessen Solon, Platon, Cicero und Seneca diese Lobreden diktierten, die die Privilegierten von Jahrhundert zu Jahrhundert nachsichtig aufgriffen, weil sie angeblich Wahrheiten darin sahen. Der objektive Standpunkt des Gelehrten unterscheidet sich erheblich davon. Plinius d. Ä. glaubt, feststehende Wahrheiten zu äußern, wenn er ohne Zögern schreibt: «Die Kürze des Lebens ist sicherlich die größte Wohltat der Natur. Die Sinne stumpfen ab, die Glieder werden steif, die Sehkraft, das Gehör, die Beine, sogar die Zähne und der Verdauungsapparat gehen unserem Tod voraus.»

Die Dichter selbst waren viel aufrichtiger als die Moralisten, weil sie von ihren Versen keinen Nutzen erwarteten. Cicero war tot, Seneca noch nicht geboren, als Horaz und Ovid ihre Werke schrieben. Noch jung, sehen sie das Alter nicht als allgemeine Situation, sondern als individuelles Schicksal, und sie drücken die Bitterkeit aus, die es ihnen einflößt. Horaz greift ein den ionischen Dichtern nahestehendes Thema auf: wie sie preist er den Wein, die Frauen, die Freuden; mit dem Alter verschwindet alles, was das Leben angenehm macht. Er spricht vom «mürrischen Alter». Er schreibt: «Das traurige Alter kommt, es vertreibt die mutwillige Liebe und den leichtgefundenen Schlaf.» Er beschreibt den Zyklus der Jahreszeiten vom heiteren Frühling bis zum kalten Winter [1] und schließt: «Die rasch dahineilenden Jahreszeiten finden wenigstens im Himmel ihre Erneuerung; wir hingegen sind, sobald wir dort hinabgestiegen sind, wo der fromme Aeneas, Tullus, Ancus ruhen, nur noch Asche und Staub.»

Ovid gehört zu jenen, die in der Zeit und im Alter eine vernichtende Kraft sehen: «O Zeit, große Zerstörerin, und du, neidisches Alter, gemeinsam zerstört ihr alle Dinge, und indem ihr langsam mit euren Zähnen nagt, verzehrt ihr schließlich alles in einem langsamen Tod.»

Die Häßlichkeit des Alters hat niemand grausamer beschrieben als Juvenal. In der 10. *Satire* warnt er die Menschen vor unvorsichtigen Wünschen: einer von ihnen ist, sich ein langes Leben zu wünschen:

«Welcher Serie von Leiden – und was für Leiden – ist ein hohes Alter unterworfen! Da ist zuerst das entstellte, scheußliche, unkenntliche Gesicht; statt der Haut dieses häßliche Leder, diese hängenden Backen, diese Runzeln gleich jenen, die eine Affenmutter in den düsteren Wäldern Thabarkas um ihr altes Maul kratzt... Die Alten sind alle gleich; ihre Stimme zittert wie ihnen die Glieder zittern; kein Haar wächst mehr auf dem kahlen Schädel; ihre Nase ist feucht wie bei kleinen Kindern. Sein Brot kann der arme Alte nur mit zahnlosem Kiefer zermalmen. Er ist seiner Frau, seinen Kindern und sich selbst dermaßen zur Last, daß er sogar einen Erbschleicher abstoßen würde. Sein abge-

1 Er übernimmt ein Thema von Hippokrates, das endlos wiedergekäut wird bis in die heutige Zeit.

stumpfter Gaumen erlaubt ihm nicht mehr wie früher, Weine und Speisen zu genießen. Was die Liebe betrifft, so hat er sie schon seit geraumer Zeit vergessen ... Bei den Greisen tut dem einen die Schulter, dem anderen die Niere, dem dritten der Schenkel weh. Jener hat zwei Augen verloren und beneidet die Einäugigen ... Der Greis ist nicht mehr bei vollem Verstand. Ein langes Leben muß bezahlt werden mit ständig sich wiederholenden Verlusten, fortwährender Trauer und dem Alter, schwarzgekleidet, inmitten ewiger Trübseligkeit.»

Biologischer Verfall, Krankheiten, Verstümmelungen, nichts kompensiert bei diesem Bild das Elend des Alters. Juvenal schließt es mit einem Gedanken, den noch keiner vor ihm geäußert hatte: altern heißt, jene sterben zu sehen, die einem teuer sind, heißt verurteilt zu sein zur Trauer und zum Trübsinn.[1]

Die lateinischen Dichter stellten die Häßlichkeit der alten Frau besonders stark heraus. Horaz beschreibt in den *Epoden* mit Ekel eine liebestolle Alte, und nicht zartfühlender geht er mit der Zauberin Canidia um. Die Erscheinung der alten Frau ist gräßlich: «Dein Zahn ist schwarz. Eine uralte Greisenhaftigkeit durchfurcht deine Stirn mit Runzeln ... deine Brüste sind schlaff wie die Zitzen einer Stute.» Sie riecht übel: «Welch ein Schweiß, welch ein entsetzliches Parfum dünsten alle ihre schlappen Glieder aus.» Ovid zeichnet in *Tristien* mit einer von Wehmut gemilderten Grausamkeit das künftige Bild der geliebten Frau [2]; er sagt zu Perilla: «Diese bezaubernden Züge werden sich mit der Abnutzung der Jahre verändern; welk durch die vergehende Zeit, wird diese Stirn von Falten durchfurcht sein; diese Schönheit wird eine Beute des unerbittlichen Alters, das Schritt für Schritt, lautlos, voranschreitet. Man wird sagen: Sie war schön. Und da klagst du, da beschuldigst du deinen Spiegel der Untreue.» Noch härter beschreibt er die Zauberin Dipsas, eine alte Kupplerin, die mit ihren Hexereien «die züchtige Liebe besudelt». Akanthis, die Properz schmäht, ist ebenfalls eine abstoßende alte Kupplerin: «Unter ihrer Haut kann man alle ihre Knochen zählen. Blutiger Speichel trieft aus ihren hohlen Zähnen.» Martial mißhandelt in seinen *Epigrammen* alle Greise, besonders aber die Frauen: «Du hast, Vetusilta, dreihundert Konsuln gesehen, aber du hast nur noch drei Haare und vier Zähne ...» – «Thais riecht übler als ein Krug mit alter Walke, als eine Amphora mit verdorbener Salzlake.» Weil es das Los der Frau ist, in den Augen der Männer ein Objekt der Erotik zu sein, verliert sie, alt und häßlich geworden, den ihr in der Gesellschaft zugewiesenen Platz: sie wird ein *monstrum*, das Widerwillen und sogar Furcht erregt; wie bei bestimmten Naturvölkern nimmt sie einen übernatürlichen Charakter an: sie ist eine Zauberin, eine Hexe mit gefährlicher Macht.

Trotz dieser Schmähungen richtet sich die Satire doch meistens gegen die alten Männer, und zwar gegen jene, die Macht und Vermögen besitzen. Die Lektüre der griechischen und römischen Schriftsteller bestätigt, was ich bereits zu Beginn dieses Kapitels sagte: ihre Werke sparen jene Alten aus, die sozial

1 Victor Hugo hat sich von diesen Versen inspirieren lassen. Das Thema wurde spontan von zahlreichen Schriftstellern aufgenommen.

2 Auf dieses Thema sind wir schon bei den griechischen Dichtern gestoßen.

ohne Bedeutung sind.[1] Worum es geht, ist die von der alten Generation okkupierte Macht. Ihr gegenüber ist die Haltung der reifen Männer doppeldeutig; sie stützen sich auf sie, um eine für ihre Klasse vorteilhafte Ordnung aufrechtzuerhalten; sie respektieren beim reichen Greis die geheiligten Rechte des Eigentums. Indessen neiden sie dem alten Mann den Status, den sie ihm selbst institutionell zuweisen, und im täglichen Leben hassen sie diejenigen, die Vorteil aus ihm ziehen.

Bei den Griechen umgibt die Tragödie die Greise mit einem fast übernatürlichen Nimbus; nicht so bei den Römern. Bei den einen und den anderen betonen die Komödienschreiber, die satirischen Dichter den Gegensatz zwischen den wirtschaftlichen und politischen Privilegien der Alten und ihrem physischen Verfall: sie entrüsten sich – und das Publikum mit ihnen – darüber, daß diesem menschlichen Ausschuß das Recht eingeräumt wird, über das Gemeinwohl zu beraten, zu richten, es zu lenken, alle zu beherrschen: in *Der Reichtum* des Aristophanes sind die Alten, die sich zur Versammlung begeben, um über das Schicksal der Republik zu entscheiden, fast gehunfähig.

Es sind vor allem die Jungen, die es ungerecht finden, daß dem Altersverfall nicht sozial begegnet wird. Bei Plautus applaudiert man, wenn sympathische Greise sich von ihren Söhnen übertölpeln lassen. Caecilius erklärt, daß die jungen Leute die Alten hassen. Lukian sagt, sie seien «für die Jugend ein Gegenstand des Gespötts». Zweifellos unterwerfen sich die Jungen ihrer Autorität nur mit Neid, Groll, Haß. Juvenals Heftigkeit läßt sich nur damit erklären, daß er sich zum Sprachrohr der Meinung macht. Cicero schiebt die Vorstellungen, die man sich über das Alter macht, als «Vorurteile» beiseite: aber er gibt zu, daß es im allgemeinen verabscheut wird. Lächerlich in den Augen der Komödienschreiber und ihres Publikums, ist das Alter für die Dichter eine zerstörerische Macht, die sie fürchten, weil sie ihr auch eines Tages ausgeliefert sein werden. Die Moralisten, die es verteidigen, tun das aus politischen Gründen. Aristoteles jedoch, bei dem keine Interessen im Spiel waren, hat ein düsteres Bild vom Alter gezeichnet.

Zwei Ereignisse kennzeichnen das Ende der antiken Welt: der Einfall der Barbaren und der Sieg des Christentums. Welche Stellung nahmen die Alten bei den Barbaren ein? Die Hinweise darauf sind dürftig. In ihren Mythologien finden wir die Vorstellung eines Generationskampfes, der zugunsten der Jungen ausgeht. So war es zum Beispiel in Skandinavien. Nach den isländischen Dichtern und Erzählern bestand die Welt zu Anfang aus einem Eisblock. Aus dem Eis wurde ein Riese geboren, Ymir; während er schlief, tauchten unter seiner linken Achsel ein Riese und eine Riesin auf. Das Eis gebar auch eine Kuh, die, indem sie die Eisblöcke beleckte, ein lebendes Wesen zur Welt brachte, Buri,

1 In Euripides' Tragödie *Ion* kommt ein alter Sklave vor: aber er hat die Heldin, Kreusa, aufgezogen, die ihn als ihren Vater betrachtet. Er ist der Vertraute von Kreusa, ihr Ratgeber, der Vollstrecker ihrer Absichten. Er ist ein relatives Wesen, das seine Bedeutung durch die Fürstin erhält, der er ergeben ist. Er hat keine persönliche Existenz.

der einen Sohn bekam, Bor; dieser heiratete Bestia, die Tochter des von Ymir gezeugten Paares, und aus ihrer Verbindung entsprangen drei Götter, Odin, Vili und Vie. Diese töteten Ymir, und die Riesen ertranken in seinem Blut, außer Bergelmir, der sich mit seiner Frau rettete. Die Götter schufen die Welt und herrschten über sie.

Die germanische Mythologie bestätigt ebenfalls den Vorrang der Jugend, wobei sie sich auf die Götterdämmerung beruft. Nach langer Herrschaft über die Welt tragen der mächtige Odin und alle alten Götter einen gewaltigen Kampf mit den jungen Göttern aus. Diese siegen, alle anderen sterben, das Universum wird vernichtet. Die Erde versinkt. Dann ersteht die Welt von neuem; ein junger Sonnengott erscheint, der Sohn des alten. Die Erde taucht aus den Fluten auf. Einige Menschen, denen es gelungen war zu überleben, bringen eine neue Menschheit hervor. Selbst bei den Göttern kommt also ein Augenblick, da die Abnutzung der Zeit sie zwingt, ihren Platz zu räumen. Bei den Slawen überträgt der erste Gott, Svarog, der Himmel, auf friedliche Weise seinen Söhnen, Sonne und Feuer, die Macht.

Über die von Rom eroberten Völker, über die barbarischen Eindringlinge gibt die eigentliche Geschichte wenig Auskunft. Caesar sagt, die Gallier hätten die Kranken sowie die alten Leute, die sterben wollten, getötet. Prokop berichtet das gleiche von den Herulern. Für die meisten Barbaren – kriegerische, auf Eroberung ausgehende Horden, die nur für den Kampf lebten – galt zweifellos dasselbe, was Ammianus Marcellinus von den Alanen sagte: «An Altersschwäche oder durch einen Unfall zu sterben, ist eine Schande und eine Feigheit, die sie mit schmählicher Verhöhnung strafen.» In solchen Gesellschaften gab es sicher wenige Alte, und diese wurden verachtet. Man kann annehmen, daß ihr Leben auch dann schwierig blieb, wenn sich die kriegerischen Horden ansiedelten. Bei den Germanen war der Familienzusammenhalt sehr stark, was bedeutet, daß man die «nutzlosen Münder» durchfütterte. Doch ein bestimmtes Faktum zeigt, daß der Mensch mit zunehmendem Alter an Wert verlor: das ist die pekuniäre Entschädigung, die im Fall eines Mordes an einem freien Mann verlangt wurde. Im 6. Jahrhundert forderte das westgotische Recht:

60 Goldsous für ein einjähriges Kind;
150 für einen Jungen von 15 bis 20 Jahren;
300 für einen Mann von 20 bis 50 Jahren;
200 für einen Mann von 50 bis 65 Jahren;
100 für einen Mann über 65 Jahren;
250 für eine Frau von 15 bis 40 Jahren;
200 für eine Frau von 40 bis 60 Jahren.

Im burgundischen Recht betrug der Preis: 300 Goldsous zwischen 20 und 50 Jahren; 200 zwischen 50 und 65 Jahren; 150 über 65 Jahre. Das salische Recht forderte den gleichen Preis für Männer aller Altersklassen.

Das zweite Ereignis, das das Ende der antiken Welt kennzeichnet, ist der Sieg des Christentums: es hat sich innerhalb des römischen Reiches durchgesetzt, sich bei den Barbaren ausgebreitet, ist die Ideologie des Abendlandes geworden. Gelang es ihm, die Sitten zu mildern, hat es insbesondere das Schicksal der Alten verbessert? Man darf das bezweifeln. Das Christentum konnte sich nur dadurch verbreiten, daß es sein ursprüngliches Ideal der Brüderlichkeit und gegenseitigen Hilfe aufgab. Schon im 3. Jahrhundert grassierte unter den Christen der weltliche Geist. Die neue Religion hatte kaum einen Einfluß auf die Sitten. In Rom bewirkt sie, daß 374 der Kindermord verboten wird, gegen die Aussetzung der Kinder unternimmt sie jedoch nichts; auch die Sklaverei verbietet sie nicht. Sie findet bei den verschiedenen Völkern nur dadurch Eingang, daß sie sich ihren Sitten beugt: die der Germanen haben sie ganz besonders beeinflußt. Die Kirchenführer billigten einen Rückgang der Geistigkeit: der Heiligenkult ließ heidnischen Aberglauben wieder aufleben.

Praktisch von den Sitten der bekehrten Völker unterhöhlt, ist das Christentum ideologisch ein Erbe des antiken Denkens. Ursprünglich hat es sich ihm widersetzt. Anfangs hatte es nichts mit dem griechisch-lateinischen Klassizismus zu tun; es wandte sich an die ärmsten und ungebildeten Klassen. Doch vom 3. Jahrhundert an assimilierte die Kirche die klassische Kultur, indem sie sie gleichzeitig zerstückelte und entstellte. Wie wir gesehen haben, malte die Antike bis auf wenige Ausnahmen ein sehr düsteres Bild vom Alter. Ein Echo davon findet man bei dem großen Kompilator, dem Bischof Isidor von Sevilla [1]. Nach einer 1556 erschienenen Enzyklopädie, in der die Texte der Schriftsteller des oströmischen Kaiserreichs zusammengestellt waren, unterschied Isidor sieben Lebensalter (analog den Tagen der Woche). Die Jugend dauert von 35 bis 45 oder 50 Jahren. Darauf folgt das Alter *senectus*. «Nach dieser Grenze setzt das Alter ein, das den einen zufolge bis zu siebzig Jahren dauert, und den anderen zufolge kein Ende hat bis zum Tod. Das Greisenalter ist so benannt, weil die Menschen es instinktmäßig begehren, denn die Greise haben nicht mehr so viel Verstand, wie sie einst hatten, und faseln in ihrem Alter.»

In einem Punkt war der Beitrag der Kirche positiv. Sie schuf vom 4. Jahrhundert an Hospize und Krankenhäuser. In Rom, in Alexandria sorgte sie für den Unterhalt von Waisen und Kranken. Sie empfand das Almosen als Pflicht und erinnerte stets nachdrücklich daran. Die Alten haben von dieser Barmherzigkeit zweifellos auch profitiert, aber sie werden nirgends ausdrücklich erwähnt.

Das Ende des frühen Mittelalters, das die Engländer *the Dark Ages* nennen, war eine Zeit der Zerstörung und Verwirrung. «Entvölkerte Städte, verwüstete oder niedergebrannte Klöster, brachliegende Felder ... Allenthalben unterdrückt der Mächtige den Schwachen, und die Menschen sind wie Fische im Meer, die sich wahllos gegenseitig auffressen», erklärten 909 die Bischöfe der Provinz Reims. Das 9. und 10. Jahrhundert hallen wider von ähnlichen Klagen. Das tägliche Leben war sehr viel härter als in der antiken Welt. Handwerk und Kunst waren zurückgegangen, die Kasten zerfallen, die Städte entvölkert; die Gesellschaft war eine ländliche geworden, der Mittelstand verschwunden. Die Landarbeit erforderte sehr viel Kraft, und ein alter Mensch konnte nicht mithalten. Auch in dieser Zeit ist nichts davon zu bemerken, daß die Kirche sein

1 Um 560 in Cartagena geboren; gestorben 636 in Sevilla.

Schicksal hätte verbessern können. Das Christentum übernahm im Prinzip die Tradition des Dekalogs, der vorschreibt, die Eltern zu ehren; aber in der Praxis hatte der Familienkult keinen Platz in einer Zeit, in der das Ideal Askese und Weltfeindlichkeit war. «Du sollst deinen Vater und deine Mutter verlassen, um mir zu folgen», sagte Christus. Eine Minderheit von Christen entfloh der Zeit; sie lebte im Zölibat, suchte in Einöden Zuflucht, schloß sich in Klöster ein. Die anderen beugten sich den Bräuchen. Für diese bestand die Religion lediglich aus äußerlichen Praktiken: Kleriker und Laien tilgten ihr liederliches Leben durch Frömmelei. Man glaubte an die Macht des Teufels, an Hexerei; man hielt sich an sexuelle und Nahrungs-Tabus, die auf Aberglauben beruhten. Weltliche und sogar kirchliche Gerichte benutzten ‹Gottesurteile›, das heißt Unschuldsproben, um ihre Urteile zu fällen.

Im spätrömischen Kaiserreich und im frühen Mittelalter waren die Alten vom öffentlichen Leben so gut wie ausgeschlossen: die Jungen lenkten die Weltgeschichte. Zerstückelt, wirr, bedroht, von Kriegen heimgesucht, wurde die Gesellschaft weitaus mehr von den Zufallsentscheidungen der Waffen als von feststehenden Institutionen regiert. Der Mensch mit Erfahrung hatte kaum darin Platz. Zwar wurde im 7. Jahrhundert Khindaswintz mit 79 Jahren von den Westgoten zum König gewählt und stärkte die Krone mit seinem Ansehen. Karl der Große regierte bis zu seinem 72. Lebensjahr. Doch das sind die einzigen Ausnahmen, die ich kenne. Selbst die Päpste waren damals zum größten Teil junge Männer. Gregor I., das erste richtige Oberhaupt der universalen Kirche, wurde 590 im Alter von 50 Jahren zum Papst gewählt und starb mit 64 Jahren: er war relativ alt. Bis zum 8. Jahrhundert waren die Päpste junge Römer aus guter Familie, die sich, weil sie arm und Waisen waren, der Kirche weihten. Dann, als die Päpste materielle Reichtümer und große Macht besaßen, strebten die Adligen auf den Heiligen Stuhl. Im 9. und 10. Jahrhundert zwangen sie der Kirche Oberhäupter auf, die im allgemeinen junge Leute waren und kurz nach ihrer Wahl wieder abgesetzt wurden. Die Durchschnittsdauer eines Pontifikats erreichte keine drei Jahre. Sechzig Jahre lang – während der Zeit, die man ‹Pornokratie› nannte – beherrschten Frauen das Papsttum. Es kam auch vor, daß man sehr alte Kardinäle zu Päpsten ernannte; aber Johannes XII. wurde mit 18 Jahren zum Papst gewählt, Benedikt IX. mit 12 Jahren, Gregor V. mit 24. Ob alt oder jung, auf alle Fälle waren die Päpste nur Spielbälle in den Händen einer mächtigen Aristokratie.

Dank eines glücklichen wirtschaftlichen Aufschwungs taucht die Kultur um das Jahr 1000 aus dem Dunkel auf. Die Feudalgesellschaft – deren Ursprünge auf das 8. Jahrhundert zurückgehen, als das Lehenswesen aufkam – organisiert sich. Der alte Mensch spielt darin kaum eine Rolle. Die Führung eines Lehens erfordert, daß man es mit dem Schwert verteidigen kann. Der Vasall schuldet seinem Lehnsherrn Waffendienst. Er muß «Waffen und Pferde haben, damit er – es sei denn, das Alter hindert ihn – teilnehmen kann am Kriegsheer und bei feindlichen Einfällen, an Gerichtssitzungen und Versammlungen»[1]. Das Band

1 Katalonische Bräuche.

der Lehnstreue bleibt bis zum Tod erhalten und reißt auch nicht ab, wenn das Alter den Ritter bewegungsunfähig macht: doch dann wird er in den Hintergrund verwiesen. Die Erblichkeit des Lehens kommt in Frankreich bereits im 10. Jahrhundert auf; der Sohn, der zu gegebener Zeit die Schwertweihe erhält, verteidigt nun das Lehen und dient dem Lehnsherrn. Er rächt auch, wenn nötig mit Waffengewalt, die Ehre des Geschlechts. Die Gesellschaft sah sich in drei Klassen unterteilt: die Betenden, die Kämpfenden, die Arbeitenden; sie stellte das Schwert über die Arbeit und sogar das Gebet; es ist der aktive Krieger, der Erwachsene in der Kraft seiner Jahre, der die Szene beherrscht.

Das bestätigt auch die Literatur der Zeit. Die Hauptpersonen der Heldengedichte sind Erwachsene oder sogar sehr junge Leute. In den höfischen Romanen kommt der Gedanke des Alterns nicht vor. Die Helden sind mit einem sehr langen Leben gesegnet, und ihr Alter fällt nicht ins Gewicht. In *Artus' Tod* hat der König 100 Jahre überschritten; Lancelot, Guenhuwara, Gauvain sind zwischen 60 und 80 und verhalten sich in jeder Hinsicht als wären sie in den besten Jahren. Das gleiche gilt heute für die Romane der *série noire* und die Bildgeschichten: das Alter ist abstrakt. Die Abenteuer der Helden sind ziemlich zahlreich und dauern lange genug, um ein Jahrhundert auszufüllen: und dennoch bleiben sie immer unverändert jung.

Die Literatur des frühen Mittelalters interessiert sich nicht für die Alten. Es gibt lediglich eine bedeutende Ausnahme: Karl der Große. Schon zu seinen Lebzeiten hatte seine Umgebung – vor allem Alkuin und Angilbert – daran gearbeitet, ihn mit einer Legende zu umgeben. Alkuin vergleicht ihn mit einem Löwen; er zeigt ihn mit Beifall bedacht von der Erde, dem Meer, den Vögeln, von allen Tieren und sogar den Sternen. Er vergleicht diesen Fürsten «wie man seit Beginn der Welt keinen gesehen hat», mit Johannes dem Täufer, dem Vorgänger; Angilbert beschreibt ihn, wie er in den Krieg zieht, «die Stirn mit einem goldenen Helm bedeckt und den Leib von einer blitzenden Rüstung beschirmt, reitet er auf einem großen Pferd, seine Gefährten um einen ganzen Kopf überragend». Karl selbst hatte den Namen David angenommen, mit dem er sich identifizierte. Selbst die trockenen *Annalen* berichten eine Menge wunderbarer Geschehnisse über ihn. Sofort nach seinem Tod bemächtigte sich seiner der christliche Wunderglaube. Die Deutschen machten ihm zu einem Heiligen. In Frankreich wurde seine Gestalt, während der Niedergang der Karolinger immer deutlicher zutage trat, im Gegensatz dazu – und auch aus Propaganda – mehr und mehr idealisiert. Siebzig Jahre nach Karls Tod schreibt der Mönch von St. Gallen seine Lebensgeschichte in Form einer Reihe erbaulicher und naiver Episoden. Ein 897 in Spoleto verfaßter Text schildert ihn als den «schrecklichen, den furchterregenden Karl». Seine Augen schleudern solche Blitze, daß die Menschen in seiner Gegenwart in Ohnmacht fallen. Sein Scharfsinn ermöglicht ihm, alle Rätsel zu lösen. Indessen beschreibt ihn der gleiche Text auch als einen zu Scherzen Aufgelegten, der sich einen Spaß daraus macht, Schabernack mit seiner Umgebung zu treiben. Das Mienenspiel, das seine Reden und Taten begleitet, verleiht ihm einen karikaturhaften Anstrich, sei es, daß er in unkontrolliertes Gelächter ausbricht oder daß er sich die Ohren reibt und die Nüstern aufbläst.

Im 10. Jahrhundert entstehen in den Klöstern zahlreiche Berichte, die ihn ununterbrochen damit beschäftigt zeigen, die Ungläubigen zu verfolgen. Im 11. Jahrhundert erscheint er in der *Geste du roi* (und in vielen anderen Zyklen) als ein prachtvoller Greis mit üppigem Bart, dem eine fast religiöse Verehrung entgegengebracht wird. Ein *Leben Karls des Großen* beschreibt ihn als hochgewachsen, stark, mit weißem Bart und Haar und blitzendem Auge; er wird 200 Jahre alt. Dem steht jedoch auch ein anderes Bild gegenüber, in dem die antimonarchische Haltung der Barone zum Ausdruck kommt. In *Reise Karls nach Jerusalem und Konstantinopel* aus dem 12. Jahrhundert ist der Kaiser ein «begehrlicher» und «betörter» Greis. In anderen Heldengedichten ist der Held ein großer Lehnsmann, Karl hingegen – in dem mehrere Karolingerkönige verschmelzen – ist ungerecht, schwach, launisch, ein Spielball der «lozengiers» und erhält am Ende seine Strafe.

Der Übergang der Macht vom altersgeschwächten Vater auf seinen Sohn regte im 11. Jahrhundert zum ersten Teil der Legenden an, die später in Spanien unter dem Namen *Poema del Cid* aufgezeichnet wurden. Die Tradition der seit dem Ende des 15. Jahrhunderts auf losen Blättern verbreiteten Cid-Romanzen geht jedoch schon auf die Zeit des Cid zurück, eines kleinen Edelmanns, der Sanchos II. und dann Alfons VI. diente; in Ungnade gefallen und 1081 von diesem verbannt, wurde er eine Art Kondottiere, eroberte auf eigene Faust den Bezirk Valencia, schlug eine zweite Invasion der Mauren zurück und rettete damit Spanien. Zu Beginn des *Poema* wird Don Diego Laínez beschrieben, der verzweifelt ist über die Entehrung seiner Familie: er hat den Windhunden des Grafen Lozano – erster Ratgeber des Königs und sein bester Hauptmann – einen Hasen streitig gemacht, und der Graf hat ihn beleidigt. Die Ehre erfordert, daß diese Schmach gerächt wird. «Da er weiß, daß ihm für die Rache die Kräfte fehlen, und er zu alt ist, um das Schwert zu führen, kann er des Nachts nicht schlafen, die Speisen munden ihm. Ihm bleibt nur ein einziger Ausweg: daß einer seiner vier Söhne die Beleidigung sühnt. Einen nach dem andern ruft er sie zu sich und drückt ihre rechte Hand in der seinen. «Da die beleidigte Ehre trotz der Jahre und des weißen Haars seinem erkalteten Blut, seinen eingerosteten Nerven Kraft verlieh», preßte er diese Hände so stark, daß die drei ältesten stöhnten und sagten: «Genug.» Der letzte Sohn, Rodrigo Díaz de Vivar, bebt vor Zorn: «Wenn Ihr nicht mein Vater wärt!» sagt er mit drohender Stimme. Vor Freude weinend, beauftragt ihn der Alte, ihn zu rächen. Der Cid forderte den Grafen heraus und hieb ihm den Kopf ab. Mit dieser Heldentat löste er seinen Vater ab, der ihm eigenhändig die Macht übergab mit den Worten: «Setze dich hierher an den Kopf des Tisches, denn wer ein solches Haupt [1] trägt, soll das Haupt meines Hauses sein.»

Diese Geschichte, die eine ungeheure Popularität erlebte, illustriert die Beziehungen zwischen den alten und jungen Adligen in der feudalen Gesellschaft. Der gute Ritter ist ein «knochiger» Mann «mit starken Gliedern», «wohlgeformtem» Körper, kräftigem Appetit; er liebt den Krieg, die Jagd, die

1 Das abgeschlagene Haupt des Grafen.

Turniere. Die Eigenschaften, die Heldengesänge preisen, sind Mut und Großzügigkeit. Als Held wird bewundert, wer sich bedenkenlos einsetzt: er gibt sein Blut für den Lehnsherrn. Er verteidigt die Witwe und das Waisenkind, kommt den Schwachen zu Hilfe, fordert seine Widersacher heraus. Er wirft auch sein Vermögen zum Fenster hinaus; ein Chronist berichtet über einen seltsamen Verschwendungswettstreit: ein Ritter läßt ein gepflügtes Feld mit Silbermünzen säen, ein anderer «aus Angeberei» 30 seiner Pferde lebendig verbrennen. Diese Werte zu rühmen – Heldentum, Großzügigkeit –, heißt die Jugend preisen: sie können sich nicht in Greisen mit erkaltetem Blut, mit eingerosteten Nerven verkörpern.

Auch bei den Bürgerlichen schließt die Härte der Lebensbedingungen die Alten vom tätigen Leben aus. Die Kaufleute waren damals Männer mit «staubigen Füßen», Karawanenführer, die mit dem «Degen am Sattel» umherzogen und zahllosen Gefahren ausgesetzt waren. Von vielen Bürgern konnte man sagen, daß sie «sehr stark in den Waffen» waren. Der physische Verfall zwang also den alten Menschen, sich zurückzuziehen.

Auf dem Lande lehnten sich die Jungen gegen den Vater auf, wenn dieser an seiner Autorität festhalten wollte. Es gab oft Streitigkeiten. Häufig verließ der Sohn das Elternhaus. Aber in den meisten Ländern Europas, besonders in England, wurde der Vater durch seinen Sohn von der Spitze des Hausstands verdrängt. Sobald er ein gewisses Alter erreichte und zu schwach wurde, um das Land zu bearbeiten, trat er es an seinen ältesten Sohn ab. Nachdem dieser das Erbe erhalten hatte, heiratete er; die junge Frau trat an die Stelle ihrer Schwiegermutter, und das alte Paar übersiedelte in das Zimmer, das ihm traditionell vorbehalten war; in Irland nennt man es das «Westzimmer». Der abgesetzte Vater wurde von seinen Erben oft sehr schlecht behandelt. Die Legende von König Lear war im England des Mittelalters äußerst populär, weil sie eine alltägliche Begebenheit wiedergab. Ein Echo davon findet man auch in den Märchen, die die Brüder Grimm in Deutschland sammelten. Jene Alten, die keine Familie hatten oder von ihren Angehörigen nicht versorgt werden konnten, wurden vom Lehnsherrn oder vom Kloster unterstützt. Die Mönche unterhielten Krankenabteilungen, in die sie Kranke und Bedürftige aufnahmen. In den Städten kümmerte sich die Zunft um ihre nicht mehr arbeitsfähigen Mitglieder. Die Zunft selbst befaßte sich hauptsächlich damit, die Konkurrenz auszuschalten, aber oft war sie mit einer religiösen Bruderschaft gekoppelt, die sich in Krankheits- oder Todesfällen der Bedürftigen annahm. Insgesamt waren diese Unterstützungen jedoch völlig unzureichend. Den Alten blieb keine andere Wahl als die Bettelei, die man damals, mangels eines Besseren, mehr tolerierte als zu jeder anderen Zeit.

Die Lage der Alten erscheint also quer durch die Gesellschaft außerordentlich benachteiligt. Bei den Adligen wie bei den Bauern war das Wichtigste die physische Kraft: die Schwachen hatten keinen Platz in dieser Gesellschaft. Die Jugend stellte eine Altersklasse von beträchtlicher Bedeutung dar. Beim jungen Edelmann war es die Schwertleite, die ihn zum Ritter erhob; aber auch die jungen Bauern mußten sich anläßlich ländlicher Feste Prüfungen unterziehen:

zum Beispiel über das Johannisfeuer springen. Die Klasse der Alten als solche existierte nicht.

Bei den schwierigen Bedingungen, mit denen diese Gesellschaft zu kämpfen hat, kann sie sich auch nicht den Luxus leisten, sich um das Schicksal der Kinder zu kümmern; sie interessiert sich für die Jugendlichen, die die Kinderkrankheiten überlebt haben und in denen sich die Zukunft verkörpert, nicht aber für die ganz Kleinen, die größtenteils einem frühen Tod geweiht sind. Im übrigen gibt es eine Kindheit im eigentlichen Sinn gar nicht. Sobald die Kinder den Rockzipfeln ihrer Mütter entwachsen sind, werden sie sofort als kleine Erwachsene behandelt, sei es, daß man sie in die militärische Lehre gibt oder daß man sie zur Landarbeit heranzieht. Es kommen viele ‹Kindheiten› in den Heldengedichten vor, aber man soll sich nicht täuschen: dabei handelt es sich um die ersten Taten sehr junger Burschen, die aber bereits kleine Männer sind. Bis zum 13. oder 14. Jahrhundert – als das Bürgertum in Erscheinung tritt – zählt nur der Erwachsene.

Während dieser Zeit wurden die Weltgeschicke weiterhin von den Jungen gelenkt. Abgesehen von Friedrich Barbarossa, der im 12. Jahrhundert bis zu seinem 68. Lebensjahr regierte, war das Oberhaupt des deutschen Reiches stets ein Mann in der Kraft der Jahre. Nachdem Gregor VII. im Jahre 1073 die Autonomie für das Papsttum zurückgewonnen hatte, waren auch die Päpste zumeist jung: die Zeit verlangte von ihnen, bedingt durch den Kampf gegen das Reich, Kraft, Mut, Entschiedenheit. Zwar findet man unter ihnen auch Greise: Coelestin III. trat sein Pontifikat erst mit 85 Jahren an; Innozenz III. hingegen wurde mit 37 Jahren gewählt.

Eine Ausnahme bildet lediglich Venedig. Der Doge war alt. Erst Byzanz untertan, dann sein Vasall, sah der «sehr demütige Herzog» seine Macht immer mehr wachsen; anfänglich vom Volk gewählt, übte er dann seine Macht, die später erblich wurde, bis zum Anfang des 11. Jahrhunderts tyrannisch aus. Doch bestanden zwischen ihm und der Aristokratie Gegensätze, die manchmal blutige Formen annahmen. Die Aristokratie wurde immer mächtiger: sie erwarb großen Reichtum dank der Ansammlung von Erbschaften und des Handels und versuchte nun die Macht des Herzogs zugunsten einer Patrizierrepublik einzuschränken. Das Gesetz von 1031 schaffte die Erbfolge ab; hinfort wurde der Doge gewählt, aber nicht vom Volk, sondern vom Adel: er mußte einen Eid leisten, der ihn dem Adel gegenüber verpflichtete. Von der Mitte des 12. Jahrhunderts an konnte er nicht mehr über Krieg oder Frieden entscheiden sowie keinen Vertrag abschließen ohne die Zustimmung des Großen Rates. Er verwaltete die Finanzen nicht mehr und durfte weder Richter noch höhere Beamte ernennen. Gelegentlich konnte er militärische Operationen durchführen und die Flotte befehligen: Ende des 12. Jahrhunderts zeichnete sich der blinde Dandolo, der mit 84 Jahren zum Dogen gewählt worden war, durch einen siegreichen Angriff auf Konstantinopel aus.[1] Aber er war lediglich der Diener des Patriziats. In der Folgezeit wurde die Rolle des Dogen

1 Als 96jähriger schlug er den Thron des Ostreiches aus und starb mit 97 als Doge.

eine rein dekorative; er besaß hohe Titel, ein prächtiges Kostüm; seine Aufgabe war, mit großem Pomp die Republik zu repräsentieren, vor allem gegenüber ausländischen Gesandten. Aber er hatte keinerlei Macht. Er war nichts weiter als «der erste, der am meisten überwachte, der gehorsamste Diener der Republik». Niemand eignete sich für dieses Amt besser als ein Greis; geschwächt vom Alter, ein Gefangener seiner Gewohnheiten, konnte er leichter als ein Junger auf jegliche Initiative verzichten und sich mit dem Anschein der Größe begnügen. Überdies kann in einer Gesellschaft, in der die Reichtümer gesetzlich gesichert sind, das Alter dem wohlhabenden Mann ein zusätzliches Ansehen verleihen: das war der Fall in Venedig, wo man das Alter eben deshalb ehrte, weil man es für zweckmäßig erachtete, einen Greis an die Spitze der Ehren zu stellen. Das Alter hinderte Marino Falieri allerdings nicht daran, 1354 eine Verschwörung gegen die Aristokratie anzuzetteln.[1] Aber im gesamten gesehen war das System erfolgreich, die Dogen erwiesen sich als gefügige Diener des Patriziats. Mit Ausnahme von Andrea Dandolo, der im 14. Jahrhundert mit 36 Jahren gewählt wurde, waren sie alle Greise. Sie regierten nicht.

Der Vorrang der Jugend, und insbesondere der Übergang der Macht vom Vater auf den Sohn – wie die Legende vom *Cid* bezeugt –, hat tiefgreifend die das Mittelalter beherrschende Ideologie beeinflußt: das Christentum. Seit seinen Anfängen ist Christus für die einfachen Schichten, wenn auch nicht für die Theologen, die zentrale Gestalt des neuen Glaubens. Die Dreifaltigkeit ist zu schwer vorstellbar; man klammert sich an die Figur des Vaters, des Sohnes und ihre Beziehung zueinander: der zweite hat den ersten entthront. Während der apostolischen Periode war das Christentum vor allem die Religion Christi: es läßt den Vater nicht in Vergessenheit geraten, aber angerufen wird hauptsächlich der Sohn. Die Kirche ist der «Leib Christi». Sein Fleisch, sein Blut sind bei der Eucharistie gegenwärtig, und mit ihnen kommuniziert man. Die Messe, die Sakramente basieren auf ihm. Die Moral fußt auf seiner Lehre. Ihn stellen die Katakombenmalereien symbolisiert dar: als guten Hirten, als Orpheus in der Unterwelt, als Lamm, Phönix, Fisch (dessen Name auf griechisch ein Akrostichon des Wortes Jesus bildet). Man sieht ihn auch als bartlosen Mann mit blondem Haar. In den Kirchen wird er überdies in Form einer Mühle oder einer mystischen Kelter, eines Weinstocks, einer Weintraube, eines Löwen, eines Adlers oder eines Einhorns wiedergegeben.

Dieser Vorrang des Sohnes gegenüber dem Vater tritt nach dem 11. Jahrhundert immer stärker zutage. Christus erscheint auch im Tympanon der Kirchen: im 12. Jahrhundert stellt man ihn in seinem Glorienschein dar, er ist der König der Könige. Im 13. Jahrhundert vermenschlicht man ihn. Man malt Jesuskinder und vor allem Christus am Kreuz mit seiner Dornenkrone. Die Maler zeigen ihn in allen Phasen seines Lebens. Doch Jesus ist in den besten Mannesjahren gestorben. Also erscheint der Ewige, der ohne Alter war, hinfort als Greis; man stellt sich ihn vor wie jene Patriarchen, in denen er sein Ebenbild erkannte, weil

1 Er war damals 75 Jahre und wurde enthauptet.

er ihnen seine Macht übertrug. Er wird mehr oder weniger in die Vergangenheit zurückgedrängt, an den Ursprung der Welt und in den fernen Himmel. Er wird Gott, der «Herr der himmlischen Burg», ebenso fern wie der Lehnsherr in seinem Schloß. Die Illuminatoren haben ihn in den illustrierten Bibeln oft dargestellt; auch auf volkstümlichen Andachtsbildern kann man ihn sehen. Er trägt stets einen weißen Bart. Die Maler hingegen, weniger naiv, haben sich erst spät und sehr selten daran gewagt, ihn darzustellen.[1] Gewöhnlich beschränken sie sich darauf, ihn anzudeuten, aus den Wolken auftauchend, ein weißer Bart und eine Hand, die zugleich segnet und droht. Einige Skulpturen stellen die Dreifaltigkeit dar: Gott wird dabei in Gestalt eines bärtigen Greises wiedergegeben, der seinen Sohn stützt. Alle diese gemeißelten oder gemalten Darstellungen lassen deutlich die Entwicklung erkennen, die, in den populären Darstellungen, den Vater immer stärker zugunsten des Sohnes zurückdrängte.[2]

Was lehrt uns die Literatur des 12. und 13. Jahrhunderts über das Alter? Sehr wenig. Wie in den vorangegangenen Jahrhunderten interessiert sie sich kaum dafür. Wenn Kleriker darauf anspielen, so ist ihre Einstellung gegenüber dem Alter negativ. Um 1150 beklagt Hugues d'Orléans, ein Vorläufer der Vaganten – jener umherziehenden Kleriker, die in ihren Gedichten den Wein und die Liebe besangen –, nach einem Loblied auf die Freuden des Lebens seinen eigenen Verfall: er war damals 60 Jahre alt.

Dives eram et dilectus
Inter pares praeelectus
Modo curvat me senectus
Et aetati sum confectus.

Die bereits erwähnte, im 16. Jahrhundert erschienene Enzyklopädie, in der die im Mittelalter gängigen Vorstellungen festgehalten sind, sagt: «Der letzte Teil des Alters heißt im Lateinischen *senies* und hat im Französischen keinen anderen Namen als *vieillesse*. Der Greis ist voller Husten, Auswurf und Schmutz, bis er wieder zu Asche und Staub wird, woraus er gemacht war.»

1 Meines Wissens hat Masaccio ihn in seinen Florenzer Fresken gemalt; Michelangelo versah ihn, an der Decke der Sixtinischen Kapelle, wie seinen Moses gleichzeitig mit einem weißen Bart und den Muskeln eines Athleten, da er der allmächtige Schöpfer ist. Auch Tizian, Tintoretto, ein Maler aus Ferras, Filippino Lippi in Rom, Cranach (im Garten Eden) stellten ihn dar: als bärtigen Greis, der noch rüstig und stark ist. Raffael malte ihn, wie er Mose im brennenden Busch erscheint. Bei Cosimo Rosselli und zwei oder drei anderen erscheint er in den Wolken, Moses die Gesetzestafeln übergebend.

2 Es ist interessant, festzustellen, daß im Orient der Retter der Menschen, Buddha, alle Lebensalter durchschritten hat und den Gipfel der Vollkommenheit in seinem letzten Alter erreicht: er stirbt mit 80 Jahren. Im Abendland vollendet sich der Erlöser zwischen 30 und 33 Jahren, dem Alter seines Todes. Wir haben gesehen, daß in der antiken Mythologie die Götter ebenfalls von ihren Söhnen, Männern in den besten Jahren, entthront wurden.

1265 spricht Philipp von Novara von den *«quatre temps d'aage d'ome»*; jedes dieser vier Lebensalter setzt sich aus zwei Perioden von je zehn Jahren zusammen. «Das Leben der Alten ist nichts als Mühsal und Schmerz», sagt er und folgert, daß einem nach 80 Jahren nichts weiter übrigbleibt als den Tod herbeizusehnen. Das Mittelalter gefiel sich darin, Beziehungen zwischen den verschiedenen Bereichen herzustellen; damals verglich man die «vier Lebensalter» mit den vier Elementen und den vier Jahreszeiten. Auch auf den Volkskalendern bringt man die Monate mit den Lebensaltern in Beziehung. Ein Gedicht des 13. Jahrhunderts, das im 14. und 15. Jahrhundert mehrmals nachgedruckt wurde, erklärt diesen Kalender:

Auf den September folgt zumeist
der Monat, der Oktober heißt –
da ist er 60 Jahre:
wird alt, hat weiße Haare
und muß bedenken, wie es steht
und daß es nun ans Sterben geht.

Ich sagte, daß das Christentum nicht in die Vorstellungswelt des Volkes eingedrungen war, die ihre heidnischen Wurzeln bewahrte. Sie drückt sich in der Folklore aus. In der deutschen Volksdichtung, deren Wesentliches die Gebrüder Grimm gesammelt haben, erscheint der Alte manchmal als ein Mann mit großer Erfahrung, der wertvolle Geheimnisse kennt. Doch meistens ist er ein bemitleidenswertes Wesen.

Ein von den Brüdern Grimm nacherzähltes Märchen gibt eine merkwürdige Deutung der Lebensalter. Gott hatte dem Menschen und allen Tieren ursprünglich 30 Jahre zugewiesen; der Esel, der Hund und der Affe erwirkten, daß Gott 18 bzw. 12 und 10 Jahre von der festgesetzten Zahl abstrich, da sie ein so langes Leben qualvoll dünkte. Der Mensch war weniger weise als die Tiere: die Unvernunft dieses angeblich vernünftigen Wesens ist eines der bevorzugten Themen der Volksdichtung. Er begriff nicht, daß ein langes Leben mit Hinfälligkeit erkauft werden muß. Er bat um eine Verlängerung und erhielt die 18 Jahre des Esels, die 12 Jahre des Hundes und die 10 Jahre des Affen: «Also lebt der Mensch siebenzig Jahr. Die ersten dreißig Jahre sind seine menschlichen Jahre, die gehen schnell dahin ... Hierauf folgen die achtzehn Jahre des Esels, da wird ihm eine Last nach der andern aufgelegt; er muß das Korn tragen, das andere ernährt ... Dann kommen die zwölf Jahre des Hundes, da liegt er in den Ecken, knurrt und hat keine Zähne mehr zum Beißen. Und wenn diese Zeit vorüber ist, so machen die zehn Jahre des Affen den Beschluß. Da ist der Mensch schwachköpfig und närrisch, treibt alberne Dinge und wird ein Spott der Kinder.» Wenn das Alter des Menschen länger und mühsamer ist als das der Tiere, so hat er selbst daran schuld: er hat sich selber dazu verurteilt durch seine unbesonnene Gier

In den Märchen ist die alte Frau, die schon durch ihre Weiblichkeit verdächtig wirkt, stets ein unheilbringendes Wesen. Sollte sie ausnahmsweise einmal Gutes tun, dann deshalb, weil ihr Körper in Wahrheit nur eine Verstellung ist – sie streift ihn ab und erscheint als strahlend junge und schöne Fee. Die echten Alten sind – wie bei den lateinischen Dichtern – Menschenfresserinnen, bösartige und gefährliche Hexen. Die Frauenfeindlichkeit des Mittelalters drückt sich bei sämtlichen Gestalten alter Frauen aus, die uns in der Literatur begegnen: in den *fabliaux*, den altfranzösischen Verserzählungen – vor allem in *La Male Femme qui conchia la prude femme* – und bei der Alten im *Roman de la Rose*. Wir haben bereits gesehen, daß man auf dem Lande und in kleinen Orten symbolisch alte Frauen verjagte und tötete, um die Gesellschaft vom Alter zu befreien. In der Provinz Roussillon versinnbildlichte man die Fastenzeit durch eine Puppe, die eine alte Frau darstellte, die *patorra*, die sieben Füße hatte (die sieben Fastenwochen) und am Ostertag verbrannt wurde.

Im übrigen sei aber darauf hingewiesen, daß sowohl bei Männern als auch bei Frauen nur ganz wenige ein sehr hohes Alter erreichten. Beim Volk gab es das praktisch nicht. 30 Jahre waren für einen Bauern in Anbetracht der Bedingungen, unter denen er lebte, schon ein hohes Alter. Ein *fabliau* aus dem 13. Jahrhundert, das die Vorzüge eines Jungbrunnens preist, versichert: «Dann wird es keinen alten und weißhaarigen Mann mehr geben und gleicherweise auch keine alte, weiß- oder grauhaarige Frau mehr, selbst wenn sie ein Alter von 30 Jahren erreicht.»

Den Traum von einem Sieg über das Alter hegte das Mittelalter genauso wie die Antike. Die Idee der Verjüngung ging immer um. Ein mittelalterlicher Roman, dessen Held Alexander der Große ist, der *Alexandrécite*, beschreibt einen Zaubersee, der alle verjüngt, die darin untertauchen, und im *Buch der Wunder* erzählt Jean de Mandeville die Geschichte eines im indischen Dschungel verborgenen Jungbrunnens. Aber die Legende wurde hauptsächlich durch mündliche Überlieferung weitergegeben. In Erzählungen ist das Thema niemals zentral. Manchmal erscheint es auch in Form eines verjüngenden Talismans: einer Frucht, eines Luftschlauchs, eines Elixiers für Langlebigkeit. Meistens findet man es in Verbindung mit dem Thema der Insel des Lebens, der Insel Avallon, auf der man weder stirbt noch altert. In dem Roman *Perceforest* werden die Hauptpersonen in der Kraft ihres Lebens auf die Insel Avallon gebracht und bewahren dort über eine oder zwei Generationen ihre Jugend. Danach kommen sie zum Sterben in das bretonische Königreich. Sobald sie seinen Boden betreten, nehmen sie das Aussehen der Greise an, die sie sein würden, wenn ihr Leben normal verlaufen wäre.

Die Ikonographie des Mittelalters ist hinsichtlich des Alters, wie übrigens auch einer ganzen Anzahl anderer Themen, sehr viel ergiebiger als die Literatur: sie spricht eine noch analphabetische Menschheit weitaus stärker an. Wie wir gesehen haben, offenbart sich die Entthronung Gottvaters durch den Sohn am deutlichsten in der Plastik. Diese stellt ziemlich häufig Alte dar; die Bildhauer schmücken die Kirchenportale mit Statuen von bärtigen Greisen: Greisen der

Apokalypse [1], Propheten oder verehrungswürdigen Heiligen. Auf den Heiligenbildern erscheinen die Einsiedler, die Anachoreten, als sehr alte, hagere Männer mit langen Bärten. Das Thema der Lebensalter taucht zum erstenmal im 8. Jahrhundert bei einem arabischen Fresko auf. Dann im 12. Jahrhundert auf den Kapitellen des Baptisteriums von Parma: das Alter ist durch einen Landarbeiter dargestellt, der neben seiner Hacke ausruht. Im Dogenpalast – wo das Alter zwangsläufig in Ehren gehalten wurde – und in Padua auf dem Fresko der Eremitani-Kapelle verkörpert sich das Alter in einem bärtigen Gelehrten, der neben dem Kamin an seinem Pult sitzt. Aber das volkstümliche Bild, das das Mittelalter schuf und das sich im Laufe der Jahrhunderte einbürgerte, ist weniger beschaulich: es ist der Greis als Sinnbild der Zeit, geflügelt und hager, mit einer Sense in der Hand. Die Verbindung der Begriffe Alter und Zeit scheint sich von selbst zu verstehen, da das Alter sich aus der Anhäufung der Jahre ergibt. Indessen weist Erwin Panofsky in seinen *Studies in Iconology* (1939) nach, daß diese Beziehung nicht immer bestand. In der Antike wird die Zeit durch zwei Arten von Bildern dargestellt. Die eine betont die Flüchtigkeit. Das ist *kairós*, der günstige Augenblick, die Gelegenheit, die eine Wende im Leben des Menschen oder der Menschheit bezeichnet. Er wird dargestellt durch eine rasch fliehende Gestalt oder in einem labilen Gleichgewicht, das einen Wechsel ankündigt – wie etwa Fortuna auf ihrem Rad, mit der er vom 11. Jahrhundert an verschmilzt. Die zweite Art hebt den fruchtbaren Charakter der Zeit hervor: das ist *aion*, das Schöpfungsprinzip, die unendliche Fruchtbarkeit. Die Zeit geht vorüber, aber im Vorübergehen bringt sie etwas hervor. Die alten Griechen und Römer haben die Ambivalenz der Zeit hervorgehoben. Als der Pythagoreer Paron in Olympia ein Loblied auf die Zeit hörte, «in der man lernt und in der man sich erinnert», protestierte er; er fragte, ob es nicht die Zeit sei, die das Vergessen bewirke, und erklärte sie zur Königin der Unwissenheit. Bekanntlich beschworen die Dichter auch ihre zerstörerische Kraft. In der griechischen Dichtung ist oft von der «Zeit im grauen Haar» die Rede. Doch die plastischen Darstellungen der Antike zeigen nie den Verfall oder die Zerstörung.

Plutarch weist als erster auf die Verschmelzung hin, die zwischen Chronos, dem griechischen Wort für Zeit, und Kronos, dem schrecklichsten der Götter, eingetreten ist. Kronos, der seine eigenen Kinder verschlang, bedeutete ihm zufolge die Zeit, und die Neuplatoniker akzeptierten diese Gleichsetzung, gaben aber der Zeit eine optimistische Auslegung. In ihren Augen ist Kronos der *Nos*, der Weltgeist, «der Vater aller Dinge», «der weise alte Baumeister». Kronos wurde immer mit einer Sichel in der Hand dargestellt, die in jener Zeit als landwirtschaftliches Gerät das Symbol der Fruchtbarkeit war.

1 In der Apokalypse umgaben 24 Greise in weißen Gewändern und mit goldenen Kronen Christus. Man glaubt, daß sie den 24 Zeichen des Tierkreises entsprechen, die in Babylon durch Greise dargestellt wurden, weil diese, den 24 Stunden des Tages vorstehend, die Zeit verkörperten. Illuminierte Handschriften der Apokalypse regten die Bildhauer an, die oft diese Greise darstellten. Man sah in ihnen weise Ratgeber.

Im Mittelalter änderte sich dieses Bild. Denn damals betrachtete man die Zeit als eine Ursache des Verfalls. Makrokosmos ebenso wie Mikrokosmos, der Mensch, durchlaufen sechs Alter, nach dem Beispiel von sechs Wochentagen.[1] Das letzte, bei dem die Welt – wie man meint – anlangt, ist der Verfall. Auf diesen Gedanken stößt man sowohl bei einem populären Schriftsteller wie Honorius Augustodunensis als auch beim heiligen Thomas von Aquin. *Mundus senescit*: das glaubte das frühe Christentum angesichts der Wirrnisse im oströmischen Kaiserreich, und diese Auffassung gab es an seine Erben weiter. Sie kommt am Anfang von *Das Leben des heiligen Alex* im 11. Jahrhundert zum Ausdruck:

> Gut war die Welt, jetzt ist sie's nicht mehr;
> Alt ist sie und schwach, und alles verfällt,
> Schlimm ist es, Gutes geschieht nicht mehr.

In einer dem Feudalsystem angepaßten Version des 12. Jahrhunderts liest man:

> Gut war die Welt zur Zeit der Alten,
> Nun so verändert, verlor sie an Wert.
> Nie wird sie so sein wie bei unseren Ahnen
> ... Schwach ist das Leben, es dauert nicht lang.

Der gleiche Gedanke wird in der Version des 13. Jahrhunderts ausgiebig entwickelt:

> Das Ende ist nah, das weiß ich gewiß.

Im 12. Jahrhundert schreibt Otto von Freising in seiner geschichts-philosophischen Weltchronik: «Wir sehen die Welt verfallen und sozusagen den letzten Odem des Greisenalters aushauchen.» Zur gleichen Zeit bringen die Miniaturen des *Liber Floridus* [2] den Erfolg dieser Auffassung zum Ausdruck. Der heilige Norbert glaubte sogar, seine Generation würde den Untergang der Welt erleben.

Im 13. Jahrhundert schreibt Hugo von St. Viktor: «Das Ende der Welt kommt, und der Lauf der Ereignisse hat bereits den Rand des Universums erreicht.» Die Erde zieht sich zusammen, indem sie altert, die Menschen selbst verkümmern; sie sind nur noch Kinder und Zwerge, sagt in derselben Epoche Guiot de Provins. Diesen Gedanken findet man auch bei den Vaganten wieder. Er hat breiten Raum in den *Carmina Burana*: «Die Jugend will nichts mehr lernen, das Wissen verfällt, die ganze Welt steht Kopf, die Blinden führen Blinde ... Alles ist aus seiner Bahn geraten.» Dante legt seinem Vorfahren Cacciaguida Klagen über den Niedergang der Städte und der Familien in den Mund.

1 Manchmal unterscheidet man sieben Alter; manchmal vier.
2 Eine ungeordnete Zusammenstellung von Lambert, Domherr von Saint-Omer.

Die Welt wird kleiner wie ein Mantel, um den «die Zeit mit ihren Scheren kreist». Nur wenige Menschen sehen in diesem Altersprozeß einen Vorteil. Wie etwa Bernhard von Chartres, der gesagt hat: «Wir sind Zwerge, die auf den Schultern von Riesen stehen, aber wir sehen weiter als sie.» Dieser Optimismus wird von anderen nicht geteilt. Was das Mittelalter in der Ferne erkennt, hat nichts Ermutigendes: es ist für viele die Herrschaft des Antichrist. Diese in der Apokalypse angekündigte Gestalt wurde im 8. Jahrhundert von einem Mönch namens Peter definiert, dann im 10. von Adson und im 11. von Albuin, der die Prophezeiungen der Sibylle von Tibur aus dem 4. Jahrhundert auf das Abendland überträgt. Das religiöse Theater hatte den Antichrist allen vertraut gemacht. Ihm war eine Gegenfigur erwachsen: die des «gerechten Königs», eines irdischen Messias, der ein *millenium* des Glücks eröffnen würde. Doch dieser Glaube war nicht weit verbreitet. Das Mittelalter lebte in der Überzeugung, daß die Menschheit infolge der Erbsünde einem Unglück geweiht sei, das mit der Zeit nur schlimmer werden konnte. Von dieser entmutigenden Vorstellung durchdrungen, begnügten sich die Männer, die die Gesellschaft lenkten, sie von einem Tag auf den andern zu regieren, ohne eine präzise politische Zukunft ins Auge zu fassen. Niemand erwartete von der Geschichte eine Verbesserung. Die Hoffnungen des Mittelalters waren zeitlos: es galt, sich vom irdischen Leben zu befreien und sein Heil zu suchen; denn die Zeit würde die Welt zum Niedergang und bald auch zu ihrem Ende führen.

Dieser Zusammenhang erklärt, daß sich das Bild der Zeit unter dem Einfluß der Astrologen gewandelt hat. Der römische Name für Kronos, Saturn, wurde dem am weitesten entfernten, dem langsamsten Planeten gegeben; man hält ihn für kalt und ausgetrocknet: er wird mit der Bedürftigkeit, der Altersschwäche, dem Tod in Verbindung gebracht. In den astrologischen Werken ist er im allgemeinen durch einen mürrischen, leidenden Greis dargestellt, der eine Sense oder eine Schaufel, eine Hacke, einen Stab hält und sich auf eine Krücke stützt: Zeichen der Hinfälligkeit. Er hat ein Holzbein oder ist entmannt. (Erinnerung an den mythologischen Bericht, in dem Zeus ihn entmannt.) Die Ikonographie des Mittelalters entwickelt im Zusammenhang mit ihm das Thema des kastrierten Mannes und des Kindes, das verschlungen wird. Da Saturn der bösartigste der Planeten war, wird er abstoßend dargestellt. Andererseits wird der Tod seit dem 11. Jahrhundert mit einer Sichel in der Hand dargestellt.[1] Die Zeit, insofern sie das Leben angreift, verschwägert sich mit dem Tod. Und Kronos wurde mit Chronos gleichgesetzt. Es ist also ganz natürlich, daß der Illustrator von Petrarca – der die Zeit für zerstörerisch hält – für die Darstellung der Zeit das Bild Saturns wählte: er hat Flügel, er hält eine Sanduhr in Händen, er ist hinfällig. Dieses Bild herrscht hinfort vor. In den Darstellungen vom «Triumph des Todes», die im 15. Jahrhundert in großer Zahl auftauchen, ist der Tod ein Skelett mit Sense und Sanduhr. Auch die Zeit ist mit einer Sense versehen, die kein Fruchtbarkeitssymbol mehr darstellt: sie zerschneidet das Leben, wie die Parze den Faden der Tage durchtrennte.

1 Im Evangelistar Uta. In der Bibel vom Gumpert, vor 1195, trägt er eine Sense.

Gegen Ende des Mittelalters ist das Leben weiterhin unsicher, hohes Alter eine Seltenheit. Als Karl V. 1380 mit 43 Jahren stirbt, hat er den Ruf eines weisen Greises. Indessen erlebt die Gesellschaft eine Evolution. Vom 13. Jahrhundert an, und vor allem im 14., kommt es zu einer Renaissance des städtischen Lebens. Das Gewinnstreben wird von der Kirche nicht mehr so streng verurteilt; es wird schließlich sogar gerechtfertigt, und der Merkantilismus genießt Achtung. In Venedig, in Pisa widmen sich selbst die Adligen dem Handel. Andernorts hält sich die Aristokratie im allgemeinen der Welt der Geschäfte fern: Handel zu treiben würde einen Abstieg bedeuten. Aber das Bürgertum blüht auf. Und die großen Kaufleute, die großen Bankiers erwerben sich Rechte durch den Kauf von Land und durch Heiraten: ein neuer Adel bildet sich, das städtische Patriziat. Von nun gründet sich der Besitz auf Verträge, nicht mehr auf physische Kraft: damals tauchte der traditionelle Typ des Händlers auf, der dem Kampf abgeneigt war. Waren und Geld kann man horten. Diese Wandlung verändert in den wohlhabenderen Klassen die Stellung der Alten: durch das Anhäufen von Reichtümern können sie Macht erlangen. Man kümmert sich mehr um sie. Zwei ideologische Strömungen bestanden damals nebeneinander: eine religiöse und spiritualistische Richtung; eine pessimistische und materialistische Tradition. Unter der ersten dieser beiden Perspektiven sieht Dante in *Das Gastmahl* das Alter. Er vergleicht die Kurve des menschlichen Lebens mit einem Bogen, der von der Erde zum Himmel aufsteigt bis zu einem Kulminationspunkt, von dem aus er wieder absteigt. Der Zenit ist mit 35 Jahren erreicht. Danach verfällt der Mensch langsam. Zwischen 45 und 70 Jahren liegt die Zeit des Alters. Dann folgt das hohe Alter. Dieses Ende ist friedlich, wenn man es weise zu leben versteht. Dante vergleicht den Greis mit einem Seemann, der allmählich sein Segel einholt, weil er Land sieht, und der langsam in den Hafen einläuft. Da die Wahrheit des Menschen im Jenseits liegt, soll er heiter das Ende eines Daseins akzeptieren, das nur eine kurze Reise war.

Friedlich den Hafen erreichen, das soll, so glauben die Kleriker und die frommen Seelen, die Hauptsorge der alten Menschen sein; das letzte Alter erscheint im wesentlichen als jene Epoche, in der man sich auf den Tod vorbereitet. Immer zahlreicher tauchen *artes moriendi* auf. Gerson schreibt eine «kurze Anweisung für einen Greis, wie er sich auf den Tod vorbereiten soll». Er rät ihm – zweifellos weil er selbst das Augenlicht verloren hat –, jemanden in Pension zu nehmen, der ihm fromme Bücher vorliest, um ihn von den weltlichen Dingen abzulenken. In ganz Europa erscheinen ähnliche Werke, nach 1400 besonders zahlreich in Deutschland. Man gibt darin den Alten auch Ratschläge, wie sie ihr Testament abfassen sollen: es schickt sich, daß Leute, die Vermögen besitzen, einen Teil davon den Klöstern oder Hospizen vermachen.

Für einen überzeugten Christen ist das Alter also der Zeitpunkt, sein Heil zu sichern. Aber es wird nicht sonderlich aufgewertet. Immer mehr gilt die Hingabe der Gläubigen im 14. und 15. Jahrhundert Christus; aber das 14. Jahrhundert ist ein tragisches: es wird von Kriegen, Pestepidemien, Hungersnöten, Übervölkerung heimgesucht; inmitten der Prüfungen, die es zerreißen, setzt das Abendland sein ganzes Vertrauen auf Christus, den Erlöser. Von nun an erscheint er kaum mehr als der König der Könige. Man verehrt ihn vor allem in der Gestalt des Retters. Der Vater und der Heilige Geist treten zurück. Die Messe ist nicht mehr ein dem Gottvater dargebrachtes Opfer, sondern eine Darstellung des Kalvarienberges. Die Eucharistie ist sakrosankt; die Reliquien der Passion werden verehrt. Die Anfertigung von Kruzifixen steigt beträchtlich. Der Kult des Heiligen Antlitzes, die Andachtsübung des Kreuzweges zeichnen sich ab. Als Bild oder Skulptur erscheint oft «Christus als Schmerzensmann», der in Einsamkeit und Angst seinen Tod erwartet. Gleichzeitig entwikkelt sich die Marienverehrung. Zu Beginn des 15. Jahrhunderts entdeckt man die Verkündigung wieder: sie regt zu einer ungeheuren Menge von Gemälden und Darstellungen an. Eine ganze Ikonographie wählt als Thema die Kindheit Christi und die Heilige Familie, die bis dahin kaum dargestellt worden waren. Durch diese Rückgriffe auf das Leben Jesu werden die Kindheit, die Jugend und vor allem das reife Alter geheiligt. Das Greisenalter vergißt man.

Andererseits entsteht an den Adelshöfen und beim städtischen Patriziat eine Profanliteratur. Satirisch, realistisch, verspottet sie die ganze Gesellschaft; die Frauen und ihre Ehemänner, die Mönche, die Kaufleute, die Schurken. Den Alten räumt sie nur wenig Platz ein. Indessen machen sich – wie einst Plautus – Boccaccio in Italien, Chaucer in England über die reichen Greise lustig, die ihr Vermögen dazu benützen, sich hübsche Frauen zu angeln.

In einer Erzählung von Boccaccio [1] heiratet ein sehr alter Richter aus Pisa die junge und schöne Bartolomea. In der Hochzeitsnacht gelingt es ihm kaum, seine eheliche Pflicht zu erfüllen. Am nächsten Morgen ist er so erschöpft, daß er ein Mittel ersinnt, um sich vor dieser Pflicht zu drücken: er zeigt seiner Frau jeden Tag auf dem Kalender, daß dies der Namenstag eines wichtigen Heiligen ist und daß man sich ihm zu Ehren jeder fleischlichen Lust enthalten müsse. Mit Mühe und Not gibt er sich einmal im Monat dazu her. Eines Tages, als sie in einer Barke spazierenfahren, wird die Frau von einem Korsaren entführt, der ihr ohne Rücksicht auf den Kalender tagtäglich seine Leidenschaft beweist. Schließlich findet sie der Gatte wieder, aber sie weigert sich, zu ihm zurückzukehren. Er stirbt vor Gram, und die ganze Stadt lacht.

In den *Canterbury-Geschichten* hat Chaucer die Mißgeschicke eines alten Kaufmanns namens Januar erzählt, der dank seines Geldes die hübsche, 20jährige Mai zur Frau bekommt. Vor seiner Hochzeitsnacht nimmt er Latwerge ein, die es ihm ermöglicht, sich die ganze Nacht leidenschaftlich zu verausgaben.

> Und an die Arbeit ging er, bis das Licht
> Des Tages schien; nahm einen Bissen, trank
> Ein Schlückchen feinen Klaret dann und sang,
> Aufrecht im Bette sitzend, hell und laut
> Und küßte, koste lüstern seine Braut.
> Gleich einem Fohlen voller Spielereien,

1 Die La Fontaine in seinen *Erzählungen und Novellen in Versen* wieder aufgenommen hat. Es ist die einzige, die einen Greis herausstellt.

Und schwatzhaft war er gleich dem Elsterlein.
Im Nacken zitterte sein schlaffes Fell,
Indem er sang; so laut kräht er und hell.
Gott weiß allein, was seine Mai empfand,
Als sie ihn sitzen sah im Schlafgewand
Und in der Nachtmütz mit dem dürren Hals.
Vom Spiel erbaut war sie wohl keinesfalls.

Kurz darauf betrügt sie ihn, unter grotesken Umständen, mit einem schönen jungen Diener. Wie ich bereits sagte, wirkt die Sexualität eines Greises abstoßend, wie auch immer er sich benimmt. Boccaccio mokiert sich über seine Impotenz; bei Chaucer hat er sich künstlich gestärkt; aber durch seine Häßlichkeit und sein lächerliches Benehmen macht er die körperliche Liebe zu einer abstoßenden Betätigung.

Neben diesem realistischen Pessimismus scheint im Mittelalter auch eine Art idealistischer Pessimismus bestanden zu haben. Ein Zeichen dafür sehe ich in der Bedeutung, die im 14. und 15. Jahrhundert die Gestalt Belisars gewann, der in der Folgezeit eine große Popularität erlangte.[1] Nach einem ruhmreichen Leben, in dessen Verlauf er Italien von den Ostgoten erobert und die Krone des weströmischen Reiches ausgeschlagen hatte, fiel der große Feldherr, der Byzanz gerettet hatte, in Ungnade: er war 562 in eine Verschwörung gegen den damals 80jährigen Justinian verwickelt; man hielt ihn in seinem Palast gefangen und konfiszierte seine Besitztümer. Der Prozeß fand 563 statt. Nach Theophanes, der Ende des 8. Jahrhunderts in seiner *Chronographie* zeitgenössische Dokumente kopierte, wurde dabei seine Unschuld bewiesen; man gab ihm seine Freiheit und seinen Besitz zurück. Erst später, im 11. Jahrhundert, erwähnte der anonyme Verfasser der *Antiquités de Constantinople* – ein Werk, das von Irrtümern strotzt –, daß man Belisar die Augen ausgestochen hatte und er zum Betteln verurteilt war. Im 13. Jahrhundert übernimmt der wegen seiner Gelehrsamkeit berühmte Grammatiker Tretzes, der in Konstantinopel lebte, diese Version, gibt aber zu, daß viele Historiker sie bestreiten. Er beschreibt Belisar als alt und blind, vor dem Palasttor bettelnd: «Gebt Belisar einen Obolus.» Die Strafe des Blendens war in Byzanz geläufig: aber nichts beweist, daß Belisar sie erlitt. Warum zwang sich dieses Bild auf?

Man kann sich fragen, wieso die Geschichte so populär wurde, daß alle Kompilatoren der Renaissance sie in der Folgezeit wieder übernahmen. Aber vergessen wir nicht, daß dies im Mittelalter das Schicksal aller Legenden war; trotz schwieriger Kommunikationen war die Bevölkerung sehr beweglich: die Kaufleute, die Pilger verbreiteten wahre oder falsche Geschichten von einem Ende der Welt zum andern. Die Spielmänner griffen diese Erzählungen auf. Sie stan-

1 Man beschäftigt sich im 16. Jahrhundert oft mit ihm. Er hat Rotrou zu einer Tragödie inspiriert und im 18. Jahrhundert Marmontel zu einem Buch, das berühmt wurde, ferner war er Gegenstand zahlloser Anspielungen und Vergleiche. Auch viele Bilder stellen ihn dar.

den andererseits in ständiger Verbindung mit den Klerikern; man braucht das gelehrte Wissen und die volkstümliche Tradition nicht scharf zu trennen: zwischen den beiden bestand eine Osmose. Schließlich konnten im 13. und 14. Jahrhundert schon viele Leute lesen. Jedes erstaunliche Geschehen, ob auf Tatsachen beruhend oder mythisch, wurde rasch bekannt und verbreitet.

Eine interessantere Frage ist, warum gerade diese Legende so viel Erfolg hatte. Der Grund dafür ist zweifellos, daß das Mittelalter begierig alle düsteren Visionen aufnahm. Nun verkörpert Belisar auf exemplarische Weise die Leiden des hohen Alters: Gebrechlichkeit, Abhängigkeit, Passivität und vor allem den Verfall, zu dem ihn die Härte und Undankbarkeit der Menschen verurteilten. Und außerdem ist dieses tragische Geschick vom religiösen Standpunkt aus erbaulich; ein Mensch, der den Gipfel des Ruhmes erklommen hat und dann die tiefste Erniedrigung erlebt, ist ein Beispiel für das «alles ist eitel» der Bibel: auf dieser Erde ist nichts sicher; der Mensch darf sein Vertrauen in nichts anderes setzen als in Gott.

Im Mittelalter wie auch im Altertum besteht eine mystische Verbindung zwischen Alter und Blindheit. Diese symbolisiert die Verbannung, zu der ein allzu langes Leben die alten Menschen verurteilt: sie sind von den übrigen Menschen abgeschnitten; diese Einsamkeit läßt sie wachsen und macht sie geistig klarsichtig. Andererseits hatte damals der Mythos feste Wurzeln in der Wirklichkeit: man konnte den grauen Star nicht operieren, und viele alte Menschen waren tatsächlich blind.

Im Frankreich des 15. Jahrhunderts hält sich der Pessimismus der vorhergehenden Jahrhunderte. Die Welt, so glaubt man noch immer, wäre im Niedergang begriffen. Gerson vergleicht sie mit einem närrischen Greis, der allerlei Wahnvorstellungen und Illusionen ausgeliefert ist. Eustache Deschamps sieht sie als einen Greis, der wieder zum Kind geworden ist:

> Alle sind schwach, dürftig, lasch,
> Alt, neidisch und übelredend:
> Ich sehe nur Närrinnen und Narren ...
> Das Ende naht wahrlich ...
> Alles geht schlecht ...

Der Gedanke an den Tod ist gegenwärtiger denn je: die ‹Totentänze› werden immer zahlreicher und schrecklicher. Man malt Leichen und Tierkadaver in ihrer ganzen Abscheulichkeit. Die Prediger stellen sie der trügerischen Anmut der Jugend gegenüber. Der Mensch ist ein Toter auf Abruf, die Schönheit ein Schein. Odin de Cluny beschreibt mit einer selten erreichten Schärfe die Häßlichkeit, die sich im Innern unseres Körpers verbirgt: er nennt diesen einen «Sack voller Exkremente». Andere erinnern daran, daß er einem Verfall geweiht ist, dessen Elend sie unerbittlich beschreiben. Der Greis wird damals nicht als der *andere* gesehen, sondern als er *selber*, aber man beschreibt ihn nur von außen, mit dem alleinigen Zweck, die Jugend und die Schönheit herabzusetzen. Die Dichter übernehmen diese Klischees bereitwillig. Eustache Deschamps sieht nur Übel und Abstoßendes, Verfall der Seele und des Körpers, Lächerlichkeit, Häßlichkeit im Alter: für die Frau läßt er es mit 30 beginnen, für den Mann mit 50; nach 60 bleibt ihnen beiden nur der Tod. Olivier de La Marche befindet sich in Übereinstimmung mit seiner Zeit, wenn er, ein altes Thema aufgreifend, einer jungen Schönheit düstere Prophezeiungen macht:

> Ihre sanften Blicke, Augen zum Entzücken,
> Bedenkt, daß eure Klarheit sich verliert...
> Das Schöne wird zum Häßlichen sich wenden
> Und die Gesundheit in der Krankheit enden...

Die alte Frau bleibt weiterhin ein Gegenstand des Abscheus und der Verspottung. Auf dem Südturm der Kathedrale von Bayeux liest man die folgende Inschrift, die damals für Isabelle de Douvres eingraviert wurde und deren Verfasser es bedauert, daß man statt einer einzigen Alten nicht hundert beerdigt hat:

> *Quarte dies paschale erat*
> *Que jacet hic vetule venimus exequias*
> *Leticie diem magis amissise dolemus*
> *quam centum tales si caderunt vetule.*

Dieser Tradition schließt sich Villon an, wenn er in *Klagelied der schönen Helmschmiedin* die Verwüstungen beklagt, die das Alter an einem Frauenkörper anrichtet. Aber so zahlreich seine Vorgänger sind, er macht sie alle vergessen. Was die schlechte Literatur unter leeren Worten verbirgt, enthüllt er in seiner Wahrheit.

Villon liebte den Frauenkörper:

> Weiblicher Körper, der du so zart bist...

In *Mein Testament* schaudert ihn vor dem Gedanken, daß dieser Körper sich unter der Erde zersetzen könnte, er würde ihn gern «ganz lebendig zum Himmel aufsteigen sehen». Mit Wehmut sagt auch er einer gleichgültigen Schönen ihren künftigen Verfall voraus:

> Es wird eine Zeit kommen, die eure erblühte Blume
> austrocknet, vergilben, verwelken läßt.
> ...Ich werde alt sein, ihr häßlich und farblos.

In dem berühmten *Klagelied der schönen Helmschmiedin* mildert ein zärtliches Mitleid die Grausamkeit der Beschreibung. Er hatte seine Mutter sehr geliebt: «Frau bin ich, arm und alt.» Vielleicht gibt er ihr deshalb das Wort, anstatt die verfallene Frau, die die schöne Helmschmiedin eines Tages sein wird, nur kalt von außen zu betrachten. Zweifellos hat er auch verstanden, daß ein Niedergang nur dann herzzerreißend wird, wenn die betreffende Person ihn selbst empfindet.

Wenn ich mich ganz nackt gewahr,
Und wie mein' Schönheit ging von hinnen
Arm, winzig, dürr, der Fülle bar,
werd' ich fast toll in meinen Sinnen.

Während die meisten Schriftsteller, die von Greisen sprechen, sich nicht einmal die Mühe gemacht haben, sie zu beobachten, ist das von Villon gezeichnete Bild von bemerkenswerter Genauigkeit:

Die Nase krumm, der Scheitel bloß,
Die Ohren moosgrün niederwippen.
Das Antlitz bleich, tot, farbenlos,
Runzlig das Kinn, wulstig die Lippen.
Das ist der Menschen Schönheit Ende!

Das ist keine Allegorie; das ist ein präzises, auf eine bestimmte Person gemünztes Porträt, das uns dennoch alle betrifft. In dieser verblühten alten Frau ist die gesamte Menschheit in Frage gestellt. Das Alter ist nicht den anderen vorbehalten; es lauert uns genauso auf wie der jungen Frau, deren Klagen Villon vorwegnimmt; es ist unser Schicksal. Villons Gedicht bringt uns das zum Bewußtsein, deshalb findet es eine ungewöhnliche Resonanz.

Während die Zivilisation auf dem Land im 16. Jahrhundert unverändert und konservativ bleibt, entwickeln sich in den Städten die Anfänge eines Kapitalismus weiter, der allmählich auch in anderen Städten aufkommt: Handel, Gewerbebetriebe, Bankgeschäfte. Dieser neue Wohlstand ermöglicht einen ungeheuren kulturellen Aufschwung in Wissenschaft, Literatur, Kunst, Technik. Dabei kommen sehr unterschiedliche Strömungen zum Ausdruck. Die Renaissance setzt die Traditionen des Mittelalters fort. Sie lebt weiter in der Angst vor dem Antichrist und dem Jüngsten Gericht.[1] Gleichzeitig versucht sie aber, eine neue und harmonische Vorstellung vom Menschen zu fördern. Auf die Antike zurückgreifend, bemüht sich der Humanismus, diese synkretistisch mit dem Evangelium zu verbinden; man möchte die Freude am Leben und an der Schönheit in das Christentum einbeziehen. Dieser Aufgabe hat sich besonders Erasmus verschrieben; er trägt eine Lehre über «Moral und Lebensart» dazu bei.

Eines seiner ‹Gespräche› widmet er den Alten; er beschreibt darin einen Mustergreis: mit 66 Jahren hat er weder Falten noch weißes Haar, trägt keine

1 In Deutschland führte man ein *Spiel vom Antichrist* auf; man schrieb Lebensgeschichten des Antichrist. Prediger kündigten den Beginn seiner Herrschaft an. Er hat die Fresken von Signorelli in Orvieto inspiriert.

Brille, und seine Gesichtsfarbe ist blühend; die anderen, die ein ausschweifendes oder abenteuerliches Leben hinter sich haben, wirken dagegen wie sein Vater. In Italien greift ein venezianischer Patrizier, Cornaro, dieses Thema auf: ein vernünftiges Leben führt zu einem schönen Alter. Er stellt sich in seinen *Discorsi della vita sobria* selber als Beispiel hin. In Wahrheit geht es in beiden Werken darum, ein Loblied auf die Tugend zu singen: man behauptet, sie fände ihren Lohn in der Gesundheit und Heiterkeit des hohen Alters.

Was das Alter selbst betrifft, so geht die damalige Literatur nicht zartfühlender mit ihm um als die der vorigen Jahrhunderte. Das Mittelalter verachtete das Äußere des Menschen: besonders abstoßend empfand man es bei den Alten. Die Renaissance hingegen preist die Schönheit des Leibes: der Körper der Frau wird in die Wolken erhoben. Die Häßlichkeit der Alten erscheint deshalb nur um so hassenswerter. In keiner anderen Zeit wurde die Scheußlichkeit der alten Frau grausamer angeprangert. Die mittelalterliche Feindseligkeit gegenüber der Frau setzt sich im 16. Jahrhundert fort, und der Einfluß der Antike, vor allem der von Horaz, ist vorherrschend. Die Übertreibungen des Petrarkismus rufen als Reaktion eine satirische und possenhafte Dichtung hervor. Alle diese Gründe erklären Häufigkeit und Charakter des Themas «alte Frau».

Die Schriftsteller, die dieses Thema ausschöpften, wurden nachhaltig von einem Stück beeinflußt, in dem Fernando de Rojas um 1497 die spanische Gesellschaft seiner Zeit beschreibt: *La Celestina.* Zum erstenmal wurde hier die Gestalt einer alten Frau zur Hauptperson; sie war im klassischen Sinn eine Kupplerin, aber von ganz anderem Kaliber als die bisher auf der Bühne gezeigten. Als ehemalige Dirne, die aus Liebe zur Sache Kupplerin geworden war, eigennützig, intrigant, zotig, ist sie auch ein wenig Hexe; sie ist es, die das Spiel bestimmt. Sie ist eine Zusammenfassung aller Laster, die man seit der Antike den alten Frauen anhängte, und trotz ihrer Raffinesse wird sie am Ende des Stückes hart gestraft. Das französische Theater übernahm dieses Thema mit weniger Schärfe: alte Kupplerinnen, alte Kurtisanen kommen bei Jodelle, Odet de Turnèbe, Larivey vor.

Das weiberfeindliche Vorurteil gegen die alten Frauen tritt auch bei Erasmus offen zutage. Es ist begreiflich, daß ein Moralist wie er jene tadelt, die so indezent sind, noch an Liebe zu denken. Aber die unmotivierte Gehässigkeit seiner Schilderung verwundert bei einem Humanisten. Er schreibt: «Diese verfallenen Frauen, diese wandelnden Leichname, diese stinkenden Gerippe, die überall einen Grabesgeruch verbreiten und dabei alle Augenblicke ausrufen: Nichts ist so schön wie das Leben . . . Bald zeigen sie ihre schlaffen und widerlichen Brüste, bald versuchen sie die Kraft ihrer Liebhaber durch das Gekreisch ihrer zittrigen Stimmen zu beleben.» Inmitten dieser Klischees fällt ein neues Thema auf: der Gegensatz zwischen dem abstoßenden Wesen, das die alte Frau für andere ist, und ihrer ungeminderten Lebensfreude.[1] Erasmus verübelt ihr

1 Das ist auch das Thema in Becketts *Glückliche Tage*, aber in sehr andersartiger Perspektive.

das, während man die Männer, denen das Alter nicht die Freude am Leben nimmt, gemeinhin lobt.

Den gleichen Abscheu hegt Marot gegenüber der Alten, die geliebt werden möchte:

> ... Willst du, runzlige Alte, hören,
> warum ich dich nicht lieben kann?

Er sagt es ihr ausführlich. Er spricht von der «häßlichen Brust» der alten Frau und zeichnet ein abstoßendes Bild von ihrem Körper. Er beschreibt eine Art Hexe, die eine «garstige Alte» ist. Der gleiche Abscheu zeigt sich bei Philippe Desportes in *Die Verachtung einer alt gewordenen Dame*:

> Mit ekelhaften Reizen
> ... Glaubst du meine Geister zu wecken.

Gern demütigt man die alte Frau, indem man sie mit einer jungen vergleicht. D'Aubigné stellt dem schönen Haar seiner Liebsten eine gräßliche Alte mit «grindiger Perücke» gegenüber.

Warum übernahm Joachim du Bellay diese Themen in *L'Antérotique de la vieille et de la jeune*? Er hatte kurz zuvor *L'Olive* veröffentlicht, ein Gedicht zum Ruhm der Frau und der Liebe im Stile Petrarcas, das großen Anklang fand. Um so verwunderlicher erscheint es, daß er danach diese heftige Schmähung gegen eine alte Frau schrieb:

> Sieh dir, o schmutzige Alte,
> Alte Schande dieser Welt,
> Diese hier an, ich weiß von ihr,
> Daß sie kaum fünfzehn Jahre zählt.

Der erste Grund ist literarischer Art; er ist gereizt über den Petrarkismus, den er selbst gepflegt hatte und der damals in Frankreich grassierte: also verfiel er ins Gegenteil. In Italien, wo er sich längere Zeit aufhielt, hatte er zweifellos die Schmähungen gelesen, mit denen die Dichter dieses Landes oft die alten Anstandsdamen bedachten, und zweifellos ließ er sich davon beeinflussen. Vielleicht hatte er auch selbst Grund zur Klage über eine von ihnen, weil sie ihm bei seinen amourösen Unternehmungen nicht zu Diensten gewesen war. Die Anstandsdame war in den Augen der Dichter eine zweideutige und verhaßte Gestalt: einmal warfen sie ihr vor, eine kupplerische Rolle zu spielen, ein andermal, sie in ihren Liebschaften zu behindern.

Die alte Frau wird vor allem als ehemalige Dirne angegriffen. Schamlos, wenn sie noch auf Liebe Anspruch erhebt, prangert man andererseits ihre Heuchelei an, wenn sie in Frömmelei verfällt. Du Bellay hat auch ein realistisches und grausames Gedicht über eine alte römische Kurtisane geschrieben. Sie erzählt von ihrem Leben, dem Verfall ihrer Reize, ihrer Armut, ihren Krankheiten:

Die Dame Alter
hat mir nur Harngries in den Nieren geboten,
die Gicht in den Beinen und an den Händen Knoten.

Dennoch schleudert er ihr feindselig entgegen:

Du bist Hexe und Kupplerin
Du bist scheinheilig und bigott.

Resultiert diese Erbitterung der Dichter gegen die alten Frauen aus einem sexuellen Ressentiment? Man darf das wohl annehmen. Fest steht jedenfalls, daß der alte Verliebte, ob männlich oder weiblich, Ekel einflößt. Bei den Männern behandelt die Literatur die Reichen, die sich dank ihrem Geld das Vergnügen kaufen; bei den Frauen wählt sie dagegen aus der niedrigsten Kategorie: jene, die sich verkaufen. Der Groll, den die erstgenannten erregen, ist leicht verständlich; der Zorn gegen die alten Dirnen hat jedoch verschwommenere Gründe. Er erklärt sich zweifellos aus irgendeiner Frustration.

Wie im Altertum und in der Volksdichtung wird die alte Frau oft mit einer Hexe identifiziert: Rabelais schildert die Sibylle von Panzoust mit den Zügen einer alten Frau, «schlampig, schlecht gekleidet, schlecht ernährt, zahnlos, triefäugig, gekrümmt, schläfrig, schmachtend».

Schließlich gleicht die alte Frau dem Tod. Sigonio [1] schreibt:

Noch atmende Mumie,
Deren Anatomie man erkennt
Unter durchsichtig-lederner Haut.

Lebendes Bild des Todes, totes Bild des Lebens
Aas ohne Farben, Hülle aus dem Grab
Ausgescharrtes Gerippe, an dem ein Rabe nagt...

Selten hört man im 16. Jahrhundert einen anderen Ton; indessen hat Pierre Le Loyer – neben einer Ode, in der er ausführt, wie schändlich es ist, eine alte Frau zu lieben – ein Gedicht geschrieben, in dem er zärtlich das weibliche Alter schildert:

Das Alter gleicht dem Apfel,
Der süß ist und gesund zugleich...

Ein Apfel ist um so vollkommener, je runzlinger er ist: dasselbe gilt für die alte Frau. François Hulot stellt die «zahnlose, schändliche und unglückliche Alte» der «ehrenhaften Alten» gegenüber,

1 Italienischer Humanist, um 1520 in Modena geboren.

deren Anmut und Gestalt
der Schönheit einer Jungen gleicht
... Anmut und Tugend weisen sie aus
als eine Alte von hohem Wert.

Es ging darum, die vornehme alte Dame von der gemeinen Herde jener Alten zu unterscheiden, die durch ihre schlechten Sitten oder ihre Armut gekennzeichnet sind. Nur ein einziger Dichter hat leidenschaftlich die Verteidigung der alten Frauen übernommen: Brantôme in seinem *Leben der galanten Damen.* Ihm scheint es normal, wenn sie sich noch den Freuden der Liebe hingeben; er behauptet, manche blieben schön und würden noch über ihr 70. Jahr hinaus geliebt.

Während die Dichter die alte Frau mit Schande überhäufen, wird der alte Mann vom komischen Theater lächerlich gemacht. Wir haben es bereits bei Aristophanes und Plautus gesehen: die Komödie verweigert dem Greis seine Eigenschaft als Subjekt; er erscheint als *der andere*, als ein reines Objekt, dem die Zuschauer durch Lachen die Solidarität aufkündigen. Indem die Commedia dell'arte die spaßigen Alten auf die Bühne bringt und ihnen bedeutende Rollen zuweist, setzt sie eine Tradition fort, die sich durch das oströmische Reich und das Mittelalter erhalten hatte. Im 3. Jahrhundert unserer Zeitrechnung stellte Julius Pollux in seinem *Onomastikon* eine Liste der verschiedenen Maskentypen zusammen, die in den Komödien und Tragödien verwendet wurden. Darunter sind zwei Masken von sehr alten Großvätern: «Der erste ist der ältere; sein Kopf ist ganz kahlgeschoren, seine Brauen sind sehr sanft gezogen, er hat einen langen Bart, eingefallene Wangen, den Blick gesenkt, eine weiße Haut, einen heiteren Gesichtsausdruck. Der zweite ist mager, er hat einen angespannteren und traurigeren Blick; er ist leicht blaß, hat einen langen Bart, rotes Haar, anliegende Ohren.» Es ist noch ein zweites Paar vertreten, das Pollux in eine andere Kategorie einordnet: «Der Hauptgreis hat einen Haarkranz um den Kopf, eine Adlernase, eine hohe Gestalt, seine rechte Augenbraue ist hochgezogen. Der andere hat einen langen, fächerförmigen Bart, einen Haarkranz um den Kopf, sein Bart ist dicht; er hebt die Brauen nicht; sein Blick ist müde.»

Pollux weist auf drei Masken von alten Frauen hin: die dicke, nachsichtige Alte; die Wölfin, das heißt die alte Kupplerin mit einer platten Nase und zwei Zähnen, einen oben und einen unten; die Konkubine, die nach der Ehe strebt.

Die Commedia dell'arte enthält zwei Greisengestalten: Pantalone und den pedantischen *dottore.* Der erste ist der wichtigere. Er ist ein Kaufmann, der sich vom Geschäft zurückgezogen hat, bald reich, bald arm, Familienvater oder alter Junggeselle, aber immer sehr geizig wie Euclion in Plautus' *Geldkomödie.* Außerdem ist er stets verliebt. Ein Stich von 1577 stellt ihn als einen großen, eingefallenen Greis mit spitzem Bart und einem riesigen erigierten Phallus dar: dieses Attribut gehörte zum üblichen Kostüm Pantalones. Dabei ist er grindig, gichtig, verschnupft. Er versucht die jungen Frauen, in die er sich verliebt hat, mit Gold zu bestechen. Er wird von seinen Kindern und Dienstboten genasführt, von seiner Frau betrogen, sofern er eine hat, und von Kokotten geprellt. Er hält sich für sehr klug, will Ratschläge geben, schwingt hochtrabende Reden, beansprucht, bei den Staatsgeschäften mitzumischen: er wirkt so entnervend, daß man ihn verprügelt, um ihn zum Schweigen zu bringen. Den Stichen zufolge ließen die Schauspieler seine Attacken von Senilität mit Phasen geistiger Beweglichkeit abwechseln. Die Gestalt trägt in den einzelnen Gegenden Italiens verschiedene Namen, so unter anderem Zienarra, Cassandro, Zanobio. In Frankreich hat sie sich in Gaultier-Garguille und Jacquemin Jadot inkarniert.

Der andere Alte ist der *dottore*, ein pedantischer Dummkopf, Mitglied sämtlicher Akademien. Der alte Mann ist nicht mehr nur jemand, der die Reichtümer an sich reißt, sondern auch – ein Zug, auf den wir bisher noch nicht gestoßen sind – jemand, der das Wissen gepachtet zu haben meint. Er wird dadurch um so lächerlicher, denn in Wahrheit ist er ungebildet, macht riesige Schnitzer, bringt ununterbrochen falsche griechische und römische Zitate an. Man nennt ihn auch *baloardo*: den Tölpel. Er ist mit Pantalone befreundet und wie dieser zugleich geizig und galant. Alle Welt spottet über ihn.

In der Commedia dell'arte kommt lediglich eine alte Frauengestalt vor: die Kupplerin. Die anständige alte Frau, die ihre Reize verloren hat, ohne Macht zu erlangen, ist weder Objekt noch Subjekt: sie ist ein Nichts. Die Gattinnen sind Frauen unbestimmten Alters und ihre Rolle ist nur relativ: sie sind die Gefährtin, die Zeugin oder Zensorin der Narreteien ihrer alten Männer. Die Kurtisane, die sich ein gewisses Vermögen erworben hat und unabhängig ist, benutzt im Alter ihre Erfahrung und verfolgt ihre eigenen Ziele: sich weiter zu bereichern. Sie ist ein selbständiges Individuum, ein Subjekt. Dennoch interessiert sie kaum, denn sie ist lediglich eine Nebenrolle, eine stereotype Gestalt.

Die alten Männer sind ebenfalls sehr konventionell. Die Commedia dell'arte gibt uns nicht wirklich Auskunft über die Sitten der damaligen Zeit: sie beschränkt sich darauf, in ihren wenig abwechslungsreichen Intrigen die verschiedenen ‹Masken› zu verwenden, die sie traditionell übernommen hat und deren Rolle von vornherein feststeht.

Nicht viel mehr Phantasie findet man in *Clizia*, mit der Niccolò Machiavelli zu Beginn des 16. Jahrhunderts praktisch nur Plautus plagiiert. Nicomaro ist 70 Jahre alt, er hat nicht mehr viele Zähne. Verliebt in Clizia, beschließt er, sie mit seinem Diener zu verheiraten, der sie ihm dann zuführen soll. Auf die Nacht mit ihr bereitet er sich mit einer Latwerge namens *satyricon* vor. Er wird zum Schluß ausgenutzt und bereut. Das Thema ist abermals der Gegensatz zwischen dem weisen Verhalten, das man bei alten Menschen voraussetzt, und den sexuellen Gelüsten, die sie noch immer bewegen. Seine Frau schildert, welch ein idealer Mann er war, bevor er sich in Clizia verliebte, und ist über seine Verwandlung untröstlich: «Damals war er ein ehrenwerter, ernster, zurückhaltender Mann. Er nutzte seine Zeit anständig: morgens stand er früh auf, hörte die Messe und kümmerte sich um das Nötigste für den Tag; dann erledigte er seine geschäftlichen Dinge ... nach dem Abendessen unterhielt er sich mit seinem Sohn, dem er weise Ratschläge gab. Dieses ordentliche Leben war allen im

Haus ein Vorbild ... Aber seit er sich in dieses Mädchen vernarrt hat, vernachlässigt er seine Geschäfte, sein Land verwildert, sein Handel schläft ein; er klagt ständig, ohne zu wissen warum ... Wenn man ihn anspricht, gibt er keine Antwort oder antwortet völlig wirr.»

Und in einer der *canzone*, die das Stück unterbrechen, heißt es: «So anmutig die Liebe in einem jungen Herzen ist, so abstoßend wirkt sie bei einem Mann, dessen Blumen verwelkt sind ... Also denn, ihr verliebten Greise, das beste, was ihr tun könnt, ist, diese galanten Unternehmungen der feurigen Jugend zu überlassen.»

Das Spiel des Ruzzante ist sehr viel origineller in der Eingebung: es ist ein Kampftheater. Man weiß nicht viel über Angelo Beolco, der in diesen selbstverfaßten Stücken die Rolle des Ruzzante spielte und den Beinamen Il Ruzzante, der Scherzende, erhielt. Als unehelicher Sohn eines Arztes aus Padua, in der Familie seines Vaters aufgewachsen, später Freund und Schützling des reichen Patriziers Cornaro, ergriff er in seinen *Orazioni* lebhaft Partei für die Bauern, die Armen, die Unterdrückten. In seinem ganzen Werk kommt dieses Mitgefühl zum Ausdruck. Er bringt keine stereotypen Masken auf die Bühne: selbst die Persönlichkeit des Ruzzante ist sehr abwechslungsreich. *La Pastorale* ist ziemlich konventionell. Der alte Schäfer Milesio hat sich in eine Nymphe verliebt und beklagt diese Narrheit. Als sie ihn zurückweist, verliert er das Bewußtsein, so daß man ihn schon für tot hält: «O unglückseliger Liebhaber, wohin ist es mit dir gekommen? Da bist du nun also gelandet, unvernünftiges Alter!»

Doch im allgemeinen läßt er sich von den Sitten und der Sprache der Leute seiner Zeit anregen, insbesondere der Bauern. Selbst jung, greift er die Alten an, da ihre Reichtümer ihnen ermöglichen, die Armen zu unterdrücken. In *Die Kuhhirtin*, nach dem Vorbild von Plautus' *Die Eseltreiberin*, schadet der alte Placidio keinem Menschen, deshalb ist er auch mit einiger Nachsicht gezeichnet: er ähnelt Demenetes, hat aber gute Eigenschaften; er liebt seinen Sohn, und als er betrogen und ruiniert ist, verzeiht ihm seine Frau. Der Held von *Aconitario* hingegen, ein zu Reichtum gelangter 80jähriger aus Venedig, wird erbarmungslos verächtlich gemacht.[1] Zynisch, ausschweifend, von Krankheiten heimgesucht, lächerlich, ist er nicht nur geizig, sondern auch lüstern, denn er will sich die Kurtisane Doralia mit Gold erkaufen. Er ist so eitel, daß er sich geliebt glaubt. Schließlich prellt ihn sein Diener.

Ruzzante geht im zweiten Bauerndialog in der Karikierung des verliebten Alten noch weiter: kein anderer Autor hat ihn mit einem so häßlichen Realismus geschildert. Er hat Bilora, dem Gatten, seine junge Frau ausgespannt, die sich aus Eigennutz bereit erklärt, mit ihm zu leben, denn er ist sehr reich. Aber sie beklagt sich: «Er ist halb krank. Die ganze Nacht hustet er wie ein verseuchtes Schaf. Nie schläft er; alle Augenblicke will er mich umarmen, er bedeckt mich mit Küssen ...» – «Sicher stinkt sein Atem mehr als ein Misthaufen», ant-

1 Da Ruzzante mit dem Patrizier Cornaro befreundet war, ist es sicher kein Zufall, daß er sich über einen Neureichen mokiert.

wortet Bilora. «Er riecht auf tausend Meilen nach Tod und hat so viel Kot im Hintern, daß ihm der natürlich auf der anderen Seite herauskommen muß, nicht wahr!» Zum Schluß nimmt Bilora seine Frau wieder zu sich, nachdem er, gemäß der komischen Tradition, den Alten verprügelt hat.

Den Ekel, den ihm das hohe Alter einflößte, drückte Ruzzante in seiner Komödie *La Piovana* durch den Mund des alten Tura aus: «Die Jugend gleicht einem schönen, blühenden Strauch, in dem alle Vögel sich zum Singen niederlassen; das Alter hingegen ähnelt einem dürren Hund: die Fliegen fallen über seine Ohren her und zerfressen sie.»

«Alles, was mit dem Alter zu tun hat, ist viel mehr dem Unglück ausgesetzt ... Das Alter ist ein Pfuhl, in dem sich alle ungesunden Was sammeln, ohne irgendeinen anderen Abfluß als den Tod. Will man jemandem etwas Schlechtes wünschen, so sage man ihm: Mögest du alt werden.»

Warum hat das 16. Jahrhundert die alten Menschen so erbittert angegriffen? Der Vater war weit davon entfernt, die Macht des römischen *pater familias* zu besitzen. Also wird auch nicht er verhöhnt, sondern der reiche Alte, der sich als Nebenbuhler der Jungen aufspielt. Die Alten der unteren Klassen interessierten die damalige Literatur genausowenig wie die der vergangenen Jahrhunderte. Hervorzuheben ist noch, daß die Adligen, die Patrizier nicht angegriffen werden: man läßt gelten, daß sie ihre Macht, ihr Vermögen von Gottes Gnaden besitzen. Die bestehende soziale Rangordnung ficht man nicht an. Wer Gehässigkeit auslöst, ist der Neureiche, der Bürger, dem ein individueller Aufstieg gelungen ist. Wenn seine Geschäfte gut gelaufen sind, verfügt er in seinen letzten Jahren über beträchtliche Güter: dem erwachsenen Mann, der für seinen Lebensunterhalt arbeitet, der oft mittellosen Jugend erscheint dieses gehamsterte Vermögen wie eine Ungerechtigkeit; es ruft einen haßerfüllten Neid hervor, und den Erfolg schreibt man dem Geiz zu. Die Entrüstung wächst, wenn die Alten ihr Geld gar dazu benutzen, sich junge Frauen zu kaufen: dann fühlen sich die Jungen sexuell benachteiligt. Man rächt sich an ihnen, versucht, ihnen den Spaß an ihren ‹Lastern› zu verderben, indem man sie grausam karikiert oder über ihre Karikaturen lacht: Autoren und Publikum werden zu Komplicen gegen sie. So erklärt sich die Vielfalt der Inkarnationen Pantalones und ihr Erfolg.

Neben diesen Werken, die die Alten, sowohl Frauen als auch Männer, als Objekte darstellen, finden sich einige wenige, die sie in das Menschenschicksal einbeziehen. So ein von Jacques Yver in *Le Printemps* zitierter Reigen, in dem den Jungen geraten wird, ihre schönen Tage zu nutzen, denn das Alter lauere ihnen auf und brächte ihnen nur Trübsal und Bedauern:

Kummer und Eifersucht
Lieben das graue Haar
Die süße Raserei
Hat kein so hartes Gefängnis.

Ha, allzu tolle Jugend
Wer wird noch warten
Denn die Zeit, die entflieht
Kehrt nie wieder.

Dann wird das Feuer zu Asche,
In der ein Bedauern schwelt...

In *L'Esté* setzt Poissenot – wie vor ihm schon Plutarch – das Alter mit dem Herbst gleich, den er nicht als reife Fruchtbarkeit, sondern als steril ansieht; er berücksichtigt das Alter insofern, als es ein Teil seines eigenen Schicksals ist:

«Wenn man neugierig die ganze Zeit betrachtet, die die Natur dem Menschen in diesem Leben zugeteilt hat, so wird man finden, daß die Bäume, bedeckt mit ihrem Grün, und die Wiesen, die zu Beginn des Frühlings mit der Farbenpracht verschiedener Blümchen gesprenkelt sind, das Auge des Betrachters viel mehr befriedigen als wenn dieser Schmuck, zur Reife gelangt, nach und nach abfällt und verdirbt, wenn die Früchte diese Zierde, die ihnen als Schönheit diente, zu verlieren beginnen und die tausendfarbig gescheckten Wiesen sich anschicken zu welken. Desgleichen wage ich zu sagen, daß niemand mit gesundem Verstand sich selbst so sehr Feind ist, nicht zuzugeben, daß jene Jahreszeit, die uns eine durch gute Verfassung und Freude an allen Unternehmungen genährte Kraft schenkt, viel ergötzlicher sei als jede andere.»

Das Alter nimmt einen bedeutenden Platz im Werk von Pierre Ronsard ein. Beeinflußt von der Antike und seiner Zeit, schildert auch er mit Abscheu alte Dirnen. Seine Catin ist ein «Bild, dessen Vergoldung abgeblättert ist», mit «brandigen und schwarzen» Zähnen; sie hat «triefende Augen und eine rotzige Nase». Oft hat er das Thema von der Flüchtigkeit der Jugend ausgeschöpft, der eine traurige und häßliche Zukunft auflauert.

Genießt, genießt eure Jugend!
Wie bei dieser Blume wird das Alter
Eure Schönheit trüben.

Aber er spricht auch von seinem eigenen Alter mit persönlichen und schmerzlichen Akzenten. Er erreichte erst am Ende seines Lebens den Gipfel des Ruhmes und schrieb damals seine schönsten Werke. Dennoch lehnte er sich gegen das Gewicht der Jahre auf. Er hatte vorzeitig darunter gelitten. Als junger Mensch war er schön, verführerisch, ein guter Reiter gewesen. Mit 38 Jahren, heimgesucht von einer Krankheit, die er mit den Verwüstungen der Zeit verwechselte, hatte er das Aussehen eines zahnlosen, weißhaarigen Greises; er klagte über Verdauungsbeschwerden, schlechten Kreislauf, Schlaflosigkeit, Fieberanfälle:

Meine süße Jugend ist vergangen
Meine erste Kraft zerbrochen

Ich habe schwarze Zähne und einen weißen Kopf
Die Nerven sind zerrüttet, und die Adern
Sind in dem kalten Körper nur
Mit rosa Wasser statt mit Blut gefüllt.

Er kam nie darüber hinweg, um so weniger, als er Verlangen nach körperlicher Aktivität und Liebe behielt. Arthritis, Gicht hinderten ihn an sportlicher Betätigung; er wurde reizbar, ungesellig, beeinflußt, wie er glaubte, vom «feindlichen Saturn», unter dessen Zeichen er geboren war und der ihn

Scheu, mißtrauisch, traurig und trübsinnig

machte.

Er fühlte sich von den Sternen verflucht. Nach einer Jugend, in der er an den Sieg des Humanismus geglaubt hatte, erlebte er den Zusammenbruch seiner Hoffnungen: der Bürgerkrieg wütete in Frankreich; zum Zeitpunkt der Bartholomäusnacht war Ronsard 48 Jahre alt. Er ist ganz aufrichtig, wenn er schreibt:

Der wahre Schatz des Menschen ist seine grüne Jugend.
Und alle weiteren Jahre sind nur noch winterlich.

Agrippa d'Aubigné ist nicht weniger überzeugt, wenn er die Freuden des Alters preist; auch er setzt es mit dem Winter gleich, macht aber die Jahreszeit der heiteren Muße, nicht die der sterilen Kälte daraus.[1] Sein Leben war bewegt und abenteuerlich gewesen: er hatte im Krieg gekämpft, war verwundet worden, hatte im Gefängnis gesessen, Städte eingenommen, die er wieder räumen mußte; er hatte extreme Belastungen und auch große Enttäuschungen ertragen müssen. Er hatte eine Frau geliebt und verloren. Mit 70 Jahren hätte er noch am liebsten in den Reihen der Protestanten gekämpft, um La Rochelle zu verteidigen. Seine Mitwirkung wurde abgelehnt, und er zog sich mit Renée Burlamachi, die er liebte und kurz zuvor geheiratet hatte, auf sein Schloß in Crest zurück. Sie war eine sehr gebildete Frau von 50 Jahren und ihm leidenschaftlich ergeben. Das Leben als belesener Landedelmann, der Ausländer von hohem Rang bei sich empfing, fand er sehr angenehm. Er sah im Winter des Lebens einen friedlichen Hafen und pries ihn in Gedichten:

Nun gibt es weniger Freuden, doch auch weniger Leid
Die Nachtigall, sie schweigt, es schweigen die Sirenen
Wir sehen nicht die Ernte der Früchte noch der Blumen.
Die Hoffnung, oft so trügerisch, ist nicht mehr für uns da.

1 In dem Epos *Die Tragischen* hatte er den berühmten Vers geschrieben: «Eine Herbstrose ist erlesener als jede andere», was beweist, daß die Jugend für ihn nicht den höchsten Wert hatte.

Der Winter freut sich über alles; glückliches Alter,
Jahreszeit des Genusses und nicht mehr der Mühsal.

Weder Ronsard noch d'Aubigné schließen, bei aller Aufrichtigkeit, Klischees aus. Lediglich ein einziger Schriftsteller jenes Jahrhunderts hat sie radikal gemieden: Montaigne. Von seiner eigenen Erfahrung ausgehend, prüfte er sich selbst im Hinblick auf das Alter, als ob niemand vor ihm je darüber geschrieben hätte; darin liegt das Geheimnis seiner Tiefe: der direkte und fordernde Blick, den er auf eine Wirklichkeit richtet, die man gewöhnlich zu maskieren trachtet. Die Antike karikiert die Alten, indem sie zugleich das Alter preist. Montaigne weigert sich, darüber zu spotten oder es zu verherrlichen. Er möchte die Wahrheit über das Alter herausfinden. Persönlich ist er nicht der Meinung, daß es ihn bereichert habe. Gegen den moralisierenden Optimismus von Platon und Cicero, gegen die Ansprüche der Alten auf Weisheit, führt er sein eigenes Zeugnis an. Er ist gut 35 Jahre alt, als er, auf die Zeit vor seinem 30. Lebensjahr zurückblickend, schreibt: «Was mich betrifft, so halte ich es für sicher, daß sowohl mein Geist als auch mein Körper mehr verloren als hinzugewonnen haben, mehr zurückgegangen als fortgeschritten sind. Möglicherweise wachsen bei denen, die ihre Zeit gut nutzen, Wissen und Erfahrung mit den Jahren; aber Lebhaftigkeit, rasche Auffassungsgabe, Entschlossenheit und andere Dinge, die uns viel mehr angehen, die wichtiger und entscheidender sind, verwelken und erschlaffen.»

Und auch:

«Seit geraumer Zeit schon bin ich gealtert, aber weiser geworden bin ich sicher um keinen Deut. Ich jetzt und ich damals, das sind zwei sehr verschiedene Wesen; aber welches ist besser? Ich kann es nicht sagen. Es wäre schön, alt zu werden, wenn wir damit nur auf eine Besserung zuschritten. Aber wir bewegen uns wie Betrunkene, wankend, taumelnd, ungestalt, oder wie Binsen, mit denen der Wind nach seinem Willen spielt.»

Auch in seinem dritten, spät geschriebenen Buch zieht Montaigne seine Jugend einem Alter vor, das er schon für das Greisenalter hielt. Er glaubt, nur verloren, nicht gewonnen zu haben: «Im übrigen hasse ich diese gelegentliche Reue, die das Alter mit sich bringt. Wer früher einmal sagte, er sei den Jahren dankbar, daß sie ihn von der Wollust befreit hätten, war anderer Meinung als ich. Ich werde nie dankbar für die Impotenz sein, wann immer sie vor mir steht... Wir haben im Alter selten Gelüste; danach erfaßt uns eine Übersättigung; darin sehe ich nichts Bewußtes; Kummer und Schwäche prägen uns eine schlaffe und schleimige Tugend auf. Ich, der ich lebhaft und aufmerksam an meinem Verstand rüttle, finde, daß er noch der gleiche ist, den ich in der ausschweifenderen Zeit hatte, nur daß er mit zunehmendem Alter gegenüber dem Abenteuer schwächer und schlimmer wurde. Ich halte ihn nicht für wertvoller, weil er außer Gefecht ist. Ich sehe ihn über nichts urteilen, was er nicht schon früher beurteilt hätte; noch sehe ich irgendeine neue Klarheit.

... ich wäre beschämt und mißgünstig, wenn das Elend und Unglück meiner Hinfälligkeit meinen guten, gesunden, wachen, kraftvollen Jahren vorgezogen würden; und wenn man mich nicht nach denen einschätzte, da ich war, sondern nach denen, da ich aufgehört habe zu sein ... Ebenso kann meine Weisheit zu beiden Seiten wohl gleich groß gewesen sein; aber sie war viel tatkräftiger und gefälliger, frischer, fröhlicher, unbefangener als sie jetzt ist: modrig, mürrisch, mühsam ...

Wir nennen Weisheit die Schwerfälligkeit unserer Stimmungen, den Ekel vor den gegenwärtigen Dingen. Aber in Wahrheit legen wir gar nicht so viele Laster ab, wir verändern sie nur, und nach meiner Meinung zum Schlechten ... Und man begegnet kaum einer Menschenseele, oder nur sehr wenigen, die im Alter nicht säuerlich und muffig riechen. Der ganze Mensch geht seiner Vollendung und seinem Verfall entgegen.»

Ich bewundere, daß Montaigne, die herkömmlichen beschwichtigenden Klischees über Bord werfend, sich weigert, irgendeine Verstümmelung als Fortschritt anzusehen und die bloße Anhäufung der Jahre für eine Bereicherung zu halten. Aber in seinem Fall stoßen wir auf ein merkwürdiges Paradoxon, das, wenn es ihm selbst entgangen ist, dem Leser jedenfalls sofort ins Auge springt: die Essays wurden immer reicher, intimer, origineller und tiefer, je mehr der Verfasser an Jahren zunahm. Diese schönen, herben und desillusionierten Seiten über das Alter hätte er mit 30 Jahren nicht schreiben können. Eben in dem Augenblick, da er sich geschmälert fühlt, ist er am größten. Doch zweifellos hätte er diese Größe nicht erreicht ohne die Strenge gegenüber sich selbst. Jede Selbstgefälligkeit macht langweilig: der alternde Montaigne hat sich davor zu bewahren gewußt. Er dringt weiter vor, weil seine Einstellung zur Welt und zu sich selbst immer kritischer geworden ist: und der Leser befindet sich in der schwierigen Lage, der Kritik beizupflichten und dabei gleichzeitig den Fortschritt zu bemerken.

Was uns die Ikonographie der Renaissance über die damalige Vorstellung vom Alter lehrt, ist sehr unsicher. Wie im Mittelalter gibt es Bilder, die volkstümliche Motive darstellen. Aber es existiert auch eine gelehrte Malerei, bei der die Künstler sich individuell ausdrücken: in welchem Maß erliegen sie dem Einfluß ihrer Zeit?

Auf den volkstümlichen Bildern ist der Vergleich der verschiedenen Epochen des Alters mit den Jahreszeiten ein Klischee geworden. Ein Kalender der damaligen Zeit illustriert die Monate durch Szenen aus dem Familienleben. Im November ist der Vater alt und krank. Im Dezember ringt er mit dem Tode. Andere Stiche zeigen ‹Altersstufen› auf eine Art, die sich bis ins 19. Jahrhundert erhalten hat: das Leben erscheint dabei als Aufstieg, dem ein Abstieg folgt. Es wird durch eine Doppeltreppe dargestellt, die zu einem Absatz führt. Auf dieser Plattform steht ein Mann oder ein Paar von 50 Jahren; auf der linken Seite steigen vom Boden aus, wo eine Wiege steht, das Kind, der Jüngling, der junge Mann, der reife Mann nach oben; auf der rechten Seite steigen von Stufe zu Stufe Menschen von 60, 70, 80 und 90 Jahren hinab; der Hundertjährige liegt zu Füßen der Treppe in seinem Bett, auf gleicher Höhe mit dem Baby. Alle sind nach der Mode ihrer Zeit gekleidet. Unter der Treppe steht der mit seiner Sense bewaffnete Tod. Das Merkwürdige an dieser Lebensdarstellung ist, daß es sehr wenige Menschen gibt, die 100 Jahre alt werden, und daß es früher noch viel weniger gab. Tatsächlich geht es auf diesen Stichen nicht darum, das Leben so zu schildern, wie es sich in der zufälligen Wirklichkeit abspielt, sondern eine Art Archetypus festzulegen. Ihr Pessimismus ist christlich inspiriert: einem traurigen Niedergang geweiht, muß der Mensch sich, selbst in der Zeit seiner Blüte, vor allem anderen um seine Erlösung kümmern.[1]

Das Thema der Lebensalter hat auch die Maler angeregt. Sie stellen es gewöhnlich durch ein Trio dar: einen Jüngling, einen Mann, einen Greis. Das gilt auch für das *Konzert* von Tizian, wo der alte Mann einen Bart und einen kahlen Kopf hat, aber noch rüstig erscheint.[2]

Ein anderes beliebtes Thema ist das des Jungbrunnens. Im 15. Jahrhundert behandeln es zahlreiche Stiche: auf einem von ihnen sieht man alte Frauen in ein Becken springen und, sobald sie ihm verjüngt entsteigen, schönen jungen Männern in die Arme fallen. Im 16. Jahrhundert ist der Mythos noch so lebendig, daß Ponce de León, als er zu der Expedition aufbrach, durch die er 1513 Florida entdecken sollte, eigentlich auf die Suche nach dem Jungbrunnen ging. Viele andere Stiche und Bilder entwickeln das gleiche Thema. Von Cranach d. J. gibt es ein berühmtes Gemälde: in der Mitte sieht man ein Wasserbecken, in dem nackte Menschen baden; links werden alte Leute in Karren oder huckepack zum Rand des Wassers gebracht; rechts kommen sie glücklich und fröhlich wieder heraus; Männer und Frauen tanzen und tummeln sich auf den Wiesen.

Unter den Gemälden der Renaissance findet man zahlreiche Altersporträts. Die Züge der Dargestellten sind je nach den Umständen sehr verschieden. Damals waren die reichen und geachteten Greise stolz auf ihr Alter. In Italien knüpfen viele an die antike Tradition an: sie lassen ihre Büste von Rossellino und Mino da Fiesole meißeln, die sie so darstellen, wie sie sich sehen möchten. Die Päpste lassen sich von Raffael und Tizian malen, die Dogen und Patrizier Venedigs von Tintoretto: auf ihren Porträts haben sie schöne weiße Bärte und ein ruhig-überlegenes Gesicht. In den von der Antike oder der Bibel inspirierten Kompositionen sind die Alten oft idealisiert. Aber die Maler wählen auch gern Themen, bei denen der Greis wenig erbaulich erscheint: Noah im Rausch, der groteske und betrunkene Silen, Loth und seine Töchter; dieses Thema behandelten unter anderen Dürer, Guercino, Tintoretto und, in besonders

1 Die Begleittexte zu diesen Bildern bestätigen das. Bei einem (vom Beginn des 17. Jahrhunderts) ist der ganz oben angebrachte Titel, *Die Große Treppe der Welt*, von zwei Zierrahmen eingefaßt, in denen steht:

O welch ein ausgetretener Weg
ist diese Treppe; allezeit
wandelt darauf das Schicksal
der Sterblichen.

Das Leben ist für den Bösen
ein Berg mit Abgründen ...
Und für die Guten ist das Leben
ein Aufstieg zum Himmel.

Zwei Engel stehen der sterbenden alten Frau bei.

2 Genauso zeigt ihn ein Jahrhundert später ein Bild von van Dyck.

lüsterner Weise, Lucas van Leyden, der oft Greise in lächerlichen Haltungen dargestellt hat; den lüsternen Greis führen auch die zahlreichen Gemälde vor Augen, die Susanna im Bade zeigen. Viele Maler hoben die Häßlichkeit des Alters hervor. Auf Dürers Bild *Christus unter den Schriftgelehrten* sieht man zwei recht schöne Greisengesichter und ein entsetzliches. Der häßlichere der *Zwei Steuereinnehmer* von Marinus van Reymerswaele ist ein sehr alter Mann. Auf dem berühmten Bild von Ghirlandaio *Der Großvater und der Enkel*[1] wird der Realismus bis zur Grausamkeit getrieben.

Das Thema der «häßlichen Alten» findet sich bei den Malern ebenfalls wieder. Die schöne Studie von Giorgione mit dem Titel *Col tempo* zeigt eine vom Alter verwüstete Frau. Die Häßlichkeit wird oft bis zur Karikatur übertrieben: Hans Baldung Grien malt dürre, verwelkte, gräßliche Hexen, die aus den Gedichten von Sigonio oder Marot entwichen zu sein scheinen. Quentin Massys, ein Freund von Erasmus, malte, wie einer seiner Zeitgenossen sagte, «einige monströse Vollmondgesichter von alten Männern und Frauen». Das berühmteste ist *Die häßliche Herzogin*, eine grotesk herausgeputzte, abscheulich dekolletierte Frau mit einem bestialischen Gesicht. Wenzel Hollar hat dieselbe Gestalt in seinem Bild mit dem Titel *Der König und die Königin von Tunis* verwendet; der Mann ist nicht schön, erregt aber wenig Aufmerksamkeit; die Frau jedoch ist eine Doppelgängerin der häßlichen Herzogin.

Die wirklich großen Künstler formen ihre Zeit eher, als daß sie Zeugnis von ihr ablegen. Bei den herrlichen Bildern *Die Regenten* und vor allem *Die Regentinnen*, die Frans Hals, selbst schon sehr alt, auf dem Höhepunkt seiner Kunst malte, hält er sich an keinerlei Schablone; er preist weder das Alter noch verspottet er es: er versucht, die Wahrheit der Gesichter zu erfassen, die er darstellt. Das ist auch bei Leonardo da Vinci, bei Rembrandt der Fall, deren Werk den alten Menschen einen bedeutenden Platz einräumt. Leonardo hat das Studium ihrer Gesichtszüge bis zur Karikatur getrieben, was er übrigens bei allen Altersklassen tat. Doch einigen der von ihm Dargestellten verlieh er große Schönheit. Rembrandt malte von seinem 30. Lebensjahr an alte Menschen: eines seiner letzten wunderbaren Werke ist *Der blinde Homer*. Er legt keinen Wert darauf, sich seiner Zeit anzupassen: er versucht, seine eigene Sicht wiederzugeben.

Je weiter sich die Ikonographie von den populären Darstellungen entfernt, um ein Ganzes von individuellen Schöpfungen zu werden, desto mehr verliert sie ihren Wert als Zeugnis; in dieser Hinsicht verringert sich ihr Interesse in dem Maße, wie das der Literatur wächst. Ich werde kaum mehr Gelegenheit haben, darauf zurückzukommen.

Vom alten Ägypten bis zur Renaissance wurde das Thema des Alters also fast immer stereotyp behandelt; dieselben Vergleiche, dieselben Adjektive. Es ist der Winter des Lebens. Das Weiß der Haare, des Bartes erinnert an Schnee, an

1 Eine um so bemerkenswertere Grausamkeit, als das Porträt nicht nach einem lebenden Gesicht, sondern nach dem Tod des Modells gemalt worden ist.

Eis: im Weiß liegt eine Kälte, zu der das Rot – Feuer, Glut – und das Grün, Farbe der Pflanzen, des Frühlings, der Jugend, in scharfem Gegensatz stehen. Diese Klischees halten sich zum Teil deshalb, weil der alte Mensch ein unabänderliches biologisches Schicksal erleidet. Doch da er nicht wirkende Kraft der Geschichte ist, interessiert der Greis nicht, man macht sich nicht die Mühe, sein wahres Wesen zu studieren. Mehr noch, in der Gesellschaft besteht eine Übereinkunft, ihn mit Schweigen zu übergehen. Ob die Literatur ihn rühmt oder verächtlich macht, in jedem Fall begräbt sie ihn unter Schablonen. Sie verbirgt ihn, anstatt ihn zu enthüllen. Er wird, im Vergleich mit der Jugend und dem reifen Alter, als eine Art Gegenbild gesehen: er ist nicht mehr der Mensch selbst, sondern seine Grenze; er steht am Rande des menschlichen Schicksals; man erkennt es nicht wieder, man erkennt sich nicht in ihm.[1]

Zu Beginn des 17. Jahrhunderts stoßen wir auf eine eklatante Ausnahme: in *König Lear* hat Shakespeare den Menschen und sein Schicksal in einem Greis verkörpert. Warum und wieso?

In seinen *Sonetten* klagt Shakespeare leidenschaftlich die Verwüstungen der Zeit an. Er vergleicht die menschliche Existenz mit dem Ablauf des Jahres oder eines Tages oder mit beiden zugleich: das Alter ist ein trauriger Verfall.

Die Zeit des Jahres kannst du an mir sehn,
Wenn, kaum mit wenig gelbem Laub behangen,
Die Zweige zittern in der Fröste Wehn,
Verfall'nen Chören gleich, wo einst die Vögel sangen.
Ein solches Dämmerlicht stell' ich dir vor,
Wie, wenn die Sonne sank, im Westen bleichet;
Allmählich hüllt's die Nacht in trüben Flor,
In Todes Schein, der alles Leben scheuchet.

Denn Zeit, nie rastend, führt den Sommer fort
Zum finstern Winter, und verdirbt ihn da.
Es stocken Säfte, Blatt auf Blatt verdorrt,
Verschneit liegt Schönheit, Wüste fern und nah.

Drum, daß nicht Winters rauhe Hand hinfort
Unabgezogen deinen Sommer kränke,
Durchwürz' ein Fläschlein, häuf' auf einen Ort
Der Schönheit Schatz, eh' er sich selbst versenke!

Sieh! wenn von Osten her das Segenslicht
Sein Glanzhaupt zeigt, wie aller Augensphären
Ihm huldigen . . .
Doch, wenn von höchster Höh' ermüdet dann
Tagabwärts wankt des schwachen Greises Wagen,

1 Außer bei Villon, Montaigne und einigen wenigen anderen.

Gleich kehrt von seinem niedrigen Gespann
Der Blick sich weg, erst zu ihm aufgeschlagen.

Und Zeit verwüstet selbst, was sie gegeben.
Zeit unterwühlet Jugendflores Spur,
Gräbt in der Schönheit Stirnen tiefe Zeilen,
Nährt sich von allem Seltnen der Natur;
Nichts stehet, das nicht fiel von ihren Pfeilen.
Und dennoch dauert, deinem Ruhm geweiht;
Mein Lied trotz ihrer Wut, durch alle Zeit.

Auf solche Zeit gerüstet schütz' ich mich
vor Alters Mordstahl und Vertilgersünde ...

Sah ich der Alten stolze Wunderpracht
Durch Wütrichshand der Zeit gestürzt verwittern ...

Trotz ihrer aufrichtigen Härte verwenden diese Verse die klassischen Klischees: das Alter ist der Winter, die Dämmerung, in der alle Reichtümer der Jugend versinken; man kann nur dagegen kämpfen, indem man durch sein Genie Unsterblichkeit erlangt.

Shakespeare betrachtet die Alten ohne jede Schmeichelei: «Viele Greise sehen aus, als wären sie schon tot; sie sind blaß, langsam, schwerfällig und träge wie Blei», schreibt er in *Romeo und Julia*.[1] Und in *Wie es euch gefällt* gibt er eine grausame Beschreibung von ihnen:

... Das sechste Alter
Macht den besockten, hagern Pantalon,
Brill' auf der Nase, Beutel an der Seite;
Die jugendliche Hose, wohl geschont,
'ne Welt zu weit für die verschrumpften Lenden;
Die tiefe Männerstimme, umgewandelt
Zum kindischen Diskante, pfeift und quäkt
In feinem Ton. Der letzte Akt, mit dem
Die seltsam wechselnde Geschichte schließt,
Ist zweite Kindheit, gänzliches Vergessen,
Ohn' Augen, ohn Zahn, Geschmack und alles.[2]

In seinen Historien hat er einigen Alten Größe verliehen: Johann von Gaunt in *König Richard II.*; der außergewöhnlichen Königin Margareta in *König Richard III.* Aber sie sind nur Randpersonen, die neben einem Helden in den besten Jahren die alte Generation vertreten.

1 Zugunsten der Jungen gegen die Alten jedes Alters geschrieben.
2 Um 1599 geschrieben.

König Lear ist, neben Sophokles' *Ödipus auf Kolonos*, das einzige große Werk, dessen Held ein alter Mann ist; das Alter wird hierbei nicht als Grenzfall des menschlichen Daseins gewertet, sondern als seine Wahrheit: von ihm aus ist der Mensch und sein irdisches Abenteuer zu begreifen.[1]

Die Legende von König Lear, deren Ursprung sehr weit zurückreicht, gehört der angelsächsischen Volksdichtung an. Ich sagte bereits, warum die Sitten des mittelalterlichen England ihr eine so große Popularität eintrugen. Shakespeare übernahm sie zweifellos von einem 1594 aufgeführten *chronicle play* namens *Leir*. Der Geschichte des Königs von Paphlagonien in Sidneys Roman *Arcadia* entlehnte er die parallele Intrige von Gloucester und seinen beiden Söhnen. Aber weit über diese Vorlagen hinausgehend, wies er durch das Drama des Greises auf die ganze widersinnige Entsetzlichkeit unseres Daseins hin. Zu Beginn der Tragödie ist Lear nicht wahnsinnig: aber bei ihm gleicht allein schon das Alter dem Wahnsinn. Mit der Wirklichkeit nicht vertraut, beschließt er leichtsinnigerweise, sein Königreich zwischen seinen Töchtern aufzuteilen, und ist so töricht, mündliche Beteuerungen von ihnen zu fordern, um danach ihre Liebe zu ermessen. Da er durch die Tatsache seines Königtums an übertriebene Schmeicheleien gewöhnt und mit diesem Weihrauch leicht zu täuschen ist, glaubt er den schönen Worten seiner beiden Ältesten; über die Haltung Cordelias jedoch, die sich weigert, bei diesem einfältigen Spiel mitzumachen, gerät er in Zorn, und – beschränkt, eigensinnig, herrisch – er enterbt sie. Die beiden heuchlerischen Töchter beurteilen ihm mit grausamer Klarsicht: «Wir müssen also von seinen Jahren nicht nur die Unvollkommenheiten längst eingewurzelter Gewohnheiten erwarten, sondern außerdem noch den störrischen Eigensinn, den gebrechliches und reizbares Alter mit sich bringt», sagt Goneril.

Parallel dazu bestätigt die Blendung von Gloucester, der sich leichtfertig davon überzeugen läßt, daß sein liebender Sohn, Edgar, ein Halunke ist und dem Verräter Edmund vertraut, daß Shakespeare im hohen Alter nicht Weisheit, sondern Verwirrung sah. Lear ist durch die Bösartigkeit seiner Töchter dazu verurteilt, wie der ruhelose Ödipus in einer feindlichen Natur umherzuirren: der Greis ist ein einsames, ausgestoßenes Wesen; Gloucester, dem man die Augen ausgestochen hat, symbolisiert ebenfalls – wie Homer, Ödipus, Belisar – diese Ausgestoßenheit, die das Los des hohen Alters ist. Doch am stärksten verkörpert Lear, der nicht mehr klar im Kopf ist, der alles verloren hat, die tragische Verlassenheit des Menschen. Zu Beginn der Tragödie ähnelt er allen Shakespeareschen Helden, die eine verbohrte Leidenschaft – Ehrgeiz, Eifersucht, Groll – zu wahnwitzigen und unheilvollen Entschlüssen treibt. Der Autor schildert ihn von außen mit ebensolcher Strenge wie Macbeth oder Othello; aber als seine Not und seine entsetzliche Verwirrung Lear die Wahrheit über seine Stellung enthüllt haben, versetzt sich Shakespeare in ihn und spricht durch seinen Mund: «Ist der Mensch nicht mehr als das? Ein armes, nacktes, zweizinkiges Tier wie du. Fort, fort, ihr Zutaten! – Kommt, knöpft

1 Die Prediger des 15. Jahrhunderts bezogen das Alter in das Menschenschicksal ein, aber nur um dieses herabzusetzen und ohne den Greis je als Subjekt zu betrachten.

mich auf!» ruft Lear, indem er sich die Kleider vom Leib reißt. Er will die alte Ordnung zerstören, die dem Menschen, indem sie ihn dem Reichtum und den Ehren untertan macht, seine Menschlichkeit verbirgt: er ahnt eine neue Ordnung, in der das Individuum wieder von vorn beginnt, nackt wie das Kind. Nur ist es dafür schon zu spät. Er dämmert in einem Wahnsinn dahin, den gelegentlich Wahrheiten durchzucken: diese aufblitzenden Offenbarungen können ihm nichts mehr nützen; sie erheben ihn über sich selbst: er hat keine Zeit mehr, sein Leben danach einzurichten. Die Antike, das Mittelalter maßen den Irren einen heiligen Charakter oder eine Art Sehergabe bei. Da das Alter oft an Wahnsinn grenzt, kann es vorkommen, daß sich in ihm die beiden widersprüchlichen Vorstellungen verbinden, die man sich traditionell von ihm macht: die des verehrungswürdigen Weisen und die des alten Narren. Das gilt auch für den wahnsinnigen und seherischen Lear. Der Augenblick, in dem er sich dem Erhabenen nähert, ist zugleich auch der seiner Auflösung. Endlich sieht er klar, und Cordelia wird ihm wiedergegeben: aber es ist ihr Leichnam, den er in seine Arme drückt. Ihm selbst bleibt kein anderer Ausweg mehr als der Tod. Jan Kott [1] vergleicht dieses Drama sehr richtig mit *Endspiel.* Es ist die Tragödie des Alters, insofern es uns die Sinnlosigkeit unserer nutzlosen Leidenschaft enthüllt. Wenn das Ende des Daseins diese verirrte Ohnmacht ist, dann offenbart sich in ihrem Licht das ganze Leben als ein erbärmliches Abenteuer.

Man hat sich oft gefragt, welche Gründe Shakespeare dazu bewegten, den *König Lear* zu schreiben, das heißt, den Mann in einem Greis zu verkörpern. Vielleicht regte ihn dazu das tragische Los an, zu dem die Alten in den englischen Städten und Dörfern verurteilt waren. Als unter den Tudors das System der feudalen Grundherrschaft zusammenbrach und Arbeitslosigkeit die Städte heimsuchte, grassierte die Bettelei, obwohl sie – außer unter Eduard VI. – verboten war. Es ist nicht ausgeschlossen, daß das Elend dieser alten Landstreicher – enteignet, aller Mittel beraubt, verirrt – ihn zu der Gestalt des alten Königs inspiriert hat. Doch es muß auch festgestellt werden, daß Shakespeares Held nicht wie jener von Corneille oder Racine ein Mann ist, der aktiv Ziele verfolgt, die seinem Leben einen Sinn geben. Er wird von blinden Leidenschaften getrieben, die sein Leben zu einem «Monolog eines Irren voller Getöse und Raserei» machen. Dieser Widersinn wird besonders deutlich, wenn man die Menschheit vom Gesichtspunkt des Greises aus betrachtet, der von der Zukunft abgeschnitten und auf die reine Passivität seines Daseins beschränkt ist. Es ist nur zu verständlich, daß Shakespeare, nachdem er den Menschen als Sklaven des Ehrgeizes, der Eifersucht, des Ressentiments gezeigt hatte, ihn auch erdrückt von der Fatalität des Alters schildern wollte. Dem mit seinen Unternehmungen beschäftigten Menschen widerstrebt es, die düstere Seite seiner ambivalenten Existenz zu sehen: von den großen Dramen Shakespeares ist *König Lear* allgemein am wenigsten gut aufgenommen und verstanden worden.

1 In *Shakespeare heute.*

Im 17. Jahrhundert liegt die Macht weiter bei den Jungen. Die einzige Ausnahme unter den Herrschern bildet Ludwig XIV., der sich, alt und von der alten Madame de Maintenon gelenkt, noch aktiv an der Regierung beteiligte. Seit dem Tridentinischen Konzil waren im allgemeinen auch die Päpste alt. Die Kirche hatte sich gefestigt; gegen die dezentralisierenden Kräfte identifizierte sich der Heilige Stuhl von nun an mit der Kirche. Er dehnte seinen Einfluß mit Hilfe der religiösen Orden, insbesondere der Jesuiten, der Theologen und eines Netzes von Nuntiaturen aus, was die regelmäßigen Postverbindungen begünstigten. Die Gegenreformation stattete die Päpste mit großem Prestige aus, und man forderte strenge Sitten von ihnen: das Alter trug dazu bei, ihnen einen heiligen Charakter zu verleihen, man rechnete auch damit, daß es ihnen dabei helfen werde, ein tugendsames Leben zu führen. Außerdem baute man auf den konservativen Charakter der Alten. Von einem jungen 40jährigen Papst sind unter Umständen lästige Initiativen zu befürchten. Wird er mit 70 oder 75 Jahren gewählt, so erwartet man – manchmal zu Unrecht –, daß er der Persönlichkeit treu bleibt, die man bewußt gewählt hat, und daß er nicht vom vorgezeichneten Weg abweichen wird. Von den zwölf auf das Konzil folgenden Päpsten wurden zwei mit 53 und 55 Jahren gewählt, drei mit 60, zwei mit 64, vier mit 70 und einer mit 77. Danach waren die Päpste und Mitglieder des Kardinalskollegiums fast immer sehr alt.

In Frankreich war das 17. Jahrhundert für die alten Menschen sehr hart. Die Gesellschaft war autoritär, absolutistisch. Die Erwachsenen, die sie lenkten, räumten denen, die nicht derselben Kategorie angehörten wie sie – Greisen und Kindern –, keinen Platz ein. Die durchschnittliche Lebenserwartung lag bei 20 bis 25 Jahren. Die Hälfte der Kinder starben im ersten Lebensjahr; die Erwachsenen zwischen 30 und 40. Infolge der schweren Arbeit, der Unterernährung, der schlechten Gesundheitspflege nutzte man sich sehr rasch ab. Bäuerinnen waren mit 30 Jahren alte Frauen, runzlig und gebeugt. Selbst Könige, Adlige, Bürger starben zwischen 48 und 56 Jahren. In das öffentliche Leben trat man mit 17 oder 18 Jahren ein, die Beförderungen erfolgten sehr früh. Vierzigjährige hielt man schon für Grauköpfe. Die Zeitgenossen wiesen den Gedanken von sich, daß Madame de La Fayette noch mit La Rochefoucauld geschlafen haben könnte, weil sie 36 Jahre alt war und er 50.[1] Mit 50 Jahren hatte man keinen Platz mehr in der Gesellschaft. Es war zu anstrengend, dem Hof bei seinen Reisen zu folgen, von einer Stadt in eine andere zu übersiedeln, sich am Sport zu beteiligen. Der 50jährige zog sich auf seine Ländereien zurück oder trat in einen Orden ein. Man achtete den reichen Mann, den Grundbesitzer, den Vorgesetzten, den Würdenträger, nicht das Alter an sich. Gedächtnis, Erfahrung konnten gewissen alten Menschen Wert verleihen: «Ein Greis, der bei Hofe

1 Allerdings hatte Ninon de Lenclos noch bis zu ihrem 55. Jahr Liebhaber (nicht bis zum 80., wie die Legende behauptet). Der Herzog von Bouillon war 66 Jahre alt, als 1611 sein Sohn Turenne geboren wurde. M. de Senneterre war 80, als er sich 1654 verehelichte, der Maréchal d'Estrées 96, als er um 1663 heiratete; beide nahmen sich junge Frauen. Madame de Maintenon beklagte sich mit 70 Jahren bei ihrem Beichtvater, daß sie noch sehr oft mit dem alten König schlafen müsse.

gelebt hat, über großen Verstand und zuverlässiges Gedächtnis verfügt, ist unschätzbar», schreibt La Bruyère. Aber das Alter selbst flößte keinerlei Achtung ein.

Bei Bauern und Handwerkern hielt sich weiterhin das System des Familienunterhalts. Die Armen wurden von der Kirche unterstützt. Aber diese Hilfe war sehr unzureichend in Anbetracht der Härte des Lebens: Hungersnöte, Ausbeutung der Bauern durch die Grundherren, der Arbeiter durch die großen Unternehmer.

Die Lage der Kinder war, ebenso wie die der Alten, sehr schlecht. In der Renaissance hatte man sich für sie interessiert und versucht, sie vor der Verderbtheit der Erwachsenen-Welt zu bewahren. Doch das Leben war zu schwierig, als daß man ihnen viel Aufmerksamkeit hätte schenken können. Im 17. Jahrhundert wurden die Kinder abseits der Gesellschaft gehalten und sehr streng erzogen. Bis zu ihrem 20. Jahr peitschte man die Pagen, die Schüler ohne Unterschied ihrer Klasse: man erniedrigte die Kindheit insgesamt auf den Stand der untersten Bevölkerungsschichten. Die Literatur ging darüber mit Schweigen hinweg. La Fontaine bemerkt: «Dieses Zeitalter ist ohne Erbarmen.» La Bruyère schildert die Kinder als kleine Ungeheuer und schließt: «Sie wollen nichts Böses erdulden, tun es aber anderen gern an.» Bossuet geht so weit, zu sagen: «Die Kindheit ist das Lebensalter des Tieres.» Von den anderen Autoren erwähnt keiner die Kinder. Wenn sie älter werden, unterstehen sie weiter der Autorität des Vaters: im Mittelalter entrannen sie ihr schon mit 14 Jahren. Im 16. und 17. Jahrhundert wird die Volljährigkeit auf 21 festgesetzt. Nach 1557 braucht der Sohn die Einwilligung des Vaters, um zu heiraten, während er vorher frei darüber entscheiden konnte. Im 17. Jahrhundert hat der Vater das Recht, seine Kinder zugunsten eines Dritten zu enterben, was bis dahin unmöglich gewesen war.

Zu Beginn des 17. Jahrhunderts bewirkt die frauenfeindliche Tradition noch immer Schmähungen gegen die alten Frauen. Sie sind besonders heftig bei dem spanischen Dichter und Romancier Quevedo. Dieser aristokratische und katholische Satiriker beschreibt die ganze Menschheit in grotesken Formen.[1] Alle seine Personen sind leblose Hampelmänner, manchmal – sehr selten – durch ihre unmenschliche Schönheit monströs, im allgemeinen aber durch ihre Häßlichkeit. Quevedo gefällt sich darin, ihren organischen Verfall zu schildern, der sie tiefer sinken läßt als Tiere. Sein Abscheu richtet sich unter anderem auch gegen die Frau. Jung ist sie in seinen Augen «ein köstlicher Dämon»; aber selbst wenn sie schön ist, schont er sie nicht: die Weiblichkeit an sich ist in seinen Augen abstoßend. Die Häßlichen vergleicht er mit dem Tod. Doch geradezu besessen ist er von den Alten. Er überhäuft sie mit Jahren: «Sie hat sechstausend Jahre mehr auf dem Buckel als die Öllampen; und um ihr Alter von einem Ende

1 Man weiß, in welchen abstoßenden Farben der spanische Katholizismus die Situation des Menschen zu malen beliebte; bei Quevedo findet man dieselbe Vorstellung wie auf gewissen Bildern von Kadavern, die von Würmern zerfressen werden.

zum anderen zu errechnen, müßte man neue Tausendereinheiten erfinden.» Sie ist scheußlich, runzlig, widerlich mit ihrem «aufgerissenen» Mund, den Löchern an Stelle von Zähnen, einer Nase, die dem Kinn zustrebt; ihr Atem stinkt, sie ist ein Sack voller Knochen, der Tod in Person. Die Falten auf der Stirn sind «Radfurchen vom Lauf der Zeit und Spuren ihrer Schritte». Dennoch – das ist ein bei Quevedo sehr häufig wiederkehrendes Thema – versteift sie sich gegen allen Anschein darauf, sich für jung zu halten. «Du zwitscherst aus deinen urgroßmütterlichen Kinnbacken und nennst deine Röcke Windeln.» Seine Angriffe richten sich besonders gegen Hexen, Gouvernanten und vor allem Anstandsdamen, in denen sich das Wesen des Alters am reinsten verkörpert: «Die Nase ist im Gespräch mit dem Kinn und so nahe daran, sich mit ihm zu vereinigen, daß sie zusammen Krallen bilden.» Ihre Aufgabe besteht darin, die jungen Mädchen zu beschützen, aber in Wahrheit verderben sie sie. Noch zwei Jahrhunderte nach ihm schlachtet die spanische Literatur das Thema Anstandsdame–Kupplerin aus.

In Frankreich entwickelt sich zu Beginn des Jahrhunderts am Rande des Klassizismus eine Literatur, die die Groteske, die Burleske kultiviert und sich in Beschwörungen der Häßlichkeit gefällt. Das ist sehr auffallend bei Saint-Amant, der in der alten Frau ein «lebendes Bild des Todes» sieht. Er macht sich einen Spaß daraus, die Last der Jahre auf ihrem Rücken aufzuhäufen: «Ihr wiegtet einst den Ahn von Melusine.»[1] Auch er beschreibt eine alte Dirne:

> Perrette mit dem Gipsgesicht,
> die riecht aus ihrem Maul –
> so stinkt ein altes Pflaster nicht.

Mathurin Régnier schildert in seiner *Marette*, die großen Erfolg hatte, ebenfalls eine alte Kupplerin, die später bigott wurde. Überdies schuf er drei Porträts von alten Frauen, entsetzlichen Knochengerüsten. Bei Théophile de Viau ist die alte Frau fett und gedrungen, aber sie gewinnt dadurch nichts:

> Das Kinn, das unter einem andern hängt,
> Fällt über eure schlaffe Brust;
> Die Brust hängt über euren Bauch
> Und dieser deckt die Knie auch.

Man sieht, auf die Rhetorik im Stil Petrarcas ist eine nicht weniger konventionelle Antirhetorik gefolgt, die während der ersten Hälfte des Jahrhunderts dahinsiecht. Ein einziger Dichter verteidigt das Alter der Frauen: Maynard. Auch er erwähnt nebenbei eine gräßliche Alte, die aus «ihrem zahnlosen Mund einen stinkenden Atem ausstößt, so daß die Katzen niesen müssen»[2]. Aber er

1 Vgl. Martial, S. 104. Und auch Sigonio: «Ihr sprecht älter als Amadis.»

2 Von der Antike bis zum 16. und 17. Jahrhundert stößt man immer wieder auf dieses Klischee: die Alten stinken, vor allem die Frauen. Das entspricht um so weniger der Wirk-

ist auch der Verfasser eines Gedichts, *Ode an eine schöne Alte*, in dem er die Reize des Alters preist. Er versichert der Geliebten, sie sei ihm mit ihrem grauen Haar ebenso lieb wie einst mit ihrem blonden:

> Die Schönheit, die dir folgt seit deiner frühen Jugend,
> Will dich auch jetzt, am Ende deiner Tage, nicht verlassen.

Das ist in der Literatur ein völlig neuer Ton, der kaum ein Echo findet.

Das Alter der Männer eignet sich weniger für Sarkasmen. Allerdings ist auch die Beschreibung, die Jean Rotrou in *Die Schwester* von einem 50jährigen Mann gibt, alles andere als nachsichtig:

> Es gibt hier keinen Menschen, der insgeheim nicht schwört,
> Daß er ins Jahr der Sintflut oder Saturns gehört.
> Von seinen dreien Füßen sind zweie voller Gicht;
> Sie stolpern altersmüde bei jedem Schritt daher,
> Und er muß stehenbleiben oder sie heben schwer.

Nichtsdestoweniger räumt die Literatur dieser Zeit dem Greis einen viel höheren Wert ein als die der vorhergegangenen Jahrhunderte. Corneille hat mit Don Diego, dem Vater des Cid, und Horaz in *Horace* eindrucksvolle Gestalten von alten Männern geschaffen.

Es ist die Aktualität, die ihn dazu anregte, das Thema wieder aufzugreifen, das Guillén de Castro y Bellvis [1] nach dem alten *Romancero* behandelt hatte. Der Staat war noch unvollendet. Noch herrschte weiter eine individualistische und feudale Ethik vor. Die Vasallenbande waren nicht gerissen: die Granden hatten noch eine große Anhängerschaft; ganze Familien dienten ihnen, und sie stellten ihre Pflichten gegenüber dem Grundherrn über den Gehorsam, den sie dem König schuldeten. Was Corneille vorschwebte, war ein Gleichgewicht zwischen Königtum und Adel; er wollte die Achtung vor dem Gesetz, die der Monarch verkörpert, mit alten Werten wie Großmut und ‹Heldentat› verbinden. Wie in dem *Romancero* und bei Guillén de Castro ist es ein Generationskonflikt, der das Drama auslöst, und er hat hier einen doppelten Aspekt. Der Graf, ein Mann in der Blüte der Jahre, hält seine gegenwärtige Tüchtigkeit der Vergangenheit des abgetretenen Don Diègue entgegen: «Ihr wart tapfer, ich bin es heute.» Bemerkenswert ist, daß er die früheren Leistungen Don Diègues überhaupt nicht würdigt: er hat keinerlei Achtung vor dem Alter. Doch daß die Vergangenheit abgelaufen und die Gegenwart allesbeherrschend sein soll, kann Don Diègue nicht ertragen:

lichkeit, als die gemeinten Personen der wohlhabenden Klasse angehörten. Hier handelt es sich um eine rein rhetorische, endlose Wiederholung.

1 Sein Drama *Die Jugendtaten des Cid*, unter Verwendung alter Romanzen entstanden, war Corneilles Vorlage für seine Tragikomödie *Der Cid*.

Hab ich denn nur gelebt für diese Infamie
Und bin ich nur ergraut im Kriegeshandwerk,
Daß soviel Lorbeer mir an einem Tage welke?

Das Alter, das die Apotheose lebenslanger treuer Dienste sein sollte, kann durch die physische Schwäche, die es mit sich bringt, allen Ruhm zunichte machen. Der einzige Ausweg ist der Sohn, identisch mit dem Vater insofern, als sich auch in ihm der Stamm verkörpert. Trotz der Pause in den Stanzen bestätigt Don Rodrigue sogleich diese Identifikation: er wird die Ehre seines Vaters, seiner Ahnen, seine eigene rächen. Aber zwingt sich ihm auch sogleich die feudalistische Moral auf, deren Interpret sein Vater ist, so spricht er doch grob mit Don Diègue als Mensch: «Sein Name? Das heißt Zeit mit überflüss'gen Worten zu verlieren.» Weder beim reifen Mann noch beim Jüngling findet man Ehrerbietung gegenüber dem Alter als solchem. Indem Rodrigue seinen Vater rächt, tritt er an seine Stelle. Der Besieger der Mauren, die Stütze des Königsreichs, der Held, das ist er. Der König verkündet es:

Rodrigue ist nun unser einziger Halt
Stütze Kastiliens und ein Schrecken für die Mauren.

Aber wenn Don Diègue auch seine Stellung als ‹aktiver› Mann verloren hat, spielt er doch eine große Rolle. Er ist seinem Sohn ein weiser Ratgeber. Er bringt Rodrigue davon ab, sich der Verzweiflung zu überlassen und schickt ihn in den Kampf gegen die Mauren, um die Gunst des Königs zurückzugewinnen. Er erreicht beim König, daß er sich Zeit zum Nachdenken nimmt, ehe er Rodrigue bestraft, was diesem ermöglicht, sich Ruhm zu erwerben. Am Ende, nachdem Rodrigue und Chimène ihre Pflicht gegenüber ihrer Familie erfüllt haben, verneigen sie sich vor dem König. Corneille verwirklicht seinen Traum: Adel und Königtum sind versöhnt durch die Vermittlung eines alten Aristokraten.

Diese Mittlerrolle fällt auch dem alten Horaz zu. Er ist der Hüter der römischen Ordnung, wie Don Diègue der der feudalen Ordnung. Der große Unterschied ist, daß diese Ordnung dem Individualismus keinen Raum läßt; als die Tragödie beginnt, ist der Übergang der Macht im Einklang mit den Institutionen reibungslos vollzogen, und für den Vater hat es nichts Demütigendes, abseits vom Kampf zu stehen, während die Söhne ihr Leben aufs Spiel setzen. Er nimmt es gelassen hin, daß Sinn und Ehre seines Lebens nicht mehr in seinen Händen, sondern in denen seiner Nachkommen liegen. Wenn jedoch seine Söhne Rom verraten, dann leidet er darunter sowohl für Rom als auch für sich selbst: er fühlt sich persönlich betroffen. Und in Wahrheit liegt kein Abstand zwischen der Stadt und ihm: er verkörpert die römischen Werte, was ihm einen fast heiligen Charakter verleiht. Kraft dieses beinahe übermenschlichen Prestiges erreicht er, daß sein Sohn für den Mord an Camilla nicht bestraft wird: die Gerechtigkeit, die er fordert, ist die absolute Gerechtigkeit, der sich der profane Gesetzgeber beugt.

Corneille hat dem Greis – zumindest ideell – nicht nur einen wichtigen Platz in der Gesellschaft zuerkannt: er hat für den alternden Menschen auch das Recht auf Liebe gefordert; in diesem Punkt verhielt sich das Jahrhundert zögernd, wie wir bereits gesehen haben. Corneille war über 50 Jahre alt, ein vorgerücktes Alter für seine Zeit, als er sich in die Du Parc verliebte. Er schrieb für sie mehrere berühmte Gedichte, *Stanzen an die Marquise*:

Ich weiß, daß mein Haar grau ist, ich weiß, daß die Jahre
Selbst den höchstgeborenen Seelen wenig Wertvolles lassen
... Daß, wenn ich in meinen schönen Tagen erträglich erschien,
Ich zu lange geliebt habe, um noch liebenswert zu sein
Und daß die gelblichen Falten auf einer gefurchten Stirn
Dem würdigsten Weihrauch einen traurigen Zauber beimischen.

Marquise, wie mein Gesicht
Der Jahre Spur muß tragen
So wird das Alter nicht
Nach Euren Wünschen fragen.

Die Zeit, der stets muß weichen
Was schön ist und gefällt
Wird Eure Rosen bleichen
Wie sie die Stirn mir wellt.
...
Wenn Künftige mir geben
Den Ruhm, den ich begehrt
Wird Eure Schönheit leben
Gleich wie mein Wort sie ehrt.

Bekannt sind auch jene Verse, die nach dem Tod der Du Parc erschienen:

Ich bin alt, schöne Isis, das ist ein unheilbares Leiden;
Es wächst von Tag zu Tag, von Stund zu Stunde drückt es nieder;
Nur der Tod bringt Erlösung; doch wenn Tag um Tag
Es mich ungeeigneter macht, Euer Herz zu erheben
Ziehe ich doch diese Frucht aus meiner Hinfälligkeit
Daß ich Euch ohne Gram und ohne Sorge sehe.

In Sertorius hat er die Qualen eines verliebten Alten geschildert. Er beschreibt den körperlichen Verschleiß seines Helden, seiner grauen Haare, welche «die gelblichen Falten auf einer zerfurchten Stirn»[1] krönen. Er ist ein schüchterner und banger Liebhaber:

1 Der Vers ist identisch mit einem aus dem Gedicht für die Du Parc.

In meinem Alter schickt es sich so wenig zu lieben,
daß ich es selbst vor der verberge, die mich zu bezaubern wußte.

In *Pulchérie* analysiert Corneille im Alter von 66 Jahren in der Figur des Martian die Gefühle eines verliebten alten Mannes. Wie Sertorius macht Martian sich Vorwürfe darüber, daß er Liebe empfindet:

Die Liebe bei meinesgleichen ist nie entschuldbar
Prüft man sich nur im geringsten, hält man sich für verachtenswert
Man haßt sich darob; und dieses Leid, das man nicht zu enthüllen wagt
Ist noch schwerer zu verbergen als zu erdulden

Erwartet man auch nichts, ist man doch nicht weniger eifersüchtig,
... Daß die geringste Rückkehr zu unseren jungen Jahren
Dann Bitterkeit in unsere verlegene Seele werfe!
... Die Erinnerung daran tötet und man betrachtet sie
Nur, das sei gesagt, mit einer Art Zorn
... Meine Seele, leicht vom Feuer erfaßt
Hat es nur erkannt durch die Eifersucht.
... Welch eine Qual, einen bewundernswerten Gegenstand zu lieben
Und bei so vielen Rivalen sich als den am wenigsten liebenswerten zu sehen.

Loyal, taktvoll, verbirgt Martian der Kaiserin seine Liebe und drängt sie, einen anderen zu heiraten. Sie ist es, die ihm am Ende eine Scheinehe vorschlägt. Viele alte Adlige erkannten sich in dieser Gestalt wieder, in der sich, nach Ansicht seines Neffen Fontenelle, Corneille selbst dargestellt hat. Der Marschall de Gramont beglückwünschte den Dichter: noch nie habe man einen alten Liebhaber auf die Bühne gebracht, er sei glücklich, daß Corneille es getan, und wenn es stimme, daß er ihm als Modell dafür gedient habe, so beglückwünsche er sich dazu. Corneilles Nachsicht gegenüber alten Männern erklärt sich aus seiner optimistischen Auffassung der Gesellschaft: trotz seiner Herkunft antibürgerlich eingestellt, bewundert er die Verbindung zwischen Staat und Adel, von der er hofft, sie werde dauerhaft sein.[1]

Einen ähnlichen Standpunkt nimmt Saint-Évremond ein, der Corneille bewunderte und viele seiner Vorstellungen teilte. Am Ende seiner Tage im Londoner Exil lebend – die Folge eines scharfen Angriffs auf Kardinal Mazarin –, genoß er ein ruhiges Alter, das er mit Lesen, Schreiben und vor allem den Freuden der Konversation ausfüllte, die er über alle anderen stellte. Als Jünger Montaignes glaubte er auch nicht, daß das Alter Weisheit bringe: «Ich habe alle

1 Um die gleiche Zeit schreibt Racine *Mithridates*. Der alte König möchte die Frau, die er liebt und die ihn nicht liebt, mit Gewalt zur Heirat zwingen. Aber Racine stellt ihn viel weniger als alten Mann denn als Despoten dar und gibt uns keinerlei Auskunft über die Empfindungen seines Jahrhunderts hinsichtlich des hier behandelten Fragenkomplexes.

lasterhaften Gefühle verloren, ohne zu wissen, ob ich diese Veränderung der Schwäche eines erschöpften Körpers verdanke oder der Mäßigung eines Geistes, der weiser geworden ist, als er vordem war. In meinem Alter ist es schwer, festzustellen, ob die Leidenschaften, die man nicht mehr empfindet, erloschen oder bezwungen sind.» Er war wie Epikur stets der Meinung gewesen, daß das Glück im wesentlichen darin besteht, nicht unglücklich zu sein; da es ihm gut ging, schätzte er diese Ausgeglichenheit und gab sich damit zufrieden. Dennoch glaubte er, daß das Alter auch seine traurigen Seiten habe. Ninon de Lenclos, mit der er eine lange, herzliche Korrespondenz führte, teilte er mit, er könne kaum hoffen, sie je wiederzusehen und sei darüber tief betrübt: «Am ärgerlichsten an meinem Alter scheint mir, daß ich die Hoffnung verloren habe, die Hoffnung, die die süßeste der Leidenschaften ist, jene, die am meisten dazu beiträgt, unser Leben angenehm zu machen.» Die Freundschaft hatte ihm stets sehr viel bedeutet, und er unterschied sie kaum von der Liebe: seiner Meinung nach mußte die Liebe vom Geist bestimmt werden, das heißt auf der Achtung beruhen; dann wird sie keine Leidenschaft und ruft kein Leid hervor. Sie ist ein Gefühl, auf das man stolz sein kann, selbst in vorgerücktem Alter. Er bejaht, daß ein alter Mensch das Recht habe zu lieben, vorausgesetzt, daß er, wie Martian, nicht auf Erwiderung pocht. Mit 80 Jahren empfand er eine zärtliche Liebe für die Herzogin von Mazarin, die ihm eine ausgezeichnete Freundin war. Nach ihrem Tod verliebte er sich mit der gleichen Diskretion in die Marquise de La Perrine. «Sie wundern sich zu Unrecht, daß die alten Leute noch lieben», schreibt er, «denn das Lächerliche besteht nicht darin, sich rühren zu lassen, sondern töricht anzunehmen, man könne noch gefallen ... Die größte Freude, die den Alten bleibt, ist zu leben; und nichts versichert sie so gut ihres Lebens wie ihre Liebe ... Ich liebe, also bin ich: das ist eine ganz starke, ganz lebendige Folge, durch die man die Wünsche der Jugend zurückruft, und zwar in einem Maße, daß man sich manchmal einbildet, noch jung zu sein.» In seiner Abhandlung über die Freundschaft billigt er die Spätheiraten des M. de Senneterre und des Marschalls d'Estrées. Salomon selbst, sagt er, habe ihnen als Vorbild gedient. Er glaubt sogar, daß man in einem vorgerückten Alter mehr zur Liebe geneigt sei als früher. 1663 schreibt er [1]: «Kaum beginnen wir zu altern, so beginnen wir auch, uns zu mißfallen durch einen Ekel vor uns selbst, der sich insgeheim in uns bildet. Dann füllt sich unsere Seele, frei von Eigenliebe, leicht mit derjenigen, die man uns einflößt.» Ihm zufolge wäre also der alte Mensch in seinem Narzißmus verletzt – ein neuer und interessanter Gedanke – und daher wehrlos gegenüber einem verführerischen Wesen.[2]

Wir sehen: Das Bild des Greises wird subtiler, als es vordem war. Er bleibt ein Mensch, und kein menschliches Gefühl ist ihm verboten. Bei Corneille und Saint-Évremond ist die Liebe, von der sie sprechen, platonisch. Sie ist also erlaubt von jenem Liebeskodex, der sich mehr oder weniger ausgeprägt in den Gassen gebildet hatte, um die Aristokraten von den Bürgern zu unterscheiden.

1 Er war damals 49 Jahre alt.
2 Wir kommen auf diesen Gedanken später zurück.

Sie rührt bei der Prinzessin von Cleve, einer verheirateten, zur Treue verpflichteten Frau; warum sollte sie bei einem alten Mann Anstoß erregen? Die Sensibilität des Jahrhunderts ist sogar noch wohlwollender, denn wenn auch einige mit Tadel nicht zurückhalten, so beglückwünschen doch andere die 80jährigen zu einer Wiederheirat.

Molière hingegen fällt wieder ins Konventionelle zurück: das Alter ist ein Thema, das er ohne jede Originalität behandelt hat, im Einklang mit antiken und italienischen Autoren. Er übernahm von ihnen die Gestalt des mißtrauischen, aber dummen, geizigen, aber leichtgläubigen, zänkischen, aber zaghaften Greises. Er ist ein Gegenstand der Lächerlichkeit und strotzt, weit davon entfernt, sich ihrer bewußt zu sein, vor Eitelkeit. Molière ist dem hohen Alter gegenüber strenger als Terenz und selbst Plautus. Man findet bei ihm nur einen einzigen sympathischen Greis. In der *Schule der Ehemänner*, wozu ihm *Die Brüder* des Terenz als Anregung dienten, ist Sganarelle, zweifellos ein Vierziger, ein eifersüchtiger und tyrannischer Graubart; Ariste hingegen, sein um 20 Jahre älterer Bruder, ist liberal, weise, achtet auf sein Äußeres ohne allzu große Eitelkeit. Er erringt die Liebe der Frau, die er heiraten möchte, während Sganarelle von seiner Angebeteten ausgenutzt wird. Hier sei nebenbei ein gängiger Irrtum berichtigt: es trifft nicht zu, daß alle Grauköpfe Molières Vierziger sind. Arnolphe in der *Schule der Frauen* zählt in der Tat 43 Jahre. Aber in *Die erzwungene Heirat* ist Sganarelle – der in lächerlicher Weise um die Liebe eines jungen Mädchens wirbt und dafür bestraft wird – 53 Jahre alt. Géronte aus *Scapins Schurkereien* ist sehr alt. Der geizige Harpagon zählt mehr als 60 Jahre. Noch hassenswerter als der Held von Plautus' *Geldtopfkomödie* ist er nicht nur in seine Geldkassette vernarrt, sondern auch ein tyrannischer, seine Kinder mißbrauchender Vater und ein lächerlicher Liebhaber. Entsprach der Streit zwischen Vätern und Söhnen, den Molière auf die Bühne brachte, einer Realität? Da es sich bei Molière mehr um Nachahmung als um eigene Erfindung handelt, kann man hinsichtlich dieses Themas in seinen Stücken kaum eine Aussage über die Sitten der Zeit sehen.

Um das entsetzliche Elend zu bekämpfen, das England heimsuchte, schuf Elizabeth um 1603, am Ende ihrer Regierungszeit, das «Armengesetz»: die Regierung übernahm, mittels der Pfarrgemeinden, die Verantwortung für die Bedürftigen. Man besteuerte die Gemeindemitglieder, um die nötigen Gelder zu erhalten. Diejenigen, die man für arbeitsfähig hielt, beutete man in den *work-houses* [1] aus; die Kinder wurden an Bauern oder Handwerker vermietet; die Gebrechlichen, die Greise wurden in Heimen untergebracht. Die Arbeit in den *work-houses* war außerordentlich hart. Und die Pfarreien unterstützten nur jene Bedürftigen, die ihrer Gemeinde angehörten; man kümmerte sich nicht um die Neuankömmlinge und schon gar nicht um die damals überaus zahlreichen Landstreicher.

1 Das Wort tauchte erst 1652 auf, aber die Sache selbst entstand mit dem «Armengesetz».

Während der ersten 40 Jahre des 17. Jahrhunderts versuchten verschiedene Wohltätigkeitseinrichtungen, diese Not zu lindern; man gründete Altersheime und Krankenhäuser. Die Religion predigte damals Achtung vor der Armut und forderte die Reichen auf, Almosen zu geben. Doch die Machtübernahme durch die Puritaner führte auf diesem Gebiet zu einer ideologischen Revolution. Die Puritaner waren kleine Grundbesitzer, Handwerker, und vor allem Kaufleute. Diese hatten gegen die vom König gewährten Monopole gekämpft, die sie erdrückten: sie forderten die Freiheit des Handels und glaubten, daß nur die Republik sie gewährleisten könne. Während Frankreich, mit einer leistungsfähigen Bürokratie ausgestattet, das Bürgertum in die Regierung einzubeziehen verstand, ohne daß diese davon erschüttert wurde, brach in England, wo die Verwaltung schwach war, ein Konflikt zwischen dem gegängelten Bürgertum und dem König aus: dieser unterlag. Der Mittelstand setzte sich zum Ziel, die Wirtschaft zu fördern, da England in dieser Hinsicht gegenüber Holland sehr rückständig war. Der Puritanismus setzte alles daran, das Christentum einer Industrie- und Handelsgesellschaft anzupassen, die vom Geist des Wettbewerbs beherrscht war. Seine Hauptregel lautete: «Wer nicht arbeitet, soll auch nicht essen.» Alle Kanzelredner hoben die Pflicht zur Arbeit hervor, denn die Bürger glaubten, Faulheit und Trunksucht hemmten den Fortschritt: «Es gibt keine schlimmere Lage als die des Faulen», schrieb 1632 Elizabeth Jocelyne. «Gott hält ihn für eine nutzlose Hornisse, unfähig, ihm zu dienen; und seine äußerste Armut bewirkt, daß ihn die Welt verurteilt.» Die höchste religiöse und sittliche Tugend bestand darin, gute Geschäfte zu machen. Die beste Art, zu beten, war zu arbeiten: die Arbeit galt als eine Art Sakrament und der Profit als Zeichen einer göttlichen Erwählung. Man beschuldigte die Armen der Sorglosigkeit und Faulheit und weigerte sich, diese Laster zu fördern. Die Bettelei wurde als amoralisch verurteilt. Anstatt Almosen zu geben, verlieh man Geld gegen Zinsen.

Die zu den Armen zählenden Alten litten Not. Bei den wohlhabenden Bürgern hingegen wurde das Alter aufgewertet. Wir haben gesehen, daß man im Mittelalter die Familie als solche nicht idealisierte: in den mittleren Klassen, aus denen sich die Puritaner rekrutierten, galt sie jedoch viel. Der Ahn war ihr Symbol und ihre Verkörperung: man achtete ihn. Schon im 16. Jahrhundert forderten die Eltern von ihren Kindern unbedingten Gehorsam; die Ehe wurde ihnen aufgezwungen: es kam vor, daß man einen 5jährigen Jungen mit einem 3jährigen Mädchen verheiratete. Im elisabethanischen Theater kämpfen die jungen Leute um das Recht, ihre Ehepartner frei zu wählen. Unter den Puritanern jener Zeit kam das Autoritätsprinzip deutlicher und strenger zum Ausdruck denn je zuvor. 1606 übernahm der anglikanische Konvent die Vorstellungen des Franzosen Bodin, dessen Werk kurz zuvor übersetzt worden war: die Väter sollen das Recht haben, über Leben oder Tod ihrer Kinder zu entscheiden. Der Herrscher soll für seine Untertanen wie ein Vater sein, behaupteten die Puritaner; und das Oberhaupt der Familie muß dieser gegenüber unumschränkte Macht besitzen. Es gab zahlreiche Predigten über die Regierung des Hauses und die Autorität, die den alten Leuten zustehe. Da sie von den Leidenschaften befreit sind – zumindest behauptete man das –, praktizieren sie gewissermaßen auf natürliche Weise die Askese, auf die die Puritaner ihr Leben ausrichten wollten: sie waren ein nachahmungswürdiges Beispiel. Und da jeder Erfolg als Zeichen eines göttlichen Segens galt, erschien Langlebigkeit wie ein Beweis für Tugend. Aus allen diesen Gründen verehrten die Puritaner die Greise. Als sie an der Macht waren, versuchten sie, ihre Moral dem ganzen Land aufzuzwingen. So ließen sie die Theater schließen, die in ihren Augen Orte des Verderbens waren.

Die Restauration reagierte heftig. Es war ein Ereignis, als sie die Theater wieder öffnete, wo nun zum erstenmal Schauspielerinnen die Frauenrollen spielten. Die Autoren, die 30 Jahre lang für die Bühne schrieben, die Zuschauer, die ihnen applaudierten, gehörten einer sehr kleinen Gruppe von Adligen an. Diese Aristokraten traten die bürgerlichen Werte, welche die Puritaner gerühmt hatten, mit Füßen. Ihr hartes, zynisches Theater machte sich lustig über die Tugend in allen ihren Formen. Vor allem richtete es sich gegen das Alter.

In den elisabethanischen Stücken kämpften die Jungen um ihre Freiheit, aber die Alten wurden mit einer Mischung aus Sympathie und Ironie geschildert. Gegen Ende des 17. Jahrhunderts wimmelte es von Komödien, die den Generationskonflikt behandelten. Eine der charakteristischsten ist *Liebe für Liebe* von Congreve. Die Verliebten, Valentin und Angelica, haben abstoßende und lächerliche Greise zum Vater und Onkel. Foresight [1] ist «ungebildet, verdrießlich, abergläubisch, behauptet, etwas von der Astrologie und vom Handlesen zu verstehen» und gibt ohne Unterlaß schulmeisterliche Prophezeiungen von sich. Seine junge Frau betrügt ihn. Seine Nichte Angelica sagt ihm grob die Wahrheit und macht ihn lächerlich. Was Sampson angeht, so ist er ein Rabenvater. Um Valentin für seine Verschwendungssucht zu bestrafen, möchte er ihn zwingen, sein Erbteil an den jüngeren Bruder Ben abzutreten, einen Seemann, der kurz zuvor heimgekehrt ist: nur unter dieser Bedingung will er die Schulden seines Ältesten bezahlen. Diesem bleibt keine andere Wahl als sich zu beugen, weil seine Schulden drückend sind und er sie tilgen muß, wenn er Angelica heiraten will. Indessen bietet er seinem Vater in einer heftigen Szene die Stirn; er wirft ihm seinen Geiz, seine Hartherzigkeit vor. Der Vater antwortet ihm mit unglaublicher Arroganz: «Kann ich nicht machen, was ich will? Bist du nicht mein Sklave? Habe ich dich nicht gezeugt? Bist du etwa freiwillig auf die Welt gekommen? Bin es nicht ich, der dir mit der gesetzlichen Autorität eines Vaters den Eintritt in diese Welt verschafft hat?» Als Gipfel des Ganzen erhebt er selbst den Anspruch, Angelica zu heiraten. Sie tut so, als willige sie ein, und bringt es geschickt dazu, daß der Vater die Schulden seines Sohnes bezahlt, ohne daß dieser auf die Erbschaft verzichtet. Dann lacht sie dem Alten ins Gesicht: «Ich habe nie aufgehört, Ihren Sohn zu lieben und Ihren gehässigen Charakter zu verabscheuen ... Sie haben noch mehr Fehler, als er Tugenden hat; und so groß meine Freude bei dem Gedanken ist, glücklich mit ihm zu leben und ihn glücklich zu machen, so empfinde ich fast ebenso

1 «Der Voraussehende», Onkel der Angelica.

große Freude darüber, Sie bestraft zu sehen.» Valentin bildet ihr Echo: er freut sich gewaltig über die Niederlage seines Vaters. Dieses Schema kehrt in vielen Stücken wieder. Der junge Mann, dessen Überlegenheit während der ersten vier Akte offenbar wird, triumphiert im fünften. Die traditionelle Feindseligkeit gegen das «kummervolle Alter» erreicht eine bis dahin unbekannte Heftigkeit. Söhne und Töchter schreien ihr Aufbegehren hinaus. Sie verleugnen alle sittlichen und sozialen Werte, die die Puritaner aufgezwungen hatten.

Im 18. Jahrhundert vermehrte und verjüngte sich die Bevölkerung in ganz Europa dank einer besseren Hygiene. Eine in Villeneuve-de-Rivière, in der Grafschaft Comminges, angestellte Untersuchung zeigt, daß nach 1745 die Sterblichkeitsziffer der Jugendlichen, die 15 bis 20 pro Jahr betragen hatte, auf 3 oder 4 sank. Gleichzeitig begünstigten die verbesserten Lebensbedingungen ein höheres Alter. Sehr selten vor 1749, nahm die Zahl der 80- und sogar der 100jährigen immer mehr zu. Indessen machte sich dieser Fortschritt fast nur bei den privilegierten Klassen bemerkbar. 1754 schreibt ein englischer Autor über französische Bauern: «Es ist ein Menschenschlag, der mangels einer angemessenen Erholung von seinen Strapazen schon vor dem Alter von 40 Jahren zu verfallen beginnt.» 1793 stellt ein durch Europa reisender Engländer fest: «Trotz der Krankheiten infolge zu reichlicher Ernährung, geringer Betätigung und verschiedener Laster leben sie [die reichen Leute] zehn Jahre länger als die Angehörigen der unteren Stände, weil diese vorzeitig durch Arbeit, Elend, Erschöpfung verbraucht sind und die Armut es ihnen verwehrt, sich das für ihren Unterhalt Notwendige zu beschaffen.» Sofern es den Ausgebeuteten gelang, bis zu einem gewissen Alter zu überleben, waren sie zu Not und Entbehrungen verurteilt. Fürsorgeeinrichtungen auf Gegenseitigkeit gab es in Europa seit dem 14. Jahrhundert. In Frankreich führten sie ein heimliches und schwieriges Dasein. Das Gesetz Le Chapelier verbot sie, wie alle Berufsgenossenschaften. Ihre Mittel waren auf alle Fälle ungenügend: der Greis, der nicht von seiner Familie versorgt wurde, konnte nur mit der Unterstützung rechnen, die ihm die Kirche gewährte.

In England hatten sich die Fürsorgeeinrichtungen auf Gegenseitigkeit weiterentwickelt. In der zweiten Hälfte des 18. Jahrhunderts bewirkte die sentimentale Strömung, die das ganze europäische Denken beeinflußte, daß die öffentliche Meinung vom Elend bewegt wurde. Man begriff, daß die Verantwortung dafür der Gesellschaft zufiel und nicht dem Bedürftigen selbst. Das Gesetz von 1782 gab den Pfarrgemeinden die Möglichkeit, sich für die Einnahme und Verwendung der Armensteuer in Verbänden zusammenzuschließen. Der Staat schien anzuerkennen, daß jeder Mensch ein Lebensrecht hat.[1] Das bestätigten 1785 die in Speehamland versammelten Richter: wenn ein Mensch sich nicht durch Arbeit seinen Lebensunterhalt verdienen kann, muß die Gesellschaft für ihn aufkommen. In diesem Sinn wurde die öffentliche Für-

1 Was damals allerdings nicht die grausame Ausbeutung der Kinder in den Fabriken und Werkstätten verhinderte.

sorge reformiert: die Not der Kranken und Alten linderte sich dadurch ein wenig. Andererseits entstanden immer mehr Zusammenschlüsse von Arbeitern zum Kampf gegen die Unternehmer, aber auch zur Absicherung gegen Arbeitslosigkeit und Krankheit.

In den privilegierten Klassen profitierten die Alten von der allgemeinen Milderung der Gepflogenheiten. Dank der technischen Fortschritte wurde das materielle Leben in ganz Europa bequemer und weniger anstrengend: Reisen war zum Beispiel keine so mühselige Angelegenheit mehr. Das soziale Leben, komplexer geworden, erforderte Intelligenz, Erfahrung, und nicht mehr so sehr physische Kraft: Moritz, Graf von Sachsen, der «Maréchal de Saxe», siegte 1745 bei Fontenoy trotz seiner Gicht. Die Zeit des aktiven Lebens verlängerte sich. Die 60jährigen nahmen noch am geselligen Leben teil: sie gingen ins Theater, besuchten die Salons. Wie im vorhergegangenen Jahrhundert machte ein gutes Gedächtnis den Umgang mit ihnen erfreulicher. Als Fontenelle mit über 90 Jahren erzählte: «Ich befand mich bei Madame de La Fayette, da sah ich Madame de Sévigné eintreten», hörten ihm die Jungen staunend zu, man glaubte, mit einem Geist zu sprechen. Man wunderte sich nicht übermäßig, wenn alte Männer sehr viel jüngere Frauen heirateten, wie es Marmontel und Marivaux taten. Das aufsteigende Bürgertum schuf sich eine Ideologie, die das Alter aufwertete.

In England vor allem führte der Fortschritt der Technik zum Aufschwung der Industrie, der Finanzen, des Handels. Reich und mächtig, hatte die neue Klasse ein stolzes Selbstbewußtsein und schuf sich die ihr entsprechende Moral. In London mehrten sich seit dem Ende des 17. Jahrhunderts die Gesellschaften, die Vereine, die Cafés – es gab über 3000 –, wo sich im Gespräch die Gestalt des neuen Menschen herausbildete. Man kann annehmen, daß Steele und Addison dabei Pate standen. *The Tatler* und vor allem *The Spectator* bemühten sich, den Menschen von früher umzuformen, einen neuen Typ zu fördern: er verkörpert sich vor allem im Kaufmann; er ist der Freund der Menschheit, der Abenteurer und Held des Jahrhunderts; aber er ist ein friedlicher Held; bei ihm ersetzt der Spazierstock das Schwert. Er meidet die Prahlerei: er ist einfach und strebt mehr nach Zweckmäßigkeit als nach Prunk. Das gesellige Treiben liegt ihm nicht, er führt ein zurückgezogenes Leben, vorzugsweise auf dem Lande. Er stellt die Moral über die Kunst. Das Theater offenbart diesen Wandel auf frappierende Weise. Gegen die Clique, die es gepachtet hatte, eröffnete man Ende des 17. Jahrhunderts einen Feldzug der Moral. Die puritanische Strenge lag in weiter Ferne, man empfand nicht mehr das Bedürfnis, in ihr Gegenteil zu verfallen: die Gewagtheit der damals gängigen Autoren erregte schließlich Anstoß beim Publikum. Der Pfarrer, Journalist und Pamphletist Cellier verfaßte eine Schmähschrift gegen sie, die beträchtlichen Erfolg hatte. Trotzdem erlebte Congreve zwei Jahre später mit *Der Lauf der Welt* einen Triumph. Aber danach schwieg er. Das Theater wurde moralisch und sentimental: man zeigte ergebene alte Dienstboten, Väter und Söhne, die sich liebten. Alle Personen waren sympathisch.[1]

1 Nur als Beispiel sei hier genannt: *The Conscious Lovers* von Richard Steele, das 1722 erstmals aufgeführt wurde.

Diese Tendenzen verbreiteten sich auch in Frankreich. Der neue Mensch, das ist der Philosoph: er lehrt eine weltliche und humanitäre Moral, zu deren erfolgreichstem Propagandisten Diderot wird. In Wahrheit war das 18. Jahrhundert in Frankreich verworren, aufgewühlt, von Unruhen und Konflikten heimgesucht, die zur Revolution führten. In dieser Zeit entwickelt sich eine Literatur, die den Menschen streng und sogar boshaft schildert. Zu ihren Exponenten gehören der Abbé Prévost, Marivaux, Laclos, de Sade. Indessen bekundet das Bürgertum Optimismus. Für den Menschen, als dessen vollkommene Verkörperung es sich betrachtet, findet es eine rührende Rechtfertigung: die menschliche Natur ist gut, alle Menschen sind Brüder, jeder hat Freiheit und Meinung seines Nächsten zu achten. Liebe deinen Nächsten wie dich selbst, wird die Grundregel der Moral. Und der Begriff des Nächsten weitet sich aus. Das 18. Jahrhundert erforscht Zeit und Raum: vorbei ist es mit der Alleinherrschaft des zivilisierten Erwachsenen. Man interessiert sich für die ‹Wilden›. Rousseau erinnert die Erwachsenen an das Kind, das sie einmal waren, und sie erkennen sich in ihm. Die Mütter stillen Pflegekinder. Schon seit Beginn des Jahrhunderts hatte die Peitsche Gegner, und 1767 wurde die Prügelstrafe abgeschafft. Das Kind spielt von nun an eine sehr viel wichtigere Rolle in der Familie. Die Erwachsenen erkennen sich in den Greisen, die sie einmal sein werden. Der alte Mensch erlangt sogar eine besondere Bedeutung, weil er die Einheit und Beständigkeit der Familie symbolisiert: die Familie ermöglicht – durch die Vererbung des Vermögens – das Anhäufen von Reichtümern, sie ist die Grundlage des Kapitalismus und gleichzeitig das Reich, in dem sich der bürgerliche Individualismus entfaltet. Alt geworden, bleibt das Familienoberhaupt weiterhin Eigentümer seiner Güter und besitzt ein wirtschaftliches Prestige; die Achtung, die er einflößt, nimmt eine sentimentale Form an. In der Tat ist das Jahrhundert ‹empfindsam›; man sucht die Wahrheit mit dem Herzen. Man verherrlicht die Tugend; es wimmelt von Moralgeschichten, die «Traktate der Menschlichkeit» sind. Man wendet sich bereitwillig den Schwachen zu: dem kleinen Kind, den Großeltern. Jean-François Marmontel rührt seine Zeitgenossen, indem er von seiner Kindheit auf dem Lande erzählt. Er beschwört die guten Großmütter: «Mit 80 Jahren lebten sie noch, nippten im Kreis der Familie von ihrem Gläschen Wein und gedachten der alten Zeiten.» Jean-Baptiste Greuze weckte Rührung mit seinen Schilderungen alter Menschen. Das hohe Alter Voltaires mehrte dessen Glanz: man nannte ihn den «Patriarchen von Ferney». Von Juli 1789 bis Juli 1790, bei allen Bundesfesten, standen die Greise in Ehren: sie präsidierten.[1] Beim Fest vom 10. August 1793 trugen 86 Greise die Banner der 86 Départements.

Diese Sentimentalität hatte einige praktische Auswirkungen. Sie regte zur

1 Der Historiker Jules Michelet berichtet: «Bei dem großen Bundesfest von Rouen, wo die Nationalgarden von 60 Städten erschienen, ging man bis nach Andelys, um einen Malteserritter von 85 Jahren als Präsidenten der Versammlung zu holen. In Saint-Andéol kam die Ehre, vor dem ganzen Volk den Eid zu leisten, zwei Greisen von 93 und 94 Jahren zu. Überall an der Spitze des Volkes ein Greis, der auf dem Ehrenplatz sitzt und über der Menge thront.»

‹Wohltätigkeit› an: der Abbé Bernardin de Saint-Pierre hatte das Wort *«bienfaisance»* geprägt, um den religiösen Begriff der Barmherzigkeit durch einen weltlichen Begriff zu ersetzen. Eine ganze Literatur beschäftigte sich mit dem Problem des Bettelns. Die Zeitungen führten Rubriken ein, in denen Beispiele von Wohltätigkeit, «Züge von Menschlichkeit» zitiert wurden. 1788 füllt die Liste der Wohltätigkeitsvereine zwei dicke Bände von *La Bienveillance française.* Vor allem die Frauen suchten und erteilten Hilfe. Mercier beschreibt, wie sie die Not der «Achtzigjährigen, Blindgeborenen, Wöchnerinnen usw.» lindern. 1786 beglückwünscht sich die philanthropische Gesellschaft, mehr als 814 Unglücklichen geholfen zu haben: Greisen, Blindgeborenen, Wöchnerinnen.

In Wirklichkeit war die tätige Philanthropie vor allem ein Mittel, das eigene Glück zu sichern. Andere glücklich zu machen, um selbst glücklich zu sein – ein endlos wiedergekäutes Thema. Sich seines Glückes zu versichern, ist eines der Hauptanliegen des Bürgers: er glaubt, es durch Tugend zu erringen, durch eine glückliche Mittelmäßigkeit, indem er die Bande der Familie und der Freundschaft pflegt. Das Glück wird im wesentlichen als Zustand der Ruhe betrachtet. Man muß sich vor allen Extremen hüten, nur sanfte Leidenschaften haben. Das bedeutet, das Alter als eine glückliche und sogar beispielhafte Zeit zu verstehen: der Greis ist von heftigen Leidenschaften befreit, er ist heiter, er ist weise. Keine Wünsche mehr zu haben, ist besser als der Genuß der irdischen Güter. Ein ausgeglichenes Leben endet in der Seelenruhe, in der Euphorie.

Das behauptet unter anderen auch Buffon: «Habe ich nicht jeden Tag, an dem ich gesund aufstehe, den Genuß dieses Tages ebenso gegenwärtig, ebenso voll wie Sie den Ihren? Wenn ich meine Bewegungen, meinen Appetit, meine Wünsche allein den Impulsen der weisen Natur überlasse, bin ich dann nicht ebenso klug und sogar glücklicher als Sie? Und der Rückblick auf die Vergangenheit, der den alten Narren Bedauern einflößt, bietet er mir nicht im Gegenteil Freuden der Erinnerung, angenehme Aussichten, köstliche Bilder, die Eure Freuden völlig aufwiegen?»

Diese Art der Betrachtung läßt d'Alembert [1] skeptisch: «Man hat Lobreden auf die Freundschaft und das Alter angestimmt: über die Jugend und die Liebe braucht man keine zu halten», schrieb er. Diderot bemerkt: «Man ehrt das Alter, liebt es aber nicht.» Indessen kommen in seinem Werk liebenswerte Alte vor, angefangen bei seinem Vater. Das Publikum hat Restif de la Bretonnes *Leben meines Vaters* einen ungeheuren Erfolg beschert. Indem er den «verehrungswürdigen Alten» mit Wohlgefallen beschreibt, preist er die Tugenden und Annehmlichkeiten der häuslichen Familie zu einem Zeitpunkt, als diese sich aufzulösen begann, während jedoch die meisten Franzosen die Sehnsucht danach bewahrten. Er schildert auch die Reize des Landlebens, dessen Vorzüge das Bürgertum gerade wiederentdeckte. In dem damals modernen ‹empfindsamen› Stil beschreibt er die Todesstunde seines Vaters, bei der alle Alten des

1 Jean Le Rond d'Alembert (1717–83), französischer Philosoph, Mathematiker und Literat, einer der Enzyklopädisten. (Anm. d. Übers.)

Dorfes zugegen waren: «Alle Greise, in Tränen aufgelöst, füllten das Zimmer des Kranken.»

Im französischen Theater kommt es Ende des 17. und im 18. Jahrhundert zu einer Evolution der Gestalt des Alten. Destouches zeichnet in der Charakterkomödie einen autoritären und geizigen Oronte, der sein eigenes Wohl dem seiner Kinder voranstellt und ihnen Geldheiraten aufzwingen möchte. In *Der Undankbare,* in *Das unvorhergesehene Hindernis* ist der Vater tyrannisch und unerträglich. Doch in *Der Unentschlossene* liebt Pyrante seinen Sohn und gibt allen seinen Launen nach. In *Cénie* von Madame de Graffigny ist Dorimard ein charmanter Alter, ganz seinen Neffen ergeben, die er aufgezogen hat; er ist ein wenig autoritär, etwas zu selbstsicher, was ihn veranlaßt, Fehler zu machen; aber seine Güte überwiegt bei weitem seine Mängel. Und eine der Personen sagt zum Schluß nach der glücklichen Auflösung: «Wenn auch die übermäßige Güte manchmal hintergangen wird, so ist sie doch nichtsdestoweniger die höchste Tugend.»

Die Auffassung, die Beaumarchais in seinen Theaterstücken vom Alter vertritt, ist nuanciert und manchmal überraschend. Er war erst 35 Jahre alt, als er *Eugénie* auf die Bühne brachte, eine Tragödie, der kein Erfolg beschieden war. Die Hauptrolle hat der Vater des jungen Mädchens, Baron Hartley. Von diesem alten walisischen Edelmann sagt Beaumarchais [1]: «Der Baron, ein gerechter Mann, schlicht in seinem Leben und Handeln, entspricht in Charakter und Stil stets dieser Haltung; doch sobald ihn eine starke Leidenschaft beseelt, sprüht er Feuer und Flammen, und aus dieser Glut ergeben sich echte, brennende, unerwartete Dinge.» Das ist das erste Mal, daß man einem alten Mann eine innere Leidenschaft zugesteht, deren Ausbrüche seine Umgebung überraschen. In einem ersten Entwurf war der Vater ein bretonischer Edelmann, ein großer Liebhaber der Jagd, mit schroffem und unnachgiebigem Wesen: «Er trifft bei jedem Zwischenfall die heftigsten Entschlüsse, verdirbt alles, weil er alles selbst machen will, kurzum, ist ein polternder und sehr unvernünftiger Mensch.» Dieses Porträt kam den in den Komödien vorherrschenden, konventionellen Typen von Alten sehr viel näher. Nichts weist darauf hin, warum Beaumarchais es geändert hat. Aber sein Wohlwollen gegenüber alten Leuten kommt auch in dem drei Jahre später aufgeführten Stück *Die beiden Freunde* zum Ausdruck. Der Vater, ein «empfindsamer Philosoph», erweist sich hier als die sympathischste Gestalt; weise, altruistisch, großzügig, rettet er die Situation. Im *Barbier von Sevilla,* der im Ton so neu ist, übernimmt Beaumarchais hingegen wieder die Schablone des verliebten Alten: Bartholo gleicht Molieres Graubärten.[2] Kaum eine Rolle spielt er in *Die Hochzeit des Figaro*, wo kein weiterer Greis vorkommt. Am Ende seines Lebens macht sich Beaumarchais in *Die schuldige Mutter* – 1792 aufgeführt und kein Erfolg – hinsichtlich des Alters den moralisierenden und beruhigenden Standpunkt zu eigen, der sei-

1 In seinem *Essai sur le théâtre sérieux.*

2 Obwohl er viel schlauer und viel schwerer zu täuschen ist, was die Intrige interessanter macht.

nem Jahrhundert gefiel. In seinem Vorwort sagt er mit Bezug auf den Grafen Almaviva: «Beim Bild seines Alters und wenn Sie *Die schuldige Mutter* sehen, werden Sie mit uns überzeugt sein, daß jeder Mensch, der nicht als abscheulicher Bösewicht geboren wurde, am Ende immer gut wird, wenn das Alter der Leidenschaften sich entfernt, und vor allem, wenn er das süße Glück gekostet hat, Vater zu sein.» Im Stück sagt der Graf: «O meine Kinder! Es kommt ein Alter, da die anständigen Leute sich ihre Fehler, ihre früheren Schwächen verzeihen und da auf die stürmischen Leidenschaften, die sie einst entzweiten, eine sanfte Zuneigung folgt.»

1799 widmete ein gewisser Bouilly dem 66jährigen Abbé de l'Épée ein Stück, in dessen Vorwort er ihn so beschreibt: «Eine Geistesschärfe, der nichts entgehen kann ... Genie und Güte ... eine milde, ungekünstelte Frömmigkeit ... eine große Kenntnis der Natur.» Das sind die typischen Merkmale des alten Menschen, wie ihn sich die Moralisten erträumen.

Die zu Beginn des 19. Jahrhunderts so zahlreich aufkommenden Melodramen reihen sich in diese Linie ein. Die Alten spielen in ihnen nur Nebenrollen, aber sie sind würdevoll und rührend. Sie begehen manchmal Fehler, aber sie machen sie durch den Edelmut ihres Herzens wieder wett. So hatte in *Robert, der Räuberhauptmann* von Lamartelière Roberts Vater zu Unrecht seinen anderen Sohn vorgezogen, der ihn in einen Turm einsperren ließ: Robert rettet ihn. Der Alte erscheint wie ein Märtyrer voller Seelengröße. In *Die Frau mit zwei Ehemännern,* 1801 von Pixérécourt geschrieben, verkörpert der blinde alte Werner die höchsten Tugenden; sein unbeugsames Ehrgefühl macht ihn herrisch und hart: er hat seine Tochter verflucht, an deren Schuld er glaubt, ohne ihre Verteidigung anzuhören, und verbohrt sich in seinen Groll. Aber als er schließlich die Wahrheit erkennt, verzeiht er ihr, und alles rings um ihn weint vor Rührung. Einer der Helden schließt: «Ein verzeihender Vater ist das vollkommene Abbild Gottes.» Dasselbe Thema behandelt Pixérécourt 1821 noch einmal in *Valentine.* Alberto, ebenfalls blind, zeigt sich seiner Tochter gegenüber hart: schließlich versöhnt er sich mit ihr. Selbstlos, unerschrocken, grenzt er ans Erhabene und erzwingt Bewunderung.

Ein neues Thema taucht auf: das des ergebenen alten Dieners. Die Beziehung zwischen dem Lehnsherrn und seinem Vasallen bedeutete im Prinzip eine Aufopferung des einen für den andern: das aufsteigende Bürgertum träumte davon, zu seinen Gunsten ein ähnliches Band wiederzuerwecken. In *Menschenhaß und Reue* nach Kotzebue rührt der alte Tobias die anderen zu Tränen durch seine edle Heiterkeit, seine friedliche Resignation. Sehr alt und arm, gelingt es ihm, allein in der Tatsache, daß er lebt, ein bescheidenes Glück zu finden. In *Der erlauchte Blinde,* 1806 von Caigniez geschrieben, ist eine der Hauptpersonen, der alte Oberto, einem jungen blinden Prinzen – mutig, würdevoll, die Verkörperung aller Tugenden – leidenschaftlich ergeben.

Im Werk von Pixérécourt kommt eine ganze Reihe ergebener alter Diener vor.

Diese Werke von geringer Qualität sind dennoch höchst bezeichnend: sie entsprechen den Wünschen des Publikums und spiegeln also seine Vorstellungen. Es verehrt die Alten innerhalb seiner Klasse; außerhalb von ihr bewundert es sie, sofern sie die langjährige Treue einer unbedingten Ergebenheit gegenüber der höheren Kaste verkörpern. Die in Armut lebenden Alten halten schüchtern Einzug in die Literatur. Sie interessieren nicht an sich, sondern in ihrer feudalistischen Beziehung zu einem Herrn, in dem die Ursache für die Bedingung ihres Dasein liegt.[1]

Im italienischen Theater ist eine parallele Entwicklung zu beobachten. Im 16. Jahrhundert war Pantalone ein abstoßender, noch immer unreifer Greis. Ende des 17. Jahrhunderts hatte er sich bereits gewandelt. Perruci sagte 1699 von ihm: «Er ist ein hinfälliger Greis, der die Jugend imitieren möchte.» Doch 1728 beschreibt ihn Luigi Riccoboni als «einen guten Familienvater, einen Ehrenmann, äußerst gewählt in seinen Worten und streng mit seinen Kindern». Er ist «nach außen hin grob». Er ist nicht mehr geizig, sondern nur sehr sparsam, aber trotz seiner guten Eigenschaften wird er noch geprellt.

Besonders frappierend ist diese Veränderung in den Stücken Goldonis. Das rührt daher, daß man in Venedig, dessen Sitten er schildert, ebenfalls den Aufstieg des Bürgertums und die Lobpreisung der bürgerlichen Werte erlebt. Seit dem 16. Jahrhundert war Venedigs Vorherrschaft auf dem Meer zurückgegangen, da das türkische Reich, Spanien, Ragusa ihm Konkurrenz machten. Venedig wandelte sich zu einem großen Industriehafen: man stellte feines Wolltuch her. Aber die Adligen fanden diese Art von Arbeit erniedrigend; sie kauften sich Güter im Hinterland und zogen sich von den Geschäften zurück. Im 18. Jahrhundert hält sich die Aristokratie an der politischen Macht, aber sie kann nur überleben dank der Reichtümer, die von der Klasse der Kaufleute in der Stadt angehäuft wird. Die Idealgestalt ist der ehrbare, sparsame, fleißige Kaufmann: seine Tugenden sind für die Stadt, für seine Familie, für ihn selbst nützlicher als Adelstitel. Die Adligen führen ein verschwenderisches und unsinniges Leben: der Kaufmann verkörpert den gesunden Menschenverstand und die Redlichkeit. Sein Moralkodex beruht im wesentlichen auf den Beziehungen der Familie. Das war die Überzeugung der bürgerlichen Klasse, der Goldoni angehörte.

Der Überlieferung nach ist Pantalone ein Kaufmann. Zu Beginn seines Schaffens zeigt Goldoni, die Commedia dell'arte imitierend, eine konventionelle Gestalt. In *Die vier Grobiane,* einem sehr viel persönlicheren Werk, erscheint der alte Mann jedoch als sehr unsympathisch. Goldoni bringt vier Inkarnationen Pantalones auf die Bühne: vier Menschenfeinde – tyrannische, geizige, egoistische, eigensinnige Alte; sie haben überholte Vorstellungen und verabscheuen die Jugend; sie unterdrücken ihre Familie, hindern Frauen und Kinder daran, auszugehen, sich zu zerstreuen, sich hübsch zu kleiden. Der eine will seine Tochter mit dem Sohn eines andern verheiraten, aber beide verwehren den Jungen, sich vor ihrem Hochzeitstag zu sehen. Dank der heimlichen Mithilfe ihrer Mütter gelingt es den beiden schließlich doch, sich zu treffen.

1 Dasselbe gilt für den alten Sklaven in *Ion* von Euripides.

Im weiteren Verlauf seiner Karriere bemüht Goldoni sich mehr und mehr, die venezianische Gesellschaft so zu schildern, wie er sie sieht, und Pantalone nähert sich dem idealen Kaufmann. Er ist im übrigen kein Greis, sondern ein Mann zwischen den Altern, der es verstanden hat, sein Vermögen zu verwalten, sein Leben gut zu führen und der weise Ratschläge erteilt: Goldoni macht ihn oft zu seinem Sprachrohr. In einem seiner gelungensten Stücke, *Der gutherzige Polterer,* behandelt er die Figur des Vaters ein wenig ironisch, aber auch mit der größten Achtung. Géronte ist schroff, herrisch, charakterlich schwierig; er hört auf niemanden; ohne seine Nichte Angelika zu fragen, hat er ihre Heirat mit einem alten Freund beschlossen. Aber er ist auch ein großzügiger Mann; er sorgt reichlich für die Familie seines Dieners. Er erklärt sich bereit, die Schulden seines Neffen zu bezahlen. Und schließlich sieht er auch ein, daß er Angelika frei über ihr Herz verfügen lassen muß und erlaubt ihr, den jungen Mann zu heiraten, den sie liebt.

Man sieht, wie sehr sich die Figur des alten reichen Kaufmanns seit Chaucer geändert hat. Damals – und während der folgenden Jahrhunderte – war sein Reichtum Gegenstand des Neides; man hielt ihn für ungerecht bevorzugt, man rächte sich, indem man sich lustig über ihn machte. Erst im 18. Jahrhundert führt ein größeres Verständnis der wirtschaftlichen Tatsachen dazu, daß man begreift, welche Dienste er der gesamten Gesellschaft erweist. Der Utilitarismus, den die Puritaner als erste lehrten, führt dazu, ihn mit allen Verdiensten auszustatten, nachdem man seine Rolle erkannt hat. Ganz besonders achtet man ihn in seinem hohen Alter: sein Wohlstand garantiert seine Weisheit und seine Tugenden.

Die Autoren des 18. Jahrhunderts entrinnen genausowenig dem Einfluß ihrer Epoche wie die anderen. Da diese Zeit jedoch den Individualismus, die Neuheit und den Ideenreichtum begünstigt, begegnet man in ihr einer großen Zahl von Schriftstellern, deren Originalität verblüfft. Zu ihnen gehört Swift, dem wir das grausamste Bild des Alters verdanken, das je gezeichnet worden ist. Er war 55 Jahre alt und befand sich in einer schwierigen Phase seines Lebens – Ende seiner Beziehungen mit Vanessa –, als er den dritten Teil von *Gullivers Reisen* schrieb. Im vierten, früher verfaßten, hatte er eine grimmige Satire auf die Gattung der Menschen unter der Gestalt der Yahoos geschrieben. «Ich hasse und verabscheue das Tier, das man Mensch nennt», schrieb er etwas später an Pope. Frauen waren ihm zuwider: einige Jahre später schrieb er sein berühmtes Gedicht *Das Boudoir.* Das Alter, soweit man es, zumindest in Worten, für das edelste und erfüllte Stadium des menschlichen Daseins hält, konnte nur seinen Zorn erregen. Er war selbst in vorgerückten Jahren, fühlte sich schlecht, und sein Alter war in der Tat ein dramatischer physischer und geistiger Verfall – es war, als hätte er es vorausgeahnt. Er hätte nicht so ausführlich jene Unsterblichen beschrieben, die in Wirklichkeit lediglich uralte Greise sind, wäre er nicht von Wahnvorstellungen heimgesucht worden, aus denen er mit Entsetzen seine eigene Zukunft herauslas. Es ist sicher kein Zufall, wenn er sich in seinen letzten Lebensjahren selbst in einen gräßlichen Struldbrug verwandelt hat.

Als Gulliver erfährt, daß bestimmte Luggnaggler mit einem Zeichen auf der Stirn geboren werden, das sie zur Unsterblichkeit bestimmt, staunt er: er stellt sie sich glücklich befreit von der Todesfurcht vor, voller Wissen, reich, miteinander über wichtige Probleme sprechend. An ihrer Stelle, so erklärt er, würde er gegen die Korruption kämpfen, sich bemühen, große Entdeckungen möglich zu machen. Sein Gesprächspartner antwortet ihm, daß die alten Leute überall gern am Leben bleiben: nur hier nicht, weil sie mit eigenen Augen sehen, welches Schicksal sie erwartet. «Dieser Plan der Unsterblichkeit ist unvernünftig und unsinnig, sagte er mir, weil er eine ewige Fortdauer der Jugend, der Gesundheit und der Kraft voraussetzt... Das Problem liegt nicht darin, ein immer im Frühling stehendes, immer von Glück und Gesundheit erfülltes Leben zu schaffen, sondern ein Dasein zu ertragen, das ständig dem Elend des Alters ausgeliefert ist.» In der Tat beginnen die Struldbrugs etwa mit 30 Jahren melancholisch zu werden, was sich bis zu 80 Jahren immer mehr verstärkt. Dann «haben sie alle körperlichen und geistigen Gebrechen der Greise und dazu eine Menge anderer, die in der grausamen Aussicht entstehen, niemals zu enden. Sie sind nicht nur starrköpfig, zänkisch, habsüchtig, empfindlich, eitel, geschwätzig, sondern auch unfähig zu jeglicher Freundschaft und sogar zur Liebe für ihre Kinder, die sie nach der zweiten Generation aus dem Auge verlieren. Sie haben zwei beherrschende Leidenschaften: den Neid und unterdrückte Gelüste. Sie sehen mit Neid auf die Laster der Jugend; sie wünschen den Tod der Alten... Ihre Erinnerungen gehen nur in ihre Jugend oder zum Beginn des reifen Alters zurück; sie sind im übrigen sehr unsicher ... Das beste, was man ihnen wünschen kann, ist, daß sie alle ihre Fähigkeiten verlieren und völlig kindisch werden. Denn dann können sie auf ein wenig Mitleid und Beistand rechnen, weil sie keinen so bösartigen Charakter mehr haben ...» Mit 80 Jahren hält man sie für gestorben im bürgerlichen Sinn; die Gatten trennen sich (wenn sie beide unsterblich sind). Sie leben von einer kleinen Rente. Mit 90 Jahren verlieren sie Zähne und Haare. In diesem Alter vermögen sie den Geschmack der Speisen nicht mehr zu unterscheiden. «Wenn sie sprechen, finden sie ihre Worte nicht mehr.» – «In Ermangelung eines Gedächtnisses können sie selbst nicht mehr lesen.» Da sich die Sprache weiterentwickelt, verstehen sie sie nicht mehr. «Ihnen widerfährt also das Unglück, als Fremde in ihrem eigenen Land zu leben.»

Dieser letzte Gedanke ist völlig neu. Früher, besonders im Mittelalter, ging die Zeit im Kreis herum, und der alte Mensch verfiel innerhalb eines gleichbleibenden Universums. Im 18. Jahrhundert glaubt das aufstrebende Bürgertum an einen Fortschritt: das führt Swift zu der Ansicht, daß der Alte sich in einer veränderlichen, unaufhörlich verjüngten Welt wiederholt und stagniert. Unfähig, ihrer Entwicklung zu folgen, bleibt er zurück, allein, eingemauert, von allem abgeschnitten, was sich von ihm entfernt.[1] Die Verbindung mit den jün-

1 Ninon de Lenclos sprach in einem Brief von dieser Isolierung des alten Menschen in einem Jahrhundert, das nicht mehr das seine ist. Das Thema wird oft aufgegriffen, insbesondere von Chateaubriand. Ich komme später ausführlich darauf zurück. Aber dies ist das erste Mal, daß es öffentlich und mit Nachdruck behandelt wird.

geren Generationen ist ihm versagt. Das Alter ist nicht nur Verfall, sondern auch – was es für Swift später sein sollte – die Einsamkeit der Verbannung.

Ein unsterblicher Greis: das ist das traurige Schicksal von Tithon, das der ionische Dichter Mimnermos (600 v. Chr.) beklagte. Die Menschen haben sich das nie gewünscht. Dagegen träumten sie, wie ich bereits erwähnte, vom Jungbrunnen. Eines der Themen von Goethes *Faust* ist das der Verjüngung. Weder in den alten Legenden, deren Held Faust war, noch in dem Stück von Marlowe taucht dieser Gedanke auf. Faust war ein Gelehrter, dann Magier, der aus Wissensdurst seine Seele verlor. Goethes Tragödie ist auch und vor allem ein Drama des Wissensdranges und der Grenzen des Menschen. Aber der Begriff des Alters spielt dabei eine große Rolle. Der alte Faust findet in der Wissenschaft kein Glück mehr; er zieht keinen Stolz mehr daraus, sie berauscht ihn nicht mehr; sie bleibt offen, er könnte noch lernen; aber er ist ein Opfer seiner Endlichkeit: der Wunsch nach weiterem Wissen ist in ihm erstorben; er hat keinen Grund mehr zu leben. Um ihn wiederzufinden, müßten die Freuden, die Liebe, die Berauschtheit der Jugend in aller Frische wiederkehren: er wettet, er würde sich, wenn Mephisto ihm die Jugend wiedergäbe, von den Genüssen nicht so verführen lassen, daß er die Zeit aufhalten möchte; aber diese Herausforderung hat nur dann einen Sinn, wenn er aufs neue fähig ist, Genüsse zu empfinden. Goethe sieht also das Alter als eine abstrakte, eisige und enttäuschende Zeit. Er war erst 24 Jahre alt, als er den *Faust* begann, und fast 57, als er den ersten Teil im April 1806 beendete. Obwohl er noch keine Erfahrung über das hohe Alter besaß, war er sich schon der Endlichkeit der menschlichen Existenz bewußt. Wenn er gleich den Schlangen immer seine Haut wechseln wollte, so deshalb, weil ihm die seine hin und wieder zu eng war und abgenutzt erschien. Die Frage ist nicht so sehr, jung zu sein, als sich verjüngen zu können: seinen Grenzen zu entrinnen, das Leben wie ein Abenteuer noch einmal zu leben, ohne zuzulassen, daß es in einer Sackgasse endet.

Im 19. Jahrhundert wandelt sich Europa: die eintretenden Veränderungen haben beträchtlichen Einfluß auf die Lage der alten Menschen und die Vorstellung, die die Gesellschaft sich vom Alter macht. Als erstes fällt auf, daß in allen Ländern die Demographie einen enormen Anstieg der Bevölkerungszahl feststellt: im Jahre 1800 betrug die europäische Bevölkerung 187 Millionen Menschen; 1850 stieg sie auf 266 Millionen, 1870 auf 300 Millionen. Als Folge davon wuchs auch, zumindest in gewissen Klassen der Gesellschaft, die Zahl der alten Menschen. Diese Zunahme, verbunden mit dem Fortschritt der Wissenschaft, führt dazu, daß an Stelle der Mythen über das Alter eine echte Kenntnis tritt; und dieses Wissen ermöglicht der Medizin, die alten Leute zu pflegen und zu heilen. Sie sind zu zahlreich, als daß die erzählende Literatur sie schweigend übergehen könnte; in Frankreich, in England, in Rußland bemühen sich die Romanschriftsteller, ein vollständiges Bild der Gesellschaft zu zeichnen: das führt sie dazu, nicht nur privilegierte Alte zu beschreiben, sondern auch solche der unteren Klassen, die die Schriftsteller – abgesehen von unerheblichen Ausnahmen – nie erwähnt hatten.

Das bedeutet nicht, daß für die Gesamtheit der alten Leute die Umstände günstiger geworden wären, weit entfernt davon. Wir werden im Gegenteil sehen, daß viele von ihnen der wirtschaftlichen Entwicklung zum Opfer fielen, die im Laufe des Jahrhunderts eintrat.

Drei eng miteinander verflochtene Erscheinungen begleiten überall den Bevölkerungsanstieg: die industrielle Revolution, eine Landflucht, die zum Anwachsen der Städte führte, das Entstehen einer neuen Klasse, des Proletariats.

In England hatte die Bevölkerung des Landes mit dem System der *enclosures* begonnen, das eine große Zahl von Bauern brotlos machte. Die Gesetze über die Sozialfürsorge bewirkten zu Beginn des 19. Jahrhunderts einen Rückgang der Einkünfte bei den Bauern, der sie vom Land vertrieb. Als 1846 das Gesetz über den Freihandel gebilligt wurde, trugen in England Industrie und Handel endgültig den Sieg über die Landwirtschaft davon.

In Frankreich setzte Ende des 18. Jahrhunderts eine starke Landflucht ein. Die Stadtbevölkerung, die $1/10$ der Gesamtbevölkerung ausgemacht hatte, stieg nun auf $1/5$: rund 5 ½ Millionen Einwohner. Die Bauernsöhne wanderten vor allem in die Kleinstädte ab, wo sie sozial aufstiegen, indem sie Kaufleute, Angestellte, Beamte wurden. Anfang des 19. Jahrhunderts trat eher ein Stillstand in dieser Bewegung ein; von 1800 bis 1851 nahm die Stadtbevölkerung um 3 ½ Millionen zu, doch in Anbetracht des Gesamtzuwachses der Bevölkerung beherbergten die Städte nur 25 % der Franzosen. Dank Steuererleichterungen erhöhten sich die Einkünfte der Bauern, aber dieser Überschuß wurde durch die parallel laufenden Bevölkerungsanstieg aufgezehrt. Zwischen 1840 und 1850 kann das Land seine Bewohner nicht mehr ernähren, folglich überstürzt sich zwischen 1850 und 1865 die Landflucht. In den nachfolgenden Jahren verfällt durch die industrielle Konzentration die ländliche Industrie, die den Bauern einen bedeutenden Zuschuß geliefert hatte. Die technischen Fortschritte machen die Landbestellung für die Armen schwieriger: sie können nicht mit den bürgerlichen Grundeigentümern konkurrieren, die in der Landwirtschaft kapitalistische Methoden einführen. Darüber hinaus ermöglichen die Fortschritte im Verkehrswesen Amerika, von 1880 an seinen Weizen nach Frankreich zu exportieren: das hat eine schwere Wirtschaftskrise zur Folge, und die Landflucht setzt sich fort. 1881 ist ein Drittel der Bevölkerung in den Städten konzentriert. Am Ende des Jahrhunderts bietet die Industrie Arbeitsplätze für die Bauernsöhne, die damit die Reihen des Proletariats verstärken.

Für die Alten waren diese Veränderungen verhängnisvoll. Nie befanden sie sich in Frankreich oder England in einer so harten Lage wie in der zweiten Hälfte des 19. Jahrhunderts. Die Arbeit war nicht geschützt; Männer, Frauen, Kinder wurden erbarmungslos ausgenutzt. Mit zunehmendem Alter konnten die Arbeiter das Arbeitstempo nicht mehr durchhalten. Der Preis für die industrielle Revolution war ein ungeheurer Verschleiß von Menschen. In Amerika forderte das Taylor-System zwischen 1880 und 1900 Massenopfer: die meisten Arbeiter starben vorzeitig. Jene, die überlebten, wenn das Alter sie arbeitslos machte, waren überall zum Elend verurteilt. In Frankreich wurden seit der

Restauration Versicherungen auf Gegenseitigkeit geduldet, seit 1835 anerkannt; 1850 und 1852 fielen sie wieder unter ein System strenger Überwachung. Die III. Republik gewährte ihnen mit dem Gesetz vom 1. April 1898 volle Freiheit. Aber selbst unter den besten Bedingungen waren ihre Mittel stets unzureichend, wenn es darum ging, ein so schweres Risiko wie das Alter zu sichern. Dasselbe galt für die englischen Arbeitervereinigungen. «Macht Ersparnisse an Stelle von Kindern», empfahl J. B. Say. An Arbeiter gerichtet, war dieser Rat ein Hohn. In Frankreich und England wimmelte es von alten Landstreichern und mittellosen Alten.

In Frankreich blieb auf dem Lande der Familienunterhalt die Regel. Wenn der Alte, der über die Hausgemeinschaft herrschte, stark oder reich genug war, die Oberhand über sein Land zu behalten – indem er weiterarbeitete oder Landarbeiter einstellte –, so behielt er auch die Autorität über seine Kinder. In ländlichen Gebieten bestand die patriarchalische Familie fort, und die Herrschaft des Alten, der sie lenkte, konnte tyrannisch sein. Doch das kam nur bei wohlhabenden Bauern vor, und solche gab es wenige. 1815 noch archaisch, machte die Landwirtschaft nur langsam Fortschritte; die Erträge waren so gering, daß die Bauern mit Mühe und Not davon leben konnten. Im Alter hatten sie nicht mehr die Kraft, ihr Land zu bestellen und besaßen auch nicht die nötigen Ersparnisse, um fremde Arbeitskräfte zu bezahlen. Also waren sie auf Gedeih und Verderb ihren Kindern ausgeliefert. Diese lebten ebenfalls am Rande des Elends und konnten keine nutzlosen Münder miternähren. Manchmal entledigten sie sich ihrer, indem sie sie ins Altersheim brachten. 1804 entrüstete sich der Direktor des Altersheims von Montrichard [1]: «Die Greise müssen alles, was ihnen gehört, ins Heim mitbringen und dalassen; indessen ziehen unmenschliche Kinder, wenn sie ihre alten Eltern bringen, ihnen selbst das letzte Hemd aus, ehe sie sie in den Sälen zurücklassen.» Gewöhnlich behielt man die Alten bei sich; aber die im Mittelalter durch König Lear illustrierte Situation hat sich in allen Jahrhunderten wiederholt: wenn der Vater nicht mehr imstande war, sein Land selbst zu bearbeiten, übergab er es seinen Kindern, die ihn sehr oft Hunger leiden ließen und schlecht behandelten. In einem *Bericht über die Bauern im Aveyron und Tarn* schreibt Rouvellat de Cussac: «Es gibt nichts Alltäglicheres, als daß die Kinder beider Geschlechter ihre Pflichten gegenüber den Urhebern ihres Lebens vergessen, wenn diese alt sind; wenn sie die Unvorsichtigkeit begehen, ihre Güter ohne schriftlichen Vorbehalt oder anders als durch ein widerrufliches Testament zu übereignen, setzen sie sich der Gefahr aus, verachtet zu werden oder oft das Nötigste zu entbehren.»

Dieses Thema kehrt in zahlreichen Romanen wieder, die sicherlich die Wirklichkeit spiegeln. In André Theuriets 1885 geschriebenem Roman *Eusèbe Lombard* beschuldigt die Schwester nach dem Tod des Vaters den älteren Bruder, er habe den Vater immer eingesperrt gehalten. «Wenn er einmal zu uns gekommen ist, so weil du ihn mit faulen Kartoffeln gefüttert hast. – Und du hast

1 Historische Untersuchung über Montrichard von dem Abt C. Labreuille.

ihn mitten im Winter auf dem Stroh erfrieren lassen.» In dem Roman *Autour du clocher,* zu dem Fèvre und Desprez durch die Bauern von Rouvres im Département Aube angeregt wurden, wird der alte Vater Bonhoure von seinen Kindern roh behandelt: «Er vegetierte kümmerlich dahin, wurde geprügelt, beleidigt, nährte sich wie die Schweine von verdorbenen Kartoffeln.» Am Ende hängt er sich auf. In *L'Aveugle* von Maizeroy zwingen die Neffen ihren alten Onkel zum Betteln: «Wenn er mit leerem Beutel zurückkam, schlugen sie auf ihn ein und alle, selbst die Kleinsten, verspotteten ihn, nahmen ihm seinen Napf weg, überschütteten ihn mit Gemeinheiten.» Eines Tages stirbt er auf der Straße. In *Le Père amable* beschreibt Maupassant das traurige, stille Dasein eines verwitweten, tauben, halbgelähmten Vaters, der bei seinem Sohn lebt. Gegen seinen Willen heiratet der Sohn in zweiter Ehe eine Frau, die schon ein Kind von einem anderen hat. Das Leben wird für den Greis immer ärger und trostloser. Der Sohn stirbt. Die Frau behandelt ihren Schwiegervater nicht schlecht, aber sie heiratet noch einmal. Da erhängt er sich.

Das Gesetz bemüht sich, die Alten vor der Gier und Vernachlässigung ihrer Nachkommen zu schützen. Es ersetzt damit eine tatsächliche Situation durch eine rechtliche. Der Vater, der sich durch eine Erbteilung zu Lebzeiten seiner Habe entäußerte, erhielt im Austausch dafür eine Leibrente, deren Höhe notariell festgelegt wurde: wenn seine Kinder sie ihm vorenthielten, konnte er sie gerichtlich belangen. Im Prinzip hing er also nicht mehr von der Willkür seiner Familie ab. Unglücklicherweise mußte er diesen Schutz, den die Justiz ihm bot, oft teuer bezahlen. Früher hatten seine Kinder ein gewisses Interesse daran, so wenig wie möglich für ihn auszugeben; von nun an wurde ihr Interesse präzise, meßbar, es verkörperte sich in der Rente, die sie ihm geben mußten. Sie hatten also triftige Gründe, ihn verschwinden zu lassen: das war das einfachste Mittel, dem gesetzlichen Zwang zu entgehen. Es ist unmöglich, festzustellen, in welchem Jahrhundert die Morde an alten Eltern – durch Gewalt oder Entbehrung – proportional am zahlreichsten waren. Die meisten blieben im Schweigen des Landes begraben: doch im 19. Jahrhundert muß es keine Seltenheit gewesen sein, denn anders wäre weniger an die Öffentlichkeit gedrungen und man hätte sich nicht beunruhigt. Bedeutet dies, daß man sich stärker für das Schicksal der alten Bauern interessierte? Oder daß die Verbrechen zunahmen und unvorsichtiger begangen wurden? Darüber gibt kein Dokument Aufschluß.

Sicher ist jedoch, daß die Gefahren für den enteigneten alten Vater oft aufgezeigt worden sind. In seiner *Geschichte der Bauern* schreibt Bonnemère 1874 in diesem Zusammenhang: «Voller Überdruß, sich und allen anderen zur Last, überall ein Fremder bei seinen Kindern, trägt er die Langeweile seiner letzten Tage von Hütte zu Hütte. Endlich stirbt er ... Er soll sich nur beeilen, denn da lauert die Habsucht, die im Finstern den Arm des Vatermörders bewehrt.» Es käme häufig vor, sagt Bonnemère, daß man die Alten beerdigt, bevor sie richtig tot sind: «Unter dem Strohdach wird die Schlafsucht mit dem Namen Tod bezeichnet, weil man, nach den Worten von Dupuis [1], nicht immer zwei Zim-

1 *Dictionnaire de la conversation,* Artikel «Inhumations» (Bestattungen).

mer besitzt und es eilig hat, die Erbschaft anzutreten.» Bonnemère führt allein für das Jahr 1855 vier Fälle von Elternmord an.[1] Diese Verbrechen waren so verbreitet und trotz der Heimlichkeit, mit der man sie umgab, so bekannt, daß eine offizielle Untersuchung über die französische Landwirtschaft, die von 1866 bis 1870 durchgeführt und 1877 von Paul Turot wiederaufgenommen wurde, nicht zögert, darauf hinzuweisen. Im Namen der Regierung rät Turot den Eltern davon ab, ihre Güter schon zu Lebzeiten zu verteilen. Er erinnert eindrucksvoll an das jämmerliche Los, das die Alten erwartet, nachdem sie sich ihres Besitzes entäußert haben; er beschwört «die Verbrechen, die begangen werden, um den Tod zu beschleunigen und für die alle mit der Erbschaft verbundenen Verpflichtungen ein Anreiz, eine Art Ermutigung sind. Der Familienvater hat keinerlei Autorität mehr, sobald er sein Vermögen einmal übereignet hat. Er wird verachtet, von seinen Kindern verstoßen, vom häuslichen Herd eines jeden Kindes verwiesen, von einem zum andern geschickt mit einer Leibrente, die man ihm oft nicht zahlt, und ohne Gewährung einer Behausung.»

In einem Artikel in *Le Temps* vom 5. August 1885 spricht Cherville vom jammervollen Schicksal der alten Eltern, die man ständig ärgert, aushungert, zum Betteln schickt. Der Großvater schließt sich oft eng an den Enkel an, aber «wenn der Junge größer wird, wendet er sich ab», um es wie die anderen zu machen. Die Versuchung sei groß, sagt der Journalist, das Ende der alten Eltern, die immer Geld kosten, zu beschleunigen.

Zola erzählt in *Die Erde* eines jener düsteren Dramen: er stützt sich dabei auf eine sehr fundierte Dokumentation. Man[2] hat diesen Roman mit *König Lear* verglichen, den Zola in seinen Anmerkungen übrigens erwähnt. Shakespeare und Zola schildern in der Tat eine analoge Situation. Zu Beginn des Romans versammelt der alte Fouan seine Kinder beim Notar, um seinen Besitz zwischen ihnen aufzuteilen, den zu verwalten er nicht mehr die Kraft hat. Die Kinder streiten sich heftig wegen der vom Vater geforderten Rente. «Das

1 Im Département Maine-et-Loire ermordete ein Bauer namens Guyomard seine Schwiegermutter, die ihm ihren Besitz abgetreten hatte und dafür jedes Jahr 20 Francs und 12 Scheffel Roggen von ihm erhielt (*Le Constitutionnel*, 12. Februar 1855).

In Gensac in der Nähe von Libourne ermordete ein 60jähriger Mann seine 80jährige Mutter mit zwei Messerstichen in den Hals, um sich von einer Leibrente zu befreien (*La Presse*, 22. März 1855).

In La Ferté-sous-Jouarre schlug ein Bauer nachts auf einem Feldweg mit einem Stock seinen Schwiegervater nieder, dem er eine Leibrente von 800 Francs zahlte. Ein junges Mädchen, das die Schreie gehört hatte, zeigte ihn an, worauf er gestand (*La Presse*, 29. Juli 1855).

Bei Nemours schlug der Bauer Pierre Besson seinen Vater nieder, weil einige Bestimmungen im Testament seinen jüngeren Bruder begünstigten.

Ich will noch einen Fall anführen, der 1886 viel Aufsehen erregte: In Luneau, im Département Loir-et-Cher, verbrannten die Ehegatten Thomas die Mutter der Frau Thomas bei lebendigem Leibe.

2 Insbesondere Legouis in *Revue de littérature comparée* (1957). Der große Unterschied ist, daß Fouan nicht das Menschenschicksal insgesamt verkörpert.

Leben der beiden Alten wurde Punkt für Punkt durchleuchtet, ausgebreitet, besprochen. Man maß das Brot, das Gemüse, das Fleisch ... Wenn man nicht mehr arbeitet, muß man sich einschränken können.» Ein Betrag wird festgesetzt. Der Alte lebt mit seiner Frau zunächst weiter in seinem Haus. Die Kinder geben ihm nur einen kleinen Teil der vereinbarten Rente. Das führt zu einer gräßlichen Szene zwischen dem Vater und seinem jüngsten Sohn Buteau: die Mutter stirbt darüber vor Aufregung. Man überredet den Alten, das Haus zu verkaufen und bei seiner Tochter zu wohnen: sie behandelt ihn schäbig. Wie Lear lebt er abwechselnd bei jedem seiner Kinder und ist dort sehr unglücklich. Es vergehen einige jammervolle Jahre. Buteau hat ihn unter sein Dach gelockt in der Hoffnung, ihm seinen versteckten Schatz zu stehlen, und geht brutal mit ihm um. Im Verlauf einer Auseinandersetzung hebt der Alte die Hand mit einer drohenden Gebärde, die seinen Sohn früher eingeschüchtert hatte: aber diesmal packt der Sohn die Hand, schüttelt seinen Vater, schleudert ihn auf einen Stuhl. Gleich den alten Gorillas, die von den Jungen besiegt werden, fühlt er sich endgültig geschlagen: mit dem Verlust seiner körperlichen Kraft hat er auch seine ganze Autorität verloren. Selbst der Schutz des Gesetzes ist unzureichend, um ihn gegen die brutale Gewalt zu schützen. Buteau gelingt es, ihm seine Ersparnisse zu entwenden. Der Konflikt zwischen Vater und Sohn spitzt sich derart zu, daß der Alte, wie Lear, eines Nachts von zu Hause flieht und bis zum Morgen in Wind und Wetter umherirrt. Weil er Zeuge eines Verbrechens war, das sein Sohn und seine Schwiegertochter begangen haben, und vor allem, weil diese die Last, für ihn aufzukommen, als unerträglich empfinden, erstikken sie ihn und legen Feuer an seinen Strohsack, um einen Unfall vorzutäuschen. Der Arzt sieht nicht allzu genau hin und gibt die Erlaubnis, ihn zu begraben.

Auch die in *Le Temps* erwähnte Beziehung zwischen Großvater und Enkel hat Zola verwendet. Eine Zeitlang tröstet sich der alte Fouan mit der Zuneigung zu dem Kind, die der Kleine zu erwidern scheint, über sein Unglück hinweg. Doch eines Tages, als er den Enkel von der Schule abholt, weigert sich dieser, mit ihm zu gehen, und verspottet ihn zusammen mit seinen Kameraden.

Infolge der Tatsache, daß im 19. Jahrhundert zumindest in einem gewissen Maße Licht auf das Schicksal der ausgebeuteten Alten fällt, kommt der Gegensatz zur Stellung der privilegierten Alten auffallender zum Ausdruck als in jeder anderen Zeit. Ob es sich um alte Arbeiter handelt, die zum Elend und zur Landstreicherei verurteilt sind, oder um alte Bauern, die man wie Tiere behandelt, die besitzlosen Alten stehen auf der untersten Sprosse der sozialen Stufenleiter. Die Spitze nehmen die Greise der oberen Klasse ein. Der Gegensatz ist so kraß, daß man fast meinen könnte, zwei verschiedene Menschenarten vor sich zu haben. Die wirtschaftlichen und sozialen Veränderungen, so verhängnisvoll für die einen, haben die anderen im Gegenteil begünstigt.

Die Restauration, die Rückkehr der Emigranten führten Anfang des 19. Jahrhunderts dazu, daß sich eine regelrechte Gerontokratie bildete. Die Emigranten hatten Land zurückgekauft, häufig ihr eigenes: 1830 war die Hälfte des Großgrundbesitzes wiederhergestellt. Diese Grundbesitzer-Aristokratie war nicht sehr zahlreich, hatte aber viele Anhänger im Bürgertum. Um den König gruppiert, hatte sie ein auf Grundbesitz basierendes Klassen-Wahlsystem eingeführt, das ihr die politische Vorherrschaft sicherte. Es gab 90 000 Wähler, das heißt, daß von 100 volljährigen Franzosen nur einer votierte; man zählte etwa 8000 wählbare Bürger. Da die Emigranten sehr alt waren, befand man sich in einer Lage, die man als pathologisch bezeichnen könnte. Der Pamphletist Fazy prangerte diese Situation 1829 an: «Man hat Frankreich auf 7000 bis 8000 wählbare, asthmatische, gichtige, gelähmte, in ihren Fähigkeiten geschwächte Männer beschränkt, die lediglich nach Ruhe streben.» Er kritisierte heftig «das eigenartige Gesetz, das nur Greise zu Vertretung der Nation beruft». Dieses Vorrecht der Greise setzte sich nach 1830 in der Chambre des Pairs fort: Talleyrand erzählte Guizot 1835: «Ich war gestern in der Pairskammer. Wir waren nur sechs ... und alle über 80 Jahre alt ...»

Indessen bereicherte sich das Großbürgertum dadurch, daß es die Arbeiter und einen guten Teil der Bauern ausnutzte, indem es Geld gegen Zinsen verlieh. Dank seiner wirtschaftlichen Überlegenheit entriß es dem Grundadel die politische Macht. Unter Louis-Philippe lag die Regierung in Händen der Industriellen, Bankiers, der großen Kaufleute, aber auch von hohen Beamten, Advokaten, Professoren. Da es sie Zeit gekostet hatte, ihr Vermögen anzusammeln, waren die meisten von ihnen alt. Auch hier kann man von einer Gerontokratie sprechen. Charles Dupin versichert, die Hälfte der Wähler sei älter als 55 Jahre gewesen. Ihm zufolge wurden die 54 000 liberalen Wahlmänner von 28 Millionen Bürgern unterstützt, die 46 000 Wahlmänner der Rechten von 3 Millionen Greisen. Dies sind annähernde Zahlen, sie dürften aber im allgemeinen stimmen. Es handelte sich um eine Plutokratie, und die Mehrheit der Reichen waren Alte. Die Unternehmen waren Familienbetriebe, an deren Spitze normalerweise das älteste Familienmitglied stand. Als Motor der Wirtschaft fungierte nicht mehr die Rente, sondern der Profit, der dank Investitionen stieg. Die Mitglieder der Familienzelle waren durch ihre Interessen eng miteinander verknüpft, und diese verkörperten sich im Ahn.

Nach 1848 übten Banken und Industrie die politische Macht aus. Zu dieser Zeit vervollständigte sich auch die industrielle Revolution: Eisenbahn, Textilindustrie, Hüttenwerke, Kohlenbergbau, Zuckerraffinerien usw. erlebten einen ungeheuren Aufschwung. Die Banken spielten eine immer bedeutendere Rolle. In dieser sich rasch verändernden Welt, in der die am höchsten geachtete Gestalt der ‹Unternehmer› war, galt Initiative als die unentbehrlichste Eigenschaft: der Sohn, wagemutiger als der Vater, war derjenige, der diesen überzeugte, die neuesten Maschinen und Techniken in den Fabriken einzuführen. Andererseits traten an die Stelle des Familienkapitalismus Aktiengesellschaften. Der alte Mann verlor sein wirtschaftliches Prestige. Das allgemeine Wahlrecht nahm ihm seine politische Überlegenheit. Dennoch setzte sich 1871 die Nationalversammlung zum großen Teil aus Landbesitzern zusammen, die alte Männer waren: sie bestand aus 400 Royalisten gegenüber 200 Republikanern und 50 Abgeordneten unbestimmter Richtung. Die erste Gruppe enthielt bei weitem die meisten Greise.

Insgesamt fand in Frankreich und dem ganzen Abendland der offene Konflikt zwischen den Generationen im Bürgertum ein Ende; es ergab sich eine Art Gleichgewicht. Gegen die ‹gefährlichen› Klassen setzten sie sich solidarisch zur Wehr. Im Kleinbürgertum kam es häufig vor, daß der Sohn in der sozialen Stufenleiter eine höhere Stellung erklomm als der Vater, den sein Erfolg mit Stolz erfüllte: dieser Aufstieg der Generationen entwaffnete den Haß. Andererseits erforderte die neue Gesellschaft die Zusammenarbeit von jung und alt. Infolge der Art ihrer Zusammensetzung waren Erfahrung, angesammeltes Wissen notwendig, um sie am Leben zu erhalten und ihren Fortschritt zu sichern; auf vielen Gebieten war das Alter eine Qualifikation. Die jungen Männer setzten sich durch Wagemut und Erfindungsgabe durch. Aber sie hielten es oft für nützlich, sich hinter der beruhigenden Figur eines alten Mannes zu verschanzen: dieser besaß dem Anschein nach die Macht; er repräsentierte das Unternehmen, dessen Leitung er in Wirklichkeit dynamischeren Teilhabern überließ.

Wenn der Greis als ein Garant erscheint, so liegt das daran, daß die bürgerliche Ideologie der damaligen Zeit ihn sehr aufwertet. In Frankreich wie auch im England der Königin Victoria sind die Tugenden, die man rühmt, die gleichen, die unter den Puritanern zu Ehren gelangt waren: die Sittenstrenge ging Hand in Hand mit dem wirtschaftlichen Erfolg; Sparsamkeit war die Regel, denn es galt, die Gewinne wieder zu investieren. Nun stellt die ganze Tradition den Greis als jemanden dar, der von Natur aus keine Gelüste hat und folglich enthaltsam lebt. Und dann weitet sich das wirtschaftliche Denken, das in der Anhäufung von Kapital das Allheilmittel sieht – zu Unrecht –, auch auf den psychologischen Bereich aus: man glaubt, es sei immer gut, anzuhäufen; Jahre anzuhäufen, heißt einen Gewinn erzielen, heißt einen Wert erwerben, vor dem sich das Bürgertum des 19. Jahrhunderts respektvoll verneigt: die Erfahrung. Der auf Assoziationen gründende Empirismus, den diese Zeit für die höchste Wahrheit hält, bestätigt diese Ansichten: je älter man wird, desto zahlreicher sind die Assoziationen, desto größer werden Wissen und Weisheit. Ein Mensch erreicht also seinen Höhepunkt ganz natürlicherweise am Ende seines Lebens.

In den Städten ist die Familie nicht mehr patriarchalisch. Seit dem Ende des 18. Jahrhunderts ermöglichten die Vielzahl der Beschäftigungen, die Ausweitung des gesellschaftlichen Lebens den jungen Paaren, sich ein eigenes Heim zu gründen. Aber die Tradition der häuslichen Familie bleibt dem Bürgertum weiterhin lieb und wert, es setzt sie ideell fort durch die Verehrung, mit der man den Ahn umgibt. Selbst wenn mit der Ausbreitung des modernen Kapitalismus sein Einfluß schwindet, die öffentliche Meinung fordert, daß man ihm äußere Zeichen der Hochachtung erweist und ihm einen ehrenhaften Lebensabend sichert.

Der Wandel in der Familie hat die Beziehung zwischen Enkelkindern und Großeltern verändert: statt einer Gegnerschaft hat sich zwischen ihnen ein Bündnis entwickelt; da der Großvater nicht mehr Familienoberhaupt ist, wird er zum Komplicen des Kindes, über den Kopf der Eltern hinweg, und umgekehrt: die Kinder finden in ihm einen unterhaltsamen und nachsichtigen Gefährten.[1]

Die gesellschaftliche Bedeutung, die man den Greisen zugestand, hat eine Reihe von Schriftstellern in Harnisch gebracht. La Mennais greift das hohe Alter heftig an. Mit 36 Jahren schreibt er: «Ich habe noch keinen Greis gesehen, bei dem das Alter nicht den Geist geschwächt hat, und ich habe sehr wenige gesehen, die ehrlich davon überzeugt waren.» Und weiter: «Was ist ein Greis auf dieser Welt? Ein Grabmal, das sich bewegt. Die Menge teilt sich: einige treten heran, um die Inschrift zu lesen.»[2] Dickens protestiert energisch gegen den üblichen Vergleich zwischen Kindheit und Alter. Über das Alter schreibt er: «Wir nennen es einen Zustand ähnlich dem der Kindheit, aber es ist ihr armseliges und eitles Trugbild, so wie der Tod ein Trugbild des Schlafes ist. Wo sind in den Augen des alten Mannes Licht und Leben, wie sie aus den Augen der Kinder lachen? ... Stellt das Kind und den in die Kindheit zurückgefallenen Greis nebeneinander und errötet über diese Eitelkeit, die den glücklichen Anfang unseres Lebens verleumdet, indem sie dieser schrecklichen und krampfhaften Nachahmung ihren Namen gibt.»

Solche Töne sind sehr selten. Die Schriftsteller, die unter sehr verschiedenen Perspektiven über das Alter nachdachten, haben mehr oder weniger nuancierte Rechtfertigungen dafür gegeben; wie die Essayisten der vorhergegangenen Jahrhunderte interessieren sie sich für das Alter nur, insofern es ihre eigene Klasse betrifft. Ich will im folgenden die charakteristischsten zitieren.

Im Kapitel VI der *Aphorismen zur Lebensweisheit* mit dem Titel «Vom Unterschiede der Lebensalter» untersucht Schopenhauer im Licht seiner Philosophie die verschiedenen Etappen der Existenz. Bekanntlich lehrt er einen absoluten Pessimismus: die einzige Chance der Menschheit wäre, von sich aus den Lebenswillen auszurotten und sich in das Nichts gleiten zu lassen, indem man sich nicht mehr fortpflanzt. Der Mensch ist um so weiter von der Weisheit entfernt, je zäher der Wille in ihm ist: in der Jugend. Das Kind ist privilegiert, weil es beschaulich ist; es hat eine ästhetische Haltung, die die Welt auf Distanz hält; es sieht die Dinge *sub specie aeternitatis*, es hat eine gefühlsmäßige Erkenntnis ihres Wesens. Deshalb trauert man später schmerzlich der Kindheit nach: sie ist glücklich, weil sie Darstellung und nicht Wille ist. Der junge Mann hingegen ist voller Lebenshunger; er jagt dem Glück nach; er findet es nicht, denn wenn man es sucht, hat man es bereits verloren. Nach und nach gelangt er zur Vernunft, er begreift, daß das Glück ein Hirngespinst, das Leid jedoch eine Tatsache ist und wünscht nur noch, sich von diesem zu befreien. Die Jugend ist intellektuell fruchtbar: sie verfügt über Wissen und Erfindungsgabe. Die geistigen Kräfte erreichen ihren Höhepunkt mit 35 Jahren. Dennoch lebt man

1 Wir haben gesehen, daß unter verschiedenen Formen die Beziehung zwischen Großeltern und Enkeln bei vielen Primitiven sehr bedeutsam ist.

2 La Mennais (1782–1854) beurteilte das menschliche Los insgesamt sehr düster. Mit 36 Jahren hatte er eine depressive Periode. Vielleicht hegte er auch ständig einen Groll gegen bestimmte Greise: er war ein Mann voller Ressentiments.

in Illusionen und Irrtümern. Der Geschlechtstrieb schürt im Menschen einen harmlosen Wahnsinn.

Nach dem 40. Jahr wird man melancholisch, weil man, ohne auf Leidenschaft und Ehrgeiz zu verzichten, anfängt, illusionslos zu werden und am Ende seines Weges den Tod sieht, den man zuvor ignorierte. Die glücklichste Zeit im Leben sind die Jahre, die dem Verfall vorausgehen, zumindest wenn man bei guter Gesundheit ist und genügend Geld hat, um für die nachlassenden Kräfte Ersatz zu schaffen: «Armut im Alter ist ein großes Unglück.» Wenn diese beiden Voraussetzungen erfüllt sind, «so kann das Alter ein sehr erträglicher Teil des Lebens sein». Die Zeit vergeht dann sehr schnell, so daß man keine Langeweile mehr kennt. Die Leidenschaften beruhigen sich, das Blut erkaltet; vom Geschlechtstrieb befreit, findet der Mensch seine Vernunft wieder, «so daß man jetzt alles richtiger und klarer erkennt und es nimmt für das, was es ist, auch, mehr oder weniger, zur Einsicht in die Nichtigkeit aller irdischen Dinge gekommen ist ... Hauptsächlich aber ist durch dies alles Geistesruhe herbeigeführt worden: diese aber ist ein großer Bestandteil des Glücks; eigentlich sogar die Bedingung und das Wesentliche desselben. Während demnach der Jüngling meint, daß Wunder was in der Welt zu holen sei, wenn er nur erfahren könnte wo, ist der Alte vom Kohelethischen [1] ‹es ist alles eitel› durchdrungen und weiß, daß alle Nüsse hohl sind, wie sehr sie auch vergoldet sein mögen.

Erst im späten Alter erlangt der Mensch ganz eigentlich das Horazische *nil admirari* [2], d. h. die unmittelbare, aufrichtige Überzeugung von der Eitelkeit aller Dinge, der Hohlheit aller Herrlichkeiten der Welt: die Chimären sind verschwunden, er wähnt nicht mehr, daß irgendwo ... eine besondere Glückseligkeit wohne ...» Dank dieser Klarheit sind einem Menschen die wertvollen Eigenschaften, die er besitzt, nie von größerem Nutzen als im hohen Alter. Indessen werden die meisten Menschen Automaten, sie wiederholen sich und verkalken, und das «ist denn freilich nur das *caput mortuum* des Lebens». Der Verfall ist eine Wohltat, weil er hilft, den Tod zu ertragen. Nach 90 Jahren verlöscht man oft einfach, anstatt an einer Krankheit zu sterben.

Man sieht: Schopenhauer privilegiert das Alter infolge seines Pessimismus. Er gibt zu, daß die Illusionslosigkeit, die zum Wesen des Alters gehört, «ihm einen gewissen grämlichen Anstrich gibt». Aber sein Vorzug ist, daß der Lebenswille fast geschwunden ist; man kehrt zur kontemplativen Haltung der Kindheit zurück. Wenn das Leben ein Unglück und der Tod ihm vorzuziehen ist, dann siegt dieser Halbtod, der das Greisentum ist, über das Alter der Illusionen. Schopenhauers Beurteilung ist ganz negativ: «So ist ... im Ganzen genommen, die Last des Lebens wirklich geringer als in der Jugend.»

Madame Swetchine [3] stellte sehr zutreffende Betrachtungen über das Alter

1 Koheleth = hebräisch für Ekklesiastes.

2 sich nicht aus der Fassung bringen lassen.

3 Diese zum Katholizismus konvertierte Russin lebte in Paris. Montalembert, Lacordaire, Dupanloup besuchten regelmäßig ihren Salon. Ihr Lebensabend war sehr schwer, geprägt von Trauer und schrecklichen körperlichen Leiden. Falloux sammelte in einer Art Essay ihre Notizen über das Alter.

an. Sie hebt den Kontrast hervor zwischen der Würde des hohen Alters und dem Mißkredit, in dem es steht: «Der Greis ist der Hohepriester der Vergangenheit, was ihn nicht daran hindert, auch Seher der Zukunft zu sein.» Indessen: «Wie seltsam! Das Alter bewirkt nicht Grauen, sondern Verachtung.» Sie bemerkt sehr richtig: «Nichts erregt mehr Widersprüche im Geist der Menschen als das Alter: es ist ein Phantom, an das die Jugend nicht glaubt; es ist ein Schreckgespenst für die männliche Kraft; und trotzdem ... alle erhoffen es und finden sich so gut es geht mit seinen Nachteilen ab.»

Und weiter: «Die Jugend erweist ihm nicht die Ehre, es als ein notwendiges Übel anzusehen, es hinzunehmen, wie sie den Tod hinnimmt: sie beschließt beinahe, ihm zu entrinnen und rühmt sich, ihr Leben nicht um den Preis solcher Schmach verlängern zu wollen.»

Madame Swetchine gibt zu, daß das Alter im menschlichen Leben eine schreckliche Prüfung ist und schildert es mit Schaudern; aber seine Grausamkeit ermöglicht es, Gott nahezukommen: «Wenn man den natürlichen Menschen nimmt, so ist die Jugend die wahre, vielleicht die einzige gute Zeit ... Die Religion ist genau das Gegenteil der Natur.» – «Das Alter ist, was die äußere Welt angeht, eine Art Blindheit ... Gott erbt von allen Wünschen, die es nicht mehr äußert, von allen Regungen, die es unterdrückt und öffnet ihm immer mehr die innere Welt.» Sie bedauert, daß Christus dieses Lebensalter nicht geheiligt hat, in dem er es durchmachte.

Bei Schopenhauer, bei Madame Swetchine wird ein Bemühen erkennbar, das Alter auf ursprüngliche Weise zu durchdenken. Aber die alten Schablonen haben ein zähes Leben: man findet sie wieder in dem kurzen Essay, den Emerson dem Alter gewidmet hat. Als sehr konformistischer Ideologe des amerikanischen Bürgertums treibt er am Ende seines Lebens den Optimismus, den er stets bekundet hatte, auf die Spitze: Erschüttert vom Bürgerkrieg, beschloß er, sich still zu verhalten und die schreckliche Zeit des Wiederaufbaus einfach zu ignorieren. Er redete sich ein, in der besten aller Welten, der besten aller Zeiten zu leben. Geschwächt und vermindert pries er die Vorzüge und Annehmlichkeiten des letzten Alters. Wie Cicero erkennt er an, daß «nach dem Volksglauben das Alter nicht entehrend, aber außerordentlich nachteilig ist»; und er schreckt vor keinem Argument zurück, um das Gegenteil zu beweisen. Er nennt die hochgeachteten Greise der Geschichte, ohne sich im übrigen darum zu kümmern, ob ihr letztes Alter auch wirklich glücklich war, denn er zitiert durcheinander den Cid, Dandolo, Michelangelo, Galilei usw. Der Greis ist vor allem glücklich, sagt er, weil er vielerlei Gefahren entronnen ist und sich darüber freut. Man hat nichts mehr zu fürchten: man hat das Leben hinter sich, nichts kann es einem mehr nehmen. Das heißt, daß Emerson zufrieden war mit seiner Stellung, mit seinem Ruhm: aber man sieht nicht, was ihn zum Verallgemeinern ermächtigt. Dank dieses Umstandes, fährt er fort, bedeutet der Erfolg nichts mehr. Man braucht nicht mehr nach einer Vollendung zu streben. Man kann ungestraft unter sich selber herabsteigen. Das dritte Argument wiederholt das zweite: man hat sich manifestiert, hat sein Maß festgesetzt, man ist berechtigt, sich auf seiner Vergangenheit auszuruhen. Es gibt keinen Zweifel und keine Unruhe mehr. Hier gleicht Emersons Optimismus kurioserweise Schopenhauers Pessimismus: als alter Mensch hört man auf zu handeln und sogar zu denken, man hört auf zu leben, und das ist eine Befreiung, die Frieden bringt. Schließlich sagt Emerson, der alte Mensch habe Erfahrung erworben – und übernimmt so die dem Bürgertum teure Vorstellung, wonach allein schon die Anhäufung von Jahren Wissen mit sich bringe.

1860 hielt Jacob Grimm in der Königlichen Akademie zu Berlin seine berühmte Rede über das Alter, in der er am Schluß sagte: «Ich ... glaube manches zur Stütze der Ansicht vorgebracht zu haben, daß das Alter nicht einen bloßen Niederfall der Virilität, vielmehr eine eigene Macht darstelle, die sich nach ihren besonderen Gesetzen und Bedingungen entfalte; es ist die Zeit einer im vorausgegangenen Leben noch nicht so dagewesenen Ruhe und Befriedigung, an welchem Zustand dann auch eigenthümliche Wirkungen vortreten müssen.»

Zu diesen Sätzen inspirierte ihn der *Organismusgedanke*, der für seine Zeit von größter Bedeutung war. Jedes Alter hat seine eigene organische Struktur, seine spezifischen Merkmale; der alte Mensch ist nicht ein älterer und entkräfteter Erwachsener; sein Zustand darf nicht als Mangel gesehen, sondern muß als etwas Positives gewertet werden, als ein anderes Gleichgewicht des einzelnen und seiner Beziehungen zur Welt.

Niemals, bei keinem anderen Schriftsteller, hat das Alter einen so wichtigen Platz eingenommen und nie wurde es so hoch gepriesen wie im Werk von Victor Hugo. Warum? Man müßte seine Lebensgeschichte bis in die letzten Einzelheiten kennen, um die Gründe dafür zu verstehen. Sicher ist jedoch, daß das Alter eines seiner bevorzugten Vorstellungsbilder war. Schon in der Jugend hat er sich den Dichter als Magier vorgestellt, als Propheten, der in einem ruhmvollen Himmel herrscht: nun ist es traditionsgemäß das hohe Alter, das das größte Ansehen und die größte Autorität verleiht. Er muß vorausgeahnt haben, daß sein Alter jene Zeit sein würde, in der sich sein Schicksal vollkommen erfüllte. Unter den Antithesen, die ihm besonders gefielen, ist jene, die einen benachteiligten Körper einer erhabenen Seele gegenüberstellt, eine seiner liebsten; das Alter ist eine der Verkörperungen dafür. Es besteht ein romantischer Gegensatz zwischen einem geschwächten Körper und einem unzähmbaren Herzen. So bringt er, kaum 40 Jahre alt, die Legende von der Wiederkehr Barbarossas aufgreifend, in dem Drama *Die Burggrafen* großartige und furchterregende Greise auf die Bühne; das Alter, das sie körperlich bricht, erhöht ihre düstere Größe. Hugo übernimmt die populären Klischees. Er hebt die Isolierung des Alters hervor, seine Abgerücktheit von der Welt. Der Ahnherr Job «hält sich abseits ... Monatelang hüllt er sich in Schweigen.» Barbarossa, der sich in eine Grotte zurückgezogen hat, ist in das Schweigen des Schlafes versenkt ... «Er schlief einen wilden und erstaunlichen Schlaf.» Der Bart symbolisiert die Langlebigkeit: «Sein Bart, einst golden, jetzt von Schnee, schlang sich dreimal um den steinernen Tisch.» Später zeichnete er in *Die Legende der Jahrhunderte* epische Porträts des Alters. Der größte seiner Helden ist Eviradnus. Er hat ein makelloses Leben hinter sich, ausgefüllt mit wunderbaren Heldentaten, und das Alter kann ihm nichts anhaben.

Er spottet der Jahre ...
So alt er ist, er ist von hoher Art
Der stolze Vogel, Adler mit dem Bart.
Was tut das Alter! Seht, er kämpft. Er kommt von Palästina,
Er ist nicht müde. Die Jahre hetzen ihn; er lehnt sich auf.

Man könnte diese Verse für vorbedeutend halten: als Kämpfer trotzt Hugo der Zeit im voraus und stellt sich als Sieger dieses Kampfes hin. Ganz allein tötet Eviradnus den Kaiser von Deutschland und den König von Polen, junge Männer, die gemeinsam gegen ihn kämpften. Unter dem Deckmantel der Legende stattet er den Greis mit Eigenschaften der Jugend aus: er gibt ihm die Kraft eines Riesen. Er besitzt ebensoviel Charme wie Kraft; als er Mahaud beim Erwachen – die Schurken hatten sie mit Drogen betäubt, um sie auszurauben – die Hand küßt, sagt er: «Madame, haben Sie gut geschlafen?»

In *Die Elenden*, deren Schluß Hugo schrieb, als er zwischen 50 und 60 Jahre alt war, ist Marius' Großvater ein Mann, der sein Leben lang sehr hart gegen die Seinen war. Aber als er seinen Enkel tot glaubt, entdeckt er seine große Liebe zu ihm. Er nimmt die Heilung mit einer Freude auf, die ihn verklärt: «Wenn die Freundlichkeit sich zwischen die Falten mischt, ist sie bewundernswert. Es liegt eine gewisse Morgenröte im voll entfalteten Alter.» Er willigt in die Heirat zwischen Marius und Cosette. In diesem Augenblick ist auch Jean Valjean alt: mit 80 Jahren bleibt er erhaben und tragisch, wie er es sein ganzes Leben war. Ebenso unbezwingbar wie Eviradnus, hat er noch genügend Kraft, um Marius' leblosen Körper auf seinem Rücken durch die Gossen von Paris zu tragen. Seine sittliche Kraft ist sogar noch größer, da er glaubt, Marius gestehen zu müssen, daß er ein ehemaliger Sträfling ist, und da er sich allmählich aus dem Leben von Cosette, seiner einzigen Liebe, zurückzieht. Er stirbt in einer Apotheose, umgeben von der Liebe des jungen Paares, nachdem Marius in ihm seinen Retter erkannt hat.

In *Der schlafende Boas* hat Hugo, mit 57 Jahren an der Schwelle des Alters stehend, das großartig sublimiert:

Sein Bart war silbern wie ein Bach im April ...
... denn der junge Mann ist schön, doch der Greis ist groß
... und man sieht Feuer in den Augen der Jungen,
Doch im Aug' des Greises sieht man Licht.

Hier ist es die Geistigkeit – Größe, Licht –, die den Patriarchen charakterisiert, verjüngt durch den Vergleich seines Bartes mit einem Bach im April. Er hat seine sexuelle Ausstrahlung bewahrt, da Ruth sich «mit nacktem Busen» zu seinen Füßen kauert, in der Hoffnung, sein Verlangen zu wecken.

Die Kunst, Großvater zu sein ist mehr eine Hymne an das Alter als an die

Kindheit. Hugo – wir werden noch darauf zurückkommen – preist es durch seine eigene Gestalt. Aber er beschreibt auch die enge Verbindung zwischen Großeltern und Enkeln, die die Gesellschaft damals förderte. Bereits in *Die Elenden* hatte er bewegt das Paar dargestellt, das der alte Jean Valjean und das Kind Cosette bilden: «Wenn man alt ist, fühlt man sich als Großvater aller kleinen Kinder.» In dem berühmten *Jeanne war auf trocken Brot gesetzt* hebt er die Wechselseitigkeit des Einverständnisses zwischen Enkelin und Großvater gegen die Strenge der Erwachsenen hervor. Gesellschaftlich befinden sich beide in einer Randsituation. Aber das Band, das sie vereint, hält er für tiefer. Bei den griechischen Tragikern ähneln sich Kind und Greis durch ihre Bewegungsunfähigkeit. Bei vielen Naturvölkern geht die Gleichsetzung wesentlich weiter: man vereint das Kind, das gerade aus dem Jenseits aufgetaucht ist, mit dem Greis, der bald wieder dorthin zurückkehrt, in derselben Altersklasse. Beide sind in einer Übergangssituation, die sie von gewissen Tabus befreit. Hugo drückt in einer anderen Sprache eine gleiche Vorstellung aus. Er prahlt, wenn er behauptet, «das Kind erfunden zu haben»; im 18. Jahrhundert entdeckt, nimmt das Kind in der Literatur und Kunst des 19. Jahrhunderts einen bedeutenden Platz ein. Aber die Ähnlichkeiten zwischen Kindheit und Alter hatte niemand bisher so deutlich aufgezeigt. Nach ihm gibt es eine geistige Gemeinschaft zwischen dem Kind, das noch vor dem Menschenlos steht, und dem Greis, der sich darüber erhebt. Die kleinliche Moral und Vernunft der Erwachsenen entsprechen ihnen nicht; durch ihre Einfalt, ihre Weisheit sind sie beide den Mysterien der Welt nahe, Gott nahe:

> Jeanne redet, sie sagt Dinge, die sie nicht weiß.
> ... Gott, der gute alte Großvater, hört entzückt zu.

Beim Kind findet der alte Mensch seine Kindheit wieder. Im Zusammenhang mit Marius' Großvater sprach Hugo von der «Morgenröte» im voll entfalteten Alter. Er sagt auch: «Ja, Großvater werden, heißt in die Morgenröte zurückzukehren.»

Wir haben gesehen, daß der einzige Trost der alten Bauern oft ihre Enkel waren, bis diese eines Tages ebenfalls begannen, erwachsen zu spielen. Der Erfolg, den Hugo mit *Die Kunst, Großvater zu sein* errang, beruhte darauf, daß er einem sozialen Tatbestand den Wert und die Tiefe eines Mythos gab.

Das Paar Greis–Kind rührte die Leute. So erlebte *Der Raritätenladen* von Dickens einen ungeheuren Erfolg. Dickens läßt darin die kleine Nelly und ihren Großvater, die eine tiefe Zärtlichkeit miteinander verbindet, durch England vagabundieren. Der Geist des Greises ist vom Unglück geschwächt, er ruiniert sich beim Spiel und plant einen Einbruch; aber trotz dieser Verirrungen rührt er den Leser durch die Liebe, die er Nelly entgegenbringt und die sie erwidert. Nach ihrem Tod verbringt er seine Tage an ihrem Grab, und dort stirbt auch er. Ein entsprechendes Paar findet man in *Ohne Familie* von Hector Malot, einem ebenfalls sehr populären Buch. Ein Findelkind, das der Gesellschaft an der Schwelle des Lebens entrissen wurde, teilt das nomadische Leben von Vitalis, einem ehemals berühmten Sänger, der von der Gesellschaft an der Schwelle des Todes verstoßen und verbannt wird.

Insgesamt gesehen hat die Literatur des 19. Jahrhunderts das Alter auf eine sehr viel realistischere Weise betrachtet. Sie schildert Greise, die den oberen Klassen angehören; Adlige, Großbürger, Grundbesitzer, Industrielle; und sie interessiert sich auch für die der ausgebeuteten Klassen. Das feudalistische Band zwischen Diener und Herr bleibt dem Bürgertum teuer; in *Madame Bovary*, in *Ein einfaches Herz* schildert Flaubert Dienerinnen, deren Leben nichts als eine lange Aufopferung war. Aber meistens werden die Alten als Subjekte ihrer eigenen Geschichte betrachtet. Bei Balzac, Zola, Dickens, bei den russischen Schriftstellern findet man fast nie alte Arbeiter, denn in Wahrheit wurde man im Proletariat nicht sehr alt. Aber wir haben bereits gesehen, daß die Gestalten von alten Bauern zahlreich sind. Und die Romanschriftsteller haben auch die Wirkungen des Alters in den verschiedenen sozialen Kategorien studiert: bei Soldaten, Angestellten, Ladenbesitzern usw. Ihre reichhaltige Dokumentation werde ich benutzen, wenn ich die persönliche Erfahrung der Alten untersuche. Das ist ein Problem, mit dem sich im 19. Jahrhundert mehrere alte Schriftsteller beschäftigten; sie sprachen über ihr eigenes Alter: Chateaubriand hat es zu einigen seiner schönsten Seiten inspiriert. Seine Betrachtungen werden uns helfen, zu verstehen, wie die alten Menschen ihre Stellung empfinden.

Im 20. Jahrhundert setzt sich die Urbanisierung der Gesellschaft fort, die zum Verschwinden der patriarchalischen Familie führt. Diese hat sich jedoch in bestimmten französischen Landschaften ziemlich lange gehalten. André Chamson beschrieb eine solche Familie in *Das Verbrechen der Gerechten*. Der alte, von allen verehrte Arnal, den man den «Ratgeber» nennt, der ‹Gerechte› schlechthin, verwaltet in den Cevennen ein großes, einträgliches Gut. Er ist der unumschränkte Herr im Haus. Eine seiner Enkelinnen, ein zurückgebliebenes Kind, ist von einem ihrer Brüder schwanger: der Gerechte befiehlt der Familie, das Neugeborene zu töten und zu begraben – was auch geschieht. Diesen Familientyp gibt es im heutigen Frankreich nicht mehr. In etlichen Ländern findet man ihn aber noch; in einigen ländlichen Gebieten Jugoslawiens sind erst kürzlich ähnliche Dinge geschehen wie die von Chamson geschilderten. In Süditalien, in Sizilien, im Süden Griechenlands kann es vorkommen, daß ein Vater seine Tochter aus Gründen der Ehre tötet. Das Gesetz verbietet es, aber die Bräuche dulden es. Auf Korsika und Sardinien gehorchen die Söhne dem alten Vater.

Nachdem die Lage der Bauern sich etwas gebessert und die technische Zivilisation ihre Isolierung mehr oder weniger aufgehoben hat, kommt es ganz sicher seltener vor als im 19. Jahrhundert, daß man gebrechliche Greise aussetzt oder tötet. Allerdings hilft man – vor allem in den Mittelmeerländern, wo der Patriarch am mächtigsten ist – gelegentlich seinem Tod nach, wenn er schwach wird. Vielleicht empfindet seine tyrannisierte Nachkommenschaft, wie bei gewissen Naturvölkern, eine rachsüchtige Erleichterung, wenn sie sich seiner entledigt. Aber hier handelt es sich auch um besonders arme Gebiete, in denen eine mitzuernährende Person eine schwere Belastung ist. Doch das sind Ausnahmefälle. Hingegen kommt es beispielsweise in Frankreich oft vor, daß der Sohn, der väterlichen Autorität überdrüssig, das Haus verläßt, um in der Stadt zu arbeiten.[1]

Insgesamt führten die Fortschritte der Industrialisierung zu einer immer weitergehenden Auflösung der Familienzelle. Die beträchtliche Zunahme der Zahl alter Menschen, die seit einem halben Jahrhundert in den Industrieländern festzustellen ist, hat die Gesellschaft gezwungen, an die Stelle der Familie zu treten. Sie führte eine Alterspolitik ein, die wir später untersuchen werden.

In den herrschenden Klassen hat sich das Gleichgewicht erhalten, zu dem man im 19. Jahrhundert gelangt war, da Erfahrung und Erfindungsgabe noch immer gefragt sind. Die großen politischen Bewegungen, neu und heftig, gingen fast immer von jungen Männern aus: die russische Revolution, der italienische Faschismus, der Nationalsozialismus, die chinesische Revolution, die kubanische Revolution, der algerische Unabhängigkeitskrieg. Die alten Männer nahmen eine wichtige Stellung in den konservativen Gesellschaften ein. Oft war ihre einzige Aufgabe die Repräsentation: so in Frankreich bei den Präsidenten der Republik.[2] Aber einige alte Männer spielten eine aktive Rolle: unter anderen Thiers, der 1873 bei seinem Sturz 76 Jahre alt war. Clemenceau war 77, als er 1917 die Macht übernahm. Churchill gab sein Amt mit 81 Jahren, Adenauer das seine mit 87 auf. Andere wurden an der Macht alt in Ländern, in denen die Revolution gesiegt hatte: Stalin, Mao Tse-tung, Ho Tschi Minh. Heute sind die Staatsoberhäupter in den Entwicklungsländern im allgemeinen jung: Eine Ausnahme bildet Kaiser Haile Selassie, der nur ein Jahr nach de Gaulle geboren wurde. In anderen Ländern sind sie oft alt: de Gaulle, Franco, Tito, Salazar.[3] Aber sie werden von jüngeren Männern unterstützt: in Frankreich ist das Durchschnittsalter der Minister nicht sehr hoch. 1968 betrug das der Abgeordneten 55 Jahre, das der Senatoren 63. Innerhalb der Parteien wie auch der Staaten teilen sich die alten und die reifen Männer in die Macht, während die jungen im allgemeinen wenig Einfluß haben.

Ein frappierender Umstand, auf den ich später ausführlich zurückkommen werde, der aber hier schon betont werden muß, ist, daß das Prestige des Alters sehr nachgelassen hat, weil der Begriff der Erfahrung nicht mehr so viel gilt. Die technokratische Gesellschaft von heute glaubt nicht, daß mit zunehmen-

1 Mauriac schildert in seinen Aufzeichnungen (*Bloc-notes*) im Herbst 1969 die harte Lage der alten Bauern: «Ich erinnere mich an den alten Pächter eines unserer Pachthöfe, den seine Kinder bis an die Grenze seiner Kräfte arbeiten ließen; wenn er nicht mehr weiterkonnte und aussetzen mußte, mißgönnten sie ihm das Brot, das er aß, und erklärten, daß er es nicht verdient habe – und er pflichtete ihnen seufzend bei und wünschte sich den Tod.»

2 Jules Grévy zog sich 1887 mit 80 Jahren zurück; René Coty demissionierte 1958 mit 77 Jahren; Paul Doumer wurde 1932 im Alter von 75 Jahren ermordet; Fallière beendete 1913 sein Mandat mit 72; Mac-Mahon trat 1879 mit 71 Jahren zurück.

3 1968 geschrieben.

den Jahren auch das Wissen wächst, sondern daß es im Gegenteil nachläßt. Das Alter führt zu einer Disqualifikation. Es sind die mit der Jugend verbundenen Werte, die am höchsten geschätzt werden.

In Anbetracht der zahlreichen Dokumente, die wir über die gegenwärtige Lage der Alten besitzen, haben die in der Literatur enthaltenen nur eine zweitrangige Bedeutung. Im übrigen sind sie ziemlich spärlich. Proust, dessen Hauptthema das Abenteuer der verlorenen und wiedergefundenen Zeit ist, hat viel und sehr gut über das Alter gesprochen. Doch das ist eine Ausnahme. In *Die Falschmünzer* läßt Gide den alten La Pérouse sagen: «Warum ist in den Büchern so selten von Greisen die Rede? Das kommt, glaube ich, daher, daß die Alten nicht mehr in der Lage sind, darüber zu schreiben und daß man sich als junger Mensch nicht mit ihnen beschäftigt. Ein Greis interessiert niemanden mehr.» Es stimmt, daß ein Greis, wenn man ihn in seiner Subjektivität sieht, keinen guten Romanhelden abgibt. Er ist eine fertige Persönlichkeit, erstarrt, ohne Erwartung, ohne Hoffnung; für ihn sind die Würfel gefallen, der Tod wohnt schon in ihm: deshalb ist nichts, was ihm widerfährt, noch von Belang. Andererseits kann sich der Romanschriftsteller mit einem Mann, der jünger ist als er, identifizieren, weil er dessen Alter hinter sich hat; die Alten aber kennt er nur von außen. Daher weist er ihnen im allgemeinen nur eine Nebenrolle zu, und die Porträts, die er von ihnen entwirft, sind oft summarisch oder konventionell. Das 20. Jahrhundert hat etliche Klischees der vorhergegangenen Jahrhunderte übernommen. Im Laufe der Zeit ist die Vorstellung vom Altern auf sozialem, psychologischem, biologischem Gebiet bereichert worden, aber trotzdem halten sich weiterhin alte Schablonen. Es spielt keine Rolle, daß sie sich widersprechen: sie sind derart abgenutzt, daß man sie bei der allgemeinen Gleichgültigkeit wiederholt. Das Alter ist ein Herbst, reich an reifen Früchten; es ist auch ein unfruchtbarer Winter, dessen Kälte, Schnee, Reif man beschwört. Es hat die Milde schöner Abende. Doch man schreibt ihm auch die düstere Traurigkeit der Abenddämmerung zu. Das Bild des «guten Alten» und das des «wunderlichen Alten» passen gut zueinander. Es gibt einen Mythos, der sich besonders in unseren Tagen entwickelt hat: die dem hohen Alter eigene Indifferenz. Montherlant, der Dingen und Leuten gegenüber stets eine herablassend distanzierte Haltung zur Schau trug, hat sie in *Die tote Königin* dem König verliehen, einem alten Mann, der «sich allmählich vom Menschlichen trennt», wie der Verfasser in seinem Kommentar sagt. Er findet, daß der klarsichtigen Gleichgültigkeit Ferrantes Größe innewohnt: «Für mich ist alles Wiederholung, Refrain, Ritornell. Ich verbringe meine Tage damit, noch einmal zu machen, was ich schon gemacht habe, und es weniger gut zu machen. Was mir gelungen ist, wo ich gescheitert bin, heute hat das alles für mich den gleichen Geschmack. Und auch die Menschen scheinen mir untereinander in vielem zu gleichen ... Eines nach dem anderen verlassen mich die Dinge.

Der Bogen meiner Intelligenz hat seine Spannkraft verloren. Was ich geschrieben habe, befrage ich: ‹Von wem ist das?› Was ich verstanden hatte, verstehe ich nicht mehr. Und was ich gelernt hatte, habe ich vergessen. Ich sterbe, und mir ist, als ob alles noch zu tun wäre und ich an demselben Punkt stünde, an dem ich stand, als ich zwanzig war.

Ich muß auch versuchen, den Eindruck zu erwecken, als fühlte ich noch etwas, während ich gar nichts mehr fühle. Die Welt streift mich nur noch flüchtig.

In meinem Alter hat man keine Lust mehr, sich um andere zu kümmern. Für mich ist heute eine ganze Welt eingehüllt in ein riesiges: ‹Was geht mich das an!›»

Die Hauptgestalt in dem Roman *Hart auf Hart* von Roger Vailland ist ein 72jähriger Mann, Don Cesare, ein reicher, geachteter Grundbesitzer. Er liest viel, besitzt Antiken, schreibt die Geschichte einer alten griechischen Stadt, die einmal in jener Gegend Italiens lag, in der er lebt. Bei ausgezeichneter Gesundheit ist er noch der beste Jäger weit und breit und zugleich ein großer Schürzenjäger: er hat fast alle Mädchen des Dorfes entjungfert und lebt umgeben von Frauen, von denen eine sein Bett teilt. Aber schon seit langem hat er gelernt, *gleichgültig zu sein*. Seine Erben zu quälen, amüsiert ihn nicht mehr, denn er weiß, daß die menschliche Unterwürfigkeit ohne Grenzen ist. Äußerlich ist sein Leben das gleiche wie immer. Er schläft neben Elvira, aber er spricht nicht mit ihr und berührt sie selten. Er geht auf die Jagd, aber «sein Blick leuchtet nicht einmal mehr auf». Er spricht, aber «seine Worte hallen in einer Welt ohne Echo». Er betrachtet noch seine Altertümer, macht sich aber keine Notizen mehr. Er ist frei von Liebe, Haß, Wünschen und fühlt sich wie jene «Müßigen», die den ganzen Tag mit verschränkten Armen auf dem Dorfplatz sitzen. Wahrscheinlich begann Vailland, obwohl noch jung, selbst schon diese ‹Gleichgültigkeit› zu spüren, die ihm als Zeichen der ‹Qualität› eines Menschen erscheint.

Erwähnung verdient auch der besondere Platz, den das Alter im sogenannten ‹absurden Theater› einnimmt. In *Die Stühle* von Ionesco sehen wir ein altes Ehepaar, das in die Erinnerung – verherrlicht und phantastisch – an seine Vergangenheit eingesperrt ist und sich bemüht, sie wiedererstehen zu lassen. Sie geben einen Empfang, zu dem niemand kommt, begrüßen unsichtbare Gäste, führen sie an ihren Platz, gehen zwischen ihnen umher, stoßen gegen sie, während die Bühne sich mit leeren Stühlen füllt; in ihrer Verirrung rufen sie sich die Wirklichkeit in Erinnerung – glanzvolle Soireen, mondäne Gesellschaften –, die lächerlich wirkt. Und wenn sie schließlich aus dem Fenster springen, so deshalb, weil ihr Leben, indem es jeden Sinn verliert, ihnen enthüllt, daß es nie einen Sinn gehabt hat.

Bei Beckett stößt man auf eine ähnliche Anfechtung des Daseins durch seine klägliche letzte Erniedrigung. Das alte Paar, das in *Endspiel* von Mülleimer zu Mülleimer zerronnenes Glück und vergangene Liebe beschwört, stellt eine Verurteilung jeder Liebe, jeden Glücks dar. In *Das letzte Band*, in *Glückliche Tage* ist das Thema das Zerbröckeln des Gedächtnisses und folglich des ganzen hinter uns liegenden Lebens. Die Erinnerungen erscheinen wirr, verstümmelt, zerrüttet und wie unbekannt. Es ist, als wäre nichts geschehen, und aus dieser Leere taucht der gegenwärtige Augenblick auf, der nichts weiter ist als ein kindisches Dahinleben. Das Komischste ist, daß man sich inmitten dieses Zusammenbruchs an den Mythos klammert, demzufolge das Altern bedeutet: lernen,

Fortschritte machen. In Wahrheit ist Altern: «Allmählich in das ewige Leben zu fallen und sich dabei zu erinnern ... an all das erbärmliche Unglück ... als ob ... es nie gewesen wäre.»[1]

In Becketts Roman *Molloy* verfällt der zu Beginn der Geschichte schon alte Held immer mehr; sein zweites Bein wird steif; er verliert die Hälfte seiner Zehen; anfangs schafft er es trotz dieser Gebrechen, mit dem Fahrrad zu fahren; dann geht es nicht mehr; er schleppt sich zu Fuß, auf Krücken dahin; schließlich kann er nur noch kriechen. Während dieses Verfalls besteht seine Hauptbeschäftigung darin, Erinnerungen wachzurufen: aber sie zerbröckeln, sie sind nebelhaft, unbeständig, zweifellos falsch. Das Leben besteht nur aus der Erinnerung, die wir von ihm haben, und die Erinnerung ist nichts. Dieses Nichts füllt die Zeit aus, die Zeit verrinnt, führt aber nirgendwo hin; wir rühren uns unaufhörlich und bleiben doch auf der Stelle bei dieser Reise ohne Ziel. Im Licht des Alters entdecken wir diese Wahrheit des Lebens, das in Wirklichkeit nur ein unter Flitterwerk verborgenes Alter ist. Das Alter erscheint bei Ionesco, bei Beckett, nicht als die äußerste Grenze des Menschseins, sondern ist wie in *König Lear* dieses schließlich demaskierte Menschsein selbst. Sie interessieren sich nicht für die Alten um ihrer selbst willen: sie bedienen sich ihrer als Mittel, um ihre Vorstellung vom Menschen auszudrücken.

Wie angekündigt, haben wir in diesem Kapitel keine Geschichte des Alters skizziert, sondern lediglich die Haltung der historischen Gesellschaften gegenüber den alten Menschen dargestellt sowie die Vorstellungen, die sie sich von ihnen machten. Alle bekannten Zivilisationen sind gekennzeichnet durch den Gegensatz zwischen einer ausbeutenden Klasse und ausgebeuteten Klassen. Das Wort Alter umfaßt zwei Arten von Realitäten, die völlig verschieden sind, je nachdem, ob man diese oder jene betrachtet. Was die Perspektiven verfälscht, ist, daß die Reflexionen, die Werke, die Zeugnisse über das letzte Alter stets die Stellung der Eupatriden gespiegelt haben: sie allein sprechen, und bis zum 19. Jahrhundert sprechen sie nur über sich selbst. Auf die Lage dieser Privilegierten wollen wir noch einmal kurz zurückkommen.

In der Minderheit, unproduktiv, hing ihr Schicksal von den Interessen der aktiven Mehrheit ab. Wenn sie unter ihren Mitgliedern anarchistische Rivalitäten vermeiden, die herrschende Ordnung erhalten wollte, kam es ihr gelegen, als Mittler, Schlichter oder Repräsentanten Männer einer anderen Gattung zu wählen, deren Autorität alle anerkennen konnten: hierfür waren Greise sehr geeignet.[2] Manchmal besaßen sie tatsächlich Macht; manchmal spielten sie die Rolle, die bei gewissen Berechnungen die imaginären Zahlen spielen: sie sind unerläßlich für die Abwicklung von Unternehmungen und werden eliminiert, sobald das Ergebnis erzielt ist. Das Alter war mächtig im hierarchischen und auf Wiederholung ausgerichteten China; in Sparta und den

1 *Alle die da fallen.* Die Gedankenpunkte stammen vom Verfasser.

2 Bei den Naturvölkern haben sie häufig diese Funktion des Mittlers oder Schiedsrichters.

griechischen Oligarchien; in Rom bis zum 2. Jahrhundert v. Chr. Es hat keinerlei politische Rolle gespielt in Zeiten der Veränderung, der Expansion, der Revolution. In Zeiten, als das Eigentum institutionalisiert wurde, hat die herrschende Klasse die Eigentümer respektiert, insofern als sie ihrem Besitz entfremdet waren; das Alter disqualifizierte nicht; wenn sie im Laufe ihres Lebens Grundbesitz, Waren oder Geld angehäuft hatten und reich waren, hatten die Greise im öffentlichen und privaten Leben großen Einfluß.

Die Ideologie der herrschenden Klasse zielt darauf ab, ihre Verhaltensweisen zu rechtfertigen. Wenn sie von alten Leuten regiert oder beeinflußt wird, mißt sie dem Alter hohen Wert bei. Philosophen, Essayisten haben den Begriff Alter mit dem der Tugend verbunden und die Erfahrung gepriesen, die es verleiht. Das Alter wäre die Vollendung des Lebens im doppelten Sinn des Wortes; es beendet es und ist seine höchste Erfüllung. Jeder, der Jahre, Lebensjahre angesammelt hat, ist der Lebende schlechthin; er stellt in gewisser Weise ein konzentriertes Sein dar. Man wird folglich das Alter als solches ehren. Um gewisse Würden, gewisse Titel zu erlangen, ist das Alter eine Qualifikation. Dem Alter zu huldigen, das ist der Sinn der vor allem in Deutschland so zahlreichen *Jubiläen*: der 70., der 80. Geburtstag eines Musikers, eines Philosophen geben Anlaß zu feierlichen Festen.

Indessen, selbst wenn die gültige soziale Ordnung die jüngeren Generationen zwingt, der älteren eine politische oder wirtschaftliche Autorität zuzugestehen, so nehmen sie diese oft nur mit Ungeduld hin. Empfindlich gegenüber einem körperlichen Verfall, den sie für sich selbst fürchten, greifen die jungen Leute die Alten an, machen sie lächerlich.[1] Dem Mythos des großen, durch die Zahl seiner Jahre bereicherten Greises steht der des zusammengeschrumpften, ausgetrockneten, runzligen Alten wie Tithonos und die Sibylle von Tibur gegenüber. Seiner Substanz beraubt, ist er ein geschmälerter und verstümmelter Mensch.

Andererseits hat die Lage der ausgebeuteten Alten, obgleich sie verschwiegen wird, die Auffassung der Privilegierten stark beeinflußt. Wir besitzen über sie nur vage Berichte. Offenbar gab es im Mittelalter und bis zum 18. Jahrhundert nur wenige auf dem Land, und in den Städten starben die Arbeiter jung. Die Überlebenden fielen einer Familie zur Last, die im allgemeinen zu arm war, um sie zu ernähren; sie nahmen die Barmherzigkeit der Bürger, der Schlösser oder Klöster in Anspruch. In manchen Zeiten blieben ihnen selbst diese Hilfen versagt; ihr Los war besonders schwer in dem Augenblick, als im puritanischen England der Kapitalismus entstand, und im 19. Jahrhundert während der industriellen Revolution. Die Gesellschaft hat sie nie direkt ausgebeutet insofern, als die Alten nicht unbedingt Arbeit zu verkaufen hatten, aber nichtsdestoweniger waren sie Opfer der Ausbeutung. In ihrer Jugend und Reife hatten ihnen die herrschenden Klassen nur das zugestanden, was sie brauchten, um ihr Leben fortzupflanzen: sobald sie durch die Arbeit verbraucht waren, ließ man sie mit leeren Händen im Stich.

1 Auf diese Ambivalenz sind wir auch bei einigen Naturvölkern gestoßen.

Eine unnütze Belastung, glich ihr Los dem der Alten in den primitiven Gesellschaften. Es hing im wesentlichen von ihrer Familie ab. Aus Zuneigung oder aus Angst vor der Meinung der anderen behandelten manche sie fürsorglich oder zumindest korrekt. Aber in den meisten Fällen vernachlässigte man sie, steckte sie in ein Altersheim, vertrieb sie von zu Hause oder brachte sie gar heimlich um.

Die herrschende Klasse ließen diese Dramen gleichgültig: ihre Anstrengungen, den armen Alten zu helfen, waren zu allen Zeiten lächerlich. Doch seit dem 19. Jahrhundert sind diese so zahlreich geworden, daß man sie nicht mehr ignorieren konnte. Um ihre grausame Gleichgültigkeit zu rechtfertigen, mußte die Gesellschaft die Alten entwerten. Mehr als der Generationskonflikt ist es der Klassenkampf, der dem Begriff Alter seine Ambivalenz verliehen hat.

4. KAPITEL

Das Alter in der heutigen Gesellschaft

Alle Welt weiß es: die Lage der alten Menschen ist heutzutage skandalös. Bevor wir ins Detail gehen, müssen wir versuchen zu verstehen, woher es kommt, daß die Gesellschaft dies so ohne weiteres hinnimmt. Ganz allgemein schließt sie die Augen vor den Mißbräuchen, den Skandalen, den Dramen, die ihr Gleichgewicht nicht erschüttern; das Schicksal der Fürsorgezöglinge, der jugendlichen Straffälligen, der geistig und körperlich Behinderten rührt sie genausowenig wie das der Alten. Im letzten Fall aber wirkt ihre Gleichgültigkeit a priori verwunderlicher; denn jedes Mitglied der Gemeinschaft müßte wissen, daß seine eigene Zukunft in Frage steht; und fast alle haben persönliche und enge Beziehungen zu bestimmten alten Menschen. Wie läßt sich ihre Haltung erklären? Es ist die herrschende Klasse, die den alten Menschen ihre Stellung aufzwingt; aber die Gesamtheit der Bevölkerung macht sich hier zu ihrem Komplicen. Im Privatleben bemühen sich Kinder und Enkel kaum, das Los ihrer Eltern und Großeltern zu erleichtern. Sehen wir uns also an, welche Haltung die Erwachsenen und die Jungen im allgemeinen der alten Generation gegenüber einnehmen.

Eine Gesellschaft ist eine detotalisierte Totalität. Ihre Mitglieder sind getrennt, jedoch vereint durch wechselseitige Beziehungen: die Individuen verstehen einander, nicht insofern als sie alle gesonderte Menschen sind, sondern durch die Verschiedenartigkeit ihrer Praxis. «Die Grundlage des Verstehens ist die prinzipielle Komplicenschaft mit jedem Unternehmen: Jedes neue Ziel löst sich, sowie es näher bestimmt ist, von der organischen Einheit aller menschlichen Ziele ab.»[1] Die Wechselseitigkeit, sagt Sartre, impliziert 1. daß der andere Mittel eines transzendenten Zieles ist; 2. daß ich ihn zur selben Zeit als Praxis anerkenne, wie ich ihn als Gegenstand in meinen totalisierenden Plan einbeziehe; 3. daß ich seine Bewegung auf seine eigenen Ziele hin in eben der Bewegung anerkenne, durch die ich mich selbst auf meine Ziele hinplane; 4. daß ich mich als Gegenstand und als Instrument seiner Ziele in eben der Handlung entdecke, die ihn für meine Ziele zu einem objektiven Instrument macht. In dieser Beziehung stiehlt jeder dem anderen einen Aspekt der Realität und zeigt ihm seine Grenzen: der Intellektuelle erkennt sich als solcher, wenn er einem Handarbeiter gegenübersteht.

Die Wechselseitigkeit erfordert im wesentlichen, daß ich von meiner teleo-

1 Jean-Paul Sartre: *Kritik der dialektischen Vernunft.* Reinbek 1967.

logischen Dimension aus die des anderen erfasse. Wenn in pathologischen Fällen von Persönlichkeitsverlust der Kranke keine Verbindung mehr zu seinen eigenen Zielen hat, dann erscheinen ihm die Menschen als Repräsentanten einer fremden Art. Das Gegenteil davon spielt sich im Fall der Beziehung des Erwachsenen zum alten Menschen ab. Der alte Mensch – von wenigen Ausnahmen abgesehen – *tut* nichts mehr. Er ist durch eine *Hexis*, nicht durch eine Praxis definiert. Die Zeit treibt ihn einem Ziel entgegen – dem Tod –, das nicht *sein* Ziel ist, das nicht durch einen Plan gesetzt ist. Deshalb erscheint er den aktiven Menschen als eine ‹fremde Art›, in der sie sich nicht wiedererkennen. Ich sagte, daß das Alter einen biologischen Widerwillen einflößt; durch eine Art Selbstverteidigung weist man es weit von sich; aber dieser Ausschluß ist nur möglich, weil die prinzipielle Komplicenschaft mit jedem Unternehmen in seinem Fall nicht mehr gegeben ist.

Bis zu einem gewissen Punkt gleicht diese Lage des Alten jener des Kindes, mit dem der Erwachsene ebenfalls keine wechselseitige Beziehung herstellt. Es ist kein Zufall, wenn man in Familien von einem Kind gern «ungewöhnlich für sein Alter» sagt und dieselben Worte auch auf den alten Menschen anwendet; das Ungewöhnliche ist, daß sie, obwohl noch nicht oder nicht mehr Menschen, menschliche Verhaltensweisen zeigen. Wir haben gesehen, daß Kinder und alte Menschen bei mehreren primitiven Gemeinschaften der gleichen Altersklasse zugezählt werden und daß im Laufe der Geschichte die Einstellung der Erwachsenen zu beiden im allgemeinen analog ist. Nur stellt das Kind ein künftiges Aktivum dar, so daß die Gesellschaft, indem sie hier etwas investiert, ihre eigene Zukunft sichert, während der alte Mensch in ihren Augen nur ein Toter auf Abruf ist.

Die Vorstellung einer Nicht-Wechselseitigkeit reicht nicht aus, um die Beziehung des Erwachsenen zu den alten Leuten eindeutig zu charakterisieren. Sie hängt von der Beziehung der Kinder zu den Eltern ab und vor allem – da wir in einer maskulin bestimmten Welt leben und das Alter in erster Linie ein maskulines Problem ist – von der Beziehung, die die Söhne über ihre Mutter zu ihrem Vater haben.

Diese Beziehung ist, Freud zufolge, durch ihre Ambivalenz gekennzeichnet.[1] Der Sohn achtet seinen Vater, bewundert ihn, möchte sich mit ihm identifizieren und sogar an seine Stelle treten; der zuletzt genannte Wunsch erzeugt Haß und Furcht. Die mythischen Helden begehren immer gegen ihren Vater auf, und am Ende töten sie ihn. In der Realität geschieht der Mord symbolisch. Das Bild des Vaters wird seines Prestiges beraubt; nun kann sich der Sohn mit ihm versöhnen. Aber die Versöhnung ist erst vollendet, wenn er tatsächlich seinen Platz eingenommen hat. So trat nach Freud im Christentum eine Versöhnung ein, die zur Absetzung des Vaters führte, da Christus in den Vordergrund trat. Solange der Antagonismus besteht, ist er nicht wechselseitig; er ist beim Sohn vorhanden in Form von Aggressivität, von Groll, und tritt beim Vater im allgemeinen nicht in Erscheinung. Zweifellos bildet der aggressiv-

1 *Totem und Tabu* und *Der Mann Moses und die monotheistische Religion.*

sexuelle Groll den Rahmen, in dem sich die eindeutige Beziehung der Jungen zu den Alten entwickelt. (Der Groll der Alten gegenüber den Jungen ist, sofern er überhaupt auftritt, nur eine sekundäre Reaktion.) Man tötet den Vater, indem man ihn entwertet; aber zu diesem Zweck muß man das Alter als solches mißachten.

Charakteristisch für die Haltung des Erwachsenen gegenüber den Alten ist seine Doppelzüngigkeit. Er beugt sich bis zu einem gewissen Grade der offiziellen Ethik, die sich in den letzten Jahrhunderten durchgesetzt hat und die ihm vorschreibt, die Alten zu achten. Aber er hat ein Interesse daran, sie als minderwertige Wesen zu behandeln und sie von ihrer Hinfälligkeit zu überzeugen. Er setzt alles daran, seinen Vater seine Mängel, seine Ungeschicklichkeiten spüren zu lassen, damit der alte Mann ihm die Leitung der Geschäfte überläßt, ihn mit seinen Ratschlägen verschont und sich mit einer passiven Rolle abfindet. Wenn der Druck der öffentlichen Meinung ihn dazu zwingt, seine alten Eltern zu unterstützen, möchte er sie nach Gutdünken herumkommandieren: er hat dabei um so weniger Skrupel, je unfähiger sie seiner Ansicht nach sind, ihr Schicksal selbst zu lenken.

Der Erwachsene tyrannisiert den von ihm abhängigen Alten auf heimtückische Weise. Er wagt nicht, ihm offen Befehle zu erteilen, weil er kein Recht auf seinen Gehorsam hat: er vermeidet es, ihn frontal anzugreifen, er geht geschickt vor. Er spricht von seinen selbstverständlichen Interessen. Die ganze Familie wird zum Helfershelfer. Man zermürbt den Widerstand des Alten, man überschüttet ihn mit Fürsorglichkeit, die ihn lähmt, behandelt ihn mit ironischem Wohlwollen, spricht dümmlich mit ihm, blinzelt sich hinter seinem Rükken vielsagend zu oder läßt verletzende Worte fallen. Wenn Überredungskunst und List ihn nicht zum Nachgeben bewegen, greift man zur Lüge und zu Gewaltmaßnahmen. So überredet man ihn zum Beispiel, vorübergehend in ein Altersheim zu gehen und läßt ihn dann dort. Die Frau, der Heranwachsende, die in wirtschaftlicher Abhängigkeit von einem Mann leben, können sich besser wehren als der Greis: die Ehefrau leistet Dienste, im Bett und durch die Hausarbeit; der Jüngling wird zum Mann, der einen später zur Rechenschaft ziehen kann; der Greis hingegen steuert nur dem Verfall und dem Tod entgegen; er ist zu nichts nütze. Da er nur als lästiges, überflüssiges Objekt erscheint, glaubt man ihn auch als solches behandeln zu können.

Die Interessen, die bei diesem Kampf eine Rolle spielen, sind nicht nur praktischer, sondern auch moralischer Art: man will, daß die alten Leute sich jenem Bild anpassen, das die Gesellschaft sich von ihnen macht. Man nötigt ihnen Beschränkungen in der Kleidung auf, ein zurückhaltendes Benehmen, die Wahrung des Scheins. Vor allem auf sexuellem Gebiet wird Unterdrückung erwartet. Als in Dostojewskis *Der Jüngling* der alte Fürst Ssokolskij mit dem Gedanken spielt, noch einmal zu heiraten, empört sich seine Familie, einmal aus materiellen Gründen, aber auch, weil die Vorstellung sie entsetzt. Sie drohen, ihn in ein Irrenhaus zu stecken; schließlich sperrt man ihn ein: das führt zu seinem Tod. Ich habe ähnliche Dramen noch bei bürgerlichen Familien dieses Jahrhunderts erlebt.

Töchter empfinden ihren Müttern gegenüber häufig Ressentiments, und ihre Haltung entspricht jener der Söhne gegenüber ihren Vätern. Am wenigsten ambivalent sind die Gefühle der Tochter für ihren Vater und die des Sohnes für seine Mutter. Wird der geliebte Elternteil alt, so sind sie fähig, sich für ihn aufzuopfern. Sind sie jedoch verheiratet, schränkt der Einfluß des Ehegatten oft ihre Großzügigkeit ein.

Wenn der Erwachsene keine persönliche Beziehung zu den Alten hat, so erregen diese eine mit Ekel gemischte Verachtung in ihm: wir haben gesehen, wie sehr die Komödiendichter im Laufe der Jahrhunderte dieses Gefühl ausschlachteten. Da der alte Mensch dem jüngeren wie seine Karikatur erscheint, macht dieser sich einen Spaß daraus, den Greis zu karikieren, um sich durch Gelächter von ihm abzusetzen. Manchmal tritt zu dieser Verspottung noch Sadismus. Ich war fassungslos, als ich in New York auf der Bowery das berühmte Kabarett sah, in dem gräßliche 80jährige singen und tanzen und dabei ihre Röcke heben. Das Publikum lachte sich halbtot: was bedeutete diese Heiterkeit?

Heute interessieren sich die Erwachsenen auf andere Art für den alten Menschen: er ist ein Gegenstand der Ausbeutung. Vor allem in den USA, aber auch in Frankreich gibt es immer mehr Kliniken, Erholungsheime, Wohnheime, ja ganze Städte und Dörfer, wo man den alten Leuten, die über Mittel verfügen, Komfort und Pflege, die oft zu wünschen übrig lassen, so teuer wie möglich verkauft.[1]

Unter diesen extremen Umständen sind die Alten überall die Verlierer: sie leiden unter der Widersprüchlichkeit ihrer Stellung. Sie waren in den Todeslagern bei der ‹Selektion› die ersten Opfer; da ihre Arbeitskraft gleich Null war, ließ man ihnen keinerlei Chance. Indessen ‹verhören› die Amerikaner sie in Vietnam ebenso erbarmungslos wie die jüngeren Gefangenen: sie sind genau wie die anderen in der Lage, Auskünfte zu geben.

Die Einstellung der Jugendlichen, der jungen Männer zu den Alten gleicht eher der Beziehung zu ihrem Großvater als jener zu ihrem Vater: seit dem vorigen Jahrhundert besteht oft eine gegenseitige Zuneigung zwischen Großvater und Enkel. Da die Jungen sich gegen die Erwachsenen auflehnen, erscheinen ihnen die alten Leute als Unterdrückte wie sie selbst: sie fühlen sich solidarisch mit ihnen. In der Tschechoslowakei waren es die Jungen, die nach dem Januar 1968 eine empörte Kampagne zugunsten der Alten in Gang setzten. Aus einer Fixierung auf das Bild des Großvaters erklärt sich auch die Vorliebe mancher jungen Frauen für alte Männer. (Bei jungen Männern kommt das nicht vor; außer in pathologischen Fällen suchen sie in ihrer Partnerin oft die Mutter, aber nicht die Großmutter.) Doch wenn die Großeltern eine Belastung für die Familie sind, empfinden es die Jungen als ungerecht, daß sie sich Opfer auferlegen müssen, um deren Leben zu verlängern. In dem charmanten, aber grausamen spanischen Film *El Cochecito* wartet das junge Mädchen ungeduldig auf den Tod des Großvaters: sie will sein Zimmer haben. Dieser Groll dehnt sich oft auf

1 Siehe Anhang II, S. 473.

alle Alten aus. Die Jungen sind neidisch auf deren wirtschaftliche und soziale Privilegien; sie finden, es sei Zeit, sie zum alten Eisen zu werfen. Weniger heuchlerisch als die Erwachsenen, drücken sie ihre Feindseligkeit offener aus.

Viele Kinder lieben ihre Großeltern [1], und man lehrt sie, die Alten zu achten. Doch wenn diese den niedrigeren Klassen angehören, neigt das Kind dazu, sie auszulachen: an diesem verfallenen, schwachen und komischen Erwachsenen rächt es sich für die ganze Welt der Erwachsenen, die es unterdrückt. Ich erinnere mich, wie sich in La Grillère meine Vettern, meine Schwester und ich über alte Lehrer lustig machten – und wegen ihrer sozial niedrigen Stellung sahen die Erwachsenen unserem Treiben nachsichtig zu. Vian war gar nicht so weit von der Wahrheit entfernt, als er sich in *Der Herzausreißer* einen Altenmarkt vorstellte: arme Greise werden versteigert, und die Eltern schenken sie ihren Kindern, damit sie sich mit ihnen die Zeit vertreiben.

«Von allen Erscheinungen der heutigen Zeit ist die am wenigsten bestreitbare, die am sichersten voranschreitende, die am leichtesten auf lange Sicht voraussehbare und vielleicht die folgenschwerste die Überalterung der Bevölkerung», schrieb Sauvy.

Seit der Antike ist die durchschnittliche Lebenserwartung der Menschen unaufhörlich gestiegen; sie betrug 18 Jahre bei den Römern; 25 Jahre im 17. Jahrhundert. Damals war der ‹mittlere Sohn› beim Tod des Vaters 14 Jahre alt. (Bald wird er 55 oder 60 sein.) Von 100 Kindern starben 25 vor Abschluß des 1. Lebensjahrs, 25 vor Erreichung des 20. Lebensjahrs und weitere 25 im Alter zwischen 20 und 45 Jahren. Nur etwa 10 erreichten ein Alter von 60 Jahren. Ein 80jähriger, den die Legende zum 100jährigen machte, war eine ungewöhnliche Ausnahme; man sah in ihm einen Weisen, und die Gemeinschaft, der er angehörte, stellte ihn stolz zur Schau. Im 18. Jahrhundert betrug die Lebenserwartung in Frankreich 30 Jahre. Sehr lange hat sich der Anteil der über 60jährigen kaum geändert: er blieb bei etwa 8,8 %. In Frankreich begann die Bevölkerung des 18. Jahrhunderts älter zu werden, und etwas später trat das gleiche Phänomen auch in anderen Ländern ein. 1851 waren in Frankreich 10 % älter als 60 Jahre; heute sind es fast 18 %, also rund 9 400 000 Menschen, von denen etwa die Hälfte Landbewohner sind. Das bedeutet, daß sich seit dem 18. Jahrhundert der Anteil der Alten in der Bevölkerung verdoppelt hat. Im Oktober 1969 gab es in Frankreich 6 300 000 Personen über 65 Jahre – mehr als 12 % der Bevölkerung; ungefähr 3/5 davon waren Frauen.[2] Nach einem Bericht vom September 1967 stieg der Anteil der über 65jährigen in den sechs Ländern des Gemeinsamen Marktes zwischen 1930 und 1962 von 7,6 % auf 10,6 %, und in den skandinavischen Ländern, England und Irland zusammen von 7,8 % auf

1 Siehe in Violette Leducs *Die Bastardin* ihre Liebe zur Großmutter Fidéline. Ich werde auf die Beziehung zwischen Enkeln und Großeltern später ausführlich zurückkommen.

2 Eine frühere Zählung ergab 2 Millionen Männer und 3 300 000 Frauen, die älter als 65 Jahre waren.

11,5 %. In den USA leben 16 Millionen über 65 Jahre alte Menschen, was 9 % der Bevölkerung ausmacht, während ihr Anteil 1850 2,5 % und 1900 4,1 % betrug. Die Zahl der 80jährigen hat sich in Frankreich seit Anfang des Jahrhunderts verdoppelt: es gibt eine Million, davon sind zwei Drittel Frauen. Es ist vorauszusehen, daß diese Überalterung bis 1980 weiter zunimmt; dann wird es in Frankreich 19 % über 60 und 14 % über 65 Jahre alte Menschen geben. Man nimmt an, daß sich 1980 die Lage stabilisiert, da die Geburtenrate seit 1946 wieder gestiegen ist. Wenn man Ostdeutschland ausklammert, das in den letzten 20 Jahren durch starke Abwanderung viele junge Menschen verloren hat, so ist die Überalterung am ausgeprägtesten in Frankreich und Schweden. Überall liegen ihr die gleichen Ursachen zugrunde: ein Rückgang der Kindersterblichkeit und ein Rückgang der Geburtenrate. Die Kindersterblichkeit verringerte sich innerhalb eines Jahrhunderts von 40 % auf 2,2 %. Diese Tatsache ist es, die die Lebenserwartung in Frankreich bei Männern auf 68 Jahre und bei Frauen auf 75 Jahre erhöht hat; in den USA bei Männern auf 71, bei Frauen auf 77 Jahre. Tatsächlich aber hat der Erwachsene keine viel längere Zukunft vor sich als seine Ahnen: ein 50jähriger Franzose konnte 1805 auf 18 weitere Lebensjahre hoffen, heute kann er noch auf 22 Jahre rechnen. Das Altern der Bevölkerung bedeutet also nicht, daß die Grenze des Lebens erheblich hinausgeschoben wäre, sondern lediglich, daß der Anteil alter Menschen wesentlich höher ist. Diese Veränderung trat auf Kosten des Anteils der Jugendlichen ein, während der Anteil der Erwachsenen ungefähr gleich geblieben ist. Alles ging so vor sich, sagt Sauvy, als wäre die Bevölkerung um eine Mittelachse getanzt, wobei die Alten an die Stelle der Jungen traten. Man beobachtet dieses Phänomen in fast allen westlichen Ländern, und es verbindet sich mit einem absoluten Bevölkerungsanstieg (außer in Irland, wo die Bevölkerungszahl zurückging).

Die unterentwickelten Länder sind dagegen junge Länder. In vielen von ihnen ist die Kindersterblichkeit weiter sehr hoch; und selbst in jenen, wo sie geringer ist, stehen Unterernährung, unzureichende ärztliche Versorgung und die materiellen Verhältnisse ganz allgemein der Langlebigkeit entgegen. In bestimmten Ländern ist die Hälfte der Bevölkerung weniger als 18 Jahre alt. In Indien gibt es 3,6 % Alte; in Brasilien ungefähr 2,45 %; in Togo 1,46 %.

In den kapitalistischen Demokratien wirft die Überalterung der Bevölkerung ein neues Problem auf: es ist «der Mount Everest der sozialen Probleme von heute», wie der englische Gesundheitsminister Iain Macleod sagte. Die alten Leute sind nicht nur weitaus zahlreicher als früher, sie integrieren sich auch nicht mehr von selbst in die Gesellschaft; diese sieht sich genötigt, über ihre Stellung zu entscheiden, und diese Entscheidung kann nur auf Regierungsebene getroffen werden. Das Alter ist zum Politikum geworden.

In der alten Gesellschaft, die im wesentlichen aus Bauern und Handwerkern bestand, stimmten Beruf und Leben überein. Der Arbeiter lebte am Ort seiner Arbeit, berufliche und häusliche Aufgaben verschmolzen miteinander. Bei hochqualifizierten Handwerkern wuchsen die Fähigkeiten mit der Erfahrung, also mit den Jahren. In Gewerben, wo die Fähigkeiten mit dem Alter nachließen, gab es innerhalb des Betriebes eine Arbeitsteilung, die es gestattete, die Aufgaben den Möglichkeiten jedes einzelnen anzupassen. War der Greis zu allem unfähig geworden, so lebte er in der Familie, die für seinen Lebensunterhalt sorgte. Wir haben gesehen, daß sein Los nicht immer beneidenswert war. Aber die Gemeinschaft brauchte sich nicht um ihn zu bekümmern.

Heute wohnt der Arbeiter am einen Ort, arbeitet am anderen und ist ganz auf sich gestellt. Die Familie steht seiner Erwerbstätigkeit fern. Sie beschränkt sich auf ein oder zwei Paare von Erwachsenen, belastet mit Kindern, die noch nicht in der Lage sind, sich ihren Lebensunterhalt zu verdienen; sie kann mit ihren mageren Einkünften nicht für den Unterhalt ihrer alten Eltern sorgen. Indessen ist der Arbeiter sehr viel früher zur Untätigkeit verurteilt als früher: die Arbeit, auf die er sich spezialisiert hat, bleibt während seines ganzen Lebens dieselbe und wird nicht den Möglichkeiten des fortschreitenden Alters angepaßt.

Ich sagte es bereits: Ende des 19. Jahrhunderts blieb der alte Arbeiter, den man von seinem Platz verjagt hatte, in dramatischer Weise sich selbst überlassen. Die Gemeinschaften sahen sich gezwungen, dieses Problem in die Hand zu nehmen. Sie taten es nicht ohne Widerstand.

Die Pension wurde anfangs als Belohnung gesehen. Bereits 1796 schlug Tom Paine vor, die Arbeiter von über 50 Jahren durch eine Pension zu belohnen. In Belgien und Holland wurden im öffentlichen Bereich seit 1844 Pensionen gewährt. In Frankreich waren im 19. Jahrhundert Beamte und Soldaten eben die ersten, die Pensionen erhielten; das II. Kaiserreich gewährte sie dann auch Bergarbeitern, Seeleuten, Eisenbahn- und Werftarbeitern. Man war der Meinung, daß so langjährige treue Dienste in gefährlichen Berufen belohnt würden. Die Gewährung wurde von zwei Bedingungen abhängig gemacht: viele Arbeitsjahre und ein bestimmtes Alter.

Deutschland erlebte Ende des 19. Jahrhunderts einen rapiden Aufschwung des Kapitalismus und eine beträchtliche industrielle Expansion; parallel dazu wuchs und verstärkte sich die sozialistische Agitation. Bismarck begriff, daß man, um sie einzudämmen, dem Proletariat ein Minimum an Sicherheit garantieren müsse. Zwischen 1883 und 1889 schuf er das System der Sozialversicherung, das zwischen 1890 und 1910 ergänzt und erweitert wurde. In der Hauptsache dazu bestimmt, das Risiko der Arbeitsunfälle zu decken, schützte es die Lohnempfänger auch gegen Invalidität im hohen Alter. Die Beiträge wurden sowohl von den Arbeitgebern als auch von den Arbeitern erhoben, der Staat steuerte gegebenenfalls eine Subvention bei. Dieses System wurde dann auch in Luxemburg, Rumänien, Schweden, Österreich, Ungarn, Norwegen eingeführt. Es gibt noch eine andere Rentenform: der Schutz der Lohnempfänger wird durch Steuern finanziert. Dieses System setzte sich 1891 in Dänemark, 1898 in Neuseeland durch, wurde 1908 in Großbritannien entworfen und 1925 angenommen. In Frankreich blieb das Gesetz vom 5. April 1910 über die Renten der Arbeiter und Bauern teilweise unangewendet: die Rechtsprechung wagte weder die Lohnempfänger noch die Arbeitgeber zu zwingen, Beiträge abzuführen. Mit dem Gesetz vom 5. April 1928 in der modifizierten Fassung vom 30. April 1930 wurde die erste ernsthafte Anstrengung gemacht, den alten Arbeitern eine Rente zu sichern. Es war ein hybrides System von Kapitalisierung und Zuteilung. Im Jahre 1933, als die Internationale Arbeitsorganisation (IAO) die Bestimmungen Nr. 35 und 40 über die Altersrenten annahm, hatten schon 28 Länder, darunter 6 außereuropäische, Rentensysteme geschaffen. Am 14. Mai 1941 gewährte ein Gesetz in Frankreich den ärmsten Arbeitern eine Sonderzulage. Der Erlaß vom 19. Oktober 1945 regelt seither die Altersversicherung.

Die Rente wurde zuerst den Lohnempfängern der Handels- und Industrie-Unternehmen gewährt; sie sollte auf die Gesamtheit der Bevölkerung ausgedehnt werden, aber dieses Vorhaben scheiterte am Widerstand der nicht angestellten Mittelklassen. 1956 wurde ein nationaler Solidaritätsfonds gegründet und heute erhalten 80 % der Franzosen Altersrenten. 1964 hatten von den 112 Mitgliedsstaaten der IAO 68 Rentensysteme. Für die Entwicklungsländer ist ein staatliches Sozialversicherungssystem meistens zu kostspielig. In Irland gibt es keine Sozialversicherung, sondern lediglich die Fürsorge.

Der Staat setzt das Alter fest, in dem der Arbeiter einen Anspruch auf Rente hat; dieses Alter legen dann auch die öffentlichen und privaten Arbeitgeber zugrunde, um ihr Personal in den Ruhestand zu schicken; es ist also das Alter, in dem ein Mensch von der Kategorie der Aktiven in die der nicht mehr Aktiven hinüberwechselt. Zu welchem Zeitpunkt tritt diese Veränderung ein? Wie hoch sind die ausgezahlten Beträge? Um das zu entscheiden, muß die Gesellschaft zwei Faktoren berücksichtigen: ihr eigenes Interesse und das der Rentner.

Unter den kapitalistischen Staaten gibt es drei, die es als Pflicht ansehen, allen Bürgern ein anständiges Los im Alter zu sichern: Schweden, Norwegen und Dänemark. Dünn besiedelt, spielt sich das politische Leben in diesen Ländern ohne große Konflikte ab, und es entstand, mitten in einem liberalen kapitalistischen System, eine Art Sozialismus. Um jedem einen möglichst vollständigen Schutz zu gewähren, werden hohe Einkommen und Luxusartikel hoch besteuert. Diese Bestimmungen kommen den alten Leuten zugute, insbesondere in Schweden, dessen Bevölkerung zu 12 % aus Alten besteht und dessen durchschnittliche Lebenserwartung die höchste Europas ist: 76 Jahre. Die erste Gesetzgebung über das Alter datiert von 1930, aber inzwischen erfaßt das Versicherungssystem die gesamte Bevölkerung, und es wird ständig verbessert. Jeder Bürger erhält ohne Rücksicht auf seine Einkünfte vom 67. Jahr an, das heißt von dem für den Ruhestand festgesetzten Alter, eine Rente. Die Grundrente beträgt 4595 skr [1] für eine Person, und 7150 skr für ein Ehepaar. 1960 ist ein System von Zusatzrenten in Kraft getreten; insgesamt erhält der Rentner zwei Drittel seines durchschnittlichen Jahresgehalts, das nach den 15 Arbeitsjahren berechnet wird, in denen er am besten verdiente. Die Beamten und Berufssoldaten treten mit 65 Jahren in den Ruhestand. Manche anderen Arbeitnehmer scheiden zum gleichen Zeitpunkt aus und überbrücken die bei-

1 100 skr = ca. 70 DM.

den verbleibenden Jahre durch Privatversicherungen. Doch im allgemeinen ziehen sie es vor, bis zum Ende auf ihrem Posten auszuharren, da die Aufgaben den verschiedenen Altersstufen angepaßt sind und nie eine übermäßige Anstrengung erfordern. Ähnlich ist es in Norwegen, wo die Altersgrenze 70 Jahre beträgt, und in Dänemark, wo sie zwischen 65 und 67 für Männer, zwischen 60 und 62 für Frauen liegt.

Ganz anders sieht es in den übrigen kapitalistischen Ländern aus. Sie berücksichtigen fast ausschließlich das Interesse der Wirtschaft, das heißt des Kapitals, und nicht das der Menschen. Frühzeitig vom Arbeitsmarkt ausgesondert, stellen die Rentner eine Belastung dar, welche die auf Profit gegründeten Gesellschaften in kleinlicher Weise übernehmen. Den Arbeitern zu gestatten, daß sie aktiv bleiben können, so lange sie wollen, und ihnen dann ein anständiges Leben zu sichern – das ist eine korrekte Lösung. Sie frühzeitig in den Ruhestand zu versetzen, indem man ihnen einen befriedigenden Lebensstandard gewährt, ist ebenfalls eine annehmbare Entscheidung. Aber die bürgerlichen Demokratien verurteilen die meisten Alten zum Elend, wenn sie ihnen die Möglichkeit zur Weiterarbeit entziehen. Vor allem in Frankreich ist die Politik gegenüber den alten Menschen skandalös. Nach dem Krieg setzte man alles daran, die Geburtenrate zu erhöhen, und ein großer Teil des Budgets wurde für Familienbeihilfen aufgewendet: die Alten überging man. Die Regierung wurde sich dessen immerhin so klar bewußt, daß sie eine Studienkommission über Altersprobleme unter Leitung von Laroque ins Leben rief, die einen Bericht darüber veröffentlichte: er führte zu rein gar nichts.

Der Beginn des Renten- bzw. Pensionsalters liegt in Belgien, Luxemburg und den Niederlanden für Männer und Frauen bei 65 Jahren, in Österreich, Großbritannien, Griechenland und Westdeutschland bei 65 Jahren für die Männer und 60 Jahren für die Frauen. Niedriger ist die Altersgrenze im allgemeinen für Bergleute, oft für Angehörige des Militärs, der Polizei, der Zivilluftfahrt, des Transportwesens und für Grundschullehrer. In Frankreich ist der Zeitpunkt der Pensionierung für Angehörige der Polizei und für Grundschullehrer auf 55 Jahre festgesetzt, doch können sie ihren Beruf auf Wunsch bis zur Vollendung des 60. Lebensjahres ausüben; für einen Großteil der Beamten, insbesondere das Lehrpersonal, liegt die Altersgrenze bei 60 Jahren, für andere, beispielsweise jene, die bei der Préfecture de la Seine tätig sind, bei 65 Jahren. Bei vielen Privatunternehmen setzt das Pensionsalter auf Grund interner Regelungen mit 65 Jahren ein; bei einigen wenigen – 3 % gegenüber 97 % – mit 60 Jahren. Manchmal gibt es keinerlei Bestimmungen: dann liegt die Altersgrenze bei etwa 65 Jahren.

Manche Systeme setzen voraus, daß das Alter gleichbedeutend mit Invalidität ist und die Rente gleichbedeutend mit einer Unterstützung, die Bedürftigen gewährt wird: man verbietet dem Rentner jede Arbeit gegen Entgelt. In Belgien durfte er bis 1968 nur bis zu 60 Stunden im Monat arbeiten; jetzt gesteht man ihm 90 zu. Andere Länder vertreten die Auffassung, daß es eine Pflicht für die Gemeinschaft ist, sich der alten Arbeiter anzunehmen. In Frankreich, Deutschland, Luxemburg, den Niederlanden und der Schweiz dürfen Rentenempfänger ihre Einkünfte durch bezahlte Arbeit verbessern. Wenn sie in der Lage sind, nutzen die Rentner diese Möglichkeit aus. Eine Enquete des staatlichen demographischen Instituts vom Juli 1946, die sich auf 2500 Personen erstreckte, zeigte, daß in Frankreich 29% der Rentner im Durchschnitt 25 Stunden in der Woche arbeiten, manchmal auf einem Gebiet, das in enger Beziehung zu ihrer früheren Tätigkeit steht: Lehrer geben Unterricht; ein Steuerprüfer wird privater Steuerberater. Man hat festgestellt, daß heute mehr als ein Drittel der über 60jährigen und ein Viertel der über 65jährigen, um besser auszukommen, leichte Arbeiten übernehmen, vor allem Frauen: sie helfen in fremden Haushalten mit. Man bezahlt sie unter Tarif.

Insgesamt stellt man seit einem halben Jahrhundert einen Rückgang der alten Beschäftigten fest. Zwischen 1931 und 1951, während der Anteil der Alten an der Gesamtbevölkerung überall stieg, verringerte sich die Zahl der alten Arbeiter. In Frankreich – einem der Länder, wo ihr Prozentsatz am höchsten ist – sank sie von 59,4 % auf 36,1 % der Gesamtheit der alten Bevölkerung; in Italien von 72 % auf 33 %; in der Schweiz von 62,5 % auf 50,7 %. Zwar ist heute der Anteil der 70- und 80jährigen höher als früher. Doch selbst wenn man nur die Altersgruppe zwischen 65 und 69 Jahren untersucht, ist ein Sinken des Prozentsatzes der Arbeiter festzustellen. Man begegnet aktiven alten Menschen unter Bauern, Firmeninhabern, kleinen Geschäftsleuten, Handwerkern, selbständig Arbeitenden; unter den Frauen in der Landwirtschaft, dem Hauspersonal, im Gesundheitswesen, im Handel. Aber im industriellen Sektor bringt das Alter eine Wertminderung mit sich, von der die Führungskräfte ebenso wie die Angestellten und Arbeiter betroffen sind.

A priori sind die Arbeitgeber alten Leuten gegenüber mißtrauisch. Das springt ins Auge, wenn man die Stellenangebote liest: in fast allen Ländern liegt die ausdrücklich genannte obere Altersgrenze zwischen 40 und 45 Jahren. In den USA haben 23 Staaten Gesetze, die jede Diskriminierung des Alters verbieten: aber die Arbeitgeber erteilen ihren Personalabteilungen offiziöse Instruktionen, nach denen man sich richtet. Nach einer Untersuchung, die 1953 in New York angestellt wurde, hielten 94 Agenturen den alten Bewerber für ihren schlimmsten Feind: «Er redet zuviel, nichts paßt ihm, er ist verkalkt, es fehlt ihm an Disziplin, an Selbstkontrolle.» Eine andere Untersuchung, die 1963 in acht großen Städten der USA durchgeführt wurde, ergab, daß ein Fünftel der Stellenvermittlungsbüros 35 Jahre und ein Drittel 45 Jahre als Altersgrenze festsetzte. In Belgien und Österreich gibt es staatliche Vermittlungsämter, die nur Leute unter 40 Jahren unterbringen. In Großbritannien verlangen 50% der Arbeitsangebote, die bei den Vermittlungsbüros eingehen, ein Alter unter 40 Jahren. In Frankreich waren von 41 000 Stellenangeboten, die man für eine Untersuchung auswertete, 30% an Leute unter 40 Jahren gerichtet, 40% an 20- bis 29jährige, 30% an Bewerber zwischen 50 und 65. In den amerikanischen Zeitungen geben 97 % der Annoncen 40 Jahre als obere Altersgrenze an. In Frankreich forderten gemäß einer anderen Untersuchung 88 % der Anzeigen ein Alter unter 40; in Belgien stieß man bei 80% der Angebote auf die gleiche Bedingung. Diese Diskriminierung ist fast überall festzustellen, selbst in Zeiten der Vollbeschäftigung. Wenn zwei Firmen fusionieren, wenn ein Unternehmen aus irgendeinem Grund sein Personal reduziert, werden selbstverständlich zuerst die Ingenieure, Führungskräfte und Angestellten über 40 Jahren entlassen. Je größer die Unternehmen sind, je schneller das Arbeitstempo ist, je mehr sie rationalisiert und genormt sind, desto eiliger haben sie es, die alten Leute zu entfernen. Fabriken auf dem Land behalten ihre Arbeiter länger als die in einem städtischen Industriezentrum gelegenen Betriebe. Noch mehr als die Männer leiden die alten Frauen unter dieser Diskriminierung, obwohl ihre Lebenserwartung höher ist. Dieses Phänomen ist übrigens nicht neu. Um 1900 hatten eine Frau von 45, ein Mann von 50 Jahren größte Mühe, Arbeit zu finden. 1930 stellten in New York und in den gesamten USA 25 bis 40 % der Unternehmen nur Mitarbeiter unter einem gewissen Alter ein; 1948 hielten es 39 % der Unternehmen genauso. Diese Gepflogenheit ist ziemlich verbreitet.

Infolgedessen sind viele alte Leute schon lange vor der Pensionierung arbeitslos. In Krisenzeiten, wenn die Gesamtzahl der Arbeitslosen steigt, nimmt der Anteil alter Arbeitsloser ab; er wächst in Zeiten der Vollbeschäftigung; die alten Arbeiter bestreiten die restliche Arbeitslosigkeit. Einmal entlassen, gelingt es ihnen nicht mehr, eine neue Stelle zu finden. In Belgien, in Großbritannien waren nach einem Bericht der IAO von 1955 die Arbeitslosen, die seit 24 Monaten keine Stellung mehr hatten, durchschnittlich älter als 50 Jahre. Es besteht nicht zwangsläufig eine Verbindung zwischen Arbeitslosigkeit und persönlichen Fähigkeiten. Die Hilfs- und Facharbeiter sind am meisten davon betroffen, aber auch, infolge der Modernisierung der Ausrüstung, hochqualifizierte Angestellte; die Jungen reißen die Büroarbeit an sich und überlassen die schweren oder ungesunden Arbeiten den Alten. Diese sind gezwungen, ihre Forderungen hinsichtlich des Gehalts und der Art ihrer Arbeit herabzusetzen. Oft finden sie sich nicht gleich damit ab; willigen sie aber schließlich ein, so sind sie wirtschaftlich, sozial und moralisch abgestiegen.

Welche Gründe führen die Arbeitgeber an? Sind sie stichhaltig? Zahlreiche Untersuchungen haben versucht, Antwort auf diese Fragen zu geben.

In Frankreich hat Fernand Boverat 250 Unternehmen mit insgesamt 68 700 Arbeitern untersucht. Den meisten Arbeitgebern zufolge führt das Alter zum Nachlassen der Muskelkraft, des Gehörs und der Sehschärfe. Einige führten außerdem eine geringere Geschicklichkeit und leichtere Ermüdbarkeit an sowie weniger Widerstandsfähigkeit gegen Kälte, Hitze, Feuchtigkeit, Lärm und Aufregungen. Gemäß einer Umfrage des staatlichen französischen Meinungsforschungsinstituts (I.F.O.P.) von 1961 sind die Arbeiter der Ansicht, daß ein Arbeitgeber mit 50 Jahren «alt zu werden beginnt»; er verliert viel von seiner Leistungsfähigkeit, weil er sich neuen Situationen nicht mehr anpassen kann; er hat auch weniger Kraft und arbeitet langsamer. Diese Mängel werden nicht ausgeglichen durch seine Erfahrung, seine Qualifikationen, seine Gewissenhaftigkeit, worin er den Jüngeren überlegen ist. Bei Frauen lassen die Fähigkeiten rascher nach als bei Männern. Der Zeitpunkt des Alterns schwankt je nach den Berufen; die Bergleute sind früher alt als alle anderen, nämlich zwischen 46 und 47 Jahren; die Buchhalter später als alle anderen, nämlich im Alter von ungefähr 60 Jahren. Die alten Führungskräfte haben weniger Dynamik als die jungen. In allen Berufen fehlt es den Alten an Interesse für Neuerungen; die Routine schmälert ihre Leistungsfähigkeit.

Nach englischen Untersuchungen behalten die alten Arbeiter die gleiche Leistungsfähigkeit und haben nach ihrem 50. Lebensjahr weniger Unfälle. Doch nach ihrem 65. Lebensjahr leiden 25 % der Männer (und nach ihrem 60. Lebensjahr 40 % der Frauen) an pathologischen Erscheinungen, die ihre Beweglichkeit beeinträchtigen (in 50 % der Fälle infolge von Herz- und Gefäßkrankheiten). Eine kürzlich in Großbritannien veranstaltete Enquete ergab, daß 85 % der untersuchten Rentner von 65 Jahren tatsächlich nicht mehr in der Lage waren, ihre Arbeit weiter auszuüben, auch wenn sie das Gegenteil behaupteten.

Ein im Dezember 1966 in Heidelberg gehaltenes Seminar führte zu ähnlichen Schlußfolgerungen. Ein Berichterstatter erklärte, der Prozentsatz alter Arbeiter, die unfähig seien, die gleiche Leistung zu erbringen oder die gleiche Arbeit auszuführen wie früher, sei in letzter Zeit gestiegen.

Aber in dieser Hinsicht hat man oft Unwahres gesagt. Es besteht kein sehr großer Unterschied zwischen den Möglichkeiten eines 60jährigen und denen eines 50jährigen. Die Muskelkraft erreicht ihren Höhepunkt mit 27 Jahren; mit 60 hat sie um 16,5 % nachgelassen, das heißt nur um 7 % gegenüber den 48- bis 52jährigen. Was die manuelle Geschicklichkeit angeht, so ändert sie sich im Alter zwischen 15 und 50 Jahren nur wenig. Zwischen 60 und 69 Jahren erhöht sich die zur Ausführung einer Arbeit erforderliche Zeitspanne um 15 %.

Allerdings sind diese Zahlen abstrakt; sie gelten nur für gesunde Menschen, und das Alter bringt häufig pathologische Störungen mit sich. Interessanter ist es, sich die Ergebnisse von Untersuchungen über ganz bestimmte Personengruppen anzusehen. In Norwegen gelangten 1951 Ärzte, nachdem sie 5000 ältere Lohnarbeiter aus der Industrie untersucht hatten, zu dem Schluß, daß von den 60- bis 64jährigen 82,6 % noch voll arbeitsfähig waren; 7,3 % waren noch zu leichten Arbeiten fähig, 2,3 % waren noch in der Lage, stundenweise zu arbeiten, und nur 7,7 % hätten in den Ruhestand treten müssen. Für die zwischen 65 und 69 Jahre alten Arbeiter lagen die entsprechenden Zahlen bei 81,5 %, 7,7 %, 1 % und 8,7 %. Für die 70jährigen und älteren Arbeiter bei 80,7 %, 4,1 %, 2,8 und 12,4 %. In Schweden leisten die meisten Arbeiter und Angestellten bis zum Alter von 67 Jahren zufriedenstellende Arbeit. Laut einer von Ärzten in Birmingham veranstalteten Untersuchung betrug der Anteil der infolge chronischer Krankheiten oder Gebrechen absolut Arbeitsunfähigen unter den 70jährigen nur 20 % und unter den 65jährigen 10 %.

Den sehr bedeutsamen Arbeiten der Nuffield Foundation in England zufolge werden die altersbedingten Mängel bis zu einem sehr vorgerückten Alter weitgehend kompensiert und überwunden. Ein gutes Beispiel dafür bieten die Textilfabriken in Yorkshire: viele alte Frauen führen die hierfür erforderlichen manuellen Präzisionsarbeiten trotz ihrer Kurz- oder Weitsichtigkeit tadellos aus, weil sie diese Arbeit ‹in den Fingern› haben.

Ein Gerontologe erzählte mir folgendes: bei einer Anzahl von Omnibusfahrern, die bestimmten Sehtests unterzogen wurden, stellten sich Akkommodationsmängel heraus, die es ihnen im Prinzip unmöglich machten, nachts bei Gegenlicht sicher zu fahren. Doch als man sie auf der Straße beobachtete, stellte man fest, daß viele von ihnen nachts ebenso gut und sogar besser fuhren als diejenigen, die nach dem Laborbefund dazu in der Lage waren. Sie hatten ihre eigene Art, auf das Geblendetwerden zu reagieren und sich zu orientieren. Ihre Tüchtigkeit, ihre Erfahrung und eine bestimmte Art und Weise, ihre Mängel mit Tricks auszugleichen, hoben diese auf. Man darf sich also nicht immer nur auf die im Labor erzielten Ergebnisse verlassen. Die Umstände sind dort nicht die gleichen wie in der Praxis.

Ein englischer Bericht aus dem Jahre 1947, der 11 154 Arbeiter von über 65 Jahren erfaßte, erbrachte, daß – außer bei sehr schwierigen Tätigkeiten wie derjenigen der Bergarbeiter – nur geringfügige Unterschiede hinsichtlich der Leistungsfähigkeit zwischen 50- und 59jährigen sowie zwischen 60- und 69jährigen Arbeitern bestehen. Die Leistungsfähigkeit bleibt sehr hoch. Auf dem Kongreß für Gerontologie, der 1954 in London stattfand, verglich einer der Referenten, Patterson, jüngere Arbeiter mit 60jährigen und schloß mit den Worten: «Ihre quantitative Leistungsfähigkeit ist ungefähr die gleiche, und die Qualität ihrer Arbeit ist besser. 70 Jahre für den Ruhestand wären 60 Jahren vorzuziehen.» Und eine Untersuchung von 18 000 Angestellten ergab, daß die Ausfälle infolge von Krankheiten mit zunehmendem Alter eher zurückgehen als ansteigen.

Die Nuffield Foundation stellte im Rahmen einer Erhebung, die über 15 000 ältere Arbeiter erfaßte, fest, daß 59 % von ihnen während des letzten Krieges ihre Tätigkeit über das 65. Lebensjahr hinaus fortgesetzt hatten und ebenso gut arbeiteten wie vorher. Dieser Untersuchung zufolge sind die alten Arbeiter nur dann behindert, wenn ihre Tätigkeit ständig wechselnde Bewegungen verlangt, wenn sie größeren Kraftaufwand erfordert oder wenn die Zeit knapp bemessen ist wie bei der Arbeit am Fließband. Arbeiten dagegen, die Wissen und Sorgfalt voraussetzen und ihnen einen gewissen zeitlichen Spielraum lassen, kommen alten Arbeitern entgegen. Die Qualität ihrer Arbeit wird in der Industrie im allgemeinen anerkannt. Meist haben sie ein ausgeprägtes Berufsbewußtsein. Hinsichtlich der mit dem Alter zunehmenden bzw. nachlassenden Fähigkeiten und Eigenschaften ergibt sich folgendes Bild:

Zunehmende Fähigkeiten und Eigenschaften	Nachlassende Fähigkeiten und Eigenschaften
Geschmack – Regelmäßigkeit des Rhythmus – Methodik – Pünktlichkeit – Konzentration und Wachsamkeit – Guter Wille – Disziplin – Vorsicht – Geduld – Präzision	Sehvermögen und Gehör – Kraft und manuelle Genauigkeit – Widerstandsfähigkeit und Wendigkeit – Arbeitstempo – Gedächtnis, Phantasie, Kreativität, Anpassung – vielseitige Aufmerksamkeit – Eifer – Energie – Initiative – Dynamik – Umgänglichkeit

Schwer fällt es alten Menschen, wie man allgemein einräumt, sich in neue Aufgaben einzuarbeiten. Eine 1950 in England veranstaltete Enquete ergab, daß alte Arbeiter selbst schwierige Tätigkeiten, an die sie gewöhnt waren, nach wie vor sehr gut ausführten, sich Veränderungen jedoch nur schwer anzupassen vermochten.

Indessen ist auf diesem Gebiet die Diskussion noch nicht abgeschlossen. Während des Krieges hat man in Kanada, den USA und England eine große Zahl alter Arbeiter in den Fabriken beschäftigt; viele von ihnen sahen sich Arbeiten konfrontiert, die ihnen völlig neu waren, und bewältigten sie einwandfrei. Zahlreiche Facharbeiter halten sich für fähig, Neues hinzuzulernen. Als 1953 im Süden Londons die Straßenbahnen durch Omnibusse ersetzt wurden, mußten sich die Fahrer umschulen lassen: 93 % der 56- bis 60jährigen gelang die Umstellung; sie brauchten dazu nur eine bis vier Wochen länger als ihre jüngeren Kollegen; 44 % schafften es wie die anderen in drei Wochen. Unter den 61- bis 67jährigen waren 63 % erfolgreich. Die bereits erwähnten alten Arbeiterinnen in der Textilfabrik in Yorkshire haben ohne weiteres die raschen reflexartigen Handbewegungen gelernt, die beim Nähen mit der Maschine erforderlich sind.

Wenn es um Schulung geht, haben alte Leute jedoch gewisse Schwierigkeiten zu überwinden. Ihre Nervosität, ihre Angst führen zu Gedächtnisschwund; noch stärker gehemmt sind sie, wenn sie mit Jungen in Wettbewerb treten müssen. Ein 72jähriger Mann absolvierte die Tests genausogut wie ein 35jähriger, solange er sich allein glaubte; als er erfuhr, daß er einen jüngeren Rivalen hatte, scheiterte er, weil er Minderwertigkeitskomplexe bekam. Aus Angst, Fehler zu machen, verharren die alten Leute in einer negativen Haltung. Sie neigen dazu, ihre Fehler beizubehalten, und sind gelähmt durch eingewurzelte Gewohnheiten. Arbeiter mit Kenntnissen auf dem Gebiet der Elektrotechnik haben bei Kursen in Elektronik größere Schwierigkeiten als ehemalige Bergarbeiter: der Vergleich elektrischen Stroms mit einem Wasserlauf irritiert sie. Häufig fehlt es ihnen auch an Interesse, an Neugier. Wir haben bereits gesehen, daß es ihnen schwerfällt, neue Verhaltensweisen – neue *sets* – anzunehmen. Zu Beginn entschließen sie sich langsamer als die Jungen, und ihre Reaktionszeit ist folglich länger. Aber oft überwinden sie diese Schwierigkeiten. Was ihnen liegt, ist jede Art der Wiederholung: in der Fabrik führen sie den ganzen Tag lang die gleichen gelernten Bewegungen aus, die sie schließlich automatisch vollziehen. Auch hier gilt es, mißtrauisch zu sein gegenüber den Ergebnissen, die im Testlabor erzielt worden sind: sie lassen sich nicht immer auf die tägliche Arbeit übertragen.

Einige der altersbedingten Mängel sind leicht zu beheben: dem Arbeiter eine Brille zu verschreiben, Sitzgelegenheiten einzurichten, damit er nicht stehend arbeiten muß – solche Maßnahmen reichen zuweilen schon aus, daß er seiner Aufgabe wieder gewachsen ist. Doch die wenigsten Unternehmen befassen sich damit. Meistens wird der Arbeiter beim geringsten Versagen versetzt. Man beschäftigt ihn als Portier, Aufseher, Kontrolleur, Werkzeugverwalter, Lagerhalter usw. In Wahrheit handelt es sich dabei um eine Deklassierung. Er verdient weniger. Darunter leidet er materiell und moralisch. Im übrigen gibt es infolge der Mechanisierung immer weniger solcher Posten, und dann ist der alte Arbeiter zum Stempeln verurteilt.

Alle Untersuchungen, auch das Beispiel der skandinavischen Länder, beweisen, daß die den Alten aufgezwungene Untätigkeit nicht ein natürliches Schicksal, sondern die Folge einer Entscheidung der Gesellschaft ist. Der technische Fortschritt disqualifiziert den alten Arbeiter. Seine 40 Jahre zurückliegende Berufsausbildung ist gewöhnlich unzureichend: eine angemessene Fortbildung hätte sie verbessern können. Andererseits lassen ihm Krankheit und Erschöpfung den Ruhestand wünschenswert erscheinen: das sind jedoch keine direkten Folgen des Alterns. Ein 65jähriger Mann, der seine Kräfte geschont hätte, könnte ohne weiteres Aufgaben erfüllen, die für den überanstrengten alten Arbeiter zu schwer sind. Man könnte sich eine Gesellschaft vorstellen, die von ihren Arbeitern weniger Anstrengung, weniger Arbeitsstunden verlangt, damit diese nicht schon mit 60, 65 Jahren zum alten Eisen gezählt werden müssen. Dieser Gedanke wird teilweise in Schweden und Norwegen verwirklicht. Doch in unserer Gesellschaft, wo nur der Profit zählt, ziehen die Unternehmer offensichtlich eine intensive Ausbeutung der Lohnabhängigen vor: wenn sie am Ende sind, entläßt man sie und stellt andere ein, wobei man sich darauf verläßt, daß der Staat den Alten ein Almosen gibt.

Denn diese Diskussion würde überflüssig sein, wenn der Rentner eine ausreichende Rente bekäme. Dann könnte er sich beglückwünschen, daß man ihm so früh wie möglich das Recht auf Ruhe gewährt. Doch angesichts des Elends, zu dem man ihn verurteilt, kommt seine Entlassung eher einer Verweigerung des Rechts auf Arbeit gleich. Weit davon entfernt, sich ausruhen zu können, ist er oft gezwungen, schwere und schlecht bezahlte Arbeit anzunehmen. Hinsichtlich der Altersgrenze lassen sich verschiedene Standpunkte vertreten, auf die wir später eingehen werden. Doch eine beträchtliche Erhöhung der Renten ist eine Forderung, die sich geradezu aufzwingt.

Das erste, was heute an dem System ihrer Verteilung auffällt, sind die Ungerechtigkeiten, zu denen es führt. Denn es gibt Sonderregelungen, die 1945 beibehalten wurden; es gibt zusätzliche Systeme neben dem allgemeinen Rentensystem. Am 7. Dezember 1966 erklärte Laroque in einem Vortrag: «Die Ungleichheiten, die gegenwärtig herrschen, sind empörend; manche Systeme gewähren sehr komfortable Pensionen, andere dagegen sehr dürftige Renten, ohne daß es für diese Unterschiede eine vernünftige Rechtfertigung gäbe. Die Gründe dafür sind im wesentlichen historische. Aber es ist sehr schwer, diesem Mißstand abzuhelfen, denn es ist aus wirtschaftlichen Gründen nicht möglich, alle Systeme den großzügigsten anzupassen, und es ist aus psychologischen Gründen unmöglich, zu verlangen, daß die großzügigen Systeme die von ihnen gewährten Vorteile abbauen.»

Die nachfolgende Übersicht vermittelt eine Vorstellung davon, wie komplex das Rentenwesen in Frankreich ist.

Übersicht über die Einkünfte der alten Menschen in Frankreich

Eine Person von über 60 Jahren kann Unterhalt beziehen
– von der Sozialversicherung, wenn sie sich ein Anrecht darauf erworben hat;
– von öffentlichen Stellen (Départements, Gemeinden), wenn sie kein Anrecht auf die Sozialversicherung hat.

Die Sozialversicherung kann gewähren:
1. Eine Alterspension;
2. Eine Unterstützung für alte Lohnarbeiter;
3. Eine Rente;
4. Eine Zusatzbeihilfe;
5. Eine Rente für Verwitwete;
6. Eine Beihilfe für Mütter.

Alterspension

Die Voraussetzung dafür ist, daß man 30 Jahre lang Beiträge an die Sozialversicherung geleistet hat: dann erhält man die volle Pension. Die Pension kann nach 15 Beitragsjahren in Kraft treten, doch wird ihre Höhe nach den geleisteten Beiträgen berechnet. In jedem Fall kann sie erst nach Vollendung des 60. Lebensjahres gezahlt werden. Im allgemeinen wird sie mit 65 Jahren beantragt, da sich der Rentensatz nach Vollendung des 60. Lebensjahres jährlich um 40 % erhöht.

Beispiel: 20 % Pension mit 60 Jahren
24 % Pension mit 61 Jahren
28 % Pension mit 62 Jahren
32 % Pension mit 63 Jahren
36 % Pension mit 64 Jahren
40 % Pension mit 65 Jahren usw.

Berechnung der Pension

Sie hängt ab:
1. von der Versicherungsdauer;
2. vom durchschnittlichen Jahreslohn;
3. vom Alter, in dem sie beantragt wird.

Durchschnittlicher Jahreslohn

Der durchschnittliche Jahreslohn wird nach dem Lohn errechnet, der sich aus den im Laufe der *letzten zehn Jahre* vor Vollendung des 60. Lebensjahrs oder vor dem Zeitpunkt der Antragstellung geleisteten Beiträge ergibt.

Die Höhe der Pension hängt also vom Alter des Antragstellers ab.

Der Pensionssatz ist variabel und richtet sich nach dem Lohn, der als Beitragsgrundlage diente.

Die Pensionen und Ruhegehälter werden jedes Jahr am 1. April unter Berücksichtigung der Lohnerhöhungen aufgewertet.

Jährlicher Höchstsatz: 5472 Francs { 65 Jahre
40 %.

Persönliche Einkünfte bleiben unberücksichtigt.

UNTERSTÜTZUNG FÜR ALTE LOHNARBEITER

Bedingungen für die Gewährung

1. Vollendung des 65. Lebensjahres oder, im Fall von Arbeitsunfähigkeit, des 60. Lebensjahres;
2. Französische Staatsbürgerschaft oder Zugehörigkeit zu einem Land, das ein entsprechendes Abkommen mit Frankreich geschlossen hat;
3. Wohnsitz auf französischem Territorium oder in einem Staat, der früher unter französischer Herrschaft stand, oder in einem französischen Überseegebiet;
4. Nachweis von 25 Jahren Arbeit;
5. Liegen diese Arbeitsjahre in der Zeit nach dem 31. Dezember 1944, müssen Beiträge an die Sozialversicherung abgeführt worden sein.

BEIHILFE FÜR MÜTTER

Bedingungen für die Gewährung

1. Vollendung des 65. Lebensjahres oder, im Fall von Arbeitsunfähigkeit, des 60. Lebensjahres;
2. Französische Staatsbürgerschaft oder Zugehörigkeit zu einem Land, das ein Abkommen mit Frankreich hat;
3. Wohnsitz auf französischem Territorium;
4. Erziehung von fünf Kindern französischer Staatsbürgerschaft während mindestens neun Jahren.

Bemerkung: Bei der Unterstützung für alte Arbeiter und Mütter wird, da die eingezahlten Beiträge unzureichend sind, eine Einkommenshöchstgrenze festgesetzt:

Höchstgrenze der Einkünfte für ein Ehepaar: 5400 Francs jährlich.

Minimum der Einkünfte für eine alleinstehende Person: 3600 Francs jährlich (Beihilfe inbegriffen).

ZUSATZBEIHILFE (Nationaler Solidaritätsfonds) kann bei den beiden vorgenannten Unterstützungen beantragt werden.

Der Jahresbetrag beläuft sich auf 800 Francs.

Die obere und die untere Grenze bleibt die gleiche. Die obere Grenze kann nicht überschritten werden.

Die alten Leute, seien es Pensions-, Renten- oder Beihilfeempfänger, können für ärztliche Bemühungen und Krankenhausaufenthalte die Sozialversicherung in Anspruch nehmen. Je nach Schwere und Dauer der Krankheit beträgt der Vergütungssatz 70 %, 80 % oder 100 %. Der Rest geht zu Lasten der Versicherten. Der Sozialhilfefonds der Sozialversicherung kann auf Antrag die Restzahlung übernehmen und notfalls über den Sozialdienst Beihilfen gewähren.

SOZIALVERSICHERUNGSRENTEN

Bedingungen für die Gewährung

1. Vollendung des 65. Lebensjahres;
2. Beitragszahlung während 5 oder weniger als 15 Jahren;
3. Bei weniger als 5 Jahren Beitragszahlung kann der Antragsteller lediglich die von ihm gezahlten Beiträge zurückverlangen.

Satz der Rente: ungefähr 10 % von der Hälfte der geleisteten Beiträge.

Bemerkung: Es gibt gegenwärtig alte Leute, die weder auf eine Pension noch auf eine Beihilfe, noch auf eine Rente Anspruch haben, sei es, daß sie gearbeitet haben, ohne Beiträge an die Sozialversicherung abzuführen, sei es, daß sie unregelmäßig gearbeitet haben, sei es, daß sie Witwen sind und keinen Anspruch auf eine Witwenpension haben, oder sei es, daß sie mehrere Kinder aufgezogen haben und aus diesem Grund nicht arbeiten konnten. Das Entscheidende ist, daß sie keinen Rechtsanspruch auf Leistungen durch die Sozialversicherungen haben.

Es werden also folgende öffentliche Einrichtungen in Anspruch genommen:

1. Die Départements;
2. Die Gemeinden;
3. Die öffentliche Fürsorge;
4. Die angegebenen Hilfseinrichtungen;
5. Die privaten Hilfswerke.

ALTERSBEIHILFE DER DEPOSITENKASSE

Bedingungen für die Gewährung

1. Keine Rentenzahlungen durch die Sozialversicherung;
2. Eine bestimmte Höchstgrenze nicht übersteigende Einkünfte;
3. Kein Grund- oder Immobilienbesitz;
4. Keine Unterhaltsrente von Kindern.

Betrag dieser Sonderbeihilfe: 1300 Francs jährlich.

Höchstgrenze der Einkünfte (Sonderbeihilfe inbegriffen):

3600 Francs jährlich für eine Person.

5400 Francs jährlich für ein Ehepaar.

In Anbetracht dieser geringen Beträge wird eine zusätzliche Unterstützung von den Sozialhilfeämtern gewährt:

1. Mietbeihilfe (die Hälfte der Grundmiete) [1];
2. Heizungsgeld (150 bis 180 Francs jährlich);
3. Monatliche Beihilfe in Bargeld (50 bis 150 Francs);
4. Gutscheine für Gas, Elektrizität – Eßpakete – Mahlzeiten für Alte – Ermäßigungen bei öffentlichen Verkehrsmitteln – Patenschaften privater Hilfswerke;
5. Unentgeltliche ärztliche Betreuung.

ZUSCHLÄGE AUF PENSIONEN, RENTEN, BEIHILFEN FÜR DRITTE [2]

Sie werden entweder von der Sozialversicherung oder von den Départements gewährt.

Bedingungen für die Gewährung

1. Vollendung des 65. Lebensjahres oder bei anerkannter Arbeitsunfähigkeit nach dem 60. Lebensjahr;
2. Unfähigkeit, die normalen Lebensverrichtungen allein auszuführen (verschiedene Gebrechen).

Dieser Zuschlag wird unabhängig von der Höhe der Pension, Rente oder Beihilfe gewährt.

Jahressatz: 6700 Francs.

Der Zuschlag wird nur zu Lebzeiten des Pflegebedürftigen bezahlt.

Die ärztliche Versorgung wird zu 100 % erstattet.

ZUSATZRENTEN

Werden nach Vollendung des 65. Lebensjahres gewährt.

Bedingung: Mindestens 10jährige Tätigkeit in derselben Berufssparte (Handel, Industrie, freie Berufe).

Der Arbeitgeber ist Mitglied einer Pensionskasse seiner Genossenschaft (Beiträge werden sowohl vom Arbeitgeber als auch vom Lohnempfänger entrichtet).

Die Zusatzrente kann im Fall von Arbeitsunfähigkeit nach Vollendung des 60. Lebensjahres gewährt werden.

1 Wird nur gewährt, wenn es sich um eine unmöblierte Wohnung handelt und die Miete weniger als 200 Francs beträgt.

2 Wenn ein Schwerkranker ständiger Pflege bedarf, bezahlt die öffentliche Institution, die sich seiner annimmt, der Person – Familienmitglied oder Fremder –, die ihn versorgt, eine Pension. Der Pflegende stellt eine ‹dritte Person› dar gegenüber dem Paar, das der Kranke und seine Pensionskasse bilden.

Eine Witwe kann die Zusatzrente mit 50 Jahren erhalten.
Minderjährige Kinder bekommen ebenfalls eine Rente.
Die Höhe der Zusatzrente richtet sich nach den geleisteten Beiträgen.

PENSION FÜR FÜHRUNGSKRÄFTE

1. Gewährung mit 65 Jahren oder, im Fall von Arbeitsunfähigkeit, mit 60 Jahren.
2. Gleiche Bedingungen wie bei den Zusatzrenten.

Diese Personengruppe braucht sich nicht an den Sozialdienst zu wenden. Die Beträge sind relativ hoch, weil sie die Altersrente der Sozialversicherung und das Ruhegehalt der Führungskräfte umfaßt.

Zwei Punkte sind hervorzuheben: der mit 65 Jahren in den Ruhestand tretende Rentner erhält nur 40 % seines früheren Verdienstes; bei der Berechnung wird der Verdienst während der vorangegangenen 10 Jahre zugrunde gelegt, der nicht immer der höchste ist. Es wäre normal, vom höchsten Verdienst oder zumindest vom Durchschnittsverdienst auszugehen. Wenn der Arbeitgeber den Arbeiter unter dem Vorwand einer neuen Entwicklung deklassiert, wird die Rente dadurch niedriger, was eine schreiende Ungerechtigkeit ist. Andererseits hält die Erhöhung der Renten nicht entfernt mit jener der Lebenshaltungskosten Schritt: sie beträgt jährlich nur 10 %, während sich das garantierte Mindesteinkommen bei einer Arbeitszeit von 40 Wochenstunden auf 567,61 Francs im Monat beläuft, ist der den Alten gewährte Betrag um mehr als die Hälfte niedriger: der letzte im *Journal officiel* [1] veröffentlichte Erlaß setzt die Mindestrente der alten Leute auf 225 Francs monatlich fest, das heißt 7,30 Francs pro Tag; eine Million alte Menschen verfügen lediglich über diesen Betrag, der zweieinhalbmal niedriger ist als die Unterhaltskosten für einen gewöhnlichen Häftling. Eineinhalb Millionen haben weniger als 320 Francs monatlich. Das bedeutet, daß ungefähr die Hälfte der alten Bevölkerung in Not lebt. Am schlimmsten ergeht es den alleinstehenden Alten. Bei den Sozialhilfsdiensten stellen die Witwen, wesentlich zahlreicher als die Witwer, 70 % bis 80 % der wirtschaftlich Schwachen dar. Eine von der «Caisse interprofessionnelle paritaire des Alpes» durchgeführte Untersuchung, die sich auf 6234 Rentner zwischen 50 [2] und 94 Jahren erstreckte, ergab ein Durchschnittseinkommen von 280 Francs im Monat für eine alleinstehende Person und von 380 Francs für ein Paar; einige Rentner verrichten leichte Arbeiten. Ein Fünftel der Rentner hatte nur 200 Francs. 15 % kauften sich nicht einmal eine Zeitung, weil ihnen das zu teuer war.

Die Kinder unterstützen ihre Eltern nur sehr selten; zwei Drittel der alten Leute erhalten keinerlei Hilfe von ihren Kindern. Manchmal gehen sie vor

1 Ende 1969 geschrieben.
2 Bei Arbeitsunfähigkeit kann die Rente früher gewährt werden.

Gericht, um eine Unterhaltsrente einzuklagen; aber selbst wenn sie damit Erfolg haben, wird ihnen das Geld oft einfach nicht bezahlt. Die alten Eltern leiden um so mehr darunter, als ihnen die soziale Hilfe verweigert wird, wenn man meint, die finanzielle Lage ihrer Kinder lasse es zu, sie zu versorgen. Auch das ist ein Skandal: man berücksichtigt nicht, was die Kinder ihnen tatsächlich geben, sondern legt das zugrunde, was sie ihnen geben könnten.

Einen typischen Fall schildert der Bericht, den *Le Journal du dimanche* am 17. November 1968 unter dem Titel «Allein in Paris mit 75 Jahren und 317 Francs im Monat»[1] veröffentlichte. Mme R. war als Bedienung und Geschirrspülerin in verschiedenen Restaurants tätig gewesen. Mit 68 Jahren hörte sie auf, weil ihr die Arbeit zu schwer wurde. Ihre ehemaligen Arbeitgeber hatten sie nicht bei den Versicherungen angemeldet, so daß sie am Ende mit 180 Francs Vierteljahresrente dastand. Dank ihrer Ersparnisse hielt sie vier Jahre durch. Dann, völlig verzweifelt, von 60 Francs im Monat leben zu müssen, sprach sie auf einer Bank an der place des Vosges mit einer Nachbarin, die ihr riet, sich an eine Sozialfürsorgerin zu wenden. Diese verhalf ihr zu einer Vierteljahresrente von 870 Francs und zu 80 Francs Mietbeihilfe. Sie lebt unter dem Dach eines alten herrschaftlichen Hauses im Marais: drei Stockwerke mit einer schönen Treppe, dann zwei Halbetagen mit schmalen, hohen Stufen. In ihrem winzigen Zimmer hat sie weder Gas noch Elektrizität: sie beleuchtet und heizt es mit Petroleum. Der Wasseranschluß befindet sich hinten in einer Nische, die eine Stufe höher liegt. Es ist ein Kunststück, wenn sie sich nicht ganz wohl fühlt, mit ihrem Wassereimer von dort herunterzugelangen. Die Toilette liegt am anderen Ende des Hauses: sie muß eine halbe Etage hinabsteigen, eine andere wieder hinauf und dann weitere fünfzehn steile Stufen erklimmen: «Das ist mein Albtraum», sagt Mme R. «Manchmal, im Winter, wenn es mir nicht gutgeht, stehe ich an die Mauer gelehnt da und frage mich, ob ich wohl je wieder unten ankomme.» Sie bezahlt 150 Francs Miete im Vierteljahr. «Das ist die Hauptschwierigkeit, weil meine Nachbarn mein Zimmer haben möchten und mich ins Altersheim abschieben wollen. Aber lieber sterbe ich.» Es bleiben ihr 240 Francs im Monat, das heißt 8 Francs pro Tag. Sie heizt kaum: im Winter bleibt sie lange im Bett und verbringt ihre Tage in Kaufhäusern und Kirchen. Manchmal geht sie ins Kino: eines von jenen, die vor 13 Uhr eine billigere Vorstellung haben; dort sieht sie sich den Film zwei- oder dreimal an; sie fährt mit der Métro hin und geht zu Fuß nach Hause. Für Kleidung gibt sie fast nichts aus: jedes Frühjahr bringt sie einen zehn Jahre alten Mantel zur Reinigung. Sie hat zwei ‹Beihilfen› für Schuhe und eine für einen Rock bekommen. Sie kauft sich im Jahr drei Paar Baumwollstrümpfe, zu 9,90 Francs das Paar. Sie ißt sehr wenig: in der Woche drei Beefsteaks zu 2 Francs, für 3 bis 4 Francs Schweizerkäse, zwei Kilo Kartoffeln. Abends ißt sie oft nur einen Apfel mit etwas Zucker und Butter. Sie trinkt 2 Liter Wein im Monat und verbraucht 1 Pfund Kaffee in der Woche. Sie hat zwei Neffen, denen sie in der Kindheit geholfen hat. Aber sie leben in der Provinz, sie sieht sie nie. Sonntags ißt sie fast immer bei einer

1 Untersuchung von Annie Coudray.

Freundin zu Mittag. Sie bringt einen kleinen Kuchen mit, und die Freundin (die einen richtigen Küchenherd hat und Gerichte kochen kann, die sich auf einem Petroleumöfchen unmöglich zubereiten lassen) gibt ihr die Reste für den nächsten Tag zum Aufwärmen mit. Nach ihren eigenen Worten langweilt sie sich nicht. Sie geht viel spazieren, liest die Überschriften der Zeitungen am Zeitungsstand, und der eine oder andere Nachbar gibt ihr die Zeitung vom Vortag. Wenn sie kann, nimmt sie an den Pariser Feierlichkeiten teil. Sie ging zur Beisetzung von Charles Münch, getraute sich wegen ihres alten Mantels aber nicht in die Kirche. Der düstere Punkt ihres Lebens ist ihre Behausung. Freunde hatten ihr versprochen, ihr eine kleine Wohnung mit Küche in dem Haus in Mantes, in dem sie wohnten, zu geben. Davon träumte sie die ganze Zeit. Aber die Freunde starben, und ihre Kinder vermieteten die kleine Wohnung anderweitig.

Wenn man über diesen besonderen Fall gelesen hat, wird man begreifen, was die Renten bedeuten, die eine Fürsorgerin im Jahre 1967 in einer Liste zusammengestellt hat (s. S. 206).

Pro Tag über nicht mehr als 7 bis 10 Francs für Essen, Kleidung, Heizung zu verfügen, das heißt zur Unterernährung, zum Frieren und allen dadurch entstehenden Krankheiten verurteilt zu sein; es heißt, zum Äußersten getrieben zu werden: während Straßenkehrer die von den Händlern verlassenen Marktplätze reinigen, wühlen propere alte Frauen im Abfall und füllen ihre Einkaufstaschen damit. Besonders auffallend ist das in Nizza, wo es sehr viele alte Leute gibt: dort fällt ein Schwarm kleiner alter Frauen über halbverfaulte Früchte und Gemüsereste her. Nach einer in Marseille und Saint-Étienne angestellten Untersuchung sind 10 % der Männer und 19 % der Frauen «dem Hungertod nahe». Mehrere Tausende alter Menschen verhungern, Professor Bourlière zufolge, jedes Jahr in und um Paris. Und jeden Winter berichten die Zeitungen von erfrorenen alten Leuten.

Diejenigen, die überleben, leiden nicht nur unter ihrer bitteren Not, sondern auch unter der Unsicherheit ihrer Lage. Ihr Geld reicht nie aus, was sie unablässig zwingt, sich an die Fürsorgestellen zu wenden. Die Behörden, bei denen sie Hilfe beantragen, lassen es an Verständnis mangeln und unterziehen die Alten oft demütigenden Verhören. Man verlangt von ihnen, daß sie komplizierte Formulare ausfüllen, in denen sie sich nicht zurechtfinden.

In einer Sendung von Éliane Victor über das Alter[1] hat eine versteckte Kamera Gespräche alter Frauen mit Sozialhelferinnen gefilmt. Diese nahmen sich der alten Frauen nach besten Kräften an. Aber es war peinigend, zu sehen, wie die Alten sich in ihren Papieren verhedderten, vergebens in ihrem Gedächtnis forschten, sich verzweifelt bemühten, die Fragen zu begreifen. Noch schrecklicher war ihre Demut, ihre flehende und verzweifelte Haltung. Die alten Leute kommen sich vor, als ob sie bettelten; damit können sich viele nicht abfinden. Nur 20 % der alten Unterstützungsempfänger – gegenüber

1 «Altern an der Sonne».

EINIGE RENTEN

Die Arztkosten werden von der Sozialversicherung oder der Fürsorge getragen.

Alter	*Situation*	*Rente pro Monat*	*Wohnung*	*Miete pro Monat*	*Sozialhilfe pro Monat*
63 Jahre Schwerkrank	Unverheiratet	260 Francs	1 Zimmer u. Küche ohne Komfort, WC im Hof	70 Francs	100 Francs (= Tagesdurchschnitt: 9,06 Francs)
76 Jahre Schwer herzkrank	Witwe	210 Francs	1 Zimmer u. Küche Komfort	90 Francs	120 Francs (= Tagesdurchschnitt: 8 Francs)
82 Jahre Arbeitete bis 77	Unverheiratet	230 Francs	1 Hotelzimmer seit 1930	80 Francs	150 Francs (= Tagesdurchschnitt: 10 Francs)
78 Jahre Geistig behindert	Unverheiratet	180 Francs	1 Zimmer in algerischem Hotel	100 Francs	150 Francs (= Tagesdurchschnitt: 7,66 Francs)
Mann 73 Jahre Frau 74 Jahre	Mann unheilbar krank	2 Pensionen 460 Francs	2 Zimmer u. Küche	90 Francs	100 Francs (= Tagesdurchschnitt: pro Person: 7,83 Francs)
Mann 70 Jahre Frau 69 Jahre 3 Kinder	Frau halbseitig gelähmt	690 Francs	2 Zimmer Komfort	200 Francs	Hilfe der Kinder: 150 Francs (= Tagesdurchschnitt: pro Person: 10,66 Francs)
72 Jahre, 50 Jahre lang Hausangestellte	Unverheiratet	280 Francs	1 Zimmer u. Küche, WC. Ausgewiesen, dann wieder aufgenommen	130 Francs	60 Francs Mietbeihilfe, 100 Francs Sozialhilfe (= Tagesdurchschnitt: 11,33 Francs)
82 Jahre	Kriegerwitwe (1914–18)	320 Francs	2 Zimmer ohne Komfort	100 Francs	90 Francs (= Tagesdurchschnitt: 10 Francs)

40 % der Sozialversicherten – lassen sich ärztlich behandeln, obwohl es, was die Kosten angeht, keinerlei Unterschiede gibt: das bedeutet, daß sie das Prinzip der Unterstützung ablehnen. In jedem Fall sind die gelegentlichen Beihilfen nur ein Tropfen auf den heißen Stein. Diese Menschen leben ständig in der Angst um den morgigen Tag.

Ähnlich ist die Situation in Belgien, England, Westdeutschland, Italien. Ein heuchlerischer Anstand verbietet es der kapitalistischen Gesellschaft, sich ihrer ‹unnützen Münder› zu entledigen. Aber sie gesteht ihnen auch nur das zu, was notwendig ist, um sich am Rande des Grabes zu halten. «Zum Sterben zu viel und zum Leben zu wenig», sagte ein Rentner traurig. Und ein anderer: «Wenn man nicht mehr in der Lage ist, sich als Arbeiter sein Brot zu verdienen, dann ist man gerade noch gut genug, einen Kadaver abzugeben.»

Weniger schlimm ist die Lage der leitenden Kräfte und Beamten, wenn sie auch alles andere als befriedigend ist. Unter ihnen gibt es eine Kategorie von Privilegierten: Ingenieure, leitende Verwaltungskräfte, hohe Beamte, Angehörige der freien Berufe. Manche von ihnen verdienen bis zu 25mal soviel wie ein Arbeiter. Aber es gibt auch Angestellte, kleine Beamte, Techniker, deren Einkünfte sehr viel bescheidener sind; vor allem die Frauen werden schlecht bezahlt. Sie sind ständig von Entlassung und Arbeitslosigkeit bedroht. Der Ruhestand bringt für die meisten von ihnen einen erheblich niedrigeren Lebensstandard mit sich. Nach einer 1964 erschienenen Arbeit, *Les Cadres retraités vus par eux-mêmes*, bezeichnen 80 % ihre Mittel als ausreichend, wenn auch 77 % sie für «gerade ausreichend» halten! Nur 2 % können üppig leben. 19 %, in der Mehrzahl Frauen, befinden sich in einer finanziell schwierigen Situation: eine von sechs Witwen verfügt über nur 250 Francs monatlich und 58 % haben unter 500 Francs. Insgesamt haben 8 % der im Ruhestand lebenden führenden Kräfte weniger als 250 Francs, 32 % zwischen 250 und 500 Francs, 32 % zwischen 500 und 1000 Francs, 25 % über 1000 Francs. (Einige haben die Fragen nicht beantwortet.) Für die Hälfte von ihnen stellt die Pension die alleinige Einkommensquelle dar; bei 26 % macht sie mehr als die Hälfte ihrer Einkünfte aus. Alle würden gern doppelt soviel oder zwei Drittel mehr bekommen. Unabhängig vom Alter – das zwischen 65 und 75 Jahren liegt – hätte jeder zweite seine Tätigkeit gern fortgesetzt. Dennoch behaupten zwei Drittel, sich umgestellt zu haben; nur ein Drittel – vor allem jene, die nicht gesund und dazu arm sind – tragen schwer an ihrer neuen Lage. 20 % haben wieder eine Tätigkeit aufgenommen, in 52 % der Fälle, um ihre Einkünfte aufzubessern; 16 % suchten Ablenkung, und bei 26 % trafen beide Gründe zusammen. Von denen, die nicht mehr arbeiten, ziehen 83 % es vor. sich auszuruhen. Keine der Befragten möchte in ein Altersheim; sie alle wollen sich ihr eigenes Heim erhalten.

Eine Gruppe erträgt den Ruhestand besonders schlecht: die Handwerksmeister; bei ihnen tritt eine gravierende Einkommensminderung ein. Sie können sich nicht an die Muße gewöhnen. Wie besessen suchen sie nach irgendwelchen Beschäftigungen. Aber es ist sehr schwer für sie, sich umzustellen.

Um den Profit zu vermehren, sucht der Kapitalismus um jeden Preis die Produktivität zu steigern. Je mehr Produkte auf den Markt kommen, um so höhere Leistungen verlangt das System von jedem einzelnen. Die alten Arbeiter können sich dem vorgeschriebenen Arbeitstempo nicht mehr anpassen. Sie sind zur Arbeitslosigkeit verdammt, und die Gesellschaft behandelt sie als Parias. Das wird augenfällig, wenn man die reichste der kapitalistischen Gesellschaften betrachtet, die sich als Wohlstandsgesellschaft ausgibt: die USA.

1890 übten 70 % der alten Leute bezahlte Beschäftigungen aus; heute beziehen nur noch 3 Millionen, das heißt 20 % der Alten, Arbeitsentgelt. Davon sind 2 Millionen Männer, 1 Million Frauen. Im allgemeinen ist ihre Bezahlung niedrig. Schon im Alter zwischen 45 und 65 Jahren haben sie Mühe, überhaupt Arbeit zu finden. Sie können ihr Leben nur mittels der ihnen gewährten Renten fristen.

Lange Zeit wurde die Fürsorge in den USA in der gleichen Weise wie in England praktiziert. Die noch rüstigen Alten teilte man den Familien zu, die am wenigsten Geld für ihren Unterhalt verlangten; die Hinfälligen steckte man in das Spital des Bezirks, das zugleich als Krankenhaus, psychiatrische Anstalt, Waisenhaus und Altersheim diente. Man war nicht der Meinung, daß arbeitsunfähige Greise Rechte besäßen, sondern hielt sie für Faulpelze, Gescheiterte, Ausschuß. Im wesentlichen fiel ihr Unterhalt der Familie zu.

In Kalifornien waren um 1850 viele der Arbeiter Pioniere, die aus dem Osten kamen und keine Familie hatten: hier bildeten sich Bruderschaften, denen es gelang, vom Staat Zuschüsse für die Alten zu erhalten. Von 1883 an gewährte der Staat Kalifornien all den Bezirken, die Altersheime unterhielten, Hilfsgelder, später dann auch Personen, die bei sich zu Hause Bedürftige unterstützten. Mißbräuche führten 1895 zur Abschaffung dieses Systems, und danach finanzierte Kalifornien nur doch die staatlichen Institutionen.

Ende des 19. Jahrhunderts offenbarten Statistiken, welche Unmenge von Armen es unter den alten Menschen gab, und die öffentliche Meinung begann sich dieses Problems bewußt zu werden. Alaska verabschiedete 1915 ein Gesetz, das den Staat ermächtigte, gewissen Personen im Alter von 65 Jahren und darüber eine Unterstützung von 12½ Dollar im Monat zu gewähren. Ähnliche Gesetze wurden auch in anderen Staaten erlassen.

1927 ermächtigte Kalifornien das Ministerium für Sozialfürsorge, eine Untersuchung durchzuführen: dabei ergab sich, daß nur 2 % der Bevölkerung über 65 Jahren eine Unterstützung erhielten. Die «Bruderschaft der Adler», die sich seit jeher um die Hilfe für die Alten gekümmert hatte, bemühte sich im selben Jahr sehr darum, dem Gedanken der Verantwortung des Bundesstaates für die Alten zum Durchbruch zu verhelfen; andere, weniger bekannte Gruppen, unterstützten sie. Aber aus Individualismus, Liberalismus und Grauen vor jedem ‹Sozialismus› verhielt sich ein Großteil der öffentlichen Meinung ablehnend. Dennoch wurde das von den ‹Adlern› vorgeschlagene Projekt in 24 Staaten geprüft. Kalifornien nahm 1929 ein Gesetz an, das die Unterstützung auf alle bedürftigen Alten ausdehnte. 1930 waren 13 weitere Staaten dem Beispiel gefolgt. 1934 hatten 30 Staaten eine bestimmte Form von Unterstützungsprogramm; aber nur zehn übernahmen das kalifornische Modell vollständig. Die Unterstützungsgelder waren schwer zu bekommen und unzureichend. Auch Philanthropen, Gewerkschaften, Kirchen begannen Altersheime zu bauen. Während der großen Wirtschaftskrise der dreißiger Jahre spitzte sich die Lage der alten Menschen dramatisch zu: sie waren zur Arbeitslosigkeit verurteilt; die Staaten erwiesen sich als ohnmächtig, für ihren Unterhalt aufzukommen; viele Alte sahen ihre Ersparnisse dahinschmelzen und wurden aus ihren Heimen vertrieben. Diese Not führte zu dem Abkommen über die Sozialversicherung, das Zuschüsse des Bundes für diejenigen Staaten vorsah, die die Sorge für die alten Leute übernahmen. Die einzelnen Staaten behielten ihre alten Programme weiterhin bei, doch nun trat ein zweites Prinzip in Kraft: die Versicherung. Aber nur sehr wenige Leuten kamen in den Genuß, und was sie erhielten, war kläglich.

1943 bezogen 23,4 % der alten Leute Fürsorgeunterstützungen und nur 3,4 % Renten. Die Dürftigkeit ihres Lebensstandards blieb beklemmend sichtbar. Es entstanden alle möglichen Hilfseinrichtungen. Seit 1950 hat der Kongreß die Zuschüsse erhöht und die Zahl der Nutznießer erweitert. Dennoch hatte 1951 die überwiegende Mehrheit der alten Bevölkerung nur Einkünfte weit unter dem zum Leben notwendigen Minimum und erhielt keinerlei private Hilfe. Immer mehr Konferenzen beschäftigten sich mit den Problemen der alten Menschen. Von 1950 bis 1958 erhöhte man die Zahl derer, die in den Genuß der Sozialversicherung kamen: sie kam nur drei Vierteln der Alten zugute; danach waren es neun Zehntel, und auch die Renten wurden angehoben. Trotzdem hatten nach einer 1957 von Steiner und Dorfman durchgeführten Untersuchung 25 % der Ehepaare, 33 % der alleinstehenden Männer und 50 % der alleinstehenden Frauen über 65 nicht das zum Leben notwendige Minimum.

«Die Armut unserer Alten ist eines unserer beständigsten und schwierigsten Probleme», schreibt die Amerikanerin Margaret S. Gordon. Heute sind von 16 Millionen Alten mehr als 8 Millionen sehr arm. Ein Mann, der mit 65 Jahren in den Ruhestand tritt und den höchsten Beitrag bezahlt hat, erhält für seine Frau und sich 162 Dollar monatlich; ist er allein, bekommt er 108,50 Dollar. 1958 zeigten die Statistiken des «Bureau of the Census», daß 60 % der über 65jährigen weniger als 1000 Dollar im Jahr erhalten, was 20 % unter dem notwendigen Minimum in den Städten, in denen man am billigsten lebt, und 40 % unter dem notwendigen Minimum in den Städten, wo das Leben am teuersten ist, liegt. Die Unterstützung durch Kinder und Freunde macht kaum 10 % der Einkünfte aus, und in ihren Genuß kommen auch nur jene Alten, deren Situation ohnehin relativ gesichert ist. Am schlimmsten ergeht es denjenigen, die allein leben – das sind vor allem Frauen, da es auch hier wie in Frankreich weit mehr Witwen als Witwer gibt. Ein Viertel lebt von weniger als 580 Dollar im Jahr: kaum mehr als der vom Landwirtschaftsministerium ermittelte niedrigste Betrag, der für Ernährung erforderlich ist. (Aber davon müssen die Alten noch Kleidung, Wohnung und Heizung bezahlen.)

In seinem Buch *Das andere Amerika* weist Harrington nach, daß die Millionen von Alten, die in Not leben, Opfer eines «in die Tiefe reißenden Strudels» sind. Arme Leute sind öfter krank als die anderen, weil sie in ungesunden Elendsquartieren hausen, sich schlecht ernähren, kaum heizen können; da sie nicht die Mittel haben, sich zu pflegen, verschlimmern sich ihre Krankheiten, so daß sie nicht mehr arbeiten können und ihre Armut immer verzweifelter wird. Vor Scham über ihr Elend kapseln sie sich zu Hause ab und vermeiden jeden Kontakt mit anderen: ihre Nachbarn sollen nicht erfahren, daß sie von der Fürsorge leben; sie bringen sich selbst um die kleinsten Hilfsdienste und das Minimum an Pflege, die diese ihnen gewähren könnten, und enden schließlich als Bettlägerige. Ein Augenzeuge berichtete vor einem Senatsausschuß, der eine Untersuchung über das Alter anstellte, diese Parias der Gesellschaft seien Opfer «einer dreifachen Verkettung von Ursachen: der schlechten Gesundheit, der Not, der Einsamkeit». Manche von ihnen werden nach einer normalen Existenz, in der ihre Arbeit angemessen bezahlt wurde, zum «Rekruten des Elends». Mit zunehmendem Alter haben ihre Fähigkeiten nachgelassen; sie können keine Beschäftigung mehr finden, weil sie technisch nicht mehr auf dem laufenden sind; selbst auf dem Lande verdrängt die Mechanisierung die alten Leute von ihren Arbeitsplätzen. Die Versetzung in den Ruhestand bedeutet eine brutale Kürzung ihrer Einkünfte. Doch die meisten der Bedürftigen waren zeitlebens arm. Sie kamen in ihrer Jugend vom Land in die Stadt und hatten dort kein Glück. Landarbeiter sind indessen von der Sozialversicherung ausgeschlossen. Alle diese Armen – Rentner mit unzureichenden Einkünften oder Arbeiter ohne Rente – müssen die Dienste der Fürsorge in Anspruch nehmen. Es gibt Staaten – darunter Mississippi –, die sehr arm sind und lächerlich geringe Unterstützungen zahlen. Überall verhalten sich die Beamten den Hilfesuchenden gegenüber feindselig: die Hälfte der Anträge werden abgewiesen. Man fordert Dokumente von den Antragstellern, die viele von ihnen gar nicht besitzen; oft sind sie fast Analphabeten oder sprechen kaum Englisch; sie werden durch die Behandlungsmethoden und den Apparat der Fürsorgeämter eingeschüchtert. Diese unpersönliche und ohnmächtige Bürokratie demütigt sie, ohne ihren Bedürfnissen abzuhelfen. Die Fürsorge – der *welfare state* – funktioniert verkehrt: Protektionen, Sicherheiten, Hilfe kommen den Starken und Organisierten zugute, nicht den Schwachen. Die Leute, die ärztliche Hilfe am dringendsten brauchen würden, erhalten sie am wenigsten. Die Einsamkeit verschlimmert ihre Lage. Die jungen Bewohner der Slums gehen auf die Straße, bilden Banden. Die alten Leute leben abgeschnitten von allem; und in diesem Land, wo es ihnen die Entfernungen, der Lebensrhythmus kaum ermöglichen, zusammenzukommen, wo man hauptsächlich durch das Telefon miteinander verkehrt, sind fünf Millionen Menschen davon ausgeschlossen. Dr. Linden vom öffentlichen Gesundheitsdienst in Philadelphia schreibt: «Zu den Faktoren, die am meisten zur Entwicklung von Gemütsproblemen bei unseren alten Mitbürgern beitragen, gehören die soziale Verfemung, der sie ausgesetzt sind, das Schwinden ihres Freundeskreises, die große Einsamkeit, das Nachlassen und der Verlust der Achtung vor dem Menschen und das Ekelgefühl vor sich selbst.»

Nur eine reiche Gesellschaft kann so viele alte Menschen haben, schließt Harrington: aber sie verweigert ihnen die Früchte des Reichtums. Sie gesteht ihnen nur das «nackte Überleben» zu, nicht mehr.

Die Wohnungsfrage ist bei den alten Leuten ein brennendes Problem infolge des Auseinanderbrechens der Familienzelle, der Urbanisierung der Gesellschaft, der erbärmlichen Einkünfte der Rentner. England ist zu 80% urbanisiert; Deutschland zu 70%; Frankreich zu 58%; die USA sind es zu 65%; Japan und Kanada zu 60%. Die patriarchalische Familie hat sich in Japan dank der festgefügten Traditionen erhalten; in Westdeutschland leben wegen der Wohnungsnot viele Eltern bei ihren Kindern. In den USA wohnen 25,9% der alten Männer bei ihren Kindern, 22,6% als Familienoberhaupt, 3,3% im Heim der Jungen. In Frankreich leben 24% der alten Leute mit ihren Kindern zusammen, hauptsächlich auf dem Lande: nur da trifft man manchmal noch vier Generationen unter einem Dach vereint. Diese Lösung hat ihre Vorteile. Sie ist billig; sie gewährleistet den Kontakt zwischen den Generationen; sie sichert den jungen Ehepaaren die Hilfe der Eltern. Aber sie hat auch schwerwiegende Nachteile. Wenn der Vater Besitzer von Haus und Boden ist – was in Frankreich sehr häufig vorkommt –, weigert er sich oft, moderne Methoden zu übernehmen, und die Kinder ertragen seine Autorität nur schwer. In seiner Studie über die Gemeinde *Plodemet*[1] betont Edgar Morin den Generationskonflikt. «Ein grausamer Gegensatz besteht zwischen den jungen Erwachsenen und dem Vater, mit dem sie zusammen leben und arbeiten.» Ein 28jähriger Dachdecker sagt: «Man möchte gern modernisieren, aber immer sind die Alten da und sagen nein.» Der Sohn muß auf die Abdankung des Vaters bis zum 30. oder 35. Lebensjahr warten, und 10 Jahre lang verzehrt er sich in Ungeduld. Die Alten regen sich auf: «Die reden über Dinge, von denen man noch nie etwas gehört hat, sie wollen uns für dumm erklären», sagen sie von den Jungen.

Zahlreiche junge Landbewohner setzen sich in die Städte ab, was zur Folge hat, daß es auf dem Lande Weiler und sogar ganze Dörfer gibt, in denen nur noch alte Leute leben, die den Boden nach veralteten Methoden bewirtschaften und unter ihrer Isolierung leiden. Andererseits sind Vater oder Mutter, wenn sie bei ihren Kindern leben, in Gefahr, schlecht behandelt oder vernachlässigt zu werden. Auf jeden Fall leiden sie unter ihrer Abhängigkeit. Sie fühlen sich ausgenutzt oder von der restlichen Familie schikaniert. Und umgekehrt stört ihre Anwesenheit die Beziehungen zwischen den jungen Eheleuten: viele Scheidungen haben ihren Ursprung in diesem Zusammenwohnen. Manche bäuerliche Gesellschaften haben die Formel der ‹Intimität auf Distanz› gewählt. In ländlichen Gebieten der Schweiz, Deutschlands, Österreichs verläßt das alte Paar das Heim der jungen Familie, um sich in einem kleinen Haus (Altenteil, Altenhof) nahe dem großen selbständig einzurichten. In einigen französischen Landstrichen gibt es ähnliche Bräuche. Um sein 60. Jahr überläßt der Vater den Betrieb seinen Söhnen und zieht in ein Haus im Dorf. Er interes-

1 *Commune en France. La Métamorphose de Plodemet.*

siert sich weiterhin für sein Land, beteiligt sich an der Arbeit, gibt Ratschläge. Eine 1962 in Wien angestellte Untersuchung über mehr als 1000 Alte zeigte, daß sie die ‹Intimität auf Distanz› dem Zusammenwohnen und der Einsamkeit vorzogen.

Anders stellt sich das Problem in den Städten. In Frankreich ist es beängstigend, denn die Wohnungskrise ist allgemein, der Immobilienstand alt, der Rhythmus der Bautätigkeit langsam; man baut vor allem große Komplexe, deren Mieten für die wirtschaftlich Schwachen unerschwinglich sind. Diese erhalten eine Mietbeihilfe, wenn sie in einer unmöblierten Wohnung leben, die nicht mehr als 190 Francs monatlich kostet. Die Eigentümer, die keine alten Mieter wollen, brauchen nur die Miete auf 200 Francs festzusetzen, dann ist der alte Mensch, da er keine Beihilfe mehr erhält, auch nicht mehr in der Lage, die Miete zu bezahlen.[1] Diese Praxis ist sehr weit verbreitet, unter anderem in Nizza, das von Rentnern überflutet ist. Überall sind die Alten «den Elendsquartieren geweiht», wie ein Soziologe es ausdrückte. Nach den Untersuchungen des staatlichen französischen Meinungsforschungsinstituts bleiben die meisten Rentner, trotz des Traumes vom Häuschen im Süden, in ihrem alten Heim. 68 % der Paare verfügen über mindestens zwei Zimmer und eine Küche; aber es sind alte, verfallene Wohnungen ohne Wasser, ohne Heizung, und oft sind sie sogar gesundheitsschädlich. Eine 1968 angestellte Untersuchung der Caisse nationale des Retraits ouvrières (C.N.R.O.)[2], die sich auf 1 800 000 Mitglieder und 340 000 Rentenempfänger erstreckte, brachte ans Licht, daß nur 15,5 % der Rentner sowohl Wasser, Gas, Elektrizität als auch Dusche und WC in der Wohnung hatten. 34 % der Alten leben im Dachstuhl alter Häuser ohne Aufzüge und müssen vier bis sechs Stockwerke hinaufsteigen. Manchmal ist die Wohnung zu groß geworden, nachdem die Kinder sie verlassen haben, und ihr Unterhalt bereitet Schwierigkeiten. In den meisten Fällen entspricht sie nicht den Möglichkeiten alter Leute: das Fehlen von Wasser, Heizung, Lift ist eine Quelle von Strapazen für geschwächte Körper. Jede zweite Person ist Eigentümer: die angeführte Statistik schließt die Landbewohner ein, daher dieser hohe Prozentsatz. Ein Drittel sind Mieter, die anderen werden unentgeltlich beherbergt oder teilen eine Wohnung mit anderen.

Das Problem der Wohnung ist eng verknüpft mit dem der Einsamkeit. In den USA leben zwei Drittel der Männer mit ihren Frauen zusammen; 16 % allein; 3,5 % in Altersheimen; unter den Frauen haben nur ein Drittel noch ihren Mann, ein Drittel lebt allein, eine ziemlich große Zahl bei den Kindern, 4,3 % in Altersheimen. In Frankreich leben 35 % der alten Leute mit ihren Ehegatten zusammen, 30 % – meist Frauen – allein; 9 % wohnen bei Freunden oder Geschwistern. Nach einem Bericht von 1968 über die Rentner des Baugewer-

1 Man sieht die Ungerechtigkeit und den Widersinn dieser Regelung. Bei einer Miete von 190 Francs kann der alte Mieter eine Beihilfe von 95 Francs bekommen. Er braucht also nur 95 Francs zu bezahlen. Bei einer Miete von 200 Francs muß er volle 200 Francs entrichten.

2 Französische Staatliche Arbeiter-Altersversicherung. (Anm. d. Übers.)

bes haben 43 % ihre Familie in unmittelbarer Nähe; bei 23 % wohnt die Familie ziemlich nahe, bei 25 % weit entfernt; 9 % sind völlig vereinsamt. Die Häufigkeit der Beziehungen hängt eng zusammen mit der Nähe der Wohnorte.

Aber diese Zahlen sagen wenig über die tatsächliche Bedeutung der Familien- oder Freundschaftsbande aus: die Untersuchungen hierüber erbrachten ziemlich widersprüchliche und oft anfechtbare Ergebnisse. In Mailand bezeichnen sich 10 % der befragten Männer und 13 % der Frauen als «sehr einsam»; 20 % der Männer und 22 % der Frauen als «manchmal einsam»; das Gefühl der Vereinsamung wuchs mit den Jahren. In Kalifornien antworteten 57 % der Befragten, die ohne Partner lebten, und 16 % der Paare mit «sehr allein».

Solche Untersuchungen wurden besonders zahlreich in England durchgeführt. Diejenigen von Townsend, Young und Willmot, J. M. Mogey und von E. Bott zeigen, daß die Familie im weitesten Sinne des Wortes eine sehr große Rolle als Einheit sozialer Beziehungen gegenseitiger Hilfe spielt: vor allem die Familie mütterlicherseits, deren Mittelpunkt die Großmutter, ihre Töchter und Enkelinnen bilden. Die Männer gehen lieber ins Café oder sind mit Freunden zusammen. «Die Männer haben Freunde, die Frauen Verwandte.» Besonders aufschlußreich ist die Untersuchung, die Townsend 1957 in Bethnal Green im Osten Londons durchführte. Von den befragten Alten bezeichneten sich 5 % als «sehr einsam», 25 % als «manchmal allein» und 70 % als «nicht einsam». Danach waren wenige Alte wirklich vereinsamt; manche hatten bis zu 13 Verwandte in der näheren Umgebung; eines oder zwei ihrer Kinder wohnten immer weniger als eine Meile von ihnen entfernt; die Großeltern in Bethnal Green – vor allem die Großmütter – kümmerten sich eifrig um ihre Enkel: sie brachten sie in die Schule, gingen mit ihnen spazieren, paßten auf sie auf, fütterten sie. Drei Viertel der Befragten sahen jeden Tag mindestens einen Verwandten, und dieser erwies ihnen Dienste. Eine Untersuchung von Sheldon (ärztlicher Direktor im Königlichen Hospital) ergab, daß ein Fünftel der alten Leute in herzzerreißender Weise unter Einsamkeit leiden: vor allem die Witwer – weit mehr als die Witwen. Von denen, die allein lebten, hatten fast ein Drittel Verwandte in weniger als einer halben Meile Entfernung; 40 % sagten, sie seien glücklich dank der guten Beziehungen mit ihren Kindern. Aber diese Ergebnisse sind mit Vorsicht aufzunehmen. Nach einer amerikanischen Untersuchung sagten 92 % der Befragten, sie würden von ihren Kindern geachtet und geliebt; aber nur 63 % waren der Ansicht, daß Kinder ihre Eltern im allgemeinen lieben und achten. Offenbar spielen bei vielen dieser Antworten Selbstbetrug oder Stolz mit: man möchte nicht zugeben, daß man sich einsam oder vernachlässigt fühlt. Andererseits hat man festgestellt, daß bei den wirtschaftlich schwachen Alten auch familiäre Beziehungen nicht das Lebensgefühl hoben. Bei den Wohlhabenden zählen Freunde mehr als die Familie. Brüder, Schwestern, Vettern usw. in der näheren Umgebung sind dem alten Menschen nicht so wichtig. Für ihn zählen fast nur der Ehegatte oder die Kinder; allerdings kann er auch mit seinem Ehepartner unter der Einsamkeit zu zweit leiden. Das geht aus der Untersuchung hervor, die von den Ärzten Balier und

L.-H. Sébillotte kürzlich im XIII. Arrondissement durchgeführt wurde. Die Paare kapseln sich mehr in ihrem Heim ab als Einzelpersonen, Witwer oder Unverheiratete. Die oft eifersüchtige, manische, tyrannische Bindung der Partner schafft eine Leere rund um sie. Eine Untersuchung [1], 1968 in einem Pariser Wohnviertel durchgeführt, ergab, daß jeweils ein alter Mensch von dreien keinerlei soziale Beziehung mehr hatte, nie einen Brief erhielt [2], keinen Besuch empfing noch machte, niemanden mehr kannte.

Um die alten Menschen materiell und moralisch vor Unbequemlichkeiten und Einsamkeit zu bewahren, hat man vorgesehen, eigene Wohnbereiche für sie zu schaffen. In dieser Hinsicht herrscht in Europa ein erheblicher Gegensatz zwischen den Ländern des Nordens und denen des Südens. In Italien und in Frankreich beispielsweise ist bisher so gut wie nichts geschehen. In Frankreich hat die C.N.R.O. in den letzten Jahren einige Wohnheime gebaut; sie befinden sich in der Nähe großer Städte, damit ihre Bewohner sich nicht wie Verbannte vorkommen; horizontal oder halb-horizontal ausgerichtet – mit höchstens vier Stockwerken – oder vertikal – mit acht und mehr Etagen –, sind sie sehr überlegt angeordnet; das erste wurde im Dezember 1964 in der Umgebung von Bordeaux eingeweiht; es beherbergt etwa 100 Personen, gesunde und fast gesunde alte Menschen. Inzwischen sind fünf oder sechs weitere gefolgt, die durchschnittlich je 120 Menschen aufnehmen. Den Rentnern gefällt es dort; sie klagen lediglich darüber, daß man ihnen nur 10 % ihres Geldes läßt: der Rest wird für Miete und Unterhalt verwendet. Doch quantitativ gesehen sind die so erzielten Resultate noch immer lächerlich. Die Schweiz und Westdeutschland haben mehr Heime für ihre Alten gebaut; Holland und England haben in dieser Hinsicht sogar sehr viel getan. Um 1920 entstand in einem Park nahe London ein Dorf für alte Leute: Whiteley Village. Der Wohlfahrtsausschuß für alte Menschen hat weitere solcher Siedlungen in London, Hackney und an anderen Orten errichtet. 1940 waren in England fast alle Elendsquartiere von alten Leuten bewohnt: ein Großteil von ihnen hat inzwischen neue, eigens für sie gebaute Unterkünfte bezogen.

Die größte Anstrengung haben die skandinavischen Länder unternommen. In Kopenhagen gibt es eine berühmte ‹Altenstadt›, die 1919 geschaffen, 1955 modernisiert wurde und 1600 Betten enthält: sie galt lange als beispielhaft. In Schweden lebten 1940 in den wenigen Elendsquartieren nur alte Leute: alle sind inzwischen umgesiedelt. Heute gibt es sehr gut angelegte Wohnstädte für alte Leute. Schweden hat seit 1947 1350 Altersheime gebaut, die 45 000 Menschen beherbergen. Die Alten kommen auch in den Genuß besonderer Wohnungen eines anderen Typs: Appartements in Häusern, die Rentnern vorbehalten sind. Manche erhalten ‹kommunale Beihilfen›, damit sie die ziemlich hohen Mieten in normalen Wohnhäusern bezahlen können.

In den USA hatte 1950 Präsident Truman die öffentliche Aufmerksamkeit auf die Probleme der Alten gelenkt und eine Studienkommission ins Leben

1 Vgl. *France-Soir*, 8. November 1968.

2 Außer Behördenpost.

gerufen, die 800 Personen umfaßte. Es ist wenig dabei herausgekommen. Oft, wie zum Beispiel in St. Louis, sind die alten Leute in einer Art Ghetto zusammengepfercht: man unterteilte alte Wohnhäuser in möblierte Zimmer und winzige Appartements und stopfte sie mit Alten voll. Auch entstanden Altenvereine – die *Fossilien*, die *Achtzigjährigen*, die *Glücklichen Witwen*, die *Jungen Fünfziger* usw. –, die Altersheime bauten, deren durchschnittlicher Pensionspreis jedoch 150 Dollar monatlich beträgt. Einge Gemeinschaftsunterkünfte, die keinen oder nur sehr geringen Gewinn bringen, wurden mit Regierungsdarlehen gebaut, andere durch private Organisationen. Ihre Preise sind für die meisten Rentner unerreichbar: im Isabella House, einem der berühmtesten Wohnheime, beträgt die Mindestmiete 75 Dollar im Monat.

Hervorzuheben ist auch der Erfolg – leider ein Ausnahmefall – des Victoria Plaza in San Antonio.[1] Dort baute man ein großes, modernes Gebäude und belegte es mit bis dahin schlecht untergebrachten Alten. Von 352 Bewerbern wurden 204 ausgewählt. Fast 60 % von ihnen lebten allein; die anderen mit einem Ehegatten, mit Verwandten oder Freunden; viele wohnten in Elendsquartieren. Man zeigte ihnen das Gebäude, bevor man sie aufnahm: alle waren begeistert. Nach einem Jahr waren es die meisten noch immer. Es gibt dort einen Klub – mit Bibliothek, verschiedenen Spielen usw. –, den 90 % von ihnen regelmäßig besuchten. Sie zahlten 28 Dollar im Monat, im allgemeinen etwas mehr als ihre frühere Miete; aber in Anbetracht der Geräumigkeit und des Komforts, den sie hier genossen, fanden sie den Preis gering. Ihr ganzes Leben hatte sich gewandelt. Sie spürten zwar den Geldmangel stärker, weil sie sich Möbel und Kleider kauften und ihre Wohnung und sich selbt nicht mehr vernachlässigten. Aber sie freuten sich über ihre Muße und die vielen Möglichkeiten, ihre Zeit auszufüllen. Sie traten Vereinigungen bei, schlossen neue Freundschaften, was sie jedoch nicht daran hinderte, die alten zu pflegen und häufig mit ihren Familien zu telefonieren. Sie hielten sich für gesünder als zuvor und bezeichneten sich als Menschen «mittleren Alters», während ihre Altersgenossen, die in ihren alten Behausungen geblieben waren, sich als alt empfanden. Ihre Aktivität und ihr Gemütsleben konnten sich entfalten, und fast alle glaubten sich glücklich. Die Wohnverhältnisse üben, wie dieses und andere Experimente zeigen, einen entscheidenden Einfluß auf die allgemeine Verfassung des alten Menschen aus. Um so trauriger ist es, daß die Alten im allgemeinen so erbärmlich wohnen.

Eine heute sehr umstrittene Frage ist, ob es den alten Menschen guttut, ausschließlich untereinander zu leben. Der Erfolg von Victoria Plaza beruht zu einem großen Teil darauf, daß dieser Komplex im Herzen einer Stadt liegt und die Bewohner nicht von ihren Familien abgeschnitten sind. Es gibt in den USA mehrere ‹Sonnenstädte›, die ausschließlich von alten Leuten mit hohem Lebensstandard bewohnt werden. Initiatoren und Verwalter behaupten, die Alten seien glücklich, unter ihresgleichen zu leben. Aber da es sich um Unternehmen handelt, die hohe Gewinne abwerfen, muß man in Rechnung stellen,

1 Beschrieben in *Future for the Aged* von Carp.

daß es den Nutznießern nur zum Vorteil gereicht, wenn sie ihre ‹Ware› preisen. Calvin Trillin, der 1964 für den *New Yorker* eine Reportage über eine dieser Städte machte, scheint sehr skeptisch hinsichtlich des angeblich dort herrschenden ‹Glücks› zu sein. Die alten Leute haben das Haus, in dem sie leben, gekauft, viel Geld investiert und alle Brücken hinter sich abgebrochen: sie müssen dableiben; die meisten kommen zurecht, aber es ist nicht gesagt, daß sie diesen Schritt noch einmal tun würden.

Was man heute propagiert, sind Zentren, bestehend aus kleinen, selbständigen in Städten gelegenen Häusern, ähnlich wie die Anlage in Brügge, so daß die alten Leute in der Nähe ihrer Kinder leben. Besser noch wäre es, in Gebäudekomplexen, die von Menschen aller Altersklassen bewohnt werden, Gruppen von Wohnheimen für die Alten zu schaffen, die unabhängig voneinander sind, aber bestimmte Einrichtungen gemeinsam haben.

Wenn alte Menschen physisch und wirtschaftlich nicht mehr in der Lage sind, für sich zu sorgen, ist der einzige Ausweg für sie das Spital. In den meisten Ländern ist es völlig unmenschlich: ein Ort, wo man auf den Tod wartet, ein Sterbehaus, wie es kürzlich in einer Sendung über die Salpêtrière hieß.

In Frankreich leben 1,45 % der Alten im Spital. Im Durchschnitt sind sie zwischen 73 und 78 Jahre alt. 2 % leben in Altersheimen. Eine Untersuchung erbrachte, daß 74 % der Alten vor dem Gedanken zurückschrecken, in ein Asyl zu gehen; 15 % finden sich damit ab, weil sie Invaliden sind. Es gibt in Frankreich 275 000 Betten und gegenwärtig 150 000 bis 200 000 Menschen, die aufgenommen werden möchten und keinen Platz finden. Hauptsächlich sind es vier Gründe, die die alten Leute schließlich zum Eintritt ins Spital bewegen. Einmal die Unzulänglichkeit ihrer Mittel. In den großen Spitälern sind drei Viertel der Insassen Fürsorgeempfänger, die Rentner ziehen kleine Privatanstalten vor. Sodann die Unmöglichkeit eine Behausung zu finden, oder die Schwierigkeit, sie zu unterhalten. An dritter Stelle stehen die familiären Gründe: die Kinder lehnen es ab, sich mit den Alten zu belasten, oder beschließen, sie abzuschieben. Anläßlich einer Sendung (im Jahre 1968) über das ‹Sterbehaus› der Salpêtrière berichtete der Direktor voller Empörung, daß Familien häufig ihre Alten dorthin bringen, um in Urlaub zu fahren, und dann vergessen, sie wieder abzuholen. Manche alte Leute schließlich brauchen ärztliche Betreuung. Im allgemeinen gehen sie in das Spital ihres Départements, die einen als Bedürftige, die anderen bezahlen dafür mit einem Teil ihrer Rente. Es gibt auch ‹Wanderer›, die ununterbrochen das Spital wechseln: dazwischen vagabundieren sie und trinken. Manche Anstalten weisen kranke Alte ab; andere nehmen Kranke, sogar junge Menschen auf.

Nach einer Untersuchung, die Delore 1952 in einem Spital unternahm, war dort die Zahl der Frauen doppelt so hoch wie die der Männer. Von 100 Frauen waren 74 Witwen, 22 unverheiratet, 4 verheiratet. 65 waren noch rüstig und geistig klar, 35 bewegungsunfähig oder senil. Davor hatten 80 von ihnen allein in Behausungen mit einem oder zwei Zimmern, in Pförtnerlogen oder Etagenwohnungen gelebt. 21 dieser Unterkünfte waren Elendsquartiere, vor allem die Logen. Sie bekamen zwischen 80 und 150 Francs (nach heutigem Franc-Wert) monatlich. Die 24 Pförtnerinnen verrichteten kleine Arbeiten. Bei einer von ihnen fand man 30 kg Zucker, Teigwaren, Reis in einem Schrank. Bei einer anderen 2000 Francs, die an verschiedenen Stellen versteckt waren. Sie hatten gute Beziehungen zu ihren Kindern, entfernten Verwandten, Freunden, Nachbarn. 45 der Witwen hatten Kinder, 32 verstanden sich gut mit ihnen. In 30% der Fälle war in der Aufnahmekarte «physiologisches Elend» oder «soziale Bedürftigkeit» eingetragen.

Heute dürfen keine Altersheime mit mehr als 80 Betten gebaut werden, und diese müssen sich auf einzelne Zimmer für eine Person oder ein Paar verteilen. Im Laufe der letzten Jahre wurde eine Anzahl von Heimen, die diesen Normen entsprechen, gebaut: 35 000 Betten. Das ist wenig, und die Lage bleibt weiterhin beklagenswert.

Über «das große Elend der Spitäler in Frankreich», das kürzlich das Gesundheitsministerium in einem offiziellen Bericht aufzeigte, stimmen alle Aussagen überein. Diese Einrichtungen sind, heute ebenso wie früher, regelrechte ‹Bettlerbewahranstalten›. Laroque gibt zu: «Früher gab es die Form des Spitals, in dem man Invalide, Bettlägerige, noch rüstige Greise zusammenpferchte mit dem einzigen Bestreben, ihnen ein Mindestmaß an Unterkunft zu gewähren, oft in skandalöser Promiskuität und mit einem Minimum an Nahrung. Diese Form wird leider noch immer weitgehend praktiziert.» 1960 schrieb der Gesundheitsminister: «In den wenigsten Spitälern und Altersheimen sind die gesundheitlichen Einrichtungen ausreichend. Bei vielen kann man ohne Übertreibung von einer regelrechten ärztlichen Vernachlässigung sprechen.» Im selben Jahr berichtete die Generalinspektion des Gesundheitsministeriums: «Ärztliche Überwachung und Pflege sind in den meisten öffentlichen Spitälern und Altersheimen sehr ungenügend. Die bettlägerigen Greise beenden dort ihr Leben in einer offensichtlich allgemeinen Gleichgültigkeit. Dies ist um so weniger zulässig, als man nun weiß, daß die Heilgymnastik bei halbseitig Gelähmten zu befriedigenden Ergebnissen führt und daß der Zustand der Bettlägerigkeit in den meisten Fällen vermieden werden könnte.»

In Frankreich herrscht ein beklagenswertes Durcheinander zwischen Spital und Krankenhaus. In den meisten Spitälern nimmt man Invalide und Kranke jeden Alters auf. Von den 275 000 Betten für alte Leute – von denen 25% dem Privatsektor gehören – sind 17% mit jungen Leuten belegt: mit Bewegungsunfähigen und Schwachsinnigen. 25,12% nehmen Bettlägerige in Anspruch.

Andererseits kommen, außer den Großvätern, die gebracht und nie wieder abgeholt werden, zahlreiche Alte zu den Notdiensten mit einem Brief ihres Arztes: «Herr (oder Frau) X. muß ins Krankenhaus eingewiesen werden, da er (oder sie) allein lebt und alt ist.» Das Krankenhaus weist sie nie ab. In der Salpêtrière, in Bicêtre gibt es Leute, die seit 24 Jahren auf den Tod warten, und zwar in ‹Verwesungssälen› mit 50 Betten.[1] In Saint-Antoine gibt es drei Säle, die

1 In einer Reportage, die im April 1968 im *France-Soir* erschien, schreibt Madeleine Franck: «Diese abstoßenden Säle sollen allmählich verschwinden. In der Salpêtrière gibt

geräumt werden sollen, wo die Alten darauf warten, daß andere sterben, um an ihren Platz zu kommen, und zwar in neuen Krankenhäusern in der näheren Umgebung von Paris, die gut eingerichtet sind, aber pro Tag 51 Francs kosten. Man brauchte mindestens noch 16 000 Betten, um die dringendsten Fälle unterzubringen.

Ob Spitäler oder Krankenhäuser, ungefähr 178 000 Betten befinden sich in uralten Gebäuden. Oft sind es alte Hospitäler, Schlösser, Kasernen, Gefängnisse, die sich für ihre neue Funktion überhaupt nicht eignen. Sie enthalten viele Treppen und oft keinen Aufzug, so daß manche Alte ihr Stockwerk nie verlassen können. In den Schlafsälen – seit 1958 offiziell für untauglich erklärt, doch in Wirklichkeit befinden sich darin noch immer die Mehrzahl der Betten – bleiben die Kranken und Schwachen den ganzen Tag im Bett liegen. Häufig ist kein Wandschirm zwischen den Betten, die Insassen haben keinen eigenen Nachttisch, keinen eigenen Schrank: der Alte verfügt über keinen Daumenbreit Raum für sich selbst. Man trennt die Geschlechter: alte Ehepaare werden erbarmungslos auseinandergerissen; nicht selten bringt man den Mann und die Frau in verschiedenen Spitälern unter. (Im Frühjahr 1967 haben sich zwei 80jährige Eheleute gemeinsam in der Seine ertränkt, weil man sie getrennt hatte.) Wenn es im Spital Zimmer gibt, werden sie im allgemeinen Leuten zugeteilt, die ihre Unterhaltskosten selbst bezahlen. Manchmal kommt es vor, daß sie die Kosten nicht mehr tragen können, dann müssen sie aus ihrem Zimmer in den Schlafsaal übersiedeln, was abermals einen Abstieg bedeutet. Da die Gebäude meistens sehr alt sind, sind die Zimmer im allgemeinen unfreundlich und düster. Der Speisesaal ist gewöhnlich mit langen Tischen und Bänken ausgestattet; allzu häufig dient er auch als Aufenthaltsraum; gibt es aber einen solchen, so ist er zu klein und schlecht eingerichtet. Oft ist er auch zu kalt, es gibt keine Zentralheizung oder sie funktioniert nur zum Teil. Die Wäschereien und Küchen sind im allgemeinen moderner ausgerüstet: aber das Essen ist für alle gleich, man nimmt leider keinerlei Rücksicht auf die Diät, die für den einzelnen erforderlich wäre. Die sanitären Einrichtungen sind mangelhaft; in den meisten Anstalten gibt es keine Badewannen, nur Duschen, die die Insassen einmal in der Woche oder gar nur einmal im Monat benutzen. Die ‹medizinische Vernachlässigung› ist skandalös. Gewöhnlich versorgt ein Arzt 350 Heimbewohner; es kann auch vorkommen, daß für 965 Insassen nur ein Arzt da ist. Die Arztkosten der Spitäler machen 2,7 % ihres Budgets aus, dabei gäbe es sehr viele ernste Krankheitsfälle zu behandeln.

Man begreift, daß unter solchen Bedingungen der Eintritt ins Spital für den alten Menschen eine Tragödie ist. Besonders heftig ist der psychologische Schock bei den Frauen, die noch stärker als die Männer mit ihrem bisherigen Heim verbunden sind. Sie zeigen Angst, bekommen Zitteranfälle. Nach und nach finden sich viele ab. Manchmal scheint der Eintritt in ein Altersheim dem

es nur noch einige wenige. Und im Krankenhaus-Spital von Bicêtre ist es Direktor Musière in den letzten 18 Monaten gelungen, 500 von 1300 jener Plätze zu beseitigen, die er seine ‹Abfall-Betten› nennt.»

alten Menschen die Freude am Leben wiederzuschenken: er fühlt sich weniger einsam, findet Freunde; infolge einer Art Wetteifer läßt er sich weniger gehen als zuvor. Aber das ist sehr selten.

Nach einer Statistik von Dr. Péquignot – die mir durch zahlreiche Aussagen bestätigt wurde – sterben von den in ein Spital aufgenommenen gesunden Alten:

8 % in den ersten acht Tagen;
28,7 % im ersten Monat;
45 % in den ersten sechs Monaten;
54,4 % im ersten Jahr;
65,4 % in den beiden ersten Jahren.

Das heißt, daß mehr als die Hälfte der Alten in dem Jahr nach ihrer Aufnahme sterben. Daran sind nicht allein die Umstände des Heimlebens schuld: bei alten Menschen führt jede Art von Veränderung häufig zum Tod. Beklagenswert ist eher das Schicksal derer, die überleben. Man kann es für die Mehrzahl der Fälle in ein paar Worten zusammenfassen: Vernachlässigung, Absonderung, Verfall, Wahnsinn, Tod.

Der Heimbewohner leidet in erster Linie unter den Zwängen, denen er sich beugen muß. Die Hausordnung ist sehr streng, die Routine starr; man steht früh auf, geht früh zu Bett. Von seiner Vergangenheit, seiner gewohnten Umgebung abgeschnitten, oft mit einer Uniform bekleidet, hat er jede Persönlichkeit verloren, ist er nur noch eine Nummer. Im allgemeinen ist Besuch an allen Tagen erlaubt, und seine Familie kommt gelegentlich: selten und in manchen Fällen gar nicht. Das Spital ist oft schwer zu erreichen, Verwandte und Freunde können den Besuch nur am Sonntag unternehmen, und die Zeit, die der Weg erfordert, entmutigt sie. Ein typisches Beispiel dafür ist das Département-Heim von Nanterre: vom Pariser Zentrum braucht man mit Métro und Autobus volle zwei Stunden dorthin. Es bedarf schon einer wirklichen Zuneigung, die wenige Freizeit, die man hat, auf diese Weise zu opfern. Der alte Mensch ist also verlassen. Der Direktor eines großen Altersheims in Nizza sagte in einem Fernsehinterview, daß nur 2 % der Insassen Besuche erhalten. Der Ausgang ist im allgemeinen nicht frei: in Nanterre hat der Heimbewohner Anrecht auf einen Nachmittag in der Woche. Die meisten Alten wissen mit ihrer Zeit nichts anzufangen. Manche übernehmen eine leichte Tätigkeit innerhalb des Heims, um sich ein wenig Geld zu verdienen; einige Frauen arbeiten in der Wäschekammer oder in der Küche. Aber sie tun es nicht mit Freude. Die meisten haben ein sehr niedriges geistiges Niveau, sie lesen wenig und hören kaum Radio. Fernsehen – sofern ein Gerät vorhanden ist – ermüdet ihre Augen. Selbst Kartenspiele machen ihnen keinen Spaß: ihr Interessenniveau sinkt auf Null, sie tun den ganzen Tag lang nichts. Oder sie legen sich gar nach dem Frühstück wieder hin und bringen fast den vollen Tag im Bett zu. Sie käuen immerfort die alten Gedanken über die Krankheit, den Tod wieder. Nach Prof. Bourlière ist die einzige Beschäftigung, die eine Gemeinschaft von alten Menschen interessiert, manuelle Arbeit. In London gibt es ein Spital mit einer Werkstatt, wo sie Geräte für die körperbehinderten Mitglieder der Gemeinschaft wie Krücken usw. anfertigen; dabei haben sie das Gefühl, sich nützlich zu machen. Einige wenige Spitäler in der Provinz haben einen Gemüsegarten: einigen Heiminsassen bereitet die Tätigkeit darin Freude. Aber solche Einrichtungen sind selten. Untätig, zu einem Objekt herabgewürdigt, verfällt der alte Mensch im Heim sehr rasch in den Zustand der Senilität. An dem Tag, da er ausgehen darf, gibt es für ihn fast nur eine einzige Art der Zerstreuung: das Trinken. Zahlreich sind die Heiminsassen, die innerhalb eines Monats im Heim Alkoholiker werden. Das Taschengeld [1], das man ihnen läßt, das Geld, das sie durch kleine Arbeiten hinzuverdienen, geben sie oft restlos für Alkohol aus. Es ist Vorschrift, daß zwischen dem Eingang zum Heim und dem nächsten Alkoholausschank mindestens 200 Meter liegen müssen; in Nanterre besteht ein Verbot, andere alkoholische Getränke als Wein an die Alten zu verkaufen: aber der Wein genügt. Im Sommer sind die Straßen in Nanterre in der Nähe des Altersheims voll von alten Menschen beiderlei Geschlechts, die, eine Flasche an die Brust gedrückt, auf dem Boden liegen, sitzen oder an Mauern gelehnt stehen und völlig betrunken sind. Da ihr geschwächter Organismus das Trinken schlecht verträgt, kommen sie wankend, lärmend, sich erbrechend ins Heim zurück, was wegen des engen Zusammenlebens sehr qualvoll für jene Insassen ist, die Sauberkeit und Ruhe schätzen. Der Wein fördert größenwahnsinnige Vorstellungen, durch die sie einen Augenblick lang ihr Elend vergessen. Er weckt auch ihre Sexualität. Oft finden sich im Rausch Paare zusammen, heterosexuell oder homosexuell, die es irgendwie fertigbringen, ihre Wünsche zu befriedigen.

Die meisten Heiminsassen ertragen das Gemeinschaftsleben nur schwer; unglücklich, ängstlich, verschlossen, sind sie eng zusammengepfercht, ohne daß irgendein geselliges Leben für sie organisiert würde. Ihre Empfindlichkeit, ihre fordernden und manchmal paranoiden Neigungen führen häufig zu Konfliktsituationen. Alle krankhaften Prozesse, denen das Alter unterworfen ist, werden in den Heimen beschleunigt.

Jacoba van Velde hat in ihrem Roman *Der große Saal*, der sicher die Frucht ernsthafter persönlicher Beobachtung ist, das Heimleben sehr gut beschrieben.[2] Die Verfasserin schildert ein holländisches Frauenspital aus der Perspektive einer neuen Insassin. Von einer liebenden Tochter, die sich nicht mehr um die Mutter kümmern kann, ins Heim gebracht, wird die ‹Neue› von Angst gepackt bei dem Gedanken, nie mehr eine Minute für sich allein zu sein. «Ich hatte doch immer ein Grauen davor, Aufmerksamkeit zu erregen. Die Blicke auf mich zu lenken, war für mich stets eine Qual», sagt sie sich. Von nun an werden sich alle ihre Lebensäußerungen, auch ihr Sterben, vor Zeugen abspielen, die oft böswillig oder zumindest kritisch sind. «Man ist nie allein, es ist entsetzlich, immer sind Leute um einen!» sagt ihr die Bewohnerin eines anderen Heimes ... «Und sie behandeln einen, als ob alle alten Leute ausnahmslos wieder in die Kindheit zurückfielen. Sie reden mit einem, als wäre man ein Baby.»

1 25 Francs im Monat.

2 *Un Plat de porc aux bananes vertes* von Simone und André Schwartz-Bart, die das gleiche Thema behandeln, hat erheblich weniger dokumentarischen Wert.

Mehr als unter den materiellen Qualen leidet die alte Frau unter der Verweigerung jeden Privatlebens, unter dieser ihr aufgezwungenen Verwandlung von einem menschlichen Wesen in ein reines Objekt.

Ich habe das Heim in Nanterre nicht sehen können, weil man mir den Zutritt verweigerte; aber ich habe ein sehr schön gelegenes Spital der öffentlichen Fürsorge mitten in Paris besucht. Es beherbergt etwa 200 Personen beider Geschlechter. Es ist umgeben von einem großen Garten voller Bäume und Blumen: ich kam an einem schönen Herbsttag, die Sonne schien hell in alle Räume. Der Boden, die Wände, die Bettwäsche, alles war sehr sauber. Ich traf dort aufmerksame Ärzte, junge, liebenswürdige und hingebungsvolle Pflegerinnen. Dennoch, obwohl über den ganzen Komplex schon sehr gut unterrichtet, kann ich das Grauen dieses Erlebnisses nicht vergessen: ich sah dort menschliche Wesen, die in völliger Erniedrigung dahinvegetierten.

Einige Privilegierte, die in der Lage sind, einen hohen Pensionspreis zu bezahlen, leben in Einzelzimmern; einige andere in Räumen mit vier bis fünf Betten. Doch die überwiegende Mehrheit ist in Schlafsälen zusammengepfercht. Jeder Bewohner dieser Säle verfügt über ein Bett, ein Nachttischchen, einen Sessel und einen kleinen Schrank, der am Fuß des Bettes steht. Der Abstand zwischen zwei Betten ist etwa so groß wie zwei Nachttische – hier verbringen die Insassen ihren Tag. Sie haben nicht einmal einen Speisesaal (außer einem Männerschlafsaal, der sich in einen Eßraum fortsetzt). Ihre Mahlzeiten serviert man ihnen auf einem kleinen Tisch neben dem Bett. Sie besitzen keinen Aufenthaltsraum, abgesehen von einem Zimmer, das so klein und unbequem ist, daß sie es nie aufsuchen, nicht einmal wenn Besuch kommt. Auf Grund einer merkwürdigen Regelung, deren Sinn mir niemand erklären konnte, leben alle Rüstigen im Erdgeschoß, die Halbgesunden im ersten Stock, die Bettlägerigen im zweiten. Diese sind unfähig, sich zu bewegen; man füttert und säubert sie wie Babies. Aber diese Fürsorge hat keine friedliche Wirkung: die Gesichter der alten Frauen, die ich gesehen habe, waren verzerrt vor Entsetzen und Verzweiflung und in einer Art schwachsinnigem Grauen erstarrt. Vielleicht kann man nichts mehr für sie tun. Ein offensichtlicher Skandal ist der erste Stock. Unter den Halbgesunden sind viele in der Lage, von einem Ende des Schlafsaals zum andern zu gehen; sie könnten hinaus ins Freie; aber sie kommen nicht die Treppe hinunter, und da es keinen Fahrstuhl gibt, sind sie im wahrsten Sinne des Wortes eingesperrt. So ist ihnen selbst der Garten verwehrt. Ihre Lage wird noch dadurch verschlimmert, daß man sie mit Leuten zusammensteckt, die ihren Körper nicht mehr beherrschen und den ganzen Tag auf einem Toilettenstuhl sitzen; sie hausen im selben Raum mit den anderen, die folglich dazu verurteilt sind, in einer verpesteten Luft zu leben. Das Erdgeschoß ist weniger übelriechend, aber es schnürt einem das Herz zusammen, wenn man sieht, wie stumpf das Heimleben macht. Es geht so weit, daß viele – vor allem unter den Männern –, obwohl sie noch gesund sind, ihr Bett beschmutzen, sagte mir der Arzt: da die Gesellschaft die Sorge für sie übernommen habe, erklärte er mir, lassen sie sich völlig gehen und treiben die Passivität bis zum Äußersten. (Ich vermute auch, daß ihre Lage sie mit Groll erfüllt und daß sie sich rächen.) Den ganzen Tag lang bleiben sie völlig untätig in ihrem Sessel sitzen. Ich sah einen Mann, der, auf seinem Bett ausgestreckt, strickte; zwei andere saßen auf einem Bett und spielten Karten. Das war alles. Einer von zwanzig liest die Zeitung, sagte man mir. Einige hören ein wenig Radio. Selbst wenn man ihnen Zerstreuungen anbietet, lehnen sie ab – sie sind in einen Zustand völliger Lethargie abgesunken. So lud man etwa 40 Frauen zu einem kostenlosen Omnibusausflug in die Umgebung von Paris ein. Nur zwei nahmen die Einladung an. Ihre einzige Ablenkung ist der Zank: vor allem die Frauen schwatzen, streiten, bilden Gruppen, schließen Bündnisse und lösen sie wieder auf. Unter den Männern gibt es Aggressive und sogar Gewalttätige. Wie in Nanterre, wie überall, trinken sie, wann immer sie können. Das Geld, das ihnen nach Abzug für den Heimaufenthalt von ihrer Rente bleibt, geben sie für Rotwein aus. Das ist nicht schwierig, denn in dem Viertel gibt es viele Cafés und Weinhändler. Im Sommer kann man sie in einer nahen Allee mit der Rotweinflasche im Arm auf den Bänken sitzen sehen. Auch die Frauen trinken. Wenn sie abends mehr oder weniger betrunken nach Hause kommen, streiten sie mit den anderen.

Jeden Mittwoch erscheinen neue Bewerber im Heim: sie werden nur aufgenommen, wenn sie einigermaßen gesund sind. (Werden sie dann invalide, behält man sie.) [1] Wenn sie angenommen werden, sei es herzzerreißend, ihre Angst zu sehen, sagte mir der Arzt. Sie wissen, daß sie die Welt der Lebenden verlassen, daß sie hier ohne andere Aussicht eintreten, als auf den Tod zu warten. Die Frauen passen sich, wenn sie die Angst der Veränderung überwunden haben, etwas besser an als die Männer. Sie sind geselliger: ihr Klatsch und ihre Intrigen beschäftigen sie. Die Männer bleiben einsam. Sie sind sich ihrer Erniedrigung bewußt. «Am Anfang», sagte mir ein Assistenzarzt, «fragte ich sie, was sie früher getan hätten; sie seien Fahrkartenknipser bei der Métro gewesen oder Hilfsarbeiter, antworteten sie mir und brachen dabei in Tränen aus: damals arbeiteten sie, waren sie Männer ... Ich habe begriffen. Ich stelle keine Fragen mehr.» Viele der Insassen haben keine Familie mehr. Wenn sie noch eine haben, erhalten sie ein- bis viermal im Monat Besuch.

Es herrscht ein ergreifender Gegensatz zwischen den Frauen, die in den Schlafsälen untergebracht sind, und jenen, die ein eigenes Zimmer haben: ich sah vier solcher Frauen: ihr Äußeres war gepflegt, sie lasen oder strickten, scherzten mit dem Arzt. In einem ziemlich geräumigen Zimmer mit fünf Betten erschienen mir die Bewohnerinnen beinahe fröhlich: eine von ihnen, eine ehemalige Kosmetikerin, war grell geschminkt, obwohl sie nur noch einen Zahn hatte. In einem großen Dreibettzimmer hatte sich eine der Insassen, die gepflegt und heiter wirkte, ein Eckchen für sich eingerichtet mit zwei Leuchtertischchen und einem ganzen Garten auf dem Fensterbrett. Die bloße Tatsache, ein wenig eigenen Raum und Intimität zu haben, könnte anscheinend ihr Leben verwandeln.

1 Viele sind blind und taub. Eine Frau ist blind und taub zugleich, völlig eingekapselt in sich selbst. Es gibt eine Krankenabteilung. Aber in ernsten Fällen wird der Kranke in die Klinik gebracht.

Ungeheuerlich erschien mir die geistige Vernachlässigung dieser Leute seitens der Verwaltung. Wenn es Räume gäbe, in denen sie zusammenkommen könnten, wo man ihnen Abwechslung böte, wo sich Assistenten um sie kümmerten, würden sie nicht so entsetzlich rasch abgleiten und völlig apathisch werden. Allerdings sollen im nächsten Jahr, wie mir eine Krankenschwester sagte, Maßnahmen ergriffen werden, um den Standard des Heimes zu heben; so will man Aufenthaltsräume schaffen usw. Nur wird dadurch auch der Pensionspreis höher. Dramatisch für die gegenwärtigen Bewohner ist, daß sie dann in die Umgebung von Paris, nach Nanterre oder Ivry, umgesiedelt werden.

In den USA ist die Situation nicht besser. Soziologen haben festgestellt, daß die Spitäler und Altersheime sich in den letzten Jahrhunderten kaum weiter entwickelt haben. 1952 erklärte die «Kommission für die sanitären Bedürfnisse der Nation»: «Der Gesundheitsdienst für alte Menschen ist überall in qualitativer und quantitativer Hinsicht völlig unzureichend.» Am 10. Juli 1965 trat ein neues Gesetzeswerk namens *Medicare* in Kraft, in dem mehrere Abschnitte den alten Menschen gewidmet sind. Die Ärzteschaft ist über diese Intervention des Staates beunruhigt. Sie betrachtet Dr. Spock, einen berühmten Kinderarzt, als Verräter, weil er eingewilligt hat, auf diesem Gebiet mit der Regierung zusammenzuarbeiten. Die Ursache ihres Widerstandes scheint jener Individualismus und Liberalismus zu sein, der es in den USA schon so schwierig machte, eine Sozialversicherung zu schaffen.[1]

Rücksichtslos von der Kategorie der aktiven Menschen in die der inaktiven gestoßen und als alt eingestuft zu werden, eine bestürzende Verringerung der Mittel und des Lebensstandards hinnehmen zu müssen, das ist für die meisten Menschen ein Ereignis mit ernsten psychologischen und moralischen Folgen. Ganz besonders hart trifft es die Männer. Die Frauen leben länger: die einsamen Greisinnen gehören zu den am meisten benachteiligten Mitgliedern der Bevölkerung. Aber insgesamt paßt sich die alte Frau der neuen Lage besser an als ihr Mann. Für sie als Hausfrau, immer daheim tätig, gleicht die Situation jener der Bauern und Handwerker früherer Zeiten: bei ihr durchdringen sich Arbeit und Leben. Keine Verfügung von außen unterbricht brutal ihre Tätigkeiten. Diese vermindern sich in dem Augenblick, da die Kinder erwachsen sind und das Haus verlassen. Diese Krise, die im allgemeinen ziemlich früh eintritt, erschüttert sie, macht sie aber doch nicht völlig untätig; und ihre Rolle als Großmutter bringt ihr neue Aufgaben. Die Zahl der Frauen zwischen 60 und 65 Jahren, die außerhalb des Hauses arbeiten, ist nicht groß. Im allgemeinen investieren sie in ihren Beruf, von Ausnahmen abgesehen, viel weniger von ihrer Substanz als die Männer. Da es sehr viele junge Frauen gibt, die nicht arbeiten, stuft sie der Ruhestand nicht automatisch in eine bestimmte Altersklasse ein. Sie spielen in ihrem Haus, in ihrer Familie eine Rolle, die es ihnen ermöglicht, sich zu beschäftigen und ihre Identität zu bewahren. Sie sind es, die

1 Siehe Anhang II, S. 473.

die Verantwortung im Haus tragen und Beziehungen mit der Familie unterhalten, vor allem mit den Kindern und Enkeln. Die Frau gewinnt nun die Oberhand über ihren Mann, und oft verbindet sich mit dieser Überlegenheit ein Gefühl der Vergeltung. Manche legen es dann aggressiv darauf an, den Mann in seiner Männlichkeit zu demütigen. Die alten Leute sind sich dieses Rollen bewußt. Auf einer Tafel, die bei Eignungstests verwendet wird, sind zwei Männer dargestellt, ein junger und ein alter, und zwei Frauen, eine junge und eine alte; wenn die Testpersonen, die das Bild interpretieren, jung sind, messen sie der alten Frau keine besondere Bedeutung bei; sind sie aber alt, so erscheint ihnen der alte Mann verblaßt, untergeordnet, erdrückt von seiner Frau; diese sehen sie als beherrschend an, in ihr verkörpert sich das Gesetz. Diese Deutung spiegelt die normale Entwicklung eines durchschnittlichen Paares.

Im Leben des Mannes bedeutet der Ruhestand einen radikalen Bruch mit der Vergangenheit; er muß sich einer neuen Stellung anpassen, die ihm gewisse Vorteile bringt – Muße, Freizeit –, aber auch schwerwiegende Nachteile: Verarmung, Disqualifizierung.

«Der schlimmste Tod für einen Menschen», schreibt Hemingway, «ist der Verlust dessen, was den Mittelpunkt seines Lebens bildet und ihn zu dem macht, was er wirklich ist. Ruhestand ist das abstoßendste Wort der Sprache. Ob man sich freiwillig dazu entschließt oder ob er einem aufgezwungen wird: in den Ruhestand zu treten und seine Beschäftigungen aufzugeben – diese Beschäftigungen, die uns zu dem machen, was wir sind –, ist gleichbedeutend mit dem Abstieg ins Grab.»

Wie man weiß, hat Hemingway sich das Leben genommen, zweifellos auch aus anderen Gründen, aber jedenfalls in dem Augenblick, als er spürte, daß er nicht mehr schreiben konnte. Wenn die Arbeit freiwillig gewählt worden ist und eine Erfüllung des eigenen Ichs darstellt, bedeutet der Verzicht darauf in der Tat eine Art Tod. War sie ein Zwang, so kommt es einer Befreiung gleich, von ihr dispensiert zu werden. Doch in Wahrheit wohnt der Arbeit fast immer eine Ambivalenz inne, da sie zwar ein Joch, eine Mühsal, aber zugleich auch eine Quelle des Interesses, ein Element des Gleichgewichts, ein Faktor der Einbeziehung in die Gesellschaft ist. Diese Doppelwertigkeit spiegelt sich im Ruhestand, den man als große Ferien oder auch als endgültigen Hinauswurf betrachten kann.

Die Wahl zwischen diesen beiden Gesichtspunkten, die Art und Weise, wie sie sich miteinander verbinden, hängt von zahlreichen Faktoren ab. Und vor allem anderen von der Gesundheit des Menschen. Die industriellen Organisationen und die Beauftragten der Regierungen legten das Rentenalter durch ein allgemeines Gesetz fest. Nun haben wir gesehen, daß das biologische Alter keineswegs immer mit dem chronologischen Alter übereinstimmt: ein erschöpfter und verbrauchter Arbeiter reagiert anders als jemand, der in körperlicher und geistiger Hochform in den Ruhestand tritt. Die Lehrer, denen es freisteht, früher oder später abzutreten, machen die Entscheidungen darüber im allgemeinen von ihrem Gesundheitszustand abhängig. Sie lassen sich ärztlich untersuchen und treffen ihre Wahl nach der Diagnose.

Saint-Évremond schrieb 1680: «Nichts ist so weit verbreitet bei alten Leuten wie ihre Klagen, wenn sie sich zur Ruhe gesetzt haben, und nichts so selten bei denen, die sich zurückgezogen haben, wie das Ausbleiben einer Reue.» Der erste Teil des Satzes trifft für viele zu, aber nicht für alle. Das Bild des ‹Ruhestandswunders›, das endlich die Verwirklichung alter Wünsche ermöglicht, ist sehr verbreitet; aber andererseits gibt es auch das Bild der ‹Ruhestandskatastrophe›. Weil sie Angst vor dieser Zeit der Ruhe haben, scheuen sich viele Arbeiter, daran zu denken. Eine Umfrage bei Bauarbeitern erbrachte, daß 85 % ein Jahr vor ihrem Ruhestand keine Ahnung hatten, wie hoch ihre Rente sein würde. Die C.N.R.O. bot ihnen an, ihnen Unterlagen mit den nötigen Informationen zu senden: von den 64jährigen forderten 95 % sie an; von den 60jährigen 40 % und darunter kaum jemand. So fällt der Ruhestand wie ein Fallbeil auf den Arbeiter herab. «Ich habe nie an das Ende der Arbeit gedacht: ich glaubte, daß ich schon vorher sterben würde, ich war dermaßen abgespannt», sagte eine Packerin. «Ich wollte nie aufhören: aber bei mir haben die Augen Schwierigkeiten gemacht», erklärte eine Hausangestellte. «Eines Morgens wachte ich auf und fand mich im Ruhestand», sagte ein englischer Arbeiter. Und ein anderer: «Dienstag um ½8 abends arbeitete ich noch: als ich am nächsten Morgen aufwachte, hatte ich nichts mehr zu tun.» Nach einer Umfrage in den USA, die Moore 1951 bei Lehrern durchführte, warteten 41 % ungeduldig auf die Pensionierung, 59 % standen ihr gleichgültig oder negativ gegenüber. Eine andere amerikanische Umfrage bei Textilarbeitern ergab, daß 50 % den Ruhestand herbeisehnten, jedoch mehr, weil sie sich zum Weiterarbeiten unfähig fühlten, als aus einem anderen Grund. Weitere Untersuchungen in den USA über Handarbeiter zeigen, daß nur ein Viertel, allerhöchstens die Hälfte, von dem Gedanken an den Ruhestand angetan ist.

Kürzlich wurden 95 Volksschullehrer des Départements Seine zwei Monate *vor* ihrer Pensionierung befragt, ob sie fürchteten, danach rascher zu altern; 55 % antworteten mit Ja; sie sahen der Zukunft mürrisch entgegen. Andere antworteten so schroff mit Nein, daß man annehmen kann, auch sie fürchten sich vor dem Ruhestand. «Dann wird mir mein Alter erst richtig bewußt werden», antworteten viele von ihnen. Sie liebten ihren Beruf, und der Kontakt mit den Kindern verjüngte sie. Sie hatten Angst, sich zu langweilen, einzurosten; sie fühlten sich «zum alten Eisen geworfen». Für die Gesellschaft unnütz geworden, erschien es ihnen nutzlos, zu leben. Sie fürchteten die Einsamkeit. Je höher ihr Alter war, desto stärker empfanden sie das Gefühl des Alterns. Am schlimmsten betroffen waren in dieser Gruppe die unverheirateten Frauen. Doch in gewissen Fällen wurde die Angst noch durch die Existenz eines Ehemannes erhöht: man sorgte sich, daß er die veränderte Lage nur schwer ertragen würde. Das Vorhandensein von Kindern half nicht, der Zukunft gelassener entgegenzusehen, außer wenn sie mit dem künftigen Pensionär zusammenlebten: dann hatte dieser keine Angst, zu altern. Männer von 60 Jahren, die Enkelkinder hatten, fühlten sich älter als solche, die keine hatten. Eine gewisse Anzahl von Lehrern antwortete offenbar ehrlich, es würde sie im Gegenteil verjüngen, wenn sie sich ausruhen könnten. Sie wollten aufs Land ziehen und sich für viele Dinge interessieren. Nur wenige sagten, es sei ihnen gleichgültig, zu altern. Von den befragten Volksschullehrerinnen arbeiteten mehrere, obwohl verheiratet, weil sie sich dazu berufen fühlten und sich weigerten, die traditionelle Stellung der Frau einzunehmen: ihnen graute vor dem Gedanken, sich wieder dahin zurückversetzt zu sehen.

Einmal im Ruhestand, sind die Haltungen ebenfalls unterschiedlich. Bemerkenswert ist, daß die Einstellung, mit der man an diese Zeit herangeht, in direkter Beziehung zu der Art steht, wie man sie dann empfindet. Man befragte die Pensionäre, was sie vom Ruhestand erwartet hatten und wie sie nun darüber dachten. 29 % fanden ihn angenehmer, als sie vermutet hatten, 31 % fanden ihn schwerer zu ertragen. Von den erstgenannten hatten ihn 51 % mit positiven Vorurteilen erwartet; 6 % von denen, die ihn als drückend empfanden, hatten sich davor gefürchtet. Wenn man pessimistisch ist, bestätigt sich solche Einstellung im allgemeinen und verschärft sich; beim Optimisten tritt dasselbe ein.

Meistens stellt der Arbeiter gezwungenermaßen seine Tätigkeit ein, weil ihn sein Brotherr entläßt; oder es geschieht aus gesundheitlichen Gründen, weil er nicht mehr zur Arbeit in der Lage ist. Er hat sich seine neue Stellung nicht eigentlich gewünscht.[1] Manchmal hat er sich darauf vorbereitet und Pläne geschmiedet. Und er beginnt auch, sie zu verwirklichen. Er zieht aufs Land, wenn er in der Stadt gewohnt hat. Er geht auf Reisen. Aber das hilft ihm nicht immer, sich anzupassen; die Pläne selbst sind manchmal veraltet; im Augenblick, da man sie in die Tat umsetzen kann, hat man gar nicht mehr so viel Lust darauf.

Oft erkennt man, daß man mit der Veränderung seines Lebens einen schweren Irrtum begangen hat. Zum Beispiel kehren viele Bauarbeiter aus dem Pariser Bereich im Ruhestand an ihren Geburtsort zurück: nach kurzer Zeit langweilen sie sich dort und kommen wieder nach Paris. Viele Rentner geben ihre Wohnung auf, um in die Nähe ihrer Kinder zu ziehen, die sich dann aber nicht um sie kümmern, so daß sie ihre Gewohnheiten vergebens geopfert haben. Oder sie gehen an die Côte d'Azur und stellen fest, daß das Klima schlecht ist für ihren Rheumatismus. Auch merken sie dann, daß die Mieten für sie zu hoch sind, was sie zum Spital verurteilt. Sie kennen niemanden und leiden unter der Einsamkeit. Selbst wenn die Pläne gut waren, sobald man sie verwirklicht hat, steht man mit leeren Händen da: man hat den Augenblick der Umstellung lediglich hinausgeschoben. Es gibt nur wenige, die die Möglichkeit hatten, ein regelrechtes Lebensprogramm aufzustellen. Für die anderen ist die ‹Ruhestands-Guillotine› eine schlimme Prüfung, und manche erholen sich sehr schwer davon.[2] Eine in Prairy City in den USA veranstaltete Untersuchung

1 Nach einer Umfrage, die Tréanton 1955 bei 264 Personen durchführte, hatten 47 % die Arbeit aus gesundheitlichen Gründen eingestellt, 22 % waren entlassen worden, nur 4 % waren freiwillig in den Ruhestand getreten. (Einige antworteten nicht.)

2 Dénunzière erzählt in seinem Buch *Les Délices du port* von einem Bahnhofsvorsteher im Ruhestand, der jeden Tag auf die Bahnsteige ging, um wehmütig die ein- und ausfahrenden Züge zu betrachten. Nach sechs Monaten starb er.

zeigte, daß die Leute, die weiterarbeiten, sehr viel vitaler sind als die Rentner; obwohl sie weniger Muße haben, sind bei ihnen Freizeitgestaltung und gesellige Kontakte viel abwechslungsreicher.

Aus diesem Grund, und vor allem aus Not, suchen sich viele Rentner eine bezahlte Tätigkeit; nur einer Minorität gelingt das, und sie schöpfen nicht jene Befriedigung daraus, die ihnen ihr ursprünglicher Beruf gab. Es ist sehr selten, daß die Muße die Entfaltung einer Neigung ermöglicht, die man bis dahin hatte unterdrücken müssen. Im allgemeinen begnügen sich die Rentner im Gegenteil mit Verrichtungen, die qualitativ unter ihrem früheren Beruf liegen und weniger gut bezahlt werden. Sie bringen ihnen wenig Trost.

Aus ihrem beruflichen Milieu gerissen, müssen die Rentner ihre Zeiteinteilung und sämtliche Gewohnheiten ändern. Das bei den meisten alten Leuten so verbreitete Gefühl der Entwertung ist bei ihnen besonders stark ausgeprägt. Denn sie bekommen nicht nur tatsächlich viel weniger Geld als zuvor; sondern das, was sie erhalten, verdienen sie nicht mehr. Wenn sie politisch sehr aufgeschlossen sind, betrachten sie die Rente als ein Recht, das sie durch ihre Arbeit erworben haben. Aber viele nehmen sie fast wie ein Almosen entgegen. Sich nicht mehr ihren Lebensunterhalt zu verdienen, erscheint ihnen wie eine Erniedrigung. Der Mensch fühlt sich in seiner Identität bestimmt durch seine Arbeit und den Lohn, den er dafür erhält; er verliert sie, wenn er sich zur Ruhe setzt; ein ehemaliger Mechaniker ist kein Mechaniker mehr: er ist nichts. «Die Rolle des Rentners ist, keine mehr zu spielen», sagt Burgess. Das bedeutet mit anderen Worten, seinen Platz in der Gesellschaft zu verlieren, seine Würde zu verlieren und beinahe seine Realität. Außerdem wissen die Rentner mit ihrer Muße nichts anzufangen, sie langweilen sich. «Der Übergang von der Aktivität zum Ruhestand ist die kritische Zeit des Angestellten», schreibt Balzac in *Die Kleinbürger*. «Diejenigen Rentner, die nicht fähig sind, ihre bisherigen Tätigkeiten durch andere zu ersetzen, verändern sich in merkwürdiger Weise; manche sterben; viele widmen sich dem Fischen, einer Zerstreuung, deren Leere ihrer Arbeit in den Büros ähnelt.»

Nach einer Umfrage des «Office d'identification» in Brüssel wollten 87% der Rentner wieder arbeiten, zumindest von Zeit zu Zeit. Nach einer in Paris angestellten Untersuchung klagten zwei Drittel der Rentner über Langeweile: «Ich halte es nicht mehr aus, ich langweile mich.» Ein Angestellter in einem großen Kaufhaus sagte: «Ich besuche meine ehemaligen Kollegen im Geschäft. Ich versuche, die Atmosphäre wiederzufinden, die 40 Jahre lang mein Leben war und auf die ich nicht verzichten kann.» Insgesamt war das Bedauern bei den Arbeitern häufiger als bei den Angestellten.

Nach der Untersuchung von Tréanton waren ein Jahr nach der Arbeitsaufgabe 42,5% von 264 befragten Personen unzufrieden, 28,5% zufrieden; 16% waren froh, daß sie sich ausruhen konnten, fanden aber ihre Mittel nicht ausreichend. Befriedigung herrschte vor allem bei den Angestellten, weil ihr Lebensstandard höher war. Untätigkeit ist schwer zu ertragen; aber die Hauptursache der Unzufriedenheit ist Armut; vor allem Arbeiter bedauern, nicht mehr tätig zu sein, obwohl sie mit ihrem Beruf weniger verbunden waren als Angestellte.

Eine andere Untersuchung erbrachte etwas abweichende Ergebnisse. Man befragte eine Gruppe kürzlich in den Ruhestand getretener Männer, ob sie noch arbeiten wollten. Die Hälfte antwortete mit Ja, aber nur 16 % fanden es wünschenswert, das Ruhestandsalter allgemein anzuheben. Bei einer anderen Gruppe von Rentnern, die über ihre materielle Situation befragt wurden, erklärte jeder zweite, nicht zufrieden zu sein; dennoch lehnten es 39 % ab, das Alter für den Ruhestand höher anzusetzen. Vor allem die Angestellten wehrten sich dagegen; die Arbeiter weniger; ein Viertel von ihnen wäre damit einverstanden gewesen, das Ruhestandsalter um fünf Jahre hinauszuschieben, vorausgesetzt, daß sie dafür 50 % mehr Rente bekämen. Bei einer Gruppe von Bauarbeitern waren 1968 ein Drittel der befragten Männer vor dem 65. Lebensjahr in den Ruhestand getreten. (Indessen setzen 8 % nach ihrem 65. Lebensjahr die Arbeit fort, ohne die Rechte auf ihre Rente geltend zu machen.) 82,5 % der Männer wünschten sich eine Herabsetzung des Rentenalters auf 60 Jahre. Alle wiesen den Gedanken einer bezahlten Arbeit im Ruhestand zurück. Sie wollten sich wegen ihres schlechten Gesundheitszustands zurückziehen.

Die Widersprüche oder zumindest Unschlüssigkeit bei den Antworten der verschiedenen Gruppen beruhen auf der zwiefältigen Forderung des Arbeiters: sich auszuruhen und anständig zu leben. Man zwingt ihn, entweder das eine oder das andere zu opfern. Die manuellen Arbeiter sind froh, nicht mehr arbeiten zu müssen, haben aber andererseits Sorgen wegen des Geldes, der Wohnung, der Gesundheit. Mehr als die Angestellten leiden sie unter der Isolierung, zu der sie ihr wirtschaftlicher Abstieg verurteilt: «In dem Augenblick, da ich kein Geld habe, wer soll sich da für mich interessieren? ... Wenn man in Not ist, findet man niemanden mehr ... Ich lasse mich nicht mehr einladen, denn ich kann nicht wieder einladen ... Wenn man mich einlädt, finde ich immer einen Grund, abzulehnen, denn ich weiß, daß ich mich nicht revanchieren könnte.» Tréanton hat zahlreiche Äußerungen dieser Art gesammelt.

Langeweile, Gefühl der Entwertung, solche Gesichtspunkte kommen auch in der von der Nuffield Foundation im Osten Londons durchgeführten Untersuchung zum Ausdruck. Ein 70jähriger Rentner, der noch einige kleine Arbeiten verrichtete, sagte wehmütig: «Ich bin noch nicht so weit, daß ich mich in eine Ecke zurückziehe und den anderen beim Arbeiten zusehe, aber ich nehme an, daß es so kommen wird.» Ein anderer, unter den gleichen Bedingungen lebend, meinte: «Ich würde am liebsten arbeiten, bis ich hundert bin. Die Arbeit füllt eine Leere aus, wenn man alt ist. Es gab eine Zeit, da wartete ich ungeduldig auf den Augenblick, mich ausruhen zu können, aber jetzt arbeite ich gern – die Arbeit füllt ein Loch aus.» In einer Untersuchung von Townsend über Männer, die seit vier Jahren im Ruhestand leben, beklagt sich einer von ihnen: «Mir gefällt es nicht, hier herumzusitzen. Ich wollte, mein Bein würde mir erlauben, wieder zu arbeiten.» Ein anderer: «Ich habe es satt. Ich habe keine Beschäftigung. Meine Frau bestimmt im Haus. Wenn ich etwas tue, findet sie, daß es schlecht gemacht ist.» Eine Frau berichtet von dem Tag, als ihr Mann in den Ruhestand versetzt wurde: «Das ist vielleicht ein Tag gewesen! Er weinte, und die Kinder weinten auch.» Und der Mann ergänzt: «Ich wußte nicht mehr, was ich machen sollte. Es war wie beim Militär, wenn man in den Karzer kommt. Ich sah nichts mehr außer diesen vier Wänden. Früher ging ich am Samstagabend mit meinen Kollegen, mit meinen Schwiegersöhnen fort. Das kann ich jetzt nicht mehr. Ich komme mir vor wie ein Bettler. Ich habe kein Geld mehr in der Tasche, ich könnte meine Zeche nicht bezahlen. Es lohnt sich nicht mehr, zu leben, wenn man im Ruhestand ist.» Ein immer wiederkehrendes Leitmotiv ist: «Was ich meiner Frau gebe, ist lächerlich ... Ich gebe ihr nichts und wieder nichts: ich schäme mich ...» Der Rentner hat nicht mehr genug Geld, den Haushalt zu finanzieren, er ist abhängig von seiner Frau, seinen Kindern; er fühlt sich nutzlos, geringer geworden; er lungert herum, versucht kleine Dienste zu leisten, aber meistens empfindet ihn die Frau als störend und fordert ihn auf, spazierenzugehen. Eine Frau antwortete den Befragern: «Es ist unerträglich, ihn die ganze Zeit im Haus zu haben. Er will wissen, was man tut; er stellt Fragen.» Und eine andere: «Es gibt hier nichts für sie zu tun, wenn sie aufhören zu arbeiten. Etwas anderes wäre es, wenn man einen Garten hätte. Sobald sie aufhören, gehen sie ein. Ich will ihn hier nicht haben.»

Im allgemeinen graut den Frauen vor dem Ruhestand ihrer Männer: der Lebensstandard sinkt, man hat Geldsorgen; der Mann ist den ganzen Tag um einen herum; es gibt mehr Arbeit im Haushalt. Nur in sehr wohlhabenden Kreisen freuen sich manche Frauen, ihren Mann mehr zu sehen. Aber auch hier hält sich der Mann im allgemeinen für überflüssig. Er fühlt sich seiner Frau und oft auch seinen Söhnen gegenüber, die das Leben besser bewältigen als er und es weiter gebracht haben, gedemütigt. Es gibt Haustyrannen, die von einem Tag zum andern so ängstlich werden, daß sie sich keine Scheibe Brot mehr abzuschneiden wagen, ohne um Erlaubnis zu fragen. Andere dämmern in Schwermut dahin.

Welchen Einfluß hat diese Situation auf die Gesundheit? Die Meinungen darüber sind geteilt. Die meisten französischen Gerontologen halten sie für unheilvoll: die Sterblichkeitsrate ist im ersten Jahr des Ruhestands viel höher als zu jeder anderen Zeit, sagen sie. Die amerikanischen Gerontologen, in Zweckoptimismus befangen, sind der Ansicht, das gelte nur für jene Fälle, in denen die Pensionierung freiwillig erfolgte: dann ist es der schlechte Gesundheitszustand, der den Tod herbeiführt, nicht der Ruhestand. Bei Menschen mit guter Gesundheit verändert die Zwangspensionierung diese nicht, sondern verbessert sie sogar, weil sie dem Menschen Ruhe und Schlaf verschafft. Indessen ist die Wechselbeziehung zwischen seelischem und körperlichem Befinden allgemein anerkannt. Und auch in den USA gibt man zu, daß die seelische Stimmung der alten Menschen von Jahr zu Jahr schlechter wird, besonders zwischen 65 und 69 Jahren, unmittelbar nach der Pensionierung, vor allem, wenn die wirtschaftlichen Verhältnisse schlecht sind. Die körperliche Verfassung wird dadurch zwangsläufig beeinflußt.

Die durch die Pensionierung ausgelösten Ängste führen manchmal zu andauernden Depressionen. Nach Dr. Blajan-Marcus überlagern sich bei diesen Depressionen mehrere Elemente: der als trostlos und wie eine Verbannung empfundene Ruhestand und dahinter nicht überwundene Anlässe der Trauer,

Abhängigkeit von Verwandten, depressive Veranlagung, zweifellos auch Kreislauf- und Drüsenstörungen, wenngleich sie schwer festzustellen sind. Das heißt, der durch die Pensionierung versetzte Schlag schleudert jene, die in ganz bestimmter Weise durch ihre Vergangenheit geprägt sind, völlig zu Boden. Es entstehen der Kummer über eine Trennung, das Gefühl der Verlassenheit, der Einsamkeit, der Nutzlosigkeit, wie sie auch der Verlust einer geliebten Person mit sich bringt.

Um sich vor einer in jeder Hinsicht unheilvollen Trägheit zu schützen, muß der alte Mensch irgendwelche Tätigkeiten beibehalten; gleichgültig welcher Art diese sind, alle seine Funktionen werden dadurch verbessert. Prof. Bourlière hat eine Gruppe von 102 alten Radfahrern untersucht: ihr geistiges Niveau war weit höher als das Durchschnittsniveau von Leuten ihres Alters. Eine Untersuchung von F. Clément und H. Cendron über 43 Burgunder in den Achtzigern, die sich bemerkenswert gut gehalten hatten, zeigte, daß ihre Gesundheit mit ihrer Aktivität zusammenhing. Ihr Durchschnittsalter lag bei 86 Jahren. 34 % übten ihren früheren Beruf noch voll aus. 40 % arbeiteten mit ihren Kindern oder in Nebenberufen. 26 % waren nicht mehr beruflich tätig: aber sie lasen, beschäftigten sich im Garten usw. 61 % hatten ihr Arbeit nie als ermüdend empfunden. Sie führten alle ein normales geselliges Leben. Die aktivste Gruppe hatte ein Durchschnittsalter von 87 Jahren; die Altersgruppe von 83 Jahren war etwas weniger aktiv. Die Erstgenannten übten noch viele körperliche Betätigungen aus: Radfahren, Spazierengehen, Jagd. Von der zweiten Gruppe lasen 25 % nie, nicht einmal die Zeitung. Die anderen hielten sich auf dem laufenden. Insgesamt zogen 18 % das Lesen vor, 14 % die Jagd. Nur 7 % hatten keine Zerstreuungen.

Es ist also sehr wichtig für alte Leute, sich Beschäftigungen zu suchen. 40 % bis 60 % von ihnen pflegen – nach amerikanischen Umfragen – ein sogenanntes Hobby; zwischen 50 und 70 Jahren widmen sie ihm mehr Zeit als früher, aber danach geben sie es auf. Man weiß nicht recht, wie die über 70 Jahre alten Menschen ihre Zeit verbringen. Im allgemeinen haben sie den Geschmack an Betätigungen verloren, die Geschicklichkeit und Mut erfordern; ebenso die Freude am Lesen und Schreiben und vor allem am Variieren ihrer Beschäftigungen. Nach einer Untersuchung von Morgan (1937 in den USA angestellt), die 381 Personen über 70 Jahre erfaßte, waren die Hauptbeschäftigungen: bei 32,9 % Hausarbeiten; bei 31,5 % Spiele und geistige Zerstreuungen; bei 13,6 % Spaziergänge, Besuche; 9,6 % begnügen sich damit, in der Sonne zu sitzen, zum Fenster hinauszuschauen; 8,1 % arbeiteten im Garten oder kümmerten sich um Haustiere; 4,3 % erledigten leichte bezahlte Arbeiten.

Je höher das geistige Niveau eines Menschen ist, desto reichhaltiger und vielfältiger bleiben seine Beschäftigungen. Die manuellen Arbeiter im Ruhestand hingegen verbringen viel Zeit mit Nichtstun. Es gibt einen hohen Prozentsatz von Greisen, die völlig untätig sind. Und auch hier kann man von einem «nach unten ziehenden Strudel» sprechen. Die Untätigkeit führt zu einer Apathie, die jeden Wunsch nach Tätigkeit erstickt. Carrel stellte fest, daß ein Übermaß an Muße für die Alten noch gefährlicher ist als für die Jungen: je mehr Zeit sie haben, desto unfähiger sind sie, sie auszufüllen. Die Langeweile nimmt ihnen die Lust, sich zu zerstreuen. Einem Gesprächspartner, der über Spitalinsassen sagte: «Aber sie könnten doch wenigstens kartenspielen», antwortete Prof. Bourlière: «Von diesem Augenblick an kann man sagen, daß sie sich langweilen: wenn sie sich beschäftigen könnten und es nicht tun.» Diese Bemerkung trifft nicht nur für Heiminsassen, sondern für alle Alten zu.

In seinem Roman *Später Ruf* schildert der englische Schriftsteller Angus Wilson die schwierige Anpassung einer 65jährigen Frau, ehemals Hotelleiterin und sehr aktiv, an das Leben als Rentnerin. Sie zieht zu ihren Kindern, die, wie sie weiß, ihrer in keiner Weise bedürfen: «Bei dem Gedanken, daß ihr neues Leben nur aus weißen Seiten bestehen würde, befiel sie einen Augenblick lang so etwas wie Panik.» Sie möchte sich gern nützlich machen, aber sie kommt nicht mit den elektrischen Geräten zurecht, mit denen die Küche ausgestattet ist. Ihre Ungeschicklichkeit macht sie ängstlich, die Ängstlichkeit beeinträchtigt ihre Eingewöhnung. Ihr Sohn legt ihr gegenüber die übliche Haltung an den Tag: er ist zuvorkommend, höflich; aber oft bricht seine Ungeduld durch, er spricht schroff mit ihr. Man vertraut ihr nur wenige Aufgaben an, und die Unproduktivität der kommenden Jahre erschreckt sie. Es gelingt ihr nicht, am Leben ihrer Kinder teilzunehmen, und sie versucht es auch kaum, denn sie fühlt sich fremd, abseits. Sie wird mißmutig, hat kaum Interesse, weder am Fernsehen noch am Lesen. Sie schläft tags, legt sich abends ohne Essen zu Bett, geht spazieren, mechanisch, in einer Art Benommenheit. Nach einem Zwischenfall, der ihr den Eindruck gibt, sich nützlich erwiesen zu haben, erhält sie Auftrieb; von dem Augenblick an, da sie wieder ein wenig Freude am Leben hat, beginnen sie viele Dinge zu interessieren, vor allem die Arbeit ihres Sohnes, die sie verkannt hatte. Sie beschließt, nicht mehr so parasitisch zu leben, und zieht in ein Dorf für alte Leute. Trotz dieses schüchtern optimistischen Schlusses ist das Bestürzende an diesem Roman, daß er eine ausweglose Situation beschreibt.

Um die Untätigen vor Einsamkeit und Langeweile zu schützen, ermutigt man sie in England, Schweden und vor allem in den USA, Vereinen beizutreten. Manche umfassen Menschen aller Altersklassen. Andere, hauptsächlich in den USA, wurden eigens für alte Leute geschaffen, entweder von diesen selbst oder von jungen Menschen. Man organisiert Zerstreuungen für sie: Spiele, Ausflüge, Theateraufführungen usw. Ferner wurden, erstmals während des letzten Krieges, sogenannte ‹Tageszentren› für sie gegründet; heute gibt es deren 40 in New York. Dort treffen sich die Rentner eines Viertels; das ermöglicht ihnen ein geselliges Leben und darüber hinaus auch Betätigung: sie verrichten nützliche Arbeiten, musizieren oder hören Musik, machen Ausflüge, nehmen an Diskussionen teil. Kirchen und Gewerkschaften haben ähnliche Zentren geschaffen. Jene alten Leute, die Klubs angehören oder solche Zentren besuchen, fühlen sich glücklicher als die anderen. Und eben weil sie glücklicher sind, haben sie Spaß an solchen Zusammenkünften. Man stößt immer wieder auf den gleichen Teufelskreis: allzu große materielle oder moralische Not raubt die Möglichkeiten, diese Not zu beheben. Je höher das Lebensniveau, um so intensiver ist die Beteiligung des Menschen am sozialen Leben. Mit zunehmendem Alter läßt sie immer mehr nach. Die Hälfte der alten Leute sagte bei verschiedenen Umfragen, vom 50. Lebensjahr an hätte ihre soziale Aktivität begonnen, sich zu verringern; nur 1 % erklärten, sie hätte zugenommen. In Orlando gehörte die Hälfte der alten Leute keinerlei Vereinigung an; in Palm Beach hingegen zwei Drittel. Nur durch eine grundlegende Änderung der Lage könnte man die trübsinnige Passivität des Alters bekämpfen. Das Experiment von Victoria Plaza beweist es; bevor sie dorthin übersiedelten, dösten die meisten der künftigen Bewohner viele Stunden vor sich hin oder saßen da, ohne etwas zu tun. Als sie nach ihrem Geschmack untergebracht und in eine Gemeinschaft integriert waren, begannen sie zu lesen, fernzusehen, am geselligen Leben teilzunehmen. Doch solche Erfolge kommen nur sehr wenigen Menschen zugute.

Erwähnenswert ist in Frankreich das Experiment, das seit drei Jahren vom «Büro für alte Menschen von Grenoble» (O.G.P.A.) in dieser Stadt durchgeführt wird. Dieses Büro hat 23 Freizeitklubs geschaffen, die von zwei ganztägig angestellten Leiterinnen und etwa 50 freiwilligen Helfern betreut werden. Ihre Mitglieder – etwa 2000, davon 1500 eifrige Besucher – widmen sich kulturellen, handwerklichen, körperlichen Betätigungen: Männer und Frauen über 80 Jahre beteiligen sich noch an Gymnastikkursen. Das Büro unterhält auch ein Vorbereitungszentrum für den Ruhestand. Es ist ein interessantes Unternehmen; aber auch hier kommt nur eine sehr kleine Minderheit in den Genuß dieser Einrichtung. Die Lage der Mehrheit läßt sich in dem Slogan zusammenfassen, den ein kürzlich im XIII. Pariser Arrondissement gegründeter Klub ausgegeben hat: «Der Ruhestand ist die Zeit der Muße, aber auch die Zeit der Langeweile.»

«Die Pensionierung und das Auseinanderbrechen der Familienzelle wirken zusammen, um die Lage des Greises einsam, unnütz, verhängnisvoll zu machen», schrieb ein französischer Soziologe. In den kapitalistischen Ländern – die skandinavischen ausgenommen – und besonders in Frankreich sieht die Lage der Alten tatsächlich so aus: aber die beiden angeprangerten Ursachen wirken sich nur durch den Zusammenhang, in dem sie stehen, so katastrophal aus. Das Los der Alten wäre weniger verhängnisvoll, wenn die ihnen zugebilligte Rente nicht so lächerlich unzureichend wäre. Der Rentner, der sich nicht einmal mehr ein Glas Wein mit seinen Freunden leisten kann, der weder ein eigenes Eckchen hat, wo er sich aufhalten kann, noch ein Stückchen Garten zum Bestellen, noch die Mittel, sich eine Zeitung zu kaufen, leidet nicht so sehr unter dem Übermaß an Muße als an der Unmöglichkeit, sie auszufüllen und an seiner Erniedrigung. Eine ausreichende Rente und eine angemessene Wohnung würden ihm eine kräfteverzehrende Demütigung ersparen und ein Minimum an geselligem Leben ermöglichen.

Indessen leiden selbst in guten Verhältnissen lebende alte Menschen unter ihrer Nutzlosigkeit. Das Paradoxon unserer Zeit ist, daß die alten Leute sich einer besseren Gesundheit erfreuen als früher, daß sie länger ‹jung› bleiben: ihre Untätigkeit bedrückt sie deshalb um so mehr. Allen Gerontologen zufolge ist es psychologisch und soziologisch unmöglich, die letzten 20 Jahre seines

Lebens in guter körperlicher Verfassung, aber ohne nützliche Tätigkeit hinter sich zu bringen. Man muß diesen Überlebenden einen Daseinsgrund geben: das ‹bloße Überleben› ist schlimmer als der Tod. «Man kann nicht im Ruhestand sein und leben», sagte ein ehemaliger Mechaniker, den man um eine Erklärung für seine Tat fragte: er hatte einen Polizisten schwer verletzt, indem er, offensichtlich ohne Grund, mehrere Gewehrschüsse auf ihn abgab.[1]

Ein gradweise eintretender Ruhestand wäre sicher weniger qualvoll als die ‹Ruhestands-Guillotine›. Der Beweis dafür ist, daß die selbständigen Arbeiter – außer bei einer schweren Krankheit – sich nach und nach beträchtliche Freizeit schaffen, aber lange Zeit weiterarbeiten, zumindest in geringem Umfang. Man hat vorgeschlagen, auch bei Lohnempfängern stufenweise vorzugehen. So könnte man zum Beispiel die Arbeitsplätze je nach der erforderlichen Anstrengung in verschiedene Kategorien aufgliedern, und der Arbeiter würde allmählich von der schwierigsten zur leichtesten übergehen. Oder man könnte die Zahl der Arbeitsstunden verringern. Abgesehen von Invaliden und Schwerkranken würde diese Lösung die meisten befriedigen, weil ihnen die völlige Untätigkeit unerträglich ist. Nur würde das eine radikale Veränderung der Gesellschaft voraussetzen. Vor allem müßte die Rente nach dem höchsten Lohn errechnet werden: nur unter dieser Bedingung könnte der Arbeiter am Ende seines Lebens eine weniger ermüdende und geringer bezahlte Arbeit annehmen. Außerdem dürfte dadurch nicht die Gefahr der Arbeitslosigkeit für die Jungen und die Menschen mittleren Alters entstehen.

Nur wenige Fragen sind heute in Frankreich so umstritten wie die Frage der Altersgrenze. Die Gerontologen bedauern, daß die alten Leute zu einer Untätigkeit verurteilt sind, die ihren Verfall beschleunigt. Dennoch wehren sich die Gewerkschaften dagegen, das Ruhestandsalter hinaufzusetzen; sie fordern sogar eine Herabsetzung. Ihr Hauptargument ist, daß die alten Arbeiter Ruhe brauchen. Vielleicht halten auch sie ein Übermaß an Muße für gefährlich; aber jedenfalls ist es bei den gegenwärtigen Arbeitsbedingungen noch gefährlicher, die Tätigkeit des Arbeiters zu verlängern. Eine Untersuchung über die Pariser Arbeiter, die Dr. Escoffier-Lambiotte 1967 in *Le Monde* veröffentlichte, zeigt, daß sie körperlich und seelisch in viel schlechterer Verfassung sind als der Durchschnittspariser. Bei einer ärztlichen Untersuchung von 102 Facharbeitern, wahllos aus der Kartei einer Automobilfabrik herausgegriffen, stellte man in der Altersgruppe unter 55 Jahren fest, daß der Blutdruck höher, der Herzrhythmus schneller, die Muskelschwäche ausgeprägter, Herzgefäßstörungen zahlreicher und Schlafschwierigkeiten häufiger waren als beim Durchschnitt. Man bemerkte auch ein vorzeitiges Nachlassen ihrer geistigen Fähigkeiten. In den modernen Gesellschaften sind die Tätigkeiten zwar insofern weniger mühsam als früher, als sie weniger Muskelkraft erfordern; aber die Beschleunigung des Arbeitstempos und die bis zum äußersten getriebene Unterteilung der Arbeit erhöhen die Abnützung. Ich sagte, daß dieses Nachlassen nicht zwangsläufig auf dem Älterwerden beruht, sondern auf dem Arbeits-

1 In Phoenix, USA, Anfang 1964.

system: solange dieses nicht geändert wird, muß also notgedrungen das Recht des alten Arbeiters auf einen frühzeitigen Ruhestand verteidigt werden.

Andererseits wenden die Gewerkschaftsvertreter ein, daß man in einer auf Profit basierenden Wirtschaft nicht daran denken kann, eine Reserve an billiger Arbeitskraft zu schaffen, eine Art Subproletariat, das die Unternehmer ausbeuten würden, so daß die Arbeitskämpfe wesentlich weniger wirksam wären. Diese Argumente sind entscheidend. So wie die Gesellschaft heute ist, stellt sie vor eine ungeheuerliche Wahl: entweder man opfert Millionen Junger oder man läßt Millionen Alter erbärmlich dahinvegetieren. Alle Welt ist sich einig in der Ablehnung der erstgenannten Lösung: es bleibt also nur die zweite. Nicht nur Krankenhäuser und Spitäler sind für die Alten ein großes ‹Sterbehaus›: die ganze Gesellschaft ist es.

Wenn man die alten Leute fragt, ob sie weiterarbeiten oder sich zur Ruhe setzen möchten, so ist das Bestürzende an ihren Antworten, daß die angeführten Gründe immer negativ sind. Wollen sie weitermachen, dann aus Angst vor der Armut; entscheiden sie sich für den Ruhestand, so geschieht das, um ihre Gesundheit zu schonen: aber keine dieser beiden Lebensweisen gilt ihnen als Quelle wirklicher Befriedigung. Weder in der Arbeit noch in der Muße finden sie eine Erfüllung ihrer selbst; weder hier noch da sind sie frei.

Gorz hat in *Le Socialisme difficile* sehr gut gezeigt, daß der zwangsweisen Arbeit auf der passiven Seite der Konsum entspricht. Das «molekulare Individuum» verwirklicht sich bei ihm weder in der Arbeit noch im Konsum. Nun ist aber das Alter die Nicht-Arbeit, der reine Konsum; die «passiven Mußestunden» einer ganzen Existenz können nur in der großen «passiven Muße» des Ruhestands enden: man vegetiert dahin, indem man auf den Tod wartet.

Die Tragödie des Alters ist die radikale Verurteilung eines ganzen Systems, das das Leben verstümmelt: eines Systems, das der bei weitem überwiegenden Mehrheit der Menschen keinerlei Daseinsgrund gibt. Arbeit und Erschöpfung verschleiern diesen Mangel: er enthüllt sich im Augenblick des Ruhestands. Das ist viel schlimmer als die Langeweile. Alt geworden, hat der Arbeiter keinen Platz mehr auf der Welt, weil man ihm in Wahrheit nie einen Platz zuerkannt hat: er hatte nur keine Zeit, das zu merken. Wenn er sich dessen bewußt wird, verfällt er in eine Art stumpfsinnige Verzweiflung.

Dieser Realität gegenüber erscheinen alle «Lobreden auf das Alter» als Schmeicheleien für jene, die man einst die «Eupatriden» nannte. Jahrhundertelang haben sich die Schriftsteller nur mit ihnen beschäftigt. Kaum daß Cicero und Schopenhauer in einem kurzen Satz bemerkten, daß alt und arm zu sein keine erträgliche Lage sei, selbst nicht für einen Weisen. Sie gehen darüber hinweg und beglückwünschen sich, daß das Alter von den Leidenschaften befreit. Heute wissen wir, daß ‹arm und alt› fast ein Pleonasmus ist. Zwar befreit das Alter von Leidenschaften, aber es steigert die Bedürfnisse eben durch das Unvermögen, sie zu befriedigen: die Greise hungern, frieren, sterben daran. Dann ‹befreit› sie nur das Nichts von ihrem Körper: vorher vegetiert er grausam in Frustration und Leiden dahin. Auf keinem anderen Gebiet enthüllt sich so offen die Unanständigkeit der von uns ererbten Kultur.

Manche alte Menschen empfinden ihre Lage als so unerträglich, daß sie den Tod der ‹Marter des Lebens› vorziehen. Bei alten Menschen ist die Selbstmordquote weitaus am höchsten. Durkheim hat als erster Statistiken erstellt, die zeigen, daß die Zahl der Selbstmorde zwischen 40 und 80 Jahren steigt. In Frankreich kam auf eine Million Einwohner jeder Alters- und Personenstands zwischen 1889 und 1891 folgende Anzahl von Selbstmorden:

	Männer			Frauen		
	Unverheiratete	Verheiratete	Witwer	Unverheiratete	Verheiratete	Witwen
40–50 Jahre	975	340	721	171	106	168
50–60 Jahre	1434	520	979	204	151	199
60–70 Jahre	1768	635	1166	189	158	257
70–80 Jahre	1983	704	1288	206	209	248
darüber	1571	770	1154	176	110	240

Man sieht, daß die Zahl der Selbstmorde bei Männern sehr viel höher ist als bei Frauen. Die Statistiken anderer Länder stimmen mit der von Durkheim erstellten überein. Ebenso die später von Halbwachs veröffentlichte Statistik und die der *Revue lyonnaise de médicine* von 1957.

Aus neuen Statistiken geht hervor, daß in Frankreich die Selbstmorde alter Menschen drei Viertel aller Freitode ausmachen. Bis zu 55 Jahren zählt man 51 Selbstmorde auf 100 000 Einwohner, nach 55 Jahren 158. Ein Bericht der Weltgesundheitsorganisation zeigt, daß die höchste Quote an Selbstmorden bei Männern in England, Frankreich, Italien, Belgien, den Niederlanden, Portugal, Spanien, der Schweiz, Australien bei 70 Jahren und darüber liegt. Bei Frauen liegt die höchste Selbstmordrate zehn Jahre früher und ist sehr viel niedriger. In Kanada, bei den Negern in den USA, in Norwegen und Schweden kommen die meisten Selbstmorde zwischen 60 und 69 Jahren vor. Selbstmord ist bei alten Menschen eine häufigere Todesursache als Lungentuberkulose, obwohl diese zahlreiche Opfer fordert. Insgesamt ist die Anzahl der Selbstmorde seit dem Ersten Weltkrieg zurückgegangen (in den USA proportional um ein Drittel), doch bei Menschen über 60 Jahren tritt diese Abnahme kaum in Erscheinung. In den USA begehen nach S. de Grazia 22 von 100 000 40jährigen Selbstmord; der Anteil steigt mit den Jahren und erreicht bei den 80jährigen die Zahl von 697 pro 100 000 Menschen. Manche Selbstmorde von Greisen sind die Folge neurotischer Depressionen, die nicht geheilt werden konnten; aber die meisten sind normale Reaktionen auf eine unabänderliche, verzweifelte Situation, die als unerträglich empfunden wird. In seinem Werk *Suicide in Old Age* (1941) versichert Gruhle, daß selten eine Psychose die Ursache für den Selbstmord alter Menschen ist. Es sind soziale und psychologische Faktoren, die ihn erklären: physischer und geistiger Verfall, Einsamkeit, Untätigkeit, Unfähigkeit, sich anzupassen, unheilbare Krankheit. Ihm zufolge beruht

Selbstmord nie auf einer einmaligen depressiven Phase, sondern auf der Geschichte eines ganzen Lebens.

Einer von den hoffnungslosen Aspekten der Lage der alten Menschen ist ihr Unvermögen, sie zu ändern. Die 2,5 Millionen alter bedürftiger Franzosen sind über das ganze Land verstreut, ohne jegliche Solidarität untereinander, ohne Druckmittel, weil sie keinerlei aktive Rolle im wirtschaftlichen Leben des Landes mehr spielen. Es gibt eine Gruppe alter Menschen in Nizza: dort stellen sie 25 % der Bevölkerung dar; und ihre Stimmen zählen bei den Wahlen. Aber sie haben keine Verbindung untereinander, sie bleiben vereinzelt. Der Gedanke an eine soziale Veränderung erschreckt sie: sie fürchten immer das Schlimmste. Sie stimmen für die konservativen Kandidaten. In den USA haben die alten Leute manchmal eine gewisse politische Macht; als Rentner lassen sie sich vorzugsweise in Florida, in Kalifornien nieder, an manchen Orten sind sie sehr zahlreich – besonders in St. Petersburg in Florida – und machen einen wichtigen Teil der Wählerschaft aus. Andererseits konnte man im Kontext des politischen Lebens von Amerika neue politisch-wirtschaftliche Institutionen schaffen, in denen die alten Leute einflußreich sind. Doch diese Feststellungen betreffen nur die Privilegierten. Bedürftige übersiedeln nicht nach Florida und haben keinen politischen Einfluß. Sie sind Schwache, Erdrückte, Ohnmächtige.[1]

1 Über die Stellung der alten Menschen in den sozialistischen Ländern s. Anhang III, S. 482.

ZWEITER TEIL

Das In-der-Welt-Sein

Wir haben den alten Menschen bisher als Objekt der Wissenschaft, der Geschichte, der Gesellschaft betrachtet: wir haben ihn von außen her beschrieben. Er ist aber auch Subjekt, und als solches vollzieht er seine Situation innerlich und reagiert darauf. Wir wollen versuchen, zu verstehen, wie er sein Alter erlebt. Die Schwierigkeit ist, daß man dem Alter gegenüber weder einen nominalistischen noch einen konzeptualistischen Standpunkt einnehmen kann. Das Alter ist etwas, das alternden Leuten zustößt; unmöglich kann man diese Vielheit von Erfahrungen in einem Begriff oder auch nur in einer Vorstellung zusammenfassen. Aber wir können die einen den anderen gegenüberstellen, können versuchen, die Konstanten herauszuarbeiten und Gründe für ihre Verschiedenartigkeit anzugeben. Einer der Mängel dieser Untersuchung ist, daß meine Beispiele hauptsächlich von Privilegierten stammen, da nur sie – oder fast nur sie – die Mittel und die Muße haben, über sich selbst Rechenschaft abzulegen. Allerdings weisen die Auskünfte, die sie geben, meistens doch über ihren eigenen Fall hinaus.

Ich verwende diese Angaben ohne Rücksicht auf jede Chronologie. Die große Anzahl von Klischeevorstellungen über das Alter, auf die wir gestoßen sind, zeigt deutlich, daß es eine zeitlose Wirklichkeit ist. Gewiß, die Existenzbedingungen der alten Menschen sind nicht überall und nicht immer dieselben; aber über alle Verschiedenheiten hinweg behaupten sich Konstanten, die es mir erlauben, gewisse Zeugnisse ohne Berücksichtigung ihrer Datierung zu vergleichen.

Die größte Schwierigkeit ist die bereits erwähnte Überschneidung der Faktoren, welche die Lebensbedingungen des alten Menschen bestimmen: jeder einzelne Faktor zeigt seine eigentliche Bedeutung erst in seiner Beziehung zu den anderen. Und jede Aufteilung wäre eine willkürliche. Die folgenden Kapitel, in denen ich nacheinander das Verhältnis des gealterten Menschen zu seinem Körper und seinem Aussehen, zu seiner eigenen Zeit und zur Geschichte, zum praktischen Leben, zu seinen Mitmenschen und zur Welt untersuchen werde, sollen im Hinblick auf eine Schluß-Synthese gelesen werden.

5. KAPITEL

Entdeckung und Bewältigung des Alters Die körperlich erlebte Erfahrung

Vorzeitig sterben oder altern – eine andere Wahl haben wir nicht. Und dennoch überkommt uns das Alter überraschend, so hat es auch Goethe empfunden. Jeder ist für sich das einzige Subjekt, und oft wundert man sich, wenn das allgemeine Schicksal – Krankheit, Trennung, Trauer – zum eigenen wird. Ich erinnere mich noch an mein Erstaunen, als ich zum erstenmal in meinem Leben ernstlich krank wurde und mir sagte: «Diese Frau, die man da auf der Bahre transportiert, bin ich.» Indes vermögen wir die unvorhersehbaren Unglücksfälle leicht in unsere Lebensgeschichte einzubeziehen, da sie uns in unserer Eigenart betreffen; das Alter hingegen ist schicksalhaft, und wenn es sich unseres eigenen Lebens bemächtigt, sind wir bestürzt. «Was ist denn geschehen? Das Leben – und ich bin alt geworden», schreibt Aragon. Daß das Verstreichen der Zeit schließlich auch zu einer persönlichen Veränderung geführt hat – das bringt uns aus der Fassung. Schon mit 40 Jahren konnte ich es nicht glauben, wenn ich mir, vor einem Spiegel stehend, sagte: «Ich bin 40 Jahre alt.» Das Kind und der Jugendliche leben wirklich ihr Alter; all die Verbote und Pflichten, denen sie unterworfen sind, das Benehmen anderer ihnen gegenüber, lassen es sie nie vergessen. Als Erwachsene denken wir kaum daran: diese Vorstellung scheint für uns nicht zu gelten. Sie setzt voraus, daß man sich der Vergangenheit zuwendet und sich Rechenschaft ablegt, während wir, der Zukunft zugewandt, unmerklich von einem Tag zum andern, von einem Jahr zum andern gleiten. Das Alter ist besonders schwer zu bewältigen, weil wir es immer als etwas Fremdes betrachtet haben: bin ich denn wirklich eine andere geworden, da ich doch ich selbst blieb?

«Gar kein Problem», bekomme ich zu hören, «solange Sie sich jung fühlen, sind Sie es auch.» Das aber bedeutet, die komplexe Wahrheit des Alters zu verkennen: das Alter ist ein dialektischer Bezug zwischen meinem Sein in den Augen anderer, so wie es sich objektiv darstellt, und dem Bewußtsein meiner selbst, das ich durch das Alter gewinne. Es ist der andere in mir, der alt geworden ist, das heißt jener, der ich für die anderen bin: und dieser andere – bin ich. Gewöhnlich erscheint unser Sein den anderen so vielfältig, wie diese selbst sind. Jede Meinung über uns kann im Namen eines anderen Urteils verworfen werden. In diesem Fall aber ist kein Widerspruch erlaubt: der Begriff ‹ein Sechziger› hat für alle dieselbe Bedeutung. Er bezeichnet biologische Erscheinungen, die eine ärztliche Untersuchung bestätigen würde. Unsere persönliche Erfahrung hingegen zeigt uns die Zahl unserer Jahre nicht an. Keine körperliche

Empfindung enthüllt uns die Regressionsvorgänge des Alterns. Das ist eines der Merkmale, durch die sich Alter und Krankheit voneinander unterscheiden. Die Krankheit macht sich bemerkbar, und der Organismus wehrt sich gegen sie auf eine Weise, die manchmal sogar schädlicher ist als die Ursache; die Krankheit tritt für das Individuum, das sie befällt, klarer zutage als für die Umgebung, die oft die Schwere des Leidens verkennt. Das Alter hingegen ist offensichtlicher für die anderen als für den Betroffenen selbst; es ist ein neuer Zustand des biologischen Gleichgewichts: geht die Anpassung ohne Schwierigkeiten vonstatten, so merkt der alternde Mensch kaum etwas davon. Die ‹Montagen›, die Gewohnheiten gestatten es, die psychomotorischen Mängel lange Zeit zu überspielen.

Selbst wenn uns der Körper Anzeichen liefert, so sind diese zweideutig. Es kann geschehen, daß man versucht ist, eine heilbare Krankheit von einem unabänderlichen Altersprozeß zu verwechseln. Trotzki, der ganz seiner Arbeit und seinem Kampf lebte, fürchtete das Alter sehr. Beklommen erinnerte er sich an einen Satz von Turgenjew, den Lenin oft zitierte: «Wissen Sie, welches das größte aller Laster ist? Älter sein als 55 Jahre.» 1933, genau mit 55 Jahren, klagte Trotzki in einem Brief an seine Frau über Müdigkeit, Schlaflosigkeit, Gedächtnisschwund; es schien ihm, als nähmen seine Kräfte ab, und beunruhigt fragte er sich: «Ist es das Alter, das nun im Ernst beginnt, oder handelt es sich um einen vorübergehenden, wenngleich jähen Verfall, von dem ich mich wieder erhole? Wir werden sehen.» Traurig beschwor er die Vergangenheit: «Ich habe große Sehnsucht nach deiner alten Fotografie, nach unserer Fotografie, die uns zeigt, als wir jung waren.» Trotzki wurde wieder gesund und nahm alle seine Tätigkeiten wieder auf.

Umgekehrt kann es geschehen, daß Unpäßlichkeiten, die mir dem Altersprozeß zusammenhängen, kaum wahrgenommen und schweigend übergangen werden. Man hält sie für harmlose und heilbare Störungen. Man muß sich bereits seines Alters bewußt sein, um die körperlichen Anzeichen deuten zu können. Und selbst dann hilft uns das nicht immer, uns mit unserem Zustand innerlich vertraut zu machen. Rheumatismus und Arthritis sind Folgen des Alterns, das wissen wir; und doch bringen wir es nicht fertig, in ihnen einen neuen Status zu erkennen. Wir bleiben, was wir waren, nur daß wir nun außerdem Rheumatismus haben.

Was das Urteil alter Menschen über ihren Gesundheitszustand angeht, so sind die Ansichten darüber verschieden, und diese Unterschiede sind bezeichnend. In dem erwähnten Bericht von Laroque heißt es: «Mehr als die Hälfte der über 60jährigen halten ihren Gesundheitszustand für schlecht oder sehr schlecht. Diese Meinung entspricht insofern nicht immer den Tatsachen, als sie, abgesehen von den charakteristischen Altersbeschwerden, im wesentlichen eine Angstreaktion gegenüber dem Altersprozeß und seinen Auswirkungen widerspiegelt.» Eine 1956 in England von Tunbridge und Sheffield durchgeführte Umfrage hat entgegengesetzte Ergebnisse erbracht; das Team befragte Leute hohen Alters über ihren Gesundheitszustand und stellte fest, daß nur 26 % der Männer bei guter Gesundheit waren, während 64 % sich für gesund hielten; unter den Frauen waren 23 % tatsächlich gesund, während 48 % nur glaubten, es zu sein. Im allgemeinen – so schlossen die Interviewer – ist ein Greis ein unterernährter, im Atmen, Gehen und Denken behinderter Mensch. Aber er ist sich nicht klar darüber.

Diese These scheint durch eine Tatsache, die ich bereits erwähnte, bestätigt zu werden: die alten Kranken konsultieren sehr viel seltener Ärzte und nehmen weit weniger Medikamente ein als jüngere Kranke. Sie sind aufgewachsen in einer Gesellschaft, in der man gesundheitlich weniger für sich tat als heute. Aber diese Erklärung reicht nicht aus, denn in vielen anderen Beziehungen gehen die alten Menschen durchaus mit der Zeit. Prof. A. Ciusa, der am Bukarester Institut für Geriatrie tätig ist, weist darauf hin, daß alte Leute, was den Gesundheitsschutz angeht, ihre Rechte im allgemeinen nicht geltend machen; er führt zwei Gründe dafür an: «1. Sie sind sich nicht klar darüber, von welchem Augenblick an ihr Zustand pathologisch wird; 2. Sie neigen zur passiven Haltung des Verzichts, die weit häufiger ist als das Gegenteil, nämlich die Haltung übertriebener Besorgnis. Eine solche Einstellung resultiert aus einem Gefühl des Unnütz-seins.»

Mit einem Wort: es ist etwas Wahres daran, wenn Galenus sagt, das Alter liege auf halbem Wege zwichen Krankheit und Gesundheit. Auf eine verwirrende Art ist das Alter ein normaler anomaler Zustand. «Es ist normal», schreibt Georges Canguilhem, «das heißt, es entspricht dem biologischen Gesetzdes Alterns, daß die progressive Verminderung des Wohlbefindens ein Sinken der Widerstandsschwelle gegenüber den Aggressionen der Umwelt mit sich bringt. Die für einen Greis gültigen Normen hätten bei demselben Mann im Erwachsenenalter als mangelhaft bezeichnet werden müssen.» Wenn alte Leute erklären, sie seien krank – oft sogar ohne es zu sein –, dann betonen sie damit diese Anomalie; sie nehmen den Standpunkt eines noch jungen Menschen ein, der es beunruhigend fände, wenn er schwerhörig oder weitsichtig wäre, wenn er gesundheitliche Beschwerden hätte oder rasch ermüdete. Wenn sie sich mit ihrer Gesundheit zufriedengeben, wenn sie es aufgeben, sich Sorgen zu machen, stellen sie sich auf ihr Alter ein: das Alter erklärt ihre Leiden. Ihre Haltung hängt von ihrer allgemeinen Einstellung zum Alter ab. Sie wissen, daß man alte Leute als etwas Minderwertiges ansieht. Deshalb empfinden viele von ihnen jeden Hinweis auf ihr Alter als Beleidigung: sie wollen sich um jeden Preis jung fühlen, sie wollen sich lieber für krank halten als für alt. Andere finden es bequem, sich – oft sogar vorzeitig – als alt auszugeben: das Alter verschafft Alibis, es erlaubt ein Herabschrauben der Ansprüche, und schließlich ist es weniger anstrengend, sich dem Alter zu überlassen, als ihm zu widerstehen. Wieder andere ziehen das Alter, wenn auch ohne es freudig zu begrüßen, den Krankheiten vor, die ihnen Angst einflößen und sie zu einem gewissen Maßhalten zwingen würden.

Ein Mitglied eines Untersuchungsausschusses befragte die Pensionäre eines Heims der C.N.R.O. und faßte seine Eindrücke so zusammen: «Der ganze Körper, seine Organe, seine Funktionen – alles ist beeinträchtigt . . . das Alter manifestiert sich in eben diesen physischen Behinderungen, in diesen Krankheiten, dieser Verlangsamung aller Funktionen. Diese Realität steht im Zentrum des täglichen Lebens; trotzdem hat man sich daran gewöhnt und reagiert nicht mehr betroffen. Man spricht ganz unbeteiligt darüber, distanziert, kritisch ... Es ist eben so, aber man weiß, woher es kommt ... Man ist alt, es lohnt nicht, zum Arzt zu gehen.» Das Alter, diese normale Anomalie, wird also, was die Frage der Gesundheit angeht, allem Anschein nach in einer Mischung aus Gleichgültigkeit und Unsicherheit gelebt. Man verbannt jeden Gedanken an Krankheit durch die Berufung auf das Alter, man schiebt die Vorstellung vom Alter beiseite, indem man auf die Krankheit verweist, und bringt es so fertig, weder an das eine noch an das andere zu glauben.

Unser Äußeres, die Wirkung von Körper und Gesicht, gibt uns eine klarere Auskunft: welch ein Gegensatz zu der Zeit, da wir 20 waren! Allerdings vollzieht sich diese Veränderung ganz allmählich, und wir bemerken sie kaum. Madame de Sévigné hat das sehr hübsch ausgedrückt. Sie schreibt am 27. Januar 1687: «Die Vorsehung führt uns so gütig in all den verschiedenen Epochen unseres Lebens, daß wir diese quasi nicht bemerken. Ein sanfter, kaum wahrzunehmender Abstieg ist es; der Zeiger auf dem Zifferblatt, den wir nicht vorrükken sehen ... Würde man uns in unserer Jugend den Rang der Würde in unserer Familie verleihen und ließe uns im Spiegel das Gesicht sehen, das wir einmal haben werden oder mit 60 Jahren haben – wir würden bei dem Vergleich mit dem des Zwanzigjährigen hintenüber fallen und hätten Angst vor diesem Gesicht; aber wir schreiten ja von Tag zu Tag voran; wir sind heute wie gestern und morgen wie heute; so werden wir älter, ohne es zu merken, und das ist eines jener Wunder der Vorsehung, die ich so sehr liebe.»[1]

Eine gewaltsame Veränderung kann diese Ruhe zerstören. Lou Andreas-Salomé[2] verlor infolge einer Krankheit mit 60 Jahren ihr Haar. Bis dahin hatte sie sich als Frau ‹ohne Alter› gefühlt – nun gestand sie, daß sie sich auf der ungünstigen Seite der Leiter sah. Aber abgesehen von solchen Unglücksfällen brauchen wir schon Gründe, um vor dem Spiegelbild stehenzubleiben und es nach unserem Alter zu befragen.

Was das Nachlassen geistiger Kräfte angeht, so ist der davon Betroffene unfähig, es festzustellen, wenn gleichzeitig mit seinen Fähigkeiten auch seine Ansprüche geringer geworden sind. La Fontaine wähnte sich mit 72 Jahren im

1 Der junge Diderot äußert sich ähnlich in *Der Traum d'Alemberts*: «Hätten sie in einem einzigen Augenblick den Schritt von der Jugend zur Altersschwäche getan – Sie wären in diese Welt geworfen worden wie im ersten Moment Ihrer Geburt! Sie wären nicht mehr Sie selbst gewesen, weder für die anderen noch für Sie selbst; für die anderen, die ebenfalls nicht sie selber für Sie gewesen wären ... Wie hätten Sie wissen können, daß jener Mann, der sich mühsam, auf einen Stock gestützt, mit erloschenen Augen dahinschleppt, sich innerlich noch mehr fremd als im Äußeren, eben derselbe war, der tags zuvor so leicht dahinschritt, schwere Lasten hob, sich tiefsinnigsten Überlegungen sowie angenehmsten und heftigsten Übungen widmen konnte?»

2 Diese bemerkenswerte Frau wurde von Nietzsche, Rilke und vielen anderen geliebt. Sie war eine Schülerin Freuds, der ihr in Freundschaft verbunden war und ihre Beiträge zur Psychoanalyse mit großem Respekt aufnahm.

vollen Besitz seiner physischen und geistigen Kräfte, als er am 26. Oktober 1693 an Maucroix schrieb: «Es geht mir nach wie vor sehr gut, und ich habe einen übermäßigen Appetit und ebensolche Kräfte. Vor fünf oder sechs Tagen bin ich, fast ohne etwas gegessen zu haben, zu Fuß nach Bois-le-Vicomte gegangen; dabei sind es gut fünf Wegstunden von hier.» Im Juni desselben Jahres jedoch schrieb Ninon de Lenclos an Saint-Évremond: «Ich habe erfahren, daß Sie La Fontaine gern nach England holen würden. In Paris haben wir nicht viel von ihm: er ist recht schwach im Kopf geworden.» Vielleicht hat La Fontaine das geahnt und sich deshalb Maucroix gegenüber mit seiner jugendlichen Frische gebrüstet, aber lieber nicht darüber nachgedacht. Auch auf diesem Gebiet gewinnen die Anzeichen erst in einem gewissen Zusammenhang ihre Bedeutung.

Es ist – da es der andere in uns ist, der alt ist – ganz normal, daß wir durch andere Menschen zur Erkenntnis unseres Alters gelangen. Gern gestehen wir es nicht ein: «Jeder fährt zusammen, wenn er das erste Mal hört, daß er als alt bezeichnet wird», bemerkt O. W. Holmes [1]. Ich erschrak im Alter von 50 Jahren, als eine amerikanische Studentin mir von dem Ausruf einer Kommilitonin berichtete: «Was, Simone de Beauvoir, ist schon so alt!» Eine ganze Tradition hat dieses Wort mit einem herabsetzenden Sinn beladen, es klingt wie eine Beleidigung. Deshalb reagiert man, wenn man als alt angesprochen wird, oft zornig. Madame de Sévigné war äußerst gereizt, als sie in einem Brief der Madame de La Fayette, die sie überreden wollte, nach Paris zurückzukehren, die Worte las: «Sie sind nun alt.» Sie beklagte sich bei ihrer Tochter darüber am 30. November 1689: «Denn ich merke mir keinerlei Verfall an, der mich daran erinnerte. Indes stelle ich des öfteren Überlegungen und Berechnungen an, und ich finde die Umstände des Lebens ziemlich hart. Mir will scheinen, ich sei wider meinen Willen bis zu jenem schicksalhaften Punkt geschleift worden, da man sich in das Alter ergeben muß. Ich sehe es vor mir, und da stehe ich nun und wollte, ich könnte zum wenigsten bewerkstelligen, daß ich nicht viel weiter gehen, nicht zu weit voranschreiten muß auf dem Weg der Gebrechlichkeit, der Schmerzen, der Gedächtnisschwächen, der körperlichen Entstellungen, die im Begriffe sind, mich zu verhöhnen, und ich höre eine Stimme sagen: ‹Du mußt weitergehen, ob du willst oder nicht, du mußt sterben›, was ein Äußerstes ist, gegen welches die Natur sich sträubt. Doch das ist nun einmal das Los alles dessen, das ein wenig zuviel voranschreitet.»

Mit 68 Jahren antwortet Casanova einem Korrespondenten, der ihn mit «verehrungswürdiger Greis» angeredet hat, geradeheraus: «Ich bin noch nicht in dem miserablen Alter angelangt, in dem man keinen Anspruch mehr auf das Leben erheben kann.»

Ich bin mehrfach Frauen begegnet, die das unangenehme Bewußtsein ihres Alters einer Erfahrung verdankten, ähnlich jener, von der Marie Dormoy Léautaud berichtete: Ein Mann war ihr, von ihrer jugendlichen Figur

1 Oliver Wendell Holmes (1809–94), amerikanischer Arzt und Schriftsteller. (Anm. d. Übers.)

getäuscht, auf der Straße nachgegangen; als er sie überholte, sah er ihr Gesicht, und statt sie anzureden, eilte er an ihr vorbei.

Wir sehen unsere Nächsten *sub specie aeternitatis*, und die Entdeckung, daß sie alt sind, versetzt uns deshalb einen Schlag. Man denke an den Schock, den Proust empfand, als er unvermittelt in ein Zimmer trat und dort an Stelle seiner Großmutter, die für ihn kein Alter besaß, eine uralte Frau gewahrte. Bei einer Reise vor dem Krieg verkündete uns ein Freund von Sartre, der uns begleitete, eines Tages, als er in den Speisesaal eines Hotels trat: «Ich habe gerade euren Freund Pagniez in Begleitung einer alten Dame getroffen.» Wir waren sprachlos; Madame Lemaire war uns noch nie wie eine alte Dame vorgekommen – sie war eben einfach Madame Lemaire. Der Blick eines Fremden verwandelte sie in eine andere. Ich habe geahnt, daß mir die Zeit auch noch oft genug einen Streich spielen würde. Noch peinlicher ist die Überraschung, wenn es sich um gleichaltrige Leute handelt. Jeder von uns macht diese Erfahrung: Man begegnet jemandem, den man kaum wiedererkennt und der uns seinerseits betroffen ansieht. Man sagt sich: wie hat er sich verändert – wie muß ich mich verändert haben! Léautaud schreibt am 25. Februar 1945, als er von einer Beerdigung heimkehrt, das Schrecklichste sei «der Anblick jener Leute, die man kennt, die man seit fünf oder sechs Jahren nicht mehr gesehen hat, die man nicht nach und nach älter werden sah – was man auf diese Weise auch kaum bemerkt hätte – und die man nun plötzlich um fünf oder sechs Jahre gealtert wiedersieht. Was für ein Anblick – und welchen Anblick muß man im übrigen selber bieten!» Und das Erstaunen, das einen erfaßt, wenn man sich gewisse Fotografien wieder ansieht! Ich konnte mich nur mit Mühe an den Gedanken gewöhnen, daß meine frühere Studienfreundin vom Cours Désir, die ich immer ihrer Siege bei den Golfmeisterschaften und ihrer Ungezwungenheit wegen bewundert hatte, nicht jene junge triumphierende Sportlerin auf dem Foto war – nun ihrerseits Golfmeisterin –, sondern die alte, weißhaarige Dame, die neben ihr stand, die Mutter.

Man muß die lange Passage in Prousts *Die wiedergefundene Zeit* nachlesen, wo er erzählt, wie er nach vielen Jahren wieder in den Salon der Prinzessin de Guermantes kommt: «Im ersten Augenblick begriff ich nicht, weshalb ich zögerte, den Hausherrn und die Gäste wiederzuerkennen, und weshalb jeder einzelne von ihnen ‹Maske gemacht› zu haben schien, durch starkes Pudern vor allem, das sie alle vollkommen veränderte. Der Prinz ... hatte sich einen weißen Bart umgehängt sowie seine Füße mit einer Art von bleiernen Sohlen beschwert; anscheinend hatte er in dem Maskenspiel die Rolle eines der ‹Lebensalter› übernommen.» Der Erzähler findet es oft schwierig, seinen gegenwärtigen Eindruck mit seiner Erinnerung in Einklang zu bringen, und als er zum Beispiel Bloch bemerkt, hat er Mühe, «jene schwächliche, immer Zustimmung ausdrückende Miene» des Greises über der mitreißenden Frische seines Jünglingsgesichts zu sehen. «Man nannte mir einen Namen, und ich war bestürzt bei dem Gedanken, daß er gleichzeitig sich auf die blonde Walzertänzerin bezog, die ich früher gekannt hatte, und auf die schwerfällige Dame mit weißem Haar, die gewichtig an mir vorüberschritt.» Andere hatten ihre

Gesichter fast intakt bewahrt, aber «... man glaubte zuerst, die Beine täten ihnen weh, und dann begriff man erst, daß das Alter ihnen Sohlen aus Blei angeheftet hatte». Wieder andere «waren keine Greise, sondern ungewöhnlich verbrauchte junge Leute von achtzehn». Proust hatte den Eindruck, einem großen Kostümfest beizuwohnen, Puppen zu sehen, «Puppen, die von den unstofflichen Farben der Jahre umworben waren, Puppen, die die Zeit aus sich herausmaterialisierten». Das war es, was ihn am meisten betroffen machte: die Zeit war sozusagen mit bloßem Auge sichtbar. «Der ganz neue Anblick eines Wesens wie Monsieur d'Argencourt war für mich eine frappante Offenbarung der Wirklichkeit des Jahrgangs, die gewöhnlich für uns etwas Abstraktes bleibt...» Man fühlt auch, daß man selbst dem gleichen Gesetz untersteht wie jene Geschöpfe, die sich immer weiter gewandelt haben. «Da bemerkte ich... zum erstenmal an den Metamorphosen, die sich an allen diesen Leuten vollzogen hatten, die Zeit, die für sie vergangen war; das aber trug mir die bestürzende Offenbarung ein, daß sie ebenso für mich vergangen war.» Überdies nennt ihn Madame de Guermantes: «Mein alter Freund». Und jemand anders sagt zu ihm: «Sie, ein alter Pariser». So wird er sich im Laufe des Abends seines Alters bewußt und sagt sich nun, daß «wir nicht unser eigenes Aussehen erblickten, nicht unser eigenes Alter; sondern jeder sah, wie in einem gegenüberstehenden Spiegel, das des anderen».

Eines Tages wohnte ich in Rom einer Verwandlung im umgekehrten Sinne bei: eine hochgewachsene Amerikanerin in den Sechzigern nahm in dem Terrassencafé, wo ich saß, Platz und unterhielt sich mit einer Freundin; plötzlich lachte sie hellauf. Es war das Lachen einer jungen Frau, das sie verwandelte und mich 20 Jahre zurückversetzte nach Kalifornien, wo ich ihr begegnet war. Auch hier hat mir ein unvermitteltes Zusammenschrumpfen der Zeit mit schmerzlicher Klarheit ihre verheerende Macht enthüllt. Die alten Berühmtheiten unter meinen Zeitgenossen sehe ich gewöhnlich auf der Leinwand oder in Zeitschriften mit den Gesichtern von heute und zucke jedesmal zusammen, wenn ich sie in alten Filmen oder Zeitungen in ihrer vergessenen Jugendfrische wiedersehe.

Ob wir wollen oder nicht, wir fügen uns endlich und teilen den Standpunkt der anderen. Jouhandeau gelangt mit 70 Jahren zu der Einsicht: «Fast ein halbes Jahrhundert hindurch bin ich unveränderlich ein Zwanzigjähriger geblieben. Jetzt ist die Zeit gekommen, dieser Anmaßung zu entsagen.» Dieses ‹Entsagen› ist jedoch nicht so einfach. Wir stoßen uns da an einem intellektuellen Ärgernis: wir müssen uns einer Realität stellen, die unzweifelhaft wir selber sind, während sie uns doch von außen erfaßt und unbegreiflich für uns bleibt. Es besteht ein unüberwindbarer Widerspruch zwischen der inneren Evidenz, die unser Fortdauern verbürgt, und der objektiven Gewißheit unserer Verwandlung. Wir können lediglich von einer zu andern schwanken, ohne jemals beide fest zusammenhalten zu können.

Der Grund dafür liegt darin, daß das Alter zu jener Kategorie gehört, die Sartre [1] die Unrealisierbaren genannt hat. Ihre Zahl ist unendlich, denn sie

1 In *Das Sein und das Nichts.*

stellen die Kehrseite unserer Situation dar. Was wir für die anderen bedeuten, können wir unmöglich in der Art des *Für-sich-Seins* erleben. Das Unrealisierbare ist «ein Sein in Entfernung, das alle meine Wahlen begrenzt und ihre Kehrseite ausmacht». Ich mag Französin, Schriftstellerin, eine 60jährige sein: diese Situation, die ich *erlebe*, ist inmitten der Welt eine objektive Form, die mir entgeht. Aber das Unrealisierbare enthüllt sich als solches nur im Licht eines Entwurfs, der darauf abzielt, es zu realisieren. Wenn ich als Französin in Frankreich lebe, veranlaßt mich nichts dazu, mich nach der Bedeutung dieser Eigenschaft zu fragen; sobald ich mich in einem fremden oder feindlichen Land befinde, existiert meine Nationalität für mich, muß ich eine bestimmte Haltung ihr gegenüber einnehmen: sie bekunden, verhehlen oder vergessen usw. In unserer Gesellschaft wird der alte Mensch durch seine Lebensweise, durch die Verhaltensweisen der Umwelt und sogar durch das Vokabular als solcher gekennzeichnet: diese Realität hat er auf sich zu nehmen. Es gibt unendlich viele Arten und Weisen, dies zu tun – keine jedoch wird mir erlauben, mit der Realität, die ich auf mich nehme, übereinzustimmen. Das Alter ist etwas, das jenseits meines Lebens liegt, etwas, wovon ich keine innere Gesamterfahrung haben kann. Allgemeiner gesehen ist mein *ego* ein transzendentes Objekt, das nicht in meinem Bewußtsein lebt und das nur aus der Entfernung anvisiert werden kann.

Dies geschieht mittels eines Bildes: wir versuchen uns vorzustellen, wie wir in der Sicht der anderen sind. Es handelt sich nicht um ein im Bewußtsein vorhandenes Bild, sondern vielmehr um ein Bündel von Intentionalitäten, die durch ein Analogon auf ein abwesendes Objekt gerichtet sind. Es ist ein generisches, widersprüchliches und vages Bild. Immerhin gibt es Perioden, in denen dieses Bild genügt, uns unserer Identität zu versichern: das gilt zum Beispiel für Kinder, wenn sie genug Liebe erhalten. Sie sind zufrieden mit diesem Widerschein ihrer selbst, den sie in den Worten und dem Verhalten ihrer Nächsten entdecken; sie gleichen sich ihm an und bedienen sich seiner wiederum. An der Schwelle der Jugend zerbricht das Bild: das linkische Betragen während der Flegeljahre rührt daher, daß man nicht sogleich weiß, wodurch man es ersetzen kann. Es kommt zu einem Schwebezustand analog dem an der Schwelle des Alters. In beiden Fällen sprechen die Psychiater von einer ‹Identitätskrise›. Dennoch bestehen große Unterschiede. Der heranwachsende junge Mensch ist sich bewußt, daß er eine Übergangsperiode durchmacht; sein Körper verändert sich und stört ihn. Der gealterte Mensch fühlt sich alt auf Grund der anderen, ohne entscheidende Veränderungen erfahren zu haben [1]; innerlich ist er nicht einverstanden mit dem Etikett, mit dem man ihn versehen hat – er weiß nicht mehr, wer er ist. In *Leere Spiegel* hat Aragon diese Unkenntnis und die daraus entstehende Verwirrung symbolisch dargestellt: der Held erblickt im Spiegel nicht mehr sein Bild, er ist nicht mehr fähig, sich zu sehen.

Der tiefere Grund für diese Asymmetrie ist im Unbewußten zu suchen.

1 Die Wechseljahre sind für die Frau eine physische Erfahrung, treten aber lange vor dem Alter ein.

Freud hat das ausgeführt: das Unbewußte unterscheidet nicht Wahres und Falsches; es ist eine Gesamtstruktur von Trieben; es ist unreflektiert. Aber es kann zum Hindernis für die Reflexion werden, braucht es allerdings nicht. Der Übergang von der Jugend zum Erwachsenenalter wird durch das Unbewußte nicht gestört. Vielmehr ist die Sexualität des Erwachsenen in der des jungen Menschen, ja sogar in der des Kindes bereits vorweggenommen. Das Erwachsensein erscheint ihnen im allgemeinen als wünschenswert, weil es die Befriedigung ihrer Triebe verspricht. Der Junge lebt in männlichen Phantasievorstellungen, das kleine Mädchen träumt von künftiger Weiblichkeit. Mit Vergnügen nehmen sie in Spielen und in Geschichten, die sie sich erzählen, diese Zukunft vorweg. Im Gegensatz dazu assoziiert der Erwachsene das hohe Alter mit Kastrationsvorstellungen. Und unser Unbewußtes weiß nichts vom Alter, wie der Psychoanalytiker Grotjahn unterstreicht; es nährt die Illusion von einer ewigen Jugend. Wenn diese Illusion zerstört wird, entsteht bei vielen Menschen ein von Narzißmus geprägtes Trauma, das zu einer depressiven Psychose führt.

Man sieht, wie diese ‹Überraschung› zustande kommt, diese Ungläubigkeit, diese Entrüstung, die den alternden Menschen befällt, wenn er sich seines Alters bewußt wird. Unter den Unrealisierbaren, die uns umgeben, ist es diese Offenbarung, die zu realisieren wir am dringlichsten getrieben sind und die zu akzeptieren wir, bewußt oder unbewußt, den stärksten Widerwillen hegen. Diese Tatsache ermöglicht es uns, die Verhaltensweisen des alten Menschen, die im Verhältnis zu seinen Lebensbedingungen auf den ersten Blick oft unangemessen erscheinen, besser zu verstehen.

Gerade weil das Alter nicht in der Art des Für-sich-Seins gelebt wird, weil wir keine transparente Erfahrung wie die des *cogito* besitzen, ist es möglich, sich schon früh für alt zu erklären oder sich bis ans Ende für jung zu halten. Diese jeweiligen Einstellungen machen unsere Gesamtbeziehung zur Welt deutlich. Der junge Baudelaire gibt seinem Ekel dieser Welt gegenüber Ausdruck, wenn er schreibt: «Ich habe mehr Erinnerungen, als wenn ich tausend Jahre alt wäre.» Für Flaubert war das Leben seiner familiären Situation wegen immer ein aufreibendes Unternehmen; von Kindheit an bezeichnete er sich als «alt». Als er mit 54 Jahren befürchtete, daß man – wegen des Bankrotts, der den Mann seiner Nichte bedrohte – Croisset verkaufen werde, war er verzweifelt: «Ich kann nicht mehr! Ich bin am Ende. Die unterdrückten Tränen ersticken mich, und ich bin dem Abgrund nahe. Dein Elend, meine arme Caro, bricht mir das Herz. Dein Elend und die Zukunft. Solch ein Verfall ist kein Spaß.» Es handelte sich um einen wirtschaftlichen Verfall, der ihn ängstigte und demütigte. Sogleich bringt er ihn in Zusammenhang mit einem biologischen, altersbedingten Verfall: «Das Leben ist kein Spaß, und ich stehe nur am Beginn eines traurigen Alters.» Auch als Croisset gerettet, aber abhängig von seinem Neffen geworden ist, mit dem er sich schlecht stand, fürchtet er noch immer den Ruin und kann nicht arbeiten; er ist krank, er weint, er zittert: «Ich betrachte mich als einen toten Mann ... Ich möchte so schnell wie möglich krepieren, denn ich bin am Ende, ausgeleert und älter, als wenn ich hundert Jahre wäre.» Und: «In meinem Alter fängt man nicht noch einmal an: man bringt zu Ende, oder vielmehr man fällt ab.» Schließlich konnte er zwar wieder schreiben, aber er fühlte sich weiter vom Alter geplagt und starb vor der Zeit.

Menschen, die ihres Berufs, ihres Lebens müde sind, erklären sich für alt, auch wenn sie sich nicht wie ältere Menschen verhalten. Ein Team unter Prof. Bourlière untersuchte eine Gruppe von 107 Lehrern – 52 Frauen und 55 Männer –, alle etwas unter 55 Jahren; 40 % wirkten jünger als sie waren und nur 3 % weniger jung. Ihre psychometrischen Leistungen waren bemerkenswert gut. Ihre geistige und gesellschaftliche Aktivität war ausgesprochen intensiv. Hingegen lag ihre physische Widerstandsfähigkeit unter dem Durchschnitt; sie klagten über nervöse Ermüdungserscheinungen, beurteilten sich selbst eher pessimistisch und hielten sich für alt. Das erklärt sich daraus, daß der Beruf des Lehrers tatsächlich sehr nervenaufreibend ist. Sie waren überarbeitet, angespannt und fühlten sich zu Recht verbraucht, und die Vorstellung des Verbrauchtseins führt zu der des Alters.

Meistens nutzt der Betroffene die Distanz, die das An-sich vom Für-sich trennt, um jene ewige Jugend für sich in Anspruch zu nehmen, nach der sich sein Unterbewußtsein sehnt. 1954 befragte in den USA ein von Tuckman und Lorge geleitetes Team 1032 Personen unterschiedlichen Alters, ob sie sich jung oder alt fühlten. Von den Leuten um 60 Jahre empfanden sich nur sehr wenige als alt; unter den über 80jährigen waren es 53 %, während sich 36 % als im mittleren Alter stehend und 11 % als jung bezeichneten. Vor kurzem beantworteten die Insassen eines Altersheims der C.N.R.O. dieselbe Frage in der Mehrzahl so: «Ich fühle mich gar nicht alt ... Ich denke nie ans Alter ... Ich gehe nie zum Arzt ... Mir ist, als wäre ich erst zwanzig.» Es genügt nicht, hier von psychischer Blindheit, von perzeptiver Abwehr zu sprechen, wie manche Psychologen es tun. Die Frage ist, wie eine solche Verblendung möglich ist. Sie ist es, weil jedes Unrealisierbare zu der Behauptung herausfordert: «Bei mir ist das etwas anderes.» Steht man gleichaltrigen Personen gegenüber, ist man versucht, sich in eine andere Kategorie einzureihen, da man sie nur von außen sieht und bei ihnen nicht die gleichen Gefühle vermutet wie bei diesem einzigartigen Wesen, das ein jeder für sich ist. Ein Insassin des C.N.R.O.-Heims sagte: «Ich fühle mich überhaupt nicht alt; manchmal helfe ich den kleinen Omas, und dann sag ich mir, du bist ja auch eine Oma.» Spontan fühlt sie sich angesichts der anderen Greisinnen alterslos; sie muß eine reflektierende Anstrengung machen, um sich in derselben Lage zu sehen wie die anderen. Bezeichnend ist, daß sie sich im Augenblick der Bewußtwerdung duzt: sie spricht mit der anderen in sich, jener anderen, die sie für die anderen ist, von der sie selbst aber unmittelbar nichts weiß.

Für einen Menschen, der sich wohl fühlt in seiner Haut, der mit seinen Lebensbedingungen zufrieden ist und gute Beziehungen zu seiner Umwelt hat, bleibt das Alter etwas Abstraktes. Das will Saint-John Perse sagen, wenn er in einem seiner letzten Gedichte schreibt: «Hohes Alter, du lügst ... Die Zeit, die Jahre mißt, ist nimmermehr das Maß für unsere Tage.» Gide, der sich seine vollen geistigen und körperlichen Fähigkeiten bewahrt hatte, schreibt am 9. Juni

1930: «Nur mit großer Anstrengung kann ich mich davon überzeugen, daß ich selbst so alt bin wie jene, die mir in meiner Jugend so alt erschienen.»

Das Bild, das die anderen uns boten und das uns erschreckte – nichts drängt uns innerlich, uns darin zu erkennen. Deshalb können wir es durch Worte und auch durch unser Verhalten zurückweisen; die Ablehnung ist dann selbst eine Form der Bewältigung.[1] Diese Einstellung trifft man häufig bei gewissen Frauen, die ihr Leben völlig auf ihre Weiblichkeit ausgerichtet haben und für die das Alter eine radikale Disqualifikation bedeutet. Sie suchen durch Kleidung, Aufmachung, Mimik die Umwelt zu täuschen, vor allem aber sich selbst hysterisch davon zu überzeugen, daß die allgemein gültige Regel für sie nicht zutrifft. Sie klammern sich an die Idee, daß «das nur anderen passiert» und daß es für sie, die sie nicht zu den anderen gehören, «nicht das gleiche ist».

Wer immer sich etwas zugute hält auf seinen klaren Verstand, weist diese Illusion weit von sich – aber sie entsteht unablässig neu, man muß sie unablässig bekämpfen. Madame de Sévigné legt in ihren Briefen Zeugnis ab von diesem Kampf. Schon in jungen Jahren spricht sie vom «schrecklichen Alter». Später graut ihr vor dem Verfall der anderen. Sie schreibt am 15. April 1685: «Ach, meine Gute, wie demütigend ist es, den Bodensatz des Geistes und des Körpers zu ertragen, und wieviel angenehmer wär es, eine Erinnerung zu hinterlassen, würdig, in Ehren gehalten zu werden, als diese durch die Unpäßlichkeiten und Gebrechen, die das Alter mit sich bringt, zu verderben und zu entstellen. Ich wäre wohl geneigt, jene Länder zu schätzen, wo man seine alten Eltern aus Achtung und Liebe tötet, wenn sie nur solches mit dem Christentum vereinbaren könnten.»

Fünf Jahre später weiß sie, daß sie nicht mehr jung ist, aber sie muß ihren Verstand einsetzen, um es sich klarzumachen. Nach einem schönen Frühlings-Spaziergang, der sie entzückt, schreibt sie am 20. April 1690: «Es ist schade, wenn ich mich so stark in diese schöne Jugend versetze, daß mir nichts davon verblieben ist:

> Aber, ach! Wenn die Kälte des Alters uns trifft,
> Sind die schönen Tage für immer vorbei!

Das ist gewiß traurig, aber ich gebe mir zuweilen gern solche Backenstreiche, um meine Phantasie zu strafen, die immer noch erfüllt ist von Bagatellen und Vergnügen, auf die nun verzichtet werden sollte, obgleich man sie unschuldig heißt.»

Und am 26. April 1695: «Ich, die ich noch durch nichts gemahnt werde an

1 In gewissen pathologischen Fällen führt die Ablehnung bis zur Perversion von Wahrnehmung und Gedächtnis. So im Fall der Noémie, den Prof. Delay anführt. Die 64jährige behauptete: «Ich bin ein kleines Mädchen, ich bin 8 Jahre» oder «10 Jahre» oder manchmal «16 Jahre alt». Machte man den Einwand: «Aber Sie haben doch weißes Haar», so sagte sie: «Manche bekommen frühzeitig weißes Haar.» Sie glaubte sich in die Kindheit zurückversetzt und erlebte, als wären sie gegenwärtig, Szenen aus ihrer Vergangenheit. Es handelt sich hier um das Phänomen der Ekmnesie.

die Zahl meiner Jahre, bin bisweilen überrascht von meiner Gesundheit; ich bin geheilt von tausend kleinen Unannehmlichkeiten, die mich früher plagten. Ich schreite nicht nur gemächlich voran wie eine Schildkröte, sondern will auch gern glauben, daß ich mich wie ein Krebs bewege. Indessen unternehme ich alle Anstrengungen, mich von diesem trügerischen Schein keinesfalls zum Narren halten zu lassen.»

Von diesem Schwanken zwischen innerer Überzeugung und objektivem Wissen spricht Gide in seinem *Tagebuch*. So schreibt er im März 1935: «Wenn ich mir mein Alter nicht unaufhörlich vorsagte, würde ich es sicher kaum fühlen. Und sogar wenn ich wie eine schlecht auswendig gelernte Lektion wiederhole: ich bin fünfundsechzig Jahre alt, kann ich mich nur schwer davon überzeugen und nur insoweit, als der Raum enger geworden ist, wo meine Wünsche und meine Freude, meine Tugenden und mein Wille noch hoffen können, sich zu entfalten. Noch nie waren sie anspruchsvoller.»

Am 17. Januar 1943: «Es ist wahr: außer bei plötzlichen Anfällen von Müdigkeit ... fühle ich mein Alter kaum, und wenn ich mir auch täglich vorsage: ‹Mein armer Alter, du bist gut und gern dreiundsiebzig Jahre alt›, gelingt es mir doch nicht, mich wirklich davon zu überzeugen.»

Solange das innere Gefühl von Jugend lebendig bleibt, kommt einem die objektive Wahrheit des Alters als eine scheinbare Wahrheit vor; man hat den Eindruck, eine fremde Maske entliehen zu haben. Juliette Drouet versicherte Victor Hugo in einem Brief, daß ihre Liebe der Zeit widerstehe, und schrieb: «Der Dekor hat sich verändert, und ich habe die Verkleidung des Alters angelegt.» Gide spricht von der Rolle, vom Kostüm. Er notiert am 6. März 1941: «Meine Seele ist so jung geblieben, daß es mir immerfort scheint, als sei der Siebzigjährige, der ich unzweifelhaft bin, eine Rolle, die ich übernehme; und die Gebrechlichkeiten, die Versager, die mich an mein Alter erinnern, erscheinen gewissermaßen als Souffleur, der mir's ins Gedächtnis zurückruft, wenn ich geneigt wäre, davon abzuweichen. Worauf ich, als der gute Schauspieler, der ich sein möchte, in meine Gestalt zurückschlüpfe und meinen Stolz dareinsetze, sie gut zu spielen.

Es wäre mir aber viel natürlicher, mich dem nahen Frühling hinzugeben; ich fühle nur, daß ich das Kostüm nicht mehr habe, das dazu gehört.»

Ist es wirklich wahr, daß er künstlich die Rolle spielt, die zu übernehmen die Gesellschaft von ihm verlangt? Oder betrachtet er es aus Entsetzen über das Alter als ein Spiel, wenn er sich wie ein Siebziger verhält? In jedem Falle bestätigt sich in diesem Text aufs neue der unrealisierbare Charakter des Alters.

Von Verkleidung, Kostüm und Spiel zu sprechen, bedeutet, dem Problem auszuweichen. Will man aus der ‹Identitätskrise› herauskommen, muß man sich offen zu einem neuen Bild seiner selbst bekennen. Es gibt Fälle, in denen der Erwachsene im voraus ein schreckliches oder triumphales Bild seines Alters entwirft: Swift, wenn er die Struldbrugs beschreibt, Victor Hugo, wenn er die Burggrafen, Eviradnus oder Boas beschwört. Ist die Zeit gekommen, wenden sie das Bild auf sich an oder machen es sich doch zunutze. Im allgemeinen aber sind wir unvorbereitet und müssen uns, um uns ein Bild von uns zu machen, auf andere stützen. Wie sehen sie mich? Ich befrage meinen Spiegel. Die Antwort ist unbestimmt: die Menschen sehen uns jeder auf seine Weise, und unsere eigene Wahrnehmung stimmt sicher mit keiner der ihren überein. Alle sind sich darin einig, in unserem Gesicht das eines alten Menschen zu sehen; aber für jene, die uns nach Jahren wiederbegegnen, hat es sich verändert, ist es gezeichnet; für unsere Umgebung ist es immer das unsere: die Identität wiegt schwerer als alle Veränderungen; für Fremde ist es einfach das Gesicht eines 60jährigen, einer 70jährigen. Und für uns? Wir interpretieren unser Spiegelbild entweder gut oder schlecht gelaunt oder gleichgültig, immer entsprechend unserer Gesamteinstellung dem Alter gegenüber. Voltaire hatte zu dem seinen ein so gutes Verhältnis, daß er einwilligte, dem Bildhauer Pigalle nackt Modell zu stehen. Er schätzte keines der Bildnisse, die von ihm gemacht worden waren, und der Gedanke an eine neue Büste mißfiel ihm anfangs sehr. Er schrieb an Madame Necker: «Monsieur Pigalle kommt, so heißt es, um mein Gesicht zu modellieren; dazu, Madame, müßte ich jedoch ein Gesicht haben – man errät kaum, wo es sich befindet. Meine Augen liegen drei Daumen tief in den Höhlen, und meine Wangen sind altes Pergament, das schlecht auf den Knochen klebt, die nicht mehr halten. Und die wenigen Zähne, die ich noch hatte, sind ausgefallen. Wer hat schon je einen armen Mann in solchem Zustand in Stein gehauen?» Schließlich war er doch einverstanden. So unnachsichtig er sein Aussehen beurteilte – er wurde damit fertig, weil er mit seiner gesamten Lage fertig wurde.

Weder in der Literatur noch im Leben bin ich je einer Frau begegnet, die das hohe Alter mit Wohlgefallen betrachtet hätte. So spricht man ja auch nie von einer «schönen Greisin», sondern bestenfalls von einer «charmanten alten Dame»[1]. Ein «schöner Greis» wird hingegen bewundert. Das Männliche ist nicht eine Beute des Alters; von ihm verlangt man nicht Frische, Sanftheit, Anmut, sondern die Stärke und die Intelligenz des Eroberers; weiße Haare und Falten stehen nicht im Widerspruch zu diesem männlichen Ideal. Der Moses des Michelangelo, der schlafende Boas Victor Hugos erlauben eher schmeichelhafte Identifikationen. Sartres Großvater, so wie er in *Die Wörter* beschrieben wird, stellte sich dieser Gestalt des mächtigen, weisen Patriarchen gleich. Er war immer recht selbstzufrieden gewesen und erfreute sich einer ausgezeichneten Gesundheit. Er gefiel sich in der Rolle des geachteten Herrn, des geliebten Großvaters, des charmanten Greises. Sartre sagt, er habe unablässig den Eindruck erweckt, als posiere er für einen unsichtbaren Fotografen: das heißt, er spielte Rollen, die den anderen ein bestimmtes Bild vermitteln sollten, von dem er wiederum profitierte.

Das amüsanteste Beispiel von senilem Narzißmus liefert das *Tagebuch* von Léautaud; ich werde später im Zusammenhang mit seiner Sexualität darauf zurückkommen.

1 Das Thema «An eine schöne Alte», das in der Dichtung verschiedener Jahrhunderte und verschiedener Länder oft behandelt wurde, betrifft eine ehemals Schöne, die es im Alter nicht mehr ist. Ich kenne nur eine Ausnahme: Die *Ode an eine schöne Alte* von François Maynard (1582–1646).

Jouhandeau vermag, als er mit etwa 80 Jahren den nahenden Niedergang spürt, seinen Körper noch einigermaßen günstig zu beurteilen. In seinen *Betrachtungen über das Alter und den Tod* schreibt er: «Ich bin zwar auch jetzt noch kein Gegenstand des Abscheus, ich bleibe sogar vergleichsweise jung, trotz meinen Jahren; denn ich bin mager, oder sagen wir: schlank. Aber unstreitig ist da in meinem Körper ein dumpfes Empfinden dafür, daß er Sprünge bekommt, daß ihn Welkheit überhaucht, Anzeichen des Altwerdens. Und ich beginne, ihn pietätvoll zu bestatten. In Hinkunft kann ich ihn wohl nicht mehr ohne Schwermut ansehen. Vor meinen Blicken bemächtigen sich bereits die Binden des Einbalsamierers meines Erscheinungsbildes und verbergen mich vor mir selber, gewissermaßen taktvoll.»

Der alternde Yeats schwankt in seinem Verhältnis zu sich selbst zwischen gegensätzlichen Haltungen. Auf dem Gipfel seines Ruhms – er hatte mit 57 Jahren den Nobelpreis erhalten – war er voller Bitterkeit dem Alter gegenüber; er sah nur noch auf einem Auge und fürchtete, taub zu werden. Vor allem aber war es die Tatsache des Alters selbst, was ihn aufregte: «Ich bin müde und wütend darüber, daß ich alt bin; ich bin all das, was ich immer war und sogar noch mehr, aber ein Feind hat mich so gefesselt und verrenkt, daß ich zwar besser denn je planen und denken, aber nicht mehr ausführen kann, was ich plane und denke.» Trotzdem hat er noch sehr schöne Verse geschrieben. In einigen macht er seinem Zorn auf das Alter Luft: «Was soll ich tun gegen diese Sinnlosigkeit, o mein Herz, mein verstörtes Herz / diese Karikatur, die Altersschwäche, die mir angebunden wurde wie an eines Hundes Schwanz?» Was ihn so aufbringt, ist das Unberechenbare an diesem unvermeidlichen Alter; auch er stößt sich an dem Ärgernis dieser unrealisierbaren Realität. Er ist derselbe wie zuvor, aber man hat ihm eine widerwärtige Behandlung zugemutet. In einem seiner letzten Gedichte beschwört er die Frau, die er einst geliebt hat, und beschreibt das Paar, das sie jetzt bilden: zwei alte Vogelscheuchen, die in einem schrecklichen Gegensatz zu dem Bild ihrer Jugend stehen. Der Anblick ist so entsetzlich, daß eine Frau, wenn sie ihr Kind sehen könnte, wie es mit 60 Jahren sein wird, auf die Mutterschaft verzichten würde ... Dennoch spielte Yeats mit Genuß die Rolle eines extravaganten Alten. Er verblüffte die irische Akademie bei einem Vortrag mit der Ankündigung, er werde sich in einen Schmetterling verwandeln «und fliegen und fliegen und fliegen». Er beschrieb sich als einen *60 years old smiling public man*; später übernahm er dann die Rolle des *wild old wicked man*.

Wenn ein alter Mann sein Alter verabscheut, dann empfindet er Ekel vor seinem eigenen Bild. Chateaubriand haßte sein Alter, als er politisch ausgespielt hatte und sein Ruhm erlosch: «Das Alter ist ein Schiffbruch», sagte er. Einem Maler, der ihn porträtieren wollte, antwortete er hochmütig: «In meinem Alter ist nicht mehr genug Leben auf dem Gesicht eines Mannes, als daß man wagen könnte, diese Ruinen dem Pinsel zu überlassen.» Wagner hatte einen Horror vor dem Altwerden. Als er sich im Schaufensterglas eines Ladens sah, sagte er verstimmt: «Ich erkenne mich nicht wieder in diesem Graukopf! Ist es möglich, daß ich 68 Jahre alt bin?» Er glaubte sich kraft seines Genies befreit von Raum und Zeit und fand es unerhört, sich deutlich, fest umrissen und summarisch in seinem Spiegelbild zu sehen. Gide, der sich noch mit 70 Jahren jung fühlte, hatte danach Mühe, mit dem Alter zurechtzukommen. Mit 80 Jahren schrieb er in *So sei es oder Die Würfel sind gefallen*: «Oh! zum Beispiel ist es wichtig, daß ich mich nicht im Spiegel sehe: die Augenfalten, die hohlen Wangen, der erloschene Blick ... ich sehe zum Fürchten aus, und das verstimmt mich.» Als Léautaud Valéry gegenüber davon sprach, was für eine gräßliche Sache das Altern sei, bekam er zur Antwort: «Sprechen Sie nicht davon! Ich sehe niemals in einen Spiegel, außer wenn ich mich rasiere.» Dabei waren die vom Alter gezeichneten Gesichter von Valéry und Gide schön geblieben. Aber sie wußten, es war das Alter, das die Veränderungen bewirkte, die sie im Spiegel beobachteten, und ihm galt ihr Haß. Ähnlich ist es, wenn Aragon schreibt: «Und ich sehe mit Schrecken, wie auf meinen Händen die Kupferflecken des Alters erscheinen»: es sind nicht die Flecken, die ihn anwidern, sondern das Alter, das sie ankündigen.

Ronsard hat sich voller Ekel über seinen welkenden Körper geäußert. Er hatte stets das Alter verabscheut. Ein Jahr vor seinem Tod – er war erst 60 Jahre alt, doch galt das zu seiner Zeit als hohes Alter – war er krank und litt an Schlaflosigkeit. Er klagt darüber in mehreren Sonetten. So heißt es in einem:

Ich habe nur noch Knochen, ich bin wie ein Skelett,
Entfleischt, entnervt, entmuskelt, ohne Mark,
Vom Tode ohn' Pardon genähert schon dem Sarg.
Mein' Arm' seh ich nicht an vor Angst, daß ich zu zittern hätt.

Die grausamste Beschreibung, die ein alter Mensch von sich selbst gegeben hat, stammt von Michelangelo. Körperliche Schmerzen und Sorgen quälten ihn, und er schrieb voller Bitterkeit: «Ich bin gebrochen, ausgehöhlt und gliederlahm von meinen langen Arbeiten, und das Gasthaus, zu dem ich unterwegs bin, um in Gemeinschaft zu wohnen und zu essen, ist der Tod ... In einem Hautsack voll Knochen und Nerven halte ich eine surrende Wespe gefangen, und in einem Kanal bleiben mir drei Steine aus Pech. Mein Gesicht gleicht einer Vogelscheuche. Ich bin wie jene Lumpen, die man in Tagen der Trockenheit auf die Felder breitet und die genügen, die Raben zu vertreiben. In einem meiner Ohren läuft eine Spinne, im anderen singt eine Grille die ganze Nacht hindurch. Beengt von meinem Katarrh, kann ich weder schlafen noch schnarchen.»

Auch schrieb er in einem Sonett:

Einst waren unsere Augen vollständig
mit ihrem Schein in jedem Loche;
jetzt ist es schwarz, hohl, schrecklich inwendig,
und das kommt so, Woche für Woche.[1]

1 Übersetzung von Rainer Maria Rilke. (Anm. d. Übers.)

Und in einem Brief an Vasari: «Mein Gesicht hat etwas, das Angst einflößt.» Das Selbstporträt, das er im Antlitz des heiligen Bartholomäus im Fresko vom *Jüngsten Gericht* hinterlassen hat, malte er wie eine Totenmaske, düster, wie gehetzt, gepeinigt von einem Kummer, in den er sich nur schwer fügte.

Es ist interessant, die Selbstporträts alter Maler zu betrachten: sie drücken durch ihr eigenes Gesicht das Verhältnis aus, das sie zu ihrem eigenen Leben und zur Welt haben und zwar zu einem Zeitpunkt, da sie sich Rechenschaft über ihr Leben ablegen.

Leonardo da Vinci hat mit 60 Jahren aus seinem Gesicht eine außergewöhnliche Allegorie des Alters gemacht; der Wasserfall aus Bart und Haar, das Dikkicht der Augenbrauen weisen auf eine intakte, ja sogar stürmische Vitalität; die Gesichtszüge sind von Erfahrung und Wissen geprägt: es sind die Züge eines Menschen, der auf dem Höhepunkt seiner geistigen Kraft angelangt ist und jenseits von Frohsinn und Traurigkeit steht; er ist ohne Illusionen, nahe einer Bitterkeit, der er sich jedoch nicht überläßt. Rembrandt, der sein Leben lang seine verschiedenen Gesichter auf der Leinwand festhielt, hinterläßt uns in seinem letzten Selbstporträt eine Art Testament. Er hat den Gipfel seiner Kunst erreicht, und er weiß das; hinter ihm liegt ein Werk, auf das er zu Recht stolz sein kann; er hat erreicht, was er wollte, er hat gewonnen; doch er weiß von dem mißlungenen Anteil, den jedes Gelingen bedingt, und während er sich im Spiegel betrachtet, scheint er seinen Doppelgänger zu fragen: Und nun? Tintoretto hat sich 1588 im Alter von über 70 Jahren gemalt. Dieses Bild hat Sartre in einem unveröffentlichten Text analysiert. Tintoretto, sagt er, läßt uns wissen, daß er verzweifelt ist. Er hat auf der Leinwand «eine alte, todmüde Betroffenheit» festgehalten, «erstarrt wie sein Leben, verhärtet wie seine Arterien ... Er versetzt sich auf dem Bild in die Einsamkeit eines Leichnams ... Er spricht sich schuldig: hätte er sonst diesen gequälten Blick eines alten Mörders?» Er fragt sich: «Was habe ich, ein großer Maler, der größte meines Jahrhunderts, für die Malerei getan ...» Und trotzdem dieser Groll! In dem Augenblick, da er gesteht, klagt er an. Wen? Die Menschen sicherlich ... Man glaubt zu hören, wie er ohne Ende immer wieder sagt: «Ich verstehe das nicht.» Und doch: «Es bleibt etwas an ihm, das uns zwingt, Distanz zu wahren: der herbe Stolz seiner Verzweiflung.» Auf dem Selbstbildnis, das Tizian mit 80 oder 90 Jahren gemalt hat (je nachdem, welches Geburtsdatum man annimmt), ist der ernste und gelassene Ausdruck eher etwas konventionell.

Ich kenne nur ein Selbstporträt eines Greises, das ausgesprochen fröhlich ist: jenes, das Monet gemalt hat, um es Clemenceau zu schenken. Obwohl zu einer bestimmten Zeit sein Augenlicht getrübt war und er die Farben nicht mehr genau erkennen konnte, hat er nie aufgehört zu malen: er glich die mangelhafte Wahrnehmung durch die Erinnerung aus. In der Folgezeit gewann er seine volle Sehkraft wieder und schuf im hohen Alter seine erstaunlichsten Meisterwerke. Zuweilen zweifelte er an dem Wert seiner Malerei, aber das war ein zweitrangiges Problem: die Freude am Malen überwog alles. Er verfügte über eine ungewöhnliche Arbeitskraft, eine vorzügliche Gesundheit, hatte viele Freunde, liebte das Leben, und so hat er sich auch auf der Leinwand dargestellt:

im Überschwang, so könnte man sagen, des Alters: aufrecht, heiter, mit frischen Gesichtsfarben, üppigem Bart und einem feurigen, strahlenden Blick.

Auch auf Goyas Selbstbildnis sei hingewiesen, das er im Alter von 70 Jahren malte. Er verleugnete sein Alter: er gab sich die Züge eines Mannes von 50 Jahren.

Ob wir nun ein mehr oder weniger überzeugendes Bild finden, das uns mehr oder weniger von uns überzeugt – wir müssen dieses Alter, das wir nicht zu *realisieren* vermögen, *leben.* Vor allem leben wir es in unserem Körper. Nicht daß dieser uns darüber Aufschluß gäbe; aber wenn wir einmal wissen, daß das Alter in ihm ist, dann sorgen wir uns um ihn. Die Gleichgültigkeit alter Leute in bezug auf ihre Gesundheit ist mehr eine scheinbare als eine wirkliche; bei näherem Hinsehen entdeckt man ihre Ängstlichkeit. Sie zeigt sich in ihren Reaktionen auf den Rorschach-Test. Im allgemeinen sehen die meisten Versuchspersonen in den Tintenklecksen körperliche Bilder. Bei alten Leuten sind anatomische Interpretationen sehr selten und sehr karg. Ihre Deutungen haben einen morbiden Charakter: sie sehen zum Beispiel Lungen oder Mägen in Röntgenaufnahmen, häufig auch Verunstaltungen. So glauben sie in den Klecksen Skelette, Monstren oder schauerliche Gesichter zu erkennen. Diese Ängstlichkeit geht manchmal bis zur Hypochondrie. Oft wendet der im Ruhestand lebende Mensch seinem Körper all die Aufmerksamkeit zu, die er vorher auf seine Arbeit konzentriert hat. Er klagt über Schmerzen, um zu verbergen, daß er unter einem Prestigeverlust leidet. Vielen dient die Krankheit als Entschuldigung für die gesellschaftlich niedrigere Stufe, die von nun an ihr Los ist. Krankheit kann auch eine Rechtfertigung ihrer Egozentrik sein – der Körper verlangt jetzt ihre ganze Fürsorge. Aber die Angst, die diesem Verhalten zugrunde liegt, ist absolut real.

Bei einigen gealterten Schriftstellern findet man Geständnisse dieser Verängstigung. Edmond de Goncourt notiert am 10. Juni 1892 in seinem *Journal*: «Jahre voller Angst, Tage voller Beklemmungen, da ein kleines *Wehweh* oder Unwohlsein uns sogleich an den Tod denken läßt.» Man weiß, daß man nicht mehr so viel Widerstandskraft gegen Angriffe von außen hat, man fühlt sich verletzbar: «Bei der kleinsten Unpäßlichkeit fragt man sich, was nun über einen herfällt – das ist das Unangenehme in einem gewissen Alter», schreibt Léautaud in seinem Tagebuch. Die physischen Veränderungen, die man feststellt, sind an sich schon betrüblich, und sie kündigen noch weitere, endgültige an. «Abnutzung, Verfall, Abstieg können nur noch schlimmer werden», sagt Léautaud weiter. Und das ist vielleicht das Härteste am Altwerden: das Gefühl, daß man nicht mehr umkehren kann, daß etwas Endgültiges geschieht. Eine Krankheit läßt noch die Möglichkeit offen, daß sie heilbar oder zumindest aufzuhalten ist. Führt ein Unfall zu einem Gebrechen, so tritt danach gewöhnlich nicht noch eine Verschlimmerung ein. Die altersbedingten physischen Involutionen sind irreparabel, und wir wissen, daß sie von Jahr zu Jahr zunehmen.

Dieser Verfall ist schicksalhaft, keiner entgeht ihm. Aber es hängt von zahlreichen Faktoren ab, ob er schnell oder langsam vor sich geht, den ganzen Organismus oder nur Teile erfaßt und ob er einen mehr oder weniger großen Einfluß auf die Gesamtexistenz hat. Für die Privilegierten, denen ihre Situation eine gewisse Handlungsfreiheit läßt, hängt dann viel davon ab, wie der einzelne sein Schicksal in die Hand nimmt.[1]

Oft genug zählt die körperliche Belastung weniger als die Einstellung, die man dazu einnimmt. Claudel, stets Optimist, schreibt in seinem Tagebuch: «Achtzig Jahre! Keine Augen mehr, keine Ohren mehr, keine Zähne mehr, keine Beine mehr, kein Atem mehr! Und das Erstaunliche ist, daß man letztlich auch ohne das alles auskommt!» Jemand wie Voltaire, der sein Leben lang von seinem Körper geplagt wurde und sich von früher Jugend an als todkrank bezeichnete, kommt besser als andere mit den Plagen des Alters zurecht. Mit 70 Jahren und noch später nennt er sich den «alten Kranken», dann den «achtzigjährigen Kranken». Hier hat er sich selbst gegenüber den Standpunkt der anderen eingenommen – nicht ohne an seiner Rolle Gefallen zu finden. Wenn er sein *Ich* zu Worte kommen läßt, erklärt er, sich an seinen Zustand gewöhnt zu haben: «Ich leide seit 81 Jahren, und ich sehe soviel Leiden und Sterben rings um mich.» Er schreibt: «Das Herz altert nicht, aber es ist traurig, es in Ruinen zu beherbergen.» Er stellt fest: «Ich mache alle Kalamitäten durch, die mit der Altersschwäche verbunden sind.» Aber er ist reich, berühmt, geehrt, tätiger denn je und mit Leidenschaft bei seiner Arbeit, und so akzeptiert er seine Lage mit Gelassenheit: «Es stimmt, ich bin etwas taub, etwas blind, etwas impotent, und das alles wird von drei oder vier abscheulichen Gebrechen gekrönt: aber nichts hindert mich, zu hoffen.»

Andere dagegen verschlimmern ihre Gebrechen durch Ressentiments: «Es ist eine Tortur, sein geistiges Sein, eingesperrt in eine abgenutzte materielle Hülle, unversehrt zu erhalten», schreibt Chateaubriand. Diese Klage ist ein Echo auf jene Voltaires. Nur daß Voltaire das Glück hatte, in Übereinstimmung mit seiner Epoche zu leben, ja sie sogar zu verkörpern, was ihm einen vitalen Optimismus gab. Chateaubriand, von seinem Sockel gestürzt, isoliert in einem Jahrhundert, das sich nicht mehr für ihn interessierte, überließ sich seinem Groll. Obwohl er bis 1841 an seinen *Mémoirs d'outre-tombe* arbeiten und sie bis 1847 – ein Jahr vor seinem Tod – durchsehen und korrigieren konnte, ließ er seinen Körper zugrunde gehen.

Sich aus Horror vor dem Alter ins Alter zu stürzen, ist ein den Psychiatern vertrautes Phänomen. Man gibt sich dem Alter hin. Weil man das Bein etwas

1 Es kommt auch vor, daß der alternde Mensch durch einen Schlaganfall oder durch einen fortschreitenden physischen Verfall, der zu Altersschwäche führt, jeder Wahl enthoben wird. Auf diese Weise endete zum Beispiel Rodin. Mit 67 Jahren begann seine Gesundheit zu schwinden; er durchlebte Perioden völliger Entkräftung. Ein erster Schlaganfall im Alter von 72 Jahren machte ihn zu einem schwermütigen, zänkischen und geistig geschwächten Menschen. Nach dem zweiten wurde er völlig senil: er wußte nicht mehr, wo er war, erkannte Rose Beuret, die Gefährtin seines Lebens, nicht mehr. Solche Fälle sind aufschlußreich für die Geriatrie, geben uns aber keine Auskunft über die innere Erfahrung des Alters.

nachzieht, tut man, als wäre man gelähmt; weil man etwas taub ist, hört man nicht mehr zu. Die Funktionen, die nicht mehr ausgeübt werden, verkümmern, und je mehr man den Gebrechlichen spielt, um so gebrechlicher wird man. Es handelt sich hier um eine verbreitete Reaktion, denn viele alte Leute sind verständlicherweise nachtragend, fordernd, verzweifelt. Sie rächen sich an den anderen, indem sie ihre Ohnmacht übertreiben; man erlebt das häufig in Altersheimen: weil man sie aufgegeben hat, geben diese Alten sich selber auf und wollen nicht die kleinste Anstrengung mehr machen. Und da gegen diese Tendenz nichts unternommen wird – man kümmert sich nicht um jene Menschen –, enden viele als Bettlägerige.

Für diejenigen, die nicht aufgeben wollen, bedeutet alt sein der Kampf gegen das Alter. Dies ist dann die harte neue Bedingung ihrer Existenz: leben versteht sich nicht mehr von selbst. Mit 40 Jahren kann ein Mensch mit guter Gesundheit biologisch über sich verfügen. Er kann bis an die Grenze seiner Kräfte gehen, denn er weiß, er wird sie bald wieder erlangen. Die Gefahren einer Krankheit oder eines Unfalls erschrecken ihn nicht über die Maßen, denn wenn es nicht ungewöhnlich schwere Fälle sind, wird er genesen und wieder sein wie zuvor. Der alte Mensch ist gezwungen, mit seinen Kräften hauszuhalten; ein übermäßiger Kräfteverbrauch könnte einen Herzschlag zur Folge haben; eine Krankheit könnte ihn endgültig schwächen; ein Unfall würde möglicherweise Siechtum bedeuten oder ihn sehr lange ans Bett fesseln, die Wunden würden nur sehr allmählich vernarben. Handgreifliche Auseinandersetzungen kommen für ihn nicht in Frage: er weiß von vornherein, daß er der Unterlegene wäre, er würde sich lächerlich machen, einen Kampf zu provozieren. Um an einer Kundgebung teilnehmen zu können, geht er nicht schnell genug: er würde nur die jüngeren Gefährten behindern. Geistige oder körperliche Arbeit, Sport, selbst Unterhaltung haben Müdigkeit zur Folge. Oft leidet der alte Mensch unter bestimmten oder unbestimmten Schmerzen, die ihm jede Freude am Leben nehmen. Colette wurde vom Rheumatismus gepeinigt. Einer Bewunderin, die ihr zu ihrem Ruhm, zu ihrem scheinbaren Glück gratulierte, antwortete sie: «Ja, mein Kind, wenn das Alter nicht wäre.» – «Aber abgesehen vom Alter?» – «Ist immer das Alter da.» Meine Mutter litt in ihren letzten Lebensjahren grausam unter einer Arthritis – trotz der zehn Aspirintabletten, die sie täglich schluckte. Sartres Mutter hatte fast jeden Lebensmut verloren, so sehr quälte sie der Rheumatismus. Auch wenn der alte Mensch solche Leiden ergeben erträgt, so stellen sie sich doch zwischen ihn und die Welt; sie sind der Preis, mit dem er die meisten seiner Tätigkeiten bezahlt. Er kann also nicht mehr seinen Einfällen nachgeben, seinen spontanen Neigungen folgen: er muß die Folgen in Betracht ziehen und sieht sich vor Entscheidungen gestellt. Geht er spazieren, weil ein schöner Tag ist, tun ihm bei der Heimkehr die Beine weh; nimmt er ein Bad, quält ihn seine Arthritis. Oft braucht er Hilfe beim Gehen, beim Ankleiden: er zögert, sie zu fordern, zieht es vor, zu verzichten. Der Feindseligkeits-Koeffizient der Dinge steigt: Treppen sind schwerer zu erklimmen, es dauert länger, Entfernungen zu überwinden, es ist gefährlicher, Straßen zu überqueren, und mühseliger, Pakete zu tragen. Die Welt ist voller

Hindernisse und gespickt mit Bedrohungen. Man darf nicht mehr dahinschlendern. Jeder Augenblick bringt Probleme, und ein Irrtum muß teuer bezahlt werden. Für die Ausübung der natürlichen Funktionen bedarf man künstlicher Hilfsmittel: Prothesen, Brillen, Hörgeräte, Gehstöcke. «Auch das ist das Alter, dieses ganze Arsenal von Brillen auf meinem Arbeitstisch», notiert Léautaud. Das Elend ist, daß die meisten Alten zu arm sind, sich gute Brillen und die sehr teuren Hörgeräte zu kaufen; so sind sie oft dazu verurteilt, halbblind oder völlig taub zu leben. Auf sich selbst beschränkt, verfallen sie in einen Marasmus, der sie vom Kampf gegen den Untergang abhält. Oft zieht ein partieller Ausfall eine Entsagung nach sich, der dann ein rascher Abbau auf allen Ebenen folgt.

Wenn die wirtschaftlichen Verhältnisse dem alten Menschen unter mehreren Möglichkeiten die Wahl lassen, hängt die Art seiner Reaktion auf die Unannehmlichkeiten des Alters von seiner früheren Einstellung ab. Diejenigen, die sich stets mit dem Mittelmäßigen begnügten, werden kaum Mühe haben, sich einzurichten und zu beschränken. Ich kannte einen völlig seinem Alter angepaßten Greis: es war mein Großvater mütterlicherseits. Er war egoistisch und oberflächlich, und zwischen den inhaltslosen Tätigkeiten seiner reifen Jahre und der Untätigkeit seiner letzten Jahre bestand kein großer Unterschied. Er überanstrengte sich nicht, und er hatte auch keine Sorgen, weil ihm kaum etwas zu Herzen ging: so blieb ihm eine ausgezeichnete Gesundheit. Nach und nach wurden seine Spaziergänge kürzer, immer häufiger schlief er über dem *Courrier du Centre* ein. Bis zu seinem Tode genoß er das, was man «einen schönen Lebensabend» nennt.

Ein derart ödes Gleichgewicht wird nur bei einer gewissen Geistes- und Gefühlsarmut als annehmbar empfunden. Es gibt Menschen, die ihre besten Jahre mit der Vorbereitung auf ein solches Alter verbracht haben und darin den Höhepunkt ihres Lebens sehen. Das gilt für jenen venezianischen Patrizier des 16. Jahrhunderts, Lodovico Cornaro, der sich mit 85 Jahren einer bewundernswerten Gesundheit erfreute und sich der Nachwelt in seinen *Discorsi della vita sobria*, die er damals schrieb, als Beispiel hinstellte. Er weist nachdrücklich darauf hin, wie maßvoll er die Freuden des Lebens genossen und wie klug er seine Zeit genutzt habe, vor allem aber auf sein genügsames Ernährungsprinzip: über ein halbes Jahrhundert nahm er täglich nur 12 Unzen feste Nahrung und 14 Unzen Wein zu sich. Er beschreibt, wie er lebt, von Freunden, Kindern und Enkeln umgeben, bei vollkommenem Sehvermögen und Gehör, schreibend, lesend, reitend, jagend, reisend. «Ich halte das Alter, das ich jetzt habe, obschon es ein vorgerücktes ist, für das angenehmste und schönste meines Lebens. Ich würde mein Alter und meine Lebensweise nicht gegen die blühendste Jugend tauschen.» Er meint, dies sei der Lohn dafür, daß er die Güter dieser Welt mit Maßen genossen habe. In Wirklichkeit hatte er weniger Verdienste, als er vorgab, denn die Umstände hatten ihn reichlich begünstigt. Er besaß ein riesiges Vermögen und wohnte in einem prachtvollen Haus inmitten eines weiten Gartens. Er wurde fast 100 Jahre alt, und eine seiner Nichten versichert, daß er bis an sein Ende gesund und sogar kräftig blieb.

Fontenelle [1], ein in jeder Hinsicht lebenskluger, bedächtiger und maßvoller Mann, murmelte, als er fast 100jährig starb: «Ich fühle nichts als eine gewisse Schwierigkeit zu existieren.» Auch er führte sein Leben im Hinblick auf einen glücklichen Lebensabend. Er war von Geburt an schwächlich, und aus Sorge um seine Gesundheit «ersparte er sich mit gewissenhafter Sorgfalt jede Art von Gemütserregung», sagt einer seiner Biographen. Er war bekannt für seine Gefühllosigkeit. Madame de Tencin sagte eines Tages und wies dabei auf sein Herz: «Sogar dort haben Sie Gehirn.» Er war intelligent, brillant, leidenschaftlich an den Naturwissenschaften interessiert, und er war erst 29 Jahre alt, als er das Buch schrieb, das ihn berühmt machte, *Unterhaltungen über die Vielheit der Welten*, dem viele andere Werke folgten. Er erfand nichts, er beschränkte sich darauf, die Wissenschaft seiner Zeit populär zu machen, doch tat er das mit großer Eleganz. Er wurde in die Académie Française und in die Académie des Sciences gewählt. Er war neugierig auf alles und schrieb in seinen Büchern über alles. Er zögerte nicht, Partei zu ergreifen: er verteidigte die Modernen gegen die Alten und attackierte die Religion. Aber er behielt immer einen kühlen Kopf und vermied jede Überanstrengung. Er trat sein Alter bei vorzüglicher Gesundheit an und genoß es. Ihm zufolge ist das glücklichste Alter das «von 60 bis 80 Jahren. Da hat man eine Position erreicht; man hat keinen Ehrgeiz mehr; man wünscht sich nichts mehr und genießt, was man gesät hat. Es ist das Alter der eingebrachten Ernte.» Mit 82 Jahren war er, wie Madame Geoffrin berichtet, immer noch ein erstaunlicher Unterhalter. Indessen wurde er mit 88 Jahren taub; und mit 94 Jahren ließ seine Sehkraft immer mehr nach. Die Gastgeber, bei denen er seine Abende verbrachte, empfanden ihn eher als lästig.

Swift war das Opfer eines physiologischen Unglücks – man fand nach seinem Tod Wasser in seinem Schädel – wie auch der damaligen Lage in Irland und seiner eigenen düsteren Haltung der Menschheit gegenüber. Er war immer ehrgeizig gewesen, und er war aufs Geld erpicht: seine Karriere und sein bescheidenes Vermögen ließen ihn unbefriedigt. Er war sehr besorgt, was die Leute über ihn dachten, und fühlte sich leicht verfolgt, um so mehr, als er tatsächlich unter Verfolgung zu leiden hatte. Trotz der Schriften, in denen er sich rechtfertigte, konnte er sich selbst nicht leiden. Aus allen diesen Gründen verabscheute er seinesgleichen; sein Haß trat zutage, als er die Yahoos und später die Struldbrugs schilderte – mit ihnen hatte er abscheuliche Beschreibungen des Alters gegeben. Als es ihm selbst bevorstand, wehrte er sich wie rasend dagegen, doch als er mit 59 Jahren Stella verlor, steckte er schon tief darin: er hörte schlecht und litt unter Schwindelanfällen: «Ich bin noch immer sehr krank, schlotternd und schwerhörig ... und wäre ganz zufrieden, wenn Gott mich zu sich rufen würde.» Nachdem er die Whigs und die Tories, dann wieder die Whigs angegangen war, hatte er gehofft, daß Königin Caroline ihm in England einen bedeutenden Posten anvertrauen würde; aber er war in Ungnade gefallen und endgültig von London nach Dublin zurückgekehrt. Weniger denn je gefiel es

1 Fontenelle, Bernard Le Bovier de (1657–1757), französischer Philosoph und Schriftsteller. (Anm. d. Übers.)

ihm in dieser Stadt, «dem schmutzigsten Ort, den es in Europa gibt». Angesichts von Irlands Armut und Elend schwankte er zwischen Kummer und Zorn. Mit 61 Jahren redigierte er sein bitterstes Pamphlet – über die Kinder der Armen in Irland. Es ekelte ihn so sehr vor der Welt und dem Leben, daß er mehr denn je das Bedürfnis hatte, diesem Gefühl schriftlich Ausdruck zu geben: zweifellos kämpfte er deshalb so verbissen gegen den eigenen Verfall an. Um Taubheit und Schwindelanfälle zu überwinden, zwang er sich zu Übungen, zu langen Fußmärschen oder Ausritten. Wenn es regnete, stieg er wie wild seine Treppe hinauf und hinunter. Sein Abscheu vor dem menschlichen Körper äußerte sich schließlich in obszönen Versen. Obgleich er von reifen Frauen umgeben war und junge Frauen anziehend fand, wurde er immer mehr zum Misogyn. Seine Ressentiments verzehrten ihn. Nach Königin Annes Tod, so schrieb er in einer Notiz, «fielen die höchsten Kirchenämter den Dümmsten zu, die Fanatiker waren Liebkind, Irland wurde völlig ruiniert und zur Sklaverei verdammt, während einige Minister Millionen scheffelten». Sein Befinden verschlechterte sich. Am 3. April 1733, mit 65 Jahren, schrieb er: «Meine alten Schwindelanfälle haben mich so krank gemacht seit einem Monat, daß ich mich Deally ausgeliefert habe und täglich Medizin einnehme. Im Dunkeln taumele ich. Aber ich kämpfe dagegen an und reite mindestens dreimal in der Woche aus. Dieser Aufzählung meiner Gebrechen will ich nur noch hinzufügen, daß ich die Hälfte meines Gedächtnisses und alle meine Erfindungsgaben verloren habe.» Und am 9. Oktober 1733 schreibt er: «Mein Mut ist völlig gesunken.» Sein einziger Trost ist die Niederschrift von immer heftigeren Pamphleten; hier liegt – so scheint es – der eigentliche Grund, weshalb er unbedingt am Leben bleiben will: er will nicht aufhören zu hassen und diesen Haß hinausschreien. Er verfaßt ein Pamphlet über ein «Spital für Unheilbare»; darin sollten unheilbare Dummköpfe, Gauner, Megären und weitere Unheilbare eingesperrt werden – sozusagen die Hälfte der Nation und er selber auch. Vielleicht spiegelt dieser Text eine persönliche Beunruhigung wider, vielleicht fürchtete er, wahnsinnig zu werden. Auf jeden Fall fühlte er sich den Wahnsinnigen verwandt, denn er hat seinen ganzen Besitz dem Irrenhaus von Dublin vermacht. Alle seine Freunde waren tot, und er schrieb an Pope: «Nun bleiben nur Sie mir noch; seien Sie so gut, mich zu überleben.» Der junge Sheridan schreibt über ihn: «Sein Gedächtnis hatte sehr nachgelassen, und das Schwinden seiner anderen Fähigkeiten war offenbar; sein unsteter, grämlicher, mürrischer Charakter neigte zu jähen Ausbrüchen.» Sein Geiz hatte sich verstärkt. Weit entfernt von dem unbedachten Optimismus eines La Fontaine, war er sich seines geistigen Verfalls völlig bewußt. Als man ihn zum 70. Geburtstag beglückwünschte, sagte er bitter: «Ich bin nur noch der Schatten meiner selbst.» Die Gicht quälte ihn. Er ertrug es nicht, sich reduziert zu fühlen, er käute seinen Groll wieder und verdächtigte alle Welt böser Absichten. Die Politik Englands gegenüber Irland empörte ihn nach wie vor; er ließ nie nach in seinem Zorn. Als London den Kurs des irländischen Goldstücks herabsetzte, hißte er die schwarze Fahne auf dem Kirchturm der St. Patrick-Kathedrale. 1742 geriet er mit einem der Stiftsherren in ein Handgemenge; eine Kommision erklärte darauf: «Er ist seiner Sinne und seines Gedächtnisses nicht mehr mächtig.» Drei Jahre lang vegetierte er noch dahin.

Walt Whitman, Zeitgenosse und Freund Emersons, ließ sich in seiner Lyrik von einem vitalistischen Optimismus inspirieren. Er besang das Leben in allen seinen Formen. Als reifer Mann pries er in Gedichten schon das Alter. In der Sammlung *Grashalme* liest man:

An das Alter

Ich seh die Mündung in dir, die sich breitet und herrlich weitet, je tiefer sie sich in den großen Ozean ergießt.[1]

Und in einem anderen Gedicht (*Jugend, Tag, Alter und Nacht*):

Jugend, laut, lustvoll, liebend, – Jugend voller Anmut, Kraft, Zauber,
Weißt du, daß das Alter nach dir kommen mag mit ebensoviel Anmut, Kraft, Zauber?

Tag volltönend und strahlend, – Tag der ungeheuern Sonne, voll Tätigkeit, Ehrgeiz, Lachen:
Die Nacht folgt dir dicht mit Millionen von Sonnen und Schlaf und stärkendem Dunkel.

Mit 54 Jahren traf ihn ein Schlaganfall, und der von Energie berstende Mann, der die Natur so leidenschaftlich liebte, war nun, halb gelähmt, an den Krankenstuhl gefesselt. Er setzte alles daran, die Prüfung mit Gelassenheit zu bestehen. Dank seiner Willenskraft lernte er innerhalb von drei Jahren wieder gehen. Er lebte damals bei seinem Bruder in der kleinen Stadt Camden; mit 65 Jahren fühlte er sich rüstig genug, sich allein in einem Häuschen einzurichten. Ein Jahr danach erlitt er infolge eines Sonnenstichs erneut einen Schlaganfall, und diesmal waren seine Knochen und Beine «zu Gelatine geworden». Er versuchte, guten Mut zu bewahren, aber die Zurückgezogenheit, zu der er nun verurteilt war, wurde ihm zur Qual. Seine zahlreichen Freunde, die sehr an ihm hingen, schenkten ihm einen Wagen; er weinte vor Freude darüber und fuhr am gleichen Tag im Trab durch die Straßen: das Pferd schien ihm zu alt, und er tauschte es gegen ein anderes, lebhafteres. Jahrelang konnte er auf diese Weise durch die Landschaft fahren. Er schaffte es, zwei bis drei Stunden am Tag zu arbeiten, er las Zeitungen und Zeitschriften, empfing Freunde und war bei einem von ihnen jeden Sonntag zum Abendessen. Er sprach wenig, wußte aber zuzuhören und man schätzte seine Gesellschaft. Von Zeit zu Zeit verdiente er sich mit öffentlichen Lesungen ein wenig Geld. Er pflegte sich mit Bädern und Einreibungen. Er wirkte zufrieden, aber in seinen Gedichten bekennt er seine Not:

1 Ruzzante schrieb dagegen im 16. Jahrhundert: «Das Alter ist ein Pfuhl, in dem sich alle ungesunden Wasser sammeln, ohne irgendeinen anderen Abfluß als den Tod.»

Und während ich hier sitze, alt und krank und schreibe,
Ist es nicht die geringste meiner Sorgen, daß die Schwere der Jahre, das Ächzen,
Die grämliche Traurigkeit, die Schmerzen, die Lethargie, die Verstopfung, und der weinerliche Überdruß
In meine täglichen Gesänge sickern könnten.

Und noch einmal: «Ein altes Schiff, entmastet, verblichen und verfallen, gebrechlich, ein Wrack, nach freien Fahrten zu allen Winkeln der Erde endlich an Land gezogen, fest vertäut, ruht dort, dem Rost, dem Schimmel überlassen.»

Er feierte mit zahlreichen Freunden seinen 69. Geburtstag. Und schrieb dann:

Für mich selbst – schlägt das heitere Herz noch in der Brust,
Der Leib, verfallen, alt, arm, gelähmt, die seltsame Trägheit, die mich gleich einem Leichentuch umhüllt –
Das verzehrende Feuer in meinem stockenden Blut ist noch nicht erloschen.
Mein Glaube lebt, die Schar der liebenden Freunde.

Dichtung, Freundschaft und Natur waren ihm noch Grund genug zu leben, so daß sein Herz, obwohl ihm der Verfall bewußt war, froh blieb. Aber zwei Tage nach dem Fest erlitt er einen Anfall und am Tag darauf zwei weitere. Er zitterte am ganzen Körper, phantasierte und rief lallend nach abwesenden Freunden. Eine Woche lang weigerte er sich, den Arzt zu sehen. Schließlich kam dieser und verhalf ihm zur Heilung. «Das alte Schiff ist nicht mehr stark genug, Reisen zu unternehmen», schrieb er. «Aber die Flagge weht noch am Mast, und ich stehe noch am Ruder.» Seine Genesung ging nur langsam vonstatten; er fühlte sich sehr müde und verfiel oft in Lethargie. Dennoch war er glücklich darüber, daß er noch einen klaren Kopf hatte und den rechten Arm gebrauchen konnte: «Jetzt, wo ich auf diese beiden Dinge angewiesen bin, sehe ich, wieviel sie wert sind!» Er hatte Diabetes, Prostata- und Blasenbeschwerden, die ihm entsetzliche Schmerzen bereiteten. Er mußte Wagen und Pferd verkaufen. In seinem kleinen Zimmer, wo sich Papiere häuften, aber immer die Fenster offen standen, schleppte er sich mühsam vom Bett zum Sessel. Seine Freunde kauften ihm einen Rollstuhl, und der junge Horace Traubel schob ihn ans Ufer des Delaware, auf den er so gern hinausblickte, obwohl seine Sehkraft sehr geschwächt war. Mit Traubels Hilfe korrigierte er die Abzüge seiner letzten Verse, *Novemberzweige*, und gab seine gesammelten Werke heraus. Manchmal brach sein alter Optimismus durch; er schrieb:

Aber wenn das Leben sich neigt und alle wilden Leidenschaften stille werden ...
Dann kommen sie, die reichen Tage, die ruhigsten, die glücklichsten von allen.

Er spricht auch von den «strahlenden Gipfeln des Alters». Zweifellos wollte er sich selbst überzeugen; das hinderte ihn aber nicht, an der Schwelle seiner siebziger Jahre freudlos über sich zu schreiben: «Verdrossen, geschwätzig und senil, wiederkäuend mit brüchiger Stimme, mit meinem Seeadlergekrächz.» Mit großem Aufwand wurde sein 70. Geburtstag gefeiert, im kleinen Kreise sein 71. Geburtstag. Zwei Jahre lang schleppte er sich noch hin.

Swift und Whitman litten an schweren organischen Krankheiten. Aber selbst wenn der alte Mensch bei guter Gesundheit bleibt – der Körper macht sich spürbar, hat sein Gewicht. Goethe setzte seine Zeitgenossen durch seine jugendliche Frische in Erstaunen. Nie war seine Erscheinung eleganter als mit 60 Jahren. Mit 64 konnte er, ohne abzusatteln, sechs Stunden zu Pferde bleiben. Mit 80 Jahren litt er an keinerlei Gebrechen; zu allem anderen waren sein Gedächtnis, seine geistigen Fähigkeiten intakt geblieben. Allerdings erzählt einer seiner intimen Freunde, Soret, 1831 in seinem Tagebuch – Goethe war 82 Jahre alt –: «Ich habe heute eine peinliche Viertelstunde bei Goethe verbracht. Er schien in schlechter Verfassung; er gab mir etwas zum Ansehen und ging in sein Schlafzimmer. Nach einiger Zeit kam er in sehr erregtem Zustand, den er zu verbergen suchte, zurück und sprach, hochrot im Gesicht, leise und seufzend vor sich hin. Ich hörte ihn zweimal ausrufen: O das Alter! O das Alter! – als wenn er seinem Alter irgendein Gebrechen zum Vorwurf machte.» Eines Tages hatte er, während er einen Vortrag hielt, eine Gedächtnislücke; über 20 Minuten lang betrachtete er schweigend seine ehrfürchtig versteinerten Zuhörer, dann fuhr er fort, als wäre nichts geschehen. Daraus geht hervor, daß sein scheinbares Gleichgewicht zahlreichen kleinen Körperschwächen abgerungen wurde. Gegen Ende seines Lebens ermüdete er ziemlich schnell und arbeitete nur noch vormittags; er hatte das Reisen aufgegeben. Tagsüber nickte er oft ein.

Tolstojs Vitalität war legendär: er verdankte sie der Aufmerksamkeit, die er ihr ständig widmete. Mit 67 Jahren lernte er radfahren und machte in den folgenden Jahren lange Ausflüge zu Rad, zu Pferd, zu Fuß; er spielte Tennis, badete im eiskalten Fluß; im Sommer mähte er manchmal drei Stunden hintereinander. Er arbeitete an dem Roman *Auferstehung*, schrieb sein Tagebuch und zahlreiche Briefe, empfing Besucher, las, hielt sich auf dem laufenden über die Weltereignisse. Als der Zar 1895 seine Kosaken gegen die alte religiöse Sekte der Duchoborzen einsetzte, veröffentlichte er in London einen heftigen Artikel über die Unterdrückung; er unterzeichnete ein Manifest, das die Verfolgung denunzierte, und ließ es verbreiten. Er setzte eine Pressekampagne im Ausland in Gang, appellierte an die öffentliche Mildtätigkeit und gab seine Honorare an das ‹Hilfskomitee› weiter. Fröhlich feierte er seinen 70. Geburtstag. Als er vom Heiligen Synod exkommuniziert wurde, kam es zu großen Sympathiekundgebungen für ihn. Um 1901 aber ließ seine Gesundheit nach: er litt an Rheumatismus, Sodbrennen, Kopfschmerzen. Er wurde sehr mager. Ein Anfall von Sumpffieber zwang ihn, das Bett zu hüten. Er fand sich mit dem Gedanken, zu sterben, ab. Er genas wieder und reiste zur Erholung auf die Krim. Er unternahm Ausflüge mit dem Wagen und begann einen Essay: *Was ist Religion?* Tschechow war betroffen darüber, wie alt er geworden war: «Seine Hauptkrankheit ist das Alter, das ihn ganz und gar gepackt hat», schrieb er an einen Freund. 1902 bekam Tolstoj eine Lungenentzündung; man bangte um sein Leben; aber vom Bett aus diktierte er seiner Tochter Mascha Gedanken und Briefe. Wieder geheilt, sorgte er sich sehr um seine Gesundheit, was Sophia ärgerte: «Von morgens bis abends, Stunde um Stunde, kümmert er sich um seinen Körper und pflegt ihn», notiert sie. Im Mai bekam er ein Nervenfieber: auch diesmal überlebte er. Aber er war, wie Sophia vermerkt, «ein kleiner, magerer und erbarmungswürdiger Greis geworden». Er gab den Kampf nicht auf. Er fing an, immer längere Spaziergänge zu machen; er begann wieder Gymnastik zu treiben und zu reiten. Und er fing wieder an zu schreiben. Er stellte eine Anthologie zusammen, *Gedanken der Weisen*, schrieb einige Novellen, zwei Theaterstücke, einen Essay, in dem er mit Shakespeare abrechnete, den er haßte. Er arbeitete weiter an dem Roman *Hadschi Murat*, den er 1890 begonnen hatte und in dem er die Autokratie streng verurteilte. 1905 schrieb er Offene Briefe, sowohl an Nikolaus II. als auch an die Revolutionäre: er weigerte sich, Partei zu ergreifen. Er bereitete einen *Lesezyklus für Kinder* vor schrieb das Buch *Christi Lehre, erklärt für Kinder* und organisierte eine Abendschule für die Kinder der Muschiks, die diese jedoch kaum besuchten. Trotzdem war er von Gewissensbissen geplagt, weil er – im Widerspruch zu seinen Ideen, auch wenn er seine Besitztümer an seine Familie abgetreten hatte – als Grundbesitzer lebte. Die Konflikte mit Sophia verstärkten sich und zehrten an ihm. Im Winter 1907/08 hatte er mehrmals Ohnmachten, die von Gedächtnisschwund begleitet waren. Die brutale Unterdrückung der Terroristen empörte ihn, er schrieb an Minister Stolypin, um dagegen zu protestieren und ihn zu warnen. Er publizierte einen öffentlichen Aufruf: *Ich kann nicht mehr schweigen.* Die Hinrichtungen aufständischer Muschiks stürzten ihn in Verzweiflung: «Ich kann so nicht mehr leben!» sagte er weinend. Er hatte sich eine Venenentzündung zugezogen, und wieder glaubte er, sterben zu müssen. Er genas und notierte in einem Notizbuch sieben neue Roman-Themen. An seinem 80. Geburtstag wurden ihm ungewöhnliche Ehrenbezeigungen zuteil. Die Rührung trieb ihm die Tränen in die Augen. Erschöpft zog er sich zurück und sagte beim Zubettgehen zu seiner Tochter Mascha: «Meine Seele ist schwer!» Aber er schlief friedlich ein. In den folgenden Monaten rieben ihn die Szenen mit Sophia immer mehr auf. Im September 1909 begab er sich nach Moskau. Bei seiner Abreise dort versammelte sich eine Menschenmenge an der Route seines Wagens und jubelte ihm zu. Als er den Wagen am Kursker Bahnhof verließ, wurde er von der Masse eingekeilt und fast erdrückt, so daß die Polizei ihm zu Hilfe eilen mußte; erschreckt, schwankend, mit zitterndem Unterkiefer gelang es ihm, in den Waggon zu klettern; er ließ sich auf den Sitz fallen und schloß glücklich und erschöpft die Augen. Einige Stunden später hatte er eine Ohnmacht, delirierte und stammelte; man glaubte, er werde sterben. Aber am nächsten Tag stieg der Unbezwingbare wieder aufs Pferd; er widmete sich wieder seinen Artikeln und seiner Korrespondenz. Er schrieb einen Prosatext, *Die Chodynka*, und die Einleitung zu *Der Lebensweg*. Er korrespondierte mit

Bernard Shaw, mit Gandhi. Die Widersprüchlichkeiten seines Lebens, die Streitigkeiten mit Sophia wurden schließlich so unerträglich, daß er floh. Seit geraumer Zeit schon hatte er davon geträumt, seine Familie und seinen Besitz zu verlassen, um das asketische und entäußerte Leben zu führen, das seine ethische Überzeugung forderte. Daß er sich in seinem Alter zum Fortgehen entschloß, setzte eine Leidenschaft und eine Seelenstärke voraus, die eines noch jugendlichen Menschen würdig waren. Aber sein Körper war der eines Greises; er erlag den Anstrengungen der Reise und starb im Haus eines Bahnhofsvorstehers. Auch er hat sich seine Gesundheit nicht bewahren können, und nur sein unablässiger Kampf gegen die Krankheiten und Schwächen des Alters ermöglichte es ihm, bis zuletzt tätig und aktiv zu sein.

Renoir war mit 60 Jahren halb gelähmt. Er konnte nicht mehr gehen. Seine Hand war steif. Dennoch malte er bis zu seinem Tod im Alter von 78 Jahren weiter. Die Farben wurden ihm aus den Tuben auf die Palette gedrückt. Ans Handgelenk wurde ihm ein Pinsel gebunden, den ein Fingerling hielt und den er mit dem Arm führte. «Man braucht keine Hand zum Malen», sagte er. Er fuhr im Rollstuhl spazieren oder ließ sich, wenn die Wege zu steil waren, zu seinen Lieblingsplätzen tragen. Er arbeitete besessen und hatte sich seine volle Schöpferkraft bewahrt; er war überzeugt, daß er ständig Fortschritte machte und hatte große Freude daran. Sein einziges Bedauern war, daß die Zeit, die ihn als Künstler so sehr bereicherte, ihn gleichzeitig dem Grabe näher brachte.

In seinem 70. Lebensjahr war Giovanni Papini noch bei guter Gesundheit. Am 9. Januar 1950 schrieb er an einen Freund: «Ich merke noch nichts von senilem Verfall. Ich habe nach wie vor das starke Bedürfnis, zu lernen und zu arbeiten.» Seit langem arbeitete er an den beiden Büchern, die er für die wichtigsten seiner Werke hielt: *Das Weltgericht*, von dem er 1945 bereits 6000 Seiten geschrieben hatte, und *Die Beziehung zum Menschen*. Er schrieb ein Werk über Michelangelo und begann sein Buch *Der Teufel*. Doch nun wurde er von einer myatrophischen Lateralsklerose befallen, einer Krankheit, die unweigerlich (aber zweifellos wußte er das nicht) zur Bulbärparalyse [1] führt. Als inbrünstiger Christ schrieb er dem Leiden einen geistigen Wert zu und beugte sich dem göttlichen Willen. Dennoch bekümmerten ihn seine beiden unvollendeten Werke: «Ich müßte sie lesen und wiederlesen, und ich müßte auch zwei neue Augen haben, Tage ohne Schlaf und ein halbes Jahrhundert vor mir. Statt dessen bin ich fast blind und fast todkrank.» Er konnte kaum noch gehen und ermüdete rasch. Die Krankheit verschlimmerte sich. «Immer blinder, immer unbeweglicher, immer schweigsamer ... Ich sterbe jeden Tag ein wenig, in kleinen Dosen, nach homöopathischem Rezept.» Er konnte sein linkes Bein nicht mehr gebrauchen, dann auch seine Finger nicht mehr. «Der Gedanke, daß ich die begonnenen Werke nicht beenden kann, macht mich traurig», schreibt er. Tatsächlich beendete er seine beiden großen Bücher nicht. Es war ein zu umfangreiches Œuvre, als daß er es hätte mündlich zu Ende führen können. Er dik-

1 Äußert sich in fortschreitender Lähmung und Schwund der Zungen-, Lippen-, Gaumen- und Schlundmuskeln. (Anm. d. Übers.)

tierte nur den Schluß vom *Teufel* und außerdem Texte, denen er den Titel *Ausbrüche* gab und die im *Corriere della Sera* erschienen. Einer von ihnen nennt sich *Das Glück der Unglücklichen*; er beschreibt darin seinen Zustand und zählt die Gründe auf, die ihm sein Befinden erträglich machen. «Ich habe stets das Martyrium dem Schwachsinn vorgezogen», erklärt er. Nach wie vor nahm er lebhaft an Unterhaltungen teil. Aber seine Stimme wurde immer unverständlicher. Er erfand einen Kode: er schlug mit der Faust auf den Tisch, eine bestimmte Anzahl von Schlägen entsprach einem bestimmten Buchstaben. Mit unglaublicher Geduld diktierte er Brief um Brief. Er ließ sich laut vorlesen, bis sein Geist sich verdunkelte.

Die Beharrlichkeit, der wir bei Renoir wie bei Papini begegnen, hatte ihren Ursprung in der Leidenschaft, die beide verzehrte. Andere Menschen, die nicht so besessen von ihrer Arbeit sind, lehnen sich eher aus einem Gefühl der Würde heraus energisch gegen den Verfall auf. Sie erleben ihre letzte Altersstufe als Herausforderung. Das ist das Thema in Hemingways Erzählung *Der alte Mann und das Meer.* Ein alter Fischer fährt allein hinaus und fängt in einem erschöpfenden Kampf einen riesigen Fisch; es gelingt ihm, den Fisch an Land zu bringen, nicht aber, seine Beute gegen die Haie zu verteidigen, und schließlich läßt er nur ein Gerippe am Strand zurück. Was tut's? Das Abenteuer hatte sein Ziel in sich: für den alten Mann ging es darum, die vegetierende Existenz, die das Leben der meisten seinesgleichen ist, zurückzuweisen und bis ans Ende die männlichen Werte Mut und Ausdauer zu beweisen. «Ein Mann kann vernichtet, aber nicht geschlagen werden», sagt der alte Fischer. Hemingway hat mit dieser, im übrigen wenig überzeugenden Fabel versucht, die Zwangsvorstellungen, die ihn bedrängten, zu bannen; das Schreiben fiel ihm immer schwerer, er konnte das Bild, das er sein ganzes Leben lang von sich selbst geben wollte – vitaler Überschwang, Männlichkeit –, nicht mehr aufrechterhalten. Er dachte an Freitod und hat sich schließlich mit einem Gewehrschuß getötet.

Unter weniger dichterischen Vorzeichen begegnet man der Hartnäckigkeit des alten Fischers bei vielen alten Menschen. Viele gealterte Sportler treiben weiterhin, manche noch mit über 90 Jahren, Leichtathletik, spielen Tennis, Fußball oder fahren Rad. Im allgemeinen haben sie es im Laufe ihres Lebens nur zu mittelmäßigen Auszeichnungen gebracht, aber sie behalten, ohne Höchstleistungen vollbringen zu wollen, sorgfältig ihre Fähigkeiten unter Kontrolle. Viele kommen, nachdem sie sich zurückgezogen haben, regelmäßiger auf den Sportplatz als zuvor. Nach Vollendung des 60. Lebensjahres bringt Sportausübung für zwei Drittel unter ihnen Risiken mit sich.[1] Trotzdem spüren sie keine funktionellen Beschwerden. Der Sport verlangsamt den Altersprozeß der Organe nicht. Aber er trägt zu ihrem guten Funktionieren bei. Überdies hat

1 Dr. Longueville, Arzt einer Studiengruppe, die sich mit dem ‹dritten Sportalter› befaßt, erwähnt einen Schwimmer, der mit 63 Jahren 60mal vom Dreimeterbrett springt – trotz Herzmuskelverkrampfung und linksseitiger Gefäßerweiterung; ferner einen 60jährigen aktiven Fallschirmspringer mit einer Sklerose der Herzkranzgefäße und einen 85jährigen Radfahrer, der täglich 30 km fährt, obwohl er unter den Folgen eines Herzinfarkts leidet.

die Hartnäckigkeit alter Sportler etwas Belebendes, und die Menschen in ihrer Umgebung, die oft genug versuchen, sie zurückzuhalten, sollten das respektieren. Wenn man alte Leute in ihrer Aktivität zu sehr bremst, so führt das leicht zu einer Schwächung der gesamten Persönlichkeit. Das haben die alten Frauen auf Bali begriffen, die weiter ihre schweren Lasten auf dem Kopf tragen. Der alte Mensch weiß, daß er den Verfall hinauszögert, wenn er gegen ihn ankämpft. Er weiß auch, daß das unerbittliche Auge seiner Umgebung in seinen physischen Schwächen den Beweis für den allgemeinen Verfall sieht, den man mit dem Wort Alter bezeichnet. Er will den anderen und sich selbst beweisen, daß er ein Mensch bleibt.

Geistiges und Körperliches sind eng miteinander verbunden. Um die Arbeit zu leisten, die es bedeutet, einen beeinträchtigten Organismus der Umwelt wieder anzupassen, muß man sich die Lust am Leben bewahrt haben. Umgekehrt begünstigt eine gute Gesundheit das Fortbestehen geistiger und seelischer Anteilnahme. Meistens gehen Körper und Geist gemeinsam «ihrem Zuwachs oder ihrer Minderung entgegen». Doch nicht immer. La Fontaines hervorragende Gesundheit verhinderte nicht seinen geistigen Verfall; und in einem kranken Körper lebt zuweilen eine starke Intelligenz. Oder beide verfallen in unterschiedlichem Rhythmus: der Geist versucht zu widerstehen, übernimmt sich aber unter dem Druck der Involution aller Organe, wie es bei Swift der Fall war. Dann empfindet der alte Mensch eine Art tragischen Zwiespalts mit sich selbst. Alain [1] sagte, daß man nur das will, was möglich ist – aber das war ein zu simpler Rationalismus. Die Tragödie des alten Menschen liegt oft darin, daß er nicht mehr kann, was er will. Er entwirft, er plant, und in dem Moment, da er an die Ausführung geht, läßt ihn sein Organismus im Stich; die Müdigkeit lähmt seinen Elan; er sucht nach seinen Erinnerungen, die von Nebel verhüllt sind; sein Denken wendet sich ab von dem Gegenstand, auf den es gerichtet war. Dann wird das Alter – auch ohne pathologische Komponente – als eine Art geistiger Krankheit empfunden, in der man die Angst kennenlernt, sich selbst zu verlieren.

Die Moralisten, die das Alter aus politischen oder ideologischen Gründen verteidigen, behaupten, es befreie den Menschen von seinem Körper. Durch eine Art Ausgleich gewinne der Geist, was der Körper verliere: «Die Augen des Geistes werden erst durchdringend, wenn die des Körpers schwächer werden», hat Platon gesagt. Seneca habe ich bereits zitiert: «Die Seele ist voller Jugendkraft und freut sich, nicht mehr viel Gemeinschaft mit dem Körper zu haben.» Joubert schreibt: «Jene Menschen, die ein langes Alter haben, sind wie vom Körper gereinigt.»[2] Als Tolstoj allmählich seine Kraft verliert, tröstet er sich mit ironi-

1 Alain (1868–1951), eig. Émile Chartier, französischer Essayist und Philosoph. (Anm. d. Übers.)

2 Als Spiritualist, Moralist und Traditionalist glaubte Joseph Joubert (1754–1824) an Gott; Madame de Chastenay sagte von ihm, daß «alles in ihm Seele war». Was ihn nicht

schen Aussprüchen: «Der moralische Fortschritt der Menschheit ist den Alten zu verdanken. Als alter Mensch wird man besser und weiser.» Die arme Juliette Drouet, die Hugo von der Stärke ihrer Liebe überzeugen wollte, schrieb ihm mit 71 Jahren: «Alles, was das Alter meinem Körper mit Gewalt nimmt, gewinnt meine Seele an unsterblicher Jugend und strahlender Liebe.» Doch von 1878 an empfindet sie, ausgehöhlt von Krebs, das Alter nur noch als Verfall: «Ich kann mich noch so viel an meine Liebe stützen, ich fühle wohl, daß alles in mir schwindet und in mir zusammenstürzt, Leben, Gedächtnis, Kraft, Mut, der Teufel im Leib.»

Jouhandeau preist die innere Bereicherung, die, wie er meint, mit dem Verfall des Körpers einhergeht. «Je mehr der Leib sich seinem Verfall zuneigt, desto näher schwingt sich die Seele hinan.» Wie? Wohin? Er sagt es nicht. Er predigt die Resignation im Namen irgendeiner Ästhetik: «Die Sehschärfe läßt allmählich nach, man hört nicht mehr so gut, man fröstelt in den Gliedmaßen. In unserem Körper bezieht der Tod eine Wohnung nach der andern, und wir verweilen in dieser Welt, als wären wir zugleich bereits aus ihr ausgeschlossen. Wir wollen indessen nicht so unfein sein, uns darüber zu ärgern.»

Solche spiritualistischen Albernheiten sind taktlos, wenn man an die wirkliche Situation der meisten alten Menschen denkt: Hunger, Kälte, Krankheit haben schwerlich einen moralischen Gewinn im Gefolge. Auf jeden Fall sind es Behauptungen, die jeder Grundlage entbehren. Selbst bei den Neo-Taoisten, die das Alter zur notwendigen Bedingung für die Heiligkeit erklärten, genügte es nicht allein. Es bedurfte der Askese und der Ekstase, um sich vom Fleisch zu lösen und Unsterblichkeit zu erlangen. Die Erfahrung widerspricht radikal der Vorstellung, daß das Alter zu einer Befreiung vom Fleische führe. Wenn das Alter eben anbricht, mag der Körper wohl seine alte Kraft behalten oder ein neues Gleichgewicht finden. Im Laufe der Jahre aber nimmt er Schaden; dann erschwert, dann stört er alle geistigen Tätigkeiten. Im Jahre 1671 schrieb Saint-Évremond, erst 61 Jahre alt: «Heute läßt sich mein Geist zu meinem Körper zurückführen und vereinigt sich williger mit ihm. Um die Wahrheit zu sagen – nicht um des Pläsiers einer süßen Liebschaft willen, sondern aus dem Bedürfnis nach Beistand und gegenseitiger Stützung, die sie einander zu gewähren suchen.» Gide klagt am 19. März 1943 über «all die vielerlei kleinen Gebrechlichkeiten des hohen Alters, die den Greis zu einer Elendsgestalt machen. Fast nie gelingt es, den Geist vom Fleisch abzulenken, es zu vergessen; was der Arbeit mehr schadet, als man sagen kann.» So wird der Körper vom Werkzeug zum Hindernis; das ‹schöne Alter› tritt nie von selbst ein. Es ist das Ergebnis unaufhörlicher Siege und überwundener Niederlagen.

Die Läuterung, von der die Moralisten sprechen, liegt für sie vor allem im Erlöschen des sexuellen Verlangens: sie beglückwünschen den gealterten Men-

hinderte, sich für eine Geldheirat zu entscheiden, Universitätsprofessor zu werden und vermögend und hochdekoriert zu sterben. Er hat auch gesagt: «Der Abend des Lebens bringt seine eigene Lampe mit.»

schen, daß er dieser Sklaverei entrinnt und die heitere Ruhe des Alters erlangt. In einer berühmten Elegie, *John Anderson My Jo*, hat der schottische Dichter Robert Burns (1759–96) das ideale alte Paar beschrieben, Eheleute, deren Sinnenlust erloschen ist. Die beiden «haben Seite an Seite den Berg des Lebens erklommen und einst Stunden voller Wonnen genossen»; jetzt müssen sie, «unsicheren Schrittes, doch Hand in Hand, miteinander dem Wege folgen, der sie dem Ziel der Reise entgegenführt». Dieses schablonenhafte Bild hat sich jüngeren wie reifen Menschen tief eingeprägt, da sie ihm in ihren Jugendbüchern nur allzu häufig begegnet sind und der Respekt vor ihren Großeltern sie von seiner Wahrheit überzeugte. Allein die Vorstellung von sexuellen Beziehungen oder heftigen Szenen zwischen alten Leuten wird als anstößig empfunden. Indessen gibt es auch eine anders lautende Überlieferung. Der Ausdruck ‹Lustgreis› ist ein weitverbreitetes Klischee. In der Literatur und vor allem in der Malerei hat die Geschichte von Susanna und den beiden Ältesten den Rang eines Mythos eingenommen. Die Komödie hat das Thema des verliebten Graubarts bis zum Überdruß wiederaufgegriffen. Wir werden sehen, daß diese satirische Tradition der Wahrheit näher kommt als die erbaulichen Reden von Idealisten, die das Alter so darzustellen suchen, wie es ihrer Meinung nach sein sollte.

Der Geschlechtstrieb berührt, und das gilt für beide Geschlechter, das Gebiet der Psychosomatik; auf welche Art und Weise er durch den Organismus bedingt wird, ist nicht genau bekannt. Es steht indessen fest – wir sagten das bereits –, daß die altersbedingte Involution der Geschlechtsdrüsen eine Reduzierung oder die vollständige Einstellung der Sexualfunktionen mit sich bringt. Die physischen Reaktionen auf erotische Stimuli werden seltener, langsamer oder bleiben aus; der Orgasmus ist schwieriger oder gar nicht mehr zu erreichen, und der Mann stellt eine Verminderung oder das Schwinden der Erektionsfähigkeit fest.

Freud hat jedoch nachgewiesen, daß Sexualität sich nicht auf die Funktion der Geschlechtsorgane beschränkt: die Libido ist kein Instinkt, also kein vorfabriziertes Verhalten, das auf ein Objekt und ein bestimmtes Ziel fixiert ist, sondern vielmehr die Energie, die den Veränderungen des Sexualtriebs in bezug auf sein Objekt, sein Ziel, seine Erregungsquelle dient. Sie kann sich steigern, geringer werden, sich verschieben. In der Kindheit ist die Sexualität polymorph, sie ist nicht auf die Geschlechtsorgane konzentriert. «Erst am Ende einer komplexen, dem Zufall unterworfenen Entwicklung stellt sich der Sexualtrieb unter die Vorherrschaft des Genitalen und gewinnt sodann die scheinbare Beständigkeit und Finalität des Instinkts wieder.»[1] Daraus kann man ohne weiteres schließen, daß jemand, dessen Sexualfunktionen nachgelassen oder aufgehört haben, deshalb nicht asexuell ist: er ist ein geschlechtliches Individuum – selbst der Eunuch und der Impotente bleiben es –, das seine Sexualität trotz einer gewissen Verstümmelung verwirklichen muß. «Es gibt eine Weise der Sexualität mit Befriedigungsmöglichkeit ... aber es gibt andere Weisen der Sexualität, vom Typus der Unbefriedigung, und wenn man diese

1 J. Laplanche und J.-B. Pontalis: *Vocabulaire de la psychanalyse.*

Weisen berücksichtigt, so muß man anerkennen, daß die Sexualität ... erst mit dem Tod erlischt», sagt Sartre [1]. Denn sie ist etwas völlig anderes als ein Zusammenwirken von Reflexen, das ein Mosaik von Empfindungen und Bildern erzeugt. Sie ist eine vom Körper gelebte Intentionalität, die auf andere Körper zielt und sich dem allgemeinen Ablauf der Existenz verbindet. Sie setzt sich ein in der Welt, der sie damit eine erotische Dimension verleiht. Nach der Sexualität der alten Menschen fragen, heißt fragen, was aus dem Verhältnis des Menschen zu sich selbst, zu den anderen, zur Welt wird, wenn in seiner Sexualstruktur das Primat des Genitalen aufgehört hat zu bestehen. Selbstverständlich wäre es absurd, anzunehmen, es fände einfach eine Regression zur kindlichen Sexualität statt. Nie, auf keinem Gebiet, fällt der alte Mensch ‹in die Kindheit zurück›, da sich die Kindheit ja als eine aufsteigende Entwicklung definiert. Außerdem ist die kindliche Sexualität auf der Suche zu sich selbst, während die des alten Menschen die Erinnerung an das, was sie in ihrer Reife gewesen ist, bewahrt. Schließlich sind die sozialen Faktoren im ersten und letzten Alter völlig verschiedene.

Die sexuellen Betätigungen haben eine Vielheit von Zielen. Sie sollen die durch den Sexualtrieb geschaffene Spannung lösen, die – vor allem in der Jugend – von der Heftigkeit eines Bedürfnisses ist. Später strebt das Individuum – sofern es nicht auf diesem Gebiet unter einer schweren Frustration leidet – nicht so sehr nach Erlösung als nach positivem Lustgewinn; es erreicht ihn durch den Orgasmus; der Orgasmus wird eingeleitet und begleitet von einer Folge von Empfindungen, Bildern, Mythen, die dem Individuum ‹präliminare Lustgefühle› verschaffen. Diese resultieren aus der Befreiung von ‹Partialtrieben›, die ihre Wurzel in der Kindheit haben, und können für das Individuum ebensoviel oder mehr Wert haben als der Orgasmus selbst. Das Streben nach Lustgewinn beschränkt sich nur selten auf die einfache Ausübung einer Funktion: gewöhnlich ist es ein Wagnis, ein Abenteuer, bei dem jeder Partner seine Existenz und die des andern auf einzigartige Weise realisiert; in der Begierde, dem Aufruhr wird das Bewußtsein zum Körper, um den andern als Körper zu erreichen und ihn auf diese Weise zu faszinieren und zu besitzen. Es findet ein zweifaches gegenseitiges Zufleischwerdenlassen statt und eine Verwandlung der Welt, die eine Welt der Begierde wird. Der Versuch der Inbesitznahme scheitert zwangsläufig, da der andere Individuum bleibt. Aber ehe es endet, wird das Drama der Gegenseitigkeit in der Umarmung unter einer der extremsten und enthüllendsten Formen gelebt. Nimmt es die Form eines Kampfes an, so erzeugt es Feindseligkeit; meistens jedoch impliziert es eine zur Zärtlichkeit neigende Komplicenschaft. Bei einem Paar, das sich mit einer Liebe liebt, in der sich die Entfernung vom Ich zum andern aufhebt, wird sogar das Scheitern überwunden.

Da der Mensch sich in der Umarmung als faszinierender Körper gibt, hat er eine gewisse narzißtische Beziehung zu sich selbst. Seine männlichen oder weiblichen Eigenschaften werden bestätigt, anerkannt: er fühlt sich aufgewer-

1 In *Das Sein und das Nichts*

tet. Es kommt vor, daß das Bedürfnis nach dieser Aufwertung das gesamte Liebesleben bestimmt; es wird ein fortgesetztes Verführungsunternehmen daraus, eine ständige Bestätigung von männlicher Kraft, von weiblichem Charme: die Übersteigerung der Rolle, die man zu spielen gewählt hat.

Man sieht: die Vergünstigungen, die ein Mensch aus seinem Sexualleben ziehen kann, sind sehr verschiedenartig und sehr reich. Ob er vor allem die Lust sucht oder die Verwandlung der Welt durch die Begierde, oder eine bestimmte Darstellung seines eigenen Ichs, oder ob er alle diese Ziele zugleich anvisiert – man begreift, daß Mann oder Frau nicht darauf verzichten wollen. Man kann Vergnügungen nicht nachtrauern, wenn einem der Sinn nicht mehr danach steht, sagen die Moralisten, die das Alter der Keuschheit weihen. Das ist sehr kurzsichtig. Gewiß, normalerweise stellt sich die Begierde nicht um ihrer selbst willen ein: sie ist Begierde nach einem Genuß oder nach einem bestimmten Körper. Wenn sie aber nicht mehr spontan entsteht, kann man dennoch bedauern, daß sie verschwunden ist. Der alte Mensch begehrt oft, zu begehren, weil er die Sehnsucht nach unersetzlichen Erfahrungen bewahrt, weil er dem erotischen Universum verbunden bleibt, das er sich in der Jugend oder im reifen Alter erschaffen hat: durch die Begierde belebt er die verbleichenden Farben. Und ebenso ist die Begierde für ihn der Prüfstein der eigenen Unversehrtheit. Wir wünschen uns ewige Jugend, und diese impliziert das Überleben der Libido. Manche versuchen, mit Medikamenten gegen die Involution der Geschlechtsorgane anzukämpfen.[1] Andere streben, wenn auch resignierend, danach, sich auf diese oder jene Weise als geschlechtliche Wesen zu bestätigen.

Diese Hartnäckigkeit findet man nur bei Menschen, die der Sexualität einen positiven Wert beigemessen haben. Diejenigen, die sich ihr nur widerstrebend ergaben, weil sie in der Kindheit wurzelnde Komplexe haben, kehren nun ihr Alter hervor, um nichts mehr damit zu tun zu haben. Ich kannte eine alte Frau, die sich in ihrer Jugend ärztliche Atteste ausstellen ließ, um sich den «lästigen ehelichen Pflichten» zu entziehen; später diente ihr dann ihr Alter als noch bequemeres Alibi. Ein Mann, der mehr oder weniger impotent oder indifferent ist oder Angst vor dem Sexualakt hat, wird erleichtert sein, sich in eine Keuschheit flüchten zu können, die jetzt normal erscheint.

Menschen, die ein glückliches Sexualleben hatten, mögen Gründe haben, es nicht verlängern zu wollen. Einer der Gründe ist ihr von Narzißmus bestimmtes Verhältnis zu sich selbst. Der Ekel vor dem eigenen Körper nimmt bei Mann und Frau verschiedene Formen an, aber das Alter kann beiden dieses Gefühl einflößen, so daß sie sich weigern, diesen Körper noch für einen andern existieren zu lassen.[2] Indessen gibt es eine wechselseitige Beeinflussung zwischen der

1 Vor allem die Männer, die, um ihre Erektionsfähigkeit zu behalten, ‹revitalisierende Dragees› einnehmen oder sich Hormonbehandlungen unterziehen. Manche Frauen lassen sich heute behandeln, um das Klimakterium hinauszuschieben. Doch wenn dieses eingetreten ist, müssen sie sich, auch wenn ihnen daran gelegen ist, jung zu bleiben, doch nicht um die Erhaltung sexueller ‹Kraft› sorgen.

2 Saint-Évremond war da gegenteiliger Ansicht: je weniger man sich selbst liebe, um so mehr wolle man lieben. Aber er sprach von der platonischen Liebe.

Vorstellung von sich selbst und der sexuellen Betätigung: der Mensch, der geliebt wird, empfindet sich als liebenswert und überläßt sich rückhaltlos der Liebe; aber oft wird er nur geliebt, wenn er zu verführen sucht, und ein ungünstiges Bild von sich selbst hält ihn davon ab; dann ergibt sich ein Circulus vitiosus, der ihn an der Ausübung sexueller Beziehungen hindert.

Ein anderes Hindernis ist der Druck der öffentlichen Meinung. Der alte Mensch beugt sich dem konventionellen Ideal, das ihm vorgehalten wird. Er fürchtet den Skandal oder einfach nur, sich lächerlich zu machen. Er macht sich zum Sklaven des ‹Was werden die Leute sagen›. Er macht sich die Gebote der Schicklichkeit, der von der Gesellschaft verlangten Keuschheit, zu eigen. Selbst seiner Begierden schämt er sich und leugnet sie: er will auch in seinen eigenen Augen kein Lustgreis, keine schamlose Alte sein. Er wehrt sich gegen seinen Geschlechtstrieb und verdrängt ihn unter Umständen sogar ins Unbewußte.[1]

Wie man es sich von vornherein vorstellen kann, ist bei den Männern auf Grund ihrer anderen biologischen Bestimmung und ihres anderen gesellschaftlichen Status alles ganz anders gelagert als bei den Frauen. Biologisch sind die Männer stärker benachteiligt; die Frauen dagegen bringt ihre Situation als erotisches Objekt gesellschaftlich in eine ungünstigere Lage.

Über das sexuelle Verhalten der einen wie der anderen ist wenig bekannt. Es ist Gegenstand mehrerer Umfragen gewesen, die als Basis für Statistiken gedient haben. Der Wert so erhaltener Antworten ist immer umstritten. Und die Verwendung von Durchschnittszahlen hat auf diesem Gebiet nicht viel Sinn. Trotzdem gebe ich im Anhang die Resultate der Umfragen, die ich eingesehen und denen ich einige Hinweise entnommen habe.[2]

Was die Männer betrifft, so bestätigen die Statistiken – wie vielfach – oft nur das, was ohnehin jeder weiß: die Häufigkeit des Koitus nimmt mit zunehmendem Alter ab. Diese Tatsache steht in Zusammenhang mit der Involution der Sexualorgane, die eine Schwächung der Libido mit sich bringt. Aber das Physiologische ist nicht allein ausschlaggebend. Zwischen den Verhaltensweisen der Individuen gibt es beträchtliche Unterschiede: manche sind mit 60 Jahren impotent, andere noch mit über 80 Jahren sexuell sehr aktiv. Man muß sehen, wie diese Unterschiede zu erklären sind.

Der erste Faktor, dessen Bedeutung klar vor Augen liegt, ist der Familienstand. Bei verheirateten Männern[3] ist der Koitus weitaus häufiger als bei Junggesellen oder Witwern. Bei den ersteren erzeugt das Zusammenleben mit dem Partner erotische Wünsche; die Gewohnheit und die ‹Komplicenschaft› begün-

1 Dr. Runciman legte im Dezember 1968 vor dem 22. Kongreß der Ärzte-Vereinigung der USA die Ergebnisse einer Umfrage vor, die er bei 200 Personen von 40 bis 89 Jahren durchgeführt hat. Er kam zu dem Schluß, daß «psychologische Schranken» die alten Leute an sexueller Betätigung hindern: sie sind – vor allem die Frauen – Opfer von Hemmungen und Tabus, die auf eine viktorianische Moral zurückgehen.

2 Siehe Anhang IV, S. 496.

3 Hier muß man die fest etablierten Verbindungen der Ehe gleichstellen.

stigen ihre Befriedigung. Die ‹psychischen Barrieren› sind wesentlich leichter zu überwinden. Die Mauer, die das Privatleben umgibt, schützt den alten Gatten gegenüber der öffentlichen Meinung, die im übrigen den legitimen Liebesbeziehungen alter Menschen wohlwollender gegenübersteht als den illegitimen. Er fühlt sich in seinem ‹Bild› weniger gefährdet als ein anderer. Man muß verstehen, was dieses Wort hier bedeutet. Während die Frau als Objekt sich von ihrer Kindheit an mit dem ganzen ‹Bild› ihres Körpers identifiziert, findet der kleine Junge in seinem Penis ein *alter ego*: in seinem Penis erkennt sich der Mann sein Leben lang, in ihm fühlt er sich bedroht. Das narzißtische Trauma, das er fürchtet, ist das Versagen seines Geschlechts: die Unmöglichkeit, zur Erektion zu gelangen, die Erektion zu erhalten und seine Partnerin zu befriedigen. Diese Furcht ist im Eheleben weniger beängstigend. Das Individuum kann den Augenblick mehr oder weniger frei wählen. Ein mißlungener Versuch wird nachsichtig mit Schweigen übergangen. Infolge des Vertrautseins mit dem andern wird dessen Urteil weniger gefürchtet. Der verheiratete Mann ist weniger besorgt und deshalb weniger gehemmt als ein anderer. Darum behalten viele sehr alte Paare den sexuellen Verkehr bei: Beobachtungen, die von Sozialhelferinnen und Soziologen angestellt wurden, bestätigen die von mir zitierten Umfragen.

Dennoch gibt es sehr viele verheiratete Männer, die nur noch sehr selten oder gar keinen Verkehr mehr haben. Wenn die Involution der Sexualorgane vorzeitig eintritt, so erklärt sich das oft aus Gründen, die nichts mit Sexualität zu tun haben: physische oder geistige Ermüdung, Sorgen oder Gebrechen und in manchen Fällen auch zu üppige Ernährung oder übermäßiger Alkoholkonsum. Daß selbst der noch junge Mann sexuell das Bedürfnis nach Partnerwechsel hat, ist bekannt: die Monotonie tötet bei ihm die Begierde. Im Alter wird er einer zu vertrauten Gefährtin müde, um so mehr, als sie gealtert ist und ihm nicht mehr begehrenswert erscheint. Viele Männer gewinnen ihre Manneskraft wieder, wenn sie – sofern sie die Möglichkeit dazu finden – die frühere Partnerin gegen eine neue, meist jüngere, tauschen.

Die Witwerschaft ruft oft ein Trauma hervor, das den Witwer für eine mehr oder weniger lange Zeit oder auch für immer von jeder sexuellen Betätigung abhält. Witwer und alte Junggesellen finden weit schwerer als verheiratete Männer ein Objekt für ihre Libido. Meist haben sie ihre Verführungskraft eingebüßt und erleiden Schiffbruch, wenn sie ein Abenteuer suchen. Und sie zögern, es darauf ankommen zu lassen. Die gesellschaftliche Moral verurteilt solche Versuche als lächerliche und beschämende senile Streiche. Nichts hilft den alten Männern gegen die Furcht vor dem Scheitern. Bleibt noch die käufliche Liebe. Vielen, die sie ihr Leben lang abgelehnt haben, würde sie jetzt wie eine Abdankung vorkommen, wie ein Eingeständnis senilen Verfalls. Manche finden hier jedoch einen Ausweg, sei es, daß sie sich an Prostituierte wenden, sei es, daß sie eine Liaison mit Frauen haben, denen sie finanziell beistehen. Die Wahl – Abstinenz oder Aktivität – hängt von dem Gleichgewicht ab, das zwischen der Heftigkeit ihrer Triebe und der Stärke ihres Widerstands herrscht. Eine Lösung, zu der sich viele entschließen, ist die Masturbation. 25 % der von *Sexology* Befragten erklärten, daß sie seit langem, oder vom Alter von 60 Jahren an, masturbiert haben; letztere tun es also aus Altersgründen. Vergleichende Statistiken zeigen, daß selbst unter verheirateten Männern die Masturbation weit verbreitet ist. Der Koitus ist wesentlich komplexer und schwieriger als die Masturbation, da er einen Bezug zum andern darstellt. Ohne Zweifel ziehen ältere Männer in vielen Fällen ihre Phantasievorstellungen dem verbrauchten Körper der Gefährtin vor. Schließlich kann es geschehen, daß die Ehefrau – sei es infolge alter Komplexe, sei es, weil das Bewußtsein ihres Alters sie vom Geschlechtsverkehr abhält – sich dem Mann verweigert. Dann ist Masturbation der bequemste Ausweg.

Es wäre interessant, zu wissen, in welchem Alter die Frau dem gealterten Mann am begehrenswertesten erscheint. Viele Männer wünschen sie sich sehr jung, und es ist möglich – alle finanziellen Erwägungen einmal beiseite gelassen –, daß sie ans Ziel ihrer Wünsche gelangen, denn es gibt junge Frauen, die ausgesprochen gerontophil sind. Andere Männer interessieren sich nur für erfahrene Frauen: die jüngeren erscheinen ihnen unbedeutend. Wieder andere würden sich neben einer zu jugendlichen Partnerin genieren und sich geschmacklos oder lächerlich vorkommen: mißvergnügt würden sie sich ihrer Jahre bewußt werden. Die Wahl hängt also davon ab, was sie von der Liebe erwarten, wie auch von der Vorstellung, die sie von sich selbst haben.

Die gesellschaftliche Stellung des alten Menschen beeinflußt sein Sexualleben. Dieses dauert bei Handarbeitern länger an als bei Intellektuellen, bei Männern mit niedrigem Lebensstandard länger als in wohlhabenden Schichten. Arbeiter und Bauern sind unmittelbarer in ihren Begierden, da sie den erotischen Mythen weniger unterworfen sind als die bürgerlichen Klassen. Obwohl ihre Frauen körperlich schnell verwelken, werden sie von den Männern sexuell nicht vernachlässigt; sie scheinen den Männern weniger reduziert, als dies bei den privilegierten Klassen der Fall ist. Andererseits sehen diese Männer sich selber auch weniger repräsentativ als die *white collar*-Männer. Und sie scheren sich kaum um gesellschaftliche Vorurteile. Je weiter man die gesellschaftliche Leiter hinuntersteigt, um so größer wird die Indifferenz gegenüber der öffentlichen Meinung. Die Alten, die jenseits aller Konventionen leben – Clochards beiderlei Geschlechts, Insassen von Asylen –, schlafen selbst vor Zeugen ohne jede Scham zusammen.

Je reicher und glücklicher das Geschlechtsleben gewesen ist, desto länger hält es im Alter an. Wer ihm aus einem selbstgefälligen Narzißmus heraus Wert beigemessen hat, beendet es, sobald er sich in den Augen seiner Partner nicht mehr mit Befriedigung betrachten kann. War ihm daran gelegen, seine Männlichkeit, seine Virtuosität, seine Verführungskunst unter Beweis zu stellen oder über Rivalen zu triumphieren, so wird er manchmal ganz froh sein, in seinem Alter einen Grund zum Ausspannen zu finden. Ist aber das Geschlechtsleben spontan und glücklich gewesen, wird er es bis an die Grenze seiner Kräfte fortsetzen wollen.

Der alte Mann findet indessen im Koitus nicht mehr die gleiche starke Befriedigung wie als junger Mensch, und zwar weil die beiden Etappen der Ejakulation auf eine einzige reduziert sind: er hat nicht mehr die überwältigende Empfindung des unmittelbar Bevorstehenden, die den Übergang von der ersten zur zweiten Etappe kennzeichnet. Er hat auch nicht mehr den triumphalen Eindruck eines Hervorbrechens, eines Berstens, der eine der Mythen ist, die dem männlichen Sexualakt seinen Wert verleihen. Oft sucht der Greis, selbst wenn er noch normaler Betätigung fähig ist, die indirekten Befriedigungen; erst recht natürlich, wenn er impotent ist. Er hat sein Vergnügen an erotischer Lektüre, an frivolen Bildern, an verbalen Schlüpfrigkeiten, am Umgang mit jungen Frauen, an flüchtigen Berührungen; er ergibt sich dem Fetischismus, dem Sado-Masochismus, verschiedenen Perversionen und wird – vor allem, wenn er über 80 ist – leicht zum Voyeur. Dieses Abweichen von der Norm ist leicht zu erklären. Genaugenommen gibt es, wie Freud nachgewiesen hat, gar keine ‹normale› Sexualität, sie ist immer insofern ‹pervers›[1], als sie sich nicht von ihren Ursprüngen löst, die sie veranlaßten, eine Befriedigung nicht in einer spezifischen Handlung, sondern in einem ‹Lustgewinn› zu suchen, der an Funktionen, die von anderen Trieben abhängig sind, gebunden ist. Die kindliche Sexualität ist polymorph pervers. Man bezeichnet den Sexualakt als ‹normal›, wenn seine partiellen Aktivitäten nur Vorbereitungen für den Koitus sind. Es genügt aber, daß das Individuum sich übermäßig auf die präliminaren Lustgefühle konzentriert, um in die Perversion zu gleiten. Normalerweise spielen Betrachten und Liebkosungen eine große Rolle beim Koitus; sie werden von Phantasievorstellungen begleitet, sado-masochistische Komponenten kommen hinzu und oft tritt Fetischismus zutage: Kleidung und zur Aufmachung gehörende Objekte evozieren die Gegenwart des Körpers. Wenn das genitale Lustgefühl geschwächt oder nicht vorhanden ist, nehmen diese Elemente den ersten Platz ein. Und oft mißt ihnen der ältere Mann sehr großen Wert bei, weil sie die Gegenwart jenes erotischen Universums bedeuten, an dem ihm nach wie vor gelegen ist. Er lebt weiter in einer gewissen Atmosphäre, er existiert weiter mit seinem Körper in einer von Körpern bevölkerten Welt. Auch hier sind es oft Schüchternheit, Scham oder äußere Schwierigkeiten, die ihn davon abhalten, sich dem, was man seine ‹Laster› nennt, zu überlassen.

Die Nichtbetätigung der Geschlechtsorgane führt, wie die Psychoanalytiker sagen, oft zu einer Regression der Alterssexualität ins Oral- oder Analstadium. Tatsächlich sind manche Greise maßlos im Essen; wahrscheinlich, um ihre erotische Frustration zu kompensieren, geben sie sich wie besessen der Lust am Essen hin. Aber kann man diese als sexuell bedingt bezeichnen? Die gleiche Frage gilt für das ‹Analstadium› der alten Menschen; viele sind in der Tat sehr besorgt um ihre Verdauungsfunktionen. Aber ist es nicht irreführend, jede Beziehung des Individuums zu seinen organischen Funktionen sexuell zu nennen?

Auch wenn wir diese Interpretation ablehnen: das Fortbestehen einer senilen Libido ist sehr häufig; sie manifestiert sich in gewissen pathologischen Fäl-

1 Selbstverständlich impliziert das Wort hier keinerlei moralisches Urteil.

len. In Fällen von Altersschwachsinn, wenn das Gehirn nicht mehr zur Kontrolle fähig ist, kann man erotische Wahnvorstellungen beobachten. 70jährige, die sich stets einwandfrei verhielten, attackieren, wenn sie sich einen Gehirntumor zugezogen haben, mit Worten oder Gesten die Frauen ihrer Umgebung. Gewisse Fälle erweisen sich als aufschlußreich. Ich will hier nur einen erwähnen, der sich im März 1969 zugetragen hat. Ein 70jähriger Generaldirektor zitierte eines Abends gegen 9 Uhr seine drei Sekretärinnen herbei. Sie dachten, er habe eine dringende Arbeit zu erledigen und machten sich auf den Weg zu ihm. Sie fanden ihn im Garten seiner Villa, nackt und mit einer Alarmpistole in der Hand. Er stürzte sich auf sie, schrie: «Ich bin der Gott Pan, Pan, Pan», und gab bei jedem ‹Pan› einen Schuß ab. Die drei ergriffen die Flucht. Später erklärte er, er habe eine Droge genommen, die ihn in galante Stimmung versetzte, doch habe die Wirkung leider schnell nachgelassen. Die Symbolik der Pistolenschüsse ist evident. Evident ist auch, daß er eine Droge nahm, eben weil er von erotischen Vorstellungen geplagt wurde und nicht die Möglichkeit hatte, sie zu realisieren. Leider berichtete die Presse nicht, was danach aus ihm geworden ist.

Umstritten ist die Frage, ob die senilen Perversionen häufig zu Delikten führen oder nicht. Kinsey vertritt die recht weitverbreitete Auffassung, daß impotente Greise sich zuweilen an Kindern vergehen. Das ist auch die These von Dr. Destrem. Die Erotik alter Leute, sagt er, nimmt Formen an, die pathologischen Impulsen nahekommen. Sie begehen Sittlichkeitsdelikte: Exhibitionismus, Betasten von Kindern. Diese Behauptungen hat man energisch zu widerlegen versucht. Nach Dr. Isadore Rubin [1] haben Umfragen ergeben, daß, was Sittlichkeitsdelikte betrifft, die kritischen Epochen das Jugendalter, die Jahre zwischen 35 und 40 und die Jahre vor dem 50. Lebensjahr sind. Ein Spezialist für Erziehung im frühen Kindesalter, Donald Mulcock, hat Statistiken nach einer bestimmten Anzahl von Vergehen an Kindern erstellt: Männer, die sich an Knaben vergreifen, tun dies zwischen 39 und 50 Jahren; das Alter derer, die sich an kleinen Mädchen vergreifen, liegt zwischen 33 und 44 Jahren. In keinem der Fälle wurde ein Mädchen von einem über 63jährigen Mann belästigt, und nur eine verschwindend kleine Anzahl der Männer wurde in diesem Alter von Knaben angezogen. Hingegen versichert Dr. Ey [2], daß die meisten Sexualverbrechen an Kindern, die man in der gerichtsmedizinischen Praxis untersucht, von alten Männern begangen werden. Auch über den Exhibitionismus, dessen man sie oft anklagt, gehen die Meinungen auseinander. Viele Psychiater geben zu, daß er bei den Halbwüchsigen beginnt, seinen Höhepunkt bei den 25jährigen erreicht und nach dem 40. Lebensjahr im eigentlichen Zustand praktisch nicht mehr vorkommt. Dr. Dénard-Toulet meint, Exhibitionismus trete nur in der Jugend auf; latent könne er bis ins hohe Alter weiterexistieren, doch da es sich dabei um eine schwere Neurose handle, sei der Exhibitionist schlecht fürs Leben gerüstet und erreiche nur selten ein hohes Alter. Es gibt sadistische Exhi-

1 *L'Amour après soixante ans.*
2 In *Manuel de psychiatrie.*

bitionisten, die ihren Stolz darein setzen, mit ihrem erigierten Glied Frauen zu provozieren: kaum wahrscheinlich, daß man unter ihnen Greise findet. Aber der typische Exhibitionist ist ein Masochist, der, ohne provozieren zu wollen, sein Glied im schlaffen Zustand zeigt. Unter ihnen, versichert Dr. Ey, gibt es auch Greise.

1944 stellte East in England bei der Prüfung der Gefängnisregister fest, daß in der Zeit von 1929 bis 1938 nur 8,04 % der Sexualdelikte Häftlinge begangen hatten, die älter als 60 Jahre waren. Eine in den USA nach dem prozentualen Anteil der Altersstufen aufgestellte Liste der 1946 begangenen Delikte zeigt, daß auf 100 000 Einwohner nur eine verschwindend kleine Anzahl von alten Tätern kommt; bei den Sittlichkeitsdelikten liegt die Zahl ein wenig höher, ist aber minimal im Vergleich zu den von Erwachsenen verübten Sittlichkeitsverbrechen.

Ich habe selbst einen Fall kennengelernt, bei dem die Fortdauer des Sexuallebens alter Menschen und der Widerwille ihrer Kinder dagegen offen zutage trat. Monsieur Durand, ehemaliger Geschichtsprofessor, verheiratet, Vater mehrerer Kinder und mehrfacher Großvater, war zu seiner Zeit ein schöner Mann und immer sehr stolz auf sein Aussehen gewesen. Er hatte sich bei Frauen und insbesondere bei seinen Schülerinnen großer Beliebtheit erfreut. Seine Frau hatte über seine Liaisons mehr oder weniger gleichgültig hinweggesehen. Eine seiner ehemaligen Schülerinnen, eine unverheiratete Lehrerin, Mademoiselle G., wurde seine Geliebte, als er 65 Jahre alt war. In der Familie wurde geflüstert, daß man die beiden zusammen in Hotels hatte gehen sehen. Mademoiselle G. wurde nach Algerien versetzt. Als sie zurückkam, war Monsieur Durand 85 Jahre alt. Er hatte seine Frau verloren und war hilflos ohne sie, da sie für alles im Haushalt gesorgt hatte. Seine inzwischen 50jährige Tochter, die ihn sehr liebte, besuchte ihn täglich und hatte eine ergebene Haushilfe für ihn gefunden, die sie seit langem kannte und die in seine Wohnung zog. Der Professor hatte sich seine Geisteskräfte voll bewahrt: wenn er, was häufig vorkam, ehemalige Schüler zu sich einlud, zeigte er sich stets brillant. Er litt an keinem körperlichen Gebrechen, nur seine Beine waren schwach: auf der Straße hatte er Angst zu fallen, und jemand mußte ihn am Arm führen. Einst war er sehr großzügig gewesen und hatte sich wenig um Geld gekümmert. Mit zunehmendem Alter war er geizig und besorgt geworden. Er hatte einige Lehrbücher geschrieben, die gut verkauft wurden, und verdächtigte seinen Verleger, ihn zu betrügen. Er bezog eine Pension, aber da er unfähig war, zu begreifen, was regelmäßige Einkünfte sind, beschwerte er sich, daß es ‹schlechte› Monate gebe und freute sich über die ‹guten›, während er doch immer die gleiche Summe erhielt. Er litt an Verstopfung, widmete seinen Verdauungsfunktionen große Aufmerksamkeit und sprach gern darüber. Mit 85 Jahren hatte er es sich zur Gewohnheit gemacht, abends zu verkünden: «Heute war es ein guter Tag.» Oder, im Gegenteil, mit einem Seufzer: «Ein sehr schlechter Tag heute», je nachdem, ob er Stuhlgang gehabt hatte oder nicht. In früheren Jahren hatte er seine Ferien mit Frau und Familie bei Brüdern oder Cousins verbracht und sich sehr herrisch gegeben. Nun war er im Sommer bei einem seiner Söhne eingeladen und merkte, daß er ihnen zur Last fiel. Diese Abhängigkeit demütigte ihn. Er entwickelte einen regelrechten Haß gegen seinen ältesten Sohn Henri und dessen Frau.

Seit ihrer Rückkehr nach Frankreich verbrachte Mademoiselle G. ihre meiste Zeit bei ihm, ausgenommen die Stunden, in denen seine Tochter ihn besuchte. Durch die Hausgehilfin kam heraus, daß sie ihn häufig masturbierte: er hingegen rührte sie nicht an. Am Abend brachte sie ihn zu Bett, sagte ihm gute Nacht und gab ihm dabei einen kleinen Klaps auf den Hintern.

So gingen die Dinge einige Jahre lang, aber der Groll des alten Mannes gegen seine Söhne wuchs. Während eines Sommers, als er sich im Hause des Ältesten befand, machte er sich einen Einlauf und beschmutzte mit Absicht die Wände. Ein andermal tat er so, als habe er sich geirrt, und verrichtete seine Notdurft in einem Wandschrank. In Paris erlitt er im Alter von 90 Jahren plötzlich Nervenzusammenbrüche. Zwei- oder dreimal wollte er sich aus dem Fenster stürzen. Die Familie war überzeugt, diese Störungen seien Folgen seiner sexuellen Exzesse. Hatte die Hausgehilfin nicht erklärt, daß Mademoiselle G. ihn ‹bis aufs Blut› masturbiere? Ein Familienrat wurde einberufen. Die Aussagen des Mädchens ließen darauf schließen, daß Mademoiselle G. den Greis zu sich holen wollte. Der älteste Sohn übernahm es, ihn zu entführen. Man brachte ihn bei seiner Tochter in einem Zimmer im Erdgeschoß unter, das auf der Gartenseite lag. Die Hausgehilfin versorgte ihn. Er überlebte diese Entwurzelung und die ihm aufgezwungene Trennung nur um ein Jahr. Er hatte das Gedächtnis verloren und wurde nun wirklich völlig senil. Nie lehnte er sich direkt auf gegen die ihm angetane Gewalt. Manchmal gab er vor, sich zu wundern: «Ich habe heute nacht eine Reise gemacht. Merkwürdig ... ich habe meine Wohnung verlassen und eine andere, ganz gleiche gefunden ...» Zu seiner Tochter sagte er: «Vielen Dank, daß du mir eine Wohnung verschafft hast, die der meinen so ähnlich ist.» (Tatsächlich bestand diese Ähnlichkeit gar nicht.) Er machte schüchterne Versuche, Mademoiselle G. wiederzusehen. Eines Tages gab er dem Sohn der Hausgehilfin 1000 Francs: «Letztes Jahr war da so eine nette Dame. Weißt du nicht, wie sie heißt?» Und er rächte sich auch listig an seiner Umwelt. Immer mehr mit seinen Verdauungsorganen beschäftigt, fragte er eines Tages – sicher aus Bosheit – eine 50jährige Cousine: «Na, Kleine, wie machst du es denn, wenn du aufs Örtchen gehst? Setzt du dich drauf?» – «Ja», sagte die Cousine errötend. – «Soso, und dann? Dann drückst du ... und dann? Dann wischst du dich ab ... Und dann nimmst du deinen Stock und rührst drin rum?» Nach wie vor interessierte er sich für alles Sexuelle. Er erzählte, seine Tochter empfange einen Liebhaber. Einmal tat er, als erkenne er sie nicht, und machte ihr Anträge: «Sag mal, Kleine, wir beide könnten uns doch miteinander amüsieren.» Er spielte seine Senilität aus, um sich an seiner Familie zu rächen. Aber er war auch tatsächlich nicht mehr klar im Kopf. Er wußte nicht mehr, wer er war, und kompensierte diese Unkenntnis, indem er Geschichten erfand: er erzählte von Reisen, die er tags zuvor oder vor zwei Tagen gemacht hätte. Ein Jahr später brach er sich den Oberschenkelhalsknochen und starb innerhalb von zwei Tagen.

Mademoiselle G. fand heraus, wo man ihn begraben hatte. Sie suchte den Dorffriedhof auf und blieb 24 Stunden dort der Länge nach auf seinem Grab liegen.

Wir besitzen recht zahlreiche Zeugnisse über das Geschlechtsleben alter Männer. Es hängt von ihrem vergangenen Leben ab und auch von ihrer Einstellung zu ihrem Alter und insbesondere zu dem Bild, das sie von sich haben. Chateaubriand haßte, wie wir gesehen haben, sein altes Gesicht so sehr, daß er sich nicht porträtieren lassen wollte. Im ersten Teil seines Buches *Amour et vieillesse. Chants de tristesse*, das er mit 61 Jahren schrieb, zweifellos für die «Okzitanierin», weist er die zärtlichen Avancen einer jungen Frau zurück: «Wenn du mir sagst, daß du mich liebst wie einen Vater, entsetzest du mich; wenn du vorgibst, mich zu lieben wie einen Geliebten, glaub ich dir nicht. In jedem jungen Mann werd ich den bevorzugten Rivalen erblicken. Deine Achtung wird mich meine Jahre spüren lassen, deine Liebkosungen werden mich sinnloser Eifersucht ausliefern ... Das Alter macht alles häßlich, selbst das Glück. Im Unglück ist es schlimmer noch ...» – «Auf Erden alt geworden, ohne etwas verloren zu haben von seinen Träumen, seinen Tollheiten, seinen vagen Traurigkeiten, immer noch suchend, was er nicht finden kann, und seinen alten Übeln die Ernüchterungen der Erfahrung, die Einsamkeit des Verlangens, die Müdigkeit des Herzens und die Ungunst der Jahre hinzufügend. Sag, habe ich den Dämonen in mir nicht den Gedanken einer Folter eingegeben, die sie noch nicht erfunden hatten in der Region ewiger Schmerzen?» Dem unter der ‹Ungunst der Jahre› grausam Leidenden hat eine Art umgekehrter Narzißmus diese Weigerung diktiert.

Goethe dagegen war mit 65 Jahren mit seiner Situation in der Welt zufrieden und betrachtete sich mit Genugtuung. Auf der Reise nach Wiesbaden, dem Land seiner Jugend, sah er unterwegs einen Regenbogen, der, vom Nebel verschleiert, weiß blieb. Er schrieb:

So sollst du, muntrer Greis,
Dich nicht betrüben,
Sind gleich die Haare weiß,
Doch wirst du lieben.

Obgleich er eher ein kühles Temperament besaß – mit einer beträchtlichen homosexuellen Komponente –, hatte er der Liebe immer einen großen Raum gewährt; im *Faust* verjüngt sich der Held, teils um von neuem lieben zu können; umgekehrt erwartete Goethe von der Liebe eine Erneuerung, analog jener der Schlange, die ihre alte Haut abstreift; als «muntrer Greis» bedurfte er einer jungen Leidenschaft, um sein Blut wieder zu erwärmen. Er begegnete ihr in Wiesbaden: sein Freund, der Bankier Willemer, stellte ihm die junge Frau von 30 Jahren vor, die er gerade geheiratet hatte, Marianne. Sie war schön, geistreich und verehrte Goethe glühend; sie bat ihn, die schönen Gedichte, die sie in seiner Nähe schrieb, mit seinem Namen zu zeichnen. Goethe ging auf das

Spiel ein, wurde mitgerissen und glaubte, wie er sich gewünscht hatte, eine neue Jugend wiederzufinden. Ein Jahr später kam er wieder zu den Willemers, doch Mariannes Leidenschaft erschreckte ihn; er verließ sie, um sie nicht wiederzusehen. Lange Zeit korrespondierten sie noch. Das Erlebnis inspirierte ihn zu dem *Buch Suleika*, dem Kernstück des *Divan*.

Seine Haltung war weit weniger vorsichtig, als er sich im Alter von 72 Jahren in Marienbad in die bezaubernde Ulrike verliebte, die damals 17 Jahre alt war. Im ersten Jahr, 1821, beschränkte er sich darauf, mit ihr zu plaudern, ihr Blumen mitzubringen. In den folgenden Jahren verbrachte er fast seine ganze Zeit mit ihr und bemühte sich, jedem ihrer Wünsche zuvorzukommen: «Bist du zufrieden, mein liebes Töchterchen?» fragte er ängstlich besorgt. Dann verliebte er sich in eine polnische Pianistin, Maria Szymanowska, eine berühmte, elegante und sehr schöne Frau; doch bald wandte er sich wieder Ulrike zu. «Wenn ein schlankes, liebes Kind sich niederbeugt und meiner gedenkend ein Steinchen aufhebt, so ist das zu den hundert Stellungen, in denen ich sie vor mir sehe, ein neuer Gewinn», schrieb er an die Mutter des jungen Mädchens. Seine Leidenschaft wuchs immer mehr, er wollte Ulrike heiraten; er konsultierte einen Arzt, um zu erfahren, ob dieser ihm angesichts seines Alters von einer Heirat abrate. Der Großherzog Karl August hielt für ihn um Ulrikes Hand an. Goethe bekam nicht sogleich eine Antwort. Er begleitete die Familie nach Karlsbad und feierte dort mit den Levetzows seinen Geburtstag. Als er sie einige Tage darauf verließ, wußte er, daß dieser Abschied ein endgültiger war. In dem Wagen, der ihn hinwegführte, schrieb er ein verzweifeltes Gedicht. Nichts, sagte er, weder seine Freunde noch seine Arbeit könnten ihn trösten:

> Mir ist das All, ich bin mir selbst verloren,
> Der ich noch erst den Göttern Liebling war;
> Sie prüften mich, verliehen mir Pandoren,
> So reich an Gütern, reicher an Gefahr;
> Sie drängten mich zum gabeseligen Munde,
> Sie trennen mich – und richten mich zugrunde.

Sein Sohn und seine Schwiegertochter machten ihm Szenen: sie fürchteten um ihre Erbschaft. Im Wiedersehen mit der Gräfin Szymanowska, die nach Weimar kam, um ein Konzert zu geben, wurde ihm Trost zuteil. Am Tage ihrer Abreise, in dem Augenblick, als ihr Wagen sich entfernte, rief er: «Holt sie mir zurück, holt sie mir zurück!» Sie kam zurück, und er schloß sie weinend in die Arme, ohne ein Wort zu sagen: er nahm Abschied von der Liebe, von der Jugend. Er wurde krank, jedenfalls legte er sich ins Bett – vielleicht um der Aufregung, die im Haus herrschte, zu entfliehen, denn der Heiratsplan war noch nicht endgültig aufgegeben worden. Sein Freund Zelter besuchte ihn und las ihm dreimal hintereinander die Elegie vor, zu der ihn Ulrikes Absage inspiriert hatte. Danach war er bereit aufzustehen und genas schnell. Er fügte das Gedicht einer Sammlung ein, die er *Trilogie der Leidenschaft* nannte. Aber von diesem Augenblick an existierten die Frauen nicht mehr für ihn; bis zu seinem Tode verharrte er in seinem Groll.

Die Liebe alter Männer ist nicht immer zum Scheitern verurteilt, weit entfernt. Bei vielen reicht das Sexualleben bis ins höchste Alter. Der Herzog von Bouillon war 66 Jahre alt, als sein Sohn Turenne zur Welt kam. Der Vater des berühmten Herzogs von Richelieu vermählte sich 1702 mit 70 Jahren zum drittenmal. Der Sohn, Gouverneur von Guyenne, führte mit 62 Jahren ein Lasterleben. Er verführte im Alter zahlreiche junge Frauen. Geschminkt, mit Perücke und sehr schlank, wirkte er mit 78 Jahren, so wird berichtet, wie eine Schildkröte, die den Kopf unter dem Panzer hervorstreckt; das hinderte ihn nicht, Liaisons mit Schauspielerinnen der Comédie Française zu haben. Er hatte eine feste Mätresse und lief abends zu den Huren; manchmal brachte er sie mit nach Hause und hörte sich mit Vergnügen ihre Geschichten an. Mit 84 Jahren heiratete er und nahm Aphrodisiaka; er schwängerte seine Frau und betrog sie überdies. Er behielt seine sexuellen Fähigkeiten bis zu seinem Tod im Alter von 92 Jahren. Marivaux heiratete mit 77 Jahren und hatte eine Tochter. Lakanal [1] verheiratete sich ebenfalls mit 77 Jahren und hatte einen Sohn.

Ein bekanntes Beispiel für sexuelle Vitalität ist Tolstoj. Gegen Ende seines Lebens predigte er Männern und Frauen völlige Keuschheit. Mit 69, 70 Jahren jedoch pflegte er, wenn er von größeren Ausritten zurückkam, mit seiner Frau zu schlafen. Den ganzen Tag über spazierte er dann höchst aufgeräumt durchs Haus.

Die Sexualität hat bei Victor Hugo in der Jugend und im Mannesalter großen Raum eingenommen. Er hatte eine leichte Anlage zum Voyeur. In seinen Versen läßt er einen Faun nach der Nacktheit der Nymphen spähen, einen Schüler durch einen Spalt die Grisette beim Zubettgehen beobachten, oder er beschreibt eine Badende, deren entblößten Fuß man sieht, ein Brusttuch, das sich verschiebt, ein Kleid, das sich hochschiebt. Auf Guernsey richtete er es mit dem Einverständnis seiner Frau unter dem Vorwand nächtlicher Atembeklemmungen so ein, daß eine junge, angenehme Magd ihr Schlafzimmer neben seinem hatte; manchmal schlief er mit ihr, aber seinen Notizbüchern nach beobachtete er sie anscheinend auch beim Entkleiden, ohne daß sie etwas davon ahnte. Als er mit 63 Jahren *Les Chansons des rues et des bois* veröffentlichte, verglich ihn der entrüstete Schriftsteller Louis Veuillot mit den Ältesten, die Susanna im Bade überraschen.

Seine Notizbücher geben reichlich Auskunft über seine Alterserotik. Zwischen seinem 64. und 68. Lebensjahr waren seine amourösen Leistungen nicht sehr zahlreich: durchschnittlich ein halbes Dutzend im Jahr. Aber diese Zahl steigt in der Folgezeit an. Mit Juliette hatte er keine sexuellen Beziehungen mehr; er wandte sich heimlich anderen Frauen und oft Prostituierten zu. Während er auf Guernsey lebte, begab er sich um seiner geheimen Vergnügungen willen oft an einen Ort, der Fermain Bay genannt wurde, in der Nähe von Hauteville House. Dieser Ort wird in den Notizbüchern von 1867 viermal

1 Joseph Lakanal (1762–1845), französischer Politiker. (Anm. d. Übers.)

erwähnt, vom 14. bis 17. Juni; dann wieder in denen von 1868. Guillemin hat die Notizbücher von 1870 und 1871 veröffentlicht. Victor Hugo hat, um Juliettes Eifersucht entgegenzuwirken, Schlüsselworte gebraucht. *Pfanne* bedeutet: Körperhaare; *Schweizer* und *Heilige*: Brüste; *n*: nackt; *toda*: ganz; *osc*: ein Kuß; *genua*: Knie; *pros*: Prostituierte. Die Durchsicht der Notizbücher ergibt, daß er nur selten den Sexualakt vollzog: meist begnügte er sich damit, die ganz oder teilweise entblößte Frau zu betrachten, zu streicheln, zu küssen. Hier im Detail seine Aktivitäten während des Sommers 1870:

29. Juli. Fermain Bay. Nacht mit Young [1] und Alice Cole [2]. Pfanne und Kohle.
31. Juli. Pfote, Pfanne. Schweizer.
2. August. Fermain Bay. Young. Schweizer. Pfote. Die Heiligen.
3. August. Fermain Bay.
4. August. Heute morgen Abreise erforderlich. L. Y.[3]
10. Sept. Unterstützung für Mairat [für Marie] rue Frochot 3. N. 5 Francs.
13. Sept. Enjolras gesehen [4], *n*.
17. Sept. Unterstützung für Berthet [Berthe] pros. 9b Pigalle *n* 2 Francs.
19. Sept. Mme Godt gesehen. Pfanne.
Unterst. für C. Montauban. Hebe *n* 10 Francs.
22. Sept. Unterstützung für Mairat [Marie] Hemdenfabrikant, 2 Francs.
23. Sept. Émile [Émilie] Taffari, rue du Cirque 21 im 6ten Nr. 1. *Osc.*
27. Sept. Nach 20 Jahren A. Piteau wiedergesehen. Toda.
Unterst. für Zdé [Zoé] Tholozé, 0,50 Francs.
Unterst. für Louis [Louise] Lallié *n* 2 Francs.
28. Sept. Élabre Tholozé *n*. Unterst. 5 Francs.
30. Sept. Eugène, 9 *bis* rue Neuve-des-Martyrs. *n*. Unterst. 3 Francs.
11. Okt. A. C. Montauban. Unterst. 10 Francs.
5. Okt. Mme Olympe Audouard. Brustspitze. Osc.

Und so geht die Aufzählung weiter. Fast jeden Tag – und manchmal zweimal am Tag – ein Name, eine Adresse und eine Notiz: *n* oder *osc* oder *Schweizer* oder *Pfanne* oder *genua*. Die ‹Unterstützungen› variieren, zweifellos je nach dem Umfang der erkauften Gunst.

Im darauffolgenden Sommer nahm er Marie Mercier, die Frau eines hingerichteten Kommunarden, zur Mätresse. Er hatte sie durch seine Schwiegertochter als Dienstmädchen einstellen lassen. Als er nach Luxemburg übersiedelte, folgte sie ihm; sie war 18 Jahre alt, und er sah sie gern nackt im Our baden. Er kam oft nachts zu ihr. Seine Notizen sind voller Triumph. Am 10. September: «Misma. Pecho [Brust]. Toda.» Am 11.: «Misma; se ha dicho toma y

1 Louise Young war ein Zimmermädchen, das in den Notizen von 1867 und 1868 erwähnt wird.

2 Am 23. und 30. März 1870 erwähnt.

3 Louise Young.

4 Louise Michel.

tomo.»[1] Am 12.: «Ahora todos los dias et a toda hora, misma Maria.»[2] Er besuchte sie jeden Abend bis zu seiner Abreise nach Paris am 23. September. Ein Jahr darauf – er war jetzt 70 Jahre alt – sagte er zu Burty, er habe gegenwärtig Mühe, Reden zu halten: «Das Sprechen ermüdet mich wie dreimal mit einer Frau schlafen.» Und nach kurzem Nachdenken korrigierte er sich: «Viermal sogar.» Zahlreiche Bewunderinnen wollten sich ihm in jenem Jahr hingeben. Sarah Bernhardt, damals jung, schön, hofiert, warf sich ihm an den Hals. Vielleicht wollte sie ein Kind von ihm, denn er vermerkte in seinem Notizbuch: «Das Kind wird nicht gemacht werden.» Er war es, der um die Gunst von Judith Gautier warb, die damals 22 Jahre alt und ihrer Schönheit wegen berühmt war. Sie gab nach. Er notierte: *toda.* Ihre Verbindung währte nur kurze Zeit, denn er reiste nach Guernsey und verliebte sich in Blanche, eine hübsche 22jährige Wäscherin, die Juliette unvorsichtigerweise in Dienst genommen hatte. Er kämpfte ein wenig gegen seine Begierden, dann begann er, Verse für Blanche zu schreiben. Sie gab sich ihm. Juliette schöpfte Verdacht, nahm Blanche das Geständnis ab und verjagte sie von Guernsey. Aber in Paris sah er sie wieder: *toda.* Er brachte sie am quai de La Tournelle unter und besuchte sie fast täglich. Er liebte es, sie nackt zu betrachten. In *Océan* schrieb er:

Sie sagt zu mir: «Behalte ich das Hemde an?»
Und ich zu ihr: «Noch nie das Weib war besser angetan
Als nackend ganz und gar» [...]
Und prächtig war's. «Nun denn!» sagt sie, «so nimm mich wahr.»
Und vor Adonis' Blick bot Venus sich so dar.

Sie machten lange Spaziergänge zusammen; Hugo hing an ihr, sexuell, aber auch gefühlsmäßig, und sie liebte ihn leidenschaftlich. Zuweilen hatte er Gewissensbisse. Ebenfalls in *Océan* schreibt er:

O trauriger Menschengeist, vom Körper so besessen!

Juliette war mißtrauisch und ließ ihn durch einen Privatdetektiv überwachen; so entdeckte sie am 19. September 1873 das, was sie «seine schändlichen Abenteuer» nannte. Sie floh weit fort von Paris, kam zurück; er schwor, Schluß zu machen, tat es aber nicht. Indessen empfand er immer mehr Gewissensbisse. Er entwarf eine Komödie, *Philémon perverti* (um 1877), in der er sich anklagt, seinem Vergnügen nachzugehen, ohne sich um die Tränen der unglücklichen Baucis zu kümmern:

Eine Junge nehmen statt der Alten, die man hat!
...
Ich fühle, daß ich eine schreckliche Kanaille werde.

1 Sie hat gesagt: nimm, und ich nehme.
2 Von nun an jeden Tag und jede Stunde dieselbe Marie.

Als Philemon heimkehrt, muß er erfahren, daß Baucis vor Kummer gestorben ist. Und die junge Eglea verspottet ihn, wenn er zwischen zwei Hustenanfällen seine vielen Liebeserklärungen vorbringt. Hugo zieht den Schluß, daß Philemon vom Teufel verführt wurde, während sich in Baucis ein Engel verkörperte. Er ging jedoch weiter zu Prostituierten; als er mit 76 Jahren, am 28. Juni 1878, einen leichten Gehirnschlag erlitt, beschwor ihn der Arzt, seinen sexuellen Betätigungsdrang zu dämpfen. «Aber Doktor, geben Sie zu, daß die Natur einen warnen sollte», antwortete Hugo. Er gab bis zu seinem Tode nicht auf. Sein Notizbuch von 1885 vermerkt noch fünf amouröse Leistungen, die letzte am 5. April, einige Wochen vor seinem Tod. Seine Gesundheit hatte sich jedoch seit seinem Schlaganfall etwas verschlechtert.

Das Bild, das er sich stets vom Alter gemacht hatte, erlaubte ihm, seine sexuellen Bedürfnisse bis ins höchste Alter zu befriedigen: er dachte zweifellos an Boas, wenn eine junge Frau sich bot. Für Judith Gautier schrieb er das Sonett: *Ave, dea, moriturus te salutat*, in dem er ihr sagt:

> Wir sind beide Nachbarn des Himmels, Madame,
> Denn Sie sind schön, und ich bin alt.

Weit entfernt, ein Makel zu sein, ist das Alter in seinen Augen eine Ehre; es bringt uns Gott näher und stimmt überein mit allem, was sublim ist, mit der Unschuld, der Schönheit. Hugo litt im Alter gewiß nicht an einem Minderwertigkeitskomplex. Dennoch ist er nicht blind: ironisch vergleicht er das Paar, das er und Blanche bilden, mit Venus und Adonis. Und der alte Philemon ist jämmerlich, wenn er zwischen zwei Hustenanfällen seine Herzensergüsse vorbringt. Dennoch: er war stolz auf sich. «Ich bin wie der Wald, den man mehrfach ausgeholzt hat: die jungen Triebe sind jedesmal stärker und lebensfähiger geworden.» Und schließlich wurde er von schönen jungen Frauen geliebt: das genügte ihm, sich das Recht, sie zu lieben, zuzugestehen. Weniger verständlich ist, wie er seine Rolle des majestätischen Greises mit der heimlichen Suche nach käuflicher Liebe in Einklang brachte. Juliette hatte ihren Verdacht und litt darunter; zeitweise machte er sich selbst Vorwürfe, aber er hörte nicht auf, auch nicht nachdem der Arzt ihn gewarnt hatte. Da er der Sexualität seit seiner Heirat einen solchen Platz eingeräumt hatte, wäre es ihm wie ein Versagen erschienen, darauf zu verzichten; seine «schändlichen Abenteuer» waren ein Nachhutgefecht. Vor allem aber glaubte er, nur sich selbst Rechenschaft schuldig zu sein: sein Leben lang hatte er nie dem Druck der öffentlichen Meinung nachgegeben; wenn er Gelüste hatte, befriedigte er sie.

Viele Beispiele belegen, daß ein bejahrter Mann in peinigender Weise von sexuellen Bedürfnissen heimgesucht werden kann. Edmond de Goncourt vermerkte in seinem Tagebuch: «*28. Sept. 88.* In der Eisenbahn wurde ich von einem Koitus-Bedürfnis gefoltert und dachte an alles, was man über die *alten Schweine* gesagt, geschrieben und gedruckt hat, diese armen alten Schweine, die das spermatische Aufgußtierchen noch heftig zwickt. Ist es denn unsere Schuld, wenn die Natur auf so gebieterische, so ausdauernde, so hartnäckige

Weise den Trieb nach Vereinigung mit dem anderen Geschlecht in uns gelegt hat?» Er war damals 66 Jahre alt.

Mit 70 Jahren schreibt er am 8. Juli 1892: «In diesem Augenblick übt der Nacken der Frau, der runde Nacken, der zarte Nacken mit einer sich vorwitzig auf der Helligkeit des Fleisches kräuselnden Haarlocke eine aphrodisiakische Wirkung auf mich aus. Ich ertappe mich dabei, daß ich ihr, einzig um des Vergnügens willen, einen Nacken zu sehen, folge, so wie andere einem Bein folgen.»

Am 5. April 1893: «Ist es nicht dumm, in meinem Alter noch von dem spermatischen Tierchen gezwickt zu werden! Seit 14 Tagen nun schon wollte ich meine Gedanken ganz auf meine Arbeit konzentrieren und seit eben 14 Tagen fertigen sie mir unter der Schwärze der Lider erotische Bilder, die jene des Aretino in den Schatten stellen.»

Herbert George Wells war 60 Jahre alt, als er sich im Verlauf eines Briefwechsels in Dolores verliebte; er liebte sie leidenschaftlich und entdeckte an sich ungeahnte sexuelle Fähigkeiten: «Zum erstenmal in meinem Leben wurde mir klar, daß ich ein verblüffender Bursche war, ein ungewöhnlich munterer Geselle, ein bemerkenswerter Virtuose. Casanova könnte mir bestimmt nicht das Wasser reichen», schreibt er belustigt. Die Sache ging schief, es kam zu peinlichen Streitereien, und schließlich konnte er Dolores nicht mehr ertragen und trennte sich mit 66 Jahren von ihr. Unmittelbar darauf begegnete er der Frau, die er Brylhil nannte und für die er die heftigste Liebe seines Lebens empfand: eine Liebe, die erwidert wurde und lange Zeit währte.

Unter unseren Zeitgenossen gibt es sehr viele alte Männer, die mit jungen Frauen leben oder verheiratet sind. Charlie Chaplin war nicht mehr jung, als er Oona heiratete, mit der er mehrere Kinder hat. Picasso hatte das 60. Jahr schon überschritten, als er zwei Kinder von Françoise Gilot bekam. Als sie ihn verließ, verliebte er sich in Jacqueline Roque und heiratete sie. (Zu dieser Zeit machte er sehr schöne Zeichnungen, die eine prächtige nackte Frau vor einem verkrüppelten Greis oder gar einem Affen darstellen.) Die Fotografien aus dieser Zeit zeigen einen jugendlichen und vitalen Picasso; sicher hatte er ein günstiges Bild von sich, das durch Jacquelines Liebe bestätigt wurde; es ist eine Art Narzißmus zweiten Grades, der ihn dazu bestimmt, sich zu karikieren: in seiner Einzigartigkeit ist er seiner so sicher, daß er amüsiert über die verliebten Greise im allgemeinen spotten kann. In dem Augenblick, da er sie anprangert, distanziert er sich von der Lächerlichkeit und Widerwärtigkeit ihrer Ansprüche. Pablo Casals hat sich mit 90 Jahren eine blühende Gesundheit bewahrt. Henry Miller erzählt: «Er steht jeden Tag zeitig auf und geht in Porto Rico am Strand spazieren. Er kommt zurück und spielt auf seinem Klavier eine halbe Stunde Bach, bevor er drei Stunden Cello übt. Er reist und hält Vorträge.» Vor zehn Jahren, mit 80, heiratete er eine seiner Schülerinnen, die damals 20 Jahre alt war: die beiden blieben bis heute beisammen. Miller wird seinerseits von einem Journalisten als «ein junger Mann» beschrieben, «zwar mit Falten, aber unbändig und seine Umgebung durch seine Vitalität in Atem haltend, gebräunt, glücklich, entspannt». Mit 75 Jahren heiratete er eine 29jährige

Japanerin. Sexualität, Gesundheit, Aktivität hängen zusammen: als wäre das Leben des Individuums von Anfang an programmiert; sofern keine Unfälle von außen her eintreten, stehen Lebenskraft wie Langlebigkeit im Organismus geschrieben.

Diese Beispiele bestätigen die These, daß ein reiches Geschlechtsleben sich lange fortsetzt. Es kommt aber auch vor, daß ein Mann, dem die Frauen bis dahin ziemlich gleichgültig waren, noch spät die Freuden der Sexualität entdeckt. Der Kunsthistoriker Bernard Berenson, der mit 94 Jahren starb, schreibt: «Ich habe erst angefangen, von der Sexualität und dem animalischen Leben bei der Frau Kenntnis zu nehmen, als ich in dem Abschnitt stand, den man als mein Alter bezeichnen könnte.»

Rodin, der seit seiner Jugend mit Rose Beuret zusammen lebte und seine Schülerin Camille Claudel sehr geliebt hatte, widmete als reifer Mann den Frauen wenig Zeit, machte ihnen aber in seinen Siebzigern eifrig den Hof. «Ich wußte nicht, daß die mit 20 Jahren Verachteten mich mit 70 bezaubern würden», sagte er. Immer mehr ließ er sich beeindrucken von ihren Reizen und empfing kritiklos sämtliche Verehrerinnen. Mehrere Jahre lang stand er im Bann einer Amerikanerin; sie war mit einem Herzog verheiratet, der nach Aussage von Rodins Freunden ziemlich alt, keine Schönheit und eingebildet und lächerlich war. Rilke, sein früherer Sekretär, jammerte, jeder Tag mache aus seinem Alter etwas Groteskes, Lächerliches. Nach sechs Jahren schließlich brach Rodin mit der Amerikanerin und wandte sich wieder Rose zu.

Trotzki, der sich schon mit 55 Jahren alt fühlte, machte mit 58 Jahren eine merkwürdige erotische Krise durch. Deutscher berichtet, daß in Trotzkis damaligen Briefen an seine Frau «seine Vitalität sowie sein sexuelles Verlangen nach Natalia durchbrach: er schreibt ihr, daß er gerade wieder die Stelle in Tolstojs Memoiren gelesen habe, wo dieser erzählt, wie er mit 70 Jahren voller Sinnenlust und Begierde nach seiner Frau von seinen Ausritten heimkam. Und wie er, der damals 58jährige Trotzki, von seinen erschöpfenden Eskapaden zu Pferd in genau der gleichen Stimmung zurückkomme. In seinem Verlangen nach ihr verwendet er Ausdrücke der Gassensprache, und er ist verwirrt, daß er, zum erstenmal in seinem Leben, solche Worte zu Papier bringt und sich ganz so aufführt wie ein junger Armeekadett.»

Eines der ergreifendsten Zeugnisse über die Alterssexualität hat Tanizaki in seinen beiden weitgehend autobiographischen Romanen *Der Schlüssel* [1] und *Tagebuch eines alten Narren* [2] gegeben. In der japanischen Erotik verbinden sich auf einzigartige Weise Schamgefühl und Schamlosigkeit: man entkleidet sich nicht zum Beischlaf; aber auf Stichen und in Büchern werden die verschiedenen Positionen sehr freizügig dargestellt und beschrieben. Tanizakis Werke gehören in diese Tradition. Das erste wurde 1956 verfaßt. Held des Romans ist

1 Reinbek 1961.
2 Reinbek 1966.

ein 56jähriger Professor (der Autor war bereits älter). Er schläft alle zehn Tage einmal mit seiner Frau; danach ist er für Stunden so erschöpft, daß er nicht mehr die Kraft zum Denken hat. Er ist Fetischist in bezug auf Frauenfüße und ist gereizt, weil ihm seine Frau nur die herkömmlichen Umarmungen gestattet und sich weigert, sich zu entkleiden. Als sie eines Abends ohnmächtig wird, weil sie zuviel Cognac getrunken hat, nutzt er die Gelegenheit und beleuchtet mit einer Lampe ihren Körper, um ihn in allen Einzelheiten zu erforschen. Er leckt ihre Zehen. In den folgenden Tagen bringt er es dahin, sie wieder betrunken zu machen: mit einer Polaroidkamera fotografiert er die verschiedenen Partien ihres Körpers und klebt die Bilder in sein Tagebuch. Sein Verhalten ist zu einem Teil von Sadismus bestimmt: er läßt sein Tagebuch absichtlich herumliegen, damit seine Frau es liest. Aber er hat sie im Verdacht, daß sie im Grunde einverstanden ist und ihr Spiel mit ihm treibt so wie er mit ihr: das seltsame Vergnügen, das er dabei empfindet, offenbart Masochismus. Aus Masochismus läßt er die Fotos seiner Frau von einem Schüler, Kimura, entwickeln, der die Frau seines Lehrers begehrt und den sie ohne Zweifel ebenfalls begehrt. Er läßt sich Injektionen männlicher Hormone geben und injiziert sich selbst heimlich Hypophysenpräparate. Dank dieser Behandlung wird er immer wollüstiger, doch muß er um seine Gesundheit fürchten. Er hat plötzlich Schwindelanfälle, Gedächtnisstörungen und erhöhten Blutdruck. Hinterlistig treibt er Kimura und seine Frau dazu, sehr intime, wenn nicht vollständige erotische Beziehungen aufzunehmen: die Eifersucht stachelt seine Lust an. Seine Frau weiß, daß seine sexuellen Ausschweifungen ihn töten können, aber sie fördert sie noch; er seinerseits weiß, daß sie es mit vollem Bedacht tut. Sein Masochismus, sein Gefallen an der Gefahr machen diese Situation zu einer Wonne für ihn. Eines Nachts läßt er sich von seiner Frau bis zum Höhepunkt der Lust führen, nimmt sie mit mehr Glut als je zuvor und stirbt in ihren Armen an einem Schlaganfall.

Im *Tagebuch eines alten Narren* begegnet man dieser Konstellation wieder: Erotik, Tod, durch Gefahr aufs höchste gesteigerte Lust. Diesmal ist der Held 77 Jahre alt, ungefähr im Alter des Autors, und blickt auf ein reiches Sexualleben zurück. Jetzt fühlt er sich von den jungen Schauspielern, die Frauenrollen spielen, angezogen. «Mag der normale körperliche Vollzug der Liebe auch unmöglich geworden sein, irgendwie gibt es auch für einen alten Mann ein geschlechtliches Leben», notiert er. Einige Jahre zuvor hat er einen leichten Gehirnschlag erlitten: beim Gehen muß er sich auf eine Krankenschwester oder seine Schwiegertochter stützen. Gern malt er sich seinen Tod aus: die Leichenfeier, die Tränen. «Wie werde ich wohl als Toter aussehen?» Dieser Gedanke verfolgt ihn. Außerdem ist er von Frauen besessen: «Ich hänge nicht mehr im mindesten an diesem Dasein, aber solange ich auf Erden bin, fühle ich mich nun einmal unwiderstehlich zu den Frauen hingezogen . . . Ich habe zwar nicht die Vitalität eines Kubara Fusanosuke, der noch mit 90 Jahren Kinder zeugte – dazu wäre ich nicht mehr fähig –, aber das Geschlechtliche beglückt mich noch immer, wenn auch indirekt und auf andere Art.» Er ist ständig krank und genießt es, seine Gebrechen zu beschreiben, selbst die widerwärtigsten, und ebenso die Häßlichkeit seines Gesichts. Sein Blutdruck steigt. Er ißt und schläft viel. Seine deformierten Knochen machen ihm zu schaffen; er hat in Händen, Armen und Beinen stechende Schmerzen, die ihn sexuell erregen: «Seltsamerweise regt sich bei solchen Schmerzen mein Geschlechtstrieb. Vielleicht ist es zutreffender zu sagen: ich empfinde ihn bei Schmerzen stärker... Wenn man will, kann man das auch Masochismus nennen. Ich glaube nicht, daß ich von Jugend an dazu neigte, aber nun, da ich alt bin, ist es so.»[1] Er liebt Frauen, die ihm den Eindruck machen, grausam zu sein. Seine Schwiegertochter – der er einmal eine schöne, sehr teure Tasche geschenkt hat – erlaubt ihm, ins Badezimmer zu kommen, während sie duscht, und er darf ihr Bein küssen – unterhalb des Knies. Eines Tages leckt er ihr Bein vom Knie bis zu den Fersen und nimmt ihre Zehen in den Mund. Seine Augen röten sich, sein Blutdruck steigt. «Da ich eine glühende Hitze im Gesicht spürte und mir alles Blut in den Kopf zu steigen schien, fürchtete ich, auf der Stelle an einem Gehirnschlag zu sterben. Jetzt sterbe ich, dachte ich, jetzt sterbe ich.» Je größer seine Angst, um so stärker wird seine Erregung. Er wiederholt die Szene an einem anderen Tag – sein Blutdruck steigt nicht, und seine Lustgefühle sind weniger intensiv. Er erregt sich auch an den amourösen Abenteuern anderer, vor allem, wenn seine Schwiegertochter ihren Liebhaber mit nach Hause bringt. Bei den erotischen Spielen unter der Dusche küßt er einmal zwanzig Minuten lang ihren Nacken. Er schenkt ihr einen Diamanten im Wert von drei Millionen Yen, während er seiner Tochter die Bitte um ein bescheidenes Darlehen abschlägt. Er gefällt sich darin, vor Satsuko, seiner Schwiegertochter, ohne sein Gebiß zu erscheinen: «Selbst ein Schimpanse sähe wohl schöner aus als ich», sagt er. Und fügt hinzu: «Je intensiver ich meine eigene Häßlichkeit empfand, desto strahlender erschien mir die Schönheit Satsukos.» Hier ist die Häßlichkeit des eigenen Bildes, weit entfernt davon, ein Hindernis zu sein, der masochistischen Veranlagung des Helden wegen ein Reizmittel. Eines Tages, als ihn seine Knochen wirklich sehr schmerzen, stöhnt er: «Satsuko! Satsuko! Es tut so weh!» Er bricht in Schluchzen aus, Speichel läuft ihm aus dem Mund, er zetert. Sie schilt ihn wegen dieses Theaters. Er will sie küssen; sie wehrt ab, läßt aber schließlich einen Tropfen Speichel in seinen Mund fallen. Er nimmt immer mehr Schlafmittel; man gibt ihm Spritzen. Er beschließt, den Ort zu wählen, wo man ihn begraben soll, und reist mit der Krankenschwester und Satsuko nach Kyoto. Er denkt daran, sich als Grabmal eine Skulptur meißeln zu lassen, die Satsuko im Gewand der Göttin Kannon darstellt: er möchte unter ihren Füßen ruhen. Dann kommt ihm ein anderer Gedanke: auf seinen Grabstein den Abdruck ihrer Füße gravieren zu lassen. Man soll denken, es seien die Füße Buddhas. Er selbst trifft die Vorbereitungen: er bestreicht Satsukos Füße mit Tinte und gerät dabei in einen Zustand höchster Erregung. Sein Blutdruck steigt gefährlich an. Satsuko, die sich einen ganzen Tag lang für seine heimlichen Machenschaften hergegeben hat, läuft am nächsten Morgen erschöpft davon. Er bekommt einen Schlaganfall. Zwar erholt er sich, doch bleibt er äußerst geschwächt.

1 Auch in allen früheren Romanen von Tanizaki findet man Hinweise auf Masochismus.

Das Eigenartigste an diesen beiden Romanen ist die Beziehung zwischen Sexualität und Tod. In der Literatur sind sie oft zusammengebracht worden: die Vorstellung vom Tod erweckt als Reflex jene des Lebens. Eros und Thanatos sind ein klassisches Paar. Aber ich kenne keinen anderen Fall, wo ein Mann das Bedürfnis hat, sein eigenes Leben aufs Spiel zu setzen, um so zum Höhepunkt der Lust zu gelangen.

Diese Zeugnisse stimmen mit den vorangegangenen allgemeinen Bemerkungen überein. Impotenz schließt Begierde nicht aus. Die Begierde wird meist abweichend von der Norm befriedigt, wobei sich die Phantasievorstellungen der Mannesjahre herauskristallisieren: das Voyeurtum bei Hugo, der Masochismus bei Tanizaki. Viele Männer suchen sich im Alter Partnerinnen, die wesentlich jünger sind als sie. Diejenigen, bei denen die Sexualität weiter eine große Rolle spielt, erfreuen sich meist bester Gesundheit und führen ein aktives Leben.

Über das Verhältnis eines Greises zu seinem Körper, zu seinem Bild und zu seinem Geschlecht besitzen wir ein erstaunliches Dokument: das Tagebuch von Léautaud. Es vermittelt eine lebendige Synthese der verschiedenen Standpunkte, mit denen wir uns in diesem Kapitel beschäftigt haben.

Léautaud hat sich stets mit Wohlgefallen betrachtet. Mit 41 Jahren notiert er: «Ich finde mich gar nicht so häßlich. Ich habe sogar ein recht ausdrucksvolles Gesicht, jedenfalls kein banales.» Er gibt zu, daß es das Gesicht eines 41jährigen ist, «ein vom Leben schon gezeichnetes Gesicht». In der Folge wiederholt er oft, daß er sich jünger fühlt, als er ist. Erst durch andere wird ihm sein Alter offenbar, und er gerät in lebhaften Zorn darüber. Er war 53 Jahre alt, als ein Bahnhofsangestellter von ihm als einem «kleinen alten Herrn» sprach. Léautaud notierte wütend in seinem Tagebuch: «Kleiner Alter! Alter Herr? Ja, zum Teufel, bin ich denn dermaßen mit Blindheit geschlagen? Ich finde mich weder klein noch alt. Ich finde, daß ich wie ein Mann von 50 Jahren aussehe, gewiß, aber sehr gut für sein Alter. Ich bin dünn, ich bin geschmeidig. Ein alter Herr in diesem Zustand – den soll man mir erst einmal zeigen!» Mit 59 Jahren sah er sich mit kritischen Augen: «Was die physische und geistige Verfassung betrifft, bin ich 40 Jahre. Ein Jammer, daß das Gesicht nicht dazu paßt! Vor allem das Fehlen der Zähne. Für mein Alter, Schlankheit, Geschmeidigkeit, Beweglichkeit und Gangart, bin ich bemerkenswert. Das Fehlen der Zähne verdirbt alles. Ich wagte heute nicht mehr, einer Frau den Hof zu machen.» Das hinderte ihn nicht, mit über 60 Jahren von neuem in Zorn auszubrechen, weil ein junger Mann ihm in der Métro seinen Platz angeboten hat. «Ah! der Teufel soll das Alter holen, schauderhafte Sache.» Man gewahrt bei Léautaud ganz besonders deutlich die Unfähigkeit des alten Mannes, sich seines Alters bewußt zu werden. An einem Geburtstag notiert er: «Ich habe heute mein 64. Jahr begonnen. Ich fühle mich ganz und gar nicht wie ein alter Herr.» Der alte Herr ist ein anderer, eine bestimmte, objektiv definierte Kategorie – aber dieser Person begegnet er nicht in seiner inneren Erfahrung. In manchen Augenblicken indessen lastete das Alter auf ihm. Am 12. April 1936 schrieb er: «Ich bin meiner Gesundheit nicht froh, auch meiner geistigen Verfassung nicht; und dazu der Kummer, daß ich alt werde. Das vor allem!» Aber mit 69 Jahren schreibt er: «Bin mit meinen siebzig Jahren noch genauso lebhaft, behende, geschmeidig und denkbar rüstig.»

Er konnte mit sich zufrieden sein: er hielt selbst sein Haus in Ordnung, versorgte seine Tiere, machte alle seine Besorgungen zu Fuß, trug schwere Einkaufskörbe, schrieb sein Tagebuch und kannte keine Müdigkeit. «Nur meine Sehkraft läßt nach. Ich bin [sonst] noch genauso, wie ich mit 20 Jahren war. Mein Gedächtnis, meine geistige Lebendigkeit habe ich behalten.»

Um so aufreizender ist es, wenn die Reaktionen anderer ihn an die Wirklichkeit erinnern. Er war 70 Jahre, als eine junge Frau in der Métro beim Anfahren des Zuges das Gleichgewicht verlor und rief: «Oh, pardon, Opa! Beinahe wäre ich auf Sie gefallen.» Zornig vermerkte er: «Zum Donnerwetter! Sieht man mir mein Alter doch so an! Wie falsch man sich doch selber sieht!»

Das Paradoxe ist, daß er gar nichts dagegen hatte, alt zu sein. Er stellt einen jener Ausnahmefälle dar, bei denen das Alter mit einer Phantasievorstellung der Kindheit zusammenfällt: die Alten hatten ihn schon immer interessiert. Er notiert mit 72 Jahren, am 7. März 1942: «Man legt eine Art Koketterie an den Tag, wenn man ein alter Mann geworden ist, möchte in guter Verfassung sein, schlank, geschmeidig, behende, der Teint soll derselbe geblieben sein, die Gelenke intakt, ohne Krankheit und ohne physischen oder geistigen Verfall.»

Aber seine Koketterie verlangte, daß sein Alter für die anderen nicht sichtbar wurde: er gefiel sich in der Vorstellung, daß er trotz der Last seiner Jahre jung geblieben sei.

Manchmal ertrug er sie übrigens schlecht. Am 2. Juli 1942 schrieb er: «Zweiundsiebzigeinhalb Jahre. Ich kann mich noch so gut fühlen, das Alter bewegt mich tief, und auch der Gedanke an den Tod. Meine Augen sind sehr schlecht geworden.» Er fürchtet, daß ihm eines Tages die Zähne, die sein Gebiß halten, ausfallen könnten: «Dann werde ich einen hübschen Anblick bieten ... An dem Tage werde ich mich wohl zu Hause einschließen.» An einem anderen Tag notiert er: «Zu gerne wäre ich erst 50 Jahre alt und hätte dabei meine gegenwärtige Reife und meine später gewonnenen Erkenntnisse ... Resignieren, sich bescheiden: verwünschtes Alter. In diesen Worten ist es ganz enthalten.»

Und dann begann seine Zufriedenheit wieder aufzuleben: «Im Gesicht altere ich sehr. Die Haut am Kinn ist allmählich ganz mit kleinen Streifen überzogen. Tja, ich bin eben nicht mehr jung! Im nächsten Januar, am 18., beginne ich mein 74. Jahr. Vorhin habe ich mich in Paris in den Schaufenstern gesehen – ich bin das geworden, was mich als Kind so sehr interessierte, dann als jungen Mann, das, was mich im Grunde mein Leben lang interessiert hat: ein seltsamer alter Mann von originellem Aussehen, der ein ausdrucksvolles Gesicht hat und nach so etwas wie einer vergangenen Mode gekleidet ist; man blickt ihm nach und hält ihn wohl für einen erfolglosen alten Schauspieler ...»

Mit Recht war er stolz auf seine Gesundheit: «Wenn man ein bestimmtes Alter erreicht hat wie ich, der ich in ein paar Tagen mein 75. Jahr beginne, und wenn man wie ich, der ich Müdigkeit nicht kenne, in guter Verfassung ist, außer für die Liebe, leider!, empfindet man eine Art Eitelkeit. Beinahe mitleidig betrachtet man die Jugend. Die Jugend? Das ist nicht das, was zählt. Das Altwerden ist es.»

Erst am Ende seines Lebens, als er seine Gesundheit einbüßte, ließ er sich entmutigen. Am 25. Februar 1945 schrieb er: «Ich bin äußerst niedergeschlagen. Der Zustand meiner Augen. Das entsetzliche Altern, das ich an meinem Gesicht feststelle. Die Arbeit an meinem Tagebuch derart in Verzug. Die Mittelmäßigkeit meines Lebens. Ich bin ohne Spannkraft, ohne Illusionen. Die Zeit der Freuden, auch nur für fünf Minuten, ist wirklich vorbei.»

Er war damals 75 Jahre alt, und sein Geschlechtsleben war zu Ende. Aber außer in diesen letzten Jahren war einer der Gründe seines Stolzes die Tatsache gewesen, daß er seine Begierden und die Möglichkeit, sie zu befriedigen, behalten hatte. In seinem Tagebuch kann man die Entwicklung seiner Sexualität verfolgen.

Er war für Frauen erst richtig empfänglich, als er auf die Fünfzig zuging. Mit 35 Jahren schrieb er: «Ich fange an zu bedauern, daß meine Natur mir so selten erlaubt, mich mit Frauen abzugeben.» Das «heilige Feuer» fehlte ihm. «Ich denke immer an etwas anderes – an mich zum Beispiel.» Er fürchtete, er sei impotent, und erlebte den Akt nur kurz: «Ich bereite den Frauen keine Lust und kann nie ein zweites Mal anfangen ... An der Liebe sagt mir nur das Schamlose zu ... Gewisse Dinge kann man nicht von allen Frauen verlangen.» Er hatte eine lange Liaison mit einer gewissen Bl ...[1] Er sagt, er habe sie sehr geliebt, aber auch, daß das Leben mit ihr eine Hölle gewesen sei. Um die Vierzig, Frauen gegenüber nach wie vor kalt und unfähig, seiner Partnerin Lust zu bereiten, fand er «ein gewisses Vergnügen» daran, sich Aktbilder anzusehen. Einige Jahre später indessen spricht er melancholisch von den «seltenen Liebeserlebnissen meines Lebens, die mir wirklich Freude machten». Er wirft sich vor, daß er den Frauen gegenüber «schüchtern, ungeschickt, schroff, zu empfindsam» gewesen sei. «Immer zuviel nachgedacht und die besten Gelegenheiten verpaßt.» Das ändert sich alles, als er auf die Fünfzig zugeht und eine Frau kennenlernt, «die zur Lust herrlich veranlagt ist und ganz meinen Neigungen in diesen Dingen entspricht». Er wird zu einem «fast glänzenden» Liebhaber – er, der bisher nur Frauen gekannt hatte, die schlecht zu ihm paßten, und der meinte, er hätte nur geringe Fähigkeiten. Von diesem Augenblick an wird die Sexualität bei ihm zu einer Besessenheit. Am 1. Dezember 1923 notiert er: «Madame[2] hat möglicherweise recht: mein wiederholtes Verlangen nach Beischlaf ist vielleicht pathologisch ... Ich führe es auf die Mäßigkeit meines ganzen Lebens zurück, die ich bis jenseits der Vierzig gewahrt habe, auf mein großes Gefallen an ihr – ich kann kein Fleckchen ihres Körpers sehen, ohne daß ich gleich auf das übrige Lust habe ... Auch auf vieles, das mir versagt gewesen ist, führe ich es zurück, wie etwa weiblicher Nacktheit, der ich in wachsendem Maße zugetan bin. Wenn ich bedenke, wie ich mich hinsichtlich all dieser Dinge

1 Blanche Blanc.

2 Einer der Namen, die er seiner Geliebten gab.

entwickelt habe, muß ich sogar staunen ... Keiner Frau habe ich die Liebkosungen gewidmet, die ich Madame widme.» Als sie im Sommer voneinander getrennt leben, quält ihn die Enthaltsamkeit; er masturbiert und denkt dabei an sie: «Ich bin zwar entzückt, daß ich in meinem Alter noch so feurig bin, aber verdammt noch mal, das hat allerhand Nachteile.» Madame war etwas älter als er: sein Leben lang hatte er immer nur reife Frauen geliebt. Er ließ sich auf ein Abenteuer ein, als sich ihm eine Jungfrau von 23 Jahren an den Hals warf, hatte aber keinerlei Vergnügen daran und machte sogleich Schluß. Von diesem Seitensprung abgesehen blieb er Madame jahrelang treu. Gern betrachtete er, während sie beischliefen, das Paar, das sie bildeten, im Spiegel. Von 1927 an muß er in sexueller Hinsicht Zurückhaltung üben: er tröstet sich, indem er mit der ‹Pantherin›[1] zotige Gespräche führte. Aber er versteht sich nicht mit ihr. «Es sind die Sinne, das Laster, was uns aneinander bindet. Alles übrige ist unbedeutend!» Doch 1938 stellt er rückblickend mit Genugtuung fest: «Siebzehn Jahre Pläsir zwischen zwei so feurigen und in ihren Liebkosungen wie in ihren Reden so gewagten Wesen.» Als er 59 Jahre alt ist, hält seine Beziehung zu der jetzt ‹Geißel› genannten Geliebten noch immer an, obwohl sie 64 Jahre alt ist. Paare, bei denen die Frau sehr viel jünger ist als der Mann, schockieren ihn. «Mit meinen 59 Jahren würde ich es gar nicht wagen, einer Frau von 30 von Liebschaft zu sprechen.» Er findet die Geißel noch recht begehrenswert, und die ‹Séancen› mit ihr bereiten ihm lebhaftes Vergnügen. Trotzdem beklagt er sich: «Wenn ich beischlafe, habe ich bei der Ejakulation fast nur Wasser.» Die körperliche Liebe ermüdet ihn, und die Ärzte raten ihm, sich zurückzuhalten. Hin und wieder masturbiert er. Er schreibt erotische Briefe an die Geißel, und auch sie schickt ihm welche. Die geschriebenen Worte versetzen ihn in starke Erregung. Am 25. September 1933 schreibt er: «Ich werde wieder bis zum äußersten geplagt von amourösen Vorstellungen, genau wie letzten Montag ... In einem solchen Zustand beobachte ich mich mit Neugierde und Sorge.» 1934 und 1935 ist die Situation die gleiche: Masturbation, erotische Briefe, ‹Séancen› mit der Geißel und eine weitere Liaison mit einer gewissen C. N., die ihm viele Qualen bereitet. «Vorsicht vor Liebesspielen. Ich bin noch verteufelt dazu aufgelegt, sogar viel zu sehr für mein Alter.» Am 13. August 1938 schreibt er (enttäuscht von C. N.): «Ich denke bis zum Wahnsinn nur an Beischlaf mit einer Frau, die mir ähnlich ist, die meine Neigungen teilt.»

Am 18. Januar 1938: «Ganz bestimmt geht es mir besser, wenn ich gar nicht beischlafe. Nicht daß es mir schwerfiele, im Gegenteil; aber es ist immer eine Verausgabung, und sie wird nicht mehr so schnell kompensiert wie vor ein paar Jahren.

Was mir am meisten fehlt, ist die weibliche Nacktheit, sind die gewagten Posen und das Muschispielen.»

Am 17. Februar 1940 schreibt er, er träume von Frauen: «Vom Gesicht, vom Körper einer Frau, die mir gefällt. Ganze Nächte hindurch habe ich unmögliche Träume.»

1 Auch ein Name, den er seiner Geliebten gab.

Mit 69 Jahren beklagt er sich über das «Fasten». Er spricht von seiner Jugend und sagt: «Ich machte mir wenig aus der sexuellen Lust und noch weniger aus der Lust, die der Anblick eines weiblichen Körpers in allen seinen Einzelheiten gewährt, eine Lust, die für mich nach meinem 40. Jahr eine so große, so heftige Bedeutung angenommen hat.

Bis zu 66 oder 67 Jahren konnte ich zwei- bis dreimal in der Woche beischlafen.»

Nun klagt er, daß er drei oder vier Tage an geistiger Ermüdung leide, wenn er beigeschlafen habe. Aber noch tut er es und korrespondiert mit drei früheren Geliebten. Er jammert, daß C. N. nicht mehr mit ihm schlafen will. Er hängt seinen amourösen Erinnerungen nach und findet Gefallen daran, sie in seinem Tagebuch wachzurufen.

Mit 70 Jahren schreibt er: «Die Frauen, die Liebe fehlen mir ungeheuer.» Er erinnert sich daran, daß er von 47 bis 67 Jahren leidenschaftlich mit der Geißel geschlafen hat, dann zwei Jahre mit C. N. «Ein Nachlassen habe ich erst vor drei Jahren gespürt.

Noch kann ich beischlafen. Oft tut es mir leid, daß ich keine Möglichkeit dazu habe, doch sage ich mir, daß ich sicherlich besser daran tue, es zu lassen.»

Am 29. September 1942: «Nach wie vor bin ich mehr als lächerlich. Alles, was mit Frauen und Liebe zusammenhängt, fehlt mir schrecklich.»

Mit 72 Jahren läßt er sich noch auf eine Idylle ein (die er nicht fortsetzt) und hat noch erotische Träume, die zur Erektion führen: «Ich verbringe nach wie vor meine Nächte in der denkbar günstigsten Verfassung.» Im gleichen Jahr jedoch stellt er das Ende seiner Sexualität fest.

«Man kann sich nicht mehr Liebesübungen hingeben, wenn das Körperliche tot oder doch fast tot ist. Selbst die Lust des Anblicks, der Liebkosungen ist schnell vorüber, ohne jedes Verlangen, fortzufahren. Es bedarf der körperlichen Wärme, um all das zu genießen.»

Man sieht, daß bei ihm die Lust, die am längsten fortbestanden hat – und der er seit seinem 40. Lebensjahr großen Wert beimaß –, die Lust des Sehens ist. Als sie erlischt, betrachtet er sein geschlechtliches Leben als beendet. Man sieht auch, wie sein Bild von sich selbst mit sexueller Aktivität verbunden ist. Er ist «entsetzlich niedergeschlagen», als er keine Lust mehr empfinden kann. Indes hat sein Narzißmus das Ende seiner Sexualität um einige Zeit überlebt.

Es gibt auch Beispiele für homosexuelle Liebesbeziehungen im Alter. Ist Michelangelo dazu zu zählen? Manche behaupten, seine Leidenschaft für Tommaso Cavalieri sei platonisch gewesen; aber die glühenden Sonette, die er von dem Tag an, da er ihm – mit 57 Jahren – begegnete, bis zu seinem Tode an ihn richtete, spiegeln unzweifelhaft sexuelle Emotionen wider, gleichviel, ob sie sublimiert waren oder nicht. Bestimmt hat sich Jouhandeau lange Jahre seine sexuelle Aktivität erhalten, denn er war schon alt, als er schrieb: «Gehemmt durch eine Keuschheit, an der ich keinen Geschmack finde und die ich nicht gewohnt bin, weiß ich nicht, was man, ohne tugendhaft oder voreingenommen zu sein, damit anfangen kann.» Gide berichtet in seinem Tagebuch noch mit über 70 Jahren von Liebesnächten. Am 3. April 1944 schreibt er: «Es gelingt mir nicht, die Freuden des Fleisches zu verachten (übrigens bemühe ich mich kaum darum). Eine Panne des Flugzeugs, das uns zurückbringen sollte ... gewährte mir vorgestern abend eine der lebhaftesten.»

24. Januar 1948: «Keinerlei Schamgefühl als Folge flüchtiger Wollust.»

Proust hat die Passagen über das Alter des Monsieur de Charlus ganz eindeutig nach lebenden Vorbildern geschrieben. In seiner Jugend hatte Monsieur de Charlus ein männliches Verhalten zur Schau getragen, und die Leute, die über seine Neigungen nicht im Bilde waren, schrieben ihm große Erfolge bei Frauen zu. Sein aristokratischer Hochmut behauptete sich gegenüber allen seinen Verderbtheiten. Die Inversion trat nur als eines der Elemente seiner starken Persönlichkeit zutage. Als der Erzähler 1914 nach langer Abwesenheit wieder nach Paris kommt, begegnet er ihm eines Abends: «Hinter zwei Zuaven hergehend, die sich kaum um ihn zu kümmern schienen, fiel mir ein großer, gewichtiger Mann in weichem Filzhut und in langem Überrock auf: ich zögerte, ob ich sein graurosa getöntes Gesicht für das eines Schauspielers oder eines Malers halten sollte, die beide gleichermaßen durch unzählige Skandale als Söhne Sodoms bekanntgeworden waren.» Es war Monsieur de Charlus. «Monsieur de Charlus hatte sich so weit wie nur möglich von sich selbst entfernt, oder vielmehr war er durch das, was er geworden war und was nicht ihn allein, sondern auch viele andere Invertierte auszeichnete, so vollkommen maskiert, daß ich ihn im ersten Augenblick für einen beliebigen von ihnen gehalten hätte ...» Ganz seinem Laster verfallen, hatte er Geschmack an Knaben gefunden und sah überall nur noch Homosexuelle. Oft begab er sich in ein von Jupien geführtes zweifelhaftes Hotel, wo er sich fesseln und von gedungenen Knaben schlagen ließ, die ihn beschimpfen mußten, während sie ihn peitschten. Er lebte nur noch mit fragwürdigen Personen zusammen und hatte es mehr oder weniger aufgegeben, ein männliches Betragen an den Tag zu legen. Aber die Verbissenheit, mit der er die stärksten Fesseln und die härteste Behandlung mit den grausamsten Instrumenten verlangte, ließ noch einen Traum von Männlichkeit erkennen. Sein Fall erinnert uns an jene Heterosexuellen, bei denen Phantasievorstellungen den Vorrang einnehmen, sobald sie ihre sexuelle Potenz ganz oder gar teilweise eingebüßt haben. Die einst in Schranken gehaltenen masochistischen Träume überfielen ihn jetzt mit Macht, und er versuchte, sie zu realisieren. Mehrere Jahre später sieht der Erzähler ihn noch einmal wieder. Nun war er ein richtiger Greis, aber noch immer suchte er Abenteuer und brachte es fertig, Jupien, der ihn als Krankenpfleger betreute, zu täuschen. Er hatte Krisen, in denen er rückhaltlose Geständnisse über seine Neigungen ablegte – das gesprochene Wort war zum Ersatz für seine nun sehr geschwächte Aktivität geworden.

In biologischer Hinsicht wird die Sexualität der Frau weniger durch das Alter beeinträchtigt als die des Mannes. Das stellt Brantôme in jenem Kapitel seines *Leben der galanten Damen* fest, das er «allen alten Damen, die ebensosehr lieben möchten wie die jungen» widmet. Während der Mann in einem gewissen

Alter nicht mehr zur Erektion fähig ist, «nimmt die Frau, in welchem Alter auch immer, wie ein Schmelzofen jedes Feuer und jede Substanz in sich auf». Eine ganze volkstümliche Überlieferung hat diesen Gegensatz immer wieder hervorgehoben. In einem Lied der *Fröhlichen Musen von Kaledonien* [1] beklagt sich eine ältere Frau über das Unvermögen ihres alten Mannes; sie vermißt «die wilden Umarmungen ihrer jungen Jahre», die jetzt nur noch blasse Erinnerung sind, da er im Bett nur noch ans Schlafen denkt, während sie sich vor Verlangen verzehrt. Die moderne Wissenschaft bestätigt die Richtigkeit solcher Hinweise. Nach Kinsey herrscht bei der Frau während des ganzen Lebens eine größere sexuelle Beständigkeit als beim Mann: mit 60 Jahren sind ihre Möglichkeiten, zu begehren und Lust zu empfinden, die gleichen wie mit 30. Nach Masters und Johnson vermindert sich mit zunehmendem Alter die Intensität der sexuellen Reaktion; doch bleibt die Frau fähig zum Orgasmus, vor allem, wenn ihr regelmäßige und wirksame Stimulierung zuteil wird. Bei Frauen, die nicht häufig körperlichen Verkehr haben, führt der Koitus zuweilen – während des Aktes oder danach – zu Schmerzen oder auch zu Dyspareunie (mangelnde Geschlechtslust) und Harnzwang: ob der Ursprung dieser Störungen physischer oder psychischer Natur ist, ließ sich bisher nicht eindeutig feststellen. Ich möchte hinzufügen, daß die Frau die sexuelle Vereinigung wünschen kann, auch wenn sie nicht den Orgasmus erreicht: die ‹präliminaren Lustgefühle› bedeuten ihr möglicherweise noch mehr als dem Mann. Normalerweise ist sie weniger abhängig vom Äußeren des Partners als der Mann, so daß sein Altern sie weniger stört. Wenn auch ihre Rolle in der Liebe nicht so passiv ist, wie oft behauptet wird, so hat sie keine bestimmten Schwächen zu fürchten. Nichts hindert sie, ihre sexuelle Aktivität bis in ihre letzten Tage zu behalten.

Indessen zeigen alle Umfragen, daß diese Aktivitäten faktisch nicht so häufig sind wie die des Mannes. Mit 50 Jahren haben nach Kinsey 97 % der Männer noch ein Sexualleben und nur 93 % der Frauen; mit 60 Jahren 94 % der Männer und nur 80 % der Frauen. Das liegt daran, daß in unserer Gesellschaft der Mann in jedem Alter Subjekt und die Frau Objekt, also abhängig ist. Wenn sie verheiratet ist, wird ihr Schicksal durch das ihres Mannes bestimmt, der im Durchschnitt vier Jahre älter ist als sie und bei dem das Triebverlangen langsam abnimmt oder sich, falls es weiterbesteht, auf jüngere Frauen richtet. Für die ältere Frau dagegen ist es sehr schwierig, außereheliche Partner zu haben. Sie ist für Männer noch weniger attraktiv, als es der alte Mann für Frauen ist. In ihrem Fall existiert die Gerontophilie nicht. Ein junger Mann kann eine Frau begehren, die alt genug ist, um seine Mutter zu sein, nicht aber eine, die seine Großmutter sein könnte. Mit 70 Jahren ist eine Frau in den Augen der anderen Menschen kein ‹erotisches Objekt› mehr. Käufliche Liebe kommt für sie schwerlich in Betracht: in den seltensten Fällen hat eine alte Frau Mittel und Gelegenheit, einen Partner zu bezahlen, und im allgemeinen hält sie auch das Schamgefühl, die Angst, was die Leute sagen könnten, davon ab. Für viele alte Frauen ist diese Frustration sehr quälend, denn ihr Verlangen beherrscht sie

1 Schottische Volksliedersammlung aus dem 18. Jahrhundert.

weiter. Gewöhnlich befriedigen sie es durch Masturbation. Eine Gynäkologin erzählte mir von einer 70jährigen, die sie anflehte, sie davon zu heilen.

Andrée Martinerie erhielt bei einer Befragung alter Frauen interessante Mitteilungen [1]. Madame F., aus großbürgerlicher Familie, 68 Jahre, praktizierende Katholikin, 5 Kinder und 10 Enkel, vertraute ihr folgendes an: «Ich war schon 64 Jahre alt ... Und nun hören Sie zu: vier Monate nach dem Tod meines Mannes bin ich auf die Straße gegangen, sozusagen mit Todesverachtung und fest entschlossen, mich dem ersten besten Mann, der mich haben wollte, hinzugeben. Keiner wollte mich haben. Da bin ich wieder nach Hause gegangen.» Auf die Frage: «Haben Sie daran gedacht, sich wieder zu verheiraten?» antwortete sie: «Ich habe keinen anderen Gedanken gehabt. Wenn ich es wagte, würde ich eine Anzeige im *Chasseur Français* [2] aufgeben ... Lieber einen Mann mit sämtlichen Gebrechen als gar keinen Mann!» Madame R., 60 Jahre alt, deren Mann Invalide ist, sagt hinsichtlich des sexuellen Verlangens: «Es stimmt, daß es nicht vorbei damit ist.» Manchmal sei sie völlig verzweifelt. Nach der Veröffentlichung der Enquete schrieb eine Frau in einem Leserbrief: «Ich kann nur feststellen, daß eine Frau, auch wenn sie älter wird, sehr lange Frau bleibt. Ich weiß, wovon ich spreche, denn ich bin 71 Jahre. Mit 60 wurde ich Witwe, mein Mann verstarb sehr plötzlich und ich habe gut zwei Jahre gebraucht, um damit fertig zu werden. Dann habe ich auf Heiratsanzeigen geantwortet. Ich gebe zu, daß mir ein Mann gefehlt hat, was sage ich, mir noch fehlt; dieses Leben ohne Ziel, ohne Zuneigung, ohne jemanden, dem man sein Herz ausschütten kann, ist furchtbar. Ich war so weit, daß ich mich fragte, ob ich noch normal sei. Ihre Veröffentlichung hat mich erleichtert ...» Sie schreibt zurückhaltend von «Zuneigung», von «Herz ausschütten». Aber aus dem Kontext wird deutlich, daß ihre Frustration auch sexueller Natur ist.[3]

Die Ansicht, daß bei Frauen der Geschlechtstrieb sehr lange anhält, wird durch Beobachtungen an lesbischen Frauen bestätigt. Manche behalten über ihr 80. Lebensjahr hinaus erotische Aktivitäten bei. Das beweist, daß sie noch sexuellen Begehrens fähig sind, auch wenn sie in den Augen der Männer schon lange nicht mehr begehrenswert sind.

Das bedeutet, daß die Frau bis an ihr Lebensende ihrer Situation als erotisches Objekt unterworfen bleibt. Enthaltsamkeit wird ihr nicht durch ein physiologisches Geschick auferlegt, sondern durch ihren Status als abhängiges Wesen. Dennoch kommt es vor, daß sie sich selbst dazu verurteilt, und zwar auf Grund jener bereits erwähnten ‹psychischen Barrieren›, die bei ihr noch weit-

1 Zitiert in *Elle*, März 1969.

2 Französisches Blatt mit einer besonders umfangreichen Heiratsanzeigenrubrik. (Anm. d. Übers.)

3 Typisch ist die Reaktion einer jungen Frau, die in einem Leserbrief an *Elle* schrieb: «In einer Gruppe junger Leute haben wir uns köstlich über die leidenschaftliche Witwe von der Katholischen Aktion amüsiert ... Können Sie nicht eine Enquete über die Liebe im vierten Alter der Frau veranstalten? Also bei denen, die zwischen 80 und 120 Jahre alt sind?» Die Jugend empört sich, wenn alte Leute, vor allem Frauen, noch ein Sexualleben haben.

aus hemmender wirken als beim Mann. In der Liebe neigt sie meist mehr zum Narzißmus als er, und bei ihr zielt der Narzißmus auf den ganzen Körper; durch die Liebkosungen und Blicke ihres Partners wird ihr beglückend der eigene Körper als begehrenswert bewußt. Fährt der Partner fort, sie zu begehren, findet sie sich gefaßter mit dem Welken ihres Körpers ab. Doch beim ersten Anzeichen einer Zurückhaltung des Partners empfindet sie ihren Verfall, faßt sie einen Widerwillen gegen sich und erträgt es nicht mehr, sich den Blicken eines andern auszusetzen. Diese Ängstlichkeit kann noch verstärkt werden durch die Furcht vor der öffentlichen Meinung: sie weiß, wie streng man über alte Frauen urteilt, die nicht ihre Rolle der abgeklärten und unkörperlichen Greisin spielen. Selbst wenn ihr Mann sie noch begehrt, kann ein tief verinnerlichtes Gefühl für Schicklichkeit sie dazu bringen, sich zu versagen. Die Frauen haben weniger Ablenkungsmöglichkeiten als die Männer. Diejenigen, deren erotisches Leben sehr aktiv und freizügig gewesen ist, kompensieren manchmal ihre Enthaltsamkeit durch ihr derbes Vokabular und ihre obszönen Reden. Sie spielen gern die Kupplerin, spionieren mit krankhafter Neugier dem Sexualleben junger Frauen in ihrer Umgebung nach oder entlocken ihnen Geständnisse. Im allgemeinen jedoch wirkt sich die Repression der Frau auch auf die Sprache aus. Die alte Frau versucht, in ihren Gesprächen wie in ihrem Verhalten schicklich zu erscheinen. Die Sexualität tritt kaum mehr anders als in ihrer Art, sich zu kleiden und zu schmücken und in ihrem Gefallen an männlicher Gegenwart zutage. Auf diskrete Weise kokettiert sie gern mit Männern, die jünger sind als sie, und zeigt sich empfänglich für Aufmerksamkeiten, die beweisen, daß sie für die anderen noch eine Frau ist.

Aber auch bei der Frau zeigt die Pathologie, daß die Geschlechtstriebe nur verdrängt, nicht erloschen sind. Ärzte haben festgestellt, daß in den Heil- und Pflegeanstalten die Erotik der weiblichen Patienten oft mit dem Alter zunimmt. Die Dementia senilis, das Altersirresein, bringt erotische Phantasievorstellungen mit sich, die aus mangelnder geistiger Kontrolle resultieren. Bei anderen Psychosen kommt es auch zu Enthemmungen. Dr. Georges Mahé hat unter 110 Anstaltsinsassen von über 60 Jahren 20 Fälle von krankhafter Erotik festgestellt: öffentliche Masturbation, Koitusgesten, obszöne Reden, Exhibitionismus. Bedauerlicherweise liefert er keine sinnfälligen Hinweise zu diesen Manifestationen, stellt sie nicht in einen Kontext; wir erfahren also nicht, *welche* Kranken sich so aufführen. Viele Anstaltsinsassen haben geschlechtliche Halluzinationen: Vergewaltigung, Berührungen. Frauen von über 70 Jahren bilden sich ein, sie seien schwanger. Madame C., 70 Jahre alt, Großmutter, singt derbe Kommißlieder und irrt auf der Suche nach Männern halbnackt durchs Hospital. Krankhafte Erotik ist der Kern zahlreicher Wahnvorstellungen und Ursache melancholischer Depressionen. E. Gehu berichtet von einer 83jährigen Großmutter, die im Heim eines religiösen Ordens Aufnahme fand. Sie war Exhibitionistin und hatte sowohl gleichgeschlechtliche als auch heterosexuelle Neigungen. Sie machte sich an die jungen Nonnen heran, die ihr die Mahlzeiten brachten. In dieser Krisenphase war sie völlig klar. Danach litt sie unter geistigen Störungen. Schließlich wurde ihr Geist wieder klar und ihr Verhalten normal. Auch hier wünschte man sich genauere Angaben. Alle Beobachtungen, von denen ich hier berichtet habe, sind sehr unzulänglich, doch weisen sie zumindest darauf hin, daß alte Frauen nicht mehr als alte Männer ‹vom Körperlichen befreit› sind.

Weder Geschichte noch Literatur haben uns zuverlässige Zeugnisse über die Sexualität alter Frauen hinterlassen. Das Thema ist noch mehr tabu als die Sexualität alter Männer.

In zahlreichen Fällen manifestiert sich die Libido beim altgewordenen Individuum überhaupt nicht mehr. Soll man sich dazu, wie die Moralisten sagen, beglückwünschen? Nichts ist weniger sicher. Denn diese Verstümmelung zieht andere nach sich, da Sexualität, Vitalität und Aktivität untrennbar miteinander verbunden sind. Manchmal stumpfen auch die Gefühle ab, wenn jedes geschlechtliche Begehren tot ist. Mit 65 Jahren schrieb Restif de la Bretonne: «Mein Herz ist mit den Sinnen gestorben, und wenn mich bisweilen eine zärtliche Bewegung überkommt, so ist sie ein Irrtum wie bei Wilden und Eunuchen; sie läßt mich dann nur in tiefer Traurigkeit zurück!» Anscheinend hat auch Bernard Shaw, als ihm die Frauen gleichgültig wurden, die Freude am Leben verloren: «Ich altere sehr schnell. Ich habe jedes Interesse für Frauen verloren, und die vermehrte Aufmerksamkeit, die sie mir zuwenden, ist mir lästig. Wahrscheinlich sollte ich sterben.»

Sogar Schopenhauer bekannte: «Andererseits jedoch ließe sich sagen, daß nach erloschenem Geschlechtstrieb der eigentliche Kern des Lebens verzehrt und nur noch die Schale desselben vorhanden sei, ja daß es einer Komödie gliche, die von Menschen angefangen, nachher von Automaten, in deren Kleidern, zu Ende gespielt werde.» Dennoch hat er in demselben Kapitel [1] der *Aphorismen zur Lebensweisheit* gesagt, daß «die ... endlosen Grillen, welche der Geschlechtstrieb erzeugt ... einen beständigen, gelinden Wahnsinn im Menschen unterhalten ...». Schopenhauer läßt dem Menschen keine andere Wahl als die zwischen Wahnsinn und Verkalkung. Tatsächlich ist das, was er den «gelinden Wahnsinn» nennt, der Elan des Lebens selbst. Ist dieser Elan gebrochen oder tot, lebt man nicht mehr.

Die Verbindung zwischen Sexualität und Kreativität ist ganz besonders frappierend. Sie manifestiert sich bei Victor Hugo, Pablo Picasso und vielen anderen. Um schöpferisch zu arbeiten, bedarf es einer gewissen Aggressivität – «einer gewissen Ausgelassenheit», wie Flaubert sagt –, die, biologisch, ihren Ursprung in der Libido hat.[2] Auch muß man sich der Welt durch eine warme Zuneigung verbunden fühlen, die zur gleichen Zeit wie das sexuelle Verlangen erlischt. Gide hat das sehr wohl erkannt, als er am 10. April 1942 schreibt: «Es gab eine Zeit, da ich, bis zur Todesangst gequält und von der Begierde gefoltert, betete: Ach, käme doch die Zeit, da das geschwächte Fleisch es mir erlaubte,

1 «Vom Unterschiede der Lebensalter».

2 Wir werden darauf zurückkommen, wenn wir über die Schöpferkraft der Greise sprechen.

mich ganz zu widmen ... Welcher Sache sich denn aber zu widmen? Der Kunst? Dem ‹reinen› Denken? Gott? Wie töricht! Wie toll! Glauben, das Licht der Flamme leuchte heller, deren Öl stockt ... Selbst meine Gedanken verlöschen, wenn sie zu abstrakt bleiben; auch heute noch ist es das Fleischliche in mir, was sie nährt, und heute bete ich: Möge sie fleischlich und begehrlich bleiben bis zum Tod.»

Es wäre unrichtig, zu behaupten, daß sexuelle Gleichgültigkeit notwendigerweise in allen Bereichen Trägheit und Impotenz mit sich brächte. Viele Beispiele beweisen das Gegenteil. Sagen wir also nur, daß eine Dimension des Lebens verlorengeht, wenn der sinnliche Kontakt mit der Welt fortfällt; alle, die diesen Reichtum bis in ein vorgerücktes Alter behalten, gehören zu den Privilegierten.

Es gibt eine tief in der Sexualität verwurzelte Leidenschaft, die sich im Alter noch verstärkt: die Eifersucht. Lagache hat gezeigt, daß sie sehr häufig aus einer Gefühlsverschiebung entsteht – der Friseur, dessen Geschäft schlechtgeht, redet sich ein, daß seine Frau ihn betrügt und macht ihr eine Szene nach der andern. Nun, das Alter ist eine Zeit allgemeiner Frustration; es erzeugt unklare Ressentiments, die sich in Form von Eifersucht konkretisieren können. Zum anderen bringt der Verlust der Sexualität bei vielen alten Paaren einseitige oder gegenseitige Haßgefühle mit sich, die sich leicht in Eifersucht äußern können. Manchmal liest man in der Zeitung, daß ein 70jähriger aus Eifersucht seine alte Lebensgefährtin mißhandelt oder umgebracht oder sich mit einem Rivalen geschlagen hat. Vielleicht hat er sich für die Gefühlskälte seiner Partnerin gerächt oder für seine eigene Impotenz. Frauen von über 70 Jahren werden vor Gericht gebracht, weil sie sich wegen eines alten Liebhabers geprügelt haben. In Altersheimen, in denen Männer und Frauen leben, kommt es zu heftigen Streitereien aus Eifersucht.

Dr. Balier und L.-H. Sébillotte haben bei einer Umfrage im XIII. Arrondissement festgestellt, daß dort die Paare mehr Schwierigkeiten mit dem Altern haben als die Alleinstehenden, weil die Gefühlsbeziehungen der Eheleute sich verschlechtern und Schaden nehmen. Die gesundheitliche Beeinträchtigung, die Isolation durch Pensionierung und das Fortgehen der Kinder führen dazu, daß sie fast ausschließlich füreinander leben. Mehr denn je verlangt jeder von seinem Ehepartner Schutz und Liebe; und beide sind weniger denn je imstande, diesem Bedürfnis nachzukommen. Die permanente Unzufriedenheit führt zur Forderung nach ständiger Gegenwart des andern, zu Eifersucht und Quälerei. Die Trennung versetzt diesen Menschen manchmal einen tödlichen Schlag – sie können buchstäblich nicht mehr ohne einander auskommen. Das Zusammenleben aber bringt ihnen mehr Kummer als Glück.

Abgesehen von den Fällen, wo die Frau wesentlich jünger ist, hat der ältere Mann weniger Grund zur Eifersucht als seine Gefährtin: er behält seine sexuellen Gelüste; sie dagegen ist kein Objekt des Verlangens mehr. Zwei Fälle von weiblicher Eifersucht will ich hier beschreiben: die Eifersucht Juliette Drouets und Sophia Tolstojs.

Juliette hat ihr Leben lang unter Victor Hugos Untreue gelitten; seine Seitensprünge grämen sie noch mehr, als er und sie keine körperlichen Beziehungen mehr haben. Sie fühlt sich wehrlos, besiegt, gedemütigt. Als Hugo 1873 eine Affäre mit Blanche hat, reagiert Juliette, inzwischen 69 Jahre alt, mit ungeahnter Heftigkeit. Sie leiht sich von Freunden 200 Francs und verläßt ihn, ohne eine Adresse zu hinterlassen. Hugo läßt sie in heller Aufregung suchen. Man findet sie in Brüssel. Sie willigt ein, zurückzukommen. Er erwartet sie am Bahnhof, und sie versöhnen sich. Vier Tage später schickt sie ihm eines ihrer ‹Geschreibsel›: «Teurer, teurer Geliebter, seit jenen schrecklichen acht Tagen, die ich in der Verzweiflung Verdammter verbracht habe, ist heute der erste Tag, an dem sich meine Augen, mein Mund, mein Herz und meine Seele gleichzeitig öffnen, um Gott zu schauen, um Dir zuzulächeln, um Dich anzuflehen, um Dich zu segnen. Dieser schreckliche Traum ist also zu Ende! Es ist wirklich wahr, daß Du mich liebst, daß Du mich allein liebst ...» Aber am 16. Oktober 1873 schreibt sie: «Lange werde ich diesen Zwiespalt nicht ertragen, der meinem armen alten Liebling ohne Unterlaß aus dem Ringen mit den jungen Verlokkungen erwächst, die sich Dir bieten ...»

Zweifellos hatte er Blanche, nachdem er versprochen hatte, mit ihr zu brechen, wiedergesehen: der Kontrast zwischen der jugendlichen, hübschen Wäscherin und ihrem eigenen Alter war unerträglich für Juliette. Die gleiche Verzweiflung bringt sie am 18. November 1873 zum Ausdruck: «Ich will Dir keinen Strick aus Deinem Glück bei Frauen drehen, aber was willst Du, ich kann nicht umhin, zu fühlen, daß mein alter Liebling sich traurig ausnimmt inmitten all dieser feder- und schnabelgewandten Kokotten ... Von heute an verschließt sich mein Herz endgültig.»

11. März 1874: «Wer nicht das Herz seines Alters hat, trägt seines Alters ganzes Unglück.

Dieses Epigramm erklärt und verzeiht in seiner lakonischen Wiedergabe all den Kummer, den ich unfreiwillig in Dein Leben trage, indem ich selbst wie eine Verdammte leide ...»

4. April 1874: «Für mich beginnt die Untreue nicht erst beim Tun; in meinen Augen wird sie schon durch die bloße Tatsache der Begierde bekräftigt. Dies vorausgeschickt, bitte ich Dich, mein lieber großer Freund, Dich nicht zu genieren und so zu tun, als wäre ich schon nicht mehr da.»

Dann wieder ein Anflug von Fröhlichkeit.

11. April 1874: «Ich spüre ein jugendliches Feuer, das wahrscheinlich von den 70 Lenzen herrührt, die ich in mich aufgesogen habe, ohne mich zu zieren.» Bald aber hat die Traurigkeit wieder Oberhand. Sie war nicht nur auf die jungen Geliebten ihres Mannes eifersüchtig, sondern auch auf seine Familie. Er hatte in Clichy eine zweigeschossige Wohnung gemietet; unten befanden sich die Empfangsräume, oben die Zimmer, wo er mit seiner Schwiegertochter und seinen Enkelkindern wohnte. Juliette hatte sich in derselben Etage wie er eingerichtet, aber die Schwiegertochter hatte sie unter dem Vorwand, die Kinder brauchten Platz, in die untere umquartiert. «Mein Herz ist voll der traurigen Vorahnungen», schreibt Juliette am 7. Mai 1874. «Diese Etage, die uns trennt,

ist wie eine zerbrochene Brücke zwischen unseren beiden Herzen ... Ich bin untröstlich und muß an mich halten, um nicht schluchzend zu weinen.»

Ohne Zweifel mißt sie dem Vorfall deshalb so große Bedeutung bei, weil sie weiß, daß Hugo ihr nach wie vor untreu ist. Sie leidet darunter: sie empfindet es als einen Mangel an Liebe, schämt sich aber auch für Hugo, dessen Geschlechtsleben, wie man weiß, nicht immer sehr glanzvoll war.

21. Juni 1874: «Es ist, als wäre, was mir von meinem armen Herzen geblieben, der Zielpunkt aller jener Jägerinnen des Lasters und schändlicher Abenteuer; was mich betrifft, so erkläre ich mich ohne Kampf besiegt ...» Und um 5 Uhr: «Dieses Sisyphus-Martyrium, das Tag für Tag seine Liebe in den höchsten Himmel erhebt und sie Tag für Tag mit all ihrem Gewicht auf sein Herz niederfallen fühlt, macht mich schaudern, und ich ziehe tausendmal den sofortigen Tod dieser furchtbaren Marter vor. Hab Mitleid mit mir und laß mich gehen ...»

Es kommt zu schmerzlichen Szenen zwischen ihnen, bei denen sie eine Trennung wünscht.

28. Juli 1874: «Du bist nicht glücklich, mein armer allzu Geliebter, und ich bin es auch nicht. Du leidest an der offenen Wunde der Frau, die täglich größer wird, weil Du nicht die Courage hast, sie ein für allemal auszubrennen. Und ich, ich leide darunter, Dich zu sehr zu lieben.»

6. Juli 1875: «Ich versichere Dich, ich würde ferne von Dir weniger leiden, wüßte ich Dich nur sorgenfrei und glücklich, als jetzt, da ich fühle, daß meine Gegenwart jeden Augenblick ein Hindernis ist für Deine Arbeit, Deine Freiheit, für die Ruhe und den Frieden Deines Lebens ... Alles ist besser für Dein Herz wie auch für meines, als zu empfinden, daß ich Dir nicht mehr genüge ...»

1877: «Entmutigt zweifle ich am Himmel und an Dir ...»

Er wird keineswegs vernünftiger mit der Zeit, und Juliette hat Mühe, ihre hohe Meinung von ihm mit seinen senilen Ausschweifungen in Einklang zu bringen.

Im Juni 1878, nachdem Hugo einen Schlaganfall erlitten hatte, gelang es Juliette, von Lockroy [1] unterstützt, Hugo von Blanche zu trennen: man terrorisierte die arme Blanche, indem man ihr sagte, Hugo werde in ihren Armen sterben, wenn sie nicht von ihm lasse. Juliette schickte ihr Geld, und Blanche gab nach.[2] Aber sie hatte Nachfolgerinnen. Im gleichen Sommer, den sie auf Guernsey verbrachten, schrieb Juliette am 20. August an Hugo:

«Dein Morgenrot ist rein und klar, auch Deine Dämmerung soll ehrwürdig und heilig sein. Ich würde, was mir noch zu leben bleibt, hergeben, könnte ich Dich vor gewissen Fehlern bewahren, die der Erhabenheit Deines Genies und Deines Alters unwürdig sind.»

1 Der zweite Mann von Adèle, der Witwe von Charles Hugo.

2 Sie war untröstlich. Sie besuchte Freunde Hugos, um von ihm sprechen zu können. Sie beobachtete das Haus, um ihn von ferne zu sehen, wenn er ausging. Nach Juliettes Tod versuchte sie, wieder Verbindung mit ihm aufzunehmen, aber Hugos Freunde fingen ihre Briefe ab.

Hugo mochte ihr noch so oft schreiben: «Ich fühle wohl, daß meine Seele der Deinen geweiht ist» – sie ertrug es nicht, daß er weiterhin Briefe von Frauen empfing. Die Frau seines Sekretärs berichtet, daß «ihr, sogar auf Guernsey, alles zum Vorwand diente, Streit anzufangen. Diese Frau, die sich für den Meister hätte umbringen lassen, fand Gefallen daran, ihn mit Nadelstichen zu quälen ... Eines Morgens kam es zu einer Krise wegen eines Briefes von einem früheren Dienstmädchen. Madame Drouet hatte den Brief geöffnet; da war Heulen und Zähneknirschen ...» Als Juliette einen Beutel mit 5000 Goldfrancs fand, wollte sie wissen, welche Gefälligkeiten mit diesem Geld bezahlt werden sollten. Ein andermal fand sie alte Notizbücher mit Frauennamen: es gab eine Tragödie. Und es gab wieder eine, als sie erfuhr, daß er in der Bordell-Straße umhergeschlendert war; sie wollte abreisen, um in Jena bei ihrem Neffen zu leben.

Sie versöhnten sich, und sie richtete sich in Paris in seiner Wohnung ein. Aber sie fuhr fort, sich zu quälen. Am 10. November 1879 schrieb sie: «Aus Furcht, mich an das zu erinnern, was geschehen ist, und vorauszusehen, was geschehen wird, wage ich nicht mehr vor noch hinter mich zu blicken, weder auf Dich noch auf mich; ich habe Angst.» Und am 11. November wirft sie ihm seine «Sakrilegien und vielfachen Selbstmordversuche» vor. Sein Verhalten erschien ihr nicht nur «unwürdig», sondern gefährlich.

Am 8. August schreibt sie: «Mein allzu Geliebter, ich verbringe mein Leben damit, die Scherben meines Idols, so gut es geht, zu kleben, ohne indessen die Bruchstellen verbergen zu können.» Eines Tages, als sie Blanche in der avenue Victor-Hugo auf der Lauer stehen sah, tobte sie vor Zorn. Manchmal war sie so traurig und so mutlos, daß sie ihm vorübergehend keine ‹Geschreibsel› mehr schickte. Sie lebte an Hugos Seite bis zu ihrem Tod, kannte aber keinen Frieden mehr.

Zuweilen, vor allem bei der Geschichte mit Blanche, war sie ein alter Drachen. Aber man begreift ihre Enttäuschung. Sie hatte sich vorgestellt, daß sie, beide der Freuden des Fleisches überdrüssig, Seite an Seite alt werden würden. Doch er hatte entweder eine Liaison, die seine Gefühle in Anspruch nahm, und sie litt daran, daß sein Herz nicht ganz ihr gehörte, oder er begnügte sich mit käuflichen Amouren, die sie entwürdigend fand. Für ihre Tränen und Ausbrüche gibt es eine Entschuldigung: ihre aufrichtige und innige Liebe.

Sophia Tolstojs Eifersucht war ganz anderer Natur. Von Anfang an hatte sie nur widerwillig mit ihrem Mann geschlafen, und diesen Widerwillen hatte sie früh durch Eifersucht ersetzt. Schon 1863 vermerkt sie, ihre Eifersucht sei wie eine «angeborene Krankheit». In ihrem Tagebuch schreibt sie immer wieder: «Ich werde verzehrt von Eifersucht.» Sie litt unter ihrer ‹relativen› Situation an der Seite einer so ‹erdrückenden› Persönlichkeit, wie Tolstoj es war, unter dem zurückgezogenen, kargen Leben, das auch ihre zahlreichen Schwangerschaften nicht auszufüllen vermochten. Sie haßte das Landleben, die Muschiks. Die glücklichsten Augenblicke ihrer Ehe waren für sie die Zeiten, als Tolstoj *Krieg und Frieden* und *Anna Karenina* schrieb: sie schrieb seine Konzepte ab und fühlte sich ihm durch die gemeinsame Arbeit verbunden. Als er aufhörte,

Romane zu schreiben, fühlte sie sich verlassen. Vor allem aber lehnte sie Tolstojs Einstellung zum Geld ab. Seit 1881 nahmen ethische und soziale Probleme den ersten Platz in seinem Leben ein. Am liebsten hätte er seinen Grund und Boden unter die Muschiks verteilt und auf die Einkünfte aus seinen literarischen Werken verzichtet. Um sich jedenfalls nicht unmittelbar an der Ausbeutung zu beteiligen, überließ er Sophia die Verwaltung seiner Ländereien. 1883 kamen sie überein, daß sie seine Werke aus der Zeit vor 1881 – dem Jahr von Tolstojs ‹zweiter Geburt› – herausgeben und auch die Autorenhonorare einnehmen sollte. Um einen Ausgleich zu schaffen, gründete Tolstoj zusammen mit seinem Lieblingsschüler Tschertkow das Verlagshaus «Posrednik»[1], durch das er wertvolle Bücher zu niedrigen Preisen verbreiten wollte. Aber auch diese Regelungen verhalfen den beiden Eheleuten nicht zu einem friedlichen Zusammenleben. Sophia warf ihm vor, er opfere das Glück ihrer beider Kinder den Muschiks. Tolstoj verabscheute das mondäne, komfortable Leben, das sie ihm aufzwingen wollte. «Ein tödlicher Kampf ist zwischen uns ausgebrochen», schreibt er ihr. Von nun an vertraute er seine Manuskripte seiner ältesten Tochter Mascha an. Sophia erstickte vor Zorn. «Er bringt mich systematisch um, er vertreibt mich aus seinem persönlichen Leben, und das tut mir schrecklich weh», notiert sie am 20. November 1890. Sie haßte die Tolstojaner, besonders Tschertkow. Die *Kreutzersonate*, in der Tolstoj die Ehe verdammt und völlige Enthaltsamkeit predigt, verstärkte ihren Groll. Die Szenen werden immer heftiger. Um sein Gewissen zu beruhigen, verzichtet Tolstoj zugunsten seiner Frau und seiner Kinder auf sein gesamtes Vermögen an Liegenschaften und beweglichem Gut. Zugleich jedoch entschied er, seine letzten Werke sollten Gemeingut werden. Der Streit um diese Klausel versetzte Sophia in solche Erregung, daß sie zum Bahnhof rannte, um sich unter einen Zug zu werfen[2] – sie tat es allerdings nicht. Im Januar 1895 beendete Tolstoj *Herr und Diener*. Statt die Erzählung dem «Posrednik» und Sophia für die Gesamtausgabe seiner Werke zu geben, versprach er sie einer Zeitschrift, die von einer Frau herausgegeben wurde. Sophia verdächtigte ihn sofort, er wolle sie um dieser ‹Intrigantin› willen verlassen. Sie war inzwischen 50 Jahre alt. Mit aufgelöstem Haar, die nackten Füße nur mit Pantoffeln bedeckt, stürzte sie aus dem Haus und durch die Straßen Moskaus, um im Schnee zu erfrieren. Tolstoj eilte ihr nach, um sie zurückzuholen. Am nächsten Tag lief sie wieder davon: ihre Tochter Mascha brachte sie nach Hause zurück. Und noch einmal floh sie; sie ließ sich in einer Kutsche zum Kursker Bahnhof fahren, um sich unter einen Zug zu werfen: ihr Sohn Sergej und Mascha holten sie noch rechtzeitig ein. Tolstoj gab nach.

Dennoch dachte er nicht daran, sie zu verlassen. Eines Tages – er war 67 Jahre alt – schlug ihm einer seiner Jünger, als sie gerade beim Mähen waren, eine Trennung vor: in hellem Zorn bedrohte ihn Tolstoj mit seiner Sense und brach dann schluchzend zusammen. Die platonische Beziehung der 52jährigen Sophia zu dem Musiker Tanejew erbitterte ihn aufs höchste: «Ich habe die

1 = Der Vermittler. (Anm. d. Übers.)
2 Sie wollte Anna Karenina nachahmen.

ganze Nacht nicht geschlafen, das Herz tut mir weh ... Ich vermochte meinen Stolz und meine Entrüstung nicht zu zähmen», schrieb er am 26. Juli 1896. Unablässig war diese Freundschaft Gegenstand von Szenen, Beschuldigungen und mündlichen, brieflichen oder telefonischen Erklärungen. Sophia notiert: «Die krankhafte Eifersucht, die Leo Nikolajewitsch bei der Nachricht von Tanejews Ankunft äußerte, hat mir sehr weh getan und mich mit Schrecken erfüllt.» Er hatte ihr tatsächlich sehr harte Briefe geschrieben: «Es ist unendlich peinlich und demütigend, daß ein völlig unnützer und unbedeutender Fremder gegenwärtig unser Leben beherrscht. Schrecklich ist es, schrecklich, schändlich und beschämend ... Wie Du Dich an Tanejew heranmachst, widert mich an ... Wenn Du diesem Zustand kein Ende zu setzen vermagst, werden wir uns trennen.» Sie trennten sich nicht. Noch in seinem 70. Lebensjahr und an seinem 70. Geburtstag schlief er mit ihr.

Einige Jahre hindurch lebten sie einigermaßen friedlich miteinander. Doch als Tschertkow, der fünf Jahre in England im Exil gelebt hatte, 1905 nach Rußland zurückkehrte, geriet Sophia in panische Angst: Tschertkow war ein tyrannischer, sektiererischer Intrigant, und dieser Schüler besaß einen Einfluß auf den Lehrer, der die Familieninteressen zu gefährden drohte; er bemächtigte sich der Manuskripte Tolstojs, wollte sich in den Besitz der Rechte an seinen Werken bringen und sie der Nachwelt als alleiniger Vertreter präsentieren. Im Gouvernement Tula, in dem Tolstojs Besitz lag, hatte Tschertkow Aufenthaltsverbot, aber es gelang ihm, sich in einem Blockhaus einzuquartieren, das so nahe gelegen war, daß der Meister ihn zu Pferd besuchen konnte. Sophia machte Tolstoj deswegen heftige Vorwürfe; sie befürchtete, er werde noch alle seine Urheberrechte an Tschertkow abtreten. Es kam zu einer großen Auseinandersetzung: sie verlangte, als Erbin aller Werke ihres Mannes, gleichgültig, ob vor oder nach 1881 erschienen, eingesetzt zu werden. Sie widersetzte sich auch der geplanten Reise Tolstojs zum Weltfriedenskongreß nach Stockholm. In diesem zweiten Punkt gab er nach, nicht aber im ersten.

Im Juni 1910 verbrachte Tolstoj einige Tage bei Tschertkow, dessen Aufenthaltsverbot zu Sophias Entsetzen demnächst aufgehoben werden sollte. Sie schickte ihrem Mann ein Telegramm, in dem sie verlangte, er solle seine Rückkehr um einen Tag vorverlegen: er weigerte sich. Im Nachthemd, schluchzend und mit wirrem Haar vertraute sie sich ihrem Tagebuch an: «Was habe ich nur? Eine hysterische Krise, einen Nervenanfall, Angina pectoris, oder ist es beginnender Wahnsinn? Ich weiß es nicht ... Er ist auf eine widerwärtige, senile Art vernarrt in Tschertkow (sich in Männer zu verlieben lag in der Linie seiner Jugend) und bereit, alles zu tun, was dieser nur will ... Ich bin außer mir vor Eifersucht auf Leo Tolstoj hinsichtlich Tschertkows. Ich fühle, daß er mir alles entzogen hat, wovon ich 48 Jahre gelebt habe ... Ich glaube, ich werde nach Stolbora gehen und mich dort unter den Zug werfen.» Nach Tolstojs Rückkehr weinte sie tagelang und warf ihm seine Liebe zu Tschertkow vor. Eines Morgens fand man sie auf allen vieren hinter einem Schrank, wie sie sich ein Fläschchen mit Opium an den Mund hielt, das man ihr aus der Hand riß. Sie brachte Tolstoj so weit, daß er zugab, Tschertkow seine intimen Tagebücher der letzten

Jahre anvertraut zu haben; daraufhin stürzte sie im Regen in den Park hinaus und weigerte sich, als man sie zurückgeholt hatte, ihre durchnäßten Kleider zu wechseln: «Auf die Weise werde ich mich erkälten und sterben.» Einige Tage später schlossen sich Tolstoj, seine Tochter Sascha und Tschertkow zu einer Unterredung in einem Zimmer ein. Barfuß, um kein Geräusch zu machen, schlich sie hinter die Balkontür und lauschte. «Noch ein Komplott gegen mich», schrie sie. Und das war es in der Tat: sie erörterten ein Testament, das die Familie zugunsten der Muschiks und des Gemeinwohls enterben sollte. Erbittert verlangte sie von Tschertkow die Herausgabe der Tagebücher. Am nächsten Tag erschien es ihr unerträglich, Tolstoj und Tschertkow nebeneinander auf einem Sofa sitzen zu sehen: «Ich war außer mir vor Zorn und Eifersucht», notierte sie am 5. Juli 1910. Nachts malte sie sich ‹widernatürliche› Beziehungen zwischen dem alten Mann und seinem Schüler aus. In der Nacht vom 10. zum 11. Juli schrie sie nach einer neuen Szene: «Ich werde Tschertkow umbringen», und stürzte in den Park hinaus. Später notierte sie: «Ich ging also in den Garten und lag dort, nur mit einem leichten Kleid angetan, zwei Stunden auf dem feuchten Boden. Ich war völlig erstarrt, aber ich wollte und will nichts als sterben. Dann schlugen sie Alarm ... Es ist jetzt drei Uhr in der Frühe, weder er noch ich schlafen. Wir haben kein Wort gewechselt ...»

Am 15. Juli (sie hat von Tolstoj die Quittung über die Tagebücher verlangt, die bei einer Bank deponiert werden sollen): «Er hat einen furchtbaren Zorn bekommen und zu mir gesagt: ‹Nein, um keinen Preis, um keinen Preis!› und ist sofort weggegangen. Ich bekam wieder einen schrecklichen Nervenanfall; ich wollte Opium schlucken, aber wieder hat es mir an Mut gefehlt und wieder habe ich L. N. schändlich getäuscht, indem ich so tat, als hätte ich welches genommen; habe ihm auf der Stelle meinen Betrug gebeichtet und habe geweint, geschluchzt ...»

Einige Tage später schrieb sie: «Ich habe Lust, Tschertkow umzubringen, seinen schwerfälligen Leib bersten zu machen, um Leo Nikolajewitschs Seele von seinem schädlichen Einfluß zu befreien.» Am folgenden Tag beschloß sie, das Haus zu verlassen: «Verhöhnt von meiner Tochter, von meinem Mann zurückgestoßen, verlasse ich mein Heim, da mein Platz hier von einem Tschertkow in Besitz genommen worden ist, und ich werde nicht wieder zurückkommen, so lange er nicht gegangen ist.» Sie verfaßte eine Erklärung für die Zeitungen und brach mit der Kutsche nach Tula auf, einen Revolver und ein Opiumfläschchen in der Handtasche. Ihr Sohn, der sie am Bahnhof traf, brachte sie zurück. Tolstoj schrieb an Tschertkow, er müsse seine Besuche einstweilig einstellen, doch gemeinsame Freunde übermittelten die Briefe, die sie einander schrieben. «Du unterhältst mit Tschertkow eine heimliche Liebeskorrespondenz», schrie Sophia ihren Mann an. Je älter sie wurde, desto mehr verlor sie die Kontrolle über ihre Zwangsvorstellungen. Sie hatte jedes kritische Urteilsvermögen eingebüßt und war überzeugt, daß zwischen Tschertkow und Tolstoj ‹schuldige› Beziehungen bestünden. Sie zeigte ihrem Mann eine Stelle in einem Tagebuch aus seiner Jugend, wo er geschrieben hatte: «Ich bin noch nie in eine Frau verliebt gewesen. Aber ich habe mich des öfteren in einen Mann verliebt.» Aufgebracht lief Tolstoj in sein Zimmer und schloß sich ein. Wiederholt beschuldigte sie ihn der Homosexualität, und als sie erfuhr, daß die beiden Männer sich manchmal in einem Tannenwald trafen, folgte sie ihnen heimlich und ließ ihnen durch Dorfkinder nachspionieren. Sie durchwühlte Tolstojs Papiere nach Beweisen für seine Homosexualität. Eines Tages nahm sie sich vor, mit Tschertkow Frieden zu schließen. «Aber wenn ich nur daran denke, daß ich ihn wiedersähe und auf L. N.s Gesicht die Freude über das Wiedersehen entdecken müßte, steigt von neuem das Leid in meiner Seele auf; ich möchte weinen, und es erhebt sich ein Protestschrei in mir. In Tschertkow ist der Geist des Bösen.»

Am 18. August erhielt Tschertkow die offizielle Genehmigung, sich im Gouvernement Tula aufzuhalten: «Das ist mein Todesurteil! Ich werde Tschertkow töten. Ich lasse ihn ins Gefängnis werfen. Entweder er oder ich!» Sie durchforschte das ganze Werk Tolstojs nach Hinweisen auf seine Homosexualität. Indes notiert sie am 22. August: «Mein Geburtstag. Ich bin 66 Jahre alt und habe immer noch die gleiche Energie, das gleiche hitzige Temperament und, wie die Leute sagen, das gleiche jugendliche Aussehen.»

Eines Tages, als sie in Jasnaja Poljana allein war, ging sie ins Arbeitszimmer ihres Mannes, nahm die Fotos von Tschertkow und Sascha von der Wand und hängte statt dessen Fotos von sich auf. Nach seiner Rückkehr hängte Tolstoj die verbannten Fotos wieder an ihren Platz. Am 26. September schreibt Sophia: «Die Tatsache, daß L. N. es [das Bild von Tschertkow] wieder aufhängte, hat mich von neuem in schreckliche Verzweiflung gestürzt ... Ich nahm es fort, zerriß es in kleine Stücke und warf es in die Toilette. Natürlich ist L. N. böse geworden ... Wieder überwältigte mich Verzweiflung, wieder überfiel mich aufs heftigste die Eifersucht auf T., und wieder weinte ich bis zur Erschöpfung und bis ich Kopfweh bekam. Ich dachte an Selbstmord.» Sie feuerte mit einer Pistole zwei Schüsse ab, die Tolstoj jedoch nicht hörte.

Als sie eines der Hefte entdeckte, in denen Tolstoj ein Tagebuch «für mich allein» führte, wurde ihr klar, daß ein Testament verfaßt worden war, das sie von der Erbschaft ausschloß. Sie schrieb ihrem Mann einen wütenden Brief. Indem sie ihm unter Tränen die Hände küßte, versuchte sie ihn zu rühren und zur Änderung seines Letzten Willens zu bewegen: vergeblich. Als er zu einem Ausritt aufbrach, war sie überzeugt, er wolle Tschertkow besuchen, und verbarg sich am 16. Oktober in einem Graben in der Nähe von dessen Haus, um es durchs Fernrohr zu beobachten. Tolstoj kam nicht. Sie kehrte nach Jasnaja Poljana zurück, und ein Dienstbote fand sie: vor Kälte zitternd saß sie auf einer Bank. Wieder flehte sie Tolstoj an, diesen ‹widerwärtigen› Tschertkow nicht mehr zu sehen. Aufs äußerste gereizt beschloß Tolstoj, fortzugehen. Er hinterließ ihr einen Brief, ohne jedoch seine Adresse anzugeben. Sie schrieb in ihr Tagebuch:

28. Oktober: «L. N. ist unerwartet geflohen. Entsetzlich! Sein Brief, in dem er schreibt, man solle ihn nicht suchen, besagt, daß er sein friedliches Leben als alter Mann für immer aufgibt. Nachdem ich einen Teil gelesen hatte, bin ich in meiner Verzweiflung aus dem Haus gelaufen und habe mich in den Gartenteich gestürzt ...»

Tolstoj war in aller Frühe, nachdem er seiner Frau ein paar Zeilen geschrieben hatte, zusammen mit Dr. Makowicky im Wagen aufgebrochen. Sie nahmen den Zug und übernachteten im Opta-Kloster. Er hatte die Absicht, ein Blockhaus in der Nähe des Klosters Schamartino zu mieten. Doch seine Tochter Sascha, der er seine Adresse hinterlassen hatte, kam, erzählte ihm von Sophias hysterischen Anfällen und riet ihm, an einen ferneren Ort zu fliehen. Zusammen mit Sascha bestiegen sie wieder den Zug, und das kennt man: Tolstoj liegt sterbend im Hause des Bahnhofsvorstehers von Astapowo, und Sophia, von Journalisten alarmiert, irrt um das Haus, das zu betreten man ihr nicht gestattet. Sie überlebte Tolstoj um neun Jahre. Mit Sascha versöhnte sie sich erst kurz vor ihrem Tod im Jahre 1919.

Hier sind wir also recht weit entfernt von dem idealen Paar, von dem Robert Burns träumte. Selbst Paare, die auf ein glückliches gemeinsames Leben zurückblicken können, bringt das Alter oft aus dem Gleichgewicht. Bei Lebensgefährten, die von nur schlecht und recht bewältigten Konflikten zermürbt sind, verstärkt das Alter noch die Gegensätze. Für Juliettes Flucht und ihre Härte Blanche gegenüber gibt es weder in ihrer Jugend noch in ihrem reifen Alter ein Äquivalent. Sophias Heftigkeit und ihre paranoischen Wahnvorstellungen erreichen ihren Höhepunkt in den letzten Jahren ihres Ehelebens. Diese Eskalation erklärt sich zu einem Teil daraus, daß die Frustration, die der alte Mensch empfindet, aggressive und fordernde Verhaltensweisen bei ihm hervorruft. Ohne Zweifel läßt ihn auch der Gedanke an die wenigen ihm noch bevorstehenden Jahre seine Ansprüche heraufschrauben: Liebe, Vertrauen, alle Befriedigungen, die er fordert, will er unverzüglich haben. Diese Ungeduld bewirkt, daß er keinerlei Widerstand toleriert. Die Alterseifersucht können wir erst dann ganz verstehen, wenn wir die vom alten Menschen gelebte Erfahrung in ihrer Gesamtheit untersucht haben.

6. KAPITEL

Zeit – Aktivität – Geschichte

Existieren bedeutet für die menschliche Wirklichkeit sich verzeitlichen: in der Gegenwart visieren wir die Zukunft an – durch Absichten, die unsere Vergangenheit überschreiten, in die unser erstarrtes und von trägen Ansprüchen beladenes Tun zurückfällt. Das Alter verändert unser Verhältnis zur Zeit; im Laufe der Jahre verkürzt sich unsere Zukunft, während unsere Vergangenheit gewichtiger wird. Man kann den alten Menschen als ein Individuum definieren, das ein langes Leben hinter sich hat und vor sich eine sehr begrenzte Hoffnung, noch weiterzuleben. Die Folgen dieser Veränderungen wirken aufeinander ein und schaffen eine Situation, die, je nach der Vorgeschichte des einzelnen, variabel ist, dennoch aber Konstanten aufweist.

Zuerst einmal, was bedeutet das, sein Leben hinter sich *haben*? Sartre hat es in *Das Sein und das Nichts* erklärt: Man kann nicht seine Vergangenheit in der Weise haben, wie man etwas besitzt, das man in der Hand halten und von allen Seiten betrachten kann. Meine Vergangenheit, das ist das *An-sich*, das ich bin, als Überschrittenes. Um sie zu besitzen, muß ich sie durch eine Absicht lebendig erhalten; besteht diese Absicht darin, sie kennenzulernen, muß ich sie mir vergegenwärtigen, indem ich sie mir ins Gedächtnis zurückrufe. Der Erinnerung haftet ein Zauber an, für den man in jedem Lebensalter empfänglich ist. Die Vergangenheit wurde in der Seinsweise des *Für-sich* gelebt – und dennoch ist sie zum *An-sich* geworden; in ihr scheinen wir jene unmögliche Synthese des An-sich und des Für-sich, nach der das Dasein vergeblich strebt, zu erreichen.[1] Aber vor allem die alten Menschen beschwören die Vergangenheit mit Vergnügen. «Sie leben mehr von der Erinnerung als von der Hoffnung», sagt Aristoteles. In den *Mémoires intérieurs* (*Das Bild meines Ichs*) und den *Nouveaux Mémoires intérieurs* (*Die verborgenen Quellen*) beschäftigt sich Mauriac oft sehnsüchtig mit dem kleinen Jungen, der er einmal war und dessen Universum ihm wirklicher erscheint als die Welt von heute. In einem neuen Band seiner *Bloc-notes* schrieb er: «Selbst wenn der alte Mensch nicht in die Kindheit zurückfällt, so kehrt er doch insgeheim dorthin zurück und macht sich die Freu-

1 «Daher rührt nämlich, daß die Erinnerung uns das Sein, das wir waren, in einer Seinsfülle vorstellt, die ihm etwas Poetisches verleiht. Indem jener Schmerz, den wir *hatten*, zu etwas Vergangenem erstarrt, hört er nicht auf, den Sinn eines Für-sich zu haben und trotzdem existiert er jetzt an sich selbst, mit der stummen Starrheit des Schmerzes eines Anderen, des Schmerzes einer Statue.» (Jean-Paul Sartre: *Das Sein und das Nichts.*)

de, mit leiser Stimme Mama zu rufen.» Diese Vorliebe für vergangene Zeiten ist ein Wesenszug, der den meisten alten Menschen eigen ist, und eben darin macht sich ihr Alter oft am deutlichsten bemerkbar. Wie ist diese Vorliebe zu erklären? Und inwieweit vermögen sie ‹die verlorene Zeit wiederzufinden›?

«Die Zukunft entscheidet darüber, ob die Vergangenheit lebendig ist oder nicht», bemerkt Sartre. Jemand, der es sich zum Ziel gesetzt hat, sich weiterzuentwickeln, löst sich von seiner Vergangenheit; er definiert sein früheres Ich als das Ich, das er nicht mehr ist, und kümmert sich nicht mehr darum. Dagegen impliziert die Absicht gewisser Formen des Für-sich ein Nichtannehmen der Zeit und ein enges Verbundensein mit der Vergangenheit. Dies gilt für die Mehrzahl der alten Menschen; sie negieren die Zeit, weil sie nicht verfallen wollen; sie betrachten ihr früheres Ich als das, was sie weiterhin sind: sie bekräftigen ihr Verbundensein mit ihrer Jugend. Selbst wenn sie die Identitätskrise bewältigt und ein neues Bild von sich selbst akzeptiert haben – die gute Großmutter, der Rentner, der betagte Schriftsteller –, so bewahrt doch jeder zuinnerst die Überzeugung, unverändert geblieben zu sein: indem sie Erinnerungen heraufbeschwören, begründen sie diese Gewißheit. Dem allmählichen Altersabbau halten sie eine unveränderliche Wesenheit entgegen und sprechen unermüdlich von diesem Sein, das sie gewesen sind und das in ihnen weiterlebt. Manchmal beschließen sie, sich in der Rolle wiederzuerkennen, die ihnen am meisten schmeichelt: sie sind dann für immer der alte Soldat, die angebetete Frau, die wunderbare Mutter. Oder sie lassen die Frische ihrer Adoleszenz, ihrer frühen Jugend wieder aufleben. Mit Vorliebe wenden sie sich, wie Mauriac, dem Lebensabschnitt zu, in dem die Welt für sie ihr Gesicht erhielt, in dem der Mensch, der sie geworden sind, sich formte: der Kindheit. Ihr ganzes Leben lang – mit 30, mit 50 Jahren – sind sie stets jenes Kind geblieben, obwohl sie es doch nicht mehr waren. In dem Moment, da sie es wiederfinden und sich mit ihm verwechseln, können sie ebenso 30, 50 oder 80 Jahre alt sein: sie entschlüpfen dem Alter, weichen ihm aus.

Was aber können sie wiederfinden? Inwieweit ermöglicht uns die Erinnerung, unser Leben wieder in Besitz zu nehmen?

Der Psychiater Jean Delay [1] unterscheidet hier mit Recht drei Formen. Die erste ist das sensorisch-motorische Gedächtnis, in dem das Wiedererkennen geschieht und nicht gedacht wird; es umfaßt eine Summe von ‹Montagen› und Automatismen, die dem Gesetz der Gewohnheit unterliegen, und bleibt normalerweise im Alter intakt. Die zweite Form ist das autistische, vom Gesetz der unbewußten Dynamik regierte Gedächtnis, das Vergangenes in Träumen und Delirien auf eine außer-logische, gefühlsbestimmte Weise gegenwärtig macht. Hier ist sich der Mensch des Sich-Erinnerns nicht bewußt: er durchlebt in der Gegenwart vergangene Eindrücke. (Ich möchte hinzufügen, daß es bis zu einem gewissen Grade möglich ist, sich diese Form von Gedächtnis nutzbar zu machen, um zu einem Wiedererkennen zu gelangen, das die Vergangenheit als solche erkennen läßt: das versucht die Psychoanalyse.) Die dritte Form ist die

1 *Les Dissolutions de la mémoire.*

soziale Erinnerung, ein geistiges Verfahren, das, ausgehend von physiologischen Gegebenheiten, Bildern und Kenntnissen, vergangene Fakten rekonstruiert und lokalisiert, wobei sie sich der logischen Kategorien bedient. Einzig und allein diese letzte Form ermöglicht es uns in einem gewissen Maße, unsere Geschichte zu erzählen. Dazu müssen jedoch viele Voraussetzungen erfüllt sein.

Zunächst einmal muß diese Geschichte festgehalten worden sein. Bekanntlich macht das Gedächtnis ein Vergessen erforderlich: wenn wir alles aufnehmen würden, stünde uns nichts zur Verfügung. Viele Erlebnisse sind also entweder nicht gespeichert oder aber von anderen verdrängt worden. Nehme ich mich selbst als Beispiel (und ich kann das hier tun, denn wenn es für mich gilt, gilt es um so mehr für noch ältere Leute): es passiert mir häufig, daß ich im Gespräch mit meiner Schwester oder mit Sartre in der Erinnerung an meine Vergangenheit riesige Lücken entdecke. So hat mir Sartre von dem Abend erzählt, an dem wir vom Eintritt der Sowjetunion in den Krieg erfuhren: überall hörte man damals die *Internationale* singen. Es waren Stunden, die für mich zählten, und es ist mir keinerlei Erinnerung daran geblieben.

Zum andern müssen die Teile des Nervensystems, die das Wiederaufleben der Bilder ermöglichen, unversehrt geblieben sein. Manche Krankheiten – darunter die Dementia senilis und die Arteriosklerose der Gehirnarterien – zerstören sie weitgehend. Selbst ein noch verhältnismäßig gesunder Mensch kann von schweren Läsionen betroffen sein. Berenson klagt darüber: «Mit meinen 75 Jahren stoßen mir seltsame Phänomene zu; viele von den Dingen, die gestern noch Teil meiner geistigen Habe schienen, sind verschwunden und haben sich verflüchtigt, bevor ich mir noch darüber klarwerden konnte! ... Große Erinnerungsblöcke stürzen ein und lösen sich im Vergessen auf. Warum? Wieso?»

Die Bilder, die uns zur Verfügung stehen, sind bei weitem nicht so reich wie ihr Gegenstand. Das Bild ist das Anvisieren eines abwesenden Objekts mittels eines organisch- und gefühlsbedingten Analogons. Ihm haftet, wie Sartre es formuliert hat, «eine Art wesenhafter Armut» an. Alain weist darauf hin, daß man nicht einmal den Versuch unternehmen kann, auf dem Bild, das man vom Panthéon hat, die Säulen zu zählen. Das Bild unterliegt nicht ohne weiteres dem Identitätsprinzip; es liefert das Objekt in seiner Allgemeinheit; es gibt sich in irrealen Zeiten und Räumen. Es könnte also nicht die reale Welt, der es entstammt, für uns wiederaufleben lassen; daher tauchen so oft Bilder auf, die man nicht unterzubringen weiß. Als ich meine Memoiren schrieb, passierte es mir manchmal, daß ich Szenen lebhaft vor mir sah, sie aber, da mir die Koordinaten fehlten, nicht in meinen Bericht einordnen konnte, so daß ich darauf verzichten mußte, sie zu erzählen.

«Die Erinnerungen im hohen Alter sind Ameisen, deren Ameisenhaufen zerstört worden ist», schreibt Mauriac. «Der Blick vermag keiner länger zu folgen.» Und Hermann Broch schreibt in *Der Versucher*: «Ach, es handelt sich darum, des Wissens und des Vergessens habhaft zu werden, durch das unser Leben hindurchläuft: auftauchend und wieder einsinkend und manchmal zur Gänze verschwindend, so schreckhaft ... Oh, auf welch tiefstem Grund des

Vergessens ruht das Leben, wie weit muß die Erinnerung, die kaum mehr Erinnerung ist, zurückgeschickt werden.»

Mit Hilfe von Schlußfolgerungen, Gegenüberstellungen, Vergleichen vermag man eine gewisse Zahl von Bildern in zusammenhängende und datierte Konstruktionen einzufügen. Doch erhält man damit nur Hypothesen, deren Verifikation nicht immer möglich ist. «Man ahnt die Vergangenheit», sagt Henri Poincaré. Es gibt aber auch exakte Erinnerungen. Ich habe nach 30 Jahren Abstand festgestellt, daß die Bucht von Porto auf Korsika dieselbe Farbe, dieselbe Form hatte wie in meiner Erinnerung. Die Überraschung, die ich empfand, beweist, daß ich starke Korrekturen von seiten der Wirklichkeit gewohnt bin. Wie viele Irrtümer habe ich klar erkannt! Und dabei handelt es sich selbstverständlich nur um einen Bruchteil derer, die mir unterlaufen sind.

In den meisten Fällen bleiben die logisch rekonstruierten und eingeordneten Bilder ebenso außerhalb von uns befindlich wie die Bilder eines Ereignisses der Weltgeschichte. «Wir besitzen nur einen verbildeten Sinn für die Vergangenheit, und wenige Augenblicke dieser Vergangenheit sind uns durch eine lebendige Berührung verbunden», sagt Berenson zu Recht. Häufig nehmen sie den Charakter eines Klischees an: wir beschwören sie, ohne sie zu verändern, ohne sie anzureichern, da wir nicht imstande sind, in ihnen das zu entdecken, was wir dazugetan haben. Oft vermenge ich in einer einzigen Erinnerung Tatsachen, die verschiedenen Epochen angehören: für die ganze Zeit meiner Kindheit bleiben die Gesichter von Louise, von meinem Vater und von meinem Großvater unverändert. Selbst wenn ich mir eine einzelne Episode ins Gedächtnis zurückrufe, ist sie nach allgemeinen Schemen rekonstruiert: Zaza, 12jährig, dankt mir im Klassenzimmer für eine Tasche, die ich ihr geschenkt habe – sie hat die Gestalt und die Züge, die sie als 20jährige besaß.

Solche stereotypen Muster halten sich in einer ständig sich verändernden Welt so beharrlich, daß sie trotz ihrer Beständigkeit schließlich etwas merkwürdig Exotisches bekommen. In einer statischen Gesellschaft würde das nicht geschehen. Trüge ich das gleiche traditionelle Gewand wie meine Mutter, würde sie mir, sähe ich sie in ihren jungen Jahren wieder, wie eine junge Frau von heute vorkommen. Aber die Mode hat sich geändert: in ihrer schönen jettschwarzen Robe gehört sie einer vergangenen Epoche an. Wenn ich mich zurückversetze in die Zeit, als ich 20 war, fühle ich mich fremd, als befände ich mich plötzlich am Ende der Welt. Ich betrachte eine Fotografie vom alten Trocadéro, der mir in seiner Häßlichkeit so gut gefiel: habe ich ihn wahrhaftig mit eigenen Augen gesehen? Und ein anderes Foto von den Champs-Élysées, 1929; ich trug einen dieser Glockenhüte und hatte einen dieser gewölbten Kragen; Männer mit Schirmmützen oder Filzhüten kreuzten meinen Weg: mir ist, als hätte diese Welt niemals zu meinem Leben gehört ... Die Jahre vergehen, aber uns erscheint immer nur der gegenwärtige Augenblick als der natürliche; vage haben wir den Eindruck, daß es mit der Vergangenheit ähnlich war, da sie uns auch einmal natürlich schien. Aber wenn wir Bilder aus der Vergangenheit wiederfinden, kommen sie uns altmodisch vor. Auch auf diese Weise entgleitet uns unser Leben: es war neu, war voller Frische, und eben diese Frische ging verloren.

Das war es, was Emmanuel Berl empfand, als er in *Sylvia* (1952) schrieb: «Meine Vergangenheit entgleitet mir. Ich ziehe an einem Ende, ich ziehe am andern, und nichts bleibt mir in der Hand als ein vermodertes Gewebe, das in Fetzen reißt. Alles wird zum Phantom, zur Lüge. Ich erkenne mich selbst kaum wieder in den Klischees, die mein Gedächtnis mir vorführt.»

«Die alten Leute rühren mich immer, weil sie so eine lange Vergangenheit hinter sich haben», sagte mir einmal eine Freundin. Leider ‹haben› sie sie nicht. Die Vergangenheit liegt nicht hinter mir wie eine ruhige Landschaft, in der ich nach Belieben spazierengehen kann und die mir nach und nach ihre verschlungenen Wege und ihre verborgenen Windungen enthüllt. In dem Maße, in dem ich vorwärtsschreite, fällt sie in sich zusammen. Die Überreste, die noch zum Vorschein kommen, sind zunächst farblos, starr, verformt, und ihre Bedeutung entgeht mir. Hier und da fasziniert mich ihre melancholische Schönheit; aber sie genügt nicht, jene Leere zu bevölkern, die Chateaubriand «die Wüste der Vergangenheit» nannte.

Es gibt viele Dinge, die zu beschwören wir nicht imstande sind und die wir dennoch wiederzuerkennen vermögen. Aber dieses Wiedererkennen gibt uns nicht immer die warme Lebendigkeit des Vergangenen zurück. Dieses rührt uns an, weil es vergangen ist. Aus dem gleichen Grunde aber enttäuscht es uns auch so oft: wir haben es gelebt als eine Gegenwart, die sich, reich an Zukunft, dieser entgegenwarf. Jetzt ist davon nur noch ein Gerippe übrig. Das ist es auch, was die Wallfahrten an die Orte unserer Vergangenheit so vergeblich macht. Oft genug ist es uns unmöglich, die Spuren unserer Schritte wiederzufinden. Der Raum wiederholt seinerseits den Verrat der Zeit: die Orte verändern sich. Selbst jene, die scheinbar unberührt blieben – für mich sind sie es nicht. So kann ich durch bestimmte Straßen von Uzerche, Marseille oder Rouen gehen: ich werde die Steine wiedererkennen, aber ich werde nicht meine Pläne, meine Wünsche, meine Ängste wiederfinden: ich werde mich nicht wiederfinden. Und wenn ich an jenen Orten eine Szene von einst beschwöre, dann ist sie aufgespießt wie ein Schmetterling im Kasten; die Personen passen nirgendwo mehr hin, ihre Beziehungen untereinander sind abgestumpft. Und ich selbst erwarte nichts mehr.

Die Zukunft dieser Vergangenheit hat nicht nur aufgehört, Zukunft zu sein, sondern hat oftmals auch, indem sie sich realisierte, unseren Erwartungen widersprochen. Mehr als einmal erlebte ich den Beginn einer Freundschaft, die dazu bestimmt schien, niemals zu enden. Manche hielten dieses Versprechen, aus anderen wurde Gleichgültigkeit, ja Feindseligkeit. Wie soll man ein gutes Einvernehmen deuten, das ein Streit in Frage stellte? Hatte es in einer bestimmten Situation seine Gültigkeit, war aber dazu prädestiniert, nicht zu dauern? Beruhte es auf einer Illusion? Hätte es für immer bestehen können und wurde der Bruch nur durch ein Mißverständnis bewirkt? Keine Antwort auf diese Fragen könnte definitiv sein: die Aussicht über ein zurückliegendes Ereignis ist immer widerruflich. Uns entgleitet nicht nur die Faktizität der Geschehnisse, sondern wir zögern auch, wenn wir sie bewerten sollen, und unser Urteil bleibt immer in der Schwebe.

Der Tod eines Menschen, an dem wir hängen, stellt einen brutalen Bruch mit unserer Vergangenheit dar, und ein alter Mensch hat viele Todesfälle hinter sich. «Mein allzu langes Leben gleicht jenen römischen Straßen, die von Grabmälern gesäumt sind», schrieb Chateaubriand. Der Tod eines uns nahestehenden Menschen, eines Freundes, beraubt uns nicht nur seiner Anwesenheit, sondern auch jenes Teils unseres Lebens, der mit ihm verknüpft war. Menschen, die älter sind als wir, nehmen unsere eigene Vergangenheit mit in den Tod. Es gibt Sechziger, die, wenn sie ihre Eltern oder einen Freund der gleichen Generation verlieren, unter dem Verlust eines bestimmten Vorstellungsbildes leiden, das die Verstorbenen von ihnen hatten: eine Kindheit, eine Jugendzeit schwindet mit dem Toten dahin, der als einziger eine gewisse Erinnerung daran bewahrt hatte. Ganz untröstlich bleiben die alten Leute beim Tod jüngerer Menschen zurück, die für sie Teil ihrer eigenen Zukunft waren, besonders wenn es sich um ein eigenes Kind oder einen Menschen handelt, den sie aufgezogen oder geformt haben. Der Tod eines Kindes, eines Enkels ist für sie der jähe Zusammenbruch einer ganzen Unternehmung: alle Anstrengungen, alle Opfer, alle Hoffnungen, die man auf den jüngeren Menschen gesetzt hatte, werden damit auf eine absurde Weise vergeblich. Der Tod von gleichaltrigen Freunden hat für uns nicht diesen Charakter eines grausamen Scheiterns, aber er macht unsere Beziehungen zu ihnen ‹zunichte›. Als Zaza starb, war ich zu sehr der Zukunft zugewandt, um über meine Vergangenheit zu weinen; ich beweinte nur Zaza. Sehr viel später dagegen, so erinnere ich mich, war ich fassungslos, als Dullin starb, mit dem mich doch gar keine engere Freundschaft verbunden hatte. Aber es war ein ganzes Gebäude meines Lebens, das da einstürzte: Ferroles, das Theater L'Atelier, die Proben zu den *Fliegen*, die fröhlichen Diners, bei denen er von seinen Erinnerungen erzählte – das alles war mit ihm dahin. Später wurden dann das gegenseitige Verstehen und unsere Dispute mit Camus durch dessen Tod zunichte. Zunichte auch meine Begegnungen und Diskussionen mit Merleau-Ponty im Jardin du Luxembourg, bei ihm, bei mir, in Saint-Tropez; und die langen Gespräche mit Giacometti, die Besuche in seinem Atelier. Solange sie lebten, brauchte man sich nicht zu erinnern, damit in ihnen unsere gemeinsame Vergangenheit lebendig blieb. Sie haben sie ins Grab genommen; meine Erinnerung findet nichts als ein starres Abbild wieder. In den ‹Grabmälern›, die meine Geschichte säumen, bin ich selbst begraben.

Kommt es nicht dennoch vor, daß die Vergangenheit, insgesamt gesehen, ein Gegenstand der Freude ist? Kann es dem alternden Menschen nicht vollauf genügen, daß er das Leben bestanden hat? Das denkt man, wenn man jung ist. Mit 20 Jahren erschien mir das Leben handfest wie ein Gegenstand und doch von Bewußtsein durchdrungen. Bemerkte ich eine Diskrepanz zwischen einem Menschen und seiner Biographie, dann empörte mich das: wissend, wer er war, so dachte ich, hätte Baudelaire unter dem Unverständnis der Dummköpfe nicht zu leiden brauchen. Jahre später, als Sartre sich Gedanken machte über das, was er am Ende seines Buches *Die Wörter* geschrieben hat, ärgerten mich seine enttäuschten Äußerungen. Ich hätte lieber gewollt, daß er sich freute, Sartre zu sein. Welch ein Irrtum! Für sich selbst *ist* er es ja nicht. Sogar Victor Hugo ‹hielt sich› nur in extremen Momenten ‹für Victor Hugo›, wie Cocteau einmal gesagt hat. Eine sehr glückliche Formulierung: sie weist darauf hin, daß man mit einem Bild von sich zwar spielen, daß man aber nicht mit ihm eins sein kann. Ein großes Mißverständnis trennt die Leute, die einen ‹arrivierten› Mann in der scheinbaren Erfülltheit des Für-andere-seins von außen betrachten, und die von ihm gelebte Erfahrung. Als Aragon in einem seiner letzten Gedichte so etwas wie ein Protokoll seines gescheiterten Lebens zusammenstellte, warfen ihm die Kritiker «Koketterie» vor: «Sie haben Erfolg gehabt, und Sie wissen es», hielten sie ihm entgegen; er indes spielte an auf das jedem Erfolg innewohnende Mißlingen. Vigny sagt, ein schönes Leben, das sei eine im reifen Alter verwirklichte Idee der Jugendjahre. Das mag sein. Doch liegt eine unendliche Entfernung zwischen dem geträumten Traum und dem verwirklichten Traum. Mallarmé hat das sehr schön gesagt; er sprach von jenem

> ... Hauch von Traurigkeit
> Der ohne Klage selbst und ohne Bitterkeit
> Die Ernte eines Traumes läßt dem Herzen, das ihn pflückte.

Sartre hat diesen Abstand in *Das Sein und das Nichts* erklärt: «Die Zukunft läßt sich nicht einholen, sondern gleitet als frühere Zukunft in die Vergangenheit ... Daher rührt die ontologische Enttäuschung, die das Für-sich bei jedem Ausgang in die Zukunft erwartet ... Auch wenn meine Gegenwart inhaltlich völlig identisch ist mit der Zukunft, auf die hin ich mich über das Sein hinaus entworfen habe, so ist es doch nicht diese Gegenwart, auf die hin ich mich entwarf, denn ich entwarf mich auf die Zukunft hin als Zukunft, das heißt, als Punkt der Vereinigung meines Seins.» Deshalb konnte ich auch, ohne mir zu widersprechen, in den *Memoiren einer Tochter aus gutem Hause* schreiben: «Kein Leben, kein Augenblick irgendeines Lebens hätte all die Verheißungen erfüllen können, mit denen ich damals mein gläubiges Herz betörte», und in *Der Lauf der Dinge*: «Sie wurden erfüllt», gleichwohl aber den Schluß ziehen, daß «ich geprellt worden bin». Die Gegenwart, selbst wenn sie meinen Erwartungen entsprach, vermochte mir nicht zu geben, was ich erwartete: die Seinsfülle, nach der das Dasein vergeblich strebt. Das Für-sich *ist* nicht. Und keiner kann sagen: «Ich hatte ein schönes Leben», da man ein Leben nicht *hat*. Ich bin ganz und gar nicht der Meinung, daß der Ruhm «die leuchtende Schwelle des Glücks» sei; tatsächlich ist er nichts, außer – in den Augen der anderen – eine flüchtige Fata Morgana. Am Abend seines 80. Geburtstags, an dem man ihn mit außerordentlichem Aufwand gefeiert hatte, sagte Tolstoj, als er zu Bett ging, zu seiner Tochter: «Mir ist das Herz schwer.» Andersen brach, als ihm seine Geburtsstadt zujubelte, in Tränen aus: «Wie glücklich würden meine Eltern sein!» sagte er. Für sie wäre sein Ruhm eine Realität gewesen; in ihren Augen hätte er ihn sehen können.

Gewiß, es kommt vor, daß ein Mann stolz auf seine Vergangenheit zurückblickt: vor allem, wenn die Gegenwart, in der er lebt, und die Zukunft, die er ahnt, ihn enttäuschen. Dann stützt er sich an seinen Erinnerungen, verwendet sie als Schutz oder sogar als Waffe. Solche gelegentlichen Aufwallungen von Stolz bedeuten indessen noch nicht eine ungeschmälerte Freude an dem, was er einmal war.

In Wahrheit ist es die Vergangenheit, die uns hat. Wir kennen sie durch das, was wir durch sie geworden sind. Ein mit seiner Lage unzufriedener Mensch wird darin nur Nahrung für seine Bitterkeit, einen zusätzlichen Grund für seine gegenwärtige Trostlosigkeit finden. So Swift in einem Brief, den er am 5. April 1729, mit 62 Jahren, geschrieben hat: «Niemals erwache ich des Morgens, ohne das Dasein noch ein wenig bedeutungsloser zu finden, als es am Tage vorher war. Am meisten aber betrübt es mich, wenn ich mir mein Leben vor 20 Jahren ins Gedächtnis zurückrufe und mit einem Schlag wieder in die Gegenwart zurückfalle.» Mit 54 Jahren schreibt Flaubert: «Die Zukunft bietet mir nichts Gutes, und die Vergangenheit verschlingt mich. Zeichen von Alter und Dekadenz.» Drei Jahre später schreibt er mit ebensolcher Bitterkeit: «Je älter ich werde, desto mehr setzt sich mir die Vergangenheit ins Mark.» Wir haben gesehen, daß materielle Unsicherheit und gesellschaftliche Demütigung ihm vorzeitig das Gefühl vermittelten, er sei am Ende. Die Vergangenheit war für ihn kein angenehmer Gegenstand der Betrachtung, sondern eine traurige Plage: verglich er sie mit der Gegenwart, fühlte er sich heruntergekommen, und diese Vorstellung eines Abstiegs wurde ihm durch seine besessene Beschäftigung mit der Vergangenheit noch bestätigt.

Der Gegensatz zwischen Vergangenheit und Gegenwart kann unerträglich werden. Es gibt kaum eine rührendere Geschichte als jene, die Brummells Kammerdiener von seinem Herrn erzählt hat. Als 60jähriger lebte Brummell in Frankreich, er war krank, mittellos, einsam und nicht mehr ganz klar im Kopf. Eines Abends ließ er die Wohnung wie für einen großen Empfang herrichten: Sessel, Whisttische, Kerzen (was ein Luxus war, denn gewöhnlich begnügte er sich mit einem Talglicht). Er kleidete sich in einen schönen, aber ganz von Motten zerfressenen blauen Gesellschaftsanzug mit goldenen Knöpfen, legte eine weiße Halsbinde und hellgrüne Handschuhe an und gab seinem Diener eine Liste von Geladenen, die er, von 7 Uhr an, in Abständen von fünf Minuten melden sollte. Der Diener postierte sich mit einer Fackel in der Hand auf der Türschwelle und begann, die Phantome mit den wunderbaren Namen anzukündigen, während Brummell sie mit allem Zeremoniell empfing. Plötzlich sank er weinend in seinem Sessel zusammen. Dann richtete er sich wieder auf und befahl seinem Diener: «Laß die Wagen vorfahren. Wenn alle gegangen sind, legst du dich schlafen.» Diese Art und Weise, die Vergangenheit in der Gegenwart wieder aufleben zu lassen, zählt zu den Phänomenen der Ecmnesis, von der ich bereits sprach. Bis zu welchem Grade war Brummell besessen von der Vergangenheit, die er in die Gegenwart zurückholte? War er während dieses Vorgangs bei klarem Bewußtsein und sich darüber klar, daß er eine sinistre Komödie spielte? Der Bericht legt die Vermutung nahe, daß er zwischen Verzauberung und Selbsttäuschung schwankte.[1]

Vor allem von seiner Kindheit wird der alte Mensch immer wieder heimgesucht. Seit Freud wissen wir von der Bedeutung – Montaigne ahnte sie bereits – der allerersten Lebensjahre für die Formung des Individuums und seines Universums. Die in diesen Jahren empfangenen Eindrücke besitzen eine Stärke, die sie unauslöschbar macht. Der Erwachsene hat kaum Muße, sie wachzurufen, da er zu sehr damit beschäftigt ist, sein Gleichgewicht zu finden; sie steigen auf, sobald diese Anspannung nachläßt. «Das angenehmste Privileg, welches die Natur dem alternden Menschen gewährt, ist die äußerste Leichtigkeit, mit der er seine Kindheitseindrücke wiederergreift», schreibt Nodier[2]. Tolstoj notiert mit 78 Jahren, am 10. März 1906, in seinem Tagebuch: «Den ganzen Tag hindurch ein dummes und trauriges Gefühl. Gegen Abend wandelte sich dieser Seelenzustand in Verlangen nach Liebkosungen, nach Zärtlichkeit. Ich sehnte mich danach, mich wie in meiner Kindheit an ein liebendes und mitfühlendes Wesen zu drängen, zu weinen vor Sanftheit und mich trösten zu lassen ... Ganz klein zu werden und mich meiner Mutter, so wie ich sie mir vorstelle, zu nähern ... Du, Mama, nimm mich in den Arm, streichle mich ... All das ist verrückt, aber all das ist wahr.» Seine Mutter war gestorben, als er zwei Jahre alt war – er stellte sie sich vor; aber der erste Teil dieser Träumerei ist von Erinnerungen bestimmt.

Der katholische Theologe Alfred Loisy (1857–1940) widmete sein Leben der Bibelkritik, wurde seiner Theorien wegen exkommuniziert und verlor den Glauben. Mit 83 Jahren, sechs Wochen vor seinem Tod, litt er unter starken Schmerzen und fing in seiner Geistesverwirrung an, Kirchenlieder und Stellen aus der Messe zu singen, wie zu der Zeit, als er junger Seminarist gewesen war. Er verglich sich mit Hiob und erzählte dessen Geschichte.[3]

Das Kind macht eine harte Lehrzeit durch; es wird heimgesucht von Komplexen, die es überwinden muß; es hat Schuld- und Schamgefühle und Angstzustände. Die bösen Erinnerungen, die der Erwachsene verdrängt hat, werden im Alter wieder wach. Die Schranken, die man zu errichten vermochte, solange man tätig war und unter gesellschaftlichem Druck stand, zerbrechen in den letzten Jahren, die man in Untätigkeit und Isolierung verbringt. Ohne Zweifel schwächt auch das durch den Beginn des Alters hervorgerufene narzißtische Trauma die geistigen Abwehrkräfte: Kindheits- und Jugendkonflikte brechen wieder auf. Das ganze Leben meiner Mutter war von ihrer Kindheit geprägt, aber am Ende sprach sie öfter noch denn je grollend von der Vorliebe, die ihr Vater für ihre jüngere Schwester gezeigt hatte. Ein treffendes Beispiel ist Andersen, der doch weder untätig noch einsam und verlassen war. Er verfiel um 1864, als der Krieg gegen Deutschland mit der Niederlage Dänemarks endete,

1 Es besteht eine gewisse Analogie zwischen dieser Anekdote und Eugène Ionescos *Die Stühle*.

2 Charles Nodier (1780–1844), französischer Schriftsteller. (Anm. d. Übers.)

3 In seinen letzten Jahren glaubte er an einen mystisch immanenten Gott und bezog sich gelegentlich auf die Geschichte Hiobs. Doch damit war er denkbar weit entfernt vom Katholizismus.

in Schwermut; er war 59 Jahre alt. Er kämpfte gegen diese Depression an, indem er arbeitete und reiste. Hochberühmt, von Freunden umgeben, träumte er dennoch jede Nacht von seinem alten Lehrer Meisling, der ihn in seiner Schulzeit grausam gepeinigt und gedemütigt hatte. Andersen war jenem autistischen Gedächtnis preisgegeben, das eine Bewältigung der Vergangenheit verhindert und diese wieder vergegenwärtigt; er erzählte sich nicht seine Kindheit: er erlebte sie in einer neurotischen Weise aufs neue. Als er zum Staatsrat ernannt wurde, träumte er, Meisling habe ihm diesen Titel aus Hohn und Spott verliehen und er werfe ihm seine Bücher an den Kopf. Als er 1867 nach Odense, in seine Geburtsstadt, kam, wurde er von einer «seltsamen und törichten Angst» ergriffen. Er erinnerte sich an die Verachtung, die ihm der Dekan in der Konfirmandenklasse bewiesen hatte, an das Gespött der Lateinschüler, an die Taugenichtse, die seinem Großvater auf der Straße nachstellten, an die Umnachtung und den Tod seines Vaters. Während des Festes, das anderntags zu seinen Ehren gegeben wurde, brach er in Tränen aus. 1869 wurde er in Kopenhagen gefeiert: es war eine Apotheose. Der Kritiker Georg Brandes widmete ihm ein bedeutendes und enthusiastisches Buch. Aber Andersen litt an einer Störung des Nervensystems, die ihm das Leben immer schwerer machte. Die Angst, die immer, auch in glücklichen Zeiten, latent vorhanden gewesen war, wandelte sich in eine Fülle eigentümlicher Schrecken: er hatte Angst vor Feuer, vor Wasser, vor Krankheiten, vor allem. In seinen Albträumen lachte ihn Meisling weiterhin aus. Auch hatte er im Traum furchtbare Zornausbrüche gegen seine alten Freunde, so daß er schluchzend und mit Gewissensbissen erwachte. Sein Tagebuch ist voll von Berichten über diese Albträume. In einem seiner letzten Träume, bei dem er unter Morphiumeinfluß stand, unterhielt er sich friedlich mit Meisling über Kunst und Schönheit. «Endlich wurden wir Freunde», notiert er erleichtert. Sein 70. Geburtstag war ein glücklicher Tag für ihn. Aber dann erkrankte er schwer und ersehnte, vor sich hin dämmernd, nur noch den Tod. «Wenn ich sterben soll, muß es schnell geschehen; ich kann nicht warten, ich kann nicht liegenbleiben und vermodern wie ein welkes Blatt.»

Bald danach starb er.

Sein Beispiel ist nichts Außergewöhnliches: alle Altersneurosen haben ihre Ursachen in der Kindheit oder in der Adoleszenz.

Es ist verständlich, warum alte Menschen sich so gern wieder ihrer Kindheit zuwenden: die Kindheit besitzt sie. Sie erkennen sich wieder in ihr, da die Kindheit – auch wenn sie es eine Zeitlang nicht wahrhaben wollten – nie aufgehört hat, in ihnen zu wohnen. Und noch einen anderen Grund gibt es dafür: die Existenz gründet darin, daß sie sich transzendiert. Die Transzendenz jedoch stößt sich – vor allem im hohen Alter – am Tod. Der alte Mensch versucht seine Existenz darauf zu gründen, daß er seine Geburt oder wenigstens seine allerersten Jahre für sich nachvollzieht. Das Bündnis Kindheit–Alter, dem wir auf soziologischer Ebene begegnet sind, wird vom alten Menschen verinnert. In dem Augenblick seines Dahinscheidens erkennt er sich in dem Säugling wieder, der aus dem Verschwommenen hervorkam.

Man begreift auch, warum die Alten nicht den Mut verlieren angesichts der Armseligkeit der Bilder, die sie zu beschwören vermögen. Sie versuchen nicht, sich von ihrer frühen Kindheit einen genauen und zusammenhängenden Bericht zu erstellen, sondern wollen wieder in sie eintauchen. Wieder und wieder gehen sie ein paar Themen durch, die einen starken Gefühlswert für sie haben; sie werden dieses Wiederkäuens nicht überdrüssig, sondern schöpfen im Gegenteil Kraft daraus. Sie fliehen die Gegenwart, träumen vom einstigen Glück und verbannen die einstigen Übel. Eine 86jährige Frau erzählte mir, daß sie sich jeden Abend, sobald sie im Bett liegt, endlose Geschichten aus ihrer frühen Kindheit vorerzählt und ein unerschöpfliches Glücksgefühl dabei empfinde.

Der alte Mensch verinnert seine Vergangenheit in Gestalt von Bildern, Phantasien, Gefühlszuständen. Und noch in anderer Weise hängt er von ihr ab: die Vergangenheit bestimmt meine gegenwärtige Situation und ihre Öffnung auf die Zukunft hin; sie ist das Gegebene, von dem aus ich mich entwerfe und das ich, um zu existieren, überschreiten muß. Das gilt für jedes Lebensalter. Ich übernehme aus der Vergangenheit die Mechanismen, mit denen mein Körper ausgerüstet ist, die kulturellen Werkzeuge, die ich gebrauche, mein Wissen und meine Nicht-Kenntnisse, meine Beziehungen zu den anderen, meine Beschäftigungen, meine Verpflichtungen. Alles, was ich getan habe, ist mir durch sie wieder genommen worden und hat sich verdinglicht in der Gestalt des Praktisch-Inerten. Als das Praktisch-Inerte bezeichnet Sartre die Gesamtheit der Dinge, die vom Siegel der menschlichen Arbeit und den durch ihre Beziehung zu diesen Dingen bestimmten Menschen geprägt sind. Für mich ist das Praktisch-Inerte also die Gesamtheit der Bücher, die ich geschrieben habe und die jetzt, außerhalb von mir, mein Werk darstellen und mich als ihren Autor definieren: «Ich bin, was ich gemacht habe und das sich mir entzieht, indem es mich sogleich als einen anderen konstituiert.»[1] Jeder Mensch realisiert durch seine Praxis seine Objektivierung in der Welt und entfremdet sich ihr. Er schafft sich Interessen. Das Interesse ist «das Vollständig-außer-sich-sein-in-einer-Sache, sofern es die Praxis als kategorischer Imperativ bedingt»[2]. Das Interesse des Besitzenden ist sein Besitz, und oft mißt er ihm größeren Wert bei als seinem eigenen Leben.

Je älter wir werden, um so schwerer lastet auf uns das Gewicht des Praktisch-Inerten. Das hat André Gorz in seinem Buch *Le Vieillissement* (*Das Altern*) sehr deutlich aufgezeigt. Er definiert die Jugend als «eine geringere Trägheit, die in Bewegung zu bringen ist». Ein reifer Mensch werden heißt, ein anderer für die anderen werden: ein durch seinen Beruf definiertes Individuum. Die frei gewählte Zukunft erscheint ihm jetzt als eine Notwendigkeit, die ihn erwartet; in seiner Vergangenheit sieht er eine Verfremdung. Sein Leben ist «ein Leben, das sich draußen dahinschleppt, in den Dingen, meinem Sein von draußen und für mich selbst verloren». Die Pläne sind versteinert. Diese

1 Jean-Paul Sartre: *Kritik der dialektischen Vernunft.*
2 Ebd.

Beschreibung paßt auf das Alter; es ist, mehr noch als die Zeit der Reife, schwer geworden. Ein ganzes langes Leben ist hinter uns erstarrt und hält uns gefangen. Die Imperative haben sich vervielfacht, und ihre Umkehrungen sind Unmöglichkeiten: der Besitzer *muß* seinen Besitz erhalten, er *kann* ihn nicht einfach aufgeben. Um zu verstehen, in welchem Maße der alte Mensch der Zukunft ohnmächtig gegenübersteht, müssen wir jetzt untersuchen, wie sich ihm diese Zukunft darstellt. Wir werden sehen, daß sie ihm in zweifacher Weise als *zu Ende* erscheint: sie ist kurz, und sie ist ausweglos. Um so auswegloser, als sie kurz ist, und, so scheint es, um so kürzer, als sie ausweglos ist.

Von einem bestimmten Augenblick an – der Zeitpunkt ist individuell verschieden – wird sich der gealterte Mensch seiner biologischen Bestimmung bewußt: die Zahl der Jahre, die ihm noch zu leben bleiben, ist begrenzt. Wenn ihm mit 65 Jahren ein Jahr so lang vorkäme wie in seiner Kindheit, dann würde die Zeitspanne, mit der er vernünftigerweise rechnen kann, sogar länger sein, als er sie sich vorstellt; dem ist aber nicht so. Die Frist, die ihm bleibt, erscheint ihm kurz; denn die Zeit verfließt in den verschiedenen Augenblicken unseres Daseins nicht stets in der gleichen Weise: sie eilt immer mehr, je älter wir werden.

Dem Kind vergehen die Stunden langsam. Die Zeit, in der es sich bewegt, wird ihm zudiktiert, es ist die der Erwachsenen; weder vermag es sie zu messen noch sie abzusehen: es ist verloren im Schoß eines Werdens ohne Anfang und Ende ... Ich habe, als ich meine Vorhaben mit Elan vorantrieb, meine Zeit gemeistert, sie meinem Programm entsprechend eingeteilt: meine Wochen richteten sich nach den Nachmittagen, an denen ich Vorlesung hatte; so hatte jeder Tag eine Vergangenheit und eine Zukunft. Soweit sich meine Erinnerungen datieren lassen und zusammenhängend sind, gehen sie eben bis in diese Zeit zurück. Andererseits aber dehnen sich die Augenblicke, wenn wir sie angespannt oder erschöpft erleben. Und das Kind ermüdet schnell, seiner Schwachheit, seiner Erregbarkeit und seines fragilen Nervensystems wegen. 60 Minuten Lesen ist mit 5 Jahren anstrengender als mit 10 und mit 10 anstrengender als mit 20 Jahren. Die Entfernungen, die es zu überwinden hat, kommen dem Kind weit vor, die Aufmerksamkeit ist schwer zu konzentrieren: die Tage werden nicht ohne Mühsal überstanden. Schließlich und vor allem ist die Welt noch so neu, und die Eindrücke, die sie uns vermittelt, sind so frisch und lebendig, daß uns die Dauer eines Augenblicks, da wir sie nach dem Reichtum seines Inhalts beurteilen, sehr viel ausgedehnter erscheint als zu den Zeiten, da die Gewohnheit uns arm gemacht hat. Schopenhauer hat dies folgendermaßen ausgedrückt: «In der Kindheit bringt die Neuheit aller Gegenstände und Begebenheiten Jegliches zum Bewußtsein: daher ist der Tag unabsehbar lang. Das Selbe widerfährt uns auf Reisen, wo deshalb ein Monat länger erscheint, als vier zu Hause.»[1]

1 Über diese Ausdehnung der Zeitdauer auf Reisen schreibt der Ethnologe Georges Condaminas in *L'Exotique est quotidien*: «Man muß sich vorhalten, daß ein Reisetag, in die Erinnerung versetzt, einen sehr viel weiteren ‹Raum› einnimmt, als ein zu Hause ver-

«Ich denke an die große Pause in der Gemeindeschule», schreibt Ionesco. «Eine Viertelstunde! Das war lang, das war inhaltsreich: man hatte Zeit, sich ein Spiel einfallen zu lassen, es zu spielen, zu beenden und ein anderes anzufangen ... Doch ‹das nächste Jahr› war nichts als ein Wort; gut, dieses nächste Jahr würde kommen, aber das schien mir so weit, daß es sich nicht lohnte, daran zu denken; es schien mir eine Ewigkeit, bis es käme: es war also, als würde es überhaupt nicht kommen.»[1]

Mit dem Ende der Kindheit schrumpft der Raum, werden die Gegenstände kleiner, der Körper kräftiger, die Aufmerksamkeit festigt sich, man wird vertraut mit Uhren und Kalendern, das Gedächtnis nimmt zu an Umfang und Genauigkeit. Gleichwohl gehen die Jahreszeiten auch weiterhin herrlich oder schrecklich langsam vorüber. Als ich mit 15 Jahren in meinen neuen Schulbüchern blätterte, schien mir das Durchschreiten eines Schuljahrs eine große, aufregende Expedition. Später brachte mich der Schulanfang nach den Ferien jedesmal zur Verzweiflung: ich sagte mir, daß ich es niemals bis ans Ende der 10 Monate in unserer traurigen Wohnung aushalten würde.

Sobald ich mich aber aus dieser Entmutigung losriß, begeisterte mich wieder die unermeßliche Weite der zu meinen Füßen ausgebreiteten Zukunft: 40 Jahre, 60 Jahre leben – das war eine Ewigkeit, wenn mir schon ein Jahr so lang erschien.

Es gibt mehrere Gründe für diese Veränderung, die das Zeitgefühl von der Jugend bis zum Alter durchmacht. Zunächst muß man bedenken, daß man immer sein ganzes Leben auf das gleiche Format reduziert hinter sich hat, in jedem Alter; in der Entfernung sind 20 Jahre gleichbedeutend mit 60. Das verleiht den Zeiteinheiten eine veränderliche Dimension. Wenn das Jahr gleich einem Fünftel unseres Alters ist, kommt es uns zehnmal länger vor, als wenn es nur dem 50. Teil entspricht. Selbstverständlich handelt es sich hier nicht um eine ausdrückliche Rechnung, sondern um einen spontanen Eindruck. Und im übrigen führt ihr eigenes Gedächtnis den jungen Menschen das verflossene Jahr mit einer verschwenderischen Fülle von Einzelheiten vor Augen, die über einen weiten Raum hin ausgebreitet sind: sie verleihen dem folgenden Jahr die gleiche Dimension. Wenn wir alt geworden sind, beeindrucken uns dagegen nur noch wenige Dinge; die Augenblicke bescheren uns nicht mehr viel Neues, wir halten uns nicht bei ihnen auf. Das Jahr 1968 läßt sich für mich in ein paar Daten, ein paar Schemata und ein paar Tatsachen zusammenfassen. 1969 finde ich ebenso armselig. Kaum bin ich im Oktober nach Paris zurückgekehrt, ist es schon wieder Juli.

brachter Tag. Vor allem, wenn wir ein Land erforschen, das uns völlig unbekannt ist ... Die Stunden, die man damit verbrachte, sich mit dieser Welt vollzusaugen, sie ohne Unterlaß in sich aufzunehmen, überschreiten die natürliche und meßbare Zeiteinteilung. Die Tatsachen haben das Gedächtnis so stark beeindruckt, daß dieses sie, etwa wie bei einem in Zeitlupe vorgeführten Film, wiederherstellt. Die Zeit der Wiederherstellung ist eine Erweiterung der wirklichen Zeit.»

1 Eugène Ionesco: *Tagebuch.*

Noch ein anderer Faktor spielt eine Rolle: ich weiß, daß ich in 12 Monaten bestenfalls dieselbe sein werde wie heute; mit 20 Jahren dagegen «ist Man-selbst-sein Zu-sich-kommen», wie Sartre einmal gesagt hat. Man ist Warten auf die Welt und auf sich selbst. Jedes Jahr nimmt uns mit in einem Wirbel von – berauschenden oder schrecklichen – neuen Geschehnissen, aus dem man verwandelt hervorgeht. Und in der nächsten Zukunft ahnt man eine ähnliche Erschütterung. Weder Pläne noch Erinnerungen könnten helfen, die Zeit zurückzuhalten, da sie uns von uns selbst fortreißt. Es gibt niemanden auf der Welt, der die Einheit realisieren könnte, wenn das *Ich* am Anfang ein anderes ist als jenes, das es werden wird. Eine nicht berechenbare Distanz trennt diese Fremdlinge: zumindest bilden sie sich das ein.

Wenn die gefühlsbestimmten Erinnerungen, welche die Kindheit wachrufen, so kostbar sind, dann deshalb, weil sie uns für einen kurzen Augenblick wieder in den Besitz einer grenzenlosen Zukunft bringen. Ein Hahn kräht in einem Dorf, dessen Schieferdächer ich erspähe, ich gehe durch eine feuchte, von Rauhreif bedeckte Wiese, plötzlich bin ich in Meyrignac, und das Herz krampft sich mir zusammen: der erwachende Tag breitet sich aus, unermeßlich bis hin zu einer fernen Abenddämmerung; ‹morgen› ist nur ein leeres Wort; die Ewigkeit ist mein Teil.

Aber nein; ich bin wieder in meiner Zeit, in der die Jahre so schnell vergehen. Auf mich passen die Worte Ionescos: «Ich bin in einem Alter, da . . . eine Stunde nur wenige Minuten dauert und da man die Viertelstunden nicht einmal mehr wahrnimmt.»

Das beste Mittel, wenn man die Dichte wiederzufinden sucht, die das Dauern der Zeit in der Kindheit hat, ist, so meint auch Ionesco, das Reisen: «Seither versuche ich alle Tage, mich an etwas Beständiges zu klammern, ich versuche verzweifelt, eine Gegenwart wiederzufinden, sie festzuhalten, zu weiten. Ich reise, um eine intakte Welt zu finden, über die die Zeit keine Gewalt hätte. Und tatsächlich vermögen schon zwei Reisetage oder das Kennenlernen einer neuen Stadt, die sich überstürzenden Ereignisse zu bremsen. Zwei Tage in einem neuen Land wiegen dreißig am gewohnten Ort auf, durch Abnutzung verkürzt, durch Gewohnheit verschlissen. Die Gewohnheit poliert die Zeit, man gleitet darüber hin wie über ein zu glatt gewachstes Parkett. Eine neue Welt, eine immer neue Welt, eine Welt von immer, für immer jung, das ist das Paradies. Die Geschwindigkeit ist nicht nur höllisch, sie ist die Hölle selbst, sie ist die Beschleunigung im Sturz. Es hat die Gegenwart gegeben, es hat die Zeit gegeben, es gibt weder Gegenwart noch Zeit mehr, die geometrische Progression des Sturzes hat uns ins Nichts geschleudert.»[1]

Das Paradoxe daran ist, daß diese höllische Geschwindigkeit den alten Menschen nicht vor der Langeweile bewahrt, im Gegenteil. In jedem Lebensalter haben wir die Erfahrung gemacht: die Reisetage, über die man nachher so lange berichten konnte, sind wie der Blitz vergangen, weil wir ununterbrochen in Atem gehalten wurden, und Wochen, die im Nachhinein von kurzer Dauer

1 *Tagebuch.*

erscheinen, weil wir alles über sie vergessen haben, zogen sich, Stunde um Stunde, endlos hin.

Die Art, wie man von Tag zu Tag das Vergehen der Zeit empfindet, hängt von ihrem Inhalt ab. Wenn der alte Mensch sie jedoch als Zukunft voraussieht, in ihrer reinen Form, scheint sie ihm schwindelnd schnell zu verstreichen.

Der radikale Unterschied zwischen der Sehweise des alten Menschen und der des Kindes oder des Heranwachsenden besteht darin, daß der alte Mensch seine Endlichkeit entdeckt hat, von der er am Anfang seines Lebens nichts wußte: damals sah er so vielfältige und so verschwommene Möglichkeiten vor sich, daß sie ihm unbegrenzt erschienen; und die Zukunft, auf die hin er sie entwarf, dehnte sich bis ins Unendliche, um sie aufzunehmen. Die jungen Menschen von heute werden sich frühzeitig darüber klar, daß die Gesellschaft ihnen die Zukunft vorfabriziert hat; aber viele träumen davon, aus dem System auszubrechen oder es gar zu zerstören, und das läßt ihrer Imagination ein weites Feld offen. Von dem Tag an – und dieser Tag kommt, früher oder später, je nach der Gesellschaftsklasse, der sie angehören –, da der einzelne sich genötigt sieht, sich ein neues Bild von seinem Leben zu machen, sieht er, an einen Beruf gebunden, sein Universum schrumpfen und seine Pläne seltener werden. Immerhin stehen dem Erwachsenen genügend Jahre zur Verfügung, in denen er sich zum Handeln, zum Eingreifen entscheiden und mit Veränderungen in der Welt oder in seinem persönlichen Leben rechnen kann: seine Hoffnungen weisen in eine Zukunft, deren Ende er sich noch nicht vorstellen kann. Der alte Mensch weiß, daß sein Leben gelebt ist und daß er es nicht noch einmal leben kann. Die Zukunft ist nicht mehr von Verheißungen erfüllt, sie schrumpft in dem Maße, wie das endliche Sein, das sie zu leben hat. Denn die menschliche Realität ist von einer zweifachen Endlichkeit betroffen; die eine ist eine bedingte und ergibt sich aus der Faktizität: die Existenz hat ein Ende, das ihr von draußen gesetzt wird. Die andere ist eine ontologische Struktur des Für-sich. Im letzten Lebensalter werden beide zusammen offenbar, und zwar die eine durch die andere. Besäße ich, bei einer begrenzten Lebenserwartung, die gleiche physische und geistige Disponibilität wie mit 20 Jahren, dann würde mir mein Ende, hinter einem Überfluß von Plänen, weit entfernt erscheinen. Gäbe man mir 100 Jahre mehr und die Gesundheit dazu, könnte ich mich in neue Unternehmungen stürzen, könnte ich auf die Eroberung unbekannter Bereiche ausziehen. Ich würde mich nicht rettungslos eingeschlossen fühlen in meiner Einmaligkeit. Was übrigens ein Irrtum wäre: die Verlängerung meiner Tage könnte mich meiner Endlichkeit nicht entreißen. Selbst Unsterblichkeit würde sie nicht zerschlagen. «Die menschliche Realität würde endlich bleiben, auch wenn sie unsterblich wäre», schrieb Sartre, «denn sie macht sich endlich, indem sie sich als menschliche erwählt ... Gerade der Freiheitsakt ist also Übernahme und Erschaffung der Endlichkeit. Wenn ich mich mache, mache ich mich endlich, und auf Grund dieser Tatsache ist mein Leben einmalig.»[1] Da der Beginn meiner Geschichte auf immer unverändert bleibt, ist es eine ganz bestimmte

1 In *Das Sein und das Nichts.*

Vergangenheit, die ich auf immer zu überschreiten habe: nichts kann mich aus meiner Haut herausholen. Eine doppelte Gewißheit zwingt sich dem alten Menschen auf: seine Jahre sind gezählt, und er wird sich selbst nicht entfliehen.

Auf diese Weise verändert sich von den Jahren der Reife bis ins hohe Alter hinein die Zukunft auch in qualitativer Hinsicht. Mit 65 Jahren ist man nicht nur 20 Jahre älter als mit 45: man hat eine unbestimmte Zukunft, die man als unendlich zu betrachten geneigt war, gegen eine endliche Zukunft getauscht. Einst entdeckten wir keinen Grenzstein am Horizont – jetzt sehen wir einen. «Träumte ich einst», so schreibt Chateaubriand, auf seine ferne Vergangenheit zurückblickend, an Madame Récamier, «dann lag meine Jugend vor mir; ich konnte diesem Unbekannten, das ich suchte, entgegengehen. Jetzt kann ich keinen Schritt mehr tun, ohne an den Grenzstein zu stoßen.»

Eine begrenzte Zukunft, eine erstarrte Vergangenheit – das ist die Situation, der sich der alte Mensch gegenübersieht. In zahlreichen Fällen lähmt sie seine Aktivität. Alle seine Pläne wurden entweder verwirklicht oder aufgegeben, das Leben liegt abgeschlossen hinter ihm; nirgends wird er mehr gebraucht: er hat nichts mehr zu tun. So erging es auch Michel Leiris nach seinem Erfolg mit *Biffures*: «Es schien mir, als habe mein Leben eine Art schrecklichen Höhepunkt erreicht. Das Ende dieses Lebens, so kam es mir vor, glich ein wenig den letzten Tagen meines Aufenthalts in Florenz. So wie uns in der Hauptstadt der Toskana, die wir von unten bis oben besichtigt hatten, nur noch ein paar Belanglosigkeiten anzusehen blieben, so blieben mir nur ein paar Belanglosigkeiten zu tun für die Zeit, die ich noch zu leben hatte», schreibt er in *Fibrilles*. In demselben Buch erklärt er, weshalb seine Zukunft so leer geworden war. «Wenn das Ausgelöschtwerden durch den Tod oder durch die Senilität nicht mehr als Schicksal angesehen, sondern wie ein Übel erwartet wird, das sich anschickt, über einen herzufallen, geschieht es – und das gilt für mich –, daß man sogar die Lust verliert, etwas zu unternehmen: man taxiert das bißchen Zeit, über das man noch verfügt, diese eingeschnürte Zeit, die in keinem Verhältnis steht zu der Zeit jener Epochen, als der Gedanke ausgeschlossen war, daß es an der zur freien Entfaltung erforderlichen Frist für eine Unternehmung fehlen könne, und das nimmt einem jeden Elan. Ebenso hart ist es, auch wenn man wie ich schon lange Übung darin hat, jeden Tag zu wissen, daß die Nacht – jetzt durch Müdigkeit und Schlaf blockiert – nicht mehr jene unendlich offene Periode sein wird, in der ein Mann, von nichts geschwächt, lieben und sich ohne Überlegen verschwenden kann. Bin ich hellsichtiger, verletzlicher als ein anderer oder nur auf kleinlichere Weise mit meiner eigenen Person beschäftigt? Jedenfalls scheint mir, daß derjenige, dessen Existenz vom Unbegrenzten ins Begrenzte hinübergewechselt ist, in einer Art Erstickung lebt ... Kunst und Dichtung, letzte Mittel, bieten sich als eine Möglichkeit, die Einschnürung zu lockern. Aber ist es nicht ein Jammer, sie so herabzumindern, daß man sie als Ersatzmittel behandelt, mit dem es möglich ist, das trostlose Elend des Alters zu lindern?»

Tatsächlich war die Absicht zu schreiben bei Leiris so tief verwurzelt, daß er die Krise überwand; selbst seine Angst verhalf ihm noch zu neuen Themen, und er schrieb *Fibrilles*. Es kommt jedoch vor, daß aus gesundheitlichen Gründen oder äußerer Schwierigkeiten wegen die Entmutigung des alten Menschen endgültig ist, so daß er nichts mehr zu tun weiß oder auf Unternehmungen verzichtet, weil er meint, ihm bliebe nicht mehr die Zeit, sie zu Ende zu führen.

Indessen gibt es auch Fälle, in denen die kategorischen Imperative, die von der Vergangenheit ausgehen, ihre ganze Kraft bewahren: diese Arbeit muß ausgeführt, jenes Werk zu Ende gebracht werden, diese Interessen sind zu wahren. Dann führt der alte Mensch mit ängstlicher Erbitterung den Kampf gegen die Zeit, der ihm keine Atempause läßt: «Es war meine schmerzliche Erfahrung beim Herannahen des Alters, daß ich jeden Sinn für Muße verloren hatte», schrieb Berenson mit 70 Jahren. Schmerzlicher noch ist es allerdings, wenn man nicht in der Lage ist, die Ziele, die einen nach wie vor herausfordern, zu erreichen: wir haben gesehen, wie verzweifelt Papini war, das Buch seines Lebens, *Das Weltgericht*, nicht beenden zu können.

Unsere Pläne visieren manchmal auch Ziele an, die jenseits unseres Todes liegen: es ist bekannt, welche Bedeutung die meisten Menschen ihren testamentarischen Verfügungen und der Ausführung ihres Letzten Willens beimessen. In den auf Wiederholung ausgerichteten Gesellschaften, in denen die geschichtliche Entwicklung nur langsam fortschreitet, verfügt der Mensch nicht nur über seine individuelle Zukunft, sondern auch über die seiner Mitwelt, und er rechnet darauf, daß das Produkt seiner Arbeit erhalten bleibt. Ein 80jähriger kann noch voller Freude bauen und sogar pflanzen. Als die meisten Unternehmen – landwirtschaftliche, handwerkliche und solche des Handels und der Finanzen – noch in Familienbesitz und Teil einer wirtschaftlich stabilen Gesellschaft waren, konnte der Vater hoffen, daß seine Söhne seine Arbeit fortführen und das Unternehmen ihrerseits an ihre Kinder weitergeben würden. Auf diese Weise blieb es ihm erspart, ‹an den Grenzstein zu stoßen›: das Besitztum, die Firma, das Unternehmen, in dem er sich objektiviert hatte, würde unbegrenzt fortbestehen. In ihm würde er sich überleben – er hatte sich nicht umsonst gemüht.

Heutzutage kann der alte Mensch nicht mehr auf eine solche ‹Ewigkeit› rechnen: die geschichtliche Entwicklung hat sich beschleunigt, sie wird morgen zerstören, was gestern gebaut wurde. Die Bäume, die der alte Mensch pflanzt, werden gefällt werden. Fast überall ist die Familienzelle auseinandergebrochen. Die kleinen Unternehmen werden von den monopolitischen Großunternehmen geschluckt oder gehen dem Ruin entgegen. Der Sohn wird den Vater nicht ablösen, und der Vater weiß es. Sobald er nicht mehr da ist, wird der landwirtschaftliche Betrieb aufgegeben, wird das Geschäft verkauft, das Unternehmen liquidiert werden. Was er vollbracht hat, was den Sinn seines Lebens ausmacht, ist ebenso bedroht wie er selbst. Wenn er seine Kinder uneigennützig liebt, billigt er den Weg, den sie eingeschlagen haben, und kann sich mit Genugtuung sagen, daß er in ihnen fortlebt. Doch das ist wegen der zwischen den Generationen bestehenden Kluft nur selten der Fall. Meistens erkennt sich der Vater in seinen Kindern nicht wieder. So ist er dem Nichts preisgegeben.

Die heutige Gesellschaft, weit davon entfernt, dem alten Menschen sein biologisches Schicksal zu erleichtern, indem sie ihm eine postume Zukunft zusichert, stößt ihn noch zu Lebzeiten in eine bereits überschrittene Vergangenheit zurück. Die Akzeleration der Geschichte hat die Beziehung des alten Menschen zu seinen Tätigkeiten zutiefst erschüttert. Einst hatte man die Vorstellung von einem Schatz, der sich im Laufe der Jahre in ihm aufhäufte: die Erfahrung. So wie sich auf dem Reisig, das man salzhaltigen Quellwassern aussetzt, Kristalle ablagern, so, glaubte man, setzten sich ein gewisses *savoire-faire* und ein gewisses *savoire-vivre*, die man nicht aus Büchern lernen kann, in Körper und Geist des Menschen ab. Die Hegelsche Philosophie vermittelt für diese Vorstellung eine rationale Rechtfertigung: jeder vergangene Augenblick sei im gegenwärtigen Augenblick enthalten, der notwendig eine noch erfülltere Zukunft vorbereite, so daß schließlich sogar die Mißerfolge ausgeglichen seien. Als letzte Etappe eines ständigen Fortschritts sei das Alter für die Existenz der Höhepunkt der Vollkommenheit. Doch in Wahrheit entwickelt sich das Alter nicht so: seine Linie wird ständig gebrochen durch das Zurückfallen unserer in Wirklichkeit praktisch-inerten Pläne. In jedem Augenblick totalisiert es sich, aber diese Totalisierung wird niemals abgeschlossen: «Die menschliche Aktion konstituiert zugleich das Ganze und das Zerreißen des Ganzen.»[1] Deshalb ist unser Vorwärtsschreiten kein sicherer Fortschritt, sondern eher jene schwankende Bewegung, von der Montaigne spricht. Sainte-Beuve stellte fest: «Man verhärtet sich hier, man verfault dort, man reift nie.» Das Alter ist nicht die ‹Summe› unseres Lebens. Die Zeitspanne ein und derselben Bewegung gibt uns und nimmt uns die Welt. Wir lernen und wir vergessen, wir bereichern uns, und wir entwürdigen uns.

Mauriac schreibt als 80jähriger: «Weder vermindert noch heruntergekommen, noch bereichert: gleichgeblieben – so sieht sich der alte Mensch. Man rede ihm nicht von den erworbenen Lebenserfahrungen: wie wenig haben wir zurückbehalten von dem, was uns so viele Jahre lang zufloß – es ist kaum zu glauben. Die Fakten sind verwischt oder vergessen. Und was soll ich erst von den Ideen sagen? 50 Jahre Lektüre: was bleibt davon?»

Der Begriff Erfahrung ist in dem Maße gültig, in dem er sich auf etwas aktiv Gelerntes bezieht. Bestimmte Kunstformen und bestimmte Handwerke sind so schwierig, daß es ein ganzes Leben braucht, sie zu beherrschen. Der Handarbeiter kann, wie sich zeigte, körperliche Mängel dank einer Erfahrung ausgleichen, die es ihm erlaubt, sein Tätigkeitsfeld entsprechend einzurichten. Auf geistigem Gebiet gilt, was Herriot sagte: «Die Kultur ist das, was bleibt, wenn man alles vergessen hat.» Und in der Tat bleibt immer etwas: eine Fähigkeit, Vergessenes von neuem zu lernen, eine Arbeitsmethode, das Vermeiden von Fehlern, Wachsamkeit. Auf vielen Gebieten – Philosophie, Ideologie, Politik – ist der alte Mensch einer synthetischen Schau fähig, wie sie den Jungen versagt ist. Man muß eine ungeheure Vielfalt von Fakten in ihrer Ähnlichkeit und ihrer

1 Jean-Paul Sartre: *Kritik der dialektischen Vernunft.*

Unterschiedlichkeit beobachtet haben, um die Wichtigkeit oder Bedeutungslosigkeit eines Einzelfalles einschätzen zu können, zu wissen, wie man die Ausnahme auf die Regel reduziert oder ihr den gebührenden Platz zuweist, wie man das Detail dem Ganzen unterordnet, das Anekdotische außer acht läßt, um die Idee zu erfassen. Es gibt *eine* Erfahrung, die nur diejenigen besitzen, die alt sind: die des Alters nämlich. Die Jungen haben nur vage und unrichtige Vorstellungen davon. Man muß lange gelebt haben, ehe man sich ein richtiges Bild von der *conditio humana* machen kann, ehe man eine Übersicht über den Lauf der Dinge gewinnt: dann erst ist man imstande, ‹die Gegenwart vorauszusehen›, worin die Aufgabe des Politikers besteht. Aus diesem Grund ist im Verlauf der Geschichte alten Menschen oft große Verantwortung übertragen worden.

Indessen gilt das fast nur für die statischen oder zumindest stabilen Gesellschaften, nur hier kann das Alter eine Qualifizierung verleihen. Innerhalb einer unbewegten Welt ist der alte Mensch, wenn er um seine Weiterentwicklung bemüht ist, denen, die nach ihm begonnen haben, weiter voraus. In der bewegten Welt von heute liegen die Dinge anders. Das individuelle Werden ist Teil eines gesellschaftlichen Werdens, mit dem es jedoch nicht zusammenfällt: dieses Auseinanderklaffen geht zu Lasten des Alten, der seiner Zeit unvermeidlich hinterherhinkt. Will er ihr vorauseilen, muß er sich unablässig von einer Vergangenheit losreißen, die ihn immer fester gefangenhält: sein Vorwärtsschreiten wird langsamer. Die Menschheit ist indessen nicht monolithisch; angesichts der Vergangenheit, die auf den älteren Generationen lastet, sind die neuen Generationen frei, sie halten die Fackel hoch bis zu dem Augenblick, da sie, von der Last des Praktisch-Inerten erdrückt, ihrerseits von den Jungen überholt werden. Das Individuum ist nicht imstande, bei diesem Rennen mitzuhalten, bei dem der Entwurf unaufhörlich in seiner ganzen Frische wiederersteht. Es bleibt zurück. Inmitten der Veränderung bleibt es immer dasselbe Individuum: verdammt zum Untergang.

Im Bereich des Wissens gerät es zwangsläufig in Rückstand. Ich sehe das deutlich an meinem eigenen Beispiel: seit meinem 20. Lebensjahr habe ich viel gelernt, aber von Jahr zu Jahr werde ich verhältnismäßig unwissender, weil die Entdeckungen sich mehren, die Wissenschaften sich erweitern, und trotz meiner Anstrengungen, mich wenigstens auf bestimmten Gebieten auf dem laufenden zu halten, die Zahl der Dinge, die mir unbekannt bleiben, ständig zunimmt.

Um diesen Prozeß der Disqualifizierung genauer zu begreifen, müssen wir uns von allgemeinen Überlegungen lösen und die verschiedenen Aktivitäten in ihrer Eigenart betrachten. Zunächst jedoch ist zu sagen, daß der alte Mensch in eben dem Maße, in dem er an der Evolution der Gesellschaft teilzunehmen wünscht, zurückbleibt: als Konsument profitiert er unbekümmert vom technischen Fortschritt, er begrüßt ihn sogar. Tolstoj haßte im Prinzip alles Neue, doch war er entzückt vom Grammophon und vom Kino; er plante, Drehbücher zu schreiben. Er sah sich Autorennen an und wollte gern Flugzeuge sehen. Andersen begeisterte sich mit 65 Jahren an den neuen schnellen Verbindungen: man durchquerte jetzt Schweden in 24 Stunden, während man früher eine

Woche dazu gebraucht hatte: «Wir alten Leute ertragen die natürlichen Verdrießlichkeiten einer Übergangszeit, wir stehen zwischen zwei Generationen; aber es ist sehr interessant.» Wells schwärmte mit 70 Jahren für alle modernen Erfindungen, insbesondere für den Film. In der Gemeinde Plodemet, die Edgar Morin [1] untersucht hat, leben gebrechliche, kranke, behinderte und verlassene Alte, die sich gerade noch fähig fühlen, wie ein Hund das Haus zu hüten. Andere verkapseln sich, obgleich sie gesund sind, in der Vergangenheit: sie können weder lesen noch schreiben und wollen kein fließend Wasser, kein Gas, keine Elektrizität. «Wozu? Das ist nichts in unserem Alter», sagte einer von ihnen. Die meisten aber sind tief beeindruckt von der modernen Welt: «Wir haben aber auch alles erlebt, vom Fahrrad bis zum Mond», sagte ein 80jähriger Schreiner. Sie erinnern sich noch daran, wie sie gestaunt haben, als sie die ersten Autos, die ersten Flugzeuge sahen; Ölheizung und Fernsehen begeistern sie. Die Vergangenheit ist in ihren Augen eine Epoche der Barbarei: «Vor 100 Jahren, oh, da war das hier ein richtiges Land von Wilden. Heute sind wir zivilisiert, die Leute können wenigstens lesen und schreiben. Früher war hier nur Armut, heute geht's uns gut.» Sie bewundern die Jungen, die mit Motorbooten und Radar auf Fischfang gehen. Sie sind subjektiv stolz auf eine objektiv fortgeschrittene Welt. Soweit ihre Interessen, ihre Vergangenheit, ihre Tätigkeit nicht in Frage gestellt werden, besteht kein Antagonismus zwischen ihnen und der gesamten Menschheit: fröhlich erkennen sie sich in ihr wieder. Und die Entwicklung der Welt ist ein schönes Schauspiel für sie, das sie, ohne sich zurückgesetzt zu fühlen, aus der Distanz betrachten.

Ein auffallender Unterschied besteht in Plodemet zwischen der Haltung der untätigen Alten und der der Männer von 50 bis 60 Jahren, die noch arbeiten. Letztere geraten in Konflikt mit ihrer Zeit, weil diese ihre wirtschaftlichen und ideologischen Interessen gefährdet. Sie lehnen sich gegen die Modernisierung der Landwirtschaft auf. Sie würde eine Lehrzeit erfordern, vor der sie zurückschrecken; sie sind in der Routine verhaftet, die ihr Leben geformt hat, sie wollen nicht auf die Vorteile ihrer Erfahrung verzichten und sich den Jungen unterlegen fühlen, die besser in der Lage sind als sie, mit den neuen Maschinen umzugehen. Viele bleiben hartnäckig bei ihrer Weigerung; dann suchen sich die Jungen Arbeit in der Stadt, und die Väter fühlen sich verraten: «Wie viele alt gewordene Eltern werden von ihren Kindern verlassen!» sagte ein 55jähriger Landwirt. «Da hat man seine ganze Existenz auf etwas aufgebaut, und dann ist keiner da, der die Fackel übernehmen will.»[2]

In einer Ausgabe des *France-Soir* vom Oktober 1968 bin ich unter der Rubrik «Vermischtes» auf folgendes gestoßen: «Auf dem Hof gab es einen Knall. Mein Schwiegervater hatte Wolf, unseren Schäferhund, getötet. Jean, mein Mann, öffnete die Tür. Sein Vater kam. Er hatte eine Handgranate in der Hand. Jean stürzte sich auf ihn, und sie schlugen sich. Dabei ist die Granate auf den Boden gefallen und losgegangen», sagte Dominique aus. Albert Rouzet, 65 Jahre alt,

1 Edgar Morin: *Commune en France.*

2 Ich habe über diesen Konflikt in dem Kapitel «Die soziale Frage» gesprochen.

Landwirt in Chinay (Côte-d'Or), Neurastheniker, hatte gestern beschlossen, seine ganze Familie zu beseitigen, angefangen bei seinem Sohn Jean, 25 Jahre alt, dem er vorwarf, daß er den Hof nach modernen Methoden verwaltete. «Zu meiner Zeit stand man bei Morgengrauen auf, um die Tagesarbeit vorzubereiten, und brauchte keine Maschinen, um das Land zu bestellen», sagte er. Vater und Sohn wurden durch die Explosion getötet.

Was die Landwirte betrifft, so läßt die Gesellschaft immerhin noch eine Wahl zwischen der Treue zur Vergangenheit und der Aufgeschlossenheit für den Fortschritt; aber es gibt andere Fälle, wo alte Handwerker oder alte Krämer durch die Entwicklung in Industrie und Handel in eine ausweglose Situation geraten. Als gegen Ende des 19. Jahrhunderts die großen Warenhäuser aufkamen, bedeutete das für zahllose kleine Einzelhändler den Ruin. Ihre Geschichte erzählt Zola in seinem Roman *Das Paradies der Damen*. Er beschreibt den Widerstand und die Verzweiflung der alten Generation angesichts einer Zukunft, die sie aus ihrem Besitz vertreibt. Baudu, ein gelbgesichtiger, weißhaariger, autoritärer Patriarch ist Besitzer des Ladens *Au Vieil Elbeuf*, der schon über 100 Jahre alt ist und mit seiner niedrigen Decke, seinen tiefen, dunklen und staubigen Schaufenstern nun die Pracht eines Warenhauses zum Gegenüber bekommen hat. Mit einem hellerleuchteten Schaufenster scheint sich die Tuchabteilung über den Alten geradezu lustig zu machen. Seine frisch in Paris angekommene Nichte trifft ihn unter der Ladentür, wie er mit geröteten Augen, verkniffenem Mund und voller Zorn die Auslagen gegenüber betrachtet. In seinen altmodisch eingerichteten Laden – Tische aus Eichenholz, poliert durch den Gebrauch in all den Jahren, Regalen mit üppigen Eisenbeschlägen, Stoffballen, die bis unter die Deckenbalken gestapelt liegen – kommt kaum noch ein Kunde. Baudu verzehrt sich in Zorn und Haß. «Oh, mein Gott! Oh, mein Gott!» stöhnt er beim Anblick des Warenhauses, in dem seine Nichte eine Stelle angenommen hat. Er ist empört und prophezeit den Untergang des Unternehmens; ein Kaufhaus, das *nouveautés* führt, darf nicht irgend etwas verkaufen: ein regelrechter ‹Basar›! «Und Ladenschwengel, die Pelze verkaufen, das ist ja zum Lachen!» Er kann sich mit der Umwälzung aller Traditionen, aus denen er gelebt hat, nicht abfinden. Er grübelt und sorgt sich. Früher war sein altes Geschäft das am meisten besuchte im ganzen Viertel, und er war stolz darauf. Und jetzt geht es ein, wie alle anderen Läden rundum: «Es war der langsame Tod, ohne einen plötzlichen Schlag, ein stetiger Rückgang der Geschäfte, und ein Kunde nach dem andern blieb aus.» Das Warenhaus floriert, Baudu muß es zugeben: «Sie haben Erfolg – und wenn schon! Ich protestiere, das ist alles.» Um fällige Wechsel einlösen zu können, verkauft er sein Landhaus. Als ruinierter Mann ergeht er sich in Klagen über die neue Zeit: alles bricht zusammen, es gibt keine Familie mehr. Zugleich fühlt er sich gedemütigt, besiegt: «Das Bewußtsein seiner Niederlage nahm ihm seine frühere Sicherheit, die Sicherheit des geachteten Patriarchen.» Am Ende bekommt er eine Stelle in dem Warenhaus angeboten, aber er lehnt ab und zieht sich in seine Verzweiflung zurück. Man sieht hier, welche Beziehung zwischen der biologischen und der gesellschaftlichen Zeit entsteht. Wäre Baudu jünger gewesen, dann hätte er sich freiwillig umgestellt und wäre auch fähig dazu gewesen. Die knapp bemessene Zukunft aber und das Gewicht der Vergangenheit versperrten ihm alle Auswege. Die Realität, in der er sich objektiviert hatte, war sein Geschäft; da das Geschäft eingegangen ist, ist er selbst auch nichts mehr: ein Toter auf Bewährung. Blind für die übrige Welt, versteift er sich bis zum Ende wütend darauf, durch seine Weigerung und durch seine Erinnerungen der zu bleiben, der er gewesen ist. Ähnliche Tragödien mögen sich heute abspielen, wenn sich Warenhäuser in Kleinstädten breitmachen und die Einzelhändler ruinieren. In den kapitalistischen Ländern begegnet man diesem Phänomen infolge der wirtschaftlichen Konzentration immer häufiger.

Es gibt viele Tätigkeiten, die das Fortschreiten der Zeit nicht in dieser Weise disqualifiziert: wohl aber trifft es das Individuum, das sie ausübt. Arbeiter, Angestellte, Führungskräfte, Beamte werden bei Erreichen einer bestimmten Altersgrenze in den Ruhestand versetzt. Zwiespältig steht die Gesellschaft alternden Ärzten, Rechtsanwälten und allen denen, die freie Berufe ausüben, gegenüber. Besonders auffallend ist das, wenn es um Ärzte geht: eine Zeitlang spricht das Alter zu ihren Gunsten; man findet, daß es zur Erfahrung beiträgt; man zieht einen Mann, der eine lange Laufbahn hinter sich hat, einem Grünschnabel vor. Dann wendet sich das Blatt. Man meint, der alte Doktor sei verbraucht, er habe körperlich nachgelassen und einen Teil seiner Fähigkeiten eingebüßt. Vor allem aber wirkt er rückständig; er ist, so vermutet man, nicht mehr orientiert über die jüngsten Entdeckungen. Man wendet sich von ihm ab, seine Praxis ist plötzlich leer. In fast allen Bereichen ist der alte Mensch, auch wenn er nicht automatisch in den Ruhestand versetzt wird und seinen Aufgaben noch gewachsen ist, infolge eines Vorurteils zur Untätigkeit verdammt.

Bei Berufen, die große physische Fähigkeiten erfordern, ist die biologische Involution von ausschlaggebender Bedeutung. Noch in jungen Jahren ist der Sportler bereits nicht mehr wettkampffähig. Oft stellt er sich innerhalb seiner eigenen Disziplin um: der Skichampion wird Skilehrer, der Boxer wird Manager; oft gehen Sportler auch in eine völlig andere Branche: Carpentier eröffnete eine Bar, Killy verkauft Sportwagen, Marielle Goitschel ging zum Film. In ihrem Leben gibt es einen Bruch, den sie vorausgesehen haben, was jedoch nichts daran ändert, daß viele sich nur schwer wieder einordnen oder aber verbittern. Zu einem ähnlichen Bruch kommt es im Leben von Tänzern und Sängern: die einen büßen ihre Geschmeidigkeit ein, bei den anderen läßt die Stimme nach. Viele gehen dazu über, Unterricht zu geben; auf diese Weise bleiben sie in der Welt, die die ihre gewesen ist, und bewahren sich, trotz der unvermeidlichen Frustration, dank den Fortschritten ihrer Schüler eine Transzendenz. Andere ziehen sich gezwungenermaßen oder freiwillig ganz zurück. Schauspieler müssen mit der Veränderung von Gesicht und Stimme rechnen. Manche wollen es nicht wahrhaben: ich habe einen berühmten Schauspieler, De Max, mit 80 Jahren die Rolle des jungen Nero spielen sehen. Hier handelt es sich um *monstres sacrés*, und das Publikum bewundert solche Beharrlichkeit: Sarah Bernhardt wurde noch beklatscht, als sie, 80jährig und mit einem Holzbein, *Athalie*[1] spielte. Meist wechselt der Schauspieler das Rollenfach; aber die Rollen für ältere Personen sind nicht so zahlreich am Theater und beim Film noch seltener. Auf der Bühne, wo der Text wichtig ist, droht das Gedächtnis zu versagen. Auch hier versucht man, sich umzustellen, ohne sich allzuweit von seiner Vergangenheit zu entfernen, aber die Möglichkeiten sind begrenzt, die meisten alten Schauspieler ziehen sich zurück und sind oft zur Armut verurteilt. Besser ergeht es den Chansonniers und den Kabarettisten, von denen man keine berufstechnischen Glanzleistungen erwartet; sie können ihre Auftritte den Umständen anpassen. Allein das Altsein kann schon eine Attraktion darstellen: als Maurice Chevalier im Alter von 80 Jahren ein Konzert gab, wurde es hauptsächlich deshalb zu einem Triumph, weil er 80 Jahre alt war. Immerhin muß man bei guter Gesundheit und imstande sein, sich jahrelang die Gunst eines nach Neuem begierigen Publikums zu erhalten. Die Künstlerlaufbahnen, bei denen – obwohl die körperliche Leistung eine wichtige Rolle spielt – die Altersinvolution am normalsten bewältigt wird, sind die der Instrumentalsolisten: Pianisten, Violinisten, Cellisten. Es kommt vor, daß ihnen bis in die Achtziger ihr Talent und ihre Berühmtheit erhalten bleiben, vorausgesetzt, daß sie keine ihre Virtuosität beeinträchtigende Krankheit bekommen und nicht aufhören, zu üben. Wenn sie der Zeit biologisch wiederstehen, wirkt sich das gesellschaftliche Altern nicht gegen sie aus. Man verlangt von ihnen nur, daß sie sich gleich bleiben. Zuweilen gehen sie im hohen Alter noch über sich hinaus dank eines immer mehr vertieften Verständnisses der von ihnen interpretierten Werke.

Geistig arbeitende Menschen werden weniger als alle anderen durch physiologischen Abbau in ihrer Tätigkeit behindert. Manche von ihnen genießen in ihrem Verhältnis zur Gesellschaft eine einzigartige Unabhängigkeit: es sind die schöpferisch tätigen. Sie sind nicht zahlreich, aber auf Grund ihrer privilegierten Situation aufschlußreich für die Fragen: Welches sind die praktischen Möglichkeiten eines alten Menschen, wenn ihm ein Maximum an Chancen gewährt wird? Welches ist – in den verschiedenen geistigen und künstlerischen Bereichen – die Beziehung zwischen Alter und Schöpferkraft, und wie ist sie zu verstehen?

Es kommt nur sehr selten vor, daß ein Wissenschaftler im Alter Entdeckungen macht. Leonhard Euler hat zwischen seinem 71. und 72. Lebensjahr wichtige mathematische Arbeiten vollbracht. Galilei hat mit über 70 Jahren den *Dialog über die beiden Weltsysteme* vervollständigt; mit 74 Jahren veröffentlichte er sein wichtigstes Werk, *Unterredungen und mathematische Demonstrationen über zwei neue Wissenschaften.* Buffon hat zwischen 67 und 81 Jahren die sieben letzten Bände seiner *Histoire naturelle* verfaßt, die den besten Teil des Werkes enthalten. Franklin hat zwischen 78 und 80 Jahren die bifokale Brille erfunden und die Bleikrankheit erforscht. Laplace hat mit 76 Jahren seine *Mécanique céleste* vollendet. Der Astronom Friedrich Wilhelm Herschel

1 Von Jean Racine. (Anm. d. Übers.)

hat bis über sein 80. Lebensjahr hinaus der Royal Society of London wichtige Beobachtungen mitgeteilt. Michelson war 77 Jahre alt, als er seinen Bericht über seinen gemeinsam mit Morley unternommenen Versuch über die Lichtgeschwindigkeit veröffentlicht hat. Gauß und Pawlow haben in der Jugend begonnene Arbeiten in ihren alten Tagen weitergeführt und bereichert. Aber das alles sind Ausnahmen. Lehman zeigt in seinem Buch *Age and Achievement*, in dem er an Hand der *Brève Histoire de la chimie* von Prof. Hildich einen Zusammenhang zwischen Alter und Leistung [1] nachzuweisen versucht, daß in der Chemie die wichtigsten Entdeckungen von Männern zwischen 25 und 30 Jahren gemacht wurden, die meisten von Männern zwischen 30 und 35 Jahren. Von 993 Beiträgen stammen nur drei von Männern, die über 70 Jahre alt waren. Für das Gebiet der Physik liegt ihm zufolge das günstige Alter bei 30 bis 34 Jahren; für das der Astronomie bei 40 bis 44 Jahren. Lehman weist darauf hin, daß Edison zwar sein ganzes Leben lang produktiv gewesen ist, besonders aber mit 35 Jahren. Eugène Chevreul, der fast 103 Jahre alt wurde und weit bis ins hohe Alter hinein tätig war, ist vor allem durch seine Entdeckungen über tierische Fette bekannt, die er mit 37 Jahren gemacht hatte.

Besonders in der Mathematik sind späte Entdeckungen sehr selten. Mit einer brillanten Ausnahme: Élie Cartan [2] hat mit 67 Jahren eine im Verhältnis zu seinen früheren Werken völlig neuartige Abhandlung vorgelegt, die zu einem Meilenstein in der Geschichte der Mathematik wurde. Er löste darin Probleme, die er selbst 28 Jahre zuvor aufgestellt hatte und für die auch die größten Mathematiker keine Lösung gewußt hatten. Es werden noch andere solche Fälle erwähnt, doch im ganzen sind es wenige. Die geistige Sterilität des gealterten Mathematikers ist ein so bekanntes Phänomen, daß die Gruppe Bourbaki in Frankreich kein Mitglied aufnimmt, das über 50 Jahre alt ist.

Hier ist nicht vom biologischen Altern der Wissenschaftler die Rede, nicht von Überarbeitung, nervöser Erschöpfung, dem Nachlassen der Gehirntätigkeit; manche behalten bis an ihr Ende eine gute Gesundheit. Wie aber kommt es, daß sie von einem bestimmten Lebensalter an nichts mehr entdecken?

Um diese Frage zu beantworten, muß man zunächst verstehen, welche Wahl ein Mensch getroffen hat, wenn er beschließt, sich der Wissenschaft zu widmen. Der Gegenstand seiner Studien ist das Universale, soweit es durch Symbole und abstrakte Begriffe erfaßt wird. Das impliziert, daß er das Universale in sich errichtet. Er unterdrückt seine Subjektivität, um in einem allgemeingültigen rationalen System zu denken. Selbst wenn er in der Abgeschiedenheit arbeitet, ist er nicht allein: er partizipiert an einem kollektiven Werk, das, auch wenn es auf verschiedenen Wegen vorangetrieben wird, nach Einigung strebt. Heute gehört er im allgemeinen einem Team an, in dem jeder sich den anderen gleich

1 Wenn es sich um Kunst und Literatur handelt, ist die von Lehman angewandte statistische Methode unsinnig. Auf dem Gebiet der Naturwissenschaften sind Anzahl und Bedeutung der Entdeckungen leichter einzuschätzen.

2 Élie Joseph Cartan (1869–1951), franz. Mathematiker, Professor an der Sorbonne, gilt als der «Architekt der modernen Mathematik».

fühlt. Der Wissenschaftler ist kein Abenteurer; er übernimmt das Erbe seiner Vorgänger; die Wege, die er einschlägt, sind zum Teil schon gebahnt, und andere Forscher begleiten ihn darauf; sie stoßen dabei auf dieselben Hindernisse, und es kommt vor, daß gleichzeitig, an verschiedenen Orten, das Mittel zu ihrer Überwindung gefunden wird: die individuelle Entdeckung wird von der Gesamtheit der Wissenschaft vorbereitet und in Anspruch genommen. Gewiß, der Forscher bleibt, wie sehr er auch vom Gegenstand seiner Forschung abhängig ist und fast trotz seiner selbst ein einzelnes Subjekt: er hat seine eigene Sicht der Dinge, er macht sich seine Vorstellungen, er trifft seine Entscheidungen. So erklärt sich, daß er zuweilen aus dem Kollektiv herausragt und eine originale Idee findet. Aber die Wahl des Universalen bewirkt, daß diese Erleuchtungen selten und kurz sind. Man begreift, daß sie sich zumeist in jungen Jahren oder zu Beginn des reifen Alters ereignen, wenn der Gelehrte die Gesamtheit des Wissens, das sein Fach ausmacht, beherrscht; er umfaßt es mit einem neuen Blick, der ihm die Schwächen und Widersprüche enthüllt, und wagt es, sich um eine Verbesserung zu bemühen, da er ein ganzes Leben vor sich hat, diese Irrtümer zu berichtigen und so die Wahrheiten, die er ahnt, zum Tragen bringt. Danach bedarf es beträchtlicher Arbeit, um die Konsequenzen aus seiner Entdeckung zu ziehen, sie zu verifizieren und in ein System zu bringen. Das Werk wird wieder zum Gemeinschaftswerk, und nicht unbedingt ist der Entdecker der qualifizierteste Mann für seine Vollendung. Meist bleibt er der Mann des Augenblicks, der Mann, der die Idee hatte, während die Weiterentwicklung der Wissenschaft einen neuen Bruch erforderlich machen würde.[1]

Ein bedeutender Mathematiker von 55 Jahren sagte mir, daß er mathematische Werke jetzt müheloser und mit mehr Gewinn lese als in seiner Jugend; sein Auffassungsvermögen und seine Fähigkeit der Synthese hätten zugenommen. Seine Wißbegierde dagegen sei etwas ermattet. Mit 25 Jahren erlag er der jugendlichen Illusion, die die Zukunft ins Unendliche ausdehnt, und nahm sich vor, in allen Zweigen der Mathematik auf der Höhe zu sein. Heute findet er sich damit ab, keine Werke mehr zu lesen, die nicht unmittelbar sein Spezialgebiet berühren, und vieles nicht zu wissen. In der heutigen Mathematik, so erklärte er mir, ist die Spezialisierung so weit vorangetrieben, und es bestehen derartige Schranken zwischen den verschiedenen Zweigen, daß er eher noch der Verteidigung einer Dissertation über ein biologisches Thema zu folgen vermag als der Vorlesung eines Fachkollegen über einen ihm fremden mathematischen Bereich. Er meint, daß ein Forscher, der nicht abgeschnitten ist von der Forschung, ziemlich lange die Möglichkeit behält, Entdeckungen zu machen: aber er fühlt sich beeinträchtigt durch «Hindernisse bei der Erkenntnisgewinnung», die für die Jungen gar nicht existieren. Heute wäre ein Evariste Galois undenkbar; um den ganzen Reichtum der modernen Mathematik beherrschen zu können, muß man 25 bis 30 Jahre alt sein. Das ist das günstigste Alter für die Erfindungsgabe.

1 Die Ausnahmen, von denen ich sprach, gehören fast alle einer Zeit an, in der der Gelehrte auf sich allein gestellt arbeitete; manche dieser späten Entdeckungen haben sozusagen handwerklichen Charakter.

Später ist man oft gehemmt; wenn man weiß, daß es niemandem gelungen ist, aufzuzeigen, daß ein bestimmtes Theorem falsch oder richtig ist, daß man sich selbst vergeblich darum bemüht hat, dann entschließt man sich, keine Zeit mehr darauf zu verwenden und gibt auf. Ihm selbst ist es so vor 11 Jahren ergangen. Und dann teilte ihm ein russischer Mathematiker mit, er habe die Lösung des Problems gefunden. Daraufhin warf er sich von neuem darauf: jetzt, da er wußte, es gab eine Lösung, konnte er auf keinen Fall lockerlassen. Und er fand die Lösung, sehr schnell sogar, durch die simple Annäherung zweier anderer Theoreme, die ihm genau bekannt waren. Dieser Fall sei häufig, sagte er mir. Und hier sind die Jungen sehr im Vorteil. Sie wissen oft nicht, daß sich an ihrem Problem schon viele andere die Zähne ausgebissen haben; sie gehen zuversichtlich daran; sie haben viel Zeit vor sich und sind nicht versucht, mit ihren Kräften hauszuhalten.

Mehr als alles andere, so erklärte mir mein Gesprächspartner, lastet auf dem älteren Wissenschaftler die Vergangenheit in Gestalt von Denkgewohnheiten und ideologischen Interessen. Heute erneuert sich die Mathematik mit schwindelerregender Geschwindigkeit, und die Veränderungen stellen den ganzen wissenschaftlichen Apparat in Frage. Jedesmal muß man sich eine von Grund auf neue Terminologie aneignen. Wenn man sie der alten vorzieht, so natürlich deswegen, weil sie adäquater, schneller in der Anwendung und dem Entdecken förderlich ist. Wer sich nicht für sie entschließen kann, muß sich die neuen Wahrheiten in die ihm gewohnten Ausdrücke übersetzen, was das Verfahren ungeheuer verlangsamt. Es kann vorkommen, daß ein 40jähriger Professor eine Darstellung seiner eigenen Theorien nicht versteht, die ein junger Mathematiker von 25 Jahren gleichaltrigen Kollegen vorlegt, eben in der neuen Sprache, die ihnen geläufig ist und die der Ältere nicht beherrscht. Er kann nicht damit rechnen, die anderen je zu überflügeln, da sie das am besten geeignete Instrument besitzen. Und es ist nun einmal schwierig und entmutigend, in einem gewissen Alter noch Hebräisch oder Chinesisch zu lernen, da strecken viele alternde Gelehrte die Waffen ... «Wenn ich die Intuition von einem neuen Theorem habe», sagte mir jener Mathematiker, «dann bin ich mir klar darüber, daß es mich zwingen wird, alles, was ich bis dahin für gesichert angesehen habe, zu revidieren: also zögere ich.» Ferner sagte er: «Wenn man älter wird, wird man zugleich freier und unfreier. Man ist freier in bezug auf die anderen: man fürchtet nicht mehr, Anstoß zu erregen, sich über gewisse Vorurteile hinwegzusetzen, gesicherte Ideen in Zweifel zu ziehen. Unfreier aber wird man in bezug auf sich selbst.» Er lasse gerade ein mathematisches Buch drucken, das er im vergangenen Jahr verfaßt habe. In der Zwischenzeit habe er einen Artikel geschrieben, durch den dieses Buch bereits überholt sei: er hat sich darüber hinweggesetzt, doch hat es ihn bedrückt, daß er sich selbst widerlegen mußte. Aber auch jener Artikel ist inzwischen durch eine neue Arbeit, die er gerade abgeschlossen hatte, widerlegt worden. Der Fortschritt in der Mathematik ist kein ruhiges Voranschreiten; er ist eine einzige Folge von In-Frage-Stellungen, die unentwegt Umstellungen nach sich ziehen. Es gehört viel Leidenschaft, viel Bereitschaft dazu, die erworbenen Kenntnisse umzustürzen: die Jungen sind dem eher gewachsen als die anderen.

Man sieht durch diesen Einzelfall bestätigt, was ich allgemein über die Tätigkeiten des alten Mannes sagte: das Gewicht der Vergangenheit verlangsamt sein Vorankommen oder lähmt ihn sogar, während die neuen Generationen sich von dem Praktisch-Inerten losreißen und vorwärtsstreben.

Man kann noch präziser beschreiben, was den alten Wissenschaftler veranlaßt zu zögern. Zunächst einmal hat er ideologische Interessen; er ist durch seine Arbeit entfremdet, die eine «Gesamtheit von inerten und durch die verbale Materie gestützten Bedeutungen»[1] darstellt, in der er sein Sein außerhalb seiner selbst konstituiert. Sie ist in dieser Welt in Gefahr, denn sie existiert für andere, die sie kraft ihrer eigenen Entwürfe überschreiten. Ihr Urheber bemüht sich, sie zu verteidigen, er kämpft gegen Theorien und Systeme, die sie deklassieren könnten. Wohl will er sie korrigieren und erweitern, sich aber nicht von ihr lossagen, was in einem bestimmten Stadium, um des Fortschritts willen, notwendig sein könnte. Sie umschließt für ihn ‹inerte› Forderungen, denen er sich zu beugen hat, und das kann ihn leicht auf aussichtslose Wege führen. Manche Forscher sind durch ihre ideologischen Interessen so entfremdet, daß sie so weit gehen, Resultate von Experimenten zu verfälschen, die ihren eigenen Thesen widersprechen. Darwin war sich dieser Gefahr bewußt; er hatte es sich zur Regel gemacht, unverzüglich die Fakten und Ideen, die seinen Überzeugungen entgegenstanden, zu notieren: «Denn ich wußte aus Erfahrung, daß Ideen und Fakten dieser Art leichter aus dem Gedächtnis schwinden als jene, die uns günstig sind.» Es heißt allerdings, er habe im Alter jede seinen Ansichten widersprechende Schrift abgelehnt. Das gleiche gilt für den Mathematiker Auguste Comte. Eine solche Hartnäckigkeit macht es unmöglich, das eigene Werk im Licht neuer Erkenntnisse zu revidieren, um die etwaigen Irrtümer zu erkennen und zu berichtigen. Der Philosoph Lucien Lévy-Bruhl ist eine Ausnahme: in seinen Notizbüchern von 1938 bis 1939 gibt er alle seine früheren Ansichten über die prälogische Mentalität, die mystische Partizipation und die Nicht-Konzeptionalisierung, die er bei den Naturvölkern zu beobachten geglaubt hatte, auf. Allerdings fand er keine neue Theorie.

Aber auch der ideologisch ungebundene Wissenschaftler stößt auf innere Widerstände. Er hat Denkgewohnheiten angenommen, die ihn dazu bringen, an überholten Methoden festzuhalten. Die Spezialisierung, die ihm seine Erfolge ermöglicht hat, hindert ihn zugleich daran, sich über Parallelarbeiten zu informieren, deren Kenntnis vielleicht nötig wäre, damit er etwas Neues schaffen kann. Die hellsten Köpfe sind sich dieser Lücken bewußt. Nachdem er eben den Nobelpreis erhalten hatte, meinte der Physiker Alfred Kastler, er müsse wieder unter die Studenten gehen und Vorlesungen über die Quantentheorie hören. Schließlich und vor allem aber sind dem alten Wissenschaftler manche Ideen so vertraut, daß er sie für erwiesene Tatsachen hält und nicht einmal daran denkt, sie erneut in Frage zu stellen, während er sie eigentlich über Bord werfen müßte, um weiterzukommen. Unter den «Hindernissen bei der

1 Jean-Paul Sartre: *Kritik der dialektischen Vernunft.*

Erkenntnisgewinnung», von denen Bachelard spricht, erscheint ihm das Alter als eines der schwerwiegendsten.

Um seine rückständigen Auffassungen zu verteidigen, zögert der alte Wissenschaftler oft nicht, den Fortschritt der Wissenschaft zu hemmen: das Prestige, das er genießt, gibt ihm die Möglichkeit dazu. «Die großen Gelehrten sind der Wissenschaft in der ersten Hälfte ihres Lebens von Nutzen, in der zweiten schädlich», hat Bachelard gesagt. Arthur Clarke hat eine große Anzahl von Entdeckungen untersucht, die von Wissenschaftlern ursprünglich als nicht möglich bezeichnet worden waren, nicht aus Mangel an den notwendigen Kenntnissen, sondern aus einem Mangel an Vorstellungskraft und Mut, den er dem Alter der Wissenschaftler zuschreibt, die seiner Ansicht nach mit 40 Jahren alt sind. Vor 90 Jahren wurde die Idee, man könne das elektrische Licht zur Beleuchtung im Haus verwenden, von allen Fachleuten höhnisch belächelt; trotzdem arbeitete Edison, mit 38 Jahren, an der Entwicklung einer Glühbirne. Später jedoch verhielt auch er sich rückständig, indem er sich der Einführung des Wechselstroms widersetzte. Der amerikanische Astronom Newcomb hat in einem berühmten Versuch bewiesen, daß Gegenstände, die schwerer sind als die Luft, nicht fliegen können. Als es den Brüdern Wright gelang, zu fliegen, erklärte Newcomb, ihre Maschine werde nie mehr als eine einzige Person transportieren können und entbehre damit der praktischen Verwendbarkeit. Ein anderer Astronom, W. H. Pickering, vertrat die gleiche Ansicht. Die Gesetze der Aeronautik waren damals bereits bekannt; aber beide Männer weigerten sich, die entsprechenden Schlüsse daraus zu ziehen. 1926 behauptete Prof. Bickerlow, und legte Beweise dafür vor, daß es niemals gelingen werde, ein Projektil zum Mond zu senden: er zog keine andere Energiequelle als Nitroglyzerin in Betracht, und nach seinen Berechnungen mußte der Brennstoff mit dem Projektil eine Einheit bilden. J. W. Campbell, ein kanadischer Astronom, legte 1938 dar, daß eine Million Tonnen Treibstoff nötig seien, um ein Gewicht von einem oder zwei Pfund der Schwerkraft der Erde zu entreißen: er zog daraus denselben Schluß wie Bickerlow. Er ging in seinen Berechnungen davon aus, daß die Rakete mit einer sagenhaften Geschwindigkeit angetrieben werden müsse und daß die Beschleunigung so gering sei, daß der Treibstoff schon in geringer Höhe verbraucht sei. Rutherford war 66 Jahre alt, als er 1937 starb; er behauptete, es werde niemals möglich sein, die in der Materie enthaltene Energie freizusetzen. Fünf Jahre später wurde in Chicago die erste Kettenreaktion ausgelöst. Als Pontecorvo bekanntgab, man könne das Innere von Sternen beobachten dank den äußerst durchdringenden Elementarteilchen, den Neutrinos, wurde er von den Astrophysikern ausgelacht. Kurze Zeit später gelangen ihm seine Experimente. «Wer am meisten über ein bestimmtes Thema weiß, ist nicht unbedingt derjenige, der auf diesem Gebiet am genauesten die Zukunft voraussieht», schloß Clarke. Und härter noch als Bachelard verurteilt er die alten Gelehrten: «Wissenschaftler im Alter von über 50 Jahren sind zu nichts mehr nütze als Kongresse abzuhalten und sollten um jeden Preis von den Laboratorien ferngehalten werden.»

Clarkes Darstellung ist nicht sehr befriedigend. Er greift Männer von sehr verschiedenem Rang an und untersucht nicht die Gründe ihres Widerstands. Er beschränkt sich auf die Behauptung, es sei unvermeidlich, daß sie Vorurteile hätten. «Ein völlig offener Geist wäre ein leerer Geist.» Hingegen unterstreicht er eine wichtige Tatsache: Wissen kann, statt der Vorausschau zu dienen, zum Hindernis werden. So versicherte Auguste Comte mit 35 Jahren, nie werde man die Zusammensetzung der Sonne ermitteln können. Hierher gehört auch die Erklärung, die 1835 von der Académie de Médicine in Lyon über das Reisen in der Eisenbahn abgegeben wurde. Darin hieß es, daß der menschliche Organismus nicht in der Lage sei, die schwindelerregende Geschwindigkeit zu ertragen. «Die Erschütterung wird nervöse Krankheiten hervorrufen... und die rapide Abfolge von Bildern wird Entzündungen der Netzhaut nach sich ziehen. Staub und Rauch werden Bronchitis und Brustfellverwachsungen verursachen. Schließlich wird die Furcht vor beständig drohenden Gefahren die Reisenden in fortwährender Aufregung halten und sich als Vorbote von Erkrankungen des Gehirns erweisen. Für eine schwangere Frau bedeutet jede Eisenbahnreise unweigerlich eine Fehlgeburt mit allen ihren Konsequenzen.»

Sogar großen Geistern bereitet es von einem bestimmten Alter an Schwierigkeiten, mit ihrer Zeit zu gehen. Den Selbstmord seines Freundes, des Physikers Paul Ehrenfest, führte der 55jährige Einstein, einer Äußerung aus dem Jahre 1934 zufolge, auf die inneren Konflikte zurück, denen jeder wirklich aufrichtige Gelehrte ausgesetzt ist, wenn er die Fünfzig überschritten hat. Ehrenfest erkannte deutlich, daß er manche Probleme nicht in konstruktiver Weise zu lösen vermochte: «In jenen letzten Jahren», sagt Einstein, «verschärfte sich diese Situation durch die seltsam stürmische Entwicklung, welche die theoretische Physik genommen hat. Dinge lernen und lehren, die man in seinem Herzen nicht voll akzeptieren kann, ist immer eine schwierige Sache. Dazu kommt die wachsende Schwierigkeit, sich neuen Gedanken anzupassen, eine Schwierigkeit, der sich jeder Mann gegenübersieht, wenn er die Fünfzig überschritten hat.»

Einstein hatte diese Schwierigkeit selbst zu überwinden, und es ist interessant, seinen Fall zu betrachten. Er war nicht durch ideologische Interessen entfremdet. Er hatte nie das letzte Wort behalten wollen und kümmerte sich wenig um seinen Ruf. Seine Liebe zur Wahrheit war absolut rein. Nur hatte er eine Vorstellung von der Wissenschaft, die so fest in ihm verankert war, daß er um keinen Preis hätte darauf verzichten wollen: sie mußte der Welt ein harmonisches und rationales Bild vermitteln. Das Paradoxe an seiner wissenschaftlichen Laufbahn ist, daß seine Relativitätstheorie in hohem Maße die Quantentheorie beeinflußt hat und daß er dies seit seinem 45. Lebensjahr mit Unbehagen registrierte. Sein früherer Mitarbeiter, der polnische Physiker Leopold Infeld, schrieb: «Es liegt eine Ironie in der Vorkämpferrolle, die Einstein bei der großen Umwälzung übernommen hat, da er dieser Umwälzung, zu der er beigetragen hatte, später den Rücken kehrte. Er entfernt sich mit der Zeit mehr und mehr von der jungen Gelehrtengeneration, die größtenteils Forschungen über die Quantentheorie betreibt.»

Antonina Vallentin, der gegenüber sich Einstein oft über seine «mathematischen Zweifel» ausgesprochen hat, präzisiert, es habe sich nicht um die «Trennung» gehandelt, «die sich zwischen einer neuen, der Kühnheit ihres Denkens bewußten Generation und einem alten Mann vollzieht, der als Überlebender aus der Vergangenheit zurückgeblieben ist wie ein Block mitten auf einer weiterführenden Straße. Seine Tragödie ist vielmehr die eines Mannes, der trotz seines Alters darauf beharrt, einen immer einsameren Weg weiterzuverfolgen, während fast alle seine Freunde, alle Jungen um ihn herum behaupten, dieser Weg führe nirgendwohin und er befinde sich in einer Sackgasse.»

Er war sich keineswegs sicher, daß er recht hatte. Im März 1949, mit 70 Jahren, schrieb er an Solovine: «Sie stellen sich vor, daß ich mit stiller Genugtuung mein Lebenswerk betrachte. Aber aus der Nähe betrachtet, stellt sich die Sache ganz anders dar. Es gibt da keinen einzigen Begriff, bei dem ich überzeugt wäre, daß er bleiben wird, und ich bin mir nicht sicher, ganz allgemein auf dem richtigen Weg zu sein. Die Zeitgenossen sehen in mir gleichzeitig einen Häretiker und einen Reaktionär, der sich sozusagen selbst überlebt hat. Das ist gewiß eine Sache der Mode und der beschränkten Sehweise; aber das Gefühl des Ungenügens kommt von innen her.»

Es war ihm indessen unmöglich, eine andere Position einzunehmen. In seinen Augen war eine Theorie nur dann gültig, wenn sie eine «innere Vollkommenheit» besaß; die Fülle von «äußeren Bestätigungen» genügte ihm nicht. Die *einheitliche Feldtheorie*, die er 30 Jahre hindurch aufzustellen versuchte, sollte diesen Forderungen entsprechen. Die Theorie der Elementarteilchen befriedigte ihn nicht. Er begriff sofort die Quantentheorie von Niels Bohr und meinte sogar: «Ich hätte wahrscheinlich selbst zu etwas Ähnlichem kommen können.» Doch fügte er sogleich hinzu: «Aber wenn das alles stimmt, dann bedeutet das das Ende der Physik.» Er wollte nicht zugeben, daß die Physik ein unharmonisches Aussehen annehmen könne. Später erschienen Bohrs Postulate nicht mehr paradox; sie wurden in eine neue allgemeine Theorie eingebaut, die die Teilchenvorstellung und die Wellenvorstellung dank der Idee der Komplementarität in Einklang brachte. Diese Idee lehnte Einstein ab, obwohl jene ganze Konstruktion von seinem eigenen System ausgehend entwickelt worden war. Er war nicht der Mann, der sich mit alten Wahrheiten zufrieden gab; aber er hielt die neuen Ideen – angesichts der Kriterien, die er nicht aufzugeben gedachte – nicht für schlüssig.

Er war nie in der Lage, seine einheitliche Feldtheorie zu verifizieren – so schwierig war es, sie mathematisch auszudrücken. Andererseits hinderte ihn sein Widerstand, am Fortschritt der Quantenphysik teilzuhaben. Bar jeder Egozentrik, erlebte er seinen Mißerfolg und seine Isolierung nicht als eine subjektive Tragödie. Aber objektiv gesehen ist man sich fast einmütig darüber klar, daß er die 30 letzten Jahre seines Lebens an vergebliche Forschungen verschwendet hat. Sein Biograph Kuznetzow stellt fest, daß bestimmte, von Einstein in den vierziger Jahren geäußerte Ideen heute im Bereich der relativistischen Quantenphysik ihre Reife erlangt haben. Er schließt daraus, daß Einsteins Kritik «die Grenzen der Quantenmechanik aufzeigte, hinter denen sich noch revolutionärere Theorien abzeichneten». Da die Wissenschaft fortschreitet, indem sie sich verneint, um über sich hinauszugehen, können die Nachzügler später stets als Vorläufer angesehen werden. Tatsache ist jedoch, daß Einstein am Ende seines Lebens den Fortschritt der Wissenschaft eher behindert als gefördert hat.

Die Wahl des Philosophen ist radikal verschieden von der des Wissenschaftlers. Während dieser das Universum als etwas außerhalb von ihm Existierendes beschreibt, ist jener der Auffassung, daß der Mensch die Wissenschaft macht: er will über das Verhältnis des Universums zu dem als Subjekt gesetzten Menschen Rechenschaft geben. Er ist zugleich für und gegen die Wissenschaft: er akzeptiert sie, insoweit sie ein menschliches Produkt ist, aber er lehnt es ab, in ihr das Abbild einer an sich existierenden Realität zu sehen. Der Wissenschaftler stellt nicht den in Frage, durch den und für den die Wissenschaft existiert. Der Philosoph ist derjenige, für den der Mensch in seinem Sein in Frage steht, derjenige, der sich über die *conditio humana* in ihrer Totalität Fragen stellt. Er ist jedoch selbst ein Mensch, der ganze Mensch: was er zu sagen hat, ist er selbst in seiner Universalität. Wenn Descartes sagte: «Ich denke ...», so ist es der universale Mensch, der in ihm denkt. Er braucht also niemanden, um zu sprechen, und er ist niemandem Rechenschaft schuldig. Es gibt *die* Wissenschaft; es gibt *viele* Philosophien. Und gewiß erschafft sich keine aus dem Nichts; der Philosoph unterliegt Einflüssen, er trifft auf Probleme, die andere gestellt haben. Aber jedes System kann nur von innen heraus und nicht unter Hinweis auf äußere Gegebenheiten kritisiert werden. Man kann die Widersprüche aufzeigen, die Lücken, die Mängel, doch kann man ihm nicht Tatsachen entgegenhalten, die andere festgestellt haben. Tatsächlich steht am Ausgangspunkt das, was Bergson eine «philosophische Intuition» genannt hat und was man auch als ontologische Erfahrung definieren kann, von der ausgehend sich ein Weltbild konstituiert.

Sie ist von einer unabweisbaren inneren Evidenz. Sieht der Philosoph sich neuen philosophischen Systemen konfrontiert, kann er gewisse Aspekte akzeptieren oder sich veranlaßt sehen, sich neue Probleme zu stellen, doch seinen Ausgangspunkt wird er nicht aufgeben. Wenn er etwas hinzufügt, etwas fallenläßt, etwas korrigiert, so immer innerhalb einer bestimmten Perspektive, welche die seine ist und der jede andere Perspektive fremd ist, so daß ein anderer ihn nie überholen, disqualifizieren oder widerlegen kann.

Sein Denken erweitert sich zumeist im Laufe der Jahre. Die ursprüngliche Intuition hat er in seiner Jugend oder in seinen reiferenen Jahren – Kant, in dieser Beziehung eine Ausnahme, war bereits über 50 Jahre alt. Um alles, was sie impliziert, zu erfassen, braucht er Zeit, denn er erstrebt nichts Geringeres, als die Beziehungen des Menschen als Subjekt zur Totalität der Welt zu begreifen. Ein unerschöpfliches Programm. Ist schließlich eine Denkkonstruktion entworfen, nimmt der Philosoph Abstand von ihr: der Abstand gestattet es ihm, sie kritisch zu prüfen, bringt ihn auf neue Probleme, läßt ihn nach anderen Lösungen suchen. Es hat einen Fall gegeben, wo der Fortschritt durch die Natur des Werkes zum Stillstand kam: bei Hegel. Sein System hat sich selbst verschlossen, als er um die Sechzig war. Hegel placierte sich ans Ende der Geschichte, überzeugt, einen erschöpfenden Bericht über den Lauf der Welt gegeben zu haben. Das vollendete Werk ließ keine Weiterentwicklung zu und konnte nur von außen her in Frage gestellt werden. Bei allen anderen Philosophen ist das System offen geblieben; und auch wenn ihr hohes Alter nicht sonderlich fruchtbar war, so haben sie es doch zu diesem Zeitpunkt noch bereichert. Ich erwähne nur zwei Beispiele dafür: Platon und Kant.

Allgemein ist man sich darüber einig, daß Platons *Gesetze*, die er mit 80 Jahren schrieb, seinem Gesamtwerk gegenüber, trotz einiger schöner, origineller Passagen über die Zeit und das Gedächtnis, einen Rückschritt bedeuten: eine «Ebbe», eine «Verarmung», ein «Aufgeben». Es scheint, daß seine Erfahrung ihn zum Pessimisten hat werden lassen. Unsere Gattung sei nicht ganz ohne Wert, räumt er ein. Aber er schreibt auch, der Anteil der Schlechten überwiege jenen der Guten, die besten seien «befleckt wie von einem bösen Geschick». In seiner Verdrossenheit geht er so weit, zu erklären, der Mensch sei nur eine Drahtpuppe in den Händen der Götter und Dämonen. Unter solchen Bedingungen kann keine Rede davon sein, für den Staat ein vollkommenes politisches System zu suchen, sondern nur das am wenigsten schlechte aller möglichen Systeme. Geht es darum, die Menschen zu regieren, vertraut Platon nicht mehr der Vernunft, der Erziehung, der Erkenntnis der Wahrheit. Man muß ihnen Gesetze auferlegen und sie, gleich mit welchen Mitteln, dazu bringen, sich ihnen zu beugen. Schon in *Der Staat* akzeptierte Platon die Idee der nützlichen Lüge, gewährte ihr aber nur wenig Raum; in den *Gesetzen* dagegen triumphiert dieser Utilitarismus unwidersprochen. Es ist ein didaktisches Werk, und die drei Gesprächspartner sind Greise – während in den früheren Dialogen immer wenigstens einer ein junger Mann war. Der Stil ist schwerfällig, Platons Denken vorsichtig, unbeholfen – verknöchert. Er läßt nicht mehr jenen Durst nach Wahrheit erkennen, der seine früheren Werke inspirierte. Diese letzte Phase seines Alters ist geistig ein Niedergang.

Indessen hat er mit ungefähr 62 Jahren und später seine tiefsten und persönlichsten Werke geschrieben. Er hatte einige Zeit gebraucht, um sich vom Einfluß des Sokrates und seiner Vorläufer freizumachen und alles zu begreifen, was seine eigenen Konzeptionen implizierten. Mit 62 Jahren kam es in seiner geistigen Entwicklung zu einer Krise. Er hat Abstand von seinem Werk genommen, er hat entdeckt, welche Einwände seine Lehre von den Ideen hervorrief, und um diese zu erwidern, hat er das Problem in *Theaitetos* und *Parmenides* von Grund auf neu behandelt; er präzisierte seine Stellung gegenüber den Megarikern. *Sophistes*, die *Politeia*, *Timaios*, *Kriton*, *Philebos* – in allen diesen Werken hört er nicht auf, seine Lehre zu erneuern und zu bereichern. In seinem *Philebos*, den er mit etwa 74 Jahren schrieb, beantwortet er die im *Theaitetos* gestellte Frage über das Irren und das Wissen: «Wissen heißt, die Beziehungen, die im Sein existieren, in der Seele nachahmen.» In diesem Werk finden wir die ausführlichste Darlegung seiner Dialektik. Die *Gesetze* ausgenommen zeigen die Alterswerke Platons einen beständigen Fortschritt.[1]

Kant hat mit 57 Jahren die *Kritik der reinen Vernunft* veröffentlicht. Er war 66 Jahre alt, als er die *Kritik der Urteilskraft* schrieb, und noch älter, als er *Die Religion innerhalb der Grenzen der bloßen Vernunft* verfaßte. Diese beiden Bücher behandeln bestimmte wesentliche Punkte seines Systems mit einer ganz neuen Tiefe; sie bereichern und erneuern sein vorangegangenes Werk. An seinen postum erschienenen Werken hat er gearbeitet, bis seine geistigen Kräfte erlahmten. Nach Lachièze-Rey sind sie die Krönung seiner ganzen Philosophie. Seine Frühwerke stellten gewisse Probleme, die er erst gegen Ende seines Lebens im *Übergang* zu lösen vermochte. Das Kernproblem war dieses: Wie hat man sich die Gegenwart des Geistes als sich selbst konstituierende Gegenwart zu denken? Vorher hatte sich Kant gestört gefühlt durch den Raum, den er dem psychologischen Realismus einräumte; er hatte gezögert, die transzendentale Methode rigoros anzuwenden. Als er älter wurde, faßte er, weit davon entfernt, zu verknöchern, genug Selbstvertrauen, um seine eigenen Widerstände zu überwinden und sich von seinen alten Vorurteilen zu befreien. Er hat die psychologischen Pseudorealitäten auf die Bedeutung einfacher Elemente innerhalb der Konstituierung von Welt und Ich reduziert. Der *Übergang* bringt das System in Einklang mit sich selbst. Das Bewußtsein hat endlich seine Autonomie gefunden und gibt seine Realität zu erkennen. Das Ding schwindet zugunsten der Ich-Aktivität. Das *Cogito* bestätigt sich als determinierende Macht.

Wohlgemerkt, wenn der Philosoph sein eigenes System bis ins Altern zu bereichern vermag, so gelänge es ihm doch nicht, sich davon loszureißen und ein radikal neues zu erfinden. Kant hat Fichte vorausgeahnt, aber man kann sich nicht vorstellen, daß er die Hegelsche Dialektik entdeckt hätte. Wie der Wissenschaftler ist der Philosoph bis zu einem gewissen Grade durch ideologische Interessen entfremdet. Wenn er seine früheren Konzeptionen überschreitet, dann in dem Versuch, sie zu erhalten: er würde es nicht ertragen, sie disqualifiziert zu sehen. Und er hat ebenfalls seine ‹geistigen Gewohnheiten›: seine Denkweise, die ihm so natürlich ist, daß sie ihm notwendig erscheint – Voraussetzungen, die so in ihm verankert sind, daß er sie nicht von der Wahrheit unterscheiden kann.

Wie altern die Schriftsteller? Sie sind so verschieden voneinander, sie verfolgen so unterschiedliche Ziele, daß es schwierig ist, diese Frage zu beantworten. Manche behalten ihre Schöpferkraft bis ins hohe Alter: Sophokles hat seinen *Ödipus auf Kolonos* mit 89 Jahren zur Aufführung gebracht. Voltaire hat den besten Teil seines Œuvres in den 20 letzten Jahren seines Lebens hervorgebracht. Chateaubriand hat die letzten Bände der *Mémoires d'outre-tombe* und *La Vie de Rancé* im Alter verfaßt. Goethe schrieb seine schönsten Gedichte

1 Manche Philosophiegeschichtler halten die mittlere Periode für dynamischer und schöpferischer, so zum Beispiel Yvon Brès in *La Psychologie de Platon*. Aber auch sie erkennen die Bedeutung des Alterswerks an.

während seiner letzten 25 Jahre; aus dieser Zeit stammen auch *Dichtung und Wahrheit* und der zweite Teil seines *Faust*. Victor Hugo hatte recht, sich im Alter seiner Vergangenheit gegenüber nicht unterlegen zu fühlen: «Seit einem halben Jahrhundert schreibe ich meine Gedanken in Prosa und in Versen, aber ich fühle, daß ich noch nicht den tausendsten Teil von dem gesagt habe, was in mir ist.» Er schrieb von seinem 65. Lebensjahr an noch beachtliche Werke. Yeats hat sich gegen Ende seines Lebens selbst übertroffen.

Das sind Ausnahmen. Im allgemeinen begünstigt das hohe Alter die literarische Schöpfung nicht. Bei Corneille, bei Tolstoj, bei vielen anderen besteht ein krasser Kontrast zwischen dem, was sie in reiferen Jahren, und dem, was sie im späten Alter hervorgebracht haben. Aus Gewohnheit, um des Broterwerbs willen oder um sich ihren Abstieg nicht einzugestehen, halten viele alte Schriftsteller am Schreiben fest. Für die meisten gilt jedoch, was Berenson sagte: «Was man nach 60 Jahren schreibt, ist kaum mehr wert als Tee, welchen man Tag für Tag mit denselben Blättern aufgießt.» Versuchen wir, die Gründe dafür zu verstehen. Was sucht der Schriftsteller? Und unter welchen Bedingungen kann er es erreichen?

Die Philosophie betrachtet den Menschen als Begriff; sie will seinen Gesamtbezug zum Universum erkennen. Auch der Schriftsteller visiert das Universale an, aber er geht von seiner Einmaligkeit aus. Er will nicht ein Wissen vermitteln, sondern etwas, was nicht *gewußt* werden kann: das gelebte Gefühl seines In-der-Welt-seins. Er gibt es durch ein einmaliges Universum wieder: sein Werk. Dieses Universum ist aber nur dann einmalig, und das Werk hat nur dann eine literarische Dimension, wenn die Gegenwart des Autors sich in dem Stil, dem Ton und der Kunst, die ihn kennzeichnen, manifestiert. Ist das nicht der Fall, hat man es mit einem Dokument zu tun, das auf der Ebene der äußeren Kenntnis die Wirklichkeit in ihrer unpersönlichen Objektivität liefert und nicht als durch ein Subjekt verinnert. Wie aber kann meine gelebte Erfahrung die eines anderen werden? Auf eine einzige Weise: durch die Mittlertätigkeit der Imagination. Der Leser eines Dokuments informiert sich über einen Teil seines Universums, ohne dieses zu verlassen: er bleibt an seinem Platz in der Welt, an diesem Ort, in diesem Augenblick seines Lebens. Der Leser, der ein literarisches Werk liest, betritt eine andere Welt, schlüpft in ein anderes Subjekt als er selbst. Das impliziert, daß er die Realität verneint, um sich ins Imaginäre zu stürzen, und das ist ihm nur möglich, wenn das Werk ihm eine Imaginäre Welt bietet. Die eigene gelebte Erfahrung mitzuteilen besteht nicht darin, daß man sie in einer Sprache zu Papier bringt, die sie vorher ausgedrückt hätte: das Gelebte ist nicht formuliert; für den Schriftsteller geht es darum, definierte und verständliche Aussagen der unklaren Opazität des Nicht-Gesagten zu entreißen. Auf diese Weise erschafft er ein Objekt, das keinerlei Realität birgt, ein Objekt, das in der Weise des Imaginären existiert; er selbst gibt sich eine fiktive Konstitution – Sartre spielt in seinem Essay *Von Ratten und Menschen* auf dieses Verfahren an, wenn er erklärt, daß jeder Schriftsteller von einem «Vampir» besessen sei.

Selbstverständlich darf man nicht annehmen, der Schriftsteller entschiede sich zunächst, etwas zu vermitteln, und nähme dann seine Zuflucht bei der Imagination. Die Tatsache, daß er am Anfang das Imaginäre gewählt hat, entscheidet über seine Berufung; die Gründe für diese Wahl sind individuell verschieden, aber sie existiert immer an der Wurzel eines literarischen Œuvres. Dieses ist die Materialisation – mittels auf Papier geschriebener Zeichen – der irrealen Welt, die das Subjekt sich durch Spiele und Träume geschaffen hatte: eine irreale Welt, die keine Konsistenz annehmen kann und keine Übermittlung von Erfahrung erlaubt, weil sie die Projektion der Realität in eine andere Dimension ist.

Schreiben ist also eine komplexe Tätigkeit: es ist gleichzeitig Vorziehen des Imaginären und Mitteilenwollen. In dieser doppelten Wahl manifestieren sich sehr verschiedene und auf den ersten Blick gegensätzliche Tendenzen. Will man eine erfundene Welt an die Stelle der gegebenen setzen, so muß man diese mit aller Aggressivität ablehnen: wer sich darin wie ein Fisch im Wasser fühlt und findet, daß alles zum Besten steht, wird nie schreiben. Mitteilenwollen setzt jedoch voraus, daß man sich für die anderen interessiert; auch wenn sich Feindseligkeit und Verachtung in das Verhältnis des Schriftstellers zur Menschheit mischen – wenn er, wie Flaubert, schreibt, um sie zu entmutigen, zu geißeln, zu brandmarken und ihre ganze Schändlichkeit aufzudecken –, er will von ihr anerkannt werden. Andernfalls wäre sein Entwurf zum Scheitern verurteilt und sinnlos; allein durch den Akt des Schreibens mißt er ihr größere Bedeutung zu als in seinen verbalen Äußerungen. Die absolute Verzweiflung, der radikale Haß auf alle und alles, kann sich nicht mit Schweigen begnügen.

Der Entwurf, zu schreiben, impliziert also eine Spannung zwischen einer Ablehnung der Welt, in der die Menschen leben, und einem gewissen Appellieren an die Menschen; der Schriftsteller ist zugleich gegen sie und mit ihnen. Eine schwierige Stellung: sie setzt starke Leidenschaften voraus und erfordert, damit sie lange durchgehalten werden kann, Kraft.

Das Alter vermindert die Kräfte und dämpft die Leidenschaften. Der Verlust der Libido hat, wie wir gesehen haben, auch den Verlust einer gewissen biologischen Aggressivität zur Folge: die körperliche Ermattung, die Müdigkeit, die Gleichgültigkeit, die sich im Alter oft einstellen, halten von der Beschäftigung mit den anderen ab. Die Spannung, welche die Versöhnung der beiden wenn nicht widersprüchlichen, so doch zumindest divergierenden Tendenzen herbeiführt, läßt nach. Der gealterte Schriftsteller sieht sich jener Eigenschaft beraubt, die Flaubert die «Ausgelassenheit» nannte. Unglücklich über den Bankrott seiner Nichte, schrieb er in einem Brief: «Um gute Sachen zu schreiben, bedarf es einer gewissen Ausgelassenheit.» Und in einem anderen: «Um gut zu schreiben, bedarf es einer gewissen Ausgelassenheit, die ich nicht mehr habe.» Mit 64 Jahren spürte Rousseau die Verminderung seiner schöpferischen Fähigkeiten. Melancholisch beschreibt er in den *Rêveries* einen seiner Spaziergänge: «Die noch grüne und heitere Landschaft, teils jedoch schon entlaubt und fast öde anzusehen, bot überall das Bild der Einsamkeit und der Nähe des Winters. Ihr Anblick löste eine Mischung von süßen und traurigen Empfindungen aus, die zu sehr meinem Alter und meinem Schicksal entsprachen, als daß ich sie nicht darauf angewendet hätte. Ich sah mich am Ende eines unschuldigen und unglücklichen Lebens, die Seele noch voll lebendiger Gefühle, der Geist noch von einigen Blumen geschmückt, aber durch die Traurigkeit welk geworden und unter Widrigkeiten verdorrt. Allein und verlassen, fühlte ich die Kälte des ersten Frostes nahen, und meine versiegende Phantasie bevölkerte meine Einsamkeit nur mit Wesen, die nach meinem Herzen waren.» In der gleichen Zeit schreibt er: «Meine Phantasie, die nun weniger lebhaft ist, entflammt sich nicht mehr wie früher bei der Betrachtung eines Gegenstandes, der sie beflügelt; auch berausche ich mich weniger am Delirium der Träumerei; in allem, was sie jetzt hervorbringt, ist mehr Erinnerung als Schöpfung. Eine laue Erschlaffung schwächt alle meine Fähigkeiten; der Lebensgeist in mir erlischt nach und nach; nur noch mühselig schwingt sich meine Seele aus ihrer verfallenen Hülle empor ...»

Diese Erschlaffung trifft den alten Schriftsteller um so mehr, als er darauf angewiesen ist, sich inspiriert zu fühlen. Solange man jung ist, genügt es, Lust zum Schreiben zu haben, um überzeugt davon zu sein, daß man ‹alles› zu sagen hat. Im Alter fürchtet man, mit seinem Latein am Ende zu sein, sich nur noch wiederholen zu können. Gide stellt am Ende seines Lebens – in *So sei es* – fest: «Ich verfalle in schon behandelte Themen, denen ich, scheint mir, nicht mehr viel abgewinnen kann.» Und wenig später, im gleichen Buch, notiert er mit 81 Jahren: «Ich habe das, was ich meinte sagen zu müssen, mehr oder minder gut gesagt und fürchte mich zu wiederholen.»

Die Gefahr, sich zu wiederholen, rührt zum Teil daher, daß der Schriftsteller durch ideologische Bindungen entfremdet ist. Er hat bestimmte Werte verteidigt, bestimmte Ideen kritisiert, auf diese oder jene Weise Stellung genommen: das alles kann er nicht einfach aufgeben. Es ist nicht ausgeschlossen, daß ein Schriftsteller seiner Vergangenheit treu bleibt und sich doch erneuert. Es ist auch denkbar, daß er seine Freiheit über seine Interessen stellt. So ist es mir selbst ergangen. Meine Leser verlangen von mir vor allem Optimismus, besonders was das Geschick der Frau betrifft; der Schluß von *Der Lauf der Dinge* und meine letzten Bücher entsprachen dieser Erwartung nicht, und man hat mir das heftig vorgeworfen. Aber ich lehne es ab, mich durch ein erstarrtes Bild von mir entfremden zu lassen.

In jedem Falle, das wissen wir alle, schreibt man – und wäre man Flaubert, Dostojewski, Proust oder Kafka – nichts anderes als seine Bücher. Sie tragen unausweichlich unser Gepräge, da die Literatur den Schriftsteller in seiner Einmaligkeit zum Ausdruck bringt. Er ist immer da, in allen seinen verschiedenen Arbeiten, und ganz und gar, so wie das Leben ihn gemacht hat. Die Dinge ändern sich, wir ändern uns: aber ohne unsere Identität zu verlieren. Unsere Wurzeln, unsere Vergangenheit, unsere Verankerung in der Welt bleiben unveränderlich: von dorther werden die Ziele bestimmt, die uns in der Zukunft erwarten, die Dinge, die zu tun, die Dinge, die zu sagen sind. Man kann sich nicht willkürlich Entwürfe erfinden: sie müssen in unsere Vergangenheit als Forderungen eingeschrieben sein. Das ist es, worauf Camus im Vorwort zu

L'Envers et l'endroit [1] hinweist: «Jeder Künstler besitzt nämlich in seinem tiefsten Inneren eine einzige Quelle, die sein Leben lang speist, was er ist und was er sagt. Wenn die Quelle versiegt, sieht man das Werk allmählich krustig und rissig werden. Undankbarer Boden der Kunst, den der verborgene Strom nicht mehr berieselt! Das Haar wird spärlich und spröde, der stoppelbekränzte Künstler ist reif für das Schweigen – oder die Salons, was auf das gleiche herauskommt.»

Gewiß, das Werk entwickelt sich weder mechanisch noch organisch aus einem Samen, der es im Keim schon enthielte; durch Bereicherungen, Abweichungen und Rückschritte paßt es sich dem Gang der Existenz an. Aber in gewisser Weise ist es von unserer Kindheit an programmiert: zu diesem Zeitpunkt wird das Individuum zu dem, was es im wesentlichen auf immer bleibt, zu diesem Zeitpunkt entwirft es sich auf das hin, was zu tun ist. Disraeli beschloß schon als Kind, eines Tages Minister zu werden; Sartre entschied sich als Kind, Schriftsteller zu werden. Ihr Leben hat sich an diesem Plan orientiert und ihn ausgeführt. Diejenigen, die sich erst spät zum Schreiben entschließen, hängen nicht weniger von ihren jungen Jahren ab; man sieht das sehr deutlich bei Rousseau: die Jugend ist in dem Mann, den sie geformt hat, lebendig. Je nach der Reichweite des ursprünglichen Entschlusses zum Schreiben wird das Unternehmen sehr rasch aufgegeben oder aber es ist, im entgegengesetzten Fall, auch bei einem späten Tod noch nicht vollendet: Rimbaud meinte mit 20 Jahren, er habe nichts mehr zu sagen, und Voltaire wurde mit 80 nicht müde zu reden. Auf jeden Fall ist das Werk einer Endlichkeit unterworfen. Der alte Mensch wird sich dessen bewußt und läßt sich dadurch – wie wir es bei Gide gesehen haben – oft entmutigen, seine Arbeit fortzusetzen, solange es ihm noch vergönnt ist.

Bei manchen älteren Schriftstellern hat das Schweigen noch einen anderen Grund. Ihr Drang zum Schreiben – Sartre zeigte das am Beispiel Genets und Flauberts – wird durch die Widersprüche ihres Lebens hervorgerufen; es erscheint ihnen unmöglich, zu leben, sie verrennen sich in einer Sackgasse: das Schreiben wird zum einzigen Ausweg. Sie wählen das Imaginäre, um eine Versöhnung der Gegensätze darzustellen, von denen sie zerrissen werden. Im Alter ist dieses Vorhaben bereits verwirklicht. Und im übrigen ist das Leben recht und schlecht überstanden, ein Beweis dafür, daß es möglich war.

Das literarische Genre, das dem alten Menschen am wenigsten entspricht, ist der Roman. Auch hier gibt es Ausnahmen. Defoe hat alle seine Romane, Henry James einige seiner besten im Alter von über 60 Jahren geschrieben. Cervantes war 68 Jahre alt, als er den zweiten Teil des *Don Quijote* schrieb. Victor Hugos Alterswerk umfaßt zwei Romane. In unseren Tagen hat der erstaunliche John Cowper Powys alle seine großen Romane mit über 60 Jahren geschrieben. Albert K. Cohen hat jüngst mit 73 Jahren sein schönstes Buch veröffentlicht: *Belle du Seigneur.* Aber im allgemeinen wenden sich die alten Schriftsteller eher der Poesie oder dem Essay zu. Thomas Hardy, bis zum Alter von 60 Jahren ein

1 Deutsch unter dem Titel *Licht und Schatten* in *Literarische Essays*. Hamburg 1959.

fruchtbarer Romancier, verfaßte von da an nur noch Gedichte. Colette schrieb im Alter nur noch ihre Erinnerungen. Martin du Gard ist es nie gelungen, den Roman zu schreiben, den er nach den *Thibaults* konzipiert und für den er sich Jahre hindurch Notizen gemacht hatte. Woran liegt das?

Mauriac hat eine Antwort auf diese Frage gegeben. Er schreibt in den *Mémoires intérieurs*: «Aber je mehr die Zeit verfließt und unsere irdische Zukunft sich verkürzt, wenn das Spiel aus ist, das Werk beendet und das Manuskript abgeliefert, wenn das menschliche Abenteuer sich dem Ende nähert – dann finden die Romanpersonen nicht mehr genug Bewegungsraum in uns; sie sind gefangen zwischen dem verhärteten und unerschütterlichen Block unserer Vergangenheit, den jetzt nichts mehr durchdringt, und dem Tod, der jetzt, mehr oder weniger nahe, gegenwärtig ist.» Ferner schreibt er: «Wenn die Jugend vorbei ist, wenn man sich der letzten Wegbiegung nähert, dann übertönt unser eigenes Gemurmel nicht mehr das tägliche Geplätscher der Politik, denn alles in uns wird Schweigen jetzt und Einsamkeit. Dann verkünden wir, das Lesen von Romanen langweile uns und wir zögen den schönsten erfundenen Geschichten die un-erfindbare Historie vor.» Und noch einmal, im Jahre 1962: «Freilich, sind wir beim letzten Kapitel unserer eigenen Geschichte angelangt, erscheint uns alles Erfundene unbedeutend ... Einzig die Kreaturen aus Fleisch und Blut bestehen noch in uns an jener unbestimmten Grenze, zwischen dem Ende und dem Nichts, die man das Alter nennt.»

Ich denke, daß es, wenn unser auf die Zukunft gerichteter Elan gebrochen ist, tatsächlich schwerhält, ihn in einem imaginären Helden neu zu erschaffen: weder bei ihm noch bei uns begeistert uns das menschliche Abenteuer ausreichend. Was das Verhältnis des Romanciers zur Vergangenheit betrifft, so sehe ich es anders. Das Werk, das ich schreibe, hängt zugleich von seiner fernen Quelle und vom gegenwärtigen Augenblick ab. Das erzählerische Werk verlangt mehr als jedes andere Genre, daß das Vorgegebene zu Staub zermalmt wird – zugunsten einer irrealen Welt, die nur Leben und Farbe besitzt, wenn sie in sehr frühen Phantasievorstellungen wurzelt. Die Ereignisse, die Aktualität können dem Romancier einen Anhaltspunkt, einen Ausgangspunkt bieten: er muß darüber hinausgehen, und das glückt ihm nur, wenn er aus seinem tiefsten Ich schöpft. Doch dabei findet er stets dieselben Themen, dieselben Obsessionen wieder und läuft Gefahr, endlos dasselbe zu sagen, Hingegen sind Erinnerungen, die Autobiographie, der Essay Rekonstruktion oder Bewältigung von Erfahrungen, deren Mannigfaltigkeit den Schriftsteller bereichern kann. Nach wie vor ist er es, der spricht – aber er wiederholt sich nicht so leicht, wenn er über neue Dinge spricht, wie wenn er, unter einem Vorwand, seine grundlegende und immer identische Haltung gegenüber der Welt zum Ausdruck bringt.[1]

Glücklich ist ein alter Schriftsteller dran, wenn er ganz am Anfang so fest

1 Mauriac selbst bestätigt durch sein Beispiel, was ich hier sage. Er *hat* sich erneuert – jedenfalls bis zu einem gewissen Augenblick –, als er seine *Bloc-notes* schrieb. Sein letzter Roman dagegen erscheint wie ein Abklatsch seiner früheren Romane.

verwurzelte Entwürfe gehabt hat, daß er für immer seine Originalität behält, und so weitgespannte Entwürfe, daß sie offen bleiben bis zu seinem Tod. Hat er seine Beziehungen zur Welt stets lebendig erhalten, so wird er in ihr immer wieder auf Herausforderungen und Aufrufe stoßen. Voltaire, Victor Hugo zählten zu diesen Glücklichen. Während andere heißes Wasser über alte Teeblätter gießen oder verstummen.

Die Musiker haben sich mir gegenüber wenig ausgesprochen über ihre Arbeitsweise. Im allgemeinen jedoch macht ihr Werk mit den Jahren Fortschritte. Manche offenbaren sich schon sehr früh als Meister, so zum Beispiel Mozart oder Pergolesi: wären sie – hätten sie länger gelebt – noch größer geworden oder hätten sie sich wiederholt? Sicher ist, daß die Werke des alternden Johann Sebastian Bach zu seinen schönsten zählen und daß Beethoven mit seinen letzten Quartetten über sich selbst hinausgegangen ist. Manchmal komponieren Musiker im hohen Alter ihre größten Meisterwerke. Monteverdi war 75 Jahre alt, als er die *Krönung der Poppäa*, Verdi 72 Jahre alt, als er *Othello*, und 76, als er *Falstaff* komponierte, die kühnste seiner Opern. Der gealterte Strawinsky konnte sich den neuen Formen der neuen Musik anpassen und blieb doch er selbst: seine Alterswerke sind im Vergleich zu denen, die er um die Mitte seines Lebens komponierte, von großer Originalität und nicht weniger bedeutend. Ich erkläre mir diesen Aufstieg bei Musikern aus dem strengen Zwang, dem sie unterworfen sind; sie haben eine lange Lehrzeit zu absolvieren, um die Meisterschaft zu erlangen, die sie brauchen, um ihre Originalität zur Geltung zu bringen; das ist um so schwieriger, als die Musik der Bereich ist, in dem sich fremde Einflüsse am deutlichsten spürbar machen: der Komponist hütet sich mit Recht vor Reminiszenzen. Während es die Arbeit des Schriftstellers ist, seiner gelebten Erfahrung ein universales Gepräge zu geben, wird die Einmaligkeit des Musikers zunächst erdrückt durch die Universalität seiner Technik und des Klanggebiets, von dem ausgehend er seine Erfindungen macht; deshalb bringt er sich anfangs nur schüchtern zum Ausdruck. Er braucht sehr viel Selbstvertrauen, muß also schon ein Werk geschaffen haben, ehe er es wagt, nicht nur im Rahmen der vorgeschriebenen Regeln Neues zu erschaffen, sondern diese auch in einem gewissen Maße zu überwinden. So erlaubt sich Monteverdi Akkorde, die seine Zeitgenossen als «teuflisch» bezeichneten, und Beethoven scheut nicht zurück vor ‹Dissonanzen›, die das Durchschnittspublikum empörten. Altern heißt für den Musiker auf eine Freiheit zugehen, die der Schriftsteller von Jugend an, oder zumindest von der Lebensmitte an, besitzt, da die zu beachtenden Regeln ihn weit weniger erstickten.

Die Maler sind nicht so strengen Regeln unterworfen wie die Musiker; aber auch sie brauchen eine gewisse Zeit, um die Schwierigkeiten ihres Metiers zu bewältigen, und bringen daher oft in ihren letzten Jahren ihre Meisterwerke hervor. In diesem Lebensabschnitt hat Giovanni Bellini – Antonello da Messina war nach Venedig gekommen und hatte der italienischen Malerei neue Wege erschlossen – den Höhepunkt seiner Kunst erreicht. Zwischen seinem 75. und 86. Jahr malte er seine größten Werke, darunter die Gemälde in Santa Zaccaria und das berühmte Porträt des Dogen Leonardo Loredan. Als Dürer ihm in Venedig begegnete, war er mit 80 Jahren der berühmteste Maler der Stadt. Tizian hat im hohen Alter sehr schöne Bilder gemalt. Rembrandt war kaum älter als 60 Jahre, als er seine letzten Gemälde, seine Meisterwerke, schuf; Frans Hals dagegen war 85 Jahre alt, als er mit den *Regenten* den Gipfel seiner Kunst erreichte. Guardi hat mit 76 Jahren *Die graue Lagune* gemalt und den *Brand von San Marcuola*, seine genialsten Bilder, die auf großartige Weise den Impressionismus vorwegnehmen. Corot war etwa 80 Jahre alt, als er seine vollendetsten Bilder schuf, insbesondere *Das Innere der Kathedrale von Sens.* Ingres malte seine *Quelle* mit 76 Jahren. Monet, Renoir, Cézanne, Bonnard haben sich in ihren späten Lebensjahren selbst überflügelt.

Das Gewicht der Vergangenheit lastet auf den Malern weniger als auf den Gelehrten; ihr Werk besteht aus einer Vielfalt von Bildern, und jedesmal stehen sie vor einer unberührten Leinwand – ihre Arbeit ist ein fortgesetztes Neubeginnen. Und ein Gemälde verlangt weniger Zeit als die Ausarbeitung einer wissenschaftlichen Theorie: wenn sie es in Angriff nehmen, sind sie so gut wie sicher, daß sie es zu Ende bringen werden. Im Vergleich zu den Schriftstellern haben sie einen großen Vorteil: sie zehren nicht von ihrer eigenen Substanz. Sie leben in der Gegenwart und nicht in einer Verlängerung der Vergangenheit. Die Welt liefert ihnen unaufhörlich Farben, Licht, Schattierungen, Formen. Gewiß, auch sie vermögen nichts anderes als ihr Werk zu schaffen, doch bleibt dieses unendlich offen. Am Ende seines Lebens angelangt, ist jeder schöpferische Mensch weniger zaghaft gegenüber dem Publikum und sehr viel selbstbewußter. Die Vorstellung, daß man ihn bewundert, was immer er auch hervorbringt, kann ihn dazu verleiten, es sich zu einfach zu machen, oder seinen kritischen Sinn trüben. Bleibt er jedoch anspruchsvoll, erweist es sich für ihn als großer Vorteil, wenn er sich einzig nach seinen Kriterien richtet, ohne Rücksicht darauf, ob er gefällt oder nicht. Nur der Schriftsteller zieht wenig Gewinn aus dieser Freiheit, da er oft nichts mehr zu sagen hat; für den Maler aber gibt es immer etwas zu malen; er kann diese Souveränität, ohne die das Genie nicht möglich ist, genießen. Wie der Musiker, so ist auch der Maler anfangs stark von seiner Epoche beeinflußt: er sieht die Welt durch die Bilder der vorhergehenden Generation. Es ist eine lange Arbeit, das Sehen mit den eigenen Augen zu lernen. So imitierte Bonnard in seinen Anfängen Gauguin und legte großen Wert auf den dargestellten Gegenstand. Von der Zeit an, als er, mit 61 Jahren, das *Café du Petit Poucet* malte, verliert das Sujet zugunsten der Farbe an Gewicht. Er schreibt mit 66 Jahren: «Ich glaube, solange man jung ist, begeistert einen der Gegenstand, die Außenwelt: man wird mitgerissen. Später ist es das Innere: das Bedürfnis, seine Gefühle auszudrücken, treibt den Maler, diesen oder jenen Ausgangspunkt, diese oder jene Form zu wählen.» Seine Zeichnungen zeigen immer gewagtere Verkürzungen, er vernachlässigt die Perspektive, entfernt sich endgültig von der konventionellen Sicht der Dinge: er versucht die ihnen innewohnende Lebendigkeit und Wärme auszudrücken. Daher rührt die erstaunliche Frische seiner letzten Gemälde.

Goyas Alter war nicht nur ein Aufsteigen zu immer größerer Vollkommenheit, sondern auch ein ständiges Sicherneuern. Er war 66 Jahre alt, als er 1810 durch die französische Besetzung und ihre blutigen Folgen zutiefst erschüttert wurde und mit der Arbeit an den 82 Blättern seiner *Desastres de la guerra* [Schrecken des Krieges] begann. Er hatte an der Erhebung von 1808 teilgenommen und begeistert für die Ausrüstung der Guerrilleros gespendet. Dennoch weigerte er sich nicht, bedeutende französische Standespersonen zu porträtieren, führte, zusammen mit zwei anderen Malern, den Vorsitz bei der Auswahl der besten Bilder, die nach Paris gebracht werden sollten, und nahm von den Franzosen *la cravate rouge de l'Ordre d'Espagne* entgegen, die man die ‹Aubergine› nannte. 1814 bei der Befreiung wurde er von dem Säuberungsausschuß freigesprochen und führte für den charakterlosen Ferdinand VII. ein großes offizielles Porträt aus. Im gleichen Jahr – er war 70 Jahre alt – malte er seine tragischen, großartigen Bilder, den *Angriff der Mamelucken* und die *Erschießung*. Er malte ferner den *Koloß* und ein sehr schönes Selbstporträt, auf dem er sich mit den Zügen eines 50jährigen darstellte. 1816 schuf er die 38 unter der Bezeichnung *Tauromaquia* [Stierkampf] vereinten Radierungen. Auf Bestellung malte er eine Anzahl sehr guter Porträts von offiziellen Persönlichkeiten oder Freunden, 1818, nachdem er auch die *Philippinenkommission* beendet hatte, befand er, daß seine Laufbahn sowohl als offizieller Maler als auch als Maler der Gesellschaft zu Ende sei. Von nun an wollte er keine Aufträge mehr annehmen und nur noch für sich selbst arbeiten: er war, um sein Werk fortsetzen zu können, auf uneingeschränkte Freiheit angewiesen. Er erwarb ein abseits gelegenes Haus, das man in der Gegend von nun an «das Haus des Tauben» nannte, denn Goya hörte seit Jahren nichts mehr. Seine Frau hatte er 1812 verloren. Seinen Haushalt führte ihm eine entfernte Verwandte, Doña Leocadia, die ihre kleine, damals 3jährige Tochter Rosarito mitgebracht hatte. Er begann die Wände mit den berühmten «schwarzen Gemälden» zu bedekken, bei denen er, ohne jede Sorge um ein Publikum, seiner Phantasie freien Lauf ließ.[1] *Saturn verschlingt eines seiner Kinder*, *Hexensabbat* – alle diese Werke verblüffen durch die Neuartigkeit ihrer Technik und ihrem Reichtum an düsterer Phantastik. Um die gleiche Zeit schuf er die 18 Blätter der *Disparates*, darunter die *Träume* und die *Sprichwörter*: hier stellte er mit ätzendem Strich die Triumphe der Dummheit dar.

Nach wie vor von dem Wunsch nach Erneuerung beseelt, führt er 1819 das Verfahren der Lithographie in Spanien ein, das 1796 in Leipzig erfunden worden war. Seine erste Lithographie, der noch viele folgen sollten, stellte eine alte Frau beim Spinnen dar.

Er war 77 Jahre alt, als der ‹Weiße Schrecken› über Spanien hereinbrach. Zuerst versteckte er sich, dann ging er nach Bordeaux ins Exil. «Goya langte sehr gealtert an, taub, geschwächt, ohne ein Wort Französich zu sprechen, ohne einen Bediensteten ... und dennoch recht zufrieden und sehr begierig, die Welt

1 Ein Bewunderer Goyas, Baron Erlanger, erwarb das Haus, ließ die Malereien von den Wänden ablösen und auf Leinwand übertragen und schenkte sie dem Prado-Museum in Madrid.

zu sehen», schreibt sein Freund Morantin. Er machte eine Reise nach Paris und kehrte dann nach Bordeaux zurück, wo er sich niederließ. Er sah fast nichts mehr. Zum Arbeiten mußte er zwei Brillen übereinander tragen und eine Lupe zur Hilfe nehmen. Dennoch schuf er eine wunderbare Lithographienserie, *Les Taureaux de Bordeaux*, und die Blätter mit den Titel *L'Amour*, *La Jalousie*, *La Chanson andalouse*. Er zeichnete Tiere, Bettler, Ladengeschäfte, die Menge. Die kleine Rosarito, die inzwischen 10 Jahre alt und der er sehr zugetan war, wollte Miniaturen malen, und trotz seiner schwachen Augen malte er zusammen mit dem Kind. Ein Jahr vor seinem Tod, mit 81 Jahren, porträtierte er eine Nonne und einen Mönch. Die Pinselführung dieser beiden Bilder läßt an Cézanne denken.

In seinen letzten Lebensjahren hat er oft das Thema Alter behandelt. Schon in *Bis zum Tode* in den *Caprichos* [Einfälle] griff er das Sujet auf, das in der Literatur des 16. und des 17. Jahrhunderts so oft strapaziert wurde: die alte Frau, die sich noch schön glaubt. Er zeichnete eine abscheuliche Alte, die gerade ihren Hut aufsetzt und sich dabei wohlgefällig im Spiegel betrachtet. Hinter ihr lachen sich junge Leute ins Fäustchen. 1817 wendet er sich dem Thema in *Die Alten* wieder zu: zwei häßliche alte Frauen betrachten sich im Spiegel; hinter ihnen, hoch aufgerichtet, die ‹Zeit› mit zwei großen Flügeln und einem Besen in der Hand. Seine Herkunft aus der literarischen Tradition Spaniens bestätigt sich am deutlichsten in *La Célestine*: ein junges Mädchen mit tiefem Dekolleté und mit sinnlichen Zügen stellt sich auf einem Balkon zur Schau; hinter ihr zeigt sich die Silhouette der wohlbekannten Dueña und Kupplerin: eine abscheuliche Alte mit krummer Nase, einem komplicenhaften, hinterhältigen Grinsen und mit einem Rosenkranz zwischen ihren Krallenfingern. Goya malte auch viele Hexensabbat-Bilder. Mit 80 Jahren zeichnete er einen Greis, dessen Gesicht fast in weißem Haupt- und Barthaar verschwindet und der sich auf zwei Stöcke stützt; die Unterschrift lautet: «Ich lerne immer noch» – Goya mokierte sich über sich selbst und über sein Verlangen nach Neuem.

Baudelaire war tief beeindruckt von der erstaunlichen Verjüngung, die das Alter für Goya bedeutete: «Am Ende seiner Laufbahn», schreibt er, «waren Goyas Augen so schwach, daß man ihm, so heißt es, die Bleistifte spitzen mußte. Trotzdem schuf er auch noch zu dieser Zeit große, sehr bedeutende Lithographien, wunderbare Stiche, vielseitige Gemälde en miniature – ein neuer Beweis für jenes eigenartige Gesetz, welches das Schicksal der großen Künstler bestimmt und es fügt, daß sie, da das Leben sich dem Geist entgegengesetzt verhält, auf der einen Seite gewinnen, was sie auf der anderen verlieren und so, einer vorwärtsschreitenden Jugend folgend, geschickter, munterer und kühner werden bis an den Rand des Grabes.»

Was wir über das Alter im allgemeinen sagten – daß es uns unsere zweifache Endlichkeit vor Augen führt –, das haben wir hier nun am Beispiel von Intellektuellen und Künstlern gesehen: sie sind sich der Begrenztheit ihrer Zukunft und der unüberschreitbaren Einmaligkeit der Geschichtsepoche, in der sie eingeschlossen sind, bewußt. Zwei Faktoren sind mitbestimmend für ihre Situation:

die Reichweite ihres ursprünglichen Entwurfs und das mehr oder weniger lähmende Gewicht der Vergangenheit. Wir sahen, daß für die Gelehrten das Alter fast unvermeidlich eine Verknöcherung, eine Sterilität mit sich bringt. Künstler wiederum haben oft den Eindruck, ihr Werk sei noch unvollendet, sie könnten es noch bereichern: aber dann geschieht es, daß ihnen die Zeit zur Vollendung fehlt; sie übernehmen sich vergeblich. Michelangelo hat trotz seiner Besessenheit die von ihm entworfene Kuppel von Sankt Peter nicht mehr erblickt. Oft ergibt sich ein Ausgleich: noch gibt es Dinge zu tun, ohne daß die Zeit drängte. Sogar Fortschritte sind noch möglich. Aber sie sind in diesem Lebensabschnitt doch enttäuschend – man macht Fortschritte, gewiß, aber im Schneckentempo. Auch im günstigsten Fall wird der alte Mensch den erreichten Punkt nur um ein Geringes überschreiten. Manche verkrampfen sich in unnützen Anstrengungen, um aus ihrer Haut herauszukommen; sie erreichen nur, daß sie sich selbst karikieren, ohne indessen zu einer Erneuerung zu gelangen. In Wahrheit kann das Werk sich nur innerhalb dessen bereichern, was es bereits ist und bleiben wird.

Diese Vorstellung wird vor allem dann entmutigen, wenn körperlicher Verfall, Krankheit oder Ermüdung die Arbeit beschwerlich machen. Doch manche Greise setzen den Kampf mit heroischer Leidenschaft fort. Dieser Heroismus kommt nicht nur – wie bei Renoir, Papini, Michelangelo – in ihrem Verhältnis zu einem widerspenstigen Körper zum Ausdruck. Er manifestiert sich ebenso in der Freude an Fortschritten, auch wenn der Tod ihnen bald Einhalt gebieten wird, in der Lust, weiterzumachen, sich selbst übertreffen zu wollen, obgleich man sich seiner Endlichkeit bewußt ist und sie auf sich nimmt. Hier haben wir eine konkrete Bestätigung der Werte der Kunst und des Denkens, die nur unsere Bewunderung erregen kann, um so mehr, als die Protesthaltung der jungen Generationen nicht nur den Wissenschaftler, sondern auch den Künstler und Schriftsteller trifft. Bonnard litt unter der ‹Härte› der Jugend, die sich von ihm abkehrte, während er sein Werk noch bereicherte.

Das Schwierigste am Ende eines schöpferischen Lebens ist die innerliche Verarbeitung dieses Zweifels. Junge Menschen vermag der Zweifel bis zur Verzweiflung, ja in den Selbstmord zu treiben: Vincent van Gogh, zum Beispiel, Nicolas de Staël. Die Endlichkeit – und die Unmöglichkeiten, die sie impliziert – kann einem in jedem Lebensalter offenbar werden. Gewöhnlich setzt ein junger Mensch, auch wenn er unzufrieden mit sich selbst ist, seine Hoffnung auf die Zukunft, die sich vor ihm auftut. Für den alten Menschen ist das Spiel aus. Wenn er Schwächen in seinem Werk entdeckt, fällt es ihm schwer, sich einzugestehen, daß er dieses nicht mehr grundlegend ändern kann: Monet zweifelte in manchen Augenblicken radikal am Wert seiner Malerei und war tief unglücklich. Und wenn er mit seiner Arbeit zufrieden ist, so fühlt er sie doch durch das Urteil der anderen gefährdet und insbesondere durch das Verdikt, das die Nachwelt fällen wird.

Die Nachwelt wiederum kann ihm angesichts des nahen Todes wie eine Zuflucht erscheinen – ein Versprechen, daß er überleben wird. Sein Werk wird für künftige Generationen existieren, es wird vielleicht sogar auf immer in ihnen fortleben. Zur Zeit von Ronsard, von Corneille war das eine tröstliche Vorstellung; sie hielten die Monarchie für etwas ewig Dauerndes, sie glaubten, weder die Zivilisation noch die Menschen würden sich je verändern; und ihr eigener Ruhm werde sich von Jahrhundert zu Jahrhundert fortpflanzen, so wie sie ihn erworben hatten. Solche Illusionen haben wir nicht mehr. Wir wissen, daß unsere Gesellschaft sich mitten in der Evolution befindet; zu welcher Form des Sozialismus, der Technokratie oder der Barbarei wird diese Entwicklung führen? Wir wissen es nicht. Sicher ist nur, daß die Menschen der Zukunft verschieden von uns sein werden. (Aus diesem Grund stellt sie sich Franz in *Die Eingeschlossenen* in der Gestalt von Krabben vor.) Gesetzt den Fall, unsere Botschaft gelangte zu ihnen, so können wir doch nicht voraussehen, mit Hilfe welchen Schlüssels sie diese entziffern werden. In jedem Fall wird ein Bild, ein Roman nie dieselbe Bedeutung für die künftigen Jahrhunderte haben wie für die Zeitgenossen: in der Gegenwart lesen und betrachten oder durch die Dichte der Jahrhundertwende hindurch ist etwas Grundverschiedenes.

Selbst wenn man nur die nächste Zukunft in Betracht zieht, sieht man das Werk gefährdet, und zwar um so mehr, je mehr man an seinen Wert glaubt. Vor allem läuft es Gefahr, infolge äußerer Umstände vernichtet zu werden – das war es, was Freud für die Psychoanalyse befürchtete. Nicht weniger schmerzlich ist die Vorstellung, daß es verfälscht werden könnte; Newton wußte, daß sein Gravitationsgesetz entstellt werden und veralten würde: vergeblich versuchte er durch die verschiedensten Warnungen, solche Abänderungen zu verhindern. Nietzsche war in großer Sorge, daß er zu falschen Interpretationen Anlaß geben könnte: und in der Tat hätte er die Deutung, die seiner Idee des Übermenschen durch die Nazis widerfuhr, zurückgewiesen. Für einen eitlen Menschen zählt nicht so sehr das künftige Schicksal seiner Werke, sondern seine zukünftige Reputation. Hält er sich für verkannt, so setzt er gern auf die Menschen von morgen: Edmond de Goncourt redete sich ein, sie würden ihn einem Zola vorziehen. Umgekehrt war Bernard Shaw, zu Lebzeiten berühmt, fest davon überzeugt, die künftigen Generationen würden ihm – auf Grund einer Art Pendelgesetz, dem Hardy, Meredith und viele andere zum Opfer gefallen waren – nicht gerecht werden. Wie auch immer, ob vergessen, unverstanden, herabgewürdigt, bewundert – keiner lebt mehr, wenn sein postumes Schicksal sich entscheidet: das ist das einzige, was wir mit Sicherheit wissen, und in meinen Augen sind damit alle Hypothesen müßige Spekulationen.

Zum Abschluß dieser Untersuchung über das Verhältnis des alten Menschen zu seiner Praxis will ich mich mit dem Alter im Leben einiger Politiker befassen. Der in der Politik tätige Mensch hat weder den abstrakten Bereich des Gelehrten oder des Philosophen noch die Welt des Imaginären gewählt. Er ist in der Realität verankert; er will auf die Menschen einwirken, um die Geschichte seiner Zeit auf bestimmte Ziele hin zu lenken. Dieses Vorhaben kann für ihn das Bild einer Karriere annehmen: so wollte zum Beispiel Disraeli von Kindheit an Minister werden. Die Politik stellt sich in diesem Fall als eine Form der Suche nach einem Inhalt dar: das anvisierte Ziel ist vor allem die Ausübung einer

Macht, welcher Natur sie auch immer sei, und das Prestige, das davon ausgeht. In anderen Fällen handelt es sich um ein Engagement, das bei einem – in einer bestimmten Weise geformten – Individuum durch den Gang der Ereignisse hervorgerufen wurde: das Individuum fühlt sich aufgerufen, gefordert. Im allgemeinen sind beide Haltungen beteiligt. Der Karrieremacher optiert für bestimmte politische Ziele und fühlt sich ihnen von da an verpflichtet – so war es bei Disraeli. Der andere, den eine konkrete Aufgabe ruft, sucht die Macht, um seine Mission zu erfüllen. In jedem Fall hängt der Politiker weit mehr von den anderen ab als die Intellektuellen und die Künstler. Diese bedürfen der Anerkennung von Arbeiten, deren Material nicht der Mensch selbst ist. Für den Politiker sind die Menschen das Material: wenn er ihnen dient, so tut er das, indem er sich ihrer bedient; sein Erfolg, sein Scheitern liegt in ihren Händen, und ihre Reaktionen bleiben für ihn zum großen Teil unvorhersehbar. Bevor wir jedoch prüfen, welche Folgen sich daraus für ihn im Alter ergeben können, sollten wir zunächst ganz allgemein das Verhältnis des alternden Individuums zur Geschichte betrachten.

Die Geschichte hat verschiedene Gesichter. In statische Gesellschaften greift sie nicht ein. Dem Mittelalter erschien sie als eine Katastrophe: das Heil kam von einer anderen Welt. Im Zeitalter der Aufklärung wurde sie mit Hoffnungen befrachtet. Für uns birgt sie Verheißungen, aber ebenso auch Bedrohungen: die totale oder partielle Zerstörung unseres Planeten durch die Bombe. Ich bin Leuten begegnet, die mit dieser Möglichkeit rechnen, ohne sich zu beunruhigen: wenn man tot ist, was interessiert es da noch, was hinterher geschieht? Und sind nicht, so meinten manche, alle Klagen überflüssig, wenn man weiß, daß die Erde mit uns zugrunde geht?

Für andere – zu denen ich gehöre – ist diese Vorstellung grauenhaft. Da ich wie alle anderen unfähig bin, mir das Unendliche vorzustellen, kann ich die Endlichkeit nicht akzeptieren. Es ist mir ein Bedürfnis, zu denken, daß sich dieses Abenteuer, dem mein Leben angehört, unbegrenzt fortsetzt. Ich liebe die Jugend; ich wünsche mir, daß unsere Art in ihr weiterlebt und bessere Zeiten kennenlernt. Ohne diese Hoffnung würde mir das Alter, dem ich entgegengehe, ganz und gar unerträglich erscheinen.

Manchmal kommt es vor, daß große politische und gesellschaftliche Veränderungen das Alter verklären. Vom Tag des Sturms auf die Bastille an verzichtete Kant auf seinen unvermeidlichen täglichen Spaziergang, um statt dessen dem Postwagen entgegenzugehen, der ihm Nachrichten aus Frankreich brachte: er hatte stets an einen Fortschritt geglaubt, der zur Entfaltung der Gesellschaft und des Individuums führen werde, und er meinte, die Revolution bestätige, was er vorausgesehen hatte. Eine solche Situation ist selten, denn eigentlich sind Niederlagen das tägliche Brot im Alter und die Erfolge sind höchst prekär. Oft werden wir enttäuscht in unseren Erwartungen, und das Glück, recht gehabt zu haben, wird uns nie ungetrübt zuteil. «Die Wahrheit triumphiert nie: ihre Gegner sterben nur schließlich», sagte der Physiker Max Planck. Ich persönlich habe schrecklich unter dem Algerien-Krieg gelitten; aber dann wurde die Unabhängigkeit zu teuer bezahlt, als daß ich sie mit reiner

Freude hätte begrüßen können. «Der Weg zum Guten ist schlimmer als das Böse», hat Mirabeau gesagt. Solange man jung ist und eine illusorische Ewigkeit vor sich hat, nimmt man diese Wegstrecke mit einem einzigen Sprung; später hat man nicht mehr genug Schwung, um sich über das, was man «die Spesen der Geschichte» nennt, hinwegzusetzen – man findet sie entsetzlich hoch. Und alle Rückschritte haben dann etwas furchtbar Definitives. Die Jungen hegen die Hoffnung, einen neuen Morgen heraufdämmern zu sehen: der zeitliche Abstand wird vielleicht einen Sprung nach vorn mit sich bringen. Die Alten rechnen, selbst wenn sie auf die fernere Zukunft einige Hoffnung setzen, nicht mehr damit, eine solche Wende noch zu erleben. Ihr Glaube hilft ihnen nicht gegen die Enttäuschungen der Gegenwart. Zuweilen verläßt er sie ganz, und die unabänderlichen Ereignisse erscheinen ihnen wie eine Widerlegung ihrer ganzen Existenz. Für Casanova war es eine der traurigsten Erfahrungen, daß die alte Welt, in der er gelebt hatte, durch die Französische Revolution vernichtet wurde. Aus der Ferne des Schlosses in Böhmen, wohin er sich zurückgezogen hatte, nannte er Mirabeau einen «infamen Schriftsteller».

Ein ergreifendes Beispiel für diese Art von Desillusionierung ist Anatole France. Sozialist wie Jean Jaurès, mit anderen Worten Humanist und Optimist, träumte er von einer besseren und gerechteren Welt, die, wie er glaubte, bald und ohne Gewaltanwendung entstehen würde. Noch 1913 – er war 69 Jahre alt – meinte er: «Alle Völker der Welt streben dem Frieden zu.» Er sagte auch: «Die Proletarier der Völker werden sich bald vereinigen.» Er war überzeugt, daß in allen Ländern das Proletariat pazifistisch eingestellt und bereit sei, sich gegen den Krieg aufzulehnen. Ebenso glaubte er, daß der Kapitalismus nicht notwendigerweise zum Kriege führe. Nach der Rückkehr von einer Reise nach Deutschland versicherte er: «Es steht fest, daß Deutschland keinen Krieg will.» In einer im April 1914 gehaltenen Rede kündigte er die «baldige Vereinigung eines versöhnten Europa» an. Er vertraute auf die menschliche Vernunft; töten, zerstören war für alle von Unheil: die Menschheit besaß genug gesunden Verstand, um zu wissen, was ihr von Nutzen war. Im August 1914 fiel er aus allen Wolken, und er war so erschüttert, daß er im Oktober an Selbstmord dachte. Er schrieb an einen Freund: «Da ich das Leben nicht mehr ertragen kann und mein Erschöpfungszustand mich hier festhält, flehe ich Dich an, mir Gift zu verschaffen.» Er veröffentlichte – was er später bereute – einige Texte, in denen er, von der allgemeinen Strömung mitgerissen, den deutschen Militarismus verurteilte; dann aber schwieg er bis zum Waffenstillstand. Aus seiner Korrespondenz kann man ersehen, daß er seine idealistischen und reformistischen Illusionen aufgegeben hatte: unmöglich, jetzt noch zu glauben, die Massen seien imstande, einen Krieg zu verhindern. Oft war er völlig verzweifelt. Im Dezember 1915 schreibt er: «Das Dasein ist mir unerträglich, und es hungert und dürstet mich nach dem Nichts.» Im Juni 1916: «Meine Vernunft läßt mich im Stich. Was mich umbringt, ist weniger die Bösartigkeit der Menschen als ihre Dummheit.» Im Dezember 1916: «Die menschliche Dummheit hat keine Grenzen.» Er empörte sich, daß man dem Krieg nicht Einhalt gebot. Einen langen, zornigen und ironischen Brief schloß er mit den Worten: «Wir haben es ja nicht eilig. Der Krieg bringt Frankreich täglich nur den Verlust von 10 000 Mann ein!» Im November 1917 schreibt er: «Meine Niedergeschlagenheit und meine Besorgnis sind grenzenlos.» Er ergriff Partei für jene Männer, die Clemenceau verurteilen ließ, für Caillaux mit Zurückhaltung, für Rappoport mit lauter Stimme. «Ich habe ein Jahr zu lange gelebt und eigentlich sogar 70», schrieb er. «Ich wünsche mir nicht einmal mehr das Ende der Schrekken, die Europa verheeren. Ich glaube und wünsche nichts mehr, ich trachte nur noch nach dem ewigen Nichts.»

Die russische Revolution bewegte ihn sehr: «Der erste entscheidende Schritt in eine bessere Zukunft wäre die Anwendung der Lehren von Karl Marx. Der Pazifismus ist überholt», schrieb er. Der Krieg hatte ihm die Notwendigkeit der Gewalt bewiesen, aber er fand sich mit diesem Gedanken nicht leichten Herzens ab: «Ich fürchte sehr, daß das Ende dieses Krieges nicht das Ende der Ära der Gewalt bedeuten wird. Um die allgemeine Abrüstung zu sichern, bedürfte es der Empörung der Völker... dieser schreckliche Krieg trägt drei oder vier ebenso entsetzliche Kriege in sich. Das ist die furchtbare Wahrheit.» Sie wurde ihm zur Folter. Am 3. Oktober 1918 schreibt er: «Mein Herz ist, im Gegensatz zu dem, was man von einem Greis erwartet, weicher geworden, als es je war, und das Leben wird mir zur ständigen Qual.»

Als der Waffenstillstand unterzeichnet wurde, sprach er die Hoffnung aus, «daß der Krieg die Weltrevolution hervorrufen wird», und er bekräftigte seine Bewunderung für die Sowjets. 1919 sieht er sich durch die Streiks und die Arbeiterbewegungen in seinem Glauben an eine baldige Heraufkunft des Sozialismus ermuntert. Wieder beteiligt er sich in aller Öffentlichkeit am Kampf. Er richtet einen Appell an die Wähler: «Der Klassenkampf wird nur ein Ende finden durch die Aufhebung der Klassen... Alles drängt uns zum Sozialismus.» Er tritt weder der sozialistischen noch der kommunistischen Partei bei, hat aber bei beiden Freunde. In der *Humanité* veröffentlicht er 1922 einen *Salut aux Soviets* zum «ersten Versuch einer Macht, die durch das Volk für das Volk regiert». Zusammen mit Barbusse gehört er der Gruppe *Clarté* an. Doch in seiner Korrespondenz und im Gespräch zeigt er sich sehr pessimistisch. Hinsichtlich seines postumen Rufes hegt er Zweifel. In *La Vie en fleur* (1921) entwirft er ein trostloses Bild der Zukunft: «Wir werden nicht mehr geistige Nachfahren haben als die spätesten Schriftsteller der römischen Antike.» Er glaubte, daß Europa und seine Zivilisationen sterben würden: «Die Mächte des Bösen beherrschen die Welt». «Europa versinkt in Barbarei.» Der Sozialismus, an den er gern noch geglaubt hätte, war absolut nicht mehr das, was er sich erträumt hatte. Auf Gorkis Aufruf hin verurteilte er den Prozeß gegen die Sozialrevolutionäre, der in Moskau begann. Er vermochte die humanistischen Werte, aus denen er gelebt hatte, nicht zu verleugnen: Toleranz, bürgerliche Freiheit. Seine Denkweise wie auch sein Stil waren veraltet. Er versuchte, mit dem Gang der Geschichte Schritt zu halten – aber er blieb der Mann einer anderen Zeit. Seine Schriften waren ohne Wirkung. 1923 wurde er von der *Humanité* heftig angegriffen: man warf ihm seinen Dilettantismus vor, seinen Anarchismus, seinen Skeptizismus. Auch aus der Gruppe *Clarté* wurde er ausgeschlossen. Trotz allen seinen Anstrengungen, sich der neuen Zeit anzupassen, hatte der Krieg von 1914 seine Hoffnungen auf eine vernünftige und glückliche Welt vollständig zunichte gemacht.

Noch radikaler war die Niederlage, die Wells 1940 erlitt. Für seine 70 Jahre hatte er sich eine erstaunliche Jugendlichkeit bewahrt, und zunächst paßte er sich seiner Zeit sehr gut an. Er ging in die USA, wo er Roosevelt begegnete: er träumte von einer Annäherung zwischen Ost und West. Aber er gestand sich sein Scheitern ein: «Ich habe eine Schlappe erlitten in einer Unternehmung, die zu gewaltig für mich war.» Als der Zweite Weltkrieg ausbrach, erschütterte ihn das so sehr, daß er krank wurde. 1942, in einer Äußerung über die Weltlage, erklärte er: «Dieses Schauspiel hat mich endgültig gebrochen.» Er sei «am Ende seiner Weisheit» und gab bekannt: «Der Autor hat nichts mehr zu sagen und wird nie mehr etwas zu sagen haben.» Er lebte bis 1946 mit seinem Grauen und ohne jede Hoffnung. Sein Glaube an die Menschen war erloschen. Seine ganze Arbeit, seine früheren Kämpfe, der Sinn seines Lebens – alles beruhte auf seinem Vertrauen in seine Mitmenschen: als dieses Vertrauen verloren war, hatte er nichts mehr, woran er sich halten konnte: es blieb ihm nur noch, aufzugeben und das Nichts, den Tod herbeizusehnen.

Eine solche Verzweiflung kann zum Selbstmord führen. Virginia Woolf lebte außerhalb der Politik, in einem Kreis von Privilegierten. Die Kriegserklärung und die Bombardierungen Londons deprimierten sie zutiefst. Mit ihren 58 Jahren vermochte sie den Zusammenbruch ihres Weltbildes nicht zu überstehen.[1] Wenn ein alter Mensch sich durch die allgemeinen Verhältnisse bedroht fühlt, denkt er um so mehr, daß die eigene Sache verloren, daß jeder Kampf vergeblich und daß es am besten ist, Schluß zu machen. In Frankreich haben sich vor allem ältere Juden das Leben genommen, als das Land besetzt wurde.

Wenn ein alter Mensch zu Ereignissen, die er beklagt, selbst beigetragen hat, trifft ihn das mehr als einen jungen Menschen. Dieser wird, statt sich in nutzlosem Gejammer zu ergehen, versuchen, der Entwicklung Einhalt zu gebieten; jener hat nicht mehr genug Zeit vor sich, um hoffen zu können, er werde sie in eine andere Richtung lenken: das war das Unglück, das Einsteins letzte Jahre überschattete. Er war sich der Verantwortung des Gelehrten hinsichtlich der Anwendung der Wissenschaft sehr bewußt, und er war besorgt um die möglichen Folgen, die sich aus der – durch seine Entdeckungen möglich gewordene – Freisetzung von Atomenergie ergeben könnten. «Diese Drohung zu mindern, ist das vordringlichste Problem unserer Zeit», sagte er vor dem Krieg. 1939 befürchteten die Physiker Wigner und Szilard, Deutschland werde die Herstellung der Uranbombe gelingen; sie überzeugten Einstein, er müsse an Roosevelt schreiben und ihn auf diese Gefahr hinweisen. Einstein tat es und bat, daß ein ständiger Kontakt hergestellt werde zwischen der Regierung und den Physikern, die mit der Erforschung der Kettenreaktionen befaßt seien; entscheidend sei, daß die USA Uran erhielten und daß die experimentellen Arbei-

1 Sie hatte schon vorher depressive Krisen durchgemacht, in denen sie an Selbstmord gedacht hatte.

ten beschleunigt würden. Dieser Rat wurde befolgt. Schon sehr bald machte sich Einstein Sorgen um die Konsequenzen. Seit 1940 sprach er von diesem Brief als von dem unglückseligsten Ereignis seines Lebens. Als er von den Projekten, japanische Städte durch die Atombombe zu zerstören erfuhr, über sandte er Roosevelt ein Memorandum: Roosevelt starb, ohne den Brief geöffnet zu haben. Einstein glaubte nicht daran, daß ein einzelner aus eigener Kraft ernstlich die Geschichte beeinflussen könne. Und seine Initiative von 1939 erfuhr ihre Rechtfertigung: eine deutsche Uranbombe schien jetzt im Bereich des Möglichen zu liegen. Insofern verzehrte er sich nicht in Gewissensbissen. Aber er empfand schmerzlich den Widerspruch zwischen der Großartigkeit wissenschaftlicher Schöpfungen und ihrem zerstörerischen Gebrauch.

Wäre er damals noch jünger gewesen, hätte er sich gewiß energisch zum Kampf für den Frieden entschlossen; er hätte versucht, die Erfindung der Atombombe auf die eine oder andere Weise zu neutralisieren, aber die kurze Zukunft, die noch vor ihm lag, ließ die Hoffnung, einen Ausweg zu finden, nicht zu.

Aber selbst wenn die Geschichte ohne Katastrophen abläuft, dürfte der alte Mensch kaum Befriedigung in ihr finden, da er, wie wir bei Anatole France gesehen haben, große Schwierigkeiten hat, mit ihrem Gang Schritt zu halten. Es macht ihm Mühe, sich auf einen neuen *set* einzustellen. Überdies will er es meist gar nicht: seine ideologischen Interessen halten ihn davon ab. Die gesagten oder geschriebenen Sätze, die Persönlichkeit, die er sich selbst geschaffen hat, konstituieren ein «Sein außerhalb von ihm selbst», dem er entfremdet ist. Ein alter Professor identifiziert sich selbst mit seiner Hauptvorlesung, die er jedes Jahr wieder herunterleiert, und mit den Ehren, die er sich damit erworben hat: Reformen irritieren ihn nicht nur deswegen, weil er nicht mehr fähig ist, seine Vorlesung durch ein Gespräch zu ersetzen, sondern auch weil er glaubt, durch sie würde ihm genommen, was seine Daseinsberechtigung ausmacht. So wie seine berufliche Arbeit ist auch die politische Aktivität eines alten Mannes durch das Gewicht der Vergangenheit belastet. Oft gelingt es ihm einfach nicht, eine von seiner Jugend zu weit entfernte Epoche zu begreifen. Es fehlt ihm dazu am notwendigen geistigen Werkzeug. Sein Leben hat ihn geformt. Auf unerwartete Ereignisse findet er nicht die richtige Antwort. Jean Guéhenno bedauerte es, daß er sich 1940 in einen blinden Pazifismus verrannt hatte, und schrieb, obgleich er noch jung war: «Männer meines Alters haben eine Menge lähmender Erinnerungen.» Er hatte sich nicht klargemacht, daß die Worte ‹Krieg› und ‹Frieden› 1914 und 1940 nicht die gleiche Bedeutung hatten: es gibt Erfahrungen, deren Lehren eines Tages überholt sind, es gibt abstrakte Prinzipien, die man neu überdenken muß, wenn die Umstände sich geändert haben. Alain war, wie Guéhenno, Opfer seiner Erinnerungen, als er zur Kollaboration neigte; aber auch er hat nicht versucht, die Situation so zu sehen, wie sie war; er wurde davon abgehalten durch sein ideologisches Interesse: den Pazifismus, den er sein Leben lang verteidigt hatte. Bertrand Russell beging aus dem gleichen Grund den gleichen Irrtum; er stellte die Sache, der er immer gedient hatte, über die Realität der Gegenwart: im Namen des Pazifismus predigte er England, sich *nicht* im Widerstandskampf gegen den Nazismus zu engagieren.

Bezeichnend ist der Fall von Jeannette Vermeersch. Während aller Ereignisse, die sich von ihrer Jugend an bis zum Herbst 1968 abspielten, hat sich die Richtschnur ihres Handelns nicht geändert: sie blieb der UdSSR bedingungslos ergeben, war eine hartnäckige Stalinistin und versuchte nach Stalins Tod, die Entstalinisierung der Kommunistischen Partei in Frankreich zu verhindern. Auf diese Weise wurde sie immer mehr abgeschnitten von einer sich wandelnden Welt. Während die Kommunistische Partei ihre Politik änderte, hielt sie krampfhaft an ihren alten Stellungnahmen fest. Als es in der Tschechoslowakei zur Krise kam, beeilte sie sich, den sowjetischen Führern beizupflichten: es waren Männer ungefähr ihres Alters, die sie persönlich kannte und in denen sich für sie die Wahrheit des Kommunismus verkörperte. Plötzlich sah sie sich in ihrer Partei isoliert, kein Mitglied des Zentralkomitees trat öffentlich für sie ein, und sie mußte aus der Partei austreten. Die starre Haltung, durch die sie hinter ihrer Zeit zurückblieb, erklärt sich auch aus ihren ideologischen Interessen: sie weigerte sich, die Stalinistin in Frage zu stellen, die sie selbst gewesen war, und die Politik von Thorez anzuzweifeln, mit dem sie eng zusammengearbeitet hatte. Diese Weigerung, sich selbst in Frage zu stellen, findet man bei fast allen alten Menschen, und man begreift die Gründe. Da, wie Hegel sagt, jede Wahrheit geworden ist, könnte man die früheren Irrtümer als etwas auffassen, das eine notwendige Entwicklungsstufe konstituiert hat: dazu entschließt man sich aber nur, wenn man die Hoffnung hat, daß man sich diese neue Wahrheit nutzbar machen, ihre Entwicklung verfolgen und sich durch sie bereichern kann. Ist die Zukunft versperrt, dann ist es zwar nicht unvermeidlich, aber doch normal, daß man sich darauf versteift, auf die Vergangenheit zu setzen und die Meinung, die man sich darüber gebildet hat, nicht zu ändern.

Bereits bei der Beschäftigung mit historischen Gesellschaftsformen haben wir festgestellt, daß die alten Menschen, unabhängig von der jeweiligen Regierungsform oder der Partei, der sie angehören, geneigt sind, sich auf die Seite der Konservativen zu stellen. Es fällt ihnen schwer, der Vergangenheit, die sie geformt hat, zu entrinnen: durch sie hindurch sehen sie das Aktuelle – und mißverstehen es. Sich dem Neuen anzupassen, fehlen ihnen die Mittel und die Zeit, und ihre Interessen halten sie davon ab, es auch nur zu versuchen. Sie bemühen sich, den Status quo aufrechtzuerhalten. Revolutionen werden von jungen Männern gemacht, und sind diese alt geworden, führen sie ihre Revolution nur fort, wenn sie institutionalisiert ist; auch dann spielen sie oft eher eine repräsentative als eine aktive Rolle. Politiker sehen sich im Alter meist ‹entthront›. Sie haben einen Augenblick der Geschichte repräsentiert, aber die Geschichte verändert sich und verlangt nach neuen Männern. In seinem Buch *Louis XIV et 20 millions de Français* bemerkt Pierre Goubert: «Er hat bei seinem Tode von der Monarchie ein bewundernswertes, aber schon gezeichnetes, wenn nicht überlebtes Bild hinterlassen. Wie viele andere Könige, und wie fast alle Menschen, war er im Alter starr geworden und verknöchert.» Im übrigen fühlte Ludwig XIV., daß jene Zeit nicht mehr die seine war und daß sein Glück ihn verlassen hatte. Nach der Niederlage von Romilly richtete er an den alten Marschall Villeroy die bekannten Worte: «Man ist nicht glücklich in unserem Alter, *monsieur le maréchal.*» Als absoluter Monarch behielt er seinen Thron bis zum Ende; ein ‹überlebter› Minister jedoch hat dieses Glück nicht. Die Geschichte ist reich an dramatischen Beispielen für den Sturz oder die Entlassung eines Politikers. Und da der Politiker im allgemeinen ehrgeizig ist, wird er mit seinem Sturz nur schwer fertig. Die Verdrossenheit, die Chateaubriand in seinen alten Tagen bekundete, rührt im wesentlichen daher, daß er in der Öffentlichkeit nicht mehr zählte. Es scheint mir interessant, den letzten Lebensabschnitt einiger Politiker etwas näher zu betrachten – es handelt sich da immer um ein komplexes Abenteuer, bei dem die Vergangenheit des Individuums, seine biologische Verfassung, das Zusammentreffen von Ereignissen und die geschichtlichen Gegen-Finalitäten ihre Rolle spielen. Ich wählte drei Beispiele, bei denen jeweils die Bedeutung des einen oder anderen Faktors dominiert.

So werden wir bei Clemenceau sehen, daß ein Mann, der sein ganzes Leben lang die politische Linie seiner Jugend eingehalten hat, sich eines Tages, auf Grund seiner Treue zur Vergangenheit, hinter der Gegenwart seiner Zeit zurückbleiben sieht. Es ist schon oft gesagt worden: Man muß sich ändern, um sich gleich zu bleiben. Clemenceau mußte erkennen, daß er von der extremen Linken zur Reaktion, die er doch gar nicht mochte, übergegangen war – um seiner Vergangenheit willen. Sein Mut, sein starker Charakter und die Tatsache, daß man ihn brauchte, brachten ihm den höchsten Ruhm. Sogleich jedoch wurde er wieder zur Machtlosigkeit verdammt, da für ihn in der neuen französischen Politik kein Platz mehr war.

Churchill, auserwählt, den Krieg zu führen, da er ihn prophezeit und gefordert hatte, unternahm nicht die nötigen Anstrengungen, um den Engländern Vertrauen einzuflößen, als es wieder eine Friedenspolitik zu betreiben galt: er war nicht mitgegangen mit seiner Zeit und wußte nicht genügend über die neuen Probleme, die sich jetzt stellten. Vor allem aber beschwerte sein Alter ein unaufhaltsamer physischer Abbau, gegen den er zwar wütend ankämpfte, der ihn aber nach und nach völlig zerstörte.

Gandhi erfreute sich bis zu seinem Tod einer bewundernswerten Gesundheit und brachte die Unternehmung seines ganzen Lebens zu einem guten Ende: Indiens Unabhängigkeit war erreicht. Die Mittel aber, die er angewandt hatte, um zum Ziel zu gelangen – darunter eine übersteigerte Religiosität –, hatten Konsequenzen, die allen seinen Prinzipien widersprachen, so daß er sein Leben in Verzweiflung vollendete.

Georges Clemenceau wurde von seinem Vater, einem erbitterten Republikaner und Kritiker des Kaiserreichs, im Kult um die Französische Revolution erzogen; in seiner Jugend schloß er sich den Ansichten seines Vaters mit Eifer an. Er studierte in Paris Medizin und verband sich dort einer Gruppe positivistischer und atheistischer junger Leute. Er schrieb in einer subversiven Zeitung und kam 1862 mit 21 Jahren ins Mazas-Gefängnis, weil er in einem Artikel die Arbeiter dazu aufgerufen hatte, sich zum 14. Juli auf dem Platz der Bastille zu versammeln und den ruhmreichen Tag zu feiern. Nach seiner Entlassung aus dem Gefängnis geriet er unter den Einfluß von Blanqui. Ein 4jähriger Aufenthalt in den USA bestärkte seine Liebe zur Demokratie. 1869 ließ er sich zivilrechtlich mit einer Amerikanerin trauen. Nach Frankreich zurückgekehrt, widmete er sich von 1870 an aktiv der Politik. Er wurde zum vorläufigen Bürgermeister des XIII. Arrondissements ernannt und am 8. Februar 1871 zum Deputierten von Paris. Bei der Nationalversammlung in Bordeaux am 1. März 1871 stimmte er – wie auch Victor Hugo und einige andere – gegen den Vertrag, nach dem Elsaß-Lothringen an Deutschland fiel: die Kapitulation der Regierung empörte ihn. Wieder in Paris, versuchte er vergeblich, zwischen der Regierung und der Kommune eine ausgleichende Rolle zu spielen. Er erklärte seinen Rücktritt, da die unter dem Einfluß von Thiers stehende Nationalversammlung es ablehnte, über ein vorbereitendes Gesetz für Gemeindewahlen abzustimmen. «Zuerst hat Paris sich zu beugen», sagte Thiers. Clemenceau war der Meinung, um eine wahre Demokratie zu verwirklichen, müsse sich Frankreich auf das Volk stützen. Als 1874 die Gemeindewahlen stattfanden, wurde er gewählt und wurde 1875 Präsident des Pariser Stadtrates; dann wählte man ihn zum Deputierten des XVIII. Arrondissements.

Nun begann für ihn eine große parlamentarische Karriere. Er trat als Mann der Linken und sogar der extremen Linken auf. Er forderte die Amnestie für die Kommunarden, doch wurde sie erst 1879 erlassen, und auch nur in beschränktem Maße. Von 1881 an nannte sich die Partei, der er angehörte, die «radikal-sozialistische». Er war eines ihrer hervorragendsten, brillantesten und tonangebenden Mitglieder. Im Parlament und in seinen Artikeln kämpfte er für die Säkularisierung der Republik, für ein laizistisches Schulwesen, für die Pressefreiheit, die Versammlungsfreiheit, für einen nationalen Erziehungsplan und für wirtschaftliche Reformen. Das soziale Programm seiner Partei wurde für sehr fortschrittlich erachtet: er verlangte Maßnahmen zum Arbeitsschutz, die Anerkennung der Syndikate als juristische Person und die Verbesserung der Stellung der Arbeiter.

Von seinen Gegnern wegen seiner Eloquenz gefürchtet, bekämpfte er Jules Ferrys Kolonialunternehmen. Er brachte Freycinet, Léon Gambetta und Jules Ferry zu Fall. Man nannte den unbestrittenen Wortführer der extremen Linken den «Ministerstürzer». Er trug zur Niederschlagung der radikalen Boulangistenbewegung bei, und aus Rache versuchte Paul Déroulède ihn in den Panamaskandal hineinzuziehen. Clemenceau verteidigte sich glanzvoll und wurde von jedem Verdacht freigesprochen. Dennoch verlor er seinen Abgeordnetensitz.

Er war 52 Jahre alt. Er stürzte sich in den Journalismus. Seine Interessen waren nicht ausschließlich politischer Art: er verkehrte mit Schriftstellern, Malern und setzte sich mit Begeisterung für den Impressionismus und für Rodin ein. Jaurès meinte andererseits, daß in seinen Artikeln «der sozialistische Gedanke sich mit wachsender Klarheit durchsetzt». Bei der Revision des Dreyfus-Prozesses spielte Clemenceau eine entscheidende Rolle.

1893 wurde er zum Senator gewählt. Er unterstützte Émile Combes gegen die Kongregationen und trat für das Gesetz zur Trennung von Kirche und Staat ein. Als Befürworter eines ‹progressiven Sozialismus› geriet er durch seine Aktionen allmählich in einen Gegensatz zu den Sozialisten, die die Enteignung der kapitalistischen Klasse und die uneingeschränkte Sozialisierung der Produktions- und Tauschmittel forderten. Er seinerseits lehnte den Klassenkampf ab und wollte auf legalem Wege durchgeführte Reformen.

Dennoch, 1882, bei den Bergarbeiterstreiks, verteidigte er – getreu dem Geist von 1848 – das Streikrecht gegen die Minengesellschaften. Und er brandmarkte die Morde in Fourmies.[1]

1906 wurde er zum Minister des Inneren ernannt, und von da an veränderte sich seine politische Position. Nicht er selbst, aber die Lage hatte sich gewandelt. Die liberale Gesellschaft war sich gleich geblieben, während das Proletariat stark angewachsen war und sein Elend sich noch vergrößert hatte. Daraus ergab sich eine soziale Spannung, die nach extremen Lösungen verlangte. Clemenceau wollte vor allem die republikanische, das heißt die bürgerliche Ordnung aufrechterhalten. Als die Streiks in Lens ausbrachen und zum Aufruhr wurden, schickte er Truppen, die auf die Arbeiter schossen. Überall, wo er Repressionen für nötig befand, griff er auf die Armee zurück. Er nannte sich selbst den «ersten Polizisten Frankreichs». Die Sozialisten griffen ihn leidenschaftlich an: der Bruch zwischen ihnen und den Radikalen war jetzt vollständig und endgültig.

Clemenceau war 65 Jahre alt, als er 1906 Ministerpräsident wurde: er war der Führer der Radikalen Partei, die in der Kammer die Mehrheit vertrat und die jetzt gegen die fortschrittlichen Kräfte kämpfte. Die Gewerkschaftsbewegung war revolutionär geworden. Überall kam es zu schweren Konflikten: Clemenceau unterdrückte sie mit Gewalt. Die Repressionen wurden blutiger. In Villeneuve-Saint-Georges wurden 1908 – nach offiziellen Quellen – 40 Arbeiter getötet und 40 verwundet. Clemenceau widersetzte sich energisch der Bildung von Angestellten-Gewerkschaften. Die Sozialisten, insbesondere Jaurès, tobten gegen ihn. Er gab ihnen noch weitere Anlässe: er stattete Lyautey mit voller Handlungsfreiheit für die Besetzung des Hinterlands von Casablanca aus. Obwohl er sich um die nationale Verteidigung kümmerte – er ernannte Foch zum Direktor der Kriegsakademie –, warf ihm der rechte Regierungsflügel Nachlässigkeit vor. Nach der Explosion der *Iéna* prangerte Delcassé die ungeheure Unfähigkeit des Marineministeriums an. Die Regierung wurde gestürzt. Briand bildete ein neues Kabinett.

In diesem Augenblick seines Lebens verbildlicht Clemenceau, was ich oben angedeutet habe: er ist der gealterte Mann, der sich auf seine überholten Einstellungen versteift und dadurch in ein schiefes Verhältnis zum aktuellen Geschehen gerät. Clemenceaus ‹Sozialismus› war in einem solchen Grade hin-

1 Am 1. Mai 1891 wollten die Arbeiter einer Fabrik in Fourmies, die in Streik getreten waren, die Arbeiter einer benachbarten Fabrik zu einer gemeinsamen Aktion bewegen. Das Militär eröffnete das Feuer auf die Demonstranten: es gab 9 Tote, darunter 2 Kinder. (Anm. d. Übers.)

ter der Zeit zurückgeblieben, daß er zu einer reaktionären politischen Haltung geworden war.

Clemenceau behauptete, er sei froh, seine Freiheit wiederzuhaben, und brach zu einer Vortragsreise durch Südamerika auf: «Ich bin ein Soldat der Demokratie», erklärte er. Nach seiner Rückkehr gründete er 1913 eine Zeitung, *L'Homme libre*, in der er fast täglich schrieb. Er fühlte, daß der Krieg bevorstand, und obgleich er ihn lieber vermieden gesehen hätte, bekämpfte er den Pazifismus. In einer Kampagne befürwortete er das Gesetz, das für den Militärdienst eine Dauer von drei Jahren vorsah.

Als schließlich der Krieg erklärt war, kritisierte er die Art und Weise, wie er geführt wurde, so scharf, daß seine Zeitung verboten wurde. Sie erschien von neuem unter dem Namen *L'Homme enchainé*. Viviani bot ihm 1914 an, in die Regierung einzutreten. Clemenceau lehnte ab. Er wollte die Ministerpräsidentschaft oder gar nichts, denn er war überzeugt, daß er allein Frankreich retten könne. Von Januar 1915 an spielte er eine bedeutende Rolle als Vorsitzender des Senatsausschusses für die Armee und für Auswärtige Angelegenheiten. Trotz seiner 75 Jahre begab er sich oft an die Front und besichtigte die Schützengräben; er verbrachte eine Nacht im Fort Douaumont. Heftig kritisierte er die beklagenswerte Organisation des Sanitätswesens. Ebenso energisch bekämpfte er in seiner Zeitung den ‹Defaitismus›. Er beschwor die USA, Frankreich zu Hilfe zu kommen. Nach den Meutereien vom 15. Mai 1917 hielt er eine bissige Rede gegen Louis Malvy, den Innenminister.

Sein Patriotismus und seine Energie verschafften ihm im ganzen Land eine ungeheure Popularität. In politischen Kreisen jedoch hatte er auf allen Seiten nur Haß entfacht. Poincaré konnte ihn nicht ausstehen. Er warf dem 77jährigen Gegner «seinen unbändigen Stolz, seine Wendigkeit, seine Unbekümmertheit», vor. Dennoch beschloß er, ihn zu rufen. Clemenceau war etwas schwerhörig, hatte sich aber seine Intelligenz und seine Vitalität bewahrt. Er blieb 26 Monate an der Macht und arbeitete von 6 Uhr morgens bis 10 Uhr abends. Er hatte sich mit einem neuen Mitarbeiterstab umgeben. Die Situation war dramatisch. Um sie zu retten, rekrutierte er neue Jahrgänge, ließ über Kredite abstimmen und bekämpfte unerbittlich den Defaitismus. Von den Sozialisten wurde er heftig angegriffen. Es gelang ihm, die Truppe der Alliierten französischem Oberbefehl zu unterstellen, und er unterstützte Foch, der damals an der Spitze aller Heere stand. Als die Deutschen zurückzuweichen begannen, bereitete man ihm in den befreiten Gebieten einen triumphalen Empfang. «Das war keine Begeisterung mehr, sondern regelrechte Tollheit», notierte Mordacq. «Ich hatte die größte Mühe, ihn davor zu bewahren, erdrückt zu werden.» Clemenceau, der als Minister heftig kritisiert worden war, fand hier einen glücklichen Ausgleich. «Man braucht wirklich ein kräftiges Herz, um solchen Gemütsbewegungen gewachsen zu sein», sagte er. «Sie trösten einen für manche Bitternis.» Poincaré, Pétain und eine Anzahl anderer Politiker und Militärs waren dafür, die deutsche Armee bis nach Berlin zu verfolgen. Clemenceau unterstützte Foch, als dieser befand, der Waffenstillstand solle unterzeichnet werden: «Niemand hat das Recht, das Blutvergießen noch weiter zu verlängern», erklärte Foch. Doch war das nicht sein einziger Beweggrund. Die eigentlichen Kriegsziele waren erreicht, die öffentliche Meinung wollte den Waffenstillstand; es wäre gefährlich gewesen, «mit der Moral der Truppen und des Volkes zu spielen»[1]. Außerdem hätte die Rolle der amerikanischen Armee, wäre der Krieg weitergegangen, an Bedeutung zugenommen, und der Friede wäre noch mehr von den Amerikanern abhängig geworden. Schließlich fürchtete Foch, ebenso wie die führenden Männer der Alliierten, eine Verlängerung der Feindseligkeiten werde die Ausbreitung des Bolschewismus in Deutschland begünstigen.

Als Clemenceau die Unterzeichnung des Waffenstillstands bekanntgab, wurde ihm von den Kammern zugejubelt. Die Menge, die sich vor dem Kriegsministerium versammelt hatte, forderte, er solle sich auf dem Balkon seines Büros zeigen, und brachte ihm eine Ovation dar: er weinte vor Ergriffenheit. Doch schon am Abend war seine Stimmung gesunken. Seine Kinder fuhren ihn zum *Grand Hôtel*, damit er die freudig jubelnden Menschenmassen auf dem Opernplatz sah. Schweigend betrachtete er sie. «Sag mir, daß du glücklich bist», bat seine Tochter. «Ich kann dir das nicht sagen, weil ich es nicht bin. All das wird nutzlos gewesen sein.» Man nannte ihn den «Vater des Sieges», man errichtete ihm Denkmäler: aber er hatte Angst vor der Zukunft: «Jetzt werden wir den Frieden gewinnen müssen, und das wird vielleicht noch schwieriger sein», sagte er. «Wenn ich mich um meinen Ruhm sorgte, müßte ich jetzt sterben.» Er war sehr müde; sein Magen war krank, seine Hände waren von Nesselausschlag gerötet; er schlief schlecht.

Er machte eine Reise nach London, wo man ihn jubelnd empfing. In Straßburg schlug ihm ein Jubel entgegen, der ihm Tränen entlockte. Nach einem kurzen Erholungsaufenthalt in der Vendée – seiner Heimatprovinz – eröffnete er die Friedenskonferenz und begann wieder wie besessen zu arbeiten. Am 9. Februar 1919 gab ein 23jähriger Anarchist namens Cottin zehn Revolverschüsse auf ihn ab.[2] Eine der Kugeln traf ihn, aber er wurde nicht ernstlich verletzt.

Die Verhandlungen mit Wilson waren schwierig. Clemenceau verteidigte die französischen Interessen; er erreichte prinzipiell, daß Deutschland an Frankreich Reparationen zahlen sollte; er erreichte ferner, daß die französische Armee 15 Jahre lang das linke Rheinufer besetzt halten sollte sowie eine Reihe weiterer Vergünstigungen. Foch indes warf ihm vor, er mache zu viele Zugeständnisse, und die Rechte fing an, ihn «Verlierer des Sieges» zu nennen. Im Land brachen Streiks aus; überall wurden Forderungen erhoben. Clemenceau veranlaßte eine unerbittliche Repression: die Polizei sprengte unter Anwendung von Gewalt eine Demonstration von Kriegerwitwen. Am 1. Mai formierten sich die Arbeiter zu einem Zug; die Ordnungskräfte trieben sie mit gezogenem Säbel auseinander: es gab Tote und Verletzte. Selbst einen Zug von

1 André Tardieu: *La Paix* (1921).

2 Der Fall wurde nie ganz aufgeklärt. Cottin wurde zum Tode verurteilt, begnadigt und später freigelassen. Es scheint, daß er geisteskrank war.

Schwerkriegsverletzten griff die Polizei mit unglaublicher Roheit an. Clemenceau bewilligte den Arbeitern das Gesetz über den Acht-Stunden-Tag, aber er hatte bei ihnen jede Popularität eingebüßt. Am 28. Juni wurde der Vertrag von Versailles unterzeichnet: als Clemenceau mit Wilson zusammen das Schloß verließ, wurden sie von einer begeisterten Menge beinahe erdrückt. Aber er war nicht froh über diesen Frieden: Frankreich hatte seiner Meinung nach nicht die nötigen Garantien erhalten. Der Vertrag wurde von vielen französischen Politikern scharf verurteilt. Cambon nannte ihn ein «Sprengstoffdepot».

Clemenceau hatte die ganze Linke gegen sich, die ihm «seinen engen und revanchistischen Patriotismus vorwarf». Die Intellektuellen nahmen an seinem Nationalismus Anstoß. Die Durchschnittsfranzosen beschuldigten ihn, Frankreichs Interessen schlecht vertreten zu haben. Er hatte viel von seinem Prestige verloren und dachte daran, sich zurückzuziehen. Dennoch hielt er mehrere Reden. Manche Parlamentarier wünschten eine Reform der Verfassung: Clemenceau verteidigte die bestehende gegen sie. Er predigte die nationale Union und griff fanatisch den Bolschewismus an, was ihm den Zorn der extremen Linken einbrachte und – fünf Tage vor den Wahlen – zu einem Generalstreik der Druckereiarbeiter von der Pariser Presse führte.

Der nationale Block, will sagen, die Rechte, ging als Sieger aus den Wahlen hervor: es kam zur Bildung der «Chambre bleu horizon», einer Kammer, die sich in der Hauptsache aus erklärten Feinden der linken Parteien zusammensetzte. «Clemenceau hätte um ein Haar seinen Abgang erlebt», notierte Pierre Miquel [1]. «Die Chambre bleu horizon debutiert auf Kosten der gescheiterten linken Clemenceau-Anhänger.»

Am 8. November, während der ersten Sitzung der neuen Kammer, empfing er tief gerührt die Abgeordneten aus dem Elsaß und aus Lothringen. Man spendete ihm Beifall. Dennoch beantragte er nicht die Verlängerung seines Senatorenmandats. Er war 80 Jahre alt, er war müde. Seine Freunde drängten ihn, er solle sich für die Präsidentschaftswahlen aufstellen lassen. «Die wollen wohl meinen Tod», protestierte er. Von einer Reise nach London zurückgekehrt, und vielleicht unter dem Einfluß von Lloyd George, akzeptierte er schließlich und kandidierte, aber auf eine so desinteressierte Weise, daß seine Gegner ihn der Mißachtung des Parlaments ziehen. Als notorischer Antiklerikaler widersetzte er sich der Wiederaufnahme der Beziehungen zwischen Frankreich und dem Vatikan: er hatte alle Katholiken gegen sich, die sich nunmehr mit den Sozialisten verbündeten. Foch, Briand, Poincaré führten eine Kampagne gegen ihn. Die vorbereitende Versammlung am Tag vor den Wahlen gab Paul Deschanel die Mehrheit, Clemenceau weigerte sich, am nächsten Morgen zu erscheinen, und erklärte, auch wenn man sich darüber hinwegsetze und er die Mehrheit erhalte, werde er das Mandat nicht annehmen: «Ich könnte noch nützlich sein», sagte er am Abend zu Maurice Barrès. «Aber für mich ist es besser so. Ich bin achtzig. Man weiß es nicht, aber ich weiß es, und manchmal spüre

1 Der Biograph Poincarés.

ich es grausam.» Am nächsten Tag wurde Deschanel gewählt.

Clemenceau fügte sich nicht ohne Bitterkeit in die ‹Pensionierung›. Er fühlte sich zutiefst in seinem Stolz verletzt. Er zog sich in die Vendée zurück, in ein kleines, einsam am Meer gelegenes Haus, und weigerte sich von nun an, irgend etwas über ihn Geschriebenes, ob Lob oder Kritik, zu lesen. Seine Gesundheit war erstaunlich. Er reiste nach Ägypten und machte eine äußerst anstrengende Indien-Reise, von der er mit den Worten «Ich fühle mich jünger denn je» zurückkehrte. «Man könnte sagen, daß er im Alter das Leben wie ein Vermögen mehrt, statt es aufzubrauchen», schrieb Alfred Capus. Aber die politische Lage machte ihm Sorgen. In Sartène auf Korsika beklagte er in einer Rede, daß der Versailler Vertrag nicht uneingeschränkt erfüllt worden war. Die Reserviertheit der Amerikaner, die Sorge um die Reparationen, die Konzessionen an Deutschland, Briands Rückkehr an die Macht und das, was er die sittliche Dekadenz Frankreichs nannte – alle diese Probleme machten ihm zu schaffen. Er kämpfte mit Hilfe von Mittelsmännern. Er gründete eine Zeitung, *L'Écho national*, deren Leitung er Tardieu anvertraute: das Blatt erwies sich als ein Fehlschlag.

Die *New York World* bat ihn um seine Meinung über die Rolle Amerikas im Krieg und im Frieden: er beschloß, als Privatmann hinüberzufahren und sich in den USA zu äußern. Am 11. November trat er die Reise an. Er wurde triumphal empfangen. Trotz seiner 81 Jahre ergriff er innerhalb von drei Wochen dreißigmal das Wort – er wollte «die Amerikaner wecken». Ein riesiges Publikum zollte ihm Beifall, aber seine Reise blieb ohne politische Folgen. Kurze Zeit darauf verschärfte die Besetzung des Ruhrgebiets den französisch-amerikanischen Gegensatz.

Trotz der Avancen, die man ihm nach seiner Rückkehr machte, weigerte er sich, ins Parlament zurückzukehren; aber er verfolgte den Gang der Ereignisse voller Verzweiflung. Am 26. April 1922 schrieb er: «Die Situation in Genf verschlimmert sich von Tag zu Tag. Man läßt Lloyd George zu sehr den Schulmeister spielen. Abbruch der Verhandlungen oder Unterwerfung, das ist der endgültige Untergang ... Ich leide unsäglich.» Und dies: «Von seinen Regierungen verraten und verraten von seiner Presse – das ist das Schicksal unseres Volkes.» Er machte Briand Vorwürfe wegen seiner Zugeständnisse. Als Poincaré ihm im Januar 1922 folgte und das Ruhrgebiet besetzen ließ, meinte er, diese Maßnahme komme zu spät und werde wirkungslos verpuffen. Sie erschien ihm auch unnötig gefährlich: «Euer Poincaré kommt mir vor wie ein Kind, das mit glimmenden Holzspänen zwischen Pulverfässern spielt», schrieb er an einen Freund.

Er tröstete sich mit Spaziergängen oder Wagenfahrten am Meer, zog Rosen, empfing Besucher. Er arbeitete an seinem autobiographischen Buch *Démosthène*. Einem Freund schrieb er: «Ich bin 82 Jahre alt, das sagt alles. Dem Körper geht es nicht schlecht, der Kopf ist ganz in Ordnung. Das Herz auch.» Und ferner: «Ich verlange nichts, und ohne daß man mich des Egoismus zeihen könnte, werde ich mitten im harten Konflikt gegensätzlicher Schicksale einigermaßen glücklich sterben.» Er arbeitete an *Au soir de la pensée*: «Dank dieser Tatsache»[1], sagte er im Oktober 1925 zu Wormser, «habe ich vier wundervolle Jahre hinter mir, die ich andernfalls mit Jammern verbracht hätte ... Merkwürdig, nicht wahr, daß mein Lebensende in einem solchen Widerspruch steht zu dem, was ich gewesen bin, und zu meinem Charakter. Das habe ich meiner Arbeit zu verdanken. Sie hat mich abgelenkt, mich erhoben. Ich errege mich nicht mehr über diesen Ameisenhaufen.»

Allerdings litt er zuweilen unter Erschöpfungskrisen und Depressionen. Seine Melancholie brach in seinen Briefen und Reden spürbar durch. Auf Poincaré folgte der «Block der Linken», der eine Annäherung an Deutschland suchte. Clemenceau tobte. Er erlebte, wie Caillaux und Malvy rehabilitiert und wieder Minister wurden. Briand unterzeichnete den Vertrag von Locarno und wurde als der neue Friedensapostel begrüßt. Für Clemenceau war das eine einzige Folge unerträglicher Kränkungen. Als 1926 ein Kabinett der Nationalen Union gebildet wurde, dem seine beiden größten Feinde, Briand und Poincaré, angehörten, erreichte sein Zorn den Höhepunkt: er brach mit Tardieu, als dieser dem Kabinett beitrat. Er schrieb einen entrüsteten Brief an Präsident Coolidge, der verlangt hatte, daß Frankreich seine Schulden zahle. Er prophezeite Katastrophen: «In fünf, in zehn Jahren, wann immer sie wollen, werden die Boches uns überfallen.» Womit er im übrigen recht hatte. Und er sagte: «Die Zeit, in der wir leben, ist eine einzige Niedertracht!» Zu dem Schriftsteller René Benjamin, der ihn in seinem Landhaus besuchte, sagte er: «Diese armselige ephemere Sache, das Frankreich des 20. Jahrhunderts, ist erledigt. Ich interessiere mich nicht mehr dafür ... Ein Mann, der diese Bezeichnung verdient, würde vor Ekel krepieren unter diesen Zwergen, die uns regieren. Ich fühle mich wohl, wo ich bin.» Für die Zukunft stellte er düstere Prognosen: «Ihr werdet die endgültige Auflösung erleben, und es wird nicht mehr lange dauern. Briand wird euch das mit Deutschland schon einbrocken. Ihr werdet in einem vor Dekadenz stinkenden Frieden leben.» Er hatte seine Begeisterungsfähigkeit, seine mitreißende Überzeugungskraft völlig verloren: «Hoffen? Das ist unmöglich! Ich kann es nicht mehr – ich, der ich nicht mehr glaube, ich, der ich nicht mehr an das glaube, was mich angefeuert hat: die Demokratie.»

Große Zuneigung empfand er für Claude Monet. Er bat ihn, *Les Nymphéas*, die Seerosenbilder, die er sehr bewunderte, dem Staat zu schenken: die Behörde für Schöne Künste stellte dem Maler die Orangerie zur Verfügung. Dieser aber – Clemenceau nannte ihn «den König der Nörgler» – sah immer neue Schwierigkeiten und machte die Schenkung rückgängig. Dann bestätigte er sie wieder, aber im Dezember 1926, bevor die Einrichtungsarbeiten abgeschlossen waren, starb er. Sechs Monate zuvor hatte Clemenceau Geoffroy verloren, an dem er sehr gehangen hatte. Ebenso verlor er seinen Bruder Albert, seine treue Bedienerin Clotilde. Die Einsamkeit wurde ihm schwer: «Ach, wie traurig ist es, ans Ende des Lebens zu gelangen! Man hat niemanden mehr um sich», sagte er. Seine Gesundheit ließ ein wenig nach: «Zu meinem Bedauern geht es mir nahezu ausgezeichnet, das einzige Übel sind die schwachen Beine.»

1 Nämlich daß er dieses Buch schrieb.

Dennoch fand er, daß die Arbeit ihm die «Freuden eines jungen Mannes» schenke. Er schrieb ein Buch über Monet. Das im April 1929, drei Wochen nach Fochs Tod, erschienene *Mémorial*, in dem Foch ihn angriff, verletzte ihn, und er antwortete darauf mit seinem Buch *Größe und Tragik eines Sieges*. Die Angriffe hatten ihn betrübt: «Ich nehme es ihm [1] vor allem übel, daß er mir nicht gewährt hat, meine Tage in dem bescheidenen Stolz eines Schweigens zu beschließen, in das ich die schönsten meiner tiefen Freuden gehüllt habe.» Dennoch wandte er sich mit Befriedigung wieder seiner Vergangenheit zu: «Ich habe alles gehabt . . . alles, was ein Mensch haben kann . . . Ich habe die größten Stunden erlebt, die ein Mensch in dieser Welt erleben kann! Damals, als man vom Waffenstillstand erfuhr . . . Kinder!» Bis an sein Ende bewahrte er eine erstaunliche Vitalität. Erst am Tage vor seinem Tod murmelte er: «Ich werde alt. Ich klammere mich mit weichen Nägeln ans Leben.»

Dieses robuste Altern steht in einem erstaunlichen Gegensatz zu den späten Lebensjahren Churchills. Andererseits gibt es zwischen beiden Männern verblüffende Ähnlichkeiten. Auch Churchill wurde, 1940, im Alter von 66 Jahren an die Macht gerufen. Auch er wurde in der Stunde des Sieges als der Retter seines Landes betrachtet und genoß eine ungeheure Popularität. Und auch er wurde gleich nach dem Krieg aus seiner Machtposition vertrieben. Nur sein biologisches Schicksal war völlig anders als das Clemenceaus.

1940 wurde Churchill als der Mann der Vorsehung begrüßt: das ganze Land verlangte, daß man ihm die Macht anvertraute. Er hatte eine lange Parlamentarier- und Ministerlaufbahn hinter sich. Ihm, der 1911 an die Spitze der Admiralität getreten war, gebührte zu einem großen Teil das Verdienst, daß Englands Flotte so stark war. Als 1929 die Wahlniederlage der Konservativen den Sturz der Regierung Baldwin nach sich zog, verlor Churchill, der damals Schatzkanzler war, sein Portefeuille. Zehn Jahre lang besaß er keinerlei politische Macht. Aber er hielt Reden, die sehr beachtet wurden. Er hatte frühzeitig die Tragweite der Bedrohung durch den Nazismus erkannt und hatte 1936, in einer Rede vor dem außenpolitischen Ausschuß der Konservativen, den Völkerbund zum Widerstand gegen Deutschland aufgerufen. Die Presse hatte seine Ansichten mit Nachdruck verbreitet. Er brachte eine Kampagne für die Wiederaufrüstung in Gang und tadelte in der Folgezeit alle Zugeständnisse, die an Hitler gemacht wurden. Stets hatte man ihn der Kriegstreiberei beschuldigt: aber als der Krieg ausbrach, erschien er den Engländern wie ein Prophet, und man empfand es als Verbrechen, daß man nicht auf ihn gehört hatte. In London sah man überall an den Fassaden Plakate mit der Forderung: «Winston an die Macht!» Chamberlain berief ihn zum Ersten Lord der Admiralität. Nach dem Einmarsch der Deutschen in Belgien trat Chamberlain am 10. Mai 1940 zurück, und Churchill übernahm die Führung einer Koalitionsregierung. Damals hielt er seine berühmte Rede: «Ich habe nichts zu bieten als Blut, Mühsal, Tränen. Schweiß.» Er war 66 Jahre alt.

1 Foch.

Während der Kriegsjahre bewältigte er ein Arbeitspensum, für das es normalerweise dreier Männer bedurft hätte. Er stand um 8 Uhr auf, arbeitete bis zum Lunch, schlief eine Stunde und arbeitete dann weiter bis 2 oder 3 Uhr nachts. Vom Dezember 1943 an ließ ihn sein Körper im Stich: er war in Karthago erkrankt und hat sich davon nie ganz erholt. Sein Arzt, Dr. Moran, hat sich täglich Notizen über Churchills leidenschaftlichen Kampf gegen den physischen und geistigen Verfall gemacht. Am 22. September 1944 – mit 70 Jahren – sagte Churchill: «Was den Geist betrifft, steht alles zum Besten. Aber ich fühle mich sehr müde. Ich habe den sehr deutlichen Eindruck, daß ich mein Werk beendet habe. Ich hatte eine Botschaft zu bringen, ich habe sie nicht mehr. Von nun an beschränke ich mich darauf, zu sagen: nieder mit den verfluchten Sozialisten.» Er war von der Vergangenheit geprägt. An General Scobie schrieb er: «Wir müssen Athen halten. Es wird Ihrerseits eine Heldentat sein, das, wenn möglich, ohne Blutvergießen, aber, wenn es nötig ist, mit Blutvergießen zu erreichen.» Als er später, 1953, diese Instruktionen kommentierte, sagte er, er hätte an die Worte gedacht, die Balfour an die britischen Autoritäten in Irland gerichtet habe: «Zögern Sie nicht, zu schießen.» Er fügte hinzu: «Diese Erinnerung an eine ferne Epoche spukte mir im Kopf herum.» Mag sein, daß er diese Erinnerung als Entschuldigung vorbrachte, Tatsache ist jedoch, daß er sich nicht mehr so leicht wie einst den Umständen anpaßte. In Jalta war es nicht seine Schuld gewesen, daß er Stalin erhebliche Zugeständnisse hatte machen müssen: er verteidigte seine Standpunkte geschickt und entschlossen. Aber sein Gesundheitszustand verschlechterte sich ständig. Seine Arbeitskraft ließ nach. Und zur Erbitterung der Kabinettsmitglieder wurde er geschwätzig und redselig. Er war stets so sehr mit seinen eigenen Ideen beschäftigt gewesen, daß er sich für die der anderen nicht interessierte. Diese Absonderung steigerte sich aber noch, so daß er schließlich dem Gedankengang eines anderen nicht mehr zu folgen vermochte. Und er hatte auch ein wenig den Sinn für die Wirklichkeit verloren. Verwöhnt durch die triumphalen Sympathiekundgebungen, die man ihm in den Straßen Londons und im Unterhaus darbrachte, glaubte er, daß bei den Parlamentswahlen der Sieg der Konservativen sicher sei. Temperamentvoll stürzte er sich 1945 in die Wahlkampagne. Aber er machte sich nicht die Mühe, ein solides Programm aufzustellen. Er begnügte sich damit, die Katastrophen, die eine Labour-Regierung auslösen würde, an die Wand zu malen: sie würde, so sagte er, ein Regime der Verstaatlichung und der Polizeiherrschaft bedeuten. Diese Attacken gegen Männer, mit denen er den ganzen Krieg hindurch zusammengearbeitet hatte, beunruhigten die Wähler. Man fragte sich, ob seine Kampflust, die im Krieg so nützlich gewesen war, für den Frieden nicht unheilvoll sein würde ... Die Parteiführung schlief seit 1940 und hatte den Kontakt zu den Massen verloren. Die Labour Party dagegen hatte ein verlockendes Programm: soziale Verbesserungen, Vollbeschäftigung, niedrige Lebenshaltungskosten, Verstaatlichung bestimmter Industrien. Und sie machte eine ausgezeichnete Propaganda. Man sagte: «Die Labour-Leute haben ein Programm, die Konservativen haben eine Fotografie: die von Churchill.»

Der Sieg der Labour Party war überwältigend, und Churchill mußte zurücktreten. Er war sehr verbittert darüber: «Ich wurde von der britischen Wählerschaft verstoßen und von jeder weiteren Beteiligung an der Führung der Staatsgeschäfte ausgeschlossen», schrieb er später. Er ertrug es nicht, sich ‹arbeitslos› zu fühlen, und versank in Melancholie. Als ihm jemand vorschlug, eine Vortragsreise zu machen, antwortete er: «Ich denke nicht daran, mich ausstellen zu lassen wie ein alter Kampfstier, dessen einziger Reiz in seinen vergangenen Heldentaten besteht.» Er behielt seinen Sitz im Parlament, übte aber eine Zeitlang keinerlei politische Tätigkeit mehr aus. Er zog sich aufs Land zurück, malte und machte sich daran, seine Memoiren zu schreiben (die weit weniger bedeutend sind als sein Werk über den Ersten Weltkrieg: der Anteil seiner Mitarbeiter war jetzt sehr viel größer). Dann übernahm er die Führung der Opposition und wohnte regelmäßig den Sitzungen des Unterhauses bei; er griff die wirtschaftlichen Maßnahmen der Regierung und besonders ihre Politik der Entkolonialisierung an: seine Heftigkeit wurde seinen Anhängern lästig; sie wünschten seinen Rücktritt. 1949 hatte er einen leichten Schlaganfall und wurde taub. Sein Gedächtnis ließ nach. Das Gehen fiel ihm schwer. «Mit mir ist nichts mehr los», sagte er. Er war bekümmert über das Verschwinden alter Bräuche, zum Beispiel der acht Schimmel des Königs. Nach der Pfundabwertung wurde das Parlament aufgelöst, und bei den Wahlen verlor die Labour Party 95 Sitze. Attlee blieb Premierminister, aber Churchill witterte Morgenluft und hielt im Unterhaus brillante Reden. 1951 führten die Vorfälle im Iran [1] und die Streiks abermals zur Auflösung des Parlaments: die Tories gewannen die Wahlen, und Churchill wurde wieder Premierminister. Aber er besaß nicht mehr die gleiche Arbeitskraft: 5 oder 6 Stunden, das war das Maximum. Die Hauptlast der Arbeit überließ er den Ministern. Er war ständig müde, wußte, daß er zu hohen Blutdruck hatte, schlief oft ein und hatte Angst, senil zu werden. Pathetisch klagte er: «Geistig bin ich nicht mehr, was ich war. Jetzt ist es mir eine Last und ein Albtraum, eine Rede halten zu müssen. Jacques, sagen Sie mir die Wahrheit: werde ich nach und nach alle meine Fähigkeiten verlieren?» Dennoch und trotz der Ratschläge seines Arztes, trotz aller physischen Beschwerden und der Schlaganfälle wollte er auf die Macht nicht verzichten. Die Königin verlieh ihm den Hosenbandorden. Am 25. Juni 1953, am Ende eines offiziellen Essens, brach er zusammen: ein Schlaganfall, der wie 1949 von einer Arterienverkrampfung herrührte. Mit verzerrtem Mund und Sprachstörungen kam er sich vor wie «ein Bündel alter Lumpen». Er genas wieder und hielt im Oktober auf dem Jahreskongreß der Konservativen eine Rede von 52 Minuten, für die er großen Beifall erhielt. Aber sein Auftritt im Unterhaus am 5. April 1954 war eine Katastrophe: bei der Debatte über die Wasserstoffbombe reduzierte er das Problem auf eine simple Parteienquerele. Man schrie: «Zurücktreten! In den Ruhestand!» Am nächsten Tag sagte er bedauernd: «Wenn man alt ist, lebt man viel zu sehr in der Vergangenheit!» Aber er gab nicht auf. Schließlich wurde er sich jedoch seines Zustands bewußt: «Ach, ich

1 Die Verstaatlichung der Anglo-Iranian Oil Company hatte einen Konflikt zwischen dem Iran und England ausgelöst. (Anm. d. Übers.)

bin so stupide geworden! Können Sie denn gar nichts für mich tun?» Und er wunderte sich: «Eine erstaunliche Sache, das Altwerden, Jacques.» Moran fragte ihn, welche Zeichen des Alters ihm besonders auffielen: «Alle», antwortete er. Er kämpfte verbissen, um an der Macht zu bleiben, aber er war immer weniger dazu in der Lage. Um schlafen zu können, nahm er Beruhigungsmittel. Oft traten ihm die Tränen in die Augen. Sein 80. Geburtstag wurde für ihn zu einer Apotheose. Am Abend sagte er, den Blick auf ein Porträt von sich gerichtet, das er geschenkt bekommen hatte, zu Eden: «Das Bild eines Mannes, der in den Ruhestand getreten ist. Sie müssen zugeben, daß es mir nicht ähnlich sieht.» Die jungen Konservativen hätten ihn jedoch gern abtreten sehen. Er leistete sich verblüffende Schnitzer.[1] Seine geistigen Kräfte verfielen vollends. Bei Kabinettssitzungen schlief er oft ein. 1955 entschloß er sich endlich zum Rücktritt. Er aß und trank viel, rauchte aber weniger als früher. Häufig hatte er Sehstörungen, lange anhaltende Mutismen, Dämmerzustände: «Bin ich dabei, den Verstand zu verlieren?» fragte er. 1956 hatte er wieder einen Gehirnschlag. Er wurde völlig taub, apathisch, schweigsam. Er fuhr oft an die Côte d'Azur, las noch ein wenig, malte. 1959 wurde er wieder zum Abgeordneten gewählt. Im gleichen Jahr reiste er nach Paris, wo de Gaulle ihm die Croix de la Libération verlieh. Er wirkte sehr alt und sehr müde. In der Folgezeit verfiel er endgültig. Fünf Jahre lang siechte er dahin, altersschwach und wirr im Kopf.

Gandhi wurde nie von seinem Körper im Stich gelassen. Seine Lebenskraft war sogar noch erstaunlicher als die Clemenceaus. Die Unternehmung, der er sein ganzes Leben widmete – Indien von den Engländern zu befreien –, vermochte er zu Ende zu führen. Aber sein Sieg kehrte sich auf grausame Weise gegen ihn.

Fest entschlossen, die Engländer aus Indien zu vertreiben, hatte er zum Satyagraha, zum bürgerlichen Ungehorsam, und 1919 zum Gewaltstreik gegen die Rowlatt Bill aufgerufen, nach der die von den Engländern im Krieg erlassenen Ausnahmegesetze verlängert werden sollten. 1920 begann er eine gegen die englischen Behörden gerichtete Aktion der *non-cooperation*. Zum Präsidenten der Liga für die pan-indische Unabhängigkeit gewählt, unternahm er immer zahlreichere Reisen, um die Methode des gewaltlosen Widerstandes zu propagieren. Er predigte die Wiedergeburt des Handwerks, das den Boykott der englischen Waren ermöglichen sollte. Es gelang ihm, das Wirtschaftsleben lahmzulegen. Gleichzeitig versuchte er, auf die indische Gesellschaft einzuwirken. Er arbeitete darauf hin, bei der Bevölkerung die Vorurteile gegen die ‹Unberührbaren› auszumerzen. Und er setzte alles daran, die Freundschaft zwischen den Hindus und den Mohammedanern zu erhalten. Diese hatten

1 So tat er zum Beispiel die unbedachte Äußerung: «1945, als die Deutschen sich zu Tausenden ergaben, schickte ich Feldmarschall Montgomery ein Telegramm mit der Empfehlung, ihre Waffen zu horten; es hätte ja die Notwendigkeit eintreten können, sie den Soldaten der Wehrmacht zurückzugeben, falls nämlich die Russen ihren Vormarsch fortgesetzt hätten.» Zu einer Erklärung aufgefordert, wußte er sich nur lahm zu verteidigen.

lange Zeit in gutem Einvernehmen nebeneinander gelebt. Aber im 20. Jahrhundert kam es in den Städten zu ernsten Spannungen zwischen den mittleren Klassen beider Gemeinden, die einander die einflußreichen Posten streitig machten. 1924 trat Gandhi in einen langen Hungerstreik, um sie zu versöhnen: in den drei Wochen, die diese schwere Prüfung dauerte, wohnte er bei einem Moslem. Da er selbst sehr fromm war, gab er der von ihm geführten Bewegung einen tief religiösen Charakter. «Zuweilen beunruhigte mich dieser wachsende religiöse Einfluß auf unsere Politik, ob es sich nun um die Hindus handelte oder um die Moslems», schreibt Nehru. «Mir gefiel das gar nicht.» Und er fügt hinzu, es sei sehr schwierig gewesen, Gandhi jedenfalls bis zu einem gewissen Grade zu einer Änderung seiner Haltung zu bewegen: «Er war so standhaft, so fest verankert in bestimmten Ideen, daß alles übrige ihm unwichtig erschien... Solange die Mittel die rechten waren, konnte auch der Ausgang nur ein guter sein.»

Mit 70 Jahren war Gandhi überzeugter denn je. Er verfügte über eine bewundernswerte Gesundheit, der weder die zahlreichen, sehr strengen Fastenperioden noch die langen Märsche, noch die Hitze oder der Mangel an Komfort etwas hatten anhaben können, und er wurde von allen verehrt. Er wünschte sich, 125 Jahre zu leben. Während er jedoch an einen einigenden Nationalismus glaubte, wollte der Führer der Moslem-Liga, Mohammad Jinnah, die Teilung Indiens: die Gründung eines Moslem-Staates. Als die Engländer nach dem Zweiten Weltkrieg einwilligten, sich aus Indien zurückzuziehen, unterstützten sie die Bildung einer provisorischen Regierung, aber die Moslems weigerten sich, ihr beizutreten: sie verlangten für sich die Provinzen, in denen die Mehrheit der Bevölkerung Mohammedaner waren. Daraufhin kam es zu jenen entsetzlichen Massakern zwischen Hindus und Moslems: in Kalkutta, wo es auf beiden Seiten Tausende von Toten gab, in Bihar, wo 10 000 Moslems getötet wurden. Im Alter von 77 Jahren begab sich Gandhi in das Gebiet von Noakhali in Ostbengalen, wohin sich die Hindus geflüchtet hatten. Er besuchte 49 Dörfer, predigte überall die Gewaltlosigkeit und wohnte oft bei Moslems. Es kam zu weiteren Massakern, im Penjab, in Delhi. An seinem 78. Geburtstag erklärte Gandhi: «Nur Angst ist in meinem Herz. Ich habe den Wunsch nach einem langen Leben verloren.» Und er sagte auch: «Ich bin nicht einverstanden mit dem, was meine lieben Freunde vorhaben.» Und: «In Indien, so wie das Land sich heute darstellt, ist kein Platz für mich. Ich habe nicht das geringste Verlangen, noch zu leben, wenn eine Sintflut von Gewalt über Indien hinwegbrandet.» Er erhielt nur noch haßerfüllte Briefe: von den Hindus, weil er ihnen Vorwürfe machte wegen ihrer Gewaltakte, und von den Moslems, weil er sich der Teilung widersetzte. Schließlich stimmten die Kongreßmitglieder am 14. Juni 1947 der Teilung zu, da sie überzeugt waren, nur durch sie lasse sich ein Bürgerkrieg verhindern. Gandhi war darüber «verzweifelt». Die Teilung war für ihn eine «geistige Tragödie». An dem Tag, auf den er sein Leben lang gewartet hatte, dem Tag, an dem die Unabhängigkeit verkündet wurde – am 15. August 1947 –, weigerte er sich, an den Feierlichkeiten teilzunehmen. Die Inder hatten die Prinzipien der Gewaltlosigkeit verraten, die in seinen Augen mehr zählten als selbst die Unabhängigkeit. «Wenn Gott mich liebt, läßt er mich nicht mehr lange auf der Erde», sagte er. Er besuchte die Flüchtlingslager, hielt öffentliche Reden und setzte alles ins Werk, um die beiden feindlichen Gruppen zu versöhnen: vergebens. In Pakistan wurden die Hindus niedergemetzelt, in Indien die Mohammedaner, und die Sikhs in beiden Ländern. Gandhi fragte sich: «Ist etwas in mir, was nicht recht ist?» Er, der stets in Harmonie zu leben versucht hatte, stellte fest: «Ich bin weit entfernt, meine Ausgeglichenheit zu besitzen.» Die so sehr ersehnte Unabhängigkeit brachte ihm nur Verzweiflung. Und er starb eines gewaltsamen Todes, ermordet von einem Hindu, der ihn für einen Verräter hielt.

Er war ein Opfer dieser Gegen-Finalität, die Sartre beschreibt und die ein unabwendbarer Augenblick im Ablauf der Geschichte ist: die Praxis erstarrt im Praktisch-Inerten; in dieser Gestalt wird sie von der Gesamtheit der Welt wiederergriffen und in ihrem Sinn entstellt. Jemand, der jung stirbt, wird diese Umkehrung der Dinge nicht erleben: aber mit der Zeit tritt sie unvermeidlich ein. Einstein war ihr unschuldiges Opfer. Gandhis Verantwortlichkeit ist dagegen evident: Nehru hatte in seinen Befürchtungen die Katastrophe geahnt, die der von Gandhi geschürte religiöse Fanatismus heraufbeschwören mußte. Gandhi war auf die Idee der Gewaltlosigkeit fixiert und sah deshalb nicht, welche Gewalt innerhalb der beiden feindlichen Gruppen gärte. Er hat das Prinzip über die Realität gestellt, das Mittel über den Zweck: und das Ergebnis widersprach der großen Unternehmung seines ganzen Lebens. Es gibt kaum ein tragischeres Schicksal für einen Menschen, als in dem Augenblick, da das Ziel erreicht ist, sein ganzes Wirken entstellt zu sehen.

Es ist kein Zufall, daß diese drei Männer im Alter gescheitert sind. Der Politiker ist für die Geschichte gemacht und dafür, daß er durch sie untergeht. Er verkörpert einen bestimmten Moment in ihr, von dem er sich nicht losreißen kann, was immer er auch tut. Selbst wenn er sich dem neuen Gang der Dinge anpaßt, bleibt er in den Augen der Öffentlichkeit doch der Mann einer bestimmten Taktik, einer bestimmten Methode, eines bestimmten Erlasses. Clemenceau war der Mann des Krieges: die Nachkriegszeit hat ihn sogleich beiseite geschoben. Das gleiche gilt für Churchill, der England zum Sieg geführt hatte und seinem Land überaltert erschien, sobald der Sieg errungen war. Gandhi hat Indien zur Unabhängigkeit geleitet: aber die Unabhängigkeit schuf eine Situation, die die Verleugnung aller seiner Prinzipien erforderte. Es gibt alte Menschen, die sich blind stellen und denen es gelingt, das ‹Dementi›, das ihnen durch die Ereignisse auferlegt wird, nicht wahrzunehmen: sie erscheinen dann nur noch rückständiger.

Wenn die gestürzten alten Politiker die Gegenwart mit Vorwürfen überhäufen und für die nahe Zukunft nichts Gutes voraussagen, so deshalb, weil man sie aus ihrer Machtposition verdrängt hat, um einen neuen politischen Kurs einzuschlagen; doch wie dem auch sei, eine politische Tätigkeit ist nicht gleichbedeutend mit einem Œuvre: sie kann nur in der Erinnerung überdauern, nicht aber materiell fortbestehen. Was der ‹Mann der Aktion› über das gefährliche

Einwirken auf die Geschichte hinaus der Nachwelt allenfalls zu überliefern hoffen kann, ist die Erinnerung an das, was er vollbracht hat, und an seine Gestalt. Die meisten Politiker messen dem außerordentliche Wichtigkeit bei. Sobald sie ihrer Funktionen enthoben sind – und manchmal sogar schon während ihrer Amtszeit –, schreiben sie ihre Memoiren, die immer Apologien sind, Angriffe auf ihre Gegner, und deren historischer Wert im allgemeinen fraglich ist. Im Hinblick auf künftige Generationen verteidigen sie ihre eigene Sache gegenüber der Gegenwart, die ihnen – in ihren Augen – nicht volle Gerechtigkeit widerfahren läßt.

Man sieht, in fast allen Bereichen, von sehr wenigen Ausnahmen abgesehen, macht das Verhältnis des alternden Menschen zu der Epoche, in der er lebt, eine grundlegende Wandlung durch. Das erklärt auch den merkwürdigen Ausdruck: zu meiner Zeit. Aragon hat in *Blanche ou l'oubli* auf das Wunderliche an dieser Formulierung hingewiesen. Die Zeit, die der Mensch als die seine betrachtet, ist die, in der er seine Unternehmungen plant und ausführt; dann kommt ein Augenblick, da diese Unternehmungen aus den verschiedenen hier betrachteten Gründen wieder verschlossen hinter ihm liegen. Die neue Zeit gehört den jüngeren Leuten, die sich durch ihre Tätigkeit in ihr realisieren und sie durch ihre Entwürfe lebendig machen. Der alte Mensch, jetzt unproduktiv und ohne Wirkungskraft, kommt sich selbst wie ein Überlebender vor. Auch aus diesem Grund wendet er sich so gern der Vergangenheit zu: eben der Zeit, die ihm gehört hat, in der er sich für einen ganzen, für einen lebendigen Menschen angesehen hat.

Seine Zeit, das war auch die Zeit, die von Menschen seines Alters bevölkert war. Heute sind die Trauerfälle weniger zahlreich als einst. Früher hatte ein Mann von 50 Jahren in der Regel bereits seine Eltern, Onkel und Tanten begraben, viele Brüder und Schwestern, zweifellos seine Frau und auch einige seiner Kinder. Das Leben war eine einzige Folge von Beerdigungen, und alt werden hieß, zur Einsamkeit verurteilt sein. Heutzutage haben viele Leute mit 50 Jahren außer ihren Großeltern noch niemanden verloren. Wenn man aber 70, 80 Jahre alt wird, dann hat man den Tod der meisten Gleichaltrigen erlebt und treibt vereinsamt in einem von jüngeren Leuten bevölkerten Jahrhundert. Selbst in meinem Alter ist das Verhältnis zu den verschiedenen Generationen verändert; nur eine bleibt noch, die älter ist als die meine, und ihre Vertreter sind selten geworden und dem Tode nahe. Meine eigene Generation, von deren Vertretern es einst wimmelte, ist schon recht reduziert. Und die Generation, die in meinen Augen einmal die Jugend repräsentierte, besteht heute aus fertigen Männern, Vätern und sogar Großvätern, die ihren Platz im Leben gefunden haben. Wenn ich zu einem Problem den Standpunkt eines wirklich jungen Menschen kennenlernen will, muß ich mich an die darauffolgende Generation wenden. Und in einigen Jahren werde ich erreicht haben, was Madame de Sévigné den «Rang der Würde in unserer Familie» nennt. Von da an ist man von Einsamkeit und der eigenen Traurigkeit bedroht. 1702 stellte die damals 82jährige Ninon de Lenclos melancholisch fest, daß jene, die lange leben, «das triste Privileg haben, allein in einer neuen Welt zu verharren».[1] Casanova schrieb aus dem düsteren Schloß, auf das er sich zurückgezogen hatte: «Es gibt kein größeres Unglück für den Menschen, als alle seine Freunde zu überleben.» Der hochbetagte Greis, von dem Restif de la Bretonne in *La Vie de mon père* mit Verehrung spricht, sagt zu einem jungen Gesprächspartner: «Mein Kind, beneide mich nicht um mein Schicksal, noch um mein Alter. Es ist 40 Jahre her, daß ich den letzten meiner Jugendfreunde verlor, und ich bin wie ein Fremder inmitten meines Vaterlandes und meiner Familie. Ich habe keinen Menschen mehr, der mich wie seinesgleichen, der mich als Freund und als Gefährten sieht. Ein zu langes Leben ist ein Kreuz.» Er gesteht, daß er keine Gefühle für seine Urenkel hat und daß sie ihrerseits ihn nicht beachten: «Das ist die Wahrheit, mein lieber Freund, und nicht die großen Worte unserer Schönredner in der Stadt.»

Der alte Mann sah nicht nur die Menschen seiner Generation sterben: oft genug wurde eine ganz andere Welt an die Stelle der seinen gesetzt. Man weiß, daß manche Greise solche Veränderung freudig und sogar voller Stolz willkommen heißen, aber nur, soweit sie ihre Vergangenheit nicht berührt. Sobald in Frage gestellt wird, was sie getan, geglaubt, geliebt haben, fühlen sie sich ins Exil versetzt.

Von diesem Aspekt des Alterns ist Balzac besonders beeindruckt gewesen, und er hat ihn sehr überzeugend dargestellt: der alte Mensch überlebt seine Epoche und sich selbst. So kehrt der gealterte Oberst Chabert, von dem man glaubte, er sei bei Eylau gefallen, nach Jahren des Umherirrens nach Paris zurück, wo er sich zu erkennen gibt, um seine Frau wiederzufinden und wieder in den Besitz seines Vermögens zu gelangen. Schon seine physische Erscheinung verrät seinen Zustand: «Der alte Soldat war dürr und mager. Seine Stirn, mit Absicht unter der glatt anliegenden Perücke verborgen, gab ihm einen Hauch von Geheimnis. Die Augen schienen mit einem feinen Schleier bedeckt ... Das Gesicht bläulichblaß, scharf wie eine Messerschneide und ... bei lebendem Leibe tot. Die Ränder des Hutes, der die Stirn des Alten deckte, warfen einen breiten schwarzen Streifen auf das Antlitz. Ein eigentümliches, obgleich ganz natürliches Spiel von Licht und Schatten ließ in strengen Gegensätzen die weißen Falten und Furchen, die eisigen Winkel und das ausgelaugte, leichenartige Wesen des Gesichtes bizarr hervortreten. Dazu noch die völlige, maskenhafte Starre, der versteinerte Leib, der erloschene Blick, dazu ein ungewisser Ausdruck trauriger Verblödung ...»

Seine Frau, die sich wiederverheiratet hat und vermögend ist, weigert sich, Chabert das Geld, das ihm gehört, herauszugeben. Und er hat nicht die Kraft, sich in einen Prozeß einzulassen: «Er streifte eine Krankheit, für die die Medizin noch keinen Namen hat ... ein Leiden, das man Seelenlähmung des Unglücks nennen könnte.» Aus Großmut beschließt er, im Sinne des bürgerlichen Rechts «unter den Toten zu bleiben». Er verschwindet, wird zum Vagabunden und nennt sich Hyacinth. Er endet im Irrenhaus Bicêtre.

1 Swift hat dieses ‹Exil› bei der Beschreibung der Struldbrugs vorherempfunden.

Ein weiterer Überlebender ist Facino Cane, der dem Erzähler auf einer Hochzeit auffällt, wo er die Klarinette spielt: «Man stelle sich vor, über die Gipsmaske Dantes fließe rotes Lampenlicht und ein Wald schneeweißer Haare stünde darüber. Die Blindheit vertiefte den bitteren und wehen Ausdruck dieses prächtigen Kopfes; denn ein tätiger Geist belebte freudig die blinden Augen. Aus diesem Gesicht mit seiner gewölbten Stirn, die von Runzeln wie morsches Mauerwerk durchfaltet waren, sprach ein einziger, leidenschaftlicher, zäher Wille ... Über diesem greisen Homer, der wohl eine ungekannte Odyssee in sich trug, lag etwas Mächtiges und Tyrannisches. Noch aus dem Elend strahlte eine wirkliche Größe, und das Tyrannische aus ihm war viel stärker als seine Armut. In diesem wundervoll geschnittenen Gesicht waren alle die heftigen Leidenschaften da, die den Menschen gut und böse, zum Zuchthäusler oder zum Helden machen können; er hatte, wie man das an Italienern oft findet, eine fahle Gesichtsfarbe; über den tiefen dunklen Augenhöhlen standen Büsche graugewordener Brauen ... In diesem Käfig steckte ein Löwe, der mit vergeblicher Wut an dem eisernen Gitter gerüttelt hatte. Das Feuer seiner Verzweiflung war zu Asche zerfallen, die Lava ausgeglüht; aber diese Runzeln, diese Ruine und einiger Rauch deuteten an, wie heftig der Ausbruch und wie verheerend das Feuer wütete.» Der Mann ist in Wirklichkeit Nachkomme eines vornehmen venezianischen Patriziers; nach allerlei wilden Abenteuern hat er sein Vermögen und sein Augenlicht verloren. Wie bei Chabert ist auch bei ihm das Weiterleben mit einer Erniedrigung verbunden, durch die hindurch die Größe schimmert.

Auch der merkwürdige und beunruhigende Greis, den Balzac am Anfang von *Sarrasine* beschreibt, gehört hierher: «... dies Geschöpf, für das die menschliche Sprache keinen Namen hat, dies substanzlose Gebilde, dies leblose Wesen oder dies wesenlose Leben ... Er hatte eine schwarzseidene Hose an, die wie ein windloses Segel um seine fleischlosen Schenkel schlotterte. Ein Anatom hätte sofort die Symptome einer gräßlichen Auszehrung erkannt, wenn er die Beinchen gesehen hätte, die diesen seltsamen Körper trugen. Mitleid und Schrecken ergriff das Herz, wenn man beim aufmerksamen Hinsehen die Hinfälligkeit dieses Schemens erkannte. Der Unbekannte trug eine weiße, goldgestickte Weste nach einer vergangenen Mode, seine Wäsche war blendend weiß. Ein rot-gelbes Spitzenjabot, dessen Pracht einer Königin Neid erregt hätte, rieselte in Falten über seine Brust; aber an ihm sah die Spitze mehr wie ein Lumpen als ein Schmuck aus. Auf dem Jabot glitzerte ein Diamant von unermeßlichem Werte gleich einer kleinen Sonne. Dieser altmodische Luxus, dieser geschmacklose Prunk machten das Gesicht des seltsamen Wesens noch auffallender. Der Rahmen war des Bildes würdig. Das aschfarbene Gesicht war winklig und ausgehöhlt. Kinn und Schläfen waren hohl, die Augen verloren sich in gelblichen Höhlen. Die Backenknochen sprangen infolge der unbeschreiblichen Magerkeit hervor. Die Wangen waren eingefallen ... Was aber am meisten dazu beitrug, dem so plötzlich erschienenen Gespenst den Anschein eines künstlichen Gebildes zu geben, war das Rot und Weiß, das auf ihm glänzte ... Zum Glück war sein leichenhafter Schädel unter einer blonden

Perücke verborgen, deren Lockenfülle eine außergewöhnliche Eitelkeit verriet.» Balzac beschreibt sodann den Schmuck, mit dem der Greis behängt ist. «Schließlich hatte dieses Etwas, das wie ein japanischer Götze aussah, auf seinen bläulichen Lippen ein stereotypes Lächeln, das unversöhnlich und spöttisch war wie das Grinsen eines Totenkopfs ... Wenn der Alte den Blick auf die Gesellschaft richtete, sah es aus, als ob seine Augen, aus denen das Licht nicht widerstrahlte, mittels einer unsichtbaren Maschinerie bewegt würden.» Dieser Mann war einst der berühmte Kastrat Zambinella gewesen, der, als Frau gekleidet, in den Theatern Roms gesungen hatte. Er war von hinreißender Schönheit gewesen und hatte unzählige Herzen gebrochen; mancher Mann war um seinetwillen in den Tod gegangen. Einer, der Bildhauer Sarrasine, hatte ihm sein grausames Geschick vorausgesagt: «Wenn man dich leben läßt, überantwortet man dich Schlimmerem als dem Tod.»

Tolstoj hat auf bewundernswerte Weise einen Mann aus dem 18. Jahrhundert in seiner Isolierung im 19. Jahrhundert dargestellt: den alten Fürsten Bolkonski, Vater des Fürsten Andrej. Zu dieser Beschreibung wurde er durch das inspiriert, was man ihm über seinen Großvater mütterlicherseits, Nicolas Wolkonski, erzählt hatte; dieser tyrannisierte seine Tochter – Tolstojs Mutter –, die tatsächlich eine französische Gouvernante hatte, Mademoiselle Henissienne. Das Porträt des alten Fürsten besitzt also dokumentarischen Wert. Er trägt ein gesticktes Habit und pudert sich sein Haar: wenn er auftritt, fühlt man sich in ein anderes Zeitalter versetzt. Er ist bei bester Gesundheit und hat noch gute Zähne. In der Gesellschaft besitzt er keinerlei wirklichen Einfluß mehr, aber man respektiert ihn. Er ist von manischer Ordnungsliebe, umgibt sich mit einem unveränderlichen Zeremoniell und hält seine Umgebung mit seiner unbeugsamen Strenge in Schrecken. Er hat seine Beschäftigungen nicht aufgegeben und widmet ihnen sogar viel Zeit, doch haftet ihnen allen etwas Veraltetes an; er baut, er pflanzt, und vor allem schließt er sich in sein Laboratorium ein, um sich, wie es die Amateurwissenschaftler im 18. Jahrhundert taten, der Forschung zu widmen. Alten Gewohnheiten getreu und in den Vorurteilen seiner Zeit befangen, zieht er über die Offiziere der neuen Militärschule her und nimmt Bonaparte nicht ernst. Eines Morgens, mitten beim Ankleiden, bittet er seinen Sohn, ihm die Pläne für den nächsten Feldzug zu erläutern, hört ihm dann aber gar nicht zu. Er ist über die politische und militärische Lage völlig im Bilde, betrachtet aber die gegenwärtige Welt mit Ironie und Verachtung. Er hat «ein kaltes, trockenes und unangenehmes Lachen». Ein wahrer Haustyrann. Er terrorisiert seine Tochter Marie, unterdrückt sie und lehnt es ab, sich von ihr zu trennen. Seinetwegen heiratet sie nicht. Er ist wütend darüber, daß sein Sohn sich mit Natascha wiederverheiraten will, und empfängt diese so unhöflich – in Morgenrock und Schlafmütze und mit unfreundlichen Worten –, daß sie tief gekränkt das Haus verläßt. Auch als er alt wird, bleibt er kerngesund und verliert nicht einen Zahn, wird aber immer reizbarer und skeptischer gegenüber den Ereignissen dieser Welt. Dann wird er ein wenig krank und beschuldigt seine Tochter, sie mache ihn absichtlich nervös. Andrej ergreift für die Schwester Partei; der alte Fürst ist zunächst verlegen, er scheint verwirrt, doch dann braust er auf: «Hinaus mit dir! Du setzest keinen Fuß mehr in dies Haus!» Sein Verstand läßt nach. Er läßt sich von der französischen Gouvernante, Mademoiselle Bourienne, beschwatzen. Er wird launisch. Er schließt sich eine Woche lang in sein Kabinett ein, dann wendet er sich wieder seinen Bauten und Pflanzen zu. Er schmollt mit Mademoiselle Bourienne und seiner Tochter. Er tut, als wisse er nichts vom Krieg. Ständig macht er sich zu schaffen, schläft wenig und jede Nacht in einem anderen Zimmer. Während der Feind bereits am Dnjepr steht, behauptet er, er werde den Njemen nicht überschreiten. Immer weniger nimmt er die Wirklichkeit zur Kenntnis. Sein Sohn schickt ihm einen alarmierenden Brief, er aber behauptet, der Brief melde eine Niederlage der Franzosen. Und dann liest er den Brief noch einmal und begreift plötzlich die Gefahr; er befiehlt seiner Tochter abzureisen und macht ihr eine heftige Szene, weil sie sich weigert, ihn zu verlassen, obwohl er im Grunde sehr glücklich darüber ist. Als die Franzosen näher rücken, legt er seine Galauniform und seine sämtlichen Orden an, um dem Kommandierenden einen Besuch abzustatten. Unterwegs bekommt er jedoch einen Schlaganfall und bleibt drei Wochen lang auf der rechten Seite gelähmt. Er leidet, er versucht vergeblich, zu sprechen. Jetzt rührt ihn die Ergebenheit seiner Tochter, und er streicht ihr über das Haar. Es gelingt ihm zu murmeln: «Danke für alles.» Er verlangt, seinen Sohn zu sehen, und erinnert sich wieder, daß er bei der Armee ist. «Rußland ist verloren, sie haben es zugrunde gerichtet», sagt er mit leiser Stimme und unterstreicht mit diesem *sie* seine Feindseligkeit gegenüber einer Zeit, die er nicht als die seine anerkennt. Und er bricht in Tränen aus. Danach beruhigt er sich und stirbt kurze Zeit danach; ein kleiner, verhutzelter Leichnam bleibt auf dem Bett zurück.

Ein Überlebender: in den Augen der anderen ist das ein Toter auf Bewährung. Aber sieht er sich selber auch so? Wie empfindet er die Nähe seines Endes?

Der gesellschaftliche Kontext beeinflußt das Verhältnis des alten Menschen zum Tod. In manchen Gesellschaften lassen sich alte Menschen gleichgültig zugrunde gehen, sei es infolge physischen Elends oder weil die Existenzbedingungen ihnen das Leben verleiden: dann stellt der Tod für niemanden ein Problem dar. In anderen Gesellschaften ist der Tod im Alter von einem Ritual umgeben, das ihn so stark aufwertet, daß er als etwas Wünschenswertes erscheint – wenn auch einzelne ihm gern entgehen würden. Ein ganz anderes Bild vom Tod hat man in den traditionellen Gesellschaften, in denen der Vater damit rechnet, daß seine Nachfahren sein Werk weiterführen werden, und in den heutigen Industriegesellschaften. Trotzdem hat der Tod ein überhistorisches Element: indem er unseren Organismus zerstört, nichtet er unser In-der-Welt-sein.[1] Von der Antike bis zu unseren Tagen zeigen sich Konstanten in den Zeugnissen, die die Einstellung des alten Menschen zum Tod beschreiben.

Diese Einstellung variiert mit den Lebensaltern. Für das Kind ist die Offen-

1 Selbst wenn man hofft, in einer anderen Welt zu neuem Leben zu erwachen, so entreißt uns der Tod doch *dieser* Welt.

barung des Todes eine erschütternde Erfahrung. Der junge Mensch haßt den Gedanken an den Tod, obgleich gerade er mehr als jeder andere in der Lage ist, ihm unbefangen entgegenzutreten. Er lehnt sich auf, wenn es ihm ans Leben geht. Aber oft zögert er auch nicht, sein Leben zu riskieren, es hinzugeben. Er mißt ihm deshalb nicht soviel Wert bei, weil er es nicht um seiner selbst willen, sondern um einer anderen Sache willen lebt; seine Liebe zum Leben ist von einer Großzügigkeit, die ihn dazu bringen kann, es zu opfern. Der Erwachsene ist vorsichtiger. Er ist sich durch Interessen entfremdet, und ihretwegen weigert er sich, zu sterben: was würde aus seiner Familie werden, aus seinem Besitz, seinen Unternehmungen? Er denkt nicht oft an sein Ende, weil er von seinen Tätigkeiten in Anspruch genommen ist, aber er vermeidet Risiken und achtet auf seine Gesundheit.

Für den alten Menschen ist der Tod kein allgemeines und abstraktes Schicksal mehr: für ihn ist er ein nahes, persönliches Ereignis. «Ja, die Vorstellung, uns sei ein immerwährendes Leben vergönnt, diese Illusion, in der die meisten Menschen leben, in der auch ich bisher gelebt hatte – ich habe sie nicht mehr», schreibt Edmond de Goncourt am 17. August 1889 in seinem *Journal*. Jeder alte Mensch weiß, daß er bald sterben wird. Aber was bedeutet, in diesem Fall, *wissen*? Beachten wir die negative Wendung in dem Satz von Goncourt: er glaubt sich nicht mehr unsterblich. Aber wie denkt man sich die eigene Sterblichkeit?

Der Tod gehört zu jener Kategorie, in die wir das Alter eingeordnet haben und die Sartre das «Unrealisierbare» nennt; das Für-sich vermag ihn weder zu erreichen noch sich auf ihn hin zu entwerfen; er ist die äußere Grenze meiner Möglichkeiten und nicht mehr meine eigene Möglichkeit. Ich werde tot sein für die anderen, nicht für mich: es ist der andere, der in meinem Sein sterblich ist. Ich weiß mich sterblich – so wie ich mich alt weiß –, indem ich mir gegenüber den Standpunkt der anderen einnehme. Dieses Wissen ist also ein abstraktes, allgemeines, außerhalb meiner selbst, in der Exteriorität gegebenes Wissen. Meine ‹Sterblichkeit› ist nicht Gegenstand irgendeiner inneren Erfahrung. Ich ignoriere sie nicht, ich ziehe sie, als praktisches Wissen, bei meinen Vorausüberlegungen, meinen Entscheidungen insoweit in Betracht, als ich mich wie einen anderen behandle: aber ich empfinde sie nicht. Ich kann versuchen, ihrer Bedeutung durch Phantasievorstellungen näherzukommen, mir meine Leiche vorzustellen, die Begräbniszeremonie. Ich kann über meine Abwesenheit nachsinnen, aber noch bin ich es, der darüber nachsinnt. Mein Tod beschäftigt mich inmitten meiner Entwürfe als ihre unvermeidliche Kehrseite: aber ich werde ihn nie realisieren; ich realisiere mein Sterblichsein nicht als Bedingung.

Ebenso wie dieses Unrealisierbare kann das Alter auf verschiedene Weise hingenommen werden, aber sein Verhältnis zu jenem anderen Unrealisierbaren, dem Tod, ist nicht vorhergegeben. Jedes Individuum wählt es entsprechend seiner Gesamtsituation und seinen früheren Wahlen. Ein älterer Mann, der sich noch sehr jung fühlt, wird sich gegen die Nähe des Todes ebenso auflehnen, wie es ein unheilbar erkrankter 40jähriger täte. Er hat sich nicht verändert, seine Vitalität, sein Interesse an der Welt sind ungeschmälert, und nun führt ihm ein von außen kommendes Verdikt vor Augen, daß er nur noch etwa 10 Jahre zu leben haben wird! Casanova, der es nicht ertragen konnte, daß man ihn wie einen alten Mann behandelte, bewahrte sich trotz seiner Trübsal, seiner Einsamkeit und seines Verfalls eine leidenschaftliche Neugier auf die Zukunft. «Oh, Tod! Grausamer Tod!» schreibt er mit 70 Jahren. «Der Tod ist ein Scheusal, das einen aufmerksamen Zuschauer aus dem großen Theater vertreibt, bevor ein Stück, das ihn unendlich interessiert, zu Ende ist. Allein dieser Grund genügt schon, ihn zu hassen.» Mit 70 Jahren – vor dem Zweiten Weltkrieg – verglich sich Wells mit einem Kind, dem man eben schöne Spielsachen gegeben hat und das nun zu Bett geschickt wird: «Ich habe nicht die geringste Lust, meine Spielsachen wegzuräumen. Ich hasse den Gedanken, für immer fortzugehen.» Selbst wenn man sich seines Alters bewußt ist – solange man mit einer Unternehmung beschäftigt ist, haßt man den Tod, der es zerstören wird: so Renoir, der nie aufhören wollte, zu malen und Fortschritte zu machen.

Es kommt vor, daß sich dieser Widerwille im Laufe der Jahre abschwächt. Geistig und physisch zerrüttet, schrieb Swift an Bolingbroke: «Als ich in Ihrem Alter war, dachte ich oft an den Tod; aber gegenwärtig, nach einem Dutzend Jahren, verläßt mich dieser Gedanke nie und erschreckt mich weniger. Ich schließe daraus, daß die Vorsehung unsere Ängste zugleich mit unseren Kräften mindert.» Dieser Pessimist beweist einen merkwürdigen Optimismus, wenn er ein von der Vorsehung gesandtes Gleichgewicht zwischen unserer physischen Verfassung und unseren Ängsten vermutet. Man muß eine andere Erklärung für die auf den ersten Blick paradoxe Tatsache suchen, daß der Tod, je näher er kommt, um so weniger erschreckt. Freud hat vermutet [1], daß mit zunehmenden Jahren der «Todestrieb» immer mehr die Oberhand gewinne über den Wunsch zu leben. Aber die meisten Psychoanalytiker haben diesen Gedanken fallenlassen; Freud erklärt die Beziehung zwischen Alter und Todestrieb nicht. Woher kommt es also, daß die Gleichgültigkeit gegenüber dem Tod mit der Zeit wächst?

In Wahrheit ist die Vorstellung, der Tod komme näher, falsch. Er ist weder nah noch fern: er *ist* nicht. Ein außerhalb seiner selbst befindliches Verhängnis lastet auf dem Lebenden jeden Alters; nirgendwo ist der Augenblick bestimmt, in dem es sich vollziehen wird. Der alte Mensch weiß, daß er ‹bald› sterben wird: das Verhängnis ist mit 70 Jahren ebenso gegenwärtig wie mit 80, und das Wort ‹bald› bleibt mit 80 so vage wie mit 70 Jahren. Es ist nicht richtig, von einem Verhältnis zum Tod zu sprechen: Tatsache ist, daß der alte Mensch – wie jeder andere – nur ein Verhältnis zum Leben hat. Was zur Debatte steht, ist sein Wille weiterzuleben. Es gibt einen Ausdruck, der genau sagt, was er meint: mit dem Leben Schluß machen. Den Tod wünschen oder akzeptieren, bedeutet positiv: daß jemand den Wunsch hat oder es akzeptiert, Schluß zu machen mit dem

1 1920, als er *Jenseits des Lustprinzips* schrieb. Er glaubte damals, jedes lebende Wesen habe eine grundlegende Tendenz, in den anorganischen Zustand zurückzukehren. Diese Behauptung hat er bis an sein Lebensende wiederholt. Dennoch zeigen manche seiner Briefe, daß er zuweilen an dieser These zweifelte.

Leben. Es ist normal, daß dieses einem mit fortschreitendem Altersabbau immer unerträglicher vorkommt.

Um sich davon zu überzeugen, genügt es, an die Beschwerden und Verstümmelungen zu denken, die das Alter mit sich bringt. Da ist zunächst der physische Schmerz. Freud hat zugegeben: der Schmerz war es und nicht der Todestrieb, der in ihm den Wunsch zu sterben weckte.[1] Es ist der Wunsch aller, die von ihrem Körper gefoltert werden. Zu lange leben bedeutet andererseits, die überleben, die man liebt. Manche Greise, die von Grund auf egoistisch oder von ihren Plänen besessen sind wie Tolstoj, kultivieren geradezu ihre Gefühllosigkeit und kommen leicht über solche Todesfälle hinweg. Andere, deren Zuneigungen stärker ausgeprägt sind, möchten danach nicht mehr leben. Victor Hugo hat sich nach Juliettes Tod danach gesehnt, zu sterben. Und Verdi dachte nur noch an den Tod, nachdem er seine Frau verloren hatte.

Wenn die Welt sich wandelt oder sich in einer Weise offenbart, die das Verweilen in ihr unerträglich macht, behält ein junger Mann die Hoffnung auf eine Änderung; der Greis jedoch nicht: ihm bleibt nur noch, den Tod herbeizusehnen, wie es Anatole France, Wells, Gandhi getan haben. Oder es ist die eigene Situation, die dem alten Menschen aussichtslos erscheint und ihm zur Qual wird. Goncourt notiert am 3. April 1894 in seinem Journal: «Bei meinem Zustand fortgesetzten Leidens, in dieser Folge allwöchentlicher Krisen, bei dem Mißlingen meiner jüngsten literarischen Versuche und den erdrückenden abermaligen Erfolgen von Leuten, an denen ich keinerlei Talent entdecke, und dazu noch, *mon Dieu*, mit einer gewissen Ungewißheit über die Tiefe meiner intimsten Freundschaften scheint mir der Tod weniger dunkel als vor einigen Jahren.»

Vor allem hat der alte Mensch, auch wenn ihn kein besonderes Unglück trifft, seine Gründe, zu leben, verloren oder ihr Fehlen entdeckt. Wenn der Tod uns beunruhigt, so deshalb, weil er die unvermeidliche Kehrseite unserer Entwürfe ist: wenn man aufgehört hat zu handeln, etwas zu unternehmen, bleibt nichts, was er zunichte machen könnte. Als Erklärung für die Todesbereitschaft mancher alter Menschen führt man meist das Verbrauchtsein, die Müdigkeit an; doch wenn es dem Menschen genügte, zu vegetieren, so könnte er sich mit diesem gedrosselten Leben durchaus abfinden. Indessen bedeutet existieren für ihn, sich transzendieren. Der biologische Abbau bringt die Unmöglichkeit, sich zu überschreiten, sich zu begeistern, mit sich; er tötet die Entwürfe, und über diesen Umweg macht er den Tod annehmbar.

Selbst wenn der gealterte Mensch seine Kräfte und seine Gesundheit behält und wenn ihn die Gesellschaft nicht brutal aus seiner Tätigkeit herausgerissen hat, sterben seine Wünsche und seine Entwürfe allmählich ab, und zwar, wie wir gesehen haben, infolge seiner Endlichkeit. Das Programm, das wir in unserer Kindheit aufgestellt haben, erlaubt uns nur eine begrenzte Zahl von Dingen zu tun, kennenzulernen, zu lieben; wenn sie erreicht ist, wenn wir am Ende unserer Möglichkeiten sind, dann wird uns der Tod gleichgültig, oder er erscheint

1 Vgl. S. 450.

uns sogar barmherzig: er befreit uns von jenem Überdruß, den die Alten *satietas vitae* nannten. Gide trug schwer daran, daß er am Ende seines Lebens zu Wiederholungen, zum Wiederkäuen verurteilt war. Er wußte, daß er nichts mehr zu sagen, nichts mehr zu entdecken hatte. Am 7. September 1948 schreibt er: «Ich glaube aufrichtig zu sein, wenn ich sage, daß der Tod mich nicht allzusehr schreckt.» Und mit 80 Jahren in *So sei es*: «Mein physischer und geistiger Appetitmangel ist so groß geworden, daß ich manchmal nicht mehr weiß, ob mich noch etwas anderes am Leben hält als die bare Gewohnheit des Lebens. Ich bin ganz gefaßt auf den Tod.» Churchill sagte mit 80 Jahren: «Es macht mir nichts aus, zu sterben. Ich habe alles gesehen, was es zu sehen gab.» Wörtlich genommen ist das ein dummer Ausspruch: die Welt von morgen hat er *nicht* gesehen. Besser versteht man, wenn Casanova sich beklagt, daß man vor dem Ende der Vorstellung fortgejagt werde. Tatsächlich aber hat Churchill recht: diese neue Welt hätte er mit seinem alten Blick betrachtet; er hätte sie aus der Perspektive gesehen, die seit eh und je die seine war, und er hätte von ihr nur begriffen, was er mit schon Gesehenem hätte vergleichen können, alles übrige wäre ihm entgangen.

Mich macht der Gedanke an den Tod aus einem etwas anderen Grund weniger traurig als früher: der Tod ist Abwesenheit von der Welt, und mit dieser Abwesenheit konnte ich mich nicht abfinden. Aber so viele Abwesenheiten haben schon an mir gezehrt! Meine Vergangenheit ist abwesend, meine toten Freunde sind es, die verlorenen Freunde und all die vielen Orte hier auf Erden, die ich nie wiedersehen werde. Wenn die Abwesenheit eines Tages alles verschlungen hat, wird das keinen sehr großen Unterschied machen.

Es gibt alte Menschen, die sich in Furcht vor dem Sterben verzehren. Man hat mir von einem 91jährigen Mann erzählt, reich, aktiv, berühmt und mit einer sehr jungen Frau verheiratet, den jeden Abend beim Schlafengehen entsetzliche Angst überkommt. Er bringt sie dadurch zum Ausdruck, daß er sich fragt, was nach seinem Tod aus seiner Frau werden wird. Sie wird ihn gewiß beweinen, aber da sie jung, schön und vermögend ist, weiß er sehr wohl, daß ihre Zukunft gesichert ist. Er zittert um sich selbst. Die Psychiater versichern, daß der Tod bei alten Menschen nur dann zur Obsession wird, wenn sie schon in der Vergangenheit morbide Angstgefühle gehabt haben. Die klinischen Ergebnisse beweisen, daß die Todesfurcht, wie andere Neurosen, ihre Wurzeln in der Kindheit und in der Adoleszenz [1] hat. Sie ist oft mit Schuldgefühlen verbunden: wenn das Individuum gläubig ist, stellt es sich mit Entsetzen vor, daß es ins Fegefeuer geworfen wird.

Nach den Zeugnissen, die ich gesammelt habe, ist Furcht vor dem Tod im allgemeinen nicht die Kehrseite einer starken Lebensfreude: im Gegenteil. «Der Tod machte mich schwindeln, denn ich lebte nicht gern», schrieb Sartre, sich auf

1 Nach dem amerikanischen Psychoanalytiker Martin Grotjahn muß die Kastrationsangst der Greise vor der Todesfurcht analysiert werden; diese verbirgt häufig eine Kastrationsangst, welche die der Kindheit aufleben läßt, und zwar so intensiv, daß sie den Wunsch zu sterben hervorruft.

seine Kindheit beziehend. So wie nicht die ängstlichen Eltern oder Eheleute am stärksten lieben, sondern jene, die einen Mangel an Herzlichkeit in ihren Gefühlen spüren, so grübeln diejenigen Menschen, die sich nicht wohl fühlen in ihrer Haut, über ihren Tod am beharrlichsten nach. Und man darf nicht glauben, daß jene, die – wie Lamartine – den Tod lauthals herbeirufen, ihn wirklich ersehnen: indem sie ständig von ihm sprechen, beweisen sie nur ihre Furcht.

Daß Angst vor dem Tod bei alten Menschen eher ungewöhnlich ist, sehe ich darin bestätigt, wie sie ihre Gesundheit vernachlässigen. Sie spielen, wie wir gesehen haben, ein Verwechslungsspiel mit Alter und Krankheit: aber dieses Spiel würde nicht aufrechterhalten werden, wenn der alte Mensch unaufhörlich von der Furcht vor dem Sterben gequält würde.

Bei einer Enquete hat man den Insassen eines C.N.R.O.-Heims die Fragen gestellt: Denken Sie an den Tod? Und in welcher Weise? Hier die Antworten: «Einmal muß es ja sein.» – «Man denkt daran, man denkt oft daran.» – «Wenn ich nicht mehr atmen kann, wird das eine Befreiung sein.» – «Wenn ich trübe Gedanken habe, denke ich an den Tod.» – «Besser sterben, als leiden.» – «Man lebt, um zu sterben.» – «Manche denken daran. Aber mir macht das keine Angst.» – «Ich denke darüber nach. Man muß den Jungen Platz machen.» – «Ich habe mir schon ein Grab gekauft.» – «Man weiß ja, daß man sterben muß.» – «Ich denke oft daran. Es wird eine Erlösung sein für mich.» – «Ich mache mir keine Gedanken darüber. Man sieht ja dauernd welche sterben.» – «So ist das Leben. Der Tod ist die Fortsetzung des Lebens. Man denkt daran, wenn man trüber Stimmung ist.» – «Man darf nur nicht wissen, wann man stirbt.» – «Einmal muß es ja soweit sein.» – «Ich denke daran, seit ich hier bin. In der Stadt habe ich selten daran gedacht. Ich möchte nicht lange liegen müssen, nicht leiden.» – «Ich denke sogar oft daran.» – «Reich oder arm, wir kommen alle dran. So ist das Leben nun mal.» – «Es macht einem zu schaffen. Hier im Heim sind schon welche gestorben, die jünger waren als ich.» – «Mal muß es ja sein.» Wie weit sind diese Antworten aufrichtig? Der eine oder andere mag die Unwahrheit sagen – aus Scham oder um sich die eigene Angst zu verhehlen oder um einen guten Eindruck zu machen. Aber das Übereinstimmende in diesen Antworten ist bezeichnend: der Tod wird dem Leiden vorgezogen. Man denkt an ihn, wenn man trüber Stimmung ist, und es sieht nicht so aus, daß der Tod diese Stimmung auslöst, sondern eher so, daß er in seiner bedrohlichen Sinnlosigkeit zutage tritt, sobald die Gegenwart düster erscheint. Er ist nicht ein Gegenstand der Sorge. Man sorgt sich um ganz bestimmte Realitäten, die einem entgleiten: Gesundheit, Geld, die nahe Zukunft. Der Tod ist von anderer Art. Da er zum Unrealisierbaren gehört, ist er wie eine vage, unbestimmte Aussicht. Seine Schicksalhaftigkeit wird von außen her begriffen. «Reich oder arm, wir kommen alle dran.» Man denkt an ihn, ohne daß es einem gelingt, an ihn zu denken.

«Man darf nur nicht wissen, wann man stirbt»: diese Antwort ist bezeichnend. Wenn der Termin fixiert wäre und unmittelbar bevorstünde, statt irgendwo in unbestimmter Ferne zu liegen, wäre die Haltung des alten Menschen zweifellos nicht dieselbe. Euripides bemerkt in *Alkestis*, daß die Alten sich über ihre Lage beklagen und behaupten, sie sehnten den Tod herbei: treibt man sie aber in die Enge, weichen sie aus. Der Vater des Admetos weigert sich wütend, an Stelle seines Sohnes in die Unterwelt hinabzusteigen. Tolstoj sagte, als er alt war, es sei ihm gleichgültig, zu sterben, aber Sophia erregte sich darüber, wie kleinlich er um seine Gesundheit besorgt war. «Alle Greise hängen mehr am Leben als die Kinder und gehen unwilliger davon», schrieb Rousseau in den *Rêveries*. «Haben sie doch alle Arbeit für dieses Leben getan und sehen nun an seinem Ende, daß ihre Mühe vergeblich war.» In dieser Bemerkung steckt eine gewisse Boshaftigkeit. Rousseau war der Meinung, man solle die Gegenwart genießen und sie nicht einer Zukunft zum Opfer bringen, die das Nichts verschlingen werde. Nun macht zwar nicht der Verdruß, vergeblich gearbeitet zu haben, den Tod verhaßt. Und außerdem ist diese Ablehnung nicht allgemein. Aber es ist eine Tatsache, daß nicht wenige alte Menschen sich ans Leben klammern, auch wenn sie jeden Grund zu leben längst verloren haben; ich habe in *Ein sanfter Tod* beschrieben, wie meine Mutter sich mit 78 Jahren noch bis zu ihrem letzten Atemzug ans Leben klammerte. Hier entscheidet die biologische Kondition des einzelnen – das, was man mit einem vagen Wort seine Vitalität nennt – über seine Auflehnung oder sein Nachgeben. Meine Mutter war nicht weniger gläubig als meine Großmutter, aber während diese es beruhigend fand, von hinnen zu gehen, empfand meine Mutter eine animalische Angst vor dem Tod. Viele alte Leute kennen diese Angst, und Angst zu haben bedeutet, in seinem Körper das Nicht-sterben-Wollen zu realisieren. Sanft wird der Tod alter Menschen oft dadurch, daß die Krankheit sie erschöpft hat, oder auch dadurch, daß sie sich nicht klarmachen, was ihnen geschieht.

Doch gibt es auch bewußte und friedliche Todeserlebnisse: wenn jeder physische oder geistige Lebensdrang erloschen ist, ist dem alten Menschen ein ewiger Schlaf lieber als der Kampf oder der tägliche Überdruß. Ein Beweis dafür, daß der Tod im Alter nicht als das schlimmste aller Übel erscheint, ist die Zahl der alten Menschen, die beschließen, «mit dem Leben Schluß zu machen». Unter den Bedingungen, die in der heutigen Gesellschaft für die Mehrzahl unter ihnen existieren, ist das Weiterleben eine sinnlose Prüfung, und man begreift, daß viele sich entschließen, sie zu verkürzen.

7. KAPITEL

Alter und Alltag

Vermindert, verkümmert und ins Exil ‹seiner› Zeit verbannt, bleibt der Greis dennoch jener Mensch, der er war. Wie gelingt es ihm, Tag für Tag mit dieser Situation fertig zu werden? Welche Möglichkeiten läßt sie ihm offen? Was kann er ihr entgegensetzen? Kann er sich anpassen, und zu welchem Preis?

Wäre es – da jede Qualifizierung zugleich eine Einschränkung bedeutet – nicht denkbar, daß das Individuum, indem es sich disqualifiziert, Zugang zur Welt gewinnt? Es ist vom Arbeiten befreit, es ist nicht mehr auf die Zukunft hin gerichtet: genießt es damit nicht eine Freiheit, die es ihm erlaubt, sich in der Gegenwart auszuruhen? Claudel notiert mit 80 Jahren in seinem Tagebuch: «Gestern, seufzt der eine! Morgen, seufzt der andere! Doch man muß das Greisenalter erreicht haben, um den offenkundigen, absoluten, unwiderlegbaren, unersetzlichen Sinn des Wortes: heute! zu begreifen.»

Manche sagen, sie empfänden es schon als ein Glück, überhaupt noch zu leben: «Niemals», schreibt Jouhandeau, «habe ich mich der Welt durch einen dünneren Faden verbunden gefühlt, so dünn, als würde er jeden Augenblick reißen, was meine Wollust, noch zu leben, vollständig macht.»

Und ferner: «Eine außerordentliche Sache, sich überleben. Man hängt an nichts mehr und ist empfindsamer für alles.» Mauriac [1] sagt fast das gleiche: «Ich empfinde niemandem und nichts gegenüber Gleichgültigkeit. Aber ich werde von nun an genügend damit beschäftigt sein, zu leben. Das Blut, das noch in meine auf dem Knie ruhende Hand strömt, das Meer, das ich in mir wogen fühle, diese Flut und diese Ebbe, die nicht ewig sind, diese Welt, so nahe ihrem Ende, all dies erfordert Aufmerksamkeit in jedem Augenblick, in allen diesen letzten Augenblicken vor dem allerletzten: das ist das Alter.» Und: «Ich wollte, ich dächte an nichts, als daß ich existiere und daß ich da bin.»

Weit mehr als die Jugend scheint also das hohe Alter die Zeit des *carpe diem* zu sein: der Augenblick, da «man erntet, was man gesät», wie Fontenelle sagt. «Die Zeit des Genusses und nicht der Mühen», wie d'Aubigné [2] sagt. Das stimmt nicht. Die heutige Gesellschaft billigt, wie wir gesehen haben, den Alten zwar Muße zu, nimmt ihnen aber gleichzeitig die materiellen Mittel, sie zu nutzen. Und diejenigen, die nicht in Not und Elend geraten, müssen auf ihren nun

1 *Nouveaux Mémoires intérieurs.*

2 Théodore Agrippa d'Aubigné (1552–1630), einer der bedeutendsten Dichter seiner Zeit, Wortführer der Hugenotten. (Anm. d. Übers.)

anfälligen, schnell ermüdenden und oft gebrechlichen oder von Schmerzen gelähmten Körper Rücksicht nehmen. Die unmittelbaren Vergnügen sind ihnen verboten oder nur mit Maßen gewährt: Liebe, üppiges Essen, Alkohol, Tabak, Sport, Wandern. Lediglich die Privilegierten können diese Frustrationen zu einem Teil beheben: sie können zum Beispiel im Auto spazierenfahren, statt zu gehen.

Aber auch bei ihnen möchte man bezweifeln, ob das Genießen des Augenblicks sie wirklich befriedigt. Viele bejahrte Schriftsteller klagen über die Dürre ihrer alten Tage. «Die Zeit hat meine Hände in die ihren genommen. Es gibt nichts mehr zu pflücken in diesen verblühten Tagen», sagt Chateaubriand. Nach ihm wird die Gegenwart von der Last der Vergangenheit verdüstert. «Wenn man einmal den Niagarafall gesehen hat, gibt es keine anderen Wasserfälle mehr. Meine Erinnerung hält meinen Reisen unaufhörlich andere Reisen gegenüber – Berge gegen Berge, und mein Leben zerstört mein Leben. Ebenso geht es mir mit der Gesellschaft und den Menschen.» Stendhal, der doch noch gar nicht alt war, klagt in seinen *Proménades dans Rome*: «Ach! Alles Wissen gleicht in einer Beziehung dem Alter, dessen schlimmstes Symptom die *Kenntnis des Lebens* ist, die uns daran hindert, uns zu begeistern und für nichts Torheiten zu begehen. Nachdem ich Italien gesehen habe, möchte ich gern in Neapel vom Wasser der Lethe trinken, alles vergessen und dann von neuem beginnen, zu reisen und so meine Tage hinzubringen.» Schopenhauer äußert eine ähnliche Ansicht: «Je älter man wird, mit desto wenigerem Bewußtsein lebt man ... Allmählich aber wird, durch die lange Gewohnheit derselben Wahrnehmungen, der Intellekt so abgeschliffen, daß immer mehr alles wirkungslos darüber hingleitet.» Aragon spricht in *Leere Spiegel* mit Sehnsucht von jener «vergangenen Frische der Welt». In *Le Roman inachevé* schreibt er:

> Ich fühle mich stets wie ein Fremder unter Fremden,
> Ich höre schlecht, so vieles kümmert mich nicht mehr,
> Der Tag entbehrt der sanften schillernden Reflexe;
> Der Frühling, der jetzt wiederkehrt, bringt keine Wandlung,
> Er trägt mir nicht den schweren Hauch des Flieders zu;
> Gleichwohl erinnere ich mich beim Duft der Rosen.

Auch Jouhandeau hat dieses Versickern der Gegenwart in einer zu vertrauten Vergangenheit gespürt: «Je älter man wird, um so mehr nimmt sich alles wie Erinnerungen aus, auch die Gegenwart. Man sieht sich selbst als schon vergangen an.»

Diesen Verschleiß der Welt und die Traurigkeit, die man darüber empfindet, hat niemand besser in Worte gefaßt als Andersen in einem Brief, den er mit 69 Jahren schrieb: «Gehe ich in den Garten, zu den Rosen – was haben sie (und selbst die Schnecken an ihren Stengeln) mir noch zu sagen, was sie mir nicht schon gesagt hätten? Betrachte ich die großen Blätter der Seerosen, dann denke ich daran, daß Däumelinchen seine Reise schon beendet hat. Und lausche ich dem Wind, dann hat er mir schon einmal von Waldemar Daae erzählt und weiß keine bessere Geschichte. Im Wald, unter der alten Eiche, erinnere ich mich, daß sie mir schon vor langer Zeit ihren letzten Traum erzählt hat. So habe ich keinen neuen Eindruck mehr, und das ist traurig.»

Wie soll man dieses Schweigen der Dinge erklären? Chateaubriand widerspricht sich, wenn er, ganz zu Recht, auf die «Wüste der Vergangenheit» hinweist und dann behauptet, unsere Erinnerungen könnten unsere gegenwärtigen Wahrnehmungen trüben, die doch eine sehr viel stärkere Evidenz und Intensität besitzen. Stendhals Wunsch wird in gewisser Weise Wirklichkeit: wir trinken vom Wasser der Lethe. Jedes Jahr sehe ich Rom mit der gleichen Freude wieder – die Gegenwart der Stadt übersteigt alle Bilder, die ich von ihr behalten hatte; und sogar die früheren Eindrücke, durch den Augenblick hindurch undeutlich heraufbeschworen, bereichern sie noch, machen sie noch schöner. Dank dieser Intensität der Gegenwart kann Aragon am Ende des Gedichtes, aus dem ich oben zitierte, schreiben:

> Ich glaubte schon die Schattenschwelle überschritten,
> Doch spür in meinem Dämmern ich den einst'gen Schauer,
> Und meine Stirn wird wie von einer Hand liebkost.
> Der Tag, in meinem Innersten, gebiert sich wieder.

Nicht unsere Erinnerungen vermögen unsere Gegenwartserfahrung zu entwerten, eher ist es das Bewußtsein, daß wir so viel vergessen haben: also werden wir auch sie vergessen. Wenn man jung ist, bildet man sich nicht ein, daß man sich immer an alles erinnern wird: aber man entrinnt der Zeit, weil man über eine unbegrenzte Zukunft verfügt. Der Augenblick nahm mir den Atem, wenn ich in ihm die Ewigkeit zu fassen glaubte; er erschien mir auf immer unauslöschlich. Seit meine Zukunft versperrt ist, sind die Augenblicke nicht mehr ewig, geben sie mir nicht mehr das Absolute: sie werden ganz vergehen oder zu Asche werden, die mein Grab mit mir verschlingt. Rousseau bezauberte sich bei seinen langen, kapriziösen Spaziergängen an seinen schweifenden Träumereien; auf dem Rückweg zu Madame de Warens – zu einer Zeit, als er sie nicht mehr liebte – erstickte das genaue Wegziel seine Phantasie, und der Zauber war verflogen: «Ich war, wo ich war, ich ging, wo ich ging, nie weiter entfernt.» Diese Dürre ist das Los vieler unter uns, wenn wir das 60. Lebensjahr überschritten haben: wir wissen zu genau, wohin wir gehen. Am 10. Mai 1925 schrieb Freud an Lou Andreas-Salomé: «Die Änderung dabei ist vielleicht nicht sehr auffällig, alles ist interessevoll geblieben, was früher so war, auch die Qualitäten sind nicht viel anders, aber es fehlt irgendein Nachhall; ich unmusikalischer Mensch stelle mir so den Unterschied vor, ob man das Pedal tritt oder nicht.» Vailland zeigt uns Don Cesare, wie er mit 70 Jahren das gleiche Leben wie früher führt, aber «seine Worte tönen in einer Welt ohne Echo». Die Ähnlichkeit der beiden Vergleiche ist frappierend. In der Jugend ist die Welt unendlich reich an Bedeutungen und Verheißungen; das geringste Ereignis ruft unzählige Schwingungen hervor. Später, in einem nach Maßgabe unserer Zukunft geschrumpften Universum, bleiben solche Schwingungen aus.

Die Werte, die wir außerhalb von uns vorfinden, sind das Ergebnis unserer Investitionen. Nur unser Mangel an Leidenschaft und unsere Trägheit schaffen die Leere um uns her. Andersens Rosen und seine Seerosen schweigen, weil die Lust zum Schreiben ihn verlassen hat. Alle Augenblicksstimmungen sind irreführend, weil sie die Wahrheit der Zeit verkennen; die drei zeitlichen ‹Ek-stasen› können nur zusammen auftreten; die Gegenwart ist nicht; das Für-sich existiert nur, indem es sich, von der Vergangenheit ausgehend, auf die Zukunft hin transzendiert, und nur im Licht unserer Entwürfe wird die Welt sichtbar; sie wird ärmer, wenn die Entwürfe sich verringern. Wenn wir unsere Tätigkeit aufgeben, so verschaffen wir uns damit nicht Wonnen der Faulheit, um die man uns betrogen hätte, sondern machen die Zukunft unfruchtbar, entvölkern das Universum. Wenn unsere Wahrnehmungsfähigkeiten durch die Gewohnheit abgestumpft sind, wenn die Dinge glanzlos erscheinen, ohne Frische und so, als wären sie schon von der Vergangenheit verschlungen, so nicht, weil wir zu viele und zu reiche Erinnerungen mit uns herumschleppten, sondern weil unser Sehen nicht mehr durch neue Entwürfe angeregt wird.

Der alte Mensch kann sich ebensowenig wie der junge mit jener Unbeweglichkeit zufriedengeben, an die Mauriac denkt, wenn er behauptet, er sei hinreichend damit beschäftigt, zu ‹leben›; er selbst beweist das Gegenteil: nie hat er so viel geschrieben wie in den letzten Jahren. Nichts mehr wollen, nichts mehr tun heißt, sich selbst zu der verhängnisvollen Apathie verurteilen, in die so viele Rentner und Pensionäre verfallen. Unglücklicherweise ist es jedoch schwierig, neue Anlässe zum Handeln zu finden, wenn einem die frühere Tätigkeit versagt ist. Nur selten kommt es vor, daß jemand in der Muße des Ruhestands eine bisher unterdrückte Begabung entfalten kann oder unerwartete Möglichkeiten in sich entdeckt. In Amerika gibt es zwei berühmte Beispiele. Lilian P. Martin studierte an der Stanford University und wurde Hauptberaterin für Altenfürsorge. Mit 65 Jahren lernte sie Schreibmaschine schreiben, mit 77 Jahren Autofahren; mit 88 Jahren machte sie eine Bootsfahrt den Amazonas hinauf. Als sie 99 Jahre alt war, bewirtschaftete sie mit vier 60jährigen Assistenten eine 25 Hektar große Farm. Die alte Frau, die man allgemein Grandma Moses nannte, begann mit etwa 75 Jahren, als sie keine körperliche Arbeit mehr verrichten konnte, Miniaturen zu malen. Mit 100 Jahren malte sie ihr berühmtestes Bild, eine *Christnacht*. Sie starb im Alter von 101 Jahren in New York.

Diese Fälle sind Ausnahmen. Wir haben gesehen, daß es uns sogar innerhalb unserer Praxis oft unmöglich ist, uns neue Wege zu bahnen. Um so sinnloser wäre es, sich künstlich neue Interessen, neue Freuden suchen zu wollen. «Nur die Freuden, die man schon vor dem 30. Lebensjahr genossen, vermögen stets zu gefallen», bemerkte Stendhal. Und Churchill, der sehr viel Zeit auf seine Malerei verwandte, klagte dennoch: «Es ist nicht einfach, sich am Ende seines Lebens neue Interessen auszudenken.»

Aus diesem Grund nimmt uns das Alter den Spaß am Lernen. Es ist höchst selten, daß man wie Sokrates das Wissen um des Wissens willen für den Augenblick erlangen möchte. Man informiert sich unter einem bestimmten Gesichtspunkt. Wozu sonst? Wenn ein Ziel fehlt, erlahmt der Wunsch, etwas kennenzulernen: «In Wahrheit», schreibt der gealterte Saint-Évremond, «suche ich in den Büchern mehr, was mir gefällt, als was mich belehrt. Je weniger Zeit mir bleibt, die Dinge anzuwenden, desto weniger bin ich neugierig, sie zu lernen.» Rousseau hat in den *Rêveries* eine ganz ähnliche Bemerkung gemacht: «Dergestalt zurückgehalten in der engen Sphäre meiner früheren Kenntnisse, habe ich nicht, wie Solon, das Glück, im Alter mit jedem Tag klüger zu werden; und ich muß mich sogar hüten vor dem gefährlichen Dünkel, lernen zu wollen, was wirklich zu verstehen ich jetzt außer Stande bin.» Zu den auffallendsten Zügen älterer Leute gehört ihr intellektueller Appetitmangel, der André Siegfried mit 82 Jahren zu der Äußerung veranlaßte: «Das Alter ist nichts anderes als ein Erlahmen der Wißbegierde.» John Stuart Mill sagt von seinem Vater: «Er fand, das Menschenleben sei eine traurige Sache, wenn einmal die Frische der Jugend und der Wißbegierde verwelkt sind»: mit der größten Selbstverständlichkeit bringt er das eine mit dem anderen in Verbindung.

Mauriac konstatiert in den *Mémoires Intérieurs*, vor allem im zweiten Band, häufig seinen Mangel an Neugierde auf neue Bücher oder neue Schallplatten. Er wundert sich über das «manische Bedürfnis nach Information und Kultur», das Gide bis in ein vorgeschrittenes Alter behalten hat. Und doch bemerkt man sogar bei Gide, wie sich nach und nach Gleichgültigkeit einstellt. In seinem Journal notiert er am 29. Juli 1941: «Das Ende des Lebens ... Letzter, ein wenig schleppender Akt; Lockrufe der Vergangenheit; Wiederholungen. Man wünschte sich irgendein unerwartetes Wiederaufspringen und weiß nicht, was man erfinden soll.» Mit 80 Jahren schreibt er in *So sei es*: «Ich fühle noch keinerlei Nachlassen meiner intellektuellen Fähigkeiten; wozu sie aber benützen?»

Dieser Mangel an Neugier, diese Gleichgültigkeit des alten Menschen werden durch seinen biologischen Zustand noch verstärkt. Es ermüdet ihn, der Welt seine Aufmerksamkeit zu widmen. Oft hat er nicht einmal mehr die Kraft, an den Werten festzuhalten, die seinem Leben einen Sinn gegeben haben. Als Proust zum letztenmal Monsieur de Charlus sieht, hat dieser einst so imposante Mann seinen ganzen aristokratischen Hochmut eingebüßt: er grüßt die in einer Kutsche vorbeifahrende Madame Sainte-Euverte, die er früher verachtete, wie eine Königin. Sein ganzer Snobismus war verflogen, er machte ihn «mit einem Schlage durch die schüchterne Beflissenheit, den angstvollen Eifer, mit dem er den Hut zog», zunichte. Der Grund zu dieser Geste, sagt Proust, war «eine gleichermaßen physisch bedingte Sänftigung, eine Loslösung von den Realitäten des Lebens, die man mit Überraschung immer bei denen konstatiert, die der Tod schon in den Bereich seines Dunkels aufgenommen hat».

Die intellektuelle und emotionelle Gleichgültigkeit des älteren Menschen kann zu völliger Stumpfheit führen. Swift fühlte sich schließlich von nichts mehr berührt: «Ich erwache in einem Zustand derartiger Gleichgültigkeit gegen alles, was sich in der Welt und in meinem engen Kreis ereignen kann, daß ... ich gewiß den ganzen Tag über im Bett bliebe, wenn Schicklichkeit und die Furcht vor Krankheit mich nicht daraus vertrieben.»

Am glücklichsten sind im Alter diejenigen daran, die vielseitige Interessen haben. Ihnen fällt eine Umstellung leichter als anderen. Clemenceau begann zu schreiben, nachdem man ihn entmachtet hatte. Ein politisch engagierter Wissenschaftler, der sich in seiner Tätigkeit eingeschränkt sieht, findet eine Möglichkeit, sich für andere zu verwenden. Doch selbst in diesem Fall ist es hart für einen Menschen, auf das, was bisher das Zentrum seiner ganzen Beschäftigung gewesen ist, zu verzichten. Bei den meisten von uns stellt sich ein Circulus vitiosus ein: die Untätigkeit läßt Wißbegierde und Begeisterung erschlaffen, und unsere Gleichgültigkeit entvölkert die Welt, so daß wir keinen Grund mehr zum Handeln wahrnehmen. In uns und in den Dingen richtet sich der Tod ein.

Es gibt eine Leidenschaft, für die der alte Mensch geradezu vorherbestimmt ist: das ist der Ehrgeiz. Da er keinen Einfluß mehr auf die Welt besitzt und insofern nicht mehr weiß, wer er ist, will er in Erscheinung treten. Er hat sein Bild von sich verloren: nun zwingt er sich, es außerhalb seiner selbst wiederzufinden. Er begehrt nach Orden, Auszeichnungen, Titeln, Ehrungen. Da seine Vitalität erloschen ist, kennt er nicht mehr die Fülle wahrer Wünsche und Leidenschaften, die auf ein reales Ziel gerichtet sind: er sucht den Schein. Das treffendste Beispiel dafür ist das Pétains. Charles de Gaulle beklagte an ihm seit 1925 «zwei gleichermaßen starke und doch gegensätzliche Phänomene: seniles Desinteresse und einen auf alles gerichteten senilen Ehrgeiz». In Wirklichkeit widersprechen sich diese beiden Eigenschaften nicht etwa, sondern erklären sich gegenseitig: gerade weil ihm konkret an nichts mehr liegt, will der Greis – in einem abstrakten Sinne – alles, mit anderen Worten: einerlei, was. In dieser sinnentleerten Art alles wollen, heißt, überhaupt nichts wollen. Bei sehr jungen Leuten findet man die gleiche Ambiguität. «Ich will alles, auf der Stelle», sagt Anouilhs Antigone. Das sagt sie, weil sie mit leeren Händen dasteht. Ich erinnere mich, mit welchem Nachdruck ich als 18jährige in mein Tagebuch schrieb: «Ich werde alles sagen. Ich will alles sagen.» Es war genau die Zeit, in der ich nichts zu sagen hatte. Wenn man keinerlei Interesse spürt, weder Neugier noch Zuneigung, dann ist man reif für jenen leeren Ehrgeiz und die dazu gehörende Eitelkeit.

Pétain war in seiner Jugend von einer starken geistigen Unabhängigkeit: gegen die damals allgemein vorherrschende Doktrin von der Offensive um jeden Preis verteidigte er in seinen Lehrgängen die Theorie der Gegenoffensive, er forderte für Frankreich die schwere Artillerie und handelte sich dafür die Mißgunst des Kriegsministeriums ein. Er bekam es an der Art, wie er befördert wurde, zu spüren: «Ich bin ein später Leutnant gewesen und ein später Hauptmann, ein später Oberst; alle meine Dienstgrade habe ich spät erreicht», sagte er bitter. Seine Kälte, seine Härte, seine Süffisance beeindruckten seine Umgebung. Sein Freund Fayolle [1] schreibt im November 1914, daß Pétain «nicht zögert, die Mittelmäßigen zu degradieren und die Feiglinge erschießen zu lassen. Bei den ersten Zusammenstößen habe ich eine Schlachterrolle gespielt.» Als Pétain im Januar 1915 25 Soldaten wegen Selbstverstümmelung fesseln und auf die feindlichen Schützengräben zutreiben läßt – sie hatten sich in die Hand

1 Émile Fayolle (1852–1928), französischer Marschall. (Anm. d. Übers.)

geschossen –, notiert Fayolle: «Charakter, Energie! Aber wo hört der Charakter auf und wo beginnt die Grausamkeit, die Roheit?» Wenn er Verwundete besuchte, bemerkt Oberst Bouvard, «bleibt er stets unerschütterlich, verschlossen, als ließe ihn alles kalt.» Gallieni [1] sagte von ihm: «Dieser Mann ist ein Eisklumpen.» Die blutigen Repressionen, die er im Laufe des Krieges anordnete, sind ein Beweis dafür. Indessen weigerte er sich, Menschen als Kanonenfutter zu mißbrauchen. Er wurde als Sieger von Verdun angesehen. Er erhielt die höchste militärische Auszeichnung: den Titel eines Marschalls von Frankreich.

«Er genießt es», hatte Fayolle notiert; und einer von Pétains Offizieren sagte: «Er spielt gern den Ruhmreichen.» Mit zunehmendem Alter wuchs seine Eitelkeit. Er war Vizepräsident des Obersten Kriegsrats, Generalinspekteur der Armee, und er verzieh Foch nie den Ruhm, den dieser sich erworben hatte: in seiner Rede vor der Académie Française im Jahre 1930 warf er ihm vor, den Waffenstillstand unterzeichnet zu haben. De Gaulle konnte er nie verzeihen, daß er 1938 das Buch *La France et son armée*, zu dem Pétain 15 Jahre zuvor zwar die Idee gehabt, aber an dem er keine einzige Zeile geschrieben hatte, allein unter seinem Namen herausbrachte.

Von 1914 an war er besessen von der Furcht, das Gedächtnis zu verlieren. Und tatsächlich nahm es stark ab. General Laure stellte fest: «Das Gedächtnis läßt nach. Was die früheren Ereignisse betrifft, ist der Marschall perfekt. Was die neuen Ereignisse betrifft, so nimmt er sie nicht oder ungenügend in sich auf.» Zweifellos lag es an ‹seniler Gleichgültigkeit›, daß er die Gegenwart nicht mehr richtig zur Kenntnis nahm. Seine Gesundheit war ausgezeichnet, und der Oberst schrieb sie «der Indifferenz» zu, «die einen schönen Lebensabend garantiert». Denn Pétains Egoismus frappierte alle, die näher mit ihm zu tun hatten: «Der Marschall ist jetzt ein Mann mit kaltem Herzen. Er kennt keine Großmut mehr und keine Entschlossenheit», schrieb de Gaulle. Er hatte Absenzen – ‹Lücken› –, die immer länger wurden. Loustanau-Lacau sagte, an manchen Tagen hätte er eigentlich auf seine Stirn schreiben müssen: «Wegen Alters geschlossen.» Er bemerkte auch folgendes: «Das Vorfahren des Wagens, den er erwartet, interessiert ihn ebensosehr oder ebensowenig wie der Sturz eines Kabinetts oder der Tod eines bekannten Mannes.» Pétain maß allem, was ihn persönlich betraf, höchste Wichtigkeit bei, während große Ereignisse, die ihn nicht unmittelbar berührten, ihn völlig kalt ließen.

Er hatte 1938 keineswegs die Absicht, die Macht zu übernehmen. Er ärgerte sich über die von Gustave Hervé geführte Kampagne: «Wir brauchen Pétain.» Als Jacquinot zu ihm sagte: «Sie werden Präsident», antwortete er: «Ich kann nur drei oder vier Stunden am Tag arbeiten.» Dennoch blieb sein Ehrgeiz – nach de Gaulle – unvermindert: «Nichts und niemand wird den Marschall auf dem von seinem senilen Ehrgeiz vorgezeichneten Wege aufhalten können. Und sein Stolz artet aus. Er hat seine inneren Dämonen nicht mehr in der Gewalt.» Pétain akzeptierte, als man ihn als Botschafter nach Spanien zu

1 Joseph Gallieni (1849–1916), französischer General. (Anm. d. Übers.)

Franco schickte. De Gaulle schreibt dazu: «Er nimmt den Botschafterposten an. Er würde was auch immer annehmen, so sehr ist er von senilem Ehrgeiz beherrscht. Es ist schrecklich und kläglich. Er ist nicht mehr in der Lage, Verantwortung zu tragen.» In Spanien mehrten sich die Gedächtnisausfälle: «Pétain ist am Tag zwei bis drei Stunden wirklich vorhanden», sagte einer seiner Untergebenen.

Seine Gleichgültigkeit gegenüber der Gegenwart, die Fixierung auf die Vergangenheit erklären gewisse Fakten, die man nicht allein als Ausdruck ‹geistiger Altersschwäche› deuten kann. Nach Paris zurückgekehrt und im Juni 1940 zum Minister ernannt, tat er so gut wie nie den Mund auf. Eines Tages jedoch, so berichtet Laurent-Eynac, als man ihn fragte, wie er sich den französischen Zusammenbruch erklärte, antwortete er: «Wir haben vielleicht zu früh auf die Brieftaubenzüchter und auf die Brieftauben verzichtet.» Er erinnerte sich offenbar an die wichtige Rolle, die die Brieftauben während der Verteidigung von Fort Vaux gespielt hatten. Der senile Ehrgeiz ist eine Erklärung dafür, daß er den Waffenstillstand unterzeichnet hat. Aber er war auch davon überzeugt, daß die Unterzeichnung des Waffenstillstands durch Foch am 11. November 1918 ein Fehler gewesen war, der dazu geführt hatte, daß Frankreich letztlich den Krieg verlor: er hatte geweint, als Foch dem Ersuchen der Deutschen stattgab. Nun bildete er sich ein, der Waffenstillstand 1940 werde für Deutschland eine ähnliche Niederlage nach sich ziehen. «Das, was früher gewesen ist, läßt ihm keine Ruhe», notierte einer seiner Vertrauten.

Er sprach unaufhörlich vom Vaterland, vom Heil Frankreichs, vom Wohle der Franzosen; aber Weygand beobachtete, während Pétain den Waffenstillstand mit seinen niederdrückenden Bedingungen unterzeichnete, eine stille Befriedigung in seinem Gesicht: er war es, den man geholt hatte, das Vaterland zu retten. Er glaubte sich damit großartig bei allen denen zu revanchieren, die seine Karriere aufgehalten und später seinen Ruhm hatten teilen wollen. In den folgenden Jahren berauschte er sich an den Schmeicheleien, den Ovationen und der scheinbaren Macht, so daß er fröhlich erklärte: «Ich besitze mehr Macht als Ludwig XIV.», während er doch in den Händen der Deutschen war, die das halbe Land unmittelbar regierten. Ein wenig später sagte er zum Grafen von Paris: «Ich erneuere die royalistische Tradition. Ich besuche die Provinzen, man bringt mir Geschenke – es ist wie unter der Monarchie.» Zwei Jahre nach dem Waffenstillstand tat seine Frau dem Ehepaar Massis gegenüber die schreckliche Äußerung: «Wenn Sie wüßten, wie glücklich er seit zwei Jahren ist.»

Bonhomme, sein Adjutant, der ihn aus nächster Nähe erlebte, beobachtete: «Seine durch sein hohes Alter bedingte Gefühllosigkeit nimmt zu. Je älter er wird, desto mehr gleiten alle Katastrophen an ihm ab.» Und Darlan sagte: «Dieser Mensch produziert Kohlensäureschnee.» Er war so kalt gegenüber allem, so in seine Eitelkeit verrannt, daß jeder Austausch mit ihm unmöglich geworden war. Niemand und nichts konnte ihn mehr rühren. Als er die ersten gegen die Juden gerichteten Maßnahmen zuließ, sagte General Mordacq zu ihm: «*Monsieur le Maréchal*, Sie entehren Ihre Uniform.» – «Ich pfeife drauf», antwortete er, der ständig das Wort Ehre im Munde führte.

Wie viele Menschen im hohen Greisenalter gab er wohl hier und da Zeichen von Gemütsbewegungen zu erkennen, doch sein Verhalten wurde davon nicht beeinflußt. Sein Kabinettschef, Du Moulin de La Barthète, berichtet: «Ich habe diesen mürrischen, zynischen und grausamen alten Mann wie ein Kind weinen sehen, als die Nachricht vom Martyrium der in Châteaubriant Erschossenen ihn erreichte.» Für einen Augenblick begriff er, daß er sich entehrt hatte; er sprach davon, sich in Gefangenschaft zu begeben. Doch am nächsten Tag ließ er sich mühelos davon abbringen. Er vergoß ein paar Tränen über das Schicksal der Elsaß-Lothringer; aber als Robert Schuman mit ihm darüber sprechen wollte, schnitt er ihm das Wort ab: «Diese Geschichten würden nur die Versorgung und die Lage Frankreichs komplizieren.» Ein Bericht über eine Razzia im Vél d'Hiv' schien ihm nahezugehen, aber er faßte sich schnell wieder: «Es stimmt allerdings, daß die Juden nicht immer einen guten Einfluß auf Frankreich gehabt haben.»

Seine Absenzen, seine Taubheit waren oft simuliert: er wollte sich auf kein Gespräch einlassen. Er war durchaus in der Lage – wenigstens mehrere Stunden am Tag –, zu verstehen, was man ihm sagte. Aber zwischen Verstand und Willen stellte sich keine Verbindung mehr her. «Der Treibriemen ist gerissen», sagte Bonhomme; und er sagte ferner: «Er ist ein Monstrum an Egoismus geworden: das ist das Alter.» Als die Deutschen verlangten, er solle Weygand in den Ruhestand versetzen, wandte sich Bonhomme an François Valentin – den Directeur-Général der von Vichy geschaffenen Légion des Combattants – und bat ihn, Pétain zu überreden, ihnen nicht nachzugeben. Es kam zu einer schrecklichen Szene vor einem Dutzend konsternierter Zeugen, und Valentin ging so weit, zu sagen: «Nehmen Sie sich in acht, eines Tages werden die Franzosen auf die Sterne Ihrer Uniform spucken.» Pétain blickte umher, als suche er Hilfe, antwortete aber nichts. Valentin notierte sich: «Der Verstand ist vollkommen klar. Aber das Alter hat den Willen zerstört.» Von Zeit zu Zeit sagte Pétain: «Ich bin entehrt. Ich muß gehen ...» Aber er blieb.

Großen Wert legte er aufs Essen. Als Michel Clemenceau zu ihm kam und ihn bat, er solle Reynaud und Mandel, die auf Fort Portalet in Haft saßen, nicht den Deutschen in die Hände fallen lassen, redete er sich heraus: «Ich kann da nichts tun.» Und er fügte hinzu: «Bleiben Sie doch zum Essen. Es gibt heute gute Langusten aus Korsika.» Als Oberst Solborg im Auftrag des Weißen Hauses kam, um ihn zu fragen, ob er einwilligen würde, ohne Wissen der Deutschen nach Algier zu gehen, sprach Pétain nur von der Vergangenheit: vom Großen Krieg, von General Pershing und dem amerikanischen Expeditionskorps. Dann zog er eine Menukarte aus der Tasche und meinte: «Ah! Heute bekommen wir etwas Gutes zu essen!»

Er war immer ein großer Schürzenjäger gewesen, und seine Sexualität war nicht ganz erloschen. «An manchen Abenden», erzählt Leroy Ladurie [1],

1 Zitiert nach Tournoux: *Pétain et de Gaulle*. Das Faktum wird auch von Jules Roy berichtet. «Wenn die Franzosen wüßten!» sagte Bonhomme.

damals Landwirtschaftsminister, «wenn die Marschallin zu Bett gegangen ist, begleiten wir mit zwei oder drei langjährigen Freunden den Marschall. In einem Zimmer des *Hôtel du Parc* tanzt die Frau eines berühmten Forschers, lasziv und bis zur Taille nackt. Der alte Soldat weiß das Schauspiel sehr zu schätzen.»

Als Hitler einem Attentat entging, wollte Pétain ihm ein Glückwunschtelegramm schicken; sein Arzt, Dr. Ménétrel, der beträchtlichen Einfluß auf ihn hatte, versuchte ihn davon abzubringen. Vergeblich. Pétain unterschrieb das Telegramm. Gabriel Jeantet betrat das Amtszimmer und sah das Telegramm. «*Monsieur le Maréchal*, Sie entehren sich.» – «Was soll ich denn machen?» fragte Pétain. «Das», sagte Jeantet und zerriß das Telegramm. Pétain reagierte nicht. Kurz darauf erblickte er, in Gegenwart des Generals von Neubronn, eine Mücke auf einer Karte der Front und rief, während er sie zerdrückte: «Sieh an, ein Boche! Ich töte ihn.» Und mit sanfter Miene fügte er hinzu: «Man neigt viel zu sehr zum Verallgemeinern.»

Nachdem er nach Sigmaringen verschleppt worden war, erklärte er, daß er sich als Gefangener betrachte. Ménétrel flehte ihn vergeblich an, sich an diese Rolle auch zu halten. Doch Pétain unterließ es, mit Brinon zu brechen, den die Deutschen zum Chef einer Scheinregierung ernannt hatten, und mit Bentler-Fink, der ihn getäuscht und unter Gewaltanwendung nach Deutschland gebracht hatte, unterhielt er weiterhin freundliche Beziehungen. Ménétrel sagte verzweifelt: Pétain «umging ständig alle klaren Situationen», er habe nicht einmal den Mut gehabt, «seinen Namen zu verteidigen». Immerhin, als er erfuhr, daß das Verfahren gegen ihn eröffnet werden sollte, brachte er noch genug Würde auf, um freiwillig nach Frankreich zurückzukehren. Nachdem er zu Beginn des Prozesses eine von seinen Verteidigern verfaßte Erklärung verlesen hatte, schützte er seine Taubheit vor und beantwortete keine Frage. Am Ende sagte er zu seinen Verteidigern: «Sehr interessant, dieses Verfahren. Ich habe eine Menge gelernt.»

In der Zeit seiner Gefangenschaft las er ein wenig und versuchte Englisch zu lernen. Von 1949 an verlor er ganz den Verstand. Er verwechselte die beiden Kriege. An einem 11. November schlug er heftig mit der Faust auf den Tisch: «Aber verdammt gute Rasse, diese Boches! Und ich hab sie geschlagen!»

Die letzten Jahre seines Lebens sind nicht sehr aufschlußreich: von einem bestimmten Grad des geistigen Verfalls an kann man nicht einmal mehr von Gleichgültigkeit sprechen, und für Ehrgeiz ließen die Umstände keinen Raum mehr. Doch während der Vichy-Jahre erkennt man, wie durch ein Vergrößerungsglas gesehen, das Erschreckende und das Elend eines solchen ‹leeren› Ehrgeizes, dem so viele alte Menschen zum Opfer fallen. Sie wollen nicht irgend etwas tun: es kommt ihnen nur auf die Gestalt an, mit der sie sich identifizieren und der sie zu opfern bereit sind, was immer es sei, einschließlich der Werte, die in Ehren zu halten sie vortäuschen ... Bei Pétain ist der Widerspruch besonders deutlich: er war das willige Instrument der Deutschen und sah sich zugleich als Herrschergestalt; er führte ständig die Wörter «Ehre» und «Vaterland» im Mund und entehrte sich zugleich und verriet sein Land. Ichbezogen und taub für den Rat anderer, kann der Ehrgeizige, wenn die Umstände ihm zu irgendwelcher Macht verhelfen, mit seinem Anspruch und seinem Egoismus gefährlich werden.

Ehrgeiz kann sich nur eine Handvoll Privilegierter erlauben, und viele von ihnen kennen die ‹Eitelkeit› solchen Strebens. Im allgemeinen haben die alten Menschen nichts, worin sie vor der Leere ihrer Existenz Zuflucht suchen können. Ihr ‹Appetitmangel› inmitten einer farblos gewordenen Welt verurteilt sie – es sei denn, ihr verbrauchter Organismus verlangt nur noch nach Ruhe – zur Langeweile. Schopenhauer behauptet, die Langeweile falle für sie durch die Beschleunigung des Laufes der Zeit weg. Dennoch erinnert er an das Wort des Aristoteles: «Das Leben besteht in der Bewegung.» Und er selbst bekräftigt: «Daher also ist Tätigkeit ... zum Glück des Menschen unerläßlich ... Daher wird die gänzliche Untätigkeit uns bald unerträglich», schreibt er, «indem sie die entsetzlichste Langeweile herbeiführt.»

So ist es in der Tat. Wenn die Existenz sich nicht auf Ziele hin transzendiert, wenn sie träge auf sich selbst zurückfällt, dann ruft sie jenen von Sartre beschriebenen ‹Ekel› hervor. Junge Leute erleben das häufig: sie können noch nicht einwirken auf die Welt, sie sind noch auf ihre eigene nackte Gegenwart beschränkt; für sie bleibt die Welt, wie für die Alten, stumm; dieses Schweigen, das wie ein Kreis ist, aus dem herauszugelangen unmöglich scheint, läßt ihre Hoffnungen erstarren. In meiner Jugend habe ich mich zwei, drei Jahre lang bitter gelangweilt, weil ich, nachdem ich die Welt der Kindheit verlassen hatte, noch nicht in die der Erwachsenen eingetreten war – ich hatte zu nichts Zugang und rechnete nicht damit, daß mich je irgend etwas fordern könnte. Dennoch gibt es in dieser Hinsicht einen großen Unterschied zwischen dem jungen und dem alten Menschen; der erste steht der Welt nicht gleichgültig gegenüber; wirre Pläne, präzise Wünsche bewegen ihn: er langweilt sich, weil die Gesellschaft, seine Eltern, seine Situation seinen Elan hemmen. Sowie der Druck sich lockert, sowie sich eine Öffnung zeigt und eine Begegnung oder ein günstiges Ereignis dazukommt, ist der Kreis gesprengt: man findet die Neugier wieder, findet wieder Geschmack am Leben. Dagegen langweilt sich der Greis, weil die Umstände oder seine Gleichgültigkeit ihn von seinen Plänen abgebracht haben und weil seine Neugier [1] erloschen ist. Wir haben den schwindelnden Abgrund gesehen, der sich in den Altersheimen und auch außerhalb von ihnen vor dem alten Menschen auftut, die Langeweile wird so tief, daß sie jede Möglichkeit und sogar jeden Wunsch, sich ihr zu entziehen, zunichte macht.

Wenn ein alter Mensch die Zeit, in der er lebt, ablehnt, findet er nichts, was

1 Der noch junge Baudelaire, der selbst vom Lebensüberdruß erfaßt war, hat den Zusammenhang zwischen Mangel an Neugier und Langeweile durchaus gesehen.

> Nichts gleicht an Länge den hinkenden Tagen
> Wenn unter schweren Flocken schneeiger Jahre
> Die Langeweile, Frucht grauer Gleichgültigkeit
> Die Maße annimmt der Unsterblichkeit.

ihn aus seiner Verdrossenheit herausreißen könnte. Aber selbst wenn er seiner Umwelt gegenüber aufmerksam und aufgeschlossen bleibt, verdunkelt doch das Fehlen eines Ziels sein Leben. Gide schrieb am 19. September 1941: «Die Seele, ohne Ziel mehr, ganz Beute der Muße, langweilt sich.» Später beschreibt er in *So sei es* unter der Bezeichnung *Anorexie* das Erlöschen jeden Begehrens in ihm selbst: «Ich bin nicht mehr sehr neugierig auf das, was mir das Leben noch bieten könnte ... Es wäre schwierig, klarzumachen, daß ich einfach vom Leben gesättigt bin und nicht mehr recht weiß, wie ich die kurze Zeit, die mir noch zu leben bleibt, anwenden soll. Anorexie. Grauenhaft ausdrucksloses Antlitz des Überdrusses.» Manchmal hatte er den Eindruck, nicht mehr zu den Lebenden zu gehören. Am 10. Mai 1942 schreibt er: «In der neuen Kulisse ist es doch wieder derselbe Akt desselben Stückes, das weitergespielt wird. Ich bin nicht mehr dabei. Schon lange habe ich aufgehört zu sein. Ich nehme nur den Platz von jemand ein, den man für mich hält.»

Die Worte ‹Kulisse›, ‹Stück› bringen ein Gefühl der Ent-Realisierung zum Ausdruck, das in der folgenden Passage aus *So sei es* noch deutlicher wird: «Gestern im Zug habe ich mich allen Ernstes gefragt, ob ich eigentlich noch am Leben sei. Die Außenwelt war zwar noch da, und ich nahm sie in aller Klarheit wahr; war's aber noch ich, der da wahrnahm? Alles existierte und fuhr fort zu sein, ohne mein Dazutun. Die Welt brauchte mich nicht mehr. Und während ziemlich langer Zeit ... war ich *abwesend.*» Er beschreibt hier eine Erfahrung von Entpersönlichung, ähnlich jener, wie man sie bei bestimmten Neurasthenikern beobachten kann: nichts interessiert sie mehr, nichts beansprucht sie, sie machen keine Pläne mehr; die Welt ist für sie eine Pappkulisse, und sie selbst kommen sich vor wie lebende Tote.

Die alten Leute nun, die weiterarbeiten, tun dies oft mit einer gewissen Ernüchterung, weil sie sich ihrer Grenzen bewußt geworden sind. Wir haben gesehen, daß manche Künstler gegen Ende ihres Lebens über sich hinausgewachsen sind: die letzte *Pietà* von Michelangelo ist zugleich die schönste. Aber auch dann können sie nie etwas anderes tun als *ihr* Werk zu vollenden. Diese ermüdende Monotonie läßt in ihnen ein trostloses «Wozu?» aufkommen. Und diese Frage liest man auf Rembrandts letztem Selbstbildnis. Michelangelo meißelte unentwegt weiter, aber er betrachtete sein Werk mit enttäuschtem Blick: er nannte seine Statuen «Hampelmänner».

In einem seiner Gedichte[1] läßt Yeats einen Spottgeist einen Dialog mit einem alten Schriftsteller führen. Dieser beglückwünscht sich zuerst:

> «Das Werk ist vollendet», trödelte er, alt geworden,
> «So wie als Kind ich es entworfen hatte.
> Die Dummen sollen toben, nichts habe ich verfehlt.
> Bis zur Vollendung habe ich etwas gebracht.»
> Doch jener Geist sang um so lauter noch: «Na und?»

1 *What then?*

Verdi hat seine letzten Opern – die schönsten – freudlos komponiert. Für den ‹Hauch von Traurigkeit›, den jede Realisierung im Herzen hinterläßt, sind die alten Künstler besonders empfindlich. Sie haben ihr «Sein nicht wieder eingeholt» und wissen von nun an, daß sie es, was sie auch immer vollenden mögen, nie wieder einholen werden.

Keinen Zielen mehr verpflichtet zu sein, keinen Anforderungen mehr zu begegnen, das verurteilt den alten Menschen zur Langeweile; es gibt eine Entschädigung, der manche großen Wert beimessen: sie brauchen keine Anstrengung mehr zu unternehmen, sie dürfen faul sein. Erinnern wir uns, was Fontenelle und Emerson am Altsein bewunderten: man darf sich selbst unterbieten. «Die Indolenz ist nicht ohne Süße», sagte der alternde Saint-Évremond. Nach Jouhandeau bedeutet der letzte Lebensabschnitt «die wirklichen großen Ferien nach der Überarbeitung der Sinne, des Herzens, des Geistes, die das Leben gewesen ist ... Das Nahen des Alters bringt eine Art abolu ter Freizeit mit sich. Man braucht sich nicht mehr um irgendeines Erfolgs willen anzuspannen ... Welche Ruhe! ... Das Privileg des Alters: es hat nichts zu gewinnen noch zu verlieren.» Die Alten haben nur selten Schuldkomplexe: das Alter liefert ihnen Entschuldigung und Alibi; es macht dem beruflichen Wettkampf ein Ende. Und ebenso dem sexuellen Wettstreit: Impotenz, Frigidität sind gerechtfertigt. Alle Unzulänglichkeiten werden normal: Unbesonnenheit, Unfähigkeit. Gewisse Makel werden beseitigt: Häßlichkeit wird sozusagen aufgesogen durch den normalen Verfall, den die Jahre mit sich bringen; manche Frauen wirken sogar, als seien sie einmal schön gewesen, obwohl sie in ihrer Jugend schlecht dran waren. Menschen, für die das Erwachsensein schwierig war, die sich nicht recht anpassen konnten, entdecken im Altwerden Vorteile.

Nur muß die Nachsicht, in deren Genuß sie kommen, teuer bezahlt werden: man entschuldigt ihre Unzulänglichkeiten im einzelnen, da man sie definitiv für minderwertig hält: sie haben nichts mehr zu verlieren, weil sie schon alles verloren haben. Sie sind von ihren Schuldkomplexen befreit: das Lösegeld ist für die meisten unter ihnen ein bitteres Gefühl der Erniedrigung. Die Erwachsenen behandeln sie wie Kinder, wie Gegenstände. Tatsache ist, daß ihre Situation in biologischer, wirtschaftlicher und gesellschaftlicher Hinsicht wesentlich schlechter ist. In allen Tests, denen sie sich unterziehen, bringen sie einen Ekel vor sich selbst zum Ausdruck, der um so stärker ist, je tiefer ihr Lebensstandard gesunken ist, und zu anhaltenden Depressionen führen kann.

«Nicht der Tod mißfällt, sondern der Verfall», schreibt Ballanche. «Ich bemerke ihn deutlich bei Madame Récamier, bei Madame de Chateaubriand, das heißt ich fühle, wie sehr diese traurige Empfindung für sie existiert.» Ein Mann, der eine gewisse Macht ausgeübt hat, findet sich nicht damit ab, daß er sie verloren hat. Churchill klammerte sich verbissen daran; Pétain zog den Schein der Ehre vor. Die leitenden Wirtschaftsleute, die Industriekapitäne und Generaldirektoren sind, wenn sie ihrer Funktionen enthoben werden, nur noch arme Wesen, auch wenn ihnen ihr *standing* erhalten bleibt. Selbst in Fällen, die besonders günstig erscheinen, leiden die Betroffenen darunter, daß sie sich einschränken müssen. Lächelnd, liebenswürdig, bewundert, schrieb die gealterte Ninon de Lenclos an Saint-Évremond: «Alle sagen, ich hätte mich weniger über die Zeit zu beklagen als jede andere; wie immer das auch gemeint sein mag, hätte man mir ein solches Leben vor Augen geführt, ich hätte mich aufgehängt.» Die 58jährige Virginia Woolf notierte am 29. Dezember 1940 in ihrem Tagebuch: «Ich verabscheue die Härte des Alters. Ich fühle es kommen. Ich knirsche mit den Zähnen. Ich bin verbittert.

Die Füße weniger bereit den Tau zu fühlen.
Das Herz minder bewegt durch neue Sorgen,
Und weniger bereit die zertretene Hoffnung, sich aufzubäumen.

Ich habe gerade Matthew Arnold aufgeschlagen und diese Zeilen abgeschrieben.»

Die Unzufriedenheit kann sich zur Auflehnung steigern; so bei Ionesco: «Wie kann ich mich mit dieser Situation abfinden, wie kann man sich damit abfinden zu leben, während die Zeit so schwer wie eine Eselslast auf einem liegt? Unzumutbar! Man müßte sich auflehnen» (*Tagebuch*).

Und bei Leiris: «In meinem Innern ist irgend etwas zerstört, und ich kann nicht hoffen, es je wieder heil zu sehen: jenes Alter, das mich immer so sehr ängstigte, hat sich in mir eingenistet, und die Krise, die ebenso schnell vergangen war, wie sie mich ergriffen hatte, wird das Nachhutgefecht gewesen sein oder der Ehrenkampf, den ich ihm geliefert habe – davon überzeugt mich jeder Tag mehr» (*Fibrilles*).

Die Auflehnung ist vergeblich; man resigniert schließlich, wenn auch nicht ohne Bedauern. Die meisten Greise versinken in Griesgrämigkeit. Schon Aristoteles stellte fest: «Sie können nicht mehr lachen.» Dr. Baumgartner notiert: «Auf geistiger Ebene ist einer der feststehendsten und deutlichsten Charakteristika des alternden Menschen mit Gewißheit der Verlust der Fröhlichkeit.» Als er in den Sechzigern war, schrieb Casanova in einem Brief: «Was meine Memoiren betrifft, so werde ich es wohl dabei belassen, denn seit ich 50 Jahre alt wurde, vermochte ich nur Trauriges von mir zu geben, und das betrübt mich.» Ballanche schreibt: «Madame Récamier nimmt die Situation weiterhin in Trübsal hin. Madame de Chateaubriand nimmt sich selbst in Trübsal hin. Ampère nimmt die Zeit in Trübsal hin ... Die Trübsal überwältigt mich.»

In dem Journal Edmond de Goncourts schimmert, obwohl er wenig über sich selbst spricht, eine tiefe Traurigkeit durch. Am 17. Juni 1890 schreibt er: «Die Last des Alters, das Gefühl von Gebrechlichkeiten, die sich bemerkbar machen, inmitten des Aufbruchs von Freunden und Bekannten, die jetzt Paris verlassen, all das verfinstert mir die Seele.»

André Gide bemüht sich in seinen letzten Jahren – in seinem Tagebuch und mehr noch in seiner Korrespondenz –, Haltung zu bewahren. Doch vertraut er, in Saint-Paul-de-Vence, Martin du Gard am 1. Juli 1949 an: «Habe einige *grausame* Tage düsterer Niedergeschlagenheit hinter mir; es muß mit ich weiß nicht was für einer Sache am Herzen, das schwach wurde, zusammenhängen, mit der

Luft hier, die nicht zu atmen ist (jedenfalls für mich nicht), mit meiner Einsamkeit (Pierre und Claude sind für drei Tage mit dem Auto unterwegs), mit der Untätigkeit ... *Grausam.*»

Aus Sorrent schreibt er am 15. Juni 1950: «Ungeachtet der Gesellschaft von Catherine und Jean Lambert, trotz wundervollen Wetters, einer bezaubernden Reise und eines fast zufriedenstellenden Befindens habe ich eine Reihe von Tagen durchgemacht, die zu den mühsamsten meiner langen Existenz gehören. Ich bin noch nicht heraus aus dem Tunnel, ahne aber wenigstens die Befreiung.»

Am 11. Juli 1950 schreibt er: «Leider fehlt es am Appetit sowie ... am Restlichen und an der Neugier. Ich weiß nicht recht, von welcher Seite her ich noch irgendeine wahre, tiefe und dauernde Freundschaft erwarten dürfte.»

Eine junge Frau schrieb mir über ihren Vater: «Er ist jetzt 70 Jahre alt, und ihm fehlt kaum etwas, außer einigen harmlosen, zumeist eingebildeten Beschwerden. Aber er ist traurig, er ist immer öfter traurig. Er liest traurig, gleichsam nur oberflächlich, er hört uns traurig zu, er lacht traurig. Neulich hörte ich ihn in seinem Zimmer pfeifen, und plötzlich hielt er inne. Er hat sich wohl gefragt: Wozu?»

Die Traurigkeit alter Menschen wird nicht durch ein Ereignis oder durch besondere Umstände ausgelöst: sie verschwimmt mit der Langeweile, die sie verzehrt, mit dem bitteren und demütigenden Gefühl ihrer Nutzlosigkeit, ihrer Einsamkeit inmitten einer Welt, die nur Gleichgültigkeit für sie übrig hat.

Der Altersabbau ist nicht nur an sich schwer zu ertragen, sondern bringt den alten Menschen außerdem in der Welt in Gefahr. Wir haben gesehen, daß er am Rande der Krankheit, am Rande des Elends, dahinvegetiert. Er empfindet ein beängstigendes Gefühl der Unsicherheit, das seine Ohnmacht noch steigert.

Zur Passivität verurteilte Menschen sind ständiger Sorge preisgegeben. Je weniger eine Frau tätig ist, um so mehr wird sie von ihren Sorgen verzehrt. Ebenso ergeht es den alten Menschen: sie grübeln über Gefahren nach, die abzuwehren sie nicht die Mittel haben. Aber auch wenn keinerlei Bedrohung auf ihnen lastet – das Bewußtsein ihrer Wehrlosigkeit genügt, daß sie sich beunruhigen: die Ruhe, die sie genießen, erscheint ihnen unsicher; die Zukunft ist voller erschreckender Möglichkeiten, da sie nicht mehr Herr darüber sind. Die Katastrophe, die über sie hereingebrochen ist, besteht darin, daß sie aus der Stellung des verantwortlichen Erwachsenen brutal in die Lage eines abhängigen Objekts versetzt worden sind. Diese Abhängigkeit liefert sie der Willkür anderer aus, und sie spüren sie selbst in Augenblicken, in denen sie sich gar nicht bemerkbar macht. Das geht zum Beispiel aus einer Umfrage hervor, die in einem Heim der C.N.R.O. veranstaltet wurde. Die befragten Rentner durften dort tatsächlich bis zu ihrem Tod leben. Aber sie brachten es nicht fertig, daran zu glauben. Viele hatten Angst, sie würden eines Tages fortgeschickt werden und stünden dann mittellos auf der Straße. Der Komfort, in dem sie lebten, beunruhigte sie eher. Sie meinten: «Schwer vorstellbar, daß man das hier so weiterführen kann ... Ich fürchte nur, daß das nicht immer so weitergeht ... Wir sind hier noch so wenige, da fragt man sich doch, warum? Sind die Kosten zu hoch? Und da frage ich mich eben, ob das bei so wenig Leuten durchgehalten werden kann ... Es ist so schön hier, man fragt sich einfach, ob das von Dauer sein wird ... Die müssen ja wissen, was sie machen. Trotzdem, ein bißchen beunruhigen tut es einen natürlich ...»

Als meine Großmutter mütterlicherseits einwilligte, zu meinen Eltern zu ziehen, da sie verbraucht und körperlich leicht behindert war, wurde sie mißtrauisch und neigte ein bißchen zur Heimlichtuerei. Sie ahnte, daß ihre Anwesenheit meinen Vater bedrückte. Es fehlte ihr an nichts; trotzdem verbarg sie in ihrem Schrank und in anderen Verstecken Lebkuchenstücke und Kekse, die sie heimlich knabberte.

Der Greis bleibt in Angst und Sorge, auch wenn ihm alle Sicherheitsgarantien gegeben sind, da er zu den Erwachsenen kein Vertrauen hat: eben darin, daß er in ständigem Mißtrauen lebt, besteht seine Abhängigkeit. Er weiß, daß die Kinder, die Freunde, die Neffen, die ihm sein Leben erleichtern – durch finanzielle Hilfe oder indem sie sich um ihn kümmern oder ihn bei sich aufnehmen –, diese Hilfe verweigern oder einschränken können, sie können ihn fallenlassen oder gegen seinen Willen über ihn bestimmen: ihn zum Beispiel zwingen, die Wohnung zu wechseln, etwas, das für ihn zu den schrecklichsten Vorstellungen gehört. Er kennt die Doppelzüngigkeit der Erwachsenen. Er fürchtet, daß man ihm im Namen einer konventionellen Moral beisteht, die weder Achtung noch Zuneigung bedeutet. Er denkt, man behandle ihn gemäß den Imperativen der öffentlichen Meinung, und diese kann umgangen werden oder weniger zählen als bestimmte Annehmlichkeiten. Die Unglücksfälle, die der Greis befürchtet – Krankheit, Invalidität, Erhöhung der Lebenskosten –, sind um so furchterregender für ihn, als sie die Haltung der anderen negativ beeinflussen können. Er hofft nicht etwa darauf, daß sein unaufhaltsamer natürlicher Abbau durch das Verhalten seiner Angehörigen verlangsamt oder ausgeglichen wird, sondern argwöhnt, daß sie diesen Prozeß noch beschleunigen, indem sie ihn, zum Beispiel wenn er gebrechlich wird, in ein Pflegeheim geben.

Die Verheirateten ängstigen sich nicht weniger als die anderen, im Gegenteil. Die Ängste des einen mehren und bestärken noch die des anderen: jeder macht sich die doppelte Sorge, um den Gefährten und um sich selbst.

Gegen die objektive Unsicherheit seiner Situation und gegen seine innere Angst sucht sich der alte Mensch zu verteidigen: wir müssen also die Mehrzahl seiner Verhaltensweisen – zumindest weitgehend – als Schutzmaßnahmen interpretieren. Eine ist fast allen gemeinsam: die Flucht in die Gewohnheit. «Es gibt ein Altersmerkmal, das mich stärker beeindruckt als alle physischen Zeichen: die Entwicklung von Gewohnheiten», schrieb O. W. Holmes. Das ist eine unbezweifelbare Tatsache. Aber das Wort Gewohnheit hat mehrere Bedeutungen, die wir voneinander unterscheiden müssen.

Die Gewohnheit – das ist die Vergangenheit, soweit sie von uns nicht repräsentiert, sondern in Form von Einstellungen und Verhaltensweisen gelebt wird; es ist die Gesamtheit der ‹Montagen› und Automatismen, die uns das Gehen, Sprechen, Schreiben usw. ermöglichen. Bei einem normalen Altersverlauf unterliegen sie keiner Störung, sondern gewinnen sogar an Bedeutung, da sie in den Dienst einer Routine gestellt werden. Von Routine sprechen wir, wenn die Tätigkeit, die ich heute ausübe, meine gestrige zum Vorbild hat, die wiederum eine Kopie meiner vorgestrigen Tätigkeit ist – und so fort, bis ins Unendliche. Zum Gehen nutze ich alte Montagen: ich kann mir aber auch einen neuen Weg ausdenken. Routine, das ist das tägliche Wiederaufnehmen des gleichen Spaziergangs. Und in diesem Sinne wächst der Anteil der Gewohnheit gemeinhin von Jahr zu Jahr. Bei der Routine spielt ein ökonomisches Prinzip eine Rolle, das alle beschäftigten Menschen in jedem Lebensalter berücksichtigen. Es bedeutet ja einen Zeitverlust, über weniger wichtige Dinge lange nachdenken zu müssen. Man stellt sich also ein für allemal auf einen bestimmten Zeitplan, auf bestimmte örtliche Gegebenheiten ein, geht in dieses Geschäft und in jenes Restaurant. Solange man aber jung ist, sind die Regeln locker und lassen Raum für Improvisationen, Launen, eine neue Wahl. Der alte Mensch nimmt alles Neue mit einer gewissen Unruhe auf; wählen müssen erschreckt ihn; sein Minderwertigkeitskomplex äußert sich in Zögern und Zweifeln. Für ihn ist es bequem, sich auf erprobten Regelungen auszuruhen. Die Montagen, die Automatismen werden in den Dienst statischer Verhaltensweisen gestellt: der Mechanismus des Gehens wird zur Wiederholung immer ein und desselben Spaziergangs genutzt. Die Gewohnheiten ersparen uns Anpassungsschwierigkeiten, sie liefern Antworten, bevor man sich Fragen stellen muß. Wenn man älter wird, befolgt man sie noch strikter als vorher. Kant hatte sich stets zu einer strengen Disziplin gezwungen, doch im Alter machte er eine Religion daraus. Der alte Tolstoj hatte seinen Tageslauf unumstößlich eingeteilt. Paradox ist, daß die Gewohnheit denen, die nichts tun, noch unentbehrlicher ist als denen, die aktiv sind: wenn sie nicht ganz in der trägen Stagnation der Tage versinken wollen, müssen sie ihr einen starren, genau festgelegten Zeitplan entgegenstellen. Damit gewinnt ihr Leben den Charakter einer Quasi-Notwendigkeit. Der Greis entrinnt dem Überdruß eines Zuviels an freier Zeit, indem er sie mit Aufgaben und Anforderungen ausfüllt, die für ihn zu Pflichten werden; auf diese Weise vermeidet er es, sich die beunruhigende Frage zu stellen: Was tun? Er hat jeden Augenblick etwas zu tun. Ich weiß noch, wie mein Großvater seinen Tageslauf geregelt hatte: Zeitung lesen, Inspektion seiner Rosen, Mahlzeit, Siesta, Spaziergang – das alles vollzog sich in unveränderlicher Reihenfolge.

Die Rolle der Gewohnheit – in ihrer doppelten Form als Automatismus und Routine – ist für den Greis um so wesentlicher, je mehr seine psychischen Kräfte schwinden. Unter anderem vermag sie Gedächtnisschwächen auszugleichen. Es gibt eine detaillierte Beschreibung [1] eines Falles, in dem eine Frau fast ganz

1 Paul Courbon im *Journal de psychologie* (1921).

ihr Gedächtnis verloren hatte und sich trotzdem in jeder Weise angepaßt verhielt. Sie erkannte die Menschen nicht wieder, war sich aber klar darüber, welcher gesellschaftlichen Kategorie sie angehörten, und behandelte die Schwestern, die Ärzte, die Putzfrauen und die anderen Heiminsassen alle verschieden. Sie wußte, daß sie ihr Gedächtnis verloren hatte, und ärgerte sich, wenn man sie dazu bringen wollte, Erinnerungen wachzurufen, aber sie besaß ein vernünftiges Urteil, war durchaus zurechnungsfähig und machte gern Späße. Sie lebte ohne Vergangenheit und ohne Zukunft in einer fortwährenden Gegenwart.

Die Montagen, die Routine wirken nur, wenn die äußere Welt geregelt ist und keine Probleme aufwirft: jedes Ding muß an seinem Platz sein, jedes Ereignis zu seiner Zeit eintreten. Nicht zuletzt aus diesem Grunde fühlen sich alte Leute durch die geringste Unordnung in einer manchmal krankhaft erscheinenden Weise irritiert. Ebenso aber auch, weil der Vorhang von Riten und Gewohnheiten, hinter dem sie Schutz suchen, ihnen ein Minimum an Sicherheit garantiert: wenn nur ein anderer eine dieser Regeln verletzt, kann man nicht wissen, bis zu welchem Punkt sich seine Tyrannei auszuleben wagt. Zwar sind diese Manien an sich defensiver Natur, doch haben sie auch einen mehr oder weniger aggressiven Charakter: zu erreichen, daß sie respektiert werden, ist für den zur Machtlosigkeit verurteilten Greis die einzige Möglichkeit, seinen Willen durchzusetzen. So umgibt sich in *Krieg und Frieden* der alte Fürst Bolkonski mit strengen Gewohnheiten, um seine Autorität geltend zu machen. Ähnlich hielt es Goethe mit 81 Jahren nach dem Tod seines Sohnes: er übernahm wieder die Lenkung des bis dahin recht schlecht geführten Haushalts; peinliche Ordnung mußte in seiner Umgebung herrschen. Er hatte den Schlüssel des Holzstalles unter seinem Kopfkissen und wog jeden Morgen selbst das Brot ab, das im Laufe des Tages verzehrt werden durfte.

Man sieht, der Greis hat gute Gründe, an seinen Gewohnheiten festzuhalten: aber er gewöhnt sich auch an seine Gewohnheiten, was dazu führt, daß er auf Manien, die jede Bedeutung verloren haben, beharrt. Sich jeden Nachmittag in einem bestimmten Café mit Freunden zum Kartenspiel zu treffen – das ist eine Gewohnheit, die ursprünglich erdacht und gewählt wurde und deren tägliche Wiederholung einen Sinn hat. Wenn der Spieler aber erbost und verstört ist, weil *sein* Tisch besetzt ist, dann hat er in sich eine inerte Forderung errichtet, die ihn behindert, sich der Situation anzupassen. Solche Manien schaffen Hinderungsgründe, so daß man sich zum Beispiel weigert, ins Ausland zu reisen, weil es dort nicht das gewohnte Essen gibt. Wenn der alte Mensch sie überhandnehmen läßt, verknöchert er und verstümmelt sich selbst.

Dagegen kann eine völlig integrierte Lebensgewohnheit den alten Menschen bereichern: sie hat etwas Poetisches an sich. Wenn ein solcher Ritus – wie zum Beispiel bei den Engländern die Teezeremonie – eine genaue Wiederholung jenes Ritus ist, den ich am Vortag befolgt habe und den ich morgen wieder befolgen werde, dann ist der gegenwärtige Augenblick wiedererweckte Vergangenheit und vorweggenommene Zukunft, und ich sehe beide zusammen in der Art des Für-sich: ich erreiche – in meiner Illusion, denn die Synthese wird nicht realiter vollzogen – jene Dimension des Seins, nach der das Seiende strebt. Durch die Gewohnheit vollzieht sich eine Kristallisation, wie sie Stendhal im Hinblick auf die Liebe beschreibt: ein Gegenstand, ein Besitz, eine Tätigkeit gewinnt die Eigenschaft, uns die ganze Welt anzuzeigen. Sartre erzählt in *Das Sein und das Nichts*, wie schwer es ihm fiel, als er in einem bestimmten Augenblick seines Lebens zu dem Entschluß gebracht wurde, das Rauchen aufzugeben: «Die konkrete Qualität, die sich allgemein über die Dinge gelegt hatte, war: daß ich fähig war, ihnen-beim-Rauchen-zu-begegnen. Es schien mir nun, daß ich ihnen diese Qualität nehmen müßte und daß sich das Leben angesichts einer solchen universellen Verarbeitung weniger lohnen würde.» Mehr als jeder andere weiß der alte Mensch das Poetische an der Gewohnheit zu schätzen: sie verschmilzt Vergangenes, Gegenwärtiges und Zukünftiges und entreißt ihn so der Zeit, die sein Feind ist; sie verleiht ihm jene Ewigkeit, die er im Augenblick nicht mehr findet.

Da sie der Welt eine gewisse Qualität verleiht und dem Ablauf der Zeit gleichsam einen verführerischen Reiz, verliert man in jedem Lebensalter etwas, wenn man auf eine Gewohnheit verzichtet. Doch solange man jung ist, verliert man nicht sich selbst, denn man situiert sein Sein in der Zukunft, im Vollendetsein der Entwürfe. Der Greis dagegen fürchtet die Veränderung, denn da er befürchten muß, sich nicht mehr anpassen zu können, sieht er in ihr nicht eine Öffnung, sondern nur einen Bruch mit der Vergangenheit. Da er nichts *tut*, identifiziert er sich mit dem Rahmen und dem Rhythmus seines früheren Lebens: sich davon loszureißen, bedeutet für ihn, sich von seinem Sein zu trennen. «Wenn man alt wird», schreibt Flaubert an Caroline, «sind die Gewohnheiten von einer Tyrannei, von der Du Dir keine Vorstellung machst, Du armes Kind. Alles, was vergeht, alles, was uns verläßt, hat den Charakter des Unwiderruflichen, und man fühlt den Tod über sich hinwegschreiten.»

So gewährt die Gewohnheit dem alten Menschen eine Art ontologischer Sicherheit. Durch sie hindurch weiß er, wer er ist. Sie steht ihm gegen seine diffusen Ängste bei, indem sie ihm versichert, daß der morgige Tag den heutigen wiederholen wird. Nur, diese Konstruktion, die er der Willkür der anderen und den Gefahren, mit denen diese Willkür die Welt erfüllt, entgegensetzt, gerät selber in Gefahr in der Welt, da sie vom Willen anderer abhängig ist. Als Schutzwehr gegen die Angst wird die Gewohnheit zu dem Objekt, auf das sich alle seine Ängste konzentrieren: bei der Vorstellung, sie aufgeben zu müssen, fühlt der Greis «den Tod über sich hinwegschreiten».

Tatsächlich ist ein solches Unglück, tritt es wirklich ein, oft unerträglich. Meine Großmutter ertrug es, zu meinen Eltern zu ziehen, weil diese Entscheidung langsam in ihr gereift war. Wenn aber ein Greis rücksichtslos in eine andere Umgebung verpflanzt wird, und sei es zu seinen eigenen Kindern, ist er ratlos und oft verzweifelt: jeder zweite, der auf diese Weise entwurzelt wird, stirbt innerhalb eines Jahres. Auch erlebt man nicht selten, daß alte Eheleute innerhalb weniger Stunden oder Tage nacheinander sterben: gefühlsmäßige Bindung und Gewohnheit lassen sich hier schwer auseinanderhalten.

An seinen Gewohnheiten festhalten bedeutet, daß man an seinem Besitz hängt; die Dinge, die uns gehören, sind sozusagen erstarrte Gewohnheiten: der Hinweis auf bestimmte statische, besitzergreifende Verhaltensweisen. Einen Garten haben heißt, jeden Tag darin spazierengehen können; der Sessel hier wartet darauf, daß ich mich jeden Abend hineinsetze. Auch der Besitz garantiert eine ontologische Sicherheit: der Besitzende ist der Seinsgrund seiner Besitztümer. Ich bin die Gegenstände, die ich besitze. «Die Gesamtheit meiner Besitztümer spiegelt die Gesamtheit meines Seins wider.»[1] Der Besitzende unterhält eine magische Beziehung zu seinem Besitz. Der alte Mensch, dem es nicht mehr gegeben ist, durch Schaffen sein Sein entstehen zu lassen, will *haben*, um zu sein. Das ist der Grund für jenen Geiz[2], den man so häufig bei ihm beobachtet. Dieser Geiz ist auf konkrete Dinge gerichtet: der Greis kann es nicht ausstehen, daß man seine Sachen benutzt oder sie auch nur anrührt. Er richtet sich auch auf das abstrakte Äquivalent dieser Sachen, das Geld. Geld bedeutet eine Sicherung der Zukunft, es schützt den alten Menschen gegen die Unsicherheit seiner Situation; aber diese rationalistische Erklärung ist ungenügend: das wird einem sofort klar, wenn man einen 90jährigen sieht, der im Elend stirbt – mit einer riesigen Summe Geldes unter seiner Matratze. Geld ist so viel wie Macht, es ist eine schöpferische Kraft: der Greis identifiziert sich in magischer Weise damit. Er empfindet eine narzißtische Befriedigung beim Betrachten, beim Berühren dieses Reichtums, in dem er sich wiedererkennt. Und er findet hier auch jenen Schutz, dessen er so nötig bedarf. «Somit ist das Besitzen eine *Waffe gegen den anderen*»[3]: durch das, was ich habe, gewinne ich ein Objekt zurück, das meinem Sein-für-andere vergleichbar ist, und damit ist es nicht mehr an den anderen, zu entscheiden, wer ich bin. Gegen jene, die in ihm nur ein Objekt sehen wollen, versichert sich der Greis, dank seiner Besitztümer, seiner Identität.

Aber auch so ist sein defensives System in der Welt noch gefährdet: andere können ihm sein Geld stehlen oder es von ihm erpressen. Der Geiz wird zur Manie, er nimmt neurotische Formen an, da der Besitz, in dem der Greis Zuflucht vor der Angst sucht, zum Gegenstand seiner Angst und Unruhe wird. Ebenso wie eine Form der Defensive ist der Geiz oft gleichzeitig eine Form der Aggression gegenüber den anderen. Der Greis rächt sich an seinen Kindern, indem er sich weigert, ihnen finanziell zu helfen, oder indem er ihnen, wenn sie von ihm abhängig sind, einen erbärmlichen Lebensstil aufzwingt: es ist die einzige Form von Macht, über die er noch verfügt, und er hat ein boshaftes Vergnügen daran, sie die anderen spüren zu lassen.

Die Angst läßt den alten Menschen umfassende und radikale Maßnahmen gegen die Angriffe der Außenwelt ergreifen. Er kann sie nicht beseitigen, aber

1 Jean-Paul Sartre: *Das Sein und das Nichts.*

2 Freud erklärt ihn mit einer Rückkehr ins Analstadium. Aber die Idee der ‹Rückkehr› erscheint mir sehr dunkel und die Erklärung des Geizes durch die Analerotik unzureichend.

3 Jean-Paul Sartre: *Das Sein und das Nichts.*

er kann seine Beziehungen zu ihr reduzieren. Bei vielen alten Menschen führt das Mißtrauen zu einem Abreißen jeder Kommunikation. Vom Intellekt her fällt es ihnen schwer, sich neuen Ideen zu öffnen. Aber sie verschließen sich auch freiwillig: jede Vermittlung anderer birgt eine Bedrohung. Worte sind Fallen. Sie denken, man wolle sie nur überlisten. Sie weigern sich, zuzuhören. So erklärt es sich, daß sich viele von ihnen taub stellen; die Worte gleiten an ihnen ab, denn es liegt nicht in ihrem Interesse, sie aufzunehmen: andernfalls sind sie plötzlich auf wunderbare Weise imstande, sie zu erfassen.[1] Ebenso wie sie taub sind, sind sie auch mehr oder weniger stumm, jedenfalls, was bestimmte Themen anlangt. Vor allem hinsichtlich ihrer finanziellen Mittel schweigen sie sich beharrlich aus. Je weniger man über ihr Konto weiß, so sagen sie sich, je weniger kann man sich in ihre Angelegenheiten einmischen.

Oft ziehen sie sich noch radikaler auf sich selbst zurück; sie wehren sich nicht allein durch Verhaltensweisen, sondern unterziehen ihre Gefühle einer inneren Bearbeitung: sie ‹desengagieren› sich, wie der amerikanische Gerontologe Cummings sagt, das heißt, sie brechen ihre gefühlsbestimmten Beziehungen zu anderen ab. Ihr Bedürfnis, dies zu tun, ist um so stärker, als sie psychisch empfindlich geworden sind. Warum, weiß man nicht genau, denn die Art und Weise, in der die Seneszenz das Nervensystem angreift, ist wenig bekannt. Tatsache ist jedoch, daß ihr neurovegetatives System labil ist: in dieser Beziehung gleichen sie den Kindern. Sie haben plötzliche Stimmungswechsel, übertriebene Gefühlsausbrüche, sie weinen leicht. Von seinem 73. Lebensjahr an stiegen Goethe um ein Nichts die Tränen in die Augen. Tolstoj weinte im Alter ungeheuer viel: wenn er Musik hörte, wenn Leute ihm Beifall zollten, wenn Sophia krank war, wenn sie ihn mit Hingabe pflegte. Churchill weinte sehr oft, als er alt war. Dostojewski hat den Fürsten Ssokolskij mit dieser kindlichen Erregbarkeit ausgestattet; sein Gesichtsausdruck «wechselt vom äußersten Ernst zu überschwenglicher Fröhlichkeit»; er schluchzt um nichts und wieder nichts. Als er nach einer Trennung den heranwachsenden Sohn wiederfindet, zerfließt er in Tränen. In den *Dämonen* ist Stepan Trofimowitsch mit 53 Jahren schon ganz wie ein Greis: mißtrauisch, ängstlich; mit tränenüberströmtem Gesicht verläßt er aus Gesinnungstreue die reiche Witwe, die ihn unterhielt. Bei einem Vortrag, in dem er seine Ideen verteidigt, bricht er in konvulsivisches Schluchzen aus.

Diese Reaktionen erschöpfen den alten Menschen und können lästige oder schädliche Folgen nach sich ziehen: wenn man jemanden bemitleidet, muß man ihm helfen, ihm Zeit widmen oder Geld geben. Und um mit seinen Kräften hauszuhalten und sich gegen Gefahren zu schützen, zieht sich der Greis in sich selbst zurück. Es ist erstaunlich, was für eine große Herzenskälte Tolstoj beim Tod seiner Kinder bewiesen hat. Um sein 58. Lebensjahr war er innerlich härter geworden. Er hatte einen 4jährigen Sohn verloren und erklärt, einst hätte ihn dieser Verlust tief betrübt, doch jetzt erscheine ihm der Tod eines Kindes «vernünftig und gut», da er von Gott gewollt sei und näher zu Ihm hinführe. Er war

1 Ein Beispiel dafür haben wir bei Pétain erlebt.

67 Jahre alt, als Wanitschka, den er sehr zu lieben schien, im Alter von 7 Jahren starb. Tolstoj war niedergeschmettert. Doch am Tag nach der Beerdigung erklärte er, es sei dies ein «barmherziges» Ereignis, da es ihn Gott näherbringe. Er nahm sogleich seine Arbeit wieder auf und bekräftigte in Briefen: «Es gibt keinen Tod; er ist nicht tot, da wir ihn lieben.» Mascha, seine Lieblingstochter, starb 1906 im Alter von 35 Jahren. Während ihrer Agonie hielt er ihr die Hand. Aber in seinem Tagebuch schrieb er: «Es ist ein Ereignis irdischen Charakters und folglich gleichgültig.» Er betrat nicht den Friedhof. Er kehrte in sein Arbeitszimmer zurück und schrieb: «Gerade hat man sie fortgeholt, weggetragen, um sie zu begraben. Gottlob bewahre ich die innere Haltung.» Mit dem übertriebenen Ausdruck der Gemütsbewegungen ging ein Mangel an Empfindungsvermögen einher. Diesem Zug begegnet man auch beim gealterten Goethe und bei einer sehr großen Zahl alter Menschen.

Tolstoj und auch Goethe waren immer egozentrisch gewesen. Bei Menschen, die im Erwachsenenalter warmherziger Empfindungen fähig gewesen sind, ist das Greisenalter weniger gefühllos. Sie sind nach wie vor für die anderen da: aber in welchem Maße und unter welchen Bedingungen? Es ist schwer, darauf eine allgemeine Antwort zu geben. Man kann nur einige Bemerkungen dazu machen.

Das Verhältnis alter Menschen untereinander ist zwiespältig. Sie sind gern zusammen, soweit sie gemeinsame Erinnerungen und die gleiche Mentalität haben. Manche – Clemenceau zum Beispiel – pflegen mit Vorliebe ihre ältesten Freundschaften. Andererseits aber ist der eine für den anderen wie ein Spiegel, in dem jeder sich nur ungern betrachtet: die Anzeichen von Senilität, die sie entdecken, stören sie. In der letzten Zeit ihrer langen Freundschaft warf André Gide der ‹kleinen Dame› ihre Schwerhörigkeit vor und daß sie ihm häufig widersprach. Manchmal kommt es unter sehr bejahrten Männern zu einem albernen Wettstreit: jeder ist pikiert, daß der andere genauso lange überlebt hat wie er selbst. Ich kannte einen Greis, der voller Ungeduld den Tod seines letzten Rivalen erwartete: er wollte der alleinige Besitzer bestimmter Erinnerungen sein und der einzige, der sie noch erzählen konnte. Aber die am weitesten verbreitete Haltung unter alten Leuten ist die Gleichgültigkeit, vor allem bei den Männern. Die alten Frauen haben mehr gemeinsame Interessen und infolgedessen mehr Zusammenhalt und mehr Anlaß zu Streit.

Viele alte Paare leben unter demselben Dach, aber völlig getrennt. Bei anderen wieder wird das Verhältnis, wie wir gesehen haben, von Ängsten, Forderungen und Eifersucht bestimmt: sie sind sich unentbehrlich, ohne jedoch einander das Leben zu erleichtern. Eine kleine Anzahl lebt in wirklichem Einvernehmen.

Die innere Ausgeglichenheit der alten Leute hängt vor allem von ihrem Verhältnis zu ihren Kindern ab, das oft problematisch ist. Der Sohn hat noch nicht ganz den jugendlichen Groll gegen den Vater überwunden; soweit es ihm gelungen ist, nämlich indem er den Vater symbolisch getötet hat, hat er sich von ihm gelöst oder sich sogar an seine Stelle gesetzt. Der Vater hat, als er plötzlich in seinem Sohn den Erwachsenen sah, eine Phase der ‹umgekehrten Ödipus-Empfindung› durchgemacht: er mußte seine Beziehungen zu seinem Sohn neu aufbauen. Je nachdem, wie weit ihm dies auf eine mehr oder weniger harmonische Weise gelungen ist – was von seinem Sohn und ihm selbst abhing –, hat er nun im Alter herzliche, zwiespältige oder feindselige Gefühle für den Sohn. Vor allem den eigenen Söhnen gegenüber kommt die fordernde und mißtrauische Haltung des alten Mannes zum Ausdruck; er wird sich klar darüber, daß sie die Autorität, die er noch wahrt, oder die Last, die er ihnen bedeutet, nur ungeduldig ertragen. Die Tochter liebt und bewundert gewöhnlich ihren Vater – sie braucht ihn nicht zu töten, um sich selbst zu verwirklichen, ihre Zuneigung zu ihm bleibt ungetrübt, und er erwidert sie: Antigone, Cordelia sind Beispiele für diese Beziehung. Manchmal jedoch, wenn sie sich verheiratet, wird er eifersüchtig, fühlt sich verlassen und gibt ihr seinen Groll zu verstehen. Sie wiederum nimmt oft die übliche Haltung der Erwachsenen ein: sie gibt sich überlegen und ist ungeduldig. Die Liebe der Mutter zum Sohn ist eine der am wenigsten ambivalenten Formen der Liebe: bleibt er Junggeselle, ist er für sie im Alter eine Quelle des Glücks. Heiratet er, fühlt auch sie sich verlassen, wird bitter, ist eifersüchtig auf die Schwiegertochter. Bei der Tochter sucht die Mutter eine Identifizierung. Aber die Tochter hat nicht immer die klassische Feindseligkeit der Zeit der Adoleszenz überwunden: sie bleibt bei ihrem Willen, sich von ihrer Mutter zu befreien und hält sie auf Distanz [1]; die alte Frau leidet darunter und nimmt es ihr übel. Sie hat ihrerseits eine Phase der ‹umgekehrten Ödipus-Empfindung› durchgemacht, als ihre erwachsen gewordene Tochter ihre eigene Jugendlichkeit gefährdete: die späteren Beziehungen zwischen ihnen hängen weitgehend davon ab, in welcher Weise diese Krise überwunden worden ist. Die Beziehungen der Eltern zu den Ehepartnern ihrer Kinder sind sehr veränderlich. Die Rivalität zwischen Schwiegermutter und Schwiegertochter ist klassisch. Doch kann eine junge Frau, die mütterliche Liebe entbehrt hat, ihre Tochtergefühle auf die Mutter ihres Mannes übertragen, und die alte Frau kann bei ihr die Zuneigung finden, die sie bei ihren eigenen Töchtern nicht zu wecken vermochte: dann entwickelt sich ein sehr positives und herzliches Verhältnis. Dieser Fall tritt infolge des häufigen Scheiterns der Beziehungen zwischen Mutter und Tochter ziemlich oft ein. Ähnliche Übertragungen können in der Beziehung der jungen Frau zu ihrem Schwiegervater oder des Schwiegersohns zu seiner Schwiegermutter stattfinden, doch ist das viel seltener. Noch seltener ist allerdings eine wahre Zuneigung des Schwiegersohns zu seinem Schwiegervater. Alle diese Hinweise sind nur annähernde Charakterisierungen. Zum großen Teil hängen die Beziehungen zwischen den beiden Generationen von den verwandtschaftlichen Gefühlen ab, die die einzelnen füreinander empfinden oder nicht empfinden.

Die wärmsten und glücklichsten Gefühle hegen alte Menschen für ihre Enkelkinder. Anfangs ist das nicht immer einfach. Es kommt vor, daß die Existenz von Enkelkindern sowohl für die Männer wie für die Frauen die Phase des

1 So Madame de Grignon bei Madame de Sévigné.

‹umgekehrten Ödipus› schwieriger macht: bei einer bereits erwähnten Umfrage über das Altersbewußtsein bei einer Gruppe 55jähriger Lehrer sagten diejenigen, die Großväter waren, sie fühlten sich entsprechend älter. Die Haltung der Großmutter ist anfangs oft sehr ambivalent. Steht sie der Tochter feindselig gegenüber, so ist sie es auch gegenüber deren Kindern, durch die sich die Tochter selbst bestätigt und ihrer Mutter entgleitet; wenn sie die Tochter liebt und sich mit ihr identifiziert, liebt sie ihre Enkelkinder, ärgert sich aber darüber, daß sie bei ihnen nur eine zweitrangige Rolle spielt. In den Sprößlingen ihres Sohnes liebt sie diesen, doch sind es ja zugleich die Kinder der Schwiegertochter, auf die sie eifersüchtig ist. Da die Frau sich im allgemeinen als Mutter bestätigt sieht, kann die Rivalität zwischen ihr und der Tochter oder der Schwiegertochter auf diesem Gebiet sehr heftig werden. Die Frau überwindet nicht so leicht wie der Mann den unangenehmen Eindruck, mit der Geburt von Enkelkindern eine Generation aufzurücken. Der Mann empfindet sich auf dem Gebiet der Vaterschaft nicht als Rivale seiner Söhne oder Schwiegersöhne. Überdies wird er weit weniger um Hilfe gebeten, infolgedessen ist er im allgemeinen gleichgültiger als die Großmutter. Doch wenn er in das Leben seiner Enkelkinder mit hineingezogen wird, sind seine Gefühle ebenso herzlich und weniger zwiespältig. Victor Hugo und Sartres Großvater spielten den Großvater: aber sie haben ihre Enkelkinder aufrichtig und heiß geliebt. Freud weinte und verlor alle Lust am Leben, als sein Enkelsohn starb.

In den meisten Fällen haben die Großeltern, wenn die Enkel ungefähr 10 Jahre alt sind, ihr Alter auf sich genommen und finden in ihrer großelterlichen Stellung große Befriedigung. Alles, was die Ambivalenz der elterlichen Position ausmacht – der Wunsch nach Identifizierung, nach Kompensation, Schuldgefühle oder Frustration – bleibt den Großeltern erspart. Sie können ihre Enkelkinder gänzlich unbeschwert und gänzlich unbefangen lieben, da sie ihnen gegenüber weder Rechte noch Verantwortung haben: die undankbare Aufgabe, sie zu erziehen, nein zu sagen, der Zukunft den gegenwärtigen Augenblick zu opfern, ist nicht ihre Sache. Außerdem bezeugt das Kind oft sehr viel Zärtlichkeit; es findet bei ihnen Zuflucht vor der Strenge der Eltern; es empfindet ihnen gegenüber nicht die Eifersucht, nicht das Verlangen nach Identifizierung, nicht den Groll und nicht die Auflehnung, die sein Verhältnis zu seinem Vater und seiner Mutter so dramatisch gestalten. Wenn die Kinder junge Leute, Erwachsene geworden sind, lastet nichts von ihrer Vorgeschichte auf ihren Beziehungen zu den Großeltern. Diese finden in der Zuneigung, die ihre Enkel ihnen entgegenbringen, einen Ausgleich für ihre Enttäuschung über die mittlere Generation; sie fühlen sich durch den Umgang mit der Jugend verjüngt. Abgesehen von der familiären Bindung ist auch die Freundschaft der Jungen etwas Wertvolles für alte Menschen: sie vermittelt ihnen den Eindruck, daß die Zeit, in der sie leben, ihre Zeit bleibt, sie läßt ihre eigene Jugend wieder aufleben und reißt sie mit ins Unendliche der Zukunft: es gibt keinen besseren Schutz gegen Griesgrämigkeit, die das hohe Alter bedroht. Unglücklicherweise sind solche Beziehungen selten: Jung und Alt gehören ihren Welten an, zwischen denen es kaum Verbindung gibt.

Die Beziehungen zu Kindern und Enkelkindern nehmen im allgemeinen einen größeren Platz im Leben der Frauen ein als in dem der Männer. Das Alter hat sie weniger tief stürzen lassen, sie haben mehr Möglichkeiten, sich zu betätigen: sie sind weniger verbittert, fordern weniger und ‹desengagieren› sich deshalb weniger. Auch sind sie es mehr gewohnt, für andere und durch andere zu leben. So sind sie auch im Alter noch für die anderen da, im Guten wie im Bösen.

Selbst wenn der alte Mensch sich seine Zuneigung für seine Familie und seine Freunde bewahrt hat, distanziert er sich doch in seinem Verhältnis zu ihnen. Seine Egozentrik wird ihm durch die Gleichgültigkeit erleichtert, die nach und nach Besitz von ihm ergreift, die er aber auch absichtlich fördert. Sie ist Abwehr und Rache zugleich: da man ihn nicht behandelt, wie man ihn behandeln sollte, und da er nur noch auf sich selbst rechnen kann, widmet er sich ganz seiner eigenen Person. Einem Freund, der ihm sein Schweigen vorwarf, hat der 70jährige Roger Martin du Gard mit folgendem sehr bezeichnenden Brief geantwortet: «Es ist so, daß ich alt werde, daß meine Aktivität nachläßt, daß ich mich jeden Tag ein wenig mehr von der Welt zurückziehe. Seit meinem großen Leid fällt es mir schwer, mich für etwas anderes zu interessieren als für mein eigenes Los (und auch das beschäftigt mich kaum...), und meine Aufmerksamkeit beschränkt sich auf einige persönliche Sorgen, unter denen die Arbeit [1] den größten Raum einnimmt. Das heißt nicht, daß ich deshalb meine Freundschaften verrate: aber die Vitalität dieser Freundschaften verkümmert wie die Vitalität überhaupt... Ich werde schnell müde, ich bin jeden Abend am Rande meiner Kraft, ich brauche viel Schlaf und Frieden, meine Tage sind kurz, und selbst der Frühling scheint mir den Tag nun nicht mehr zu verlängern. So muß ich jede Verzettelung meiden, mich sammeln und mich auf jene beiden so merkwürdig unvereinbaren Welten konzentrieren, die ich jetzt in mir trage: die weite und öde Welt meiner Vergangenheit, in der ich einen Teil der Zeit umherirre, und diese begrenzte, eng gewordene, auf mein Maß zurechtgestutzte Welt der Gegenwart... ich richte mich in einer kleinen Hütte inmitten des lärmenden Waldes der Welt ein.»

Dieser Rückzug führt manchmal zu innerem Frieden. So war es bei Rousseau. Zuerst trug er schwer an der Last der Jahre. Als er in den *Rêveries* erklärt, warum er weiter an Gott glauben will, malt er ein düsteres Bild seines Zustands: «Heute, da Verzweiflung mir das Herz zusammenschnürt und die Kümmernisse meine Seele beschweren, da meine Phantasie verscheucht und mein Kopf wirr ist von all den schrecklichen Miseren, die mich umgeben, heute, da alle meine Fähigkeiten, durch das Alter und die Ängste geschwächt, ihre Triebkraft eingebüßt haben, sollte ich mich da ohne Ursache all der Mittel entäußern, die ich mir erworben habe?» Ein wenig später beginnt er zu resignieren: «Ich bin auf mich allein angewiesen, ich nähre mich, das ist wahr, von meiner eigenen

1 Er arbeitete ohne große Überzeugung an einem umfangreichen Roman, den er Jahre zuvor begonnen hatte und den er nicht beenden sollte.

Substanz, aber sie erschöpft sich nicht, und ich genüge mir selbst, obgleich ich sozusagen im Leeren grüble und meine versiegte Phantasie und meine verblaßten Ideen meinem Herzen keine Nahrung mehr geben. Meine verdunkelte Seele, von meinen Organen beschwert, sinkt Tag um Tag, und unter der Last dieser schweren Massen hat sie nicht mehr genügend Kraft, sich wie einst aus ihrer alten Hülle emporzuschwingen.» Aber in seinen beiden letzten Jahren hellt sich der Himmel für ihn auf: «Ich habe die Heiterkeit, den Frieden, ja das Glück wiedergefunden, da jeder Tag meines Lebens mich mit Vernügen an den gestrigen erinnert und ich mir für den morgigen nichts anderes ersehne.» Und ein wenig später: «Von allen Seiten werde ich bedrängt, aber ich bleibe im Gleichgewicht, da ich mich an nichts mehr binde – ich stütze mich nur noch auf mich selbst.»

Rousseau ist des Verfolgungswahns, unter dem er litt, schließlich überdrüssig geworden: er hörte auf, sich um die gegen ihn gerichteten Machenschaften zu sorgen. Dahin gelangte er durch eine Übersteigerung seines Ichs, die ebenfalls eine Form von Paranoia war, ihm aber innere Ruhe schenkte.

Gewöhnlich genügt das Sich-auf-sich-selbst-Zurückziehen nicht, um den Greis vor den anderen zu schützen: seine Affektivität ist zwar auf die engen Grenzen seines Universums konzentriert, aber nicht beseitigt. Er bleibt verletzlich in seinem Körper, in seinen Gewohnheiten, in seinem Besitz. Auch weiterhin drohen Gefahren, und die Angst bleibt.

Der eigene Verfall und das Mißtrauen lösen beim alten Menschen nicht nur Gefühllosigkeit gegenüber anderen, sondern auch Feindseligkeit aus. Ebenso wie die allgemeine Situation der Frau diese zu Ressentiments verleitet, verführt die des alten Menschen zu einer fordernden Haltung. Das Alter fällt unversehens über uns her, und wir empfinden ein dunkles Gefühl der Ungerechtigkeit: dieses Gefühl setzt sich in eine Vielzahl von Auflehnungen und Weigerungen um. Der alte Mensch betrachtet sich als ein Opfer des Schicksals, der Gesellschaft, seiner Nächsten: man hat ihm Unrecht getan, man tut es ständig weiter. Es kommt vor, daß er einen Zorn in sich nährt, der ihn an den Rand des Wahnsinns treibt. Eine Briefpartnerin schreibt mir über ihre 80jährige Tante: «Sie ist nach und nach verrückt geworden aus Unglück und Angst bei dem Gedanken, daß sie alt ist. Ihr Leiden ist so unerträglich, daß ich sie nicht mehr besuchen werde. Es ist ihr sowieso einerlei, ob man kommt oder nicht. Wir sind noch keine zehn Minuten da, dann schickt sie uns wieder fort, angeblich, weil sie sich schlafen legen will. Sie will nicht mehr ausgehen und Besorgungen machen, weil sie Komplimente für ihren flinken Gang und ihre erstaunliche Gesundheit (was ja stimmt) zu hören bekommt. Sie sagt: ‹Sie machen mich wahnsinnig, ich kann diese Leute nicht mehr ertragen.› Alles wirkt lächerlich, grotesk, verzerrt gegenüber der Stärke ihres Unglücks. Sie tut nichts mehr. Sie zieht sich nicht mehr an, sie zieht sich nicht mehr aus. Sie irrt den ganzen Tag wie ein gejagtes Tier umher, stöhnt und schleppt einen Schmerz mit sich herum, der ihr irgendwo weh tut. ‹Oh, wenn ich doch eine richtige Krankheit hätte, dann könnte man mich wenigstens behandeln!› Und dann erkennt sie uns plötzlich nicht mehr und erinnert sich nicht mehr an früher; nicht daß sie unter Gehirnerweichung litte, sondern sie will einfach nicht. Alles, was nicht zu ihrem Unglück gehört, ist für sie eine unerträgliche Ironie. Sie war eine sehr intelligente, nicht sonderlich gebildete Frau, sehr aktiv, von einer nie versiegenden Fröhlichkeit und Witzigkeit.»

Gewöhnlich tritt der Groll der alten Menschen nicht so offen zutage und auch nicht mit solcher Heftigkeit: aber er schwelt in ihm. Der Greis fühlt sich ausgeschlossen aus seiner Zeit, er überlebt mehr, als daß er lebt. Er sieht, daß alles, was er gewollt, geglaubt, geliebt hat, in Frage gestellt oder sogar abgelehnt wird: gegen diese radikale Enteignung lehnt er sich auf.

Der Sturz ist um so härter, je höher der Platz war, den der einzelne eingenommen hat, je mehr Macht oder Prestige er besessen hat. Bleibt ihm ein wenig Autorität, zum Beispiel im Kreis seiner Familie, neigt er dazu, sie zu mißbrauchen: das ist für ihn zugleich Kompensation und Rache. Auf diese Weise hat sich der alte Fürst Bolkonski zum Haustyrannen entwickelt. So empfindet Tanizakis Held Schadenfreude, als er seiner Tochter Geld verweigert: herabgesunken in den Zustand physischer Abhängigkeit, rächt er sich, indem er seinen Angehörigen beweist, daß sie wirtschaftlich von seinen Launen abhängig sind. Ein Mann, der immer einen mürrischen Charakter gehabt hat, wird in seinen letzten Jahren ein widerwärtiges Wesen hervorkehren. So tat es Chateaubriand gegenüber Madame Récamier.

Wagner fügte sich nicht ins Alter, er empfand es als eine Demütigung. Er ließ es Cosima büßen; er warf ihr vor, daß sie sich liebevoll um Liszt, ihren alten Vater, kümmerte; er brachte sie durch seine Zornausbrüche zum Weinen.

Vor allem sind es aber die aufsteigenden Generationen, die beim alten Menschen Zorn oder Haß hervorrufen, da er sich durch sie enteignet fühlt. Gern sagt er ihnen eine katastrophale Zukunft voraus; so sagte Goethe 1828, als er zu Eckermann über die Menschheit sprach: «Ich sehe die Zeit kommen, wo Gott keine Freude mehr an ihr hat und er abermals alles zusammenschlagen muß zu einer verjüngten Schöpfung.» Er betrachtete die zeitgenössische französische Literatur als eine «Literatur der Verzweiflung». «Das Häßliche, das Abscheuliche, das Grausame, das Nichtswürdige, mit der ganzen Sippschaft des Verworfenen, ins Unmögliche zu überbieten, ist ihr satanisches Geschäft.» Nach 1830 und kurz vor seinem Tod schrieb er: «Verwirrte Lehre zu verwirrtem Handel waltet über der Welt.»

Saint-Évremond hatte diese Neigung der alten Menschen, sich ihrer Zeit zu verschließen und aus ihrer Unkenntnis ein Gefühl der Überlegenheit zu beziehen, schon beobachtet und darüber geschrieben: «Es scheint, daß sie durch den langen Genuß des Lebens verlernt haben, unter den Menschen zu leben ... Alles, was sie tun, gilt ihnen als Tugend; zum Laster zählen sie alles, was sie nicht tun könnten ... Daher rührt jene gebieterische Autorität, mit der sie alles kritisieren.» Alain bemerkt: «Es ist eine wohlbekannte Tatsache, daß der Greis seine Jugend lobt und das, was ihn umgibt, tadelt.»

Auf solche Weise schmollt Edmond de Goncourt, eingeschlossen in seine

Vergangenheit, mit seiner Zeit: «Es steht nichts mehr in den Zeitungen», sagte er. Am 7. April 1895 schrieb er in sein Journal: «Oh! diese Zeiten! – welch eine Tollheit in dieser Begeisterung, Mallarmé, Villiers de L'Isle-Adam, die großen Männer der Jugend!» Und am 31. März 1896: «Diese altväterische, professorale, dogmatische Art der neuen Zeitschriften und dabei dieser unüberlegte Enthusiasmus für die ausländischen Literaturen!»

Zu Beginn des Ersten Weltkriegs sagte Rodin, dessen Gesundheit ein leichter Schlaganfall zerrüttet hatte, zu Judith Cladel: «Wir leben in einer durch und durch dekadenten Epoche; der Krieg kennzeichnet den gegenwärtigen Geisteszustand; das ist die Zeit der Barbarei, die Unwissenheit dominiert, und die Restauratoren töten die Bildhauerei ... Europa ist am Ende ... Es wird wie Asien werden.» Wir haben gesehen, wie Clemenceau von seinem fernen Ruhesitz aus seine Zeit verachtete und die Kassandra spielte.

Diese Einseitigkeiten können verärgern. Aber man muß sie verstehen. Von den neuen Generationen vergessen oder in Verruf gebracht, lehnt der alte Mensch seine Richter für die Gegenwart und bis in ihre Zukunft ab.

Tyrannisieren, andere verfolgen, Unheil prophezeien: das ist nur der kleinen Zahl derer gestattet, die noch einiges Prestige haben. Die meisten besitzen keinerlei Prestige. Sie sind es, die tyrannisiert, verfolgt, verhöhnt werden. Selbst wenn man sich ihnen gegenüber korrekt verhält, behandelt man sie als Objekte, nicht als Menschen. Man fragt sie nicht um Rat, man berücksichtigt nicht, was sie sagen. Sie fühlen Gefahr in den Blicken, die sich auf sie richten. Sie argwöhnen Böswilligkeit. Dr. Johnson sagte zu Boswell: «Die Leute haben eine üble Neigung, anzunehmen, ein alter Mann habe nicht mehr alle seine Sinne beisammen. Wenn ein junger Mann sich beim Verlassen einer Gesellschaft nicht mehr erinnern kann, wo er seinen Hut hingelegt hat, dann bedeutet das nichts und man lacht darüber. Aber wenn die gleiche Zerstreutheit einem alten Mann unterläuft, zucken die Leute mit den Schultern und sagen: ‹Da sieht man, er verliert das Gedächtnis!›»

Mauriac schreibt in seinen *Nouveaux Mémoires intérieurs*: «Nicht zuletzt bekümmert an dieser letzten Alterswende, daß die Leute, was uns betrifft, auf das Schlimmste gefaßt sind ... Zittert einem die Hand, während man die Kaffeetasse wieder auf den Tisch stellt, wird dieses Zittern sofort registriert. Und das geht bis zu den Lobsprüchen auf unser gutes Aussehen, die uns doch nur bedrücken. Man bricht in Verwunderung aus über die so jugendliche Figur eines alten Mannes, während es doch niemandem in den Sinn käme, einem Buckligen einzureden, sein Rücken sei gerader, als er aussieht.»

Alte Menschen wissen, daß sie nicht in der Lage sind, ihre eigenen Mängel zu ermessen: sie können senil oder doch geistig stark geschwächt sein, ohne es zu merken. Sie legen – richtig oder falsch – die Blicke, das Lächeln, die Worte ihrer Umgebung aus. Auf dieser Grundlage formen sich Reaktionen – Verstimmungen, Launen, gezielte Ungeschicklichkeiten, Klagen und Szenen –, die oft ungerechtfertigt erscheinen. Der Greis schreit, ehe man ihn häutet, und bei der kleinsten Kleinigkeit ist er gekränkt. Sicher hätte er bei dieser oder jener Gelegenheit keinen Grund, einzuschnappen; doch er ist eben ständig gekränkt und tut so, als würde ihm bei lebendigem Leib das Fell abgezogen. Alles verletzt ihn, einschließlich der Anstrengungen, die man unternimmt, um ihn zu schonen.

Gekränkt, gequält schlägt er zurück, indem er sich weigert, das Spiel mitzuspielen. Die Welt der Erwachsenen ist nicht mehr die seine: er lehnt ihre Regeln ab und auch ihre Moral. Er legt sich keinerlei Zwang mehr auf. Zynisch sucht er seinen Vorteil oder sein Vergnügen. Er vertritt die Ansicht, daß ‹alles erlaubt› ist. Er spricht alles aus, was ihm durch den Kopf geht, versagt sich keine unangenehme Bemerkung, keine boshafte Stichelei. Er kontrolliert seine Impulse nicht mehr, nicht, weil er dazu nicht in der Lage wäre, sondern weil er keinen Grund dazu sieht. Paul Courbon hat 1930 einen detaillierten Bericht über einen Fall dieser Art verfaßt. Es geht darin um eine 72jährige Frau, die ein wohlhabendes und mondänes Leben geführt hatte. Mit 60 Jahren wurde sie Witwe; ihre Tochter mußte wegen Dementia praecox in eine Anstalt eingewiesen werden. Seit die Frau allein und schutzlos war, hatte sich ihr Charakter verändert. Sie handelte und sprach, ohne zu überlegen, auf die Gefahr hin, daß sie es im nächsten Augenblick bereute. Ihren Hausangestellten gegenüber verhielt sie sich so kleinlich und geizig, daß diese sie verließen; sie stellte neue ein, die jedoch nur einige Monate blieben, und wieder neue, die es nur einige Wochen aushielten. Als sich danach eine Hausgehilfin vorstellte, erklärte sie sogleich, sie scheine ihr nicht geeignet: sie glaubte, das Mädchen stecke mit den Hausmeistersleuten, die sie nicht ausstehen konnte, unter einer Decke. Sie warf ihnen vor, sie seien unverschämt, täten ihre Arbeit nicht ordentlich und verschlampten die Post. Schließlich ging sie so weit, sich ihre Briefe und Pakete zu den Hausmeistersleuten des Nachbarhauses schicken zu lassen. Mit sämtlichen Lieferanten hatte sie Streit: die Preise waren zu hoch, die Qualität minderwertig. Ihren Eltern und Freunden gegenüber trat sie hilfeheischend und aggressiv zugleich auf. Sie erschien zu jeder Tages- und Nachtzeit, redete unentwegt oder schlief ein, brach unvermittelt auf oder blieb eine Ewigkeit. Mit ihren meisten Freunden bekam sie Streit wegen der häßlichen Bemerkungen, mit denen sie sie überhäufte. Auch mit ihrem Hausverwalter war sie zerstritten; sie verfolgte ihn auf der Straße mit ihren Reklamationen. Unaufhörlich reichte sie auf dem Polizeikommissariat Klagen ein. Ihren Ärzten und denen ihrer Tochter gegenüber benahm sie sich abscheulich. In der Privatheilanstalt, in der ihre Tochter untergebracht war, fürchtete man sie: sie stritt mit den Schwestern; um nicht aufs WC gehen zu müssen, urinierte sie im Heizraum und schob es auf die Katze. Mit ihren Nachbarn lebte sie in ständiger Zwietracht. Indessen hatte eine ihrer Freundinnen Einfluß auf sie, und in ihrer Gegenwart verhielt sie sich korrekt. Drei Jahre lang nahm sie täglich in demselben Restaurant zusammen mit ihr die Mahlzeiten ein und betrug sich dabei völlig normal. Mit der Zeit schwächte sich ihr Gedächtnis und ein paranoider Zug trat in ihrem Verhalten zutage. Aber 7 Jahre lang war sie infolge einer ‹senilen geistigen Inkontinenz› unerträglich gewesen. Dabei war sie durchaus in der Lage, nachzudenken, was sie nicht nur beim Zusammensein mit ihrer Freundin, sondern auch bei der geschickten Verwaltung ihres Vermögens bewies.

Es gibt Fälle, in denen sich hinter den nichtangepaßten Verhaltensweisen des alten Menschen keinerlei Absicht verbirgt. Sie erklären sich aus dem psychischen Verfall: so zum Beispiel die Geschwätzigkeit oder der Wiederholungszwang, beides typische Merkmale der Senilität. Der Greis ist der Vergangenheit zugewandt, er ist ohne Macht über die Zukunft und hilflos seinen Sorgen preisgegeben: bis ins Unendliche ruft er die gleichen Erinnerungen wach, kaut er mit lauter Stimme die gleichen Befürchtungen durch; er ist zur Stagnation verurteilt, weil sein Gedächtnis nachläßt und er unfähig ist, irgend etwas Neues aufzunehmen. Meist jedoch werden seine eindeutigen ‹Abirrungen› mehr oder weniger übergangen. Ein Gerontologe in San Francisco, Dr. Louis Kuplan, hat den Begriff ‹Alterskriminalität› geprägt; sie gehe, wie die Jugendkriminalität, auf ein Gefühl des Ausgeschlossenseins zurück; sie äußere sich nicht in Gewalttätigkeit, sondern in «antisozialen Verhaltensweisen». Kuplan erliegt der allgemeinen Tendenz, die alten Menschen für eine Spezies zu halten, die man, wie es die Entomologen tun, von außen beschreiben kann. Er vergißt, daß es sich um Menschen handelt, die sich ihr Verhalten auf Grund ihrer Situation zurechtlegen. Viele ihrer Verhaltensweisen sind Protesthaltungen, was daran liegt, daß ihre Lebensbedingungen den Protest herausfordern. Etwas, das bei den Bewohnern von Altersheimen – insbesondere bei den Männern – auffällt, ist ihre Unsauberkeit. Aber nun – man hat sie zum Abfall getan, warum sollten sie dann die Regeln des Anstands und der Hygiene beachten? Ihren Angehörigen gegenüber diktiert ihnen ihr Groll oft ein Verhalten, das neurotisch erscheinen mag; es handelt sich dabei um aggressive oder auf Selbstverteidigung zielende Verhaltensweisen. So legt sich der eine unter dem Vorwand von Rheumatismus hin und steht nicht wieder auf: das kann im Anschluß an einen Streit mit seinen Kindern eintreten. Ein anderer, der von seinem Sohn aus dem Geschäft verdrängt wurde, geht nackt im Garten spazieren: damit symbolisiert er – wie Lear, der sich die Kleider vom Leibe reißt – das, was ihm angetan worden ist. Manche Formen der Inkontinenz, so das Nicht-zurückhalten-Können von Urin oder Stuhl, sind häufig Racheakte. Die Weigerung, zu essen, ins Freie zu gehen oder sich zu waschen, oder Fälle von ungehörigem Betragen sind im allgemeinen Protestformen. Das gleiche gilt für jene Anomalie, die man häufig bei Greisen antrifft: das Streunen. Da er bei sich zu Hause keine befriedigende Rolle spielt, verbringt der Greis ganze Tage damit, umherzuirren, ohne daß er seine Familie benachrichtigt: er weiß nicht, was er sucht, aber er macht sich vor, daß er etwas sucht. So beweist er seinen Angehörigen, daß er auch ohne sie auskommt, und gefällt sich in der Vorstellung, daß er bei ihnen Unruhe auslöst.

Eine packende Beschreibung des Altersprozesses einer Frau findet sich in *Die Herren Golowljow* von Saltykow-Schtschedrin; die Tragödie der Arina Petrowna ist die König Lears oder die des alten Fuan in *Die Erde*, ein eher männliches Schicksal: das der Enteignung. Der russische Romancier, der sich von einem oder mehreren realen Vorbildern – auf die er in seiner Familie traf – inspirieren ließ, hat den Reaktionen seiner Heldin eine erstaunlich nuancierte und lebendige Beschreibung gewidmet.

Arina Petrowna, Großgrundbesitzerin, hart gegen andere und gegen sich selbst, unbarmherzig in ihrem Geiz, hat seit ihrer Jugend nur für die Erweiterung ihrer Besitzungen gelebt. Im Schweiße ihres Angesichts und unter größten Mühen und Entbehrungen ist es ihr gelungen, ihr Vermögen zu verzehnfachen. Die Emanzipierung der Leibeigenen verwirrt sie; sie findet sich nicht mehr zurecht und beschließt in einer schwachen Stunde, obgleich das Alter ihre physische Lebenskraft noch nicht geschwächt hat, ihre Güter unter ihre Nachkommen, ihre beiden Söhne und die zwei Töchter ihrer verstorbenen Tochter, aufzuteilen. Der ältere Sohn, der schmeichlerische, listige Porfirij, Juduschka (Judas) genannt, bringt es fertig, ihr fast alles wegzunehmen. Sie verläßt Golowljowo, wo er jetzt der Herr ist, und zieht zu Pawel, ihrem jüngeren Sohn, einem Trunkenbold; es kommt zu einem unglückseligen Nebeneinanderleben. Doch dann erkrankt Pawel schwer und liegt in Agonie. Die bisher unbeugsame Arina Petrowna weiß nicht mehr, was sie tun soll, da sie den älteren Sohn haßt, und sie versinkt in dumpfer Verzweiflung: «Endlich setzte sie sich und begann zu weinen ... In ihren Tränen lag etwas Bitteres, Hoffnungsloses und dabei ohnmächtig Trotziges. Das Alter, die Gebrechen, die Hilflosigkeit der Lage – alles schien sie auf den Tod hinzuweisen, als den einzigen versöhnenden Ausweg; zugleich mischte sich aber auch Vergangenheit mit hinein, und die Erinnerungen an diese Vergangenheit ... hielten sie an der Erde fest ... Bangen, Todesbangen erfaßte ihre ganze Seele ... Ihr ganzes Leben lang hatte sie etwas aufgebaut ... im Namen der Familie hatte sie sich Entbehrungen auferlegt, sich gequält, das ganze eigene Leben verstümmelt, und plötzlich war es ihr klar, daß gerade sie keine Familie hatte!» Wir haben gesehen, daß diese trostlose Klarheit oft das Los der Alten ist und sie, auch wenn sie deswegen den Tod herbeisehnen, oftmals ans Leben bindet, weil sie, wie Rousseau sagt, den Gedanken nicht ertragen, daß alles umsonst gewesen ist, «daß ihre Mühe vergeblich war».

Nach Pawels Tod verwendet Arina Petrowna, da sie nichts mit Juduschka zu tun haben will, das kleine Kapital, das ihr geblieben ist, um den Besitz ihrer Enkelinnen, Pogorielka, instand zu setzen und zieht zu den beiden Waisen. Doch dann, als sie kein Lebensziel mehr vor sich sieht, bricht plötzlich die ganze Last der Jahre über sie herein: «Niemals war es Arina Petrowna in den Sinn gekommen, daß der Augenblick eintreten könnte, da sie einen ‹überflüssigen Esser› abgeben würde. Und dieser Augenblick stahl sich gerade an sie heran, als sie zum erstenmal in ihrem Leben sich praktisch überzeugen mußte, daß ihre moralischen und physischen Kräfte gebrochen waren. Solche Augenblicke kommen stets unerwartet; obwohl der Mensch schon längst gebrochen ist, nimmt er sich noch zusammen und hält sich; da wird ihm aber plötzlich von der Seite der letzte Schlag versetzt ... eben der Schlag, der den vor kurzem noch munteren Menschen in einem Augenblick und unwiderruflich in eine Ruine verwandelt.» Sie hat keine Schwierigkeiten bei der Verwaltung des Besitzes, aber sie hat weder den früheren Eifer noch die früheren Kräfte. «Es kamen allerlei Altersunpäßlichkeiten, die nicht erlaubten, aus dem Haus zu gehen ... Die Alte regte sich auf und war außer sich, konnte aber nichts ändern.»

Ihre Enkelinnen träumen davon, fortzugehen. Zu ihrer großen Überraschung nimmt die Großmutter ihre Bitte ohne Zorn auf. Vor allem, weil durch das Schwinden ihrer physischen Kräfte ihr autoritärer Charakter stumpf geworden ist; aber auch deswegen, weil – wie es zuweilen geschieht – ihr Alter sie ernüchtert und ihr die Augen geöffnet hat: «Und nicht nur greisenhafte Ohnmacht allein hatte an dieser Veränderung teil, sondern Verständnis für etwas Besseres und Gerechteres. Die letzten Schicksalsschläge hatten sie nicht nur bescheiden gemacht, sondern auch einige Winkel ihres geistigen Horizontes erhellt, worin der Gedanke bis jetzt offenbar nicht eingedrungen war.» Sie versteht die Berechtigung eines solchen Dranges angesichts einer finsteren Gegenwart und ist ohnmächtig, ihm zu widerstehen. Sie läßt die jungen Mädchen gehen.

Doch jetzt entsteht um sie eine unerträgliche Leere. Sie spürt, «daß sie auf einmal eine grenzenlose Freiheit bekommen hatte, so grenzenlos, daß sie vor sich nichts mehr sah als einen leeren Raum». Sie läßt viele der Zimmer vernageln und behält für sich nur zwei Zimmer zurück. Sie entläßt bis auf zwei alte Frauen die Dienstboten. «Das Gefühl der Leere säumte nicht, auch in diese zwei Räume einzudringen, in denen sie sich vor ihr zu schützen gedachte. Hilflose Einsamkeit und trauriger Müßiggang – das waren die zwei Feinde, mit denen sie sich auf einmal von Angesicht zu Angesicht befand ... Und das Werk der körperlichen und moralischen Zerstörung ließ nicht lange auf sich warten, ein um so grausameres Werk, je weniger Widerstand ein müßiges Leben ihr leistete ... Sie war allen verhaßt und lästig, und alle waren ihr verhaßt und lästig. Die frühere fieberhafte Tätigkeit machte plötzlich einem schläfrigen Müßiggang Platz, der Müßiggang aber verdarb nach und nach den Willen und förderte die Neigungen, von denen Arina Petrowna vor einem Jahr noch nicht einmal geträumt hatte. Aus der festen und zurückhaltenden Frau, die niemand eine ‹alte Frau› zu nennen wagte, wurde eine Ruine, für die es weder Vergangenheit noch Zukunft gab, sondern nur den Augenblick, den zu leben ihr gerade bevorstand.» Tagsüber schlummert sie meistens. «Dann fuhr sie auf, erwachte, sah aus dem Fenster und wandte lange kein Auge von der sich unendlich dehnenden Ferne ... Der beste Teil ihres Wesens lebte in diesen kahlen, unendlichen Feldern.» Sie betrachtet sie lange, ohne an etwas zu denken, und fällt dann wieder in ihren greisenhaften Schlummer zurück. Manchmal verliert sie sich in Erinnerungen, aber die Erinnerungen kommen in unzusammenhängenden Fetzen. Manche schnüren ihr das Herz zusammen, und sie zerfließt in Tränen; und dann fragt sie sich, warum sie weint. Sie lebt, «ohne persönlich am Leben teilzunehmen».

Die Nächte sind eine Qual. In dem alten, einsamen Haus hat sie Angst vor allem: vor der Stille, der Dunkelheit, den Geräuschen, den Lichtern und den Schatten. Um sechs Uhr früh ist sie wieder auf den Beinen, von der schlaflosen Nacht völlig zermartert. Sie ißt wenig und schlecht. Sie leidet unter der Kälte. «Aber je mehr sie verfiel, um so stärker war in ihr der Wunsch, zu leben, oder besser gesagt ... der Wunsch, zu naschen, mit der vollkommenen Abwesenheit der Idee vom Tod verbunden. Früher hatte sie den Tod gefürchtet, jetzt schien sie ihn ganz vergessen zu haben. Alles, was sie sich zeit ihres Lebens versagt hatte, das wurde jetzt der Gegenstand ihrer hartnäckigen Gedanken... Geschwätzigkeit, heuchlerischer Diensteifer für ein Almosen, alles das entwikkelte sich bei ihr mit erschreckender Geschwindigkeit.» Sie träumt von den guten Gerichten, die sie einst auf Golowljowo gegessen hat und von dem Komfort des Hauses: das ist das «gute Leben» gewesen. Nach und nach verliert sie die Kraft, den Groll gegen den Sohn aufrechtzuerhalten. «Der Übergang von den Launen des Selbstdünkels zu der Demut und Schmeichelei einer Kostgängerin war nur eine Frage der Zeit... Juduschka ... hörte plötzlich auf, verhaßt zu sein.» Die alten Kränkungen fallen in Vergessenheit, und Arina Petrowna tut die ersten Schritte zur Versöhnung. Sie bittet ihren Sohn um Produkte von Golowljowo – Pilze, Fische, Geflügel –, und er lädt sie ein, zu kommen und sie bei ihm zu verzehren. Arina Petrowna nimmt an und fährt nun häufig nach Golowljowo, um sich gütlich zu tun und nachts in Frieden zu schlafen. Sie zeigt sich der Konkubine ihres Sohnes gegenüber sehr liebenswürdig, und abends spielen sie zu dritt Karten. Schließlich lebt sie ganz bei dem verhaßten Sohn und stirbt unter seinem Dach.

Man sieht, daß mit einem Vorurteil radikal aufgeräumt werden muß: mit der Vorstellung, das Alter bringe heitere Gelassenheit. Seit der Antike hat der erwachsene Mensch versucht, das Leben unter einem optimistischen Licht zu betrachten, und hat dabei den anderen Lebensaltern, die nicht die seinen waren, die Tugenden beigemessen, die er nicht besaß: die Unschuld dem Kind, die heitere Gelassenheit dem Greis. Das Ende des Lebens wollte er als die Lösung all der Konflikte, von denen es zerrissen ist, betrachten. Das ist im übrigen eine sehr bequeme Illusion: sie erlaubt, daß man die Alten, trotz aller Leiden, von denen man sie gequält weiß, für glücklich hält und sie ihrem Schicksal überläßt. In Wirklichkeit nagt die Angst an ihnen: der Rorschach-Test ermöglicht, sie bei allen alten Menschen nachzuweisen, auch bei denen, die behaupten, sie kennten keine Angst und seien mit ihrer Lage zufrieden. Nach Rorschach-Protokollen hat man 1956 in den USA ein typisches Porträt des alten Menschen entworfen: «Die alten Leute verhalten sich beim Rorschach-Test mißtrauisch, ängstlich und ausweichend ... sie lassen ein introvertiertes Innenleben erkennen, ohne Reife und in phantastischen, irrealen Farben... sie manifestieren Schwierigkeiten in ihren Beziehungen zu anderen: geringe gefühlsbestimmte Bedürfnisse ... ferner Starrheit, Stereotypien, intellektuelles Unvermögen.» Wir haben alle diese Züge bei alten Menschen angetroffen, und sie haben sich als Antworten auf die Frage nach ihren Schwierigkeiten erwiesen.

Dr. Reverzy, der zahlreiche Greise behandelt hat, schreibt in seinem Vorwort zu *Der große Saal* von Jacoba van Velde: «Nur die Romanschriftsteller, ob gute oder schlechte, glauben an die Möglichkeit eines glücklichen Greisenalters. Es gibt nur eine Form des hohen Alters: das Los der bettlägerigen Frau im Hospital und das der begüterten Witwe in ihrem Lehnsessel berühren sich... Diese halb versteinerten Menschenwesen gleichen indessen auf seltsame Weise den Erwachsenen und den Kindern, die sie einmal waren. Und oft sind sie auch kaum besser. In ihnen ist der Lebenswille noch nicht erloschen.

Die Begierde, die Leidenschaft, die Launen leben in ihnen fort. Unter allen, denen ich begegnete, hatte keinem die Erfahrung der Jahre jene Weisheit oder jene heitere Gelassenheit vermittelt, wie sie gute Großeltern in Büchern besitzen.»

In Wirklichkeit *ist* das Los der begüterten Witwe im Lehnstuhl natürlich ein besseres als das der Altersheiminsassen: Reverzy will sagen, daß auch sie den Sorgen und Ängsten ausgesetzt ist. Er hat recht; was ich aber beanstande, ist die Härte seiner Beschreibung. Warum sollte der Greis ‹besser› sein als der Erwachsene oder das Kind, das er einmal war? Es ist schon schwer genug, ein Mensch zu bleiben, wenn einem alles genommen worden ist: Gesundheit, Gedächtnis, materielle Mittel, Prestige, Autorität. Der Kampf, den der alte Mensch darum führt, hat klägliche oder auch lächerliche Aspekte: seine Manien, sein Geiz, seine Hinterhältigkeit können einen ärgern oder lächeln machen; in Wahrheit aber ist es ein ergreifender Kampf. Es ist die Weigerung, unter das Menschliche abzusinken, jenes Insekt zu werden, jenes inerte Objekt, auf das die Erwachsenen den alten Menschen reduzieren wollen. Es hat etwas Heroisches, wenn man in einer solchen Bedürftigkeit ein Minimum an Würde zu wahren versucht.

Ein vermindertes Individuum, das darum kämpft, ein Mensch zu bleiben: es gibt alte Menschen, die eine solche Definition ablehnen. Jouhandeau versichert: «Auch wenn der Greis nicht mehr für die gleichen Theaterstücke und für die gleichen Konzerte empfänglich ist wie der junge Mann, so forscht er doch nach nicht weniger ungewöhnlichen Horizonten, gewahrt er nicht weniger wunderbare Akzente.» So wie das Kind kein unvollendeter Mensch sei, sei auch der Greis kein verstümmelter Erwachsener, sondern ein vollständiges Individuum, das eine originale Erfahrung [1] durchlebe. Vielleicht. Aber während das kindliche Universum in seiner Einzigartigkeit beschrieben worden ist, unterscheidet sich die Welt der Alten, so wie sie selbst sie in ihren Büchern darstellen, von der Erwachsenenwelt nur durch ihre Mängel. Die ‹Weisheit des Alters› macht mich nicht weniger skeptisch: Gide wiederholt Montaigne – und ich stimme ihm zu –, wenn er am 25. Januar 1931 in seinem *Tagebuch* schreibt: «Aus ganzem Herzen verachte ich die Art Weisheit, zu der man nur durch Abkühlung oder Mattigkeit gelangt.»

Dennoch ist die Hypothese, die ich zu Beginn dieses Kapitels andeutete, nicht gänzlich zurückzuweisen: es kommt vor, daß die Disqualifizierung des alten Menschen einhergeht mit einer Bereicherung und einer Befreiung. Bernard Shaw, der zwischen seinem 50. und 60. Lebensjahr große Angst vor dem Tod und dem Altersschwachsinn gehabt hatte, erklärte, er habe nach 60 Jahren «seine zweite Kindheit» begonnen: er empfand ein köstliches Gefühl von Freiheit, Abenteuer, Unverantwortlichkeit. Giono hat sich in einem Interview, das er mit 70 Jahren gab, im gleichen Sinne geäußert. Und Paulhan sagte kurz vor

1 Das ist die These, die Jacob Grimm 1860 in einer berühmten Rede, aus der ich zitierte, vertrat.

seinem Tod: «Sehr interessant, das Alter: man hat eine Menge Empfindungen, von denen man glaubte, sie existierten nur in Büchern.»[1]

John Cowper Powys stimmt in seinem kleinen Buch, *On Old Age*, das Lob des Alters an. Seiner Meinung nach steht es dem Menschen dann endlich frei, «jene passive Aktivität» zu praktizieren, «durch die unser menschlicher Organismus mit dem Unbeseelten verschmilzt». Das Glück des Alters ist das Vermögen, sich dem Unbeseelten zu nähern. Man wird immer einsamer; das Unbeseelte besteht für sich allein: «Zwischen einem alten Mann, der sich in der Sonne wärmt, und einem Feuersteinsplitter, der in der Sonne warm wird, gibt es eine nicht zu beschreibende Wechselbeziehung.» Endlich von seinen Pflichten befreit, kann sich der Mensch den Freuden der Kontemplation hingeben. Powys erzählt, daß er als Kind einmal seinen Großvater überraschte, wie er regungslos auf dem Sofa saß und die Lichter und Schatten des Abends betrachtete: «Denke daran, Johnny», sagte der Alte, «daß ich in meinem Alter nichts anderes tun kann.» Er hätte sich nicht zu entschuldigen brauchen, meint Powys. Der Greis hat ein Recht auf Untätigkeit: endlich keine Pflichten mehr! Endlich Frieden! Man steht nicht mehr unter dem Gesetz. Man ist amoralisch wie das Kind, und diese Amoralität schenkt ein «magisches Gleichgewicht, eine innere Erleuchtung».

Tatsächlich hat Powys selbst sein Alter als eine Entfaltung erlebt. Als Erwachsener hatte er sich nie recht wohl gefühlt in seiner Haut; er war zu Arbeiten gezwungen – Vorlesungen, Vorträgen –, die ihn belasteten und ihn von den in seinen Augen einzig wahren Freuden abhielten: der Kontemplation, dem Träumen. Sein Verhalten mutete selbst seine Freunde oft merkwürdig an. Doch als er älter wurde, wirkte das Exzentrische an ihm normal. Er konnte sich den Freuden des ‹Nichtstuns› überlassen. Und tatsächlich entstanden aus dieser Muße heraus viele schöne Bücher, die eine beträchtliche Arbeit bedingten. Powys gehört zu den seltenen Menschen, denen der Ruhestand die Erfüllung einer bis dahin verdrängten Berufung erlaubt.

Sein Fall ist eine Ausnahme. Aber es ist wahr, daß das Alter ganz allgemein gewisse Vorteile hat. An den Rand der Gesellschaft gedrängt zu werden, heißt, den Zwängen, den Entfremdungen, die ihr Los sind, zu entrinnen; die meisten alten Menschen profitieren von dieser Chance nicht, aber manchen wird sie geboten und einige ergreifen sie.

Der Mensch, der mit seinem Beruf auch seinen gesellschaftlichen Status verliert, fühlt sich schmerzlich auf ein Nichts reduziert. Er versinkt in Mutlosigkeit oder versucht, sofern er zu den Privilegierten gehört, sich damit zu trösten, daß er als das auftritt, was er nicht mehr ist: er ist begierig nach Posten, Rollen, Titeln, Ehren. Indessen kann er aus seiner ‹Entblößung› eine Wahrheit, eine Kraft schöpfen: nachdem Lear alles verloren hat, streift er seinen Flitter ab und prangert die Täuschungen an, durch die er sich bis dahin verleiten ließ. Viele von der Gesellschaft zurückgestoßene alte Menschen ziehen Gewinn daraus,

1 Auch Churchill meinte, das Alter sei eine erstaunliche Sache, aber er sagte es in geistiger Verwirrung.

daß sie sich nicht mehr mühen, ihr zu gefallen. Man begegnet bei ihnen jener Gleichgültigkeit gegenüber der öffentlichen Meinung, die Aristoteles «Schamlosigkeit» nannte und die der erste Schritt zu einer Befreiung ist. Sie befreit sie von der Heuchelei. Meinungsforscher fragten eine Gruppe von Greisen verschiedenen Alters, was für sie in ihrem Leben das Wichtigste sei. Diejenigen, die zwischen dem 60. und 70. Lebensjahr standen, nannten die Zuneigung ihrer Angehörigen oder ihre Beschäftigungen. Diejenigen, die über 80 Jahre alt waren, antworteten brutal: «Das Essen», was in Wirklichkeit auch für die meisten anderen zutraf. Die Pensionäre vom Victoria Plaza, befriedigt über ihre neuen Lebensbedingungen, antworteten: «Endlich kann ich ich selbst sein! Ich bin nicht die Frau von Soundso, die Angestellte von Soundso: ich bin ich.» Sie definierten sich nicht entsprechend ihrer gesellschaftlichen Funktion: sie fühlten sich als Individuen, die sich in ihrem Verhalten nicht nach irgendwelchen Bestimmungen zu richten brauchen, sondern nach Belieben entscheiden können. «Endlich kann ich alles tun, was ich will», sagten sie. Die Bewohner der Cité du Soleil, von der ich sprach, entfalten keinerlei kulturelle Aktivität, noch üben sie das aus, was man ‹konstruktive› Tätigkeiten nennt. Das liegt daran, daß sie sich nicht dazu verpflichtet fühlen, sagte ein Beobachter, der sich seit der Gründung der Gemeinde mit ihnen beschäftigt. Früher zwang sie der Druck der Gesellschaft dazu; sie taten so, als interessierten sie sich dafür: jetzt sind sie wirklich sie selbst.

Besonders für die Frauen ist das hohe Alter eine Befreiung: ihr ganzes Leben lang haben sie sich ihrem Mann unterworfen, sich für ihre Kinder aufgeopfert. Nun können sie sich endlich um sich selbst kümmern. Japanerinnen aus bürgerlichen Kreisen, die sehr streng gehalten werden, sind im Alter oft unternehmungslustig: mir wurde von Frauen berichtet, die sich mit 70 Jahren scheiden ließen, um ihre letzten Jahre zu genießen, und sich immer zu diesem Entschluß beglückwünschten. Die Auflehnung einer alten Frau gegen die Pflichten und die Verbote, die bis dahin ihr Leben eingeengt haben – dieses Thema hat Bertolt Brecht in der auch verfilmten Geschichte *Die unwürdige Greisin* behandelt. Die Hauptgestalt wird mit 72 Jahren Witwe. Sie nimmt eine Hypothek auf ihr Haus auf – wie sich später zur großen Entrüstung der Familie herausstellt – und gestattet sich alle Vergnügungen, nach denen ihr der Sinn steht: sie fährt in einer Bregg, einem hochrädrigen Pferdegefährt, spazieren, trinkt Rotwein, besucht das Kino oder steht im Sommer früh um drei Uhr auf, um durch die leeren Straßen zu spazieren. Sie respektiert die gesellschaftlichen Tabus nicht mehr: sie verkehrt bei einem Flickschuster «in einem armen und sogar etwas verrufenen Gäßchen». Das Ideal der Würde, das man ihr bis dahin aufgezwungen hatte, tritt sie mit Füßen. Sie zieht es vor, ihren Neigungen zu folgen. Gewiß, viele beharren darauf, die Werte, aus denen sie gelebt haben, hochzuhalten, und wollen sie den jüngeren Generationen aufdrängen. Aber ihre Situation bietet ihnen eine Möglichkeit, die Entfremdung zu überwinden.

Freiheit schüchtert ein; deshalb weist der alte Mensch sie manchmal zurück. Als Gide den Nobelpreis erhielt, sagte Sartre zu ihm: «Nun, jetzt haben Sie nichts mehr zu gewinnen, nichts mehr zu verlieren: jetzt sind Sie frei und können handeln und reden, wie Ihnen zumute ist.» – «Oh! frei, frei ...» meinte Gide in zweifelndem Ton. Und seine provozierendsten Bücher hat er eben nicht in seinen letzten Jahren geschrieben. Andere hingegen fühlen sich, wenn sie älter werden, jeder Rücksicht auf die öffentliche Meinung entbunden. So schreibt Mauriac in seinen *Bloc-notes* am 28. Juli 1953: «Das ist der Vorteil des Verfalls: man ist zu bekannt, zu klar umrissen seit langem, als daß entsprechende Äußerungen, im Guten oder im Bösen, an der Meinung der Leute etwas ändern könnten.» In seiner Jugend hatte er sich politisch kaum exponiert. Der Überfall der Faschisten auf Äthiopien, der spanische Bürgerkrieg hatten ihm, nach seinen eigenen Worten, nur einen «schwachen Schrei» entlockt. Während der Okkupation schrieb er das *Cahier noir*. Und dann war er «wieder eingeschlafen». Nach dem Nobelpreis – den er 1952 am Tage der Massaker von Casablanca erhielt – «wurde ich», schreibt er, «aus meinem Schlummer geweckt, entschlossen, mich von neuem zu bekennen, und so brachte mich, nach der Metzelei von Casablanca, die marokkanische Tragödie dazu, wieder Kontakt zu jungen Katholiken aufzunehmen; ich wurde wieder der Mauriac des *Sillon* von 1904, der Mauriac der Basken und des Spanienkriegs: *France-Maghreb* entstand». An einer anderen Stelle kommt er noch einmal auf diese Zeit zu sprechen und schreibt: «Von nun an war ich engagiert.» Er protestierte in Zeitungsartikeln gegen die Folterungen in Algerien und nahm an Demonstrationen teil. 1958 zog er sich aus Bewunderung für de Gaulle, und vielleicht auch, weil er müde war, aus dem Kampf zurück.

Voltaire, der in seinen Schriften Kühnheit und Freiheit bewies, führte sein Leben mit einer Vorsicht, die oft an Falschheit grenzte. Erst im Alter ergriff er aktiv Partei gegen die Intoleranz und die Ungerechtigkeit. Er war 66 Jahre alt, als er von der Affäre Calas erfuhr. Er setzte alles ins Werk, um sich zu informieren. Er reiste, um Leute aufzusuchen, die imstande waren, ihm Auskunft zu geben; er befragte die Mitglieder der Familie. Als er eine feste Überzeugung gewonnen hatte, ließ er seine Beziehungen spielen. 1762, mit 68 Jahren, veröffentlichte er eine Schrift, mit der er die öffentliche Meinung in Aufruhr versetzte, und erreichte endlich die Kassation des Urteils. Er hatte alle Kosten des Verfahrens übernommen. Drei Jahre später setzte er sich für die Eheleute Sirven ein, die beschuldigt wurden, ihre Tochter in einen Brunnen geworfen zu haben, weil sie zum Katholizismus habe übertreten wollen: die Tochter war geisteskrank, und es handelte sich in Wirklichkeit um einen Selbstmord. Die Eheleute konnten unter Zurücklassung aller ihrer Habe fliehen und wurden in effigie hingerichtet. Voltaire kämpfte bis 1771 um ihre Rehabilitierung. Nach der Hinrichtung des Chevalier de La Barre im Jahre 1766 machte er eine Zeit des Schreckens durch und flüchtete nach Kleve. Aber er trug den Sieg davon. Er griff noch in mehrere andere Verfahren ein. So in den Montbailli-Prozeß, in dem die beiden Ehegatten des Elternmords angeklagt wurden; der Mann wurde hingerichtet; der Frau wurde, da sie schwanger war, Strafaufschub gewährt, und während sie in Haft war, gelang es Voltaire, den Beweis für die Unschuld des Paares zu erbringen.

Bei manchen alten Menschen stößt man auf etwas Unbezwingbares und sogar Heroisches: sie setzen gleichmütig ein Leben aufs Spiel, an dem sie nicht mehr hängen. Malesherbes war 72 Jahre alt, als er 1792 Ludwig XVI. im Nationalkonvent verteidigte: «Nichts konnte ihn davon abhalten, in dem Prozeß ‹der König› und (wenn er zu ihm sprach) ‹Sire› zu sagen. – Was macht Sie so kühn? fragte ihn ein Konventsmitglied. – Die Verachtung für das Leben.»[1] Im Dezember 1793 verhaftet, lehnte er es ab, sich zu verteidigen, und trat ruhig und gelassen den Weg zur Guillotine an, nachdem er zuvor sorgfältig seine Uhr aufgezogen hatte. Andere sind, wenn sie auch nicht gerade den Kopf riskieren, bereit, ihren Ruf, ihre Karriere aufs Spiel zu setzen. So Dr. Benjamin Spock, der bekannte amerikanische Kinderarzt; als er 1968 wegen seiner Beteiligung am Kampf gegen den Vietnam-Krieg angeklagt wurde, erklärte er – er war 80 Jahre alt –: «Warum sollte ich, in meinem Alter, es nicht wagen, an der Seite von Stokeley Carmichael zu demonstrieren?»

Bei Männern, die ihr ganzes Leben lang Risiken auf sich genommen haben, kommt es oft vor, daß ihre Kühnheit in den letzten Jahren einen besonderen Glanz gewinnt. Bertrand Russell ist immer hartnäckig und mutig gewesen, aber nie hat er es auf eine so spektakuläre Weise gezeigt wie 1961, im Alter von 89 Jahren; als Mitglied des Komitees der Hundert gegen Nuklearwaffen forderte er die Öffentlichkeit zu einer gewaltlosen Demonstration auf, und trotz polizeilichen Verbots setzte er sich mitten unter die anderen auf die Erde: sein Name und sein hohes Alter verliehen seiner Aktion eine solche Bedeutung, daß eine Nichtbestrafung ausgeschlossen war, und tatsächlich verbrachte er sieben Tage im Gefängnis. Das Konklave im Vatikan machte sich eine falsche Vorstellung vom Alter, als es 1958 Kardinal Roncalli, da es ihn für harmlos hielt, zum Papst wählte. Roncalli hatte stets getan, was er glaubte tun zu müssen, ohne sich durch irgend etwas einschüchtern zu lassen. Das Pontifikat eröffnete ihm ungeheure Möglichkeiten, und er nutzte sie. Unter dem Namen Johannes XXIII. leitete er drei Monate nach seiner Wahl, ohne jemanden um seine Meinung zu fragen und trotz aller Widerstände, eine Kirchenreform ein und berief ein Konzil, dessen Arbeit er weitgehend selber anregte. Obwohl das Konzil abgebrochen wurde, hat es eine Umwälzung in Gang gesetzt, deren Ausmaß von Tag zu Tag zunimmt. Es ist schon ein bewegendes Schauspiel: ein alter Mann, mit einem geschwächten Körper behaftet, glühend vor unerschrockener Leidenschaft. Émile Kahn, Präsident der Liga für Menschenrechte, konnte sich als 80jähriger nur mit Mühe aufrecht halten, als er im Prozeß Ben Saddok als Zeuge aussagte. Er las einen Brief seines Sohnes vor, in dem dieser die Folterungen beschrieb, die in Algerien den Kämpfern der F.L.N. zugefügt wurden, und klagte auf diese Weise die Regierung und die Armee mit einer Heftigkeit an, um die ihn viele jüngere Zeugen hätten beneiden können.

Auch intellektuell kann das Alter eine Befreiung bedeuten: es befreit von Illusionen. Die Klarheit, die es bringt, ist oft mit einer bitteren Ernüchterung verbunden. In der Kindheit und in der Jugend wird die Existenz als Aufstieg erlebt; in günstigen Fällen – sei es, daß man in seinem Beruf Fortschritte macht

1 Jules Michelet: *Histoire de la Révolution française* (1847–1853).

oder daß die Erziehung der Kinder Freude bereitet, daß der eigene Lebensstandard steigt oder daß man seine Kenntnisse erweitert – hält die Vorstellung des Aufstiegs bis ins reife Alter an. Plötzlich jedoch entdeckt man, daß der Weg nirgendwohin führt, außer zum Grab. Man hat einen Gipfel erreicht und damit den Ausgangspunkt des Abstiegs. «Das Leben ist eine lange Vorbereitung auf etwas, das nie eintritt», sagt Yeats. Es kommt ein Augenblick, da weiß man, daß man sich auf *nichts* vorbereitet, und man begreift, daß man sich etwas vorgemacht hat, als man glaubte, auf ein Ziel zuzugehen. Dieser Finalität, die wir unserer Geschichte zuerkannt haben, ist sie nun unbestritten beraubt. Statt dessen offenbart sich uns ihr Charakter einer ‹nutzlosen Leidenschaft›. Eine solche Entdeckung läßt in uns den Lebensmut schwinden. «Der Grundcharakterzug des höhern Alters ist das Enttäuschtsein», erklärt Schopenhauer, «die Illusionen sind verschwunden, welche bis dahin dem Leben seinen Reiz und der Tätigkeit ihren Sporn verliehen ... Erst im 70. Jahre versteht man ganz den ersten Vers des Koheleth [1].» Bitterer drückte es Tolstoj aus, der im Alter schrieb: «Man kann nur leben, wenn man trunken vom Leben ist; sobald die Trunkenheit vergeht, bemerkt man, daß alles nur Trug ist, dummer Trug.»

Wenn *alles* eitel war oder Trug, bleibt in der Tat nichts, als den Tod zu erwarten. Aber zugeben, daß das Leben nicht seine eigene Finalität in sich trägt, heißt nicht, daß man es nicht bestimmten Zielen widmen könnte. Es gibt Tätigkeiten, die den Menschen dienen, und zwischen den Menschen gibt es Beziehungen, in denen sie sich in ihrer Wahrheit erreichen. Diese Tätigkeiten, diese nicht entfremdeten, nicht mythisierten Beziehungen bleiben auch dann, wenn die Illusionen hinweggefegt sind. Man kann sich weiterhin wünschen, durch das Schreiben mit anderen Austausch zu haben, auch wenn die jugendlichen Bilder vom Ruhm zerstoben sind. Auf Grund eines merkwürdigen Paradoxons geschieht es oft gerade im Alter, in dem Augenblick, da der Mensch an seinem Werk zweifelt, daß er es zum Höhepunkt der Vollendung führt. So war es bei Rembrandt, bei Michelangelo, Verdi, Monet. Es mag sein, daß gerade die Zweifel zur Bereicherung des Werkes beitragen. Oft handelt es sich auch um ein Zusammentreffen: das Alter bringt die Meisterschaft und die Freiheit, während es gleichzeitig zum Zweifel neigt. Handeln, indem man sein Tun «in Klammern setzt», heißt, zur Authentizität gelangen; sie ist schwerer zu bewältigen als die Lüge, aber wenn man sie erlangt hat, kann man sich dazu nur beglückwünschen. Sie ist das Wertvollste, was das Alter bringen kann: sie fegt die Fetischismen und die Trugbilder hinweg.

Davon hätte man sich auch früher befreien können, wird man einwenden. Ich zum Beispiel habe seit langem die Idee akzeptiert, daß für den Seienden die Suche nach dem Sein vergeblich ist: niemals wird sich das Für-sich als An-sich realisieren. Ich hätte mich mit diesem unvermeidlichen Scheitern abfinden und nicht von jenem Absoluten träumen sollen, dessen Abwesenheit ich am Schluß von *Der Lauf der Dinge* beklagt habe. Aber so wie voraussehen nicht wissen ist, so ist wissen nicht ausprobieren. Jede Wahrheit ist geworden. Die der *conditio*

1 «Es ist alles ganz eitel ...» *Prediger Salomo.* (Anm. d. Übers.)

humana vollendet sich erst am Ende unseres eigenen Werdens.

Freiheit und Klarheit helfen nicht viel, wenn uns kein Ziel mehr herausfordert: sie sind von hohem Wert, solange man noch von Plänen erfüllt ist. Es gibt kein größeres Glück für den alten Menschen – und es ist größer als eine gute Gesundheit –, als daß noch Ziele für ihn die Welt bevölkern. Solange er aktiv ist, nützlich, entrinnt er der Langeweile und der Erniedrigung. Die Zeit, in der er lebt, bleibt die seine, und die defensiven oder aggressiven Verhaltensweisen, die gewöhnlich das hohe Alter charakterisieren, bleiben ihm erspart. Sein Alter ist sozusagen schweigend an ihm vorübergegangen. Das setzt allerdings voraus, daß er im Erwachsenenalter mit Unternehmungen beschäftigt ist, die der Zeit standhalten: in unserer auf Ausbeutung bedachten Gesellschaft ist diese Möglichkeit der riesigen Mehrheit der Menschen verwehrt.

Ich erwähnte, daß Geisteskrankheiten bei alten Menschen häufiger sind als bei jeder anderen Altersgruppe.[1] Bis zum Ende des 19. Jahrhunderts wußte man sehr wenig darüber; man führte sie allgemein auf einen Typus zurück; die Dementia senilis. Der Schweizer Arzt Wille leitete 1873 mit seinen Untersuchungen über dieses Problem, denen viele andere folgen sollten, eine neue Ära ein. 1895 fand in Bordeaux ein Kongreß über Alterspsychosen statt. Seither ist viel über Involutionspsychosen und Neurosen gearbeitet worden. Trotzdem ist es, da es sich beim Alter um eine ‹normale Anomalie› handelt, oft schwierig, eine Grenze zu ziehen zwischen den psychischen Beschwerden, die normalerweise mit der Seneszenz einhergehen, und solchen pathologischen Charakters. Bestimmte Stimmungswechsel und Änderungen in der Verhaltensweise sind, auch wenn sie situationsbedingt erscheinen, tatsächlich oft die Vorboten einer Krankheit; andere wiederum wirken neurotisch, erklären sich aber aus bestimmten Umständen. Wie dem auch sei, die eindeutig pathologischen Fälle sind sehr häufig. Der alte Mensch ist physisch anfällig; die Tatsache, daß er sozial zurückgesetzt und benachteiligt ist, kann sich – sei es unmittelbar oder auf dem Umweg über eine Verschlechterung seiner körperlichen Gesundheit – gravierend auf seinen Geisteszustand auswirken; seine existentielle Situation, seine sexuellen Probleme begünstigen die Entwicklung von Neurosen und Psychosen.

Ein Individuum wird zum Neurotiker, wenn es «bei der Identifizierung seiner eigenen Person kein gutes Verhältnis zu anderen und kein befriedigendes inneres Gleichgewicht zu finden vermag»[2]. Es weist dann eine Summe von Symptomen auf, die im Grunde Abwehrmaßnahmen gegen eine unerträgliche Situation darstellen. Viele Psychiater halten mit Nachdruck daran fest, daß diese ‹Identifizierungsschwäche› eine dominierende Eigenschaft des Neuroti-

1 Ich erinnere daran, daß in den USA die Anzahl der Geisteskranken auf jeweils 100 000 Angehörige der gleichen Altersgruppe bei Jugendlichen unter 15 Jahren 2,3 beträgt, bei Erwachsenen zwischen 25 und 35 Jahren 76,3, bei Erwachsenen zwischen 35 und 54 Jahren 93 und bei den alten Menschen 236,1.

2 Ey: *Manuel de psychiatrie.*

kers ist. Nun besteht eine der Hauptschwierigkeiten des alten Menschen eben darin, sich das Gefühl seiner Identität zu bewahren. Allein schon das Wissen, daß er alt ist, macht ihn zu einem anderen, dessen Existenz er für sich nicht realisieren kann. Überdies hat er seine Qualifikation und seine soziale Rolle eingebüßt: er definiert sich durch nichts mehr, er weiß nicht mehr, wer er ist. Wenn die ‹Identitätskrise›, wie es häufig vorkommt, nicht überwunden wird, verharrt der Greis in seiner Verwirrung.

Die Psychoanalytiker wiederum – und mit ihnen viele Psychiater – vertreten die Auffassung, daß Neurosen Ausdruck eines Sexualkonflikts sind, der seine Wurzeln entweder in der Kindheitsgeschichte des Individuums oder in seinen aktuellen Schwierigkeiten hat. Der alte Mensch ist seiner Kindheit weit mehr ausgeliefert als der Erwachsene, da ihm die Zensur- und Abwehrmaßnahmen des Erwachsenenalters nicht mehr zu Gebote stehen; und seine gegenwärtige sexuelle Situation ist deshalb schwer durchzustehen, da ihm seine Libido zwar erhalten bleibt, die Betätigung der Sexualorgane aber oft nicht mehr möglich ist. Diese Existenzbedingungen sollen nun mit Hilfe eines geschwächten Organismus bewältigt werden. Es ist einzusehen, daß das, was man eine ‹normale Anpassung› an die Gegebenheiten nennt, vielfach ausgeschlossen ist.

Die Neurosen, die man bei alten Menschen am häufigsten antrifft, sind:

1. *Paranoide Charakterneurosen.* Die Reaktionen, die man normalerweise bei der Mehrzahl der von ihnen Betroffenen beobachtet, sind äußerst extrem: sie schirmen sich durch eine wahre ‹Charakter-Rüstung› ab. Ihr Mißtrauen und ihre Aggressivität steigern sich. Sie entwickeln hypochondrische Züge; sie klagen über die verschiedensten Leiden: Schmerzen, Krankheiten, Kopfweh, Verdauungsbeschwerden; sie werfen ihrer Umgebung vor, man kümmere sich nicht um ihre Gesundheit, man sorge nicht für sie. Sie sind anspruchsvoll und leiden oft an morbider Eifersucht. Sie sind sprunghaft in ihren Stimmungen: sie geraten leicht in Erregungszustände. Frau Dr. Dolto unterscheidet bei alten Frauen zwei Typen von Charakterneurosen: im einen Fall handelt es sich um passive, in sich gekehrte Personen, die das Leben, jeden Wechsel und alle Emotionen hassen und oft an pathologischer Todesfurcht leiden, und im anderen Fall um Personen von übermäßiger Ichbezogenheit, mit paranoischen Tendenzen.

2. *Angstneurosen.* In ihnen kommt nach Freud eine Distanz zwischen der sexuell-somatischen Libido und ihrer psychischen Verarbeitung zum Ausdruck. Und diese Distanz existiert bei den meisten alten Menschen. Wir haben gesehen, daß sie im allgemeinen auch aus anderen Gründen von Angst verzehrt werden. Im Zustand der neurotischen Depression, in den viele verfallen, steigern sich Überdruß, Traurigkeit und Unruhe, wie sie die meisten von ihnen kennen, bis ins Extrem.

3. *Hysterisch-hypochondrische Neurosen.* Ihnen liegt stets eine latente, durch die Seneszenz zum Ausbruch gebrachte Neurose zugrunde, deren Ursprung in einem Kindheitskonflikt zu suchen ist; die Symptome stellen symbolisch einen Kompromiß zwischen Triebanspruch und Abwehr her. Der Betroffene tyrannisiert seine Angehörigen mit seinen Gefühlen, er flüchtet sich

in die Krankheit, verlangt Pflege und übt eine Art Gefühlserpressung aus; er gibt vor, unter Schmerzen zu leiden, die er gar nicht empfindet; manchmal voll sich bei ihm eine Konversion der verdrängten Angst in somatische Störungen. Er leidet an Juckreiz, verschiedenartigen Schmerzen, Verdauungsstörungen oder Beschwerden beim Harnlassen.

4. Sehr viel seltener beobachtet man bei alten Menschen Zwangsneurosen oder Phobien.

Manche Gerontologen – darunter Dr. Blajan-Marcus und Dr. Pequignot – sind der Ansicht, daß die Neurosen des alten Menschen ihre Wurzeln stets in der Kindheit oder der Jugend haben. Für die hysterisch-hypochondrischen Neurosen gilt dies als erwiesen. Freud indessen gibt die Existenz von ‹aktuellen› Neurosen zu, in denen der Betreffende sich gegen Gegenwartskonflikte zur Wehr setzt. Und dieser Begriff entspricht vielen Ängsten der alten Menschen: ihre Situation – auf sexuellem wie auch auf allen anderen Gebieten – rechtfertigt die Errichtung jenes Abwehrsystems, das die Neurose ist.

Die Neurosen mobilisieren nicht die gesamte Persönlichkeit. Von Psychose spricht man, wenn die Persönlichkeit eine alles umfassende Veränderung durchmacht und eine neue Struktur annimmt. Die bei alten Menschen am weitesten verbreitete Psychose ist die *Involutionsmelancholie*, die 1896 von Kraepelin [1] als «Melancholie der Rückbildungsjahre» beschrieben wurde. Sie tritt vor allem bei Frauen auf. Sie ist sehr charakteristisch für die Seneszenz, da diejenigen, die von ihr befallen werden, bis dahin keinerlei pathologische Störung ihres Geisteszustandes erlitten haben. Doch man versteht ohne weiteres, daß das hohe Alter für diese Psychose empfänglich macht, wenn man betrachtet, was Melancholie, allgemein gesehen, bedeutet.

Sie ist ein Zustand intensiver Depression, der mit einem Gefühl moralischen Schmerzes erlebt und durch die Verlangsamung und Inhibition der psychischen und psychomotorischen Funktionen charakterisiert wird. Freud hat sie mit dem Kummer verglichen. Der Melancholiker verhält sich, obwohl er niemanden verloren hat, so, als habe er etwas verloren; er beklagt den Verlust seines Ichs: ich bin nichts, ich erreiche nichts, sagt er. Dieser Verlust bringt ein quälendes Gefühl der Entwertung mit sich, konstatiert, neben anderen, Minkowski, und dadurch wird der Patient dazu gebracht, sich auf seine Vergangenheit zurückzuziehen. Die Melancholie, sagt Minkowski ferner, ist eine «Zeit-Krankheit». Die Zukunft ist versperrt, der Patient hat keinen Elan mehr, für ihn gibt es nur noch die Aussicht auf den Tod. Der Gegenwart gegenüber ist er ohnmächtig; er hat das Gefühl, im leeren Raum zu existieren; er leidet unter tödlicher Langeweile: «Große Steppe ohne Anfang noch Ende, in der nichts die Monotonie unterbricht», sagte die Infantin Eulalia. Der Melancholiker ist «mit Leere angefüllt». Er wird zu Stein inmitten einer verwüsteten Welt, in der ihn nichts mehr interessiert oder berührt. Er hört zu leben auf. Das Nichts der

1 Emil Kraepelin (1865–1926), Psychiater, Professor in Dorpat, Heidelberg und München. (Anm. d. Übers.)

Gegenwart macht ihn zum Sklaven dessen, was er in der Vergangenheit gewesen ist: diesem Geschick fügt er sich. Wenn er verängstigt ist, dann, weil er die Last der Vergangenheit trägt: er fürchtet die Zukunft auf Grund dessen, was er gewesen ist und was er früher getan hat. Er ist unfähig, etwas zu unternehmen, um die Konsequenzen zu verhindern. Er ist zur Passivität verurteilt.

Diese Beschreibung des Melancholikers paßt auf die Mehrzahl der alten Menschen: Verlust des Ichs, Entwertung, versperrte Zukunft, Langeweile, Ohnmacht. Es ist also nicht verwunderlich, daß, umgekehrt, der Greis oft ein Melancholiker ist.

Jedoch sind es nicht alle, und es müssen besondere Umstände eintreten, damit dieses oder jenes Individuum zum Melancholiker wird. Die *Involutionsmelancholie* kommt oft erstmals anläßlich einer Gemütsbewegung zum Ausdruck: bei Trauer, Trennung, Entwurzelung; oder sie wird durch eine entscheidende, durch die Seneszenz erschwerte Situation ausgelöst. Die Vorzeichen sind Langeweile, Überdruß, Asthenie, Hypochondrie, Gewissensbisse, sexuelle Schuldgefühle.

Der Kranke weist die gleichen Symptome auf wie jüngere Melancholiker. Seine Psychose kann die verschiedensten Formen annehmen: sie ist ‹einfach›, stuporös, mit Angstzuständen verbunden oder delirant. In allen diesen Fällen kommt jedoch noch ein weiteres Merkmal zu den oben bereits beschriebenen hinzu: ein Schuldgefühl. Der Kranke, sagt Freud, findet seine Aggressivität gegenüber dem ihm entgleitenden Ich wieder. Ich sagte, daß man normalerweise nur selten auf ein solches Gefühl bei Greisen trifft, aber man muß klar sehen, welche Form es hier annimmt: der Kranke klagt sich jetzt nicht irgendwelcher Schwächen oder Fehler an, für die er verantwortlich wäre. Seine Schuld ist eine erlittene Schuld; sie wird ihm von einem in der Vergangenheit eingegrabenen Geschick auferlegt, gegen das er nichts vermag. Es ist eine Gewaltsamkeit, die sein Schicksal bestimmt.

Bei der ‹stuporösen› Melancholie verfällt der Kranke in einen Zustand der Erstarrung; er rührt sich nicht, er spricht nicht. Er hält buchstäblich zu leben inne. Diese Lähmung kann bis zur Katatonie gehen. Bei Greisen ist sie häufig, weil bei ihnen eine Störung des Körperschemas vorliegt [1], so daß sie, wenn sie eine Haltung eingenommen haben, in ihr verharren, da sie nicht in der Lage sind, sie zu modifizieren. Nach einer Muskelkontraktion sind sie unfähig, ihren Muskeln Entspannung zu befehlen, und oft widersetzen sich dem auch die Gegenmuskeln.

Wenn der Kranke dieser Versteinerung entrinnt, schließt er sich zumindest in den engen Kerker seiner Gewohnheiten ein; er lehnt die geringste Neuerung ab, verfügt nur noch über stereotype Gesten und wiederholt sie bis ins Unendliche. Manchmal hüllt er sich in einen völligen Mutismus, ein andermal gibt er impulsiv offenbar gänzlich sinnlose Worte von sich. Den Bestimmungen der Außenwelt, den Bitten oder Anordnungen anderer setzt er einen hartnäckigen

1 Sie manifestiert sich, wie wir gesehen haben, in den Interpretationen des Rorschach-Tests.

Negativismus entgegen. Er entfaltet keinerlei Aktivität mehr. Nach Ansicht der Psychoanalytiker handelt es sich hier um eine absichtliche Regression, die einen unbewußten Triebanspruch realisiere: der Kranke habe die Möglichkeit eingebüßt, seine Libido auf ein anderes Objekt als sich selbst zu übertragen, und kehre zum Autoerotismus zurück. Die meisten Psychiater glauben dagegen, daß die Regression eher erlitten als ‹realisiert› wird; sie hängt von organisch determinierten psychopathologischen Strukturen ab. Die mit der Seneszenz verbundenen Ausfallserscheinungen führen zu einer Selbstherabsetzung, auf die der Kranke reagiert, indem er zu leben innehält.

Bei manchen Melancholikern äußert sich die Abwehr nicht in einer passiven Retraktion, sondern in ängstlicher Erregung. Der Kranke steigert sich in einen Zustand geistiger Unruhe; er entwickelt pessimistische Ideen, er äußert sich in Negationen: die Welt existiert nicht; er selbst existiert nicht mehr. Oft nimmt diese Angst hypochondrische Züge an: über die Hälfte der Hypochonder, die stationär behandelt werden, sind über 60 Jahre alt, und die Mehrzahl sind Frauen. Sie sorgen sich um ihren Körper oder um Körperteile, die sie für krank halten. Manche leben in einem ihre Gesundheit schädigenden permanenten Zustand der Panik, der sich in Atembeschwerden, Brechreiz oder Diarrhöe, kurz in allen organischen Symptomen schwerer Angstgefühle äußert. Die Erregung führt manchmal zu Paroxysmen: im Verlauf großer Szenen, die an hysterische Anfälle erinnern, wälzt sich der Kranke schreiend auf dem Boden. Die Angstmelancholie nimmt bei alten Menschen zuweilen akute Formen an: sie bekommen Fieber, essen nicht mehr oder verdauen die Nahrung nicht mehr, und diese Auszehrung des Körpers kann den Tod zur Folge haben.

Bei der deliranten Melancholie, die oft mit Wahnvorstellungen, Halluzinationen und traumähnlichen Delirien verbunden ist, systematisiert der Kranke sein Schuldgefühl und wehrt sich dagegen, indem er es auf andere überträgt: er fühlt sich verfolgt. Die Selbstbezichtigungen und Verfolgungsideen werden manchmal jahrelang in starrer Form ständig wiederholt. Zuweilen bereichert sie der Kranke auch um Interpretationen. Manche Kranke entwickeln negativistische Delirien.

Alle Melancholiker haben Todeswünsche. Sie haben das Gefühl, nicht mehr zu existieren, und möchten sich gänzlich vernichten. Da der Tod für sie die eine Zukunftsaussicht ist, wünschen sie sich, daß er sie so schnell wie möglich ereilt. Zahlreich sind diejenigen, die der Neigung zum Selbstmord nachgeben.

An physischen Störungen beobachtet man bei Melancholikern: Verdauungsbeschwerden, Herz- und Gefäßkrankheiten, neurovegetative Störungen. Diejenigen Kranken, die man einem Test unterziehen kann, lassen keine spürbare geistige Schwäche erkennen: doch ist es angesichts ihrer Erregtheit oder ihres Negativismus sehr schwierig, ihre geistigen Fähigkeiten zu beurteilen.

Vielen Melancholikern begegnet man in den Altersheimen: die Insassen werden als Objekte behandelt und sind praktisch von der Welt abgeschnitten; das Gefühl der eigenen Nichtigkeit spitzt sich bei ihnen stark zu.

Manchmal dauert die Krise nur sechs oder sieben Monate; doch tritt dann auch nur eine Unterbrechung ein: meistens erleidet der Kranke einen Rückfall. Und manchmal nehmen Melancholien eine ‹böse Wendung›. Der Angstzustand, das Delirium oder die Katatonie setzen sich endgültig fest. Oder es beginnt ein Prozeß geistigen Verfalls, der durch das Innehalten des psychischen Lebens ausgelöst wird.

Die *manischen Zustände*, die eine Abwehrhaltung gegen die melancholische Depression darstellen, sind bei alten Leuten selten. Statt dessen begegnet man bei ihnen ziemlich häufig *chronischen deliranten Psychosen.* Die Paranoia entwickelt sich, wenn die Beziehungen des Ichs zur Welt gestört sind und nicht mehr auf dem Realitätsprinzip basieren. Bald erfährt das Ich eine solche Ausdehnung, daß es die gesamte Realität absorbiert und die Welt sich ihm formbar und widerstandslos darbietet. Bald zieht sich das Ich zusammen, wird von der Welt erdrückt, und das Individuum entwickelt einen ‹Kleinheitswahn›, es fühlt sich schuldig und unwürdig, zu existieren. Dann wieder tritt das Delirium als Zwischenspiel zwischen diesen beiden Extremen ein: das Ich bleibt, wie im ersten Fall, das Zentrum der Welt, doch nur insofern, als die Welt es beschuldigt und für die Fehler, die es begehen konnte, übermäßig bestraft: hier haben wir es dann mit Verfolgungswahn zu tun. Beim alten Menschen sind die Beziehungen des – mehr oder weniger verlorenen – Ichs zu einer Welt, auf die er nicht mehr einzuwirken vermag, zutiefst gestört. Er ist prädisponiert für die Paranoia.

Kraepelin hat einen senilen Präjudizierungswahn als «präsenilen Beeinträchtigungswahn» beschrieben, der sich ihm zufolge vor allem bei Frauen entwickelt. Es handelt sich um einen Verfolgungswahn, der durch den vielen alten Menschen gemeinsamen Zustand des Mißtrauens und der Reizbarkeit erzeugt wird. Die Kranken beklagen sich über Schädigungen, die sie hinsichtlich ihrer Gesundheit erleiden: sie haben Beschwerden, die sie auf ihre Nahrung zurückführen; sie beschuldigen die Lieferanten, oder sie bilden sich ein, ihre Angehörigen wollten sie vergiften. Ebenso wie bestimmte Hysteriker klagen sie über ein «Austrocknen des Gehirns», über ein «Auseinanderfallen ihres Knochengerüstes». Sie bilden sich auch ein, ihr Besitz sei bedroht: man hat ihnen Sachen gestohlen, man hat Schlösser aufgebrochen, Möbel verrückt; sie entdecken in ihrem Zimmer Fußspuren oder Fingerabdrücke. Sie verdächtigen ihren Ehegatten, daß er sie betrüge. Den Wahnvorstellungen gelingt es bei ihnen nicht, sich zu einem System zu fügen, sie sind unbeständig, so daß sie nicht zur senilen Demenz führen. Doch hat ihr Zustand eine Schwächung der Urteilsfähigkeit und eine starke affektive Reizbarkeit zur Folge.

Daß dieser «Beeinträchtigungswahn» im nosologischen Sinne die Grundursache einer Krankheit darstellt, läßt man heute nicht mehr gelten. Doch in der *Involutions-Paranoia*, die Kleist[1] 1912 beschrieb und deren Existenz nach wie vor anerkannt wird, erkennen wir mehr als eines der von Kraepelin aufgezeigten Merkmale. Auf der Basis einer hypoparanoischen Konstitution – Empfind-

1 Karl Kleist (1897–1960), Psychiater. Professor in Rostock, Erlangen und Frankfurt. (Anm. d. Übers.)

lichkeit, Mißtrauen, Starrsinn, Eifersucht, Hochmut, Reizbarkeit – entwickelt der alte Mensch Wahnideen, die sich nicht in ein System zu fügen vermögen und nicht zur Dementia führen, ihn aber von der Wirklichkeit abschneiden. Oft sind diese Wahnvorstellungen mit erheblichen halluzinatorischen Störungen verbunden. Man trifft sie vorwiegend bei Frauen an, und sie werden durch Schwerhörigkeit und Sehfehler gefördert. Manchmal verfällt der Betroffene in Größenwahn: er glaubt sich mit erstaunlichen Fähigkeiten begabt und denkt, die Jungen hätten sich verschworen, um ihn daran zu hindern, diesen Fähigkeiten Ausdruck zu verleihen. Meistens jedoch ist er Opfer eines Verfolgungswahns, den er aus Interpretationen speist. Die hauptsächlichen Motive sind die von Kraepelin aufgezeigten: er fühlt sich in seiner Gesundheit, in seinem Besitz bedroht, er wird von Eifersucht geplagt. Oft machen die Betroffenen zwischen dem 70. und dem 80. Lebensjahr eine Stimmungs- und Charakterveränderung durch. Das Gedächtnis, die Konzentrationsfähigkeit, das Urteilsvermögen lassen nach. Der Kranke wird zum mürrischen, argwöhnischen Misanthropen. Er beschuldigt seine Frau, sie betrüge ihn. Ein 70jähriger Greis erzählte, seine Frau habe «eine Prostituiertenbude auf dem Jahrmarkt». Ein anderer hörte mitten in der Nacht, wie er «Hahnrei» gerufen wurde, und stand auf, um die Liebhaber seiner Frau zu suchen. Wieder ein anderer vernahm, wie sich imaginäre Rivalen brüsteten, und sah, wie sich eine düstere Gestalt nachts vor seine Haustür legte. Manchmal verdächtigt der Eifersüchtige seine Frau, sie wolle ihn vergiften; es kommt vor, daß er sie einsperrt. Ein eifersüchtiger Greis hat seine Frau 6 Jahre lang eingesperrt und sie dadurch in einen schauerlichen Zustand physischen Elends gebracht.

Diejenige der im Alter auftretenden Geisteskrankheiten, die am längsten bekannt ist – so daß man unter ihrem Namen alle anderen global zusammenfaßt –, ist die *Dementia senilis.* Sie hat in den letzten Jahren auf Grund der Tatsache, daß die Anzahl alter Personen stark gewachsen ist, an Häufigkeit zugenommen. Sie befällt vor allem die Frauen. In sozialer Hinsicht hat sie eine beträchtliche Bedeutung angenommen und wirft schwierige Probleme auf, da der Familienzerfall die Aufnahme der Kranken in Heil- und Pflegeanstalten notwendig macht. Die Lebensbedingungen haben großen Einfluß auf den Ausbruch und die Entwicklung der Altersdemenz, da sie die organische Involution bremsen oder, im Gegenteil, beschleunigen. Physiologisch gesehen handelt es sich bei Dementia senilis um eine Gehirnrückbildung, die mit beachtlichem Gewichtsverlust verbunden ist. Man beobachtet ferner eine Atrophie der Neuronen, interzellulare Läsionen und altersbedingte Plaques [1].

Psychisch kann die Demenz sich auf vielerlei Arten ankündigen. Oft beginnt sie schleichend mit einem fortschreitenden Gedächtnisschwund und einer immer ausgeprägteren geistigen Verkalkung. In anderen Fällen beginnt die Krankheit mit einer akuten Phase: mit Erregung, einem Verwirrungszustand und Wahnvorstellungen in der oben beschriebenen Art. Oder aber der Betroffene weist ein Depressionssyndrom auf.

1 Hautflecke. (Anm. d. Übers.)

In der Folgezeit beobachtet man eine Zerrüttung des sozialen Verhaltens; das Individuum geht wirren, wunderlichen Beschäftigungen nach und begeht sinnlose Handlungen, die gefährlich werden können: es dreht den Gashahn nicht zu, wirft achtlos ein brennendes Streichholz fort. In gewissen Bereichen jedoch kann ihm das Zusammenwirken mehrerer Automatismen helfen, weniger krank zu erscheinen, als es wirklich ist. Manche dämmern den ganzen Tag vor sich hin. Andere sind plötzlich von Heißhunger geplagt. Bei den meisten beobachtet man nächtliche Unruhe: sie schlafen schlecht und wälzen sich hin und her.

Ein allen gemeinsamer Zug ist der progressive Verlust des Gedächtnisses. Es kommt zu einer retrograden Amnesie, fast identisch mit der von Ribot beschriebenen; das Individuum hält die Gegenwart nicht mehr fest, und seine Erinnerungen vernichten sich selbst, indem sie vom Schwankenden zum Festen, vom Unorganisierten zum Organisierten, vom jüngst Geschehenen zum lange Vergangenen wandern. Das Fehlen eines festen Punktes und das Vergessen bewirken bei dem Kranken eine zeitlich-räumliche Desorientierung: er weiß nicht, wann und wo er lebt. Diese Unkenntnis bringt oft amnestisches Streunen mit sich [1], da der Kranke unfähig ist, sich zu orientieren und so seinen Weg zu finden. Die gelebte Zeit erfährt bei ihm eine Veränderung, auf die Minkowski nachdrücklich hinweist. Da er keine Vergangenheit hat, lebt er einzig in der Gegenwart, aber einer Gegenwart, die er in einer zeitlosen Allgemeinheit erfaßt; nie kommt ihm etwas neu vor: «Ich kenne Sie schon seit langem, ich habe Sie gleich wiedererkannt», sagt eine Kranke zu einem Arzt, den sie erst zum zweitenmal sieht. Der Kranke ist sogleich bereit, die Gegenwart nach dem Muster einer Vergangenheit zu organisieren, die nie existiert hat. Eine andere Kranke empfängt den Arzt, der in ihr Zimmer im Pflegeheim kommt, um nach ihr zu sehen, indem sie im weltgewandtem Ton zu ihm sagt: «Ich bin untröstlich: wäre mir Ihr Besuch angekündigt worden, hätte ich einen Lunch vorbereitet», so als wäre sie es gewohnt, ihn zum Essen einzuladen. Mangels echter Erinnerungen erfindet der Kranke für den Augenblick der Gegenwart ein unmittelbares Antezedens, das jeder Realität bar ist; man könnte meinen, er habe angesichts seiner Gedächtnisleere das Bedürfnis, die Kontinuität des zeitlichen Ablaufs zu bekräftigen; er hat ‹eben gerade› dieses oder jenes gemacht; sein Sohn hat ihn ‹gerade vorhin› besucht; der Arzt hat ihm ‹gerade› gesagt usw.

Die Amnesie wirkt sich auf die Sprache aus: der Kranke vergißt zuerst die Eigennamen, dann die abstrakten, dann die konkreten Wörter. Wie bei vielen Aphasien werden die praktischen Tätigkeiten dadurch gestört. Die Aufmerksamkeit ist geschwächt, die Wahrnehmung wird vage, was zu falschem Wiedererkennen führt. In seinem persönlichen Leben fehlt es dem Kranken an Urteilsvermögen: er hat völlig irrige oder unkontrollierte Reaktionen. Doch kann er

1 Nicht zu verwechseln mit dem Streunen alter Leute, die absichtlich von zu Hause weggehen und umherirren, ohne indes den Ortssinn und das Zeitgefühl verloren zu haben.

über andere und die Welt im allgemeinen zutreffende Überlegungen anstellen.

Die Charakterstörungen sind gravierend, der Kranke ist gereizt und beschuldigt andere. Er hängt erbittert an seiner Habe. Er faselt, leiert stundenlang dasselbe Klagelied herunter. Im allgemeinen ist er sich über seinen Zustand nicht im klaren. Manche Kranke jedoch werden sich der Situation vorübergehend bewußt und sind dann verzweifelt und weinen.

Je mehr sich sein Zustand verschlechtert, um so unangemessener sind die Reaktionen des Kranken. Er gibt allen Impulsen nach, insbesondere auf sexuellem Gebiet, wo sie sehr zahlreich sind. Seine Triebansprüche sind nicht mehr kontrolliert, er bringt sie zum Ausdruck und schickt sich an, sie zu realisieren, was zu Handlungen führen kann, die unter die Gerichtsmedizin fallen. Vom physiologischen Standpunkt aus betrachtet kann sein Gesundheitszustand jedoch nach wie vor recht gut sein.

Die Krankheitsentwicklung zieht sich über einige Monate oder auch einige Jahre hin; sie kann von Episoden, ähnlich denen, die den Ausbruch kennzeichnen, unterbrochen werden: Erregung, Verwirrung, Delirium. Sie führt zur Demenz und zur Kachexie, einem allgemeinen Kräfteverfall, der den Tod zur Folge hat.

Eine Sonderform der senilen Demenz ist die *Presbyophrenie*, die 1906 zum erstenmal beschrieben wurde; sie hat die gleichen anatomischen Merkmale wie die senile Demenz und tritt vorwiegend bei Frauen auf. Sie zeichnet sich durch eine Fixations-Amnesie sowie durch zeitlich-räumliche Desorientierung und ausgleichendes Fabulieren aus. Der Betroffene behält ein gewisses Auftreten. Vor allem Frauen können täuschen: sie präsentieren sich in korrekter, ja gepflegter Kleidung und sind sehr liebenswürdig im Gespräch; auf den ersten Blick wirken sie normal. Aber bei allen Presbyophrenen sind die amnestischen Störungen beträchtlich. Zum Ausgleich denkt sich der Kranke Erinnerungen aus, träumt, glaubt irrtümlich, bestimmte Menschen wiederzuerkennen. Es handelt sich um einen erfindungsreichen ‹Erinnerungswahn›, der fast immer ein Größenwahn ist. Der Kranke hat eine weite und optimistische Vision von seinem Leben. Er behauptet, bei den Großen dieser Welt verkehrt zu haben, ein Vermögen zu besitzen. Es kommt vor, daß er seine eigenen Erfindungen dementiert und darüber lacht.

Eine andere Form von Demenz, der man oft bei Greisen begegnet, ist die *arteriopathische Demenz.* Ihre Häufigkeit hat stark zugenommen, nicht nur da der Anteil der älteren Bevölkerung gewachsen ist, sondern auch deswegen, weil die Lebensbedingungen für die alten Menschen schwieriger geworden sind. Sie hängt mit den Läsionen zusammen, die durch die Zerebralsklerose hervorgerufen werden. Sie tritt im 7. Lebensjahrzehnt auf, vorwiegend bei Männern, zweifellos weil diese mehr Alkohol trinken, mehr rauchen und häufiger unter Überarbeitung leiden. Sie manifestiert sich in vielen Fällen in schwächeren und sehr unterschiedlichen Formen.

1. Der Kranke leidet organisch an einer peripheren Arteriosklerose und erhöhtem Blutdruck. Andere Symptome sind psychische Asthenie, Ermüdbar-

keit, Kopfschmerzen; der Betroffene ist traurig, kann seine Aufmerksamkeit nicht mehr konzentrieren, ist übererregbar; es kommt vor, daß eine innere Erschütterung, so zum Beispiel der Schock, den das Erreichen der Altersgrenze bedeutet, ihn in Hypochondrie verfallen läßt.

2. Der Kranke leidet unter mit Angstzuständen verbundener oder stuporöser Melancholie.

3. Es kommt, wenn auch selten, vor, daß er von manischer Erregung erfaßt wird.

4. Häufig dagegen kommt es vor, daß er in Zustände geistiger Verwirrung verfällt.

5. Er deliriert.

Die eigentliche Demenz tritt im Gefolge eines Schlaganfalls ein, der schwere Ausfallserscheinungen hervorgerufen hat. Sie kann auch mit depressiven oder Verwirrungszuständen beginnen. Manchmal nimmt sie die Form einer ‹Lükken›-Demenz (Dementia lacunaris) an, bei der der Kranke sich seiner intellektuellen und affektiven Störungen voll bewußt ist. Die häufigste Art des psychischen Verfalls bei dieser Form entspricht jener der senilen Demenz, mit der man sie lange Zeit verwechselt hat. Die Gedächtnisstörungen sind gravierend: Amnesie, Dysmnesie, grobe Irrtümer, deren sich der Kranke zuweilen bewußt wird. Die Konzentrationsfähigkeit läßt stark nach. Die Ideenassoziationen sind schwach, die Phantasie ist steril, das geistige Leben sehr reduziert und von großer Monotonie. Ein auffallendes Merkmal ist die emotionelle Inkontinenz: der Kranke hat Lach- und Weinkrämpfe. Die Verminderung seiner intellektuellen Fähigkeiten ist, wenn man sich auf die Testergebnisse verläßt, weniger tiefgreifend als man meinen könnte: sein Verstand ist getrübt und eher ‹nicht verfügbar› als wirklich zerstört.

Wenn zweiseitige, subbulbäre [1] Läsionen entstehen, spricht man von einem *pseudobulbären Syndron*: seine charakteristischen Merkmale sind erhöhter Blutdruck, Sprach- und Schluckstörungen; der Kranke neigt zu Lach- und Weinkrämpfen; er gibt seltsame Geräusche von sich, die eher an Hundegebell oder Pferdegewieher erinnern als an Gelächter. Er macht beim Gehen ganz kleine Schritte und ist in Fällen von Astasie, in denen ruhiges Sitzen ihm unmöglich ist, gezwungen, auf der Stelle zu treten. Er verliert die Kontrolle über seine Schließmuskeln.

Die Formen der *präsenilen atrophischen Demenz*, nämlich die Alzheimersche sowie die Picksche Krankheit, sind besondere Arten vorzeitiger seniler Demenz, die von bulbären Störungen herrühren.[2]

Es gilt noch bestimmte organische Leiden zu erwähnen, die auch unabhängig von der Seneszenz bei alten Menschen auftreten. Es gibt Fälle einer allgemeinen Paralyse, die auf Syphilis zurückzuführen sind und nach 60 Jahren auftre-

1 bulbär = die Medulla oblongata, das verlängerte Mark betreffend. (Anm. d. Übers.)

2 Krankhafte Veränderungen im Gehirngewebe und Schwund der Hirnrinde. (Anm. d. Übers.)

ten: wie auch in anderen Altersstufen neigen die Kranken dabei häufig zu Größenwahn. Zerebrale Intoxikationen, Ödeme, Gehirntumore können Wahnvorstellungen und Halluzinationen zur Folge haben; manchmal ist eine Heilung möglich. Bestimmte Geisteskrankheiten hängen nicht vom Gehirn ab, sondern von anderen Organen, insbesondere vom Nervensystem und von bestimmten endokrinen Drüsen.

Die Neurosen werden oft erfolgreich nach den von der Psychoanalyse entwickelten Methoden behandelt. Alte Menschen sind dazu gern bereit, da es ihnen Freude macht, wieder in ihre Vergangenheit hinabzutauchen. Sie setzen dem Erinnern weniger Widerstand entgegen als die jüngeren Patienten. Auch peinliche Tatsachen geben sie bereitwilliger zu: die Wirklichkeit, die man bisher gemieden hatte, wird nun akzeptiert. Nur ziehen sie aus dieser Bewußtwerdung langsamer Gewinn, eben da sie sich so konfliktlos vollzieht. Viele Störungen können medikamentös sehr wirksam behandelt werden.

Heute ist man der Auffassung, daß sich die meisten dieser Krankheiten verhüten ließen, wenn die soziale Situation der alten Menschen nicht so erbärmlich wäre. Bastide [1] schreibt: «Man kann sich fragen, ob die Senilität eine Folge der Seneszenz ist oder ob sie nicht vielmehr ein künstliches Produkt der Gesellschaft ist, die ihre Alten verstößt.» Er zitiert Dr. Repond: «Man hat sogar guten Grund, sich zu fragen, ob die alte Vorstellung von der senilen Demenz, vorgebliches Resultat zerebraler Störungen, nicht völlig revidiert werden muß – und ob diese Formen der Pseudodemenz nicht das Resultat psychosoziologischer Faktoren sind und sich rapide verschlimmern, sowohl durch die Unterbringung der Patienten in unsachgemäß ausgestatteten und geleiteten Anstalten wie auch durch die Einweisung in psychiatrische Kliniken, wo sie sich selbst überlassen, wo sie aller notwendigen psychologischen Anreize beraubt sind, wo ihnen jedes vitale Interesse genommen wird und sie nur noch auf ein Ende zu warten haben, das man ihnen – darin übereinstimmend – bald wünscht. Wir gehen sogar so weit, zu behaupten, daß das klinische Bild der senilen Demenz möglicherweise ein Artefakt ist, das zumeist auf mangelnde Pflege und die mangelnden Bemühungen um Vorbeugung und Rehabilitation zurückzuführen ist.»

1 In *Sociologie des maldies mentales.*

8. KAPITEL

Einige Beispiele

Wenn der alte Mensch nicht das Opfer wirtschaftlicher oder physiologischer Bedingungen wird, die ihn zum Untermenschen herabmindern, dann bleibt er auch durch die Abbauphasen der Seneszenz hindurch das Individuum, das er gewesen ist: sein letzter Lebensabschnitt hängt dann weitgehend vom Verlauf seiner reiferen Jahre ab. Voltaire verdankte seinem offenen Geist ein trotz grausamer Gebrechen schönes Alter, während Chateaubriand sich ein trauriges Lebensende bereitet hat. Swift und Whitman litten beide in ihrem Leben furchtbare physische Qualen, reagierten jedoch auf sehr verschiedene Weise: Swift, der Misanthrop, verschlimmerte seine Leiden durch Wutausbrüche, während Whitman, der das Leben liebte, dank seinem Optimismus die ihm auferlegten Prüfungen bestand. Dennoch gibt es bei weitem nicht etwa eine Art immanenter Gerechtigkeit. Die Krankheit, der soziale Kontext können auch das Ende eines aktiven und fruchtbaren Lebens ruinieren. Die früher getroffenen Wahlen und die zufälligen Ereignisse des Augenblicks verleihen dem letzten Lebensalter jedes Menschen ein eigenes Gepräge. Wir werden das deutlicher sehen, wenn wir einige individuelle Fälle betrachten.

Es ist selten, doch es kommt vor, daß das Alter als Krönung eines Lebens empfunden wird. Dies war, wie wir gesehen haben, bei Cornaro und Fontenelle der Fall, die sich ein ganzes vorsichtiges und maßvolles Leben hindurch auf ihr Alter vorbereitet hatten. Noch auffallender ist das Beispiel Victor Hugos, der schon als junger Mann den Alten einen Ehrenplatz in seinem Werk eingeräumt hatte. Hier kommt man unwillkürlich auf den Gedanken, daß man, bewußt oder unbewußt, am Anfang des Lebens einer bestimmten Art des Alterns die Wege bereitet; die Zufälligkeiten des Lebens, insbesondere die biologischen Erscheinungen, können es verändern, entstellen: doch soweit es vom Menschen selbst abhängt, hat er es durch seine Lebensweise bereits genau bestimmt. Wir sahen, daß der Menschenhaß, der Swift zu der düsteren Darstellung der Struldbrugs inspirierte, ihn in seinen letzten Jahren selbst zu einer Art Struldbrug werden ließ. Victor Hugo hat in Boas, Eviradnus, Jean Valjean die Gestalt des Patriarchen gezeichnet, der er selbst einmal werden wollte: er ist es geworden.

Bekanntlich hat er mit 14 Jahren geschrieben: «Ich will Chateaubriand sein oder nichts.» Tatsächlich aber träumte er vom Ruhm eines Napoleon. Das bestätigt das Vorwort zu *Marion Delorme*, in dem er schreibt: «Warum sollte jetzt nicht ein Dichter kommen, der im Verhältnis zu Shakespeare wäre, was

Napoleon im Verhältnis zu Karl dem Großen ist?» Dichter, Seher, Prophet, wollte er der Papst des geistigen Universums sein und erwartete vom Alter, daß es ihm eine solche Machtstellung verleihe: er verhielt sich so, daß diese Hoffnung nicht enttäuscht wurde. Lamartine verurteilte sich 1848 zu einem schrecklichen Alter. Victor Hugo rettete das seine, als er 1852 ins Exil ging. Er wurde zum ruhmreichen Symbol, wie er es sich erträumt hatte.

Daß er sich bis ins hohe Alter ein aktives Sexualleben erhielt, sahen wir bereits; bis 1878 war seine Gesundheit ausgezeichnet. 1873 fühlte sich Goncourt geradezu geniert, als er Hugo barhäuptig, voll überschäumender Lebenslust neben seinem Sohn François-Victor sah, der bleich auf seinem Ruhebett lag. Der Alte war stolz darauf, beim Treppensteigen noch vier Stufen auf einmal nehmen zu können, und schien sich für unverwundbar zu halten: «Der gute alte Kerl ist jünger und charmanter denn je», notierte Flaubert 1877. Er blieb fröhlich und munter. Seine «kleinen Schlitzaugen verbreiteten um ihn ein sprühendes Feuerwerk von Fröhlichkeit», sagt ein Vertrauter seiner letzten Jahre. Seine Arbeitskraft ließ nicht nach. Zuweilen schien es ihm, daß ihn die Inspiration im Stich lasse, daß ihm nur noch sein handwerkliches Können bleibe. In seinen ‹geheimen Versen› schrieb er 1869:

> Vom Dreifuß geht im Alter man zum Pulte über . . .
> Adieu, stolzer Elan, aufrührerischer Schwung . . .
> Zu Ende, man wird Bürger jetzt vom Helikon,
> Und mietet abgrundnah ein Häuschen mit Balkon.

Hingegen schrieb er am 7. Januar desselben Jahres in einem Brief: «Oh! ich weiß wohl, daß ich nicht altere, sondern daß ich, im Gegenteil, wachse; und daran merke ich das Nahen des Todes. Welch eine Prüfung der Seele! Mein Leib verwelkt, mein Denken gedeiht; in meinem Alter gibt es ein Erblühen.» 1866 hatte er *Les Travailleurs de la mer* veröffentlicht. Der Roman hatte einen ungeheuren Erfolg gehabt. Er arbeitete an *L'Homme qui rit*. Und hier stehen wir vor einem ganz außergewöhnlichen Faktum: das Alter hat die erzählerische Imagination nicht versiegen lassen. Dann wandte er sich mit *Torquemada* wieder dem Theater zu. Der Krieg brach aus. Victor Hugo begab sich nach Brüssel, wo er einen Paß für Paris beantragte: er wollte sich freiwillig zur Nationalgarde melden, sagte er. Seine Geheimpapiere verraten, daß er höhere Ambitionen hatte: er hoffte, die Republik werde ihm die unbeschränkte Vollmacht anbieten, da er in seinem fernen Exil die Seele der Opposition gewesen war. Er war entschlossen, anzunehmen und sich zurückzuziehen, sobald Frankreich gerettet sei. Als er in Paris eintraf, hatte sich die Provisorische Regierung bereits konstituiert, ohne daß an ihn ein Ruf ergangen war. Doch eine riesige Menge erwartete ihn am Bahnhof und jubelte ihm zu. Erst von einem Balkon und dann von seiner Kalesche aus mußte er viermal zu den versammelten Menschen sprechen: «Ihr entgeltet mir in einer Stunde zwanzig Jahre Exil», sagte er. Er empfing unzählige Besucher. Obwohl er enttäuscht war, daß die Republikaner ihn übergangen hatten, versuchte er dennoch zu handeln. Er schrieb einen *Aufruf an die Deutschen*, der ungehört blieb, und einen *Aufruf an die Pariser*: «Zu den Waffen, Bürger!» In den Theatern las man *Les Châtiments*, seine Haßgedichte auf Napoleon III., vor; die Einnahmen dienten zum Erwerb dreier Kanonen. Zum Deputierten von Paris gewählt, weigerte er sich, den Freunden von der Kommune beim Sturz der Provisorischen Regierung zu helfen: im Angesicht des Feindes hielt er das Abenteuer für zu gefährlich. Aber die Nationalversammlung erfüllte ihn nur mit Abscheu. Er notierte: «Ich werde nach Bordeaux mit der Absicht gehen, mir dort die Verbannung zu erringen.» Bei der Nationalversammlung führte er den Vorsitz der Linken. Er weigerte sich, den «abscheulichen Vertrag», den Thiers unterbreitete, zu unterzeichnen. Er trat für Garibaldi ein, dessen Wahl annulliert werden sollte; man hinderte ihn, das Wort zu ergreifen: er erklärte seinen Rücktritt.

Er hatte 1868 seine Frau verloren. In Bordeaux erlag sein Sohn Charles einem Schlaganfall; er überführte den Sarg nach Paris und reiste anschließend nach Brüssel, um die Erbschaft zu regeln. Die Gewalttaten der Kommune erschreckten ihn, aber in einem Gedicht – *Pas de représailles* – beschwor er die Regierung von Versailles, keine disziplinarischen Maßnahmen zu ergreifen. Die Erschießungen empörten ihn: 6000 Gefangene wurden hingemordet gegen 64 Geiseln. Hugo gab bekannt, daß er bereit sei, den Geächteten Asyl zu gewähren. Die belgische Regierung wies ihn aus. Er begab sich nach Luxemburg. Von dort aus protestierte er weiter gegen die Repressalien. Er schrieb *L'Année terrible, Quatre-vingt-treize*, Gedichte für eine *Légende des siècles.* Als er nach Paris zurückkehrte, wurde er dort ziemlich kühl empfangen. Bei Thiers erreichte er, daß Rochefort nicht geächtet und verbannt wurde. Bei den Januarwahlen von 1872 unterlag er: man nahm ihm sein Eintreten für die Kommunarden übel. Er verließ Paris wieder und fuhr nach Guernsey. Dort setzte er die Arbeit an angefangenen Werken fort und begann das *Théâtre en liberté.* Er schrieb auch Gedichte, die in *Les quatres Vents de l'esprit*, *Toute la lyre* und *Dernière gerbe* erschienen. 1873 kam er wieder nach Paris zurück; im Dezember verlor er seinen Sohn François-Victor. Er schrieb Gedichte, die zu seinen schönsten zählen. Was diese späten Schöpfungen auszeichnet, ist eine Mischung von erfinderischer Kühnheit und formaler Glätte. Freier als je zuvor spielt er mit den Wörtern und Bildern und schreckt vor keiner Übertreibung zurück: er ist hier ein Abenteurer. Dennoch, die Virtuosität des Rhythmus, des Aufsteigens und Abklingens hat etwas Mechanisches. Es ist eine Poesie von überraschender Jugendlichkeit, und doch ist sie vom Alter gezeichnet.

Seine späten Werke las Hugo gern seinen Freunden vor. «Messieurs», sagte er eines Abends zu ihnen, «ich bin 74 Jahre alt und stehe erst am Anfang meiner Laufbahn.» Er las aus *Le Soufflet du père.* Damals erhielt er Besuch von zahlreichen politischen Freunden, die den Wunsch hatten, ihn wieder ins politische Leben zurückkehren zu sehen. Er wurde zum Senator gewählt. Bald darauf beantragte er, daß man über die Amnestie für die Kommunarden abstimme: er bekam nur 10 Stimmen. Er hielt eine Rede gegen die von Mac-Mahon gewünschte Auflösung der Kammer: die Linke applaudierte ihm. Für die Auflösung stimmten 149, dagegen 130; aber bei den Wahlen erhielten die Republikaner 326 Sitze gegen 200, und Mac-Mahon trat zurück. Das war für Victor Hugo ein unbestreitbarer Sieg.

1877 veröffentlichte er *Die Kunst, Großvater zu sein*, ein Monument, das er der Kindheit und ebenso sich selbst errichtet hatte. Seinen Söhnen und seiner Tochter Adèle – die man gerade interniert hatte – war er ein tyrannischer Vater gewesen. Für seine Enkelkinder aber empfand er eine aufrichtige Liebe: er beschäftigte sich viel mit ihnen, jammerte, wenn er von ihnen getrennt war, schrieb ihnen lange Briefe. Er hatte eine Vorliebe für Antithesen; nach Herzenslust beutete er den spektakulären Kontrast zwischen seinen beiden Gesichtern aus: dem des gewaltigen Riesen, der die Großen dieser Welt erzittern ließ, und dem des gutmütigen Großvaters:

> Ich leb' in unsrer Zeit der Schocks, des Kampfestobens,
> und habe gegen Kaiser Krieg geführt ...
> War vierzig Jahre stolz, unzähmbar, triumphierend,
> Und werde nun von einem Enkelkind besiegt.

Oder auch: «Der Donner muß bei ihm gutmütig sein.»

In anderen Augenblicken bemühte er sich, Größe und Ruhm zu vergessen:

> ... traurig, unendlich in der Vaterschaft,
> Bin ich ein gutes altes und beharrlich' Lächeln
> Die lieben Kleinen! Großvater bin ich ohne Maß und Ziel ...

Soviel Selbstgefälligkeit macht uns lächeln; doch konnte er auf sein Leben stolz sein. Man darf auch vermuten, daß er sich, um sein Alter zu realisieren – das für ihn wie für alle ein Unrealisierbares blieb –, mit Phantasmen half: er besaß ja ein ganzes Arsenal. Schon Eviradnus war der alte Krieger, vor dem die Kaiser zitterten. Hugo erfindet immer neue: «Ich habe die gebieterische und erdrückende Gelenksteife eines Felsblocks.»

Der physische Verfall, der den Greis mehr denn je zum Sklaven seines Körpers macht, wird für ihn zu einer Mineralisation, die ihn vom Organischen befreit.

Vor allem aber sieht er sich als sakrale Persönlichkeit, die «rechtens Priester» ist. In *L'Epée* schreibt er:

> Als Ältester des Volkes ist er rechtens Priester.
> So will's der Brauch in unsren Bergen. Jede Stirn
> Neigt sich vor dem erhab'nen Priestertum, dem Alter.

Wir haben es bereits gesehen: Alter wie Schönheit bringen den Himmel näher. Aber der Kern seines Gedankens ist noch radikaler: der Greis ist Gott selbst – dann nämlich, wenn die kleine Jeanne spricht: «Gott, der gute alte Großvater, hört entzückt zu.»

Wenn Gott der gute alte Großvater ist, dann ist dieser gottähnlich. Die Welt, die Gott geschaffen hat, erinnert zum Verwechseln an die Welt, die Hugo in seinem Werk geschaffen hat; beide Welten meint er, wenn er schreibt:

> Nein, ich verlange nicht, daß Gott sich stets beachte,
> Man muß ein Übermaß des Schwunges tolerieren
> Bei einem großen Dichter ...

Die Antithesen der Natur werden mit denen Hugos in seinen Versen identifiziert. Gott ist ein großer Dichter; der alte Dichter ist Gott. In einem anderen Gedicht aus dem Jahre 1870 heißt es:

> Mein blutend, dampfend, bittrer Vers
> ... ist das Erbrochene Gottes über eure Schande.

1877 schrieb er noch *L'Histoire d'un crime*, aber 1878, nach seinem Schlaganfall, mußte er aufhören; die von seinen Schülern herausgegebenen Gedichtbände enthielten Verse, die schon älter waren. Von diesem Jahr an «hat es in der Gesundheit und dann im Geist des schönen alten Mannes so etwas wie einen stetigen Abstieg gegeben», bemerkte Madame Alphonse Daudet.

Seine Familie hatte ihn gleich nach dem 28. Juni nach Guernsey gebracht, und ein Augenzeuge berichtet, daß er «in dem roten Salon, des Abends, Augenblicke tödlicher Niedergeschlagenheit hatte; er legte die Stirn in die auf dem Kaminsims ruhenden Hände und verharrte eine lange Zeit unbeweglich, gebeugt, aber stehend». Juliette, von ihrer Eifersucht gefoltert, quälte ihn so sehr, daß er an einem Augustabend in Tränen ausbrach. Er war immer sparsam gewesen, gleichzeitig aber sehr großzügig. Nach und nach wurde er geizig. Fasziniert von den enormen Summen, die er damals einnahm, ließ er sich erst bitten, ehe er Juliette die bescheidenen Gelder gewährte, die sie für den Haushalt brauchte. Doch erlebte er noch Augenblicke tiefen Glücks. Sein 79. Geburtstag wurde wie ein Nationalfeiertag begangen. Hunderttausende zogen unter seinen Fenstern vorüber, und man hatte ihm einen Triumphbogen errichtet. Kurze Zeit darauf wurde die avenue d'Eylau in avenue Victor-Hugo umbenannt, und wieder fand, am 14. Juli, ein Defilee zu seinen Ehren statt. Selbst das Bürgertum hatte sich ihm angeschlossen: endlich waren die Kommunarden begnadigt worden. Einige Tage nach seinem Geburtstag erhoben sich, als er in den Senat kam, alle Anwesenden von den Sitzen und applaudierten ihm. Solche Ehrungen nahm er mit Tränen des Glücks entgegen. Er wurde nicht wie Andersen von bitteren Kindheitserinnerungen heimgesucht und war nicht wie Tolstoj von unüberwindlichen Widersprüchen zerrissen, sondern befand sich in vollem Einklang mit sich selbst. Diese Apotheose, dieses Zusammentreffen eines kraftvollen Alters mit dem Ruhm – das war es, was er von früh auf gewollt hatte; sein ganzes Leben hatte er darauf ausgerichtet; nun wurde es ihm in reichem Maße zuteil.

Dann sah er Juliette sterben, und es berührte ihn zutiefst; von da an sehnte er seinen eigenen Tod herbei: «Was soll aus mir werden, bis ich sterbe?»

Und auch: «Mein Leben ist so voller Trauerfälle, daß es keine Feste mehr kennt.»

Er war physisch geschwächt und vermindert, halb taub geworden, schweigsam, mit furchtsamem Blick. Er arbeitete jetzt überhaupt nicht mehr. Um 12 Uhr mittags stand er auf, aber sein Tageslauf war kaum mehr als ein Dahinvegetieren. Camille Saint-Saëns schreibt: «Ach! nichts vermag die Zeit aufzuhalten, und dieser schöne Geist beginnt Zeichen der Verwirrung zu zeigen.» Doch sah er seinem Ende in tiefer Ruhe entgegen. Sein Enkel berichtet: «Er sprach zu uns vom Ende, das er nahen fühlte, mit einer so sanften Gelassenheit, daß das Bild des Todes für uns nie etwas Schreckliches hatte.»

Er war von Ruhm gesättigt: «Es ist Zeit, daß ich mich aus der Welt entferne», sagte er eines Tages. Er glaubte an die Unsterblichkeit. 1860 hatte er geschrieben: «Ich glaube an Gott, ich glaube an die Seele.» Sterben, das hieß für ihn: Gott begegnen, nämlich einem anderen Ich, und er sah diesem Tête-à-tête mit einer vergnügten Neugier entgegen. Zu einer Freundin sagte er: «Ich bin alt, ich werde sterben. Ich werde Gott schauen. Gott sehen! Zu ihm sprechen! Was für eine großartige Sache! Was werde ich ihm sagen? Ich denke oft daran. Ich bereite mich darauf vor.» Was Gott zu ihm sagen würde, fragte er sich nicht. Er starb mit 83 Jahren, nicht gewillt, einen Priester zu empfangen.

Es ist ein großes Glück für einen alten Menschen, wenn er bis zu seinem Tod die Möglichkeit hat, seinen Unternehmungen nachzugehen. Doch kann es geschehen, daß er ihnen mit zunehmendem Alter weniger Wert beimißt und deshalb weniger Gewinn aus ihnen zieht. Als Beispiele erwähne ich zwei Männer, die bis ans Ende ihre schöpferische Kraft behielten und dennoch ernüchtert und enttäuscht starben: Michelangelo und Verdi.

Michelangelo war sozusagen von Geburt an krank. Mit zunehmendem Alter und wachsenden Sorgen verfiel seine Gesundheit vollends. Im Alter war sein Leben ein unaufhörlicher Kampf gegen die Menschen und zugleich gegen einen von Plagen erschöpften Leib. Zu der Zeit, als Paul III. zum Papst ernannt wurde, arbeitete Michelangelo bereits seit 30 Jahren an dem Grabmal Papst Julius' II. Der Entwurf war grandios: ein riesiges Mausoleum, für das er zehn Statuen teils begonnen, teils fertig ausgeführt hatte, doch Julius II. selbst und später seine Nachfahren verhinderten durch ihre Ungunst die Vollendung des Grabmals. Paul bestand darauf, daß er das Fresko des *Jüngsten Gerichts* für die Altarwand der Sixtinischen Kapelle malte. Michelangelo mußte sich fügen. Da er zu wenig schlief und kaum aß, hatte er häufig Schwindelanfälle: 1540 oder 1541 stürzte er von einem Gerüst und zog sich eine schwere Beinverletzung zu. Er war 65 Jahre alt. Als das *Jüngste Gericht* am 25. Dezember 1541 enthüllt wurde, brachte es dem Maler unermeßlichen Ruhm ein; zugleich aber warf man ihm Obszönität vor. Papst Paul III. verlangte nun, daß er die Fresken in der Cappella Paolina malte. Michelangelo klagte über die übermäßige Anstrengung, die ihre Ausführung für ihn bedeutete: die Freskenmalerei ist nichts fürs Alter, sagte er. Er war in schlimmen Geldnöten: die Erben Julius' II.

beschuldigten ihn, er habe ein Vermögen für die Arbeit am Mausoleum ausgegeben, und sie verlangten, daß er die Gelder zurückzahle. Der Papst befahl ihm, sich keine Gedanken darum zu machen und sich ganz seiner Malerei zu widmen. «Aber man malt mit dem Kopf und nicht mit den Händen», antwortete Michelangelo. «Wer seine Gedanken nicht beieinander hat, macht sich Schande; deshalb kann ich nichts Gutes schaffen, solange ich diese Sorgen habe.» Er fühlte sich alt, krank, er hatte Angst vor dem Tod. Aber er wurde in seinem schweren Leben durch treue Freundschaften gestärkt. Ich erwähnte bereits Cavalieri, den er mit 57 Jahren kennengelernt hatte und von Herzen liebte – platonisch oder nicht, man weiß es nicht – und der ihm bis zu seinem letzten Atemzug leidenschaftlich ergeben war. Große Zuneigung empfand er für seinen Schüler Urbino, der mit ihm zusammen an den Fresken in der Paolina arbeitete und ihm im Alter eine Stütze war. Er hatte noch viele andere Schüler und Freunde. Vor allem aber fühlte er sich Vittoria Colonna geistig verbunden, die er kennenlernte, als er 63 und sie 46 Jahre alt war. Äußerlich war sie häßlich, und er betrachtete sie als einen «guten Freund». Er schätzte ihre Urteile über Kunst. In ihren Gesprächen und in ihren Briefen unterhielten sie sich über ein Thema, das ihnen beiden am Herzen lag: die Reform der Kirche. Als Vittoria Colonna starb, war Michelangelo tief betrübt: «Sie liebte mich sehr, und ich empfand nicht weniger Neigung für sie.»

1544 erkrankte er so schwer, daß man glaubte, er werde sterben: er dankte seinem Arzt Riccio dafür, daß er ihn dem «Hinscheiden entrissen» habe. 1545 mußte er endgültig darauf verzichten, das Grabmal Julius' II., so wie er es sich erträumt hatte, zu verwirklichen: es wurde als Wandgrab in einem Winkel von San Pietro in Vincoli in Rom aufgestellt, wo nur die Gestalt des *Moses* Zeugnis ablegt von seinem Genie. Während er die vom Papst bestellten Fresken ausführte, beschäftigte er sich gleichzeitig mit den Festungswerken von Florenz, übernahm die Vollendung des Familienpalastes der Farnese und arbeitete Entwürfe aus für den Neubau des Kapitols und die Anlage des Platzes. 1548 meißelte er die *Brutus-Büste*. Nach der Ausmalung der Cappella Paolina hörte er ganz auf zu malen. Er widmete sich der Skulptur und der Architektur.

Als er 1547 zum obersten Bauleiter an der Peterskirche in Rom ernannt wurde, übernahm er dieses Amt nur widerstrebend und war von nun an den Verfolgungen der Sangallo-Anhänger ausgesetzt, die ihn haßten: bei verschiedenen Gelegenheiten hatte der Papst die Pläne Michelangelos denen Sangallos vorgezogen. Sangallo war 1546 gestorben, aber seine Freunde blieben seinem Andenken treu. Sie hatten das von Bramante unvollendet hinterlassene Bauwerk entstellt, und Michelangelo, der unbeschränkte Vollmacht gefordert hatte, begann damit, daß er alle Bauteile, die den ursprünglichen Entwurf verfälschten, abreißen ließ: man beschuldigte ihn der Tyrannei, des Größenwahns. Um seine Ideen durchzusetzen, verbrachte er seine Tage auf der Baustelle. Seine Gesundheit machte ihm stets schwer zu schaffen: «Hinsichtlich meines Leidens, nicht Wasser lassen zu können, bin ich sehr krank gewesen; ich habe Tag und Nacht gebrüllt, ohne je Ruhe zu finden, und nach dem Dafürhalten der Ärzte habe ich das Steinleiden.» Wieder war er in Todesgefahr.

1555, nach 25 Jahren gemeinsamer Arbeit und vertrauter Freundschaft, verlor er Urbino. Jetzt wünschte er sich nur noch zu sterben. Sein Leben lang war er von dem Gedanken an den Tod verfolgt gewesen. Schon in jungen Jahren sprach er in seinen Briefen und seinen Gedichten vom «nahen Tod», klagte, er sei «nicht nur alt, sondern schon unter den Toten». In seinen Gedichten hat er beschrieben, wie er seine Haut verdorren und verhornen fühlte. Als er alt wurde, versuchte er seine Angst zu überwinden und den Tod als eine Erlösung zu betrachten, die der Seele die Pforte zum Paradies öffnet. Und als Urbino ihm genommen wurde, sehnte er den Tod aus tiefstem Herzen herbei. Er sah sich nicht nur eines treuen Freundes beraubt, sondern auch einer Stütze, die ihm in seinem Alter unentbehrlich war. Er schrieb an einen Freund: «Wie er zu Lebzeiten mein Leben war, so hat er mich sterbend gelehrt zu sterben, nicht mit Bedauern, sondern mit Sehnsucht nach dem Tod.» Und in einem seiner Sonette schreibt er:

> . . . Sein Tod
> Zieht mich nach und läßt mich eilen zu einem andren Pfad
> Dahin zu gehen, wo er auf mich wartet, und bei ihm zu leben.

In der gleichen Zeit schrieb er an Vasari: «Ich habe zu nichts mehr Lust, außer zu sterben.» Er beschreibt sich selbst:

> Arm, alt, gezwungen, anderen zu dienen
> Bin ich am Ende, wenn ich nicht bald sterbe.

Er lebte noch 8 Jahre, und sein Lebensende war von Schwermut überschattet. Er litt darunter, sich alt, schwach und krank zu fühlen. «Ich werde verraten vom Entschwinden meiner Tage und von meinem Spiegel», schreibt er. Das Alter hindere ihn daran, die Bauarbeiten an St. Peter so aufmerksam zu überwachen, wie es nötig sei, schreibt er an Vasari. Und da die Bauleute unaufhörlich neue Vorwände ersönnen, um die Arbeiten nicht zu Ende zu führen, «wäre ich, wenn man vor Schmach und Schmerz sterben könnte, nicht mehr lebendig», schreibt er. 1558 klagt er in einem Brief an Ammanati [1] über sein Alter, über seine schlechten Augen: «Ich bin alt, blind und taub, uneins mit meinen Händen und mit meiner Person.» Er hörte schlecht, er litt unter Ohrensausen.

Mehr als alles andere aber trübte seine letzten Jahre seine veränderte Einstellung zur Kunst. Er war immer extrem fromm gewesen, und er meinte, die einzige Rechtfertigung der Kunst sei, daß sie Gott diene: aber er meinte auch, daß er, wenn er mit Liebe malte und bildhauerte, Gott tatsächlich diente. Seiner Auffassung nach führte Gott selbst die Hand eines Künstlers, der guten Willens war; es bedeutete, Gott zu ehren, wenn man in Standbildern oder auf Gemälden die Schönheit seiner Schöpfung nachbildete. Diese Überzeugung,

1 Bartolommeo Ammanati (1511–92), florentinischer Baumeister und Bildhauer. (Anm. d. Übers.)

die ihn sein ganzes Leben hindurch gestärkt hatte, geriet nun, gegen Ende seiner Tage, ins Wanken. Schon 1538 antwortete er, als er hörte, der portugiesische Adel messe der Malerei keinerlei Wert bei: «Sie haben recht.» 1554 bezeugt eines seiner Sonette, daß er in der Kunst nur noch eine frivole Beschäftigung sah, die ihn abgelenkt hatte von der Sorge um sein Heil:

> Da seh ich nun die Phantasie, die oft
> als Abgott thronte durch der Künste Gnaden,
> wie falsch sie war, von Irrtum überladen,
> und was ein jeder, sich zum Nachteil, hofft.[1]

In einem anderen Sonett schreibt er:

> Die Spielereien dieser Welt, sie nahmen mir
> die Zeit, die mir gegeben, Gott zu schauen.

Als er seine Sonette an Vasari schickte, schrieb er ihm: «Wenn Sie 80 Jahre alt sind, werden Sie begreifen, was ich erleide.»

Er nannte seine Standbilder «meine Hampelmänner». Er meinte, er habe unrecht getan, sich der Kunst zu widmen statt sich ganz Gott hinzugeben. Er habe sich getäuscht, als er glaubte, eine Aufgabe Gottes zu erfüllen: er habe nur sein Seelenheil gefährdet. Diese Ernüchterung hatte ihre Ursache in der Heftigkeit seiner religiösen Gefühle, die noch zugenommen hatte angesichts des nahen Todes, auf den er sich in Furcht vorbereitete; sie ergab sich auch aus all den Verdrießlichkeiten, die er erdulden mußte und aus seiner großen Müdigkeit.

Dennoch hörte er nicht auf zu arbeiten. Er machte herrliche Entwürfe für die Porta Pia. Der Bau von St. Peter machte Fortschritte; doch vermochte Michelangelo weder seiner Gesamtkonzeption noch seinem Entwurf für die Fassade zum Sieg zu verhelfen. Nur die Kuppel wurde seinen Vorstellungen gemäß errichtet. Von der Gicht gequält, konnte er nachts nicht mehr schlafen. Unruhig wanderte er in seiner Werkstatt umher, meißelte und bearbeitete den Marmor mit der Kraft eines jungen Mannes. Er schuf seine schönste Pietà. Um sich von seinen Schmerzen abzulenken, ritt er nachts zuweilen durch die leeren Straßen Roms. Er fühlte sich geistig geschwächt. An Vasari schrieb er: «Das Gedächtnis und das Gehirn sind fort, um mich anderswo zu erwarten.» In seinen Gedichten kehren beständig die Todesgedanken wieder. 1561, mit 86 Jahren, hatte er eine plötzliche Ohnmacht; danach war er lange Zeit niedergeschlagen und etwas wunderlich. Dennoch, seine Energie blieb unbezwingbar. 1563 wurde sein Hauptmitarbeiter, den er zum Leiter der Bauarbeiten an St. Peter ernannt hatte, von seinen Feinden erdolcht; desgleichen beschuldigten sie einen seiner tüchtigsten Gehilfen, Gaeta, des Diebstahls und ließen ihn ins Gefängnis werfen. Michelangelo erhob Einspruch beim Papst, der dafür sorgte,

1 Übersetzung von Rainer Maria Rilke. (Anm. d. Übers.)

daß Gaeta freigelassen wurde, und übertrug nun ihm die Leitung der Bauarbeiten. Der Verwaltungsrat ersetzte ihn durch einen gewissen Nanni, der sich als großer Meister aufspielen wollte. Michelangelo wehrte sich dagegen und erreichte, daß Gaeta wieder eingesetzt wurde. Er war jetzt 88 Jahre alt. Bald darauf zog er sich auf einem seiner nächtlichen Wege eine Erkältung zu. Er starb, von Schmerzen gepeinigt, ohne die Kuppel von St. Peter vollendet gesehen zu haben.

Das Paradoxe seiner letzten Lebensjahre liegt darin, daß er trotz seiner Überzeugung: «Kunst und Tod passen nicht wohl zusammen» – ein Gedanke, den er oft in seinen Sonetten zum Ausdruck bringt –, trotz seiner Sehnsucht, sich nur noch seinem Heil, dem Gebet und Gott zu widmen, und obgleich er unaufhörlich über Müdigkeit, Verdrießlichkeiten und geistige Verirrungen klagte, mit denen er die «göttlichen Dinge», die er schuf, bezahlt habe – daß er trotzdem bis an sein Ende fortfuhr zu schaffen und für das Bauwerk, das er errichtete, zu kämpfen. Seine Briefe, seine Gedichte klingen düster, enttäuscht: und doch erreichte er zu jener Zeit mit der Kuppel der Peterskirche und der *Pietà Rondanini* die höchsten Gipfel.

Trotz seiner strahlenden Gesundheit nahm Verdi das Alter nicht leichten Herzens hin. Er war 68 Jahre alt, als an der Mailänder Scala unter großem Pomp sein Standbild enthüllt wurde; er war höchst verdrossen darüber: «Das bedeutet, daß ich alt bin (was stimmt, leider!), daß ich ein Veteran bin, gut fürs Invalidenhaus ... Ich habe diese Zeremonie beklagt, und ich beklage sie.» Nicht lange zuvor hatte er eines seiner früheren Werke bearbeitet und wesentlich verbessert, die Oper *Simone Boccanegra*, die mit großem Erfolg aufgeführt worden war. Er begann mit der Neufassung des *Don Carlos*, die er selber, mit 71 Jahren, einstudierte und die begeistert aufgenommen wurde. Doch er empfand nicht die geringste Freude darüber: «Arme Künstler, welche viele Leute die ... na, sagen wir die Güte haben, zu beneiden; Sklaven eines meist ahnungslosen (was noch das kleinste Übel ist), launischen und ungerechten Publikums.» Verdi war in der ganzen Welt berühmt, doch in Italien war er so etwas wie ein Nationaldenkmal: jedesmal, wenn er sich im Theater zeigte oder im Konzert oder auch nur auf der Straße, wurden ihm Ovationen dargebracht. Aber er empfand sehr stark jene Ernüchterung, die viele schöpferische Menschen im letzten Abschnitt ihres Lebens erfahren. Nachdem sein Freund Arrigo Boito ihm das Libretto für *Othello* übergeben hatte, bestürmte ihn Faccio, der Direktor der Scala, die Musik dazu zu komponieren. Verdi antwortete: «Sie meinen also, ich soll wirklich diesen *Othello* beenden? Aber für wen? Für wen? Für mich ist das uninteressant! Für das Publikum noch mehr.» Er lebte viel auf dem Land, zusammen mit seiner Frau, die er liebte, und kümmerte sich um seine Ländereien und seine Gehöfte; er ließ dort ein Krankenhaus bauen. Er reiste, besuchte Ausstellungen; er führte ein angenehmes Leben. Aber eine tiefe Traurigkeit war in ihm: «Das Leben entsteht, vergeht, und die meiste Zeit ist es unnütz; man erreicht das Alter der Krankheiten und Gebrechen, und dann ... *Amen.*» Oft sagte er empört: «Erst soviel arbeiten und dann sterben müssen!»

Er verlor Carcano [1], einen seiner besten Freunde: «Wenn man in unser Alter kommt, tut sich jeden Tag eine neue Leere um uns auf!» schrieb er in einem Brief. Und in einem andern, an seinem 72. Geburtstag: «Heute ist der schreckliche Tag: ich bin 72 Jahre alt. Wie sind die Jahre nur schnell vergangen, trotz all der traurigen und fröhlichen Ereignisse, trotz aller Überanstrengungen, aller Mühen. In unserem Alter hat man das Bedürfnis, sich auf irgend jemanden zu stützen. Vor ein paar Jahren glaubte ich, ich könne mir selbst genügen, ich brauchte niemanden. Dünkelhaft! Ich sehe allmählich ein, daß ich ... sehr alt bin.» Er klagte immer häufiger über physische und geistige Ermüdung und ärgerte sich über die Natur, die ihm seine Kräfte nahm. Er verlor eine ihm besonders teure Freundin.

Dennoch arbeitete er in den Jahren 1884 und 1885 – mit 72 und 73 Jahren – sehr beharrlich an seinem *Othello*. Er war erschöpft, aber zufrieden mit seiner Arbeit, als er Faccio die Partitur übergab. Und er selber studierte seine Oper ein. Berühmtheiten aus aller Welt kamen, um der Premiere beizuwohnen. Man jubelte ihm zu, und *Othello* wurde in ganz Italien ein triumphaler Erfolg. Dabei verblüffte das Werk durch seine Neuartigkeit.

1888 feierte man ihn anläßlich des 50jährigen Jubiläums seines ersten Werkes; die Feierlichkeiten, die Flut von Depeschen, unterschrieben mit den illustresten Namen, alle diese Zeugnisse seines grenzenlosen Ruhms nahm er mit Verdrossenheit zur Kenntnis: in seinen Augen war es nur eitles Getue. Er wollte etwas, was er als nützlich erachtete, dagegen setzen und gründete ein Altersheim für Musiker; dieser Unternehmung widmete er viel Zeit.

Schon immer hatte er eine Opera buffa schreiben wollen. 1889 begann er mit seinem *Falstaff*. Aber er arbeitete wenig daran. Er verlor die besten Freunde, die ihm geblieben waren, Prioli und Muzio. Faccio wurde senil. Durch jene Todesfälle habe er «das Gleichgewicht verloren», sagte Verdi im Winter 1890. Er war zu bedrückt, um komponieren zu können. Dennoch, im Januar 1893 war die Oper fertiggestellt, und im Januar dirigierte er täglich 6 bis 8 Stunden lang bei den Proben. Er war jetzt 80 Jahre alt, und sein physisches und moralisches Gleichgewicht setzte die Ärzte in Erstaunen. Lombroso schrieb: «Die Anomalie ist so beachtlich, so ungewöhnlich, daß sie geeignet ist, die Vorstellung all derer, die auf diesem Gebiet geforscht haben, durcheinanderzubringen.» Corrado Ricci beschreibt ihn voller Bewunderung: «Eine Wolke weißen Haars geht in seinen Bart über und formt eine Aureole. Groß, aufrecht, schlank, so daß man sich umwendet, wenn er dahinschreitet. Lebhaft in seiner Art zu sprechen und sich Namen und Daten ins Gedächtnis zu rufen; von geistiger Klarheit, wenn er seine Ideen über Kunst darlegt.»

Falstaff wurde ein Triumph. In Mailand, in Rom brachte man dem Komponisten Ovationen dar. Auch in Paris hatte er riesigen Erfolg. Aber seine Gesundheit nahm ab; von Zeit zu Zeit erlitt er einen leichten Schlaganfall. Er komponierte mehrere Stücke geistlicher Musik, ertrug aber nur schwer seinen Zustand. «Ich bin alt, sehr alt, ich werde schnell müde ... Ohne sonderlich

1 Giulio Carcano (1812–82), italienischer Schriftsteller. (Anm. d. Übers.)

krank zu sein, habe ich tausend Beschwerden. Meine Beine tragen mich kaum noch, und ich gehe fast nicht mehr. Meine Sehkraft läßt nach, ich kann nicht mehr lange lesen. Kurz, tausend Gebrechen.» Der Tod seiner Frau war ein schwerer Schlag für ihn: «Ich bin allein. Traurig, traurig, traurig.»

Er ließ in Paris und später in Turin seine *Quattro pezzi sacri* aufführen, die sehr gut aufgenommen wurden. Aber auch das konnte seine Melancholie nicht zerstreuen. 1901 schrieb er: «Obwohl die Ärzte mir sagen, daß ich nicht krank bin, fühle ich, daß alles mich ermüdet. Ich kann nicht mehr lesen, nicht mehr schreiben. Ich sehe wenig, empfinde noch weniger, und vor allem tragen mich meine Beine nicht mehr. Ich lebe nicht, ich vegetiere ... Ich habe nichts mehr zu tun in dieser Welt.» Bald darauf verließ er sie, bezwungen von einer halbseitigen Lähmung.

Es kommt vor, daß die reiferen Jahre sich kontinuierlich fortsetzen und das Alter sozusagen stillschweigend übergangen wird. Dazu ist es jedoch nötig, daß das Alter unter günstigen Umständen verläuft. Und ebenso, daß die früheren Jahre dem alten Menschen eine Fülle von geistigen und affektiven Interessen bieten, die der Last der Jahre standhalten. Ein gutes Beispiel dafür ist Lou Andreas-Salomé, diese bemerkenswerte Frau, die von Nietzsche, von Rilke und von vielen anderen geliebt und als 50jährige Schülerin Sigmund Freuds wurde. Von Jugend auf hatte sie sich ihre Unabhängigkeit errungen; sie hatte viel gearbeitet und einige mittelmäßige Romane geschrieben, die sie keineswegs überschätzte, die aber großen Erfolg gehabt hatten. Sie war wissensdurstig, tatkräftig, eigenwillig, sie liebte leidenschaftlich das Leben, und als sie – mit 35 Jahren erst – die Sexualität entdeckte, räumte sie ihr in ihrem Leben wie in ihrer Weltanschauung einen überaus großen Raum ein. In ihrem Werk *Die Erotik* untersuchte sie die Beziehungen zwischen Sexus und Kunst. 1911 entdeckte sie Freud, bei dem sie die wissenschaftliche Bestätigung ihrer intuitiven Erkenntnisse fand: sie widmete sich der Psychoanalyse. Mit über 60 Jahren ergriff sie den Beruf des Psychotherapeuten und erzielte ausgezeichnete Ergebnisse, die sie mit Freude erfüllten. Sie schrieb ein wenig, vorwiegend über psychoanalytische Themen. Ihr Ehemann – der wenig für sie zählte – starb 1920, und einige Jahre lang hatte sie ernste finanzielle Sorgen. Sie lebte in Deutschland, in einem großen Landhaus, wo ihr eine alte Hilfe den Haushalt führte. Ihre Arbeit, die Freundschaft mit Freud – mit dem sie zahlreiche Briefe wechselte – und dessen Tochter Anna füllten ihr Leben aus. In einem wichtigen Punkt war sie mit Freud nicht einig: sie hatte die körperliche Liebe zu sehr geschätzt, um in der Sexualität nicht eine großartige und erhebende Vollendung des Individuums zu sehen – Freud hatte vom Menschen und seinem Sexualleben eine entschieden pessimistische Anschauung. Diese Meinungsverschiedenheit beeinträchtigte indes ihr Einvernehmen nicht. Mit 70 Jahren schrieb sie *Mein Dank an Freud*, eine öffentlich dargebrachte Hommage an den Gelehrten und den Menschen Freud; nichtsdestoweniger kritisierte sie seine Theorien über den schöpferischen Prozeß: ihr ganzes Leben lang hatte sie dieses Thema immer am meisten interessiert. Freud lobte diese Arbeit warmherzig: «Es ist eine echte Synthese, nicht die unsinnige, therapeutische unserer Gegner, sondern die echte, wissenschaftliche, der man zutrauen könnte, daß sie die Sammlung von Nerven, Muskeln, Sehnen und Gefäßen, in die das analytische Messer den Leib verwandelt hat, wieder zum lebenden Organismus rückverwandeln kann.» Sie war stolz auf dieses Lob. «Meine psychoanalytischen Arbeiten machen mich so glücklich, daß ich, und wäre ich Millionärin, nicht darauf verzichten würde», schrieb sie.

In ihren allerletzten Jahren war dieses Glück ernstlich bedroht. Der Nazismus triumphierte: sie aber war Jüdin, und Nietzsches schreckliche Schwester haßte sie. Sie führte ein so zurückgezogenes Leben, daß sie nicht behelligt wurde. Ihr Körper wurde schwächer. Sie litt an Diabetes und hatte Brustkrebs. Sie mußte operiert werden und erzählte es ihren Freunden erst nach der Rückkehr aus dem Krankenhaus; sie hatte sich die Bluse ausgestopft und sagte lächelnd: «Nietzsche hat schließlich und endlich doch recht gehabt. Jetzt habe ich wirklich einen falschen Busen.» Ihr Interesse für das Leben, für Ideen und Gedanken, für die Menschen blieb ungeschmälert. Sie sagte, sie fühle sich allem verbunden, das in einer «unendlichen Schicksalsgemeinschaft» existiere. Ihre Großmut, ihre Intelligenz gewannen ihr viele Freunde. Menschen, die ihre Bücher schätzten, darunter auch junge Mädchen, besuchten sie. Vor allem aber erlebte sie, die ihren Beziehungen zu Männern stets so viel Raum gewährt hatte, noch im hohen Alter eine wertvolle, platonische, aber enge Freundschaft mit zwei jungen Männern. Mit König, dem Philosophieprofessor, führte sie lange intellektuelle Gespräche. Noch persönlicher und tiefer war ihre Beziehung zu Ernst Pfeiffer. Er erzählte ihr von seinem Leben und fragte sie oft um Rat: sie wurde ihm unentbehrlich. Sie hatte großes Vertrauen zu ihm und schenkte ihm ihren gesamten literarischen Nachlaß. Sie entschloß sich, ihre Autobiographie zu schreiben, da ihre Lebensgeschichte, so meinte sie, etwas Tröstendes und Stärkendes habe und es ihr deshalb nützlich erschien, sie öffentlich darzulegen. In den letzten Monaten ihres Lebens litt sie an einer Urämie. Pfeiffer kam täglich zu ihr, sie unterhielten sich, und er las ihr aus ihren Memoiren vor: sie hatte Freude daran, in ihre Vergangenheit einzutauchen. Wenige Tage vor ihrem Tod murmelte sie, und es klang überrascht: «Ich habe eigentlich mein ganzes Leben gearbeitet, schwer gearbeitet und nur gearbeitet – warum eigentlich, wozu eigentlich?» Ihre neuen Freunde hatten ihr jene, die sie verloren hatte, nicht zu ersetzen vermocht, denn sie sagte auch: «Wenn ich meine Gedanken ziehen lasse, finde ich keinen Menschen. Das Beste ist doch der Tod.» Sie starb im Schlaf, am 5. Februar 1937. Nicht alles war einfach gewesen in ihren letzten Jahren. Beim Lesen ihrer Korrespondenz mit Freud sieht man, daß sie den physischen Schmerz manchmal zum Verzweifeln fand. Aber sie verzweifelte nicht. Sie hatte der Welt zu viel gegeben, als daß diese ihr nicht auch viel zurückgegeben hätte.

Man darf dennoch nicht glauben, daß ein reiches, mutiges Leben dank einer ‹immanenten Gerechtigkeit› immer durch ein ‹schönes Alter› belohnt würde. Physische Leiden, politische und gesellschaftliche Umstände können die späten Jahre eines Menschen verdüstern. So war es bei Freud. Seine Existenz wies eine bemerkenswerte Kontinuität auf: er erhielt sich seine Vergangenheit, indem er sie überschritt. Als kühner Neuerer und besessener Arbeiter vermochte er seiner Zeit, obgleich er sie erschreckte, seine Ideen aufzuzwingen; als Mann von unbeugsamem und unerschrockenem Charakter, als liebender und geliebter Ehemann und Vater hätte er ein fruchtbares und glückliches Alter haben sollen. Nicht daß es ihn gebrochen hätte – 1938 versetzte er die Nazis, die sein Haus durchsuchen wollten, allein durch sein Auftreten und seinen Blick in Schrecken –, aber sein Gesundheitszustand, der Aufstieg des Nazismus, seine Sorgen um die Zukunft der Psychoanalyse und der Verlust seiner Schaffenskraft ließen das Alter für ihn zu einer niederdrückenden Prüfung werden.

1922, mit 66 Jahren, als er an Herzbeschwerden litt, schrieb er: «Am 13. März dieses Jahres bin ich jäh ins wirkliche Alter eingetreten. Seitdem hat mich der Gedanke an den Tod nicht verlassen.» Im darauffolgenden Jahr mußte er sich einer ersten Operation am Gaumen unterziehen: er vermutete, daß es sich um Krebs handelte; er bat seinen Arzt, ihm die Mittel zu verschaffen, daß er mit Anstand sterben könne, falls er zu langwierigen Leiden verurteilt sei. Nur schwer ertrug er die Schmerzen, die er damals erdulden mußte; an Lou Andreas-Salomé schrieb er: «Ich teile vollkommen Ihre Anschauung über unsere Hilflosigkeit gegen körperlich bes. schmerzhafte Leiden, finde das auch wie Sie – trostlos, und wenn man gegen irgendwen persönlich werden könnte, gemein.» Einen Monat später verlor er einen 4jährigen Enkelsohn, den er überaus liebte. Es war das einzige Mal in seinem Leben, da man ihn weinen sah: «Ich glaube, ich habe nie etwas Schwereres erlebt», schrieb er an Freunde. «Ich mache meine Arbeit notgedrungen, im Grund ist mir alles entwertet.» Und anderen vertraute er an, daß er völlig die Lust am Leben verloren habe: «Das ist das Geheimnis meiner Indifferenz – die Leute sagen, meiner Tapferkeit – gegenüber der Gefahr, in der mein ganzes Leben steht.» Im gleichen Jahr drohte der Kreis, der in Österreich die psychoanalytischen Arbeiten leitete und dem er große Bedeutung beimaß, zu zerfallen. «Ich habe den Kreis überlebt, der meine Nachfolge übernehmen sollte», schrieb er. «Vielleicht überlebe ich auch noch die internationale Vereinigung [2]. Es gilt zu hoffen, daß die Psychoanalyse mich überlebt. Aber das alles verdüstert mein Lebensende.» Er klagte über seine Unproduktivität: «Ich habe keine neuen Ideen mehr. Ich habe nicht eine Zeile geschrieben.»

Er war sich der Bedrohung, die auf ihm lastete, schmerzlich bewußt. Am 4. Mai 1924 schrieb er an Karl Abraham: «Angeblich auf dem Weg der Herstellung, steckt tief in mir eine pessimistische Überzeugung von der Nähe des Lebensendes, die sich an den nie aufhörenden kleinen Quälereien und Mißempfindungen der Narbe nährt, eine Art von seniler Depression, die um den Zwist zwischen irrationeller Lebenslust und verständiger Resignation zen-

1 Drei Jahre zuvor hatte er seine Tochter Sophie, die Mutter des Kindes, verloren.
2 Internationale Psychoanalytische Vereinigung. (Anm. d. Übers.)

triert ist. Dabei ist ein Bedürfnis nach Ruhe und Abneigung gegen Menschenverkehr ...» Und am 13. Mai 1924 schrieb er an Lou Andreas-Salomé: «... ich habe alle garstigen Realitäten gut bestanden, aber die Möglichkeiten vertrage ich schlecht, mit der Existenz auf Kündigung komme ich nicht zurecht ... Sechs Analysestunden, das ist, was ich von meiner Leistungsfähigkeit behalten habe ... Auf wie vieles muß man verzichten und dafür wird man mit Ehrungen befallen ... um die man nie einen Finger gerührt hätte.»

Er wurde unempfindlicher als früher gegenüber den Dingen und den Menschen, er, der soviel Leidenschaft aufs Leben verwandt hatte. An Otto Rank schrieb er, ihn seiner Freundschaft versichernd, mit 68 Jahren: «Obwohl ich jetzt die meisten Geschehnisse *sub specie aeternitatis* sehe und nicht die volle Leidenschaftlichkeit wie in früheren Jahren darauf verwenden kann, stehe ich den Veränderungen im Verhältnis zu Ihnen nicht gleichgültig gegenüber.» An Lou Andreas-Salomé, am 10. Mai 1925: «Eine Kruste von Unempfindlichkeit umzieht mich langsam; was ich klaglos konstatiere. Es ist auch ein natürlicher Ablauf, eine Art des Beginns, anorganisch zu werden. Die ‹Abgeklärtheit des Alters› heißt man es, glaube ich. Es muß wohl mit einer entscheidenden Wendung in der Relation der beiden von mir supponierten Triebe zusammenhängen ... Sonst existiere ich eigentlich noch erträglich. Glaube sogar, etwas für unsere Dinge Fundamentales gefunden zu haben, was ich noch eine Weile für mich behalten will.» Vor allem aus Rücksicht auf seine Familie zwang er sich weiterzuleben, doch an Pfister schrieb er am 11. Oktober 1925: «Ich bin matt, wie es normal ist nach einem arbeitsamen Leben, und ich glaube, die Ruhe ehrlich verdient zu haben. Die organischen Elemente, die so lange gut zusammengehalten haben, streben danach, sich zu trennen. Wer wollte sie zwingen, noch länger beisammen zu bleiben?»

Von allen seinen Schülern war Karl Abraham derjenige, dessen Arbeiten er am meisten schätzte und auf den er sich verließ, wenn er an den Fortschritt der Psychoanalyse dachte. Abraham starb im Dezember 1925. Freud schrieb an Ernest Jones: «... ich fühlte mich sicher in dem absoluten Zutrauen, das er mir – wie allen anderen – einflößt. Wir müssen weiter arbeiten und zusammenhalten ... das Werk muß fortgesetzt werden, gegen dessen Größe wir alle mitsammen klein sind.» Er sorgte sich wegen der Widerstände, auf welche die Psychoanalyse stieß: «Die Welt hat einen gewissen Respekt vor meiner Arbeit bekommen. Angenommen ist die Psychoanalyse aber bisher nur von den Analytikern.»

Er schrieb Essays, er begann mit seiner Autobiographie. Aber dann mußte er sich einer neuen, äußerst gefährlichen Operation unterziehen: man entfernte ein Stück vom Gaumen, ein Stück vom Kiefer; die fehlenden Teile wurden durch eine riesige Prothese ersetzt, die ihm so weh tat, daß er sie zeitweise ablegen mußte; sie machte ihn halb taub, behinderte ihn beim Essen und beim Sprechen. Pflege akzeptierte er nur von seiner Tochter Anna. Außerdem hatte er Herzbeschwerden: «Bei der Zahl meiner diversen physischen Störungen frage ich mich, wie lange ich meine berufliche Arbeit noch werde fortsetzen können, insbesondere seit das Verzichten auf das süße Laster des Rauchens meine intellektuellen Interessen schwächer werden ließ. All dies wirft einen bedrohlichen Schatten auf die nahe Zukunft.»

1926 sagte er in einem Gespräch mit dem Amerikaner Viereck: «Vielleicht sind die Götter gnädig, indem sie uns das Leben unangenehmer machen, wenn wir alt werden. Am Ende erscheint der Tod weniger unerträglich als die mannigfachen Bürden, die wir tragen.» Er konnte nicht mehr arbeiten: «Mein Befinden wendet sich – ich möchte glauben, endgültig – von der Arbeit ab», schreibt er am 20. November 1926 an Jones. Aber er behielt ein unversehrtes Vertrauen auf den Wert seiner Ideen: «Der Widerspruch und die Anerkennung sind völlig gleichgültig, wenn man eine Gewißheit besitzt», schrieb er an Lou Andreas-Salomé.

Der Kreis, der schließlich doch nicht zerfallen war, fand sich zusammen, um seinen 70. Geburtstag zu feiern. Aber sein bester Schüler und Freund, Sándor Ferenczi, begann sich von ihm zu entfernen. Bei einem Kongreß in Innsbruck kam es zu Auseinandersetzungen. Freud litt ständig, und seine Prothese mußte gewechselt werden. «Ich hasse meinen mechanischen Kiefer, weil der Mechanismus so viel wertvolle Kraft verschlingt.» Er begann *Die Zukunft einer Illusion* zu schreiben. Aber die Schmerzen hinderten ihn am Arbeiten. Und er schrieb auch, am 1. Januar 1929, an Jones: ... die Leichtigkeit der Konzeption, die mir einmal eigen war, hat mich mit dem Alter verlassen.» Er maß dem, was er schrieb, keinen großen Wert mehr bei. Über sein letztes Buch schrieb er am 28. Juli 1929 an Lou Andreas-Salomé: «... [diese Arbeit] ... kommt mir, gewiß mit Recht, sehr überflüssig vor, zum Unterschied von früheren Arbeiten, hinter denen doch immer irgendein Drang steckte. Was sollte ich aber tun? Man kann nicht den ganzen Tag rauchen und Karten spielen, im Gehen bin ich nicht mehr ausdauernd, und das meiste, was man lesen kann, interessiert mich nicht mehr.» Als er drei Jahre später mit Einstein über den Frieden korrespondierte, beurteilte er seinen eigenen Beitrag ohne Nachsicht: er setze seine Ansprüche hinsichtlich seiner Arbeit herab, sagte er, wie er es hinsichtlich seiner Prothese getan habe. In diesem Jahr mußte er sich fünf Operationen unterziehen. Er hatte den Kummer, zu erleben, daß Ferenczi in eine Irrenanstalt eingewiesen wurde. Und die *Internationale Zeitschrift für Psychoanalyse*, die mit seinen Autorenhonoraren finanziert wurde, drohte einzugehen, da seine Bücher kaum noch verkauft wurden.

Trotz allem hatte er nichts von seiner Heftigkeit und Aggression eingebüßt. Als 1933 Hitler an die Macht kam, pflichtete Viereck, ein Vetter des Kronprinzen, öffentlich einem Brief bei, in dem dieser die Rassenverfolgungen in Abrede stellte. Freud schrieb einen empörten Brief an Viereck: «Ich sage also nur, es tut mir leid, daß Sie sich durch Parteinahme für so erbärmliche Lügen wie die im Brief Ihres kaiserlichen Vetters herabgewürdigt haben ... Mit tiefem Bedauern.» Die Zukunft war beängstigend: «Ich bin nicht mehr ängstlich um die Zukunft der Psychoanalyse. Sie ist gesichert, und ich weiß sie in guten Händen. Aber die Zukunft meiner Kinder und meiner Enkelkinder ist in Gefahr. Und meine eigene Ohnmacht ist herzzerreißend!» Trotz seiner Angst und seiner Qualen begann er 1934 mit der Arbeit an seinem Buch *Der Mann*

Moses und die monotheistische Religion. Aber er zweifelte an sich selbst. Am 2. Mai 1935 schrieb er an Arnold Zweig: «Seitdem ich nicht mehr frei rauchen kann, will ich auch nichts mehr schreiben – oder vielleicht bediene ich mich nur dieses Vorwands, um die vom Alter gebrachte Unfähigkeit zu verschleiern.» Und am 16. Mai an Lou Andreas-Salomé: «Ich weiß nicht, ob ich noch etwas schaffen könnte – ich glaube nicht –, aber ich komme nicht dazu, so viel muß ich für meine Gesundheit tun.» Und am 6. Januar 1936 an Wittkowski: «... meine Fähigkeit zur Produktion ist versiegt. Es ist wohl zu spät, als daß sie sich wiederherstellen sollte.»

Seine Ohnmacht, die Beschwerden, der Kampf gegen einen versagenden Körper – das alles wurde ihm immer verhaßter: er versagte es sich nur, seinem Leben ein Ende zu setzen, weil er seine Angehörigen nicht unglücklich machen wollte: «Wenn ich allein wäre», sagte er zu Jones, «hätte ich schon lange mit dem Leben Schluß gemacht.» Er sehnte sich danach, zu sterben: «Ich glaube entdeckt zu haben, daß der Wunsch nach ewiger Ruhe nichts Elementares und Ursprüngliches ist: er drückt das Bedürfnis aus, befreit zu werden von dem Gefühl der Unangemessenheit, das mit dem Alter verbunden ist, besonders in den kleinen Dingen des Lebens.»

Im Juni 1935 schrieb er an Thomas Mann zu dessen 60. Geburtstag, er wolle ihm nicht wünschen, daß er zu lange lebe: «Auch meine ich aus eigenster Erfahrung, es ist gut, wenn ein mitleidiges Schicksal unsere Lebensdauer rechtzeitig begrenzt.» An Stefan Zweig schrieb er am 18. Mai 1936: «... obwohl ich ungewöhnlich glücklich in meinem Haus gewesen bin ... so kann ich mich mit der Armseligkeit und Hilflosigkeit des Altseins doch nicht befreunden und sehe dem Übergang ins Nichtsein mit einer Art Sehnsucht entgegen.» Am 6. Dezember schrieb er an Marie Bonaparte, er werde «gepeinigt vom Konflikt zwischen dem Wunsch nach Ruhe und der Angst vor neuen Leiden, die die Fortsetzung des Lebens bringt, und dem anticipierten Schmerz der Trennung von allem, woran man noch hängt». Anfang 1937 erlaubte man ihm, ein wenig zu rauchen; er litt etwas weniger; aber die Zahl seiner Patienten ging zurück: «Es ist begreiflich, daß Patienten sich nicht zu einem so unzuverlässig alten Analytiker drängen», schrieb er. Er arbeitete wieder ein wenig; er beendete den *Moses.* Am schmerzlichsten war für ihn, daß er jetzt daran zweifelte, ob die Psychoanalyse ihn überleben würde. Am 17. Oktober 1937 schrieb er an Zweig: «Meine Arbeit liegt hinter mir, wie Sie es selbst sagen. Niemand kann vorhersagen, wie spätere Zeiten sie einschätzen werden. Ich selbst bin nicht so sicher ... Die nächste Zukunft sieht trübe aus auch für meine Psychoanalyse. Jedenfalls in den Wochen oder Monaten, die ich noch zu leben habe, werde ich nichts Erfreuliches erleben.» 1933 glaubte er an die Zukunft der Psychoanalyse; doch inzwischen hatte der Nazismus triumphiert: 1933 waren Freuds Bücher in Berlin öffentlich verbrannt, 1934 die Psychoanalyse in Deutschland vollständig liquidiert worden. 1936 beschlagnahmte die Gestapo alles, was dem Verlag gehörte (1938 wurde er endgültig konfisziert). Persönlich war Freud der Meinung, er könne nichts Neues mehr beitragen. Sein *Moses*, Fortsetzung des 25 Jahre früher geschriebenen Buches *Totem und Tabu*, scheint ihm mehr oder weniger eine Wiederholung. «Einem alten Mann fällt nichts Neues mehr ein», schrieb er dazu, «es bleibt ihm nichts übrig, als sich zu wiederholen.» Und ferner: «Ich teile nicht die Auffassung meines Zeitgenossen Bernard Shaw, der behauptet, daß die Menschen imstande sein würden, etwas Gutes zu schaffen, wenn es ihnen vergönnt wäre, 300 Jahre zu leben. Die Verlängerung der Existenzdauer würde zu nichts nütze sein, sofern die Lebensbedingungen nicht völlig verändert würden.» An anderer Stelle spricht er vom «Niedergang der schöpferischen Fähigkeiten, den das hohe Alter mit sich bringt.»

Nach diesen Äußerungen hielt er vor allem die Last der Vergangenheit für sterilisierend. Ich meine jedoch, daß diese Sklerose weitgehend auf das Schrumpfen seiner Zukunft zurückzuführen war. 1897 hatte er, nachdem er eingesehen hatte, daß seine Theorien über die Hysterie falsch waren, an Wilhelm Fließ geschrieben: «Unter uns, ich fühle mich eher siegreich als geschlagen.» Die Hysterikerinnen, die ihn konsultiert hatten, waren nicht von ihren Vätern vergewaltigt worden, wie sie behaupteten: sie hatten es geträumt, was sehr viel interessanter war. Um diese Entdeckung auszuwerten, hatte er, so schien es ihm, eine Ewigkeit vor sich: so konnte er fröhlich drei Kreuze hinter der Vergangenheit machen. Jetzt dagegen nahm ihm die Nähe seines Endes jeden Elan. Er dachte nichts Neues mehr, weil er es nicht mehr wagte.

Nach dem ‹Anschluß› ging er nach England. London bereitete ihm einen herzlichen Empfang, und es ging ihm auf, wie weit sein Ruhm reichte. Aber ein neuer chirurgischer Eingriff, der schmerzhafteste von allen, erlegte ihm ein Martyrium auf. Er bangte um seine Schwestern, die in Österreich geblieben waren.[1] Er zweifelte an der Zukunft seines Werks. Sein letztes Lebensjahr war sehr finster. Er behielt seinen klaren Verstand, sein Charakter blieb unbeugsam: es war ein großer Beweis seines Mutes und seines Altruismus, daß er es sich aus Liebe zu seiner Frau und vor allem zu seiner Tochter Anna versagte, seinem Leben ein Ende zu machen. Er starb 1939. Er hatte sich seit 1923 33 chirurgischen Eingriffen unterzogen.

Chateaubriand haßte es, alt zu sein. «Das Alter ist ein Schiffbruch», sagte er. Seit er 30 Jahre alt war, hatte er sich davor gefürchtet. Er war noch jung, als er klagte: «Weh mir, der ich nicht altern kann und doch immerfort altere.» Während der letzten Jahre seines Lebens unterschied er sich nicht mehr von dem Mann, der er vorher gewesen war. Er hatte immer zwischen glühendem Ehrgeiz und Verachtung für die Güter dieser Welt geschwankt. Er hatte nach Ruhm gestrebt und gleichzeitig seine Nichtigkeit angeprangert. Er klagte darüber, daß er alles, was er berühre, in Asche verwandle. Sobald seine Wünsche befriedigt waren, empfand er Ekel. Leidenschaftlich oder blasiert, stets suchte er die Erhebung seines Ichs. Sein Alter entsprach diesem Schema, nur die Farben wurden dunkler.

Er nahm den Bourbonen ihre Undankbarkeit ihm gegenüber tödlich übel.

1 Und die alle drei in der Gaskammer starben.

Als Staatsminister war er 1816 aus seinem Amt entlassen worden, weil er in *La Monarchie selon la Charte* die Notverordnung vom 5. September angegriffen hatte. In seinen Artikeln im *Conservateur* kämpfte er erbittert gegen Decazes: es gelang ihm, ihn zu stürzen. Als anerkannten Führer der «ultramonarchistischen Männer» ernannte ihn die Regierung zum Gesandten in Berlin. 1821 wurde er wieder auf die Liste der Staatsminister gesetzt und als Gesandter nach London geschickt. Als Bevollmächtigter vertrat er Frankreich auf dem Kongreß zu Verona, was ihn mit großer Freude erfüllte, und wurde nach seiner Rückkehr Außenminister. Doch Ludwig XVIII. und Villèle konnten ihn nicht ausstehen. Statt in der Kammer der Pairs eine von Villèle eingebrachte Gesetzesvorlage über die Konvertierung der Renten zu unterstützen, verharrte er in Schweigen, und die Vorlage wurde abgewiesen. Man war der Meinung, er habe Villèle zu Fall bringen wollen, und Ludwig XVIII. vertrieb ihn aus dem Amt. Um ihn loszuwerden, schickte man ihn als Gesandten nach Rom. Mit Groll im Herzen sah er den Untergang der Monarchie voraus, da man seine Ratschläge nicht befolgte. 1830 wurde er wieder Minister; er weigerte sich, den Eid auf Louis-Philippe zu leisten: «Unglücklicherweise bin ich kein Geschöpf der Gegenwart, ich will keinen Kompromiß mit dem Glück schließen.» Er verzichtete auf seine Ämter und seine Pension als Pair von Frankreich und erklärte seine Demission als Staatsminister. Er gab sich stolz wegen dieses Aufsehen erregenden Rücktritts. «Ich war der Mann der *möglichen* Restauration, der Restauration mit allen denkbaren Freiheiten. Diese Restauration hat mich als Feind behandelt; sie ist verloren: ich muß ihr Schicksal erleiden», schrieb er. Und dennoch stellte er sich als Opfer hin. «Er ist wirklich lächerlich», sagte anläßlich dieser Gelegenheit die Herzogin von Broglie. «Er will immer, daß man das Unglück beklagt, das er sich auferlegt.»

Er war 62 Jahre alt. Seit langem dachte er, daß ein älterer Mann auf Leidenschaften und Vergnügen verzichten müsse. Schon 1822, mit 54 Jahren, schrieb er: «Verweilen wir nicht hienieden; gehen wir dahin, ehe wir unsere Freunde fliehen sahen und die Jahre, die der Dichter für die einzig würdigen im Leben erachtet ... Was im Alter der Liebschaften verzaubert, wird im Alter des Verzichts ein Gegenstand der Leiden und des Bedauerns. Man ersehnt nicht mehr die Wiederkehr strahlender Monate auf Erden; man fürchtet sie vielmehr ... jene Dinge, die das Bedürfnis und das Verlangen nach Glück erwecken, töten uns. Solche Reize spüren wir noch, aber sie sind nicht mehr für uns: die Jugend, die sie an unserer Seite kostet und uns verächtlich betrachtet, macht uns eifersüchtig ... Wir können lieben, aber man kann uns nicht mehr lieben ... Der Anblick all dessen, das wiederersteht, all dessen, das glücklich ist, verweist uns auf das schmerzliche Erinnern unserer Freuden.»

1823 schrieb er ein Gedicht für eine Frau, die er liebte und die ihn liebte: *Délie*:

> Ich fühle Liebe, doch kann ich sie nicht wecken
> Der Ruhm, ach, er verjünget nur den Namen.

Er glaubte, er sei zu alt, als daß noch irgendeine Frau ihn um seiner selbst willen lieben könne. Als er mit 62 Jahren von einem 16jährigen Mädchen geliebt wurde, wies er sie zurück: «Nie bin ich so beschämt gewesen: in meinem Alter eine Art Zuneigung zu erwecken, schien mir wahrer Hohn; je mehr ich durch diese Wunderlichkeit geschmeichelt sein konnte, um so mehr fühlte ich mich durch sie gedemütigt, denn ich hielt sie mit Recht für Spott.» Auf den Seiten, denen man den Titel *Amour et vieillesse* gab, hat er sich über seine abweisende Haltung offen ausgesprochen.[1]

Von der Politik hatte er sich nicht zurückgezogen. Er glaubte, er habe noch eine wichtige Rolle zu spielen: er stellte seine Feder in den Dienst der Legitimisten und hoffte, Louis-Philippe zu Fall zu bringen. Er verfaßte ‹Denkschriften›, ‹Offene Briefe›. Er verband sich mit der Herzogin von Berry und wurde daraufhin verhaftet und ins Gefängnis gesperrt: nach kurzer Zeit wurde die Sache niedergeschlagen, und er kam wieder frei. In einer Denkschrift «Über die Gefangenschaft der Herzogin» verkündete er: «Madame, Ihr Sohn ist mein König.» An dem Tag, nachdem die Herzogin öffentlich erklärt hatte, sie habe in Italien heimlich geheiratet, wurde er vor Gericht gefordert. Er wurde freigesprochen. Die Herzogin flehte ihn an, ihre Sache in Prag, bei der königlichen Familie im Exil, zu vertreten: sie wollte ihren Titel einer französischen Prinzessin und ihren Namen behalten. Chateaubriand übernahm die Mission. Er erreichte, daß sie ihren Titel behalten durfte. Anschließend reiste er zu der Herzogin nach Venedig. Sie schickte ihn erneut nach Prag: sie wünschte, daß Karl X. ihren Sohn offiziell als mündig erklärte. Chateaubriand fügte sich widerwillig. Er hatte dem alten König gegenüber gemischte Gefühle: der Mann rührte ihn, der Monarch kränkte ihn.

Er bekundete deutlich eine tiefe Verachtung für seine Zeit: «Niedrigkeit der Menschen und Dinge in den Jahren 1831–1832», notierte er. Mehr denn je gab er sich blasiert. An seine Freundin Hortense Allart schreibt er: «Macht und Liebe, alles ist mir gleichgültig, alles belästigt mich ... Ich habe ein größeres Jahrhundert gesehen, und die Zwerge, die heute in der Literatur und in der Politik herumschnattern, kümmern mich nicht das Geringste.» Und an einen Freund schreibt er im Juni 1834: «Ich bin immer noch so, wie Sie mich gesehen haben, ohne Glauben, ohne Hoffnung, und in den gegenwärtigen Zeiten habe ich Mühe, mir einige *charité* zu bewahren. Die Gesellschaft geht dahin und wird nicht wiedererstehen.» Im gleichen Jahr veröffentlichte er einen Essay, *L'Avenir du monde*, in dem er den Untergang der Zivilisation voraussagte.

Die Niederlage der Legitimisten war jetzt vollkommen, aber Chateaubriand fuhr fort, gegen Louis-Philippe zu schreiben. Diese Haltung gewann ihm in allen Oppositionsparteien, unter den Legitimisten, den Republikanern und den Bonapartisten, viele Freunde. Besonders mit Armand Carrel war er eng verbunden. Er besuchte ihn in Sainte-Pélagie, und als er starb, nahm er sich seiner Bestattung an. Aber viele dieser Bündnisse zerrissen ebenso rasch, wie sie geknüpft worden waren. 1835 verteidigte er in einem an *La Quotidienne*

1 Vgl. S. 280.

gerichteten Brief die Pressefreiheit: das Gesetz, das es verbot, das Königtum anzugreifen, wurde dennoch angenommen. Im gleichen Jahr erlitt er eine literarische Niederlage: seine Tragödie *Moïse* wurde aufgeführt und mit Gelächter quittiert; sie erlebte nur fünf Vorstellungen.

Physisch war er schon sehr verfallen. 1834 schreibt La Mennais: «Es sind jetzt zehn Jahre, die ich ihn nicht gesehen hatte. Ich fand ihn verändert und in erstaunlichem Maße gealtert, mit eingefallenem Mund, spitzer und faltiger Nase, wie sie Tote haben, und tief in den Höhlen liegenden Augen.» Er fühlte sich verloren in einer Welt, die nicht mehr die seine war. Voll Bitterkeit schrieb er: «Die Greise von einst waren nicht so unglücklich daran; sie standen der Jugend fern, nicht aber der Gesellschaft. Jetzt hat auch ein Nachzügler nicht nur die Menschen, sondern auch die Ideen sterben sehen: Prinzipien, Sitten, Tatsachen, Freuden, Leiden, Gefühle, nichts gleicht mehr dem, was er gekannt hat. Er ist von einer anderen Rasse als das Menschengeschlecht, in dessen Mitte er seine Tage beschließt.» Kein alter Mann hat so offen wie er seinen Haß gegen die Jugend eingestanden. Im zweiten Teil von *Amour et vieillesse* läßt er den alternden René sagen: «Der Anblick des Glücks der neuen Generationen, die um mich herum aufstrebten, bewirkte in mir die Ausbrüche der schwärzesten Eifersucht; hätte ich sie vernichten können, ich hätte es getan in diesen Anfällen von Rachsucht und Verzweiflung.» Blind vor Ressentiments, erklärte er in einem 1834 geschriebenen Brief, daß die Literatur in Frankreich gänzlich tot sei.

Er hatte eine Pension als Pair, die Karl X. ihm angeboten hatte, zurückgewiesen und war jetzt in bitterer Geldnot. 1836 entschloß er sich, seine *Mémoires d'outre-tombe* im voraus an eine Kommanditgesellschaft zu verkaufen. Von da an lebte er bequem in einem Haus in der rue de Bac, wo er sich, nicht weit von Madame Récamier, eingerichtet hatte. Seine Liebe zu ihr war seit langem erloschen. Sie hatte ihn leidenschaftlich geliebt – vermutlich ohne je seine Geliebte gewesen zu sein.[1] Jetzt verband beide eine große und enge Freundschaft. Chateaubriand führte ein sehr regelmäßiges Leben. Er stand um 6 Uhr früh auf, frühstückte mit seiner Frau und arbeitete dann den ganzen Vormittag lang zusammen mit seinen Sekretären. Am Nachmittag ging er zu Madame Récamier. Sein Gefühlsleben war alles andere als heiter. Die Uneinigkeit zwischen seiner Frau und ihm ging manchmal bis zum Haß. Madame Récamier war seit 1835 oft krank; sie litt an Neuralgien, die ihr fast ganz die Fähigkeit zu sprechen nahmen. Ein gesellschaftliches Leben existierte nicht mehr. Manchmal lud Juliette Freunde ein: von 1834 an las er ihnen einzelne Stücke aus den *Mémoires d'outre-tombe* vor. Aber seinerseits nahm er fast nie eine Einladung an: «Ich bin nicht mehr von dieser Welt», sagte er. Das Gefühl, im Exil zu sein, war bei ihm besonders ausgeprägt: «Und ich, ein Zuschauer in einem leeren Saal mit verlassenen Logen und gelöschten Lichtern, ich bleibe allein von meiner Zeit zurück, vor dem gefallenen Vorhang, mit dem Schweigen und der Nacht.» Er hatte sich stets gelangweilt: er langweilte sich noch mehr. «Wer

1 Es scheint, daß sie aus physiologischen Gründen mit keinem Mann geschlafen hat.

seine Laufbahn verlängert, sieht seine Tage kälter werden», schrieb er 1836. «Er bringt morgen nicht mehr das Interesse auf, das er gestern noch hatte.» Er träumte nicht einmal mehr: «Da ich keine Zukunft mehr habe, habe ich auch keine Träume mehr ... Ich lebe nur noch mit dem Mund; ich habe den *spleen*, eine wirkliche Krankheit.» Loménie sagte von ihm: «Dieser arme große Mann langweilt sich entsetzlich; nichts mehr berührt ihn, nichts zerstreut ihn, er findet an nichts mehr Gefallen; die Welt wird ihm immer fremder.» Im «Testamentarischen Vorwort» seiner Memoiren beschwört er die «Langeweile dieser letzten und verlassenen Stunden, die kein Mensch haben will und mit denen man nichts anfangen kann. Am Ende des Lebens steht ein bitteres Alter; nichts gefällt einem, weil man für nichts würdig genug ist; man nützt keinem etwas, ist allen zur Last, man ist der letzten Lagerstatt nahe, braucht nur einen Schritt zu tun, um sie zu erreichen. Was nützte es, an einem einsamen Gestade zu träumen? Welche freundlichen Schatten würde man in der Zukunft gewahren?»

Er hatte sich nur ungern dazu entschlossen, seine Memoiren zu verkaufen: sie erschienen dann gleich nach seinem Tod, während er vorgesehen hatte, daß sie erst 50 Jahre danach herausgegeben werden sollten. «Ich habe eine Hypothek auf mein Grab genommen», sagte er traurig. Trotzdem arbeitete er intensiv daran. Um 1830 hatte er beschlossen, sie zu «erweitern» und zu «vervollständigen». Sie sollten die «Epopöe» seiner Zeit werden. Er schrieb den ersten Teil um und gab ihm ein «Testamentarisches Vorwort», datiert vom 1. Dezember 1833, und eine Schlußbetrachtung über «Die Zukunft der Welt». 1836 begann er den zweiten Teil zu redigieren. 1837 ließ er sich in Chantilly nieder, um *Le Congrés de Verone* zu schreiben; 1838 veröffentlichte er das Buch. Es war eine Verteidigung der Restauration, aber mit strenger Kritik gepaart; zugleich war es seine eigene Apologie: er war es gewesen, der 1823 den Krieg in Spanien entfesselt hatte, und er rühmte sich dessen. Er warf Frankreich vor, daß es in seinem Frieden schläfrig geworden sei; er ermahnte es, gegen England Krieg zu führen; es werde ein leichter Krieg sein, schrieb er, «wenn man sich nicht über einige notwendige Opfer aufregt». Er hatte nichts von seinem Talent eingebüßt: nie hat er besser erzählt. Aber das Buch löste bei allen Unzufriedenheit aus: bei den Republikanern und mehr noch bei den Legitimisten; seine Kritik erzürnte die königliche Familie, die ihn von nun an als Feind betrachtete.

Im Laufe der Jahre verstärkte sich seine bissige Gleichgültigkeit gegenüber seinem Jahrhundert noch. Er schrieb an Vinet: «Ich glaube an nichts mehr in der Politik und in der Literatur, an keinen Ruf und keine menschlichen Zuneigungen mehr. All das scheint mir nichtiger als die jämmerlichsten Hirngespinste.» Er war das Opfer einer narzißtischen Melancholie und beklagte sich ohne Unterlaß; er stöhnte über seine vergangenen Kümmernisse; er spielte beständig auf seinen nahen Tod an, auf sein Grab. Er ist der Mann, den das Unglück hartnäckig verfolgt und der bald dahinscheiden wird, mit gebrochenem Herzen. Unablässig kommt er auf den Ekel zurück, den ihm die Gegenwart und die Zukunft einflößen. 1839 schreibt er: «Ich habe einen solchen Widerwillen gegen alles, eine solche Verachtung für die Gegenwart und für die nächste

Zukunft, eine so feste Überzeugung, daß die Menschen von jetzt an, als Publikum zusammengenommen (und das für mehrere Jahrhunderte), bemitleidenswert sein werden, daß ich erröte, wenn ich meine letzten Augenblicke dem Bericht von Vergangenem widme, der Schilderung einer zu Ende gegangenen Welt, deren Sprache und deren Namen man nicht mehr verstehen wird...

Nach Napoleon – nichts; man sieht weder ein Kaiserreich kommen noch eine Religion, noch Barbaren; die Zivilisation hat ihren höchsten Punkt erklommen, aber es ist eine materielle, unfruchtbare Zivilisation, die nichts hervorzubringen vermag, denn Leben könnte ihr nur durch die Moral verliehen werden; nur die Wege des Himmels lassen zur Erschaffung von Völkern gelangen. Die Wege der Eisenbahn führen uns nur mit größerer Geschwindigkeit dem Abgrund zu.»

«Das Alter», so berichtet Vitrolles, «hatte die Dürre seines Herzens und den Mißmut seines Charakters noch gemehrt. Er war noch ganz mit seinem Ruf beschäftigt und verzieh es der Welt nicht, daß sie ihn überlebte. Seine Voraussagen waren alle finster, doch vage und unbestimmt wie böse Träume.»

1841 spricht er abermals von der Nichtigkeit der Zukunft: «Die gegenwärtige verfaulte Zivilisation geht nicht in Barbarei über, sie verliert sich in sich selbst; das Gefäß, das sie enthält, hat die Flüssigkeit nicht in ein anderes Gefäß gegossen; das Gefäß ist vielmehr zerbrochen und die Flüssigkeit verschüttet.»

Er konnte sich mit dem Alter nicht abfinden: «Die Jahre sind wie die Alpen: kaum hat man die ersten überwunden, sieht man andere aufragen. Ach, und jene noch höheren, letzten Berge sind unbewohnt, kahl und weiß.»

Wie vielen Greisen kamen ihm leicht die Tränen. Er sagt, er habe «einen wilden Tränenstrom vergossen», als er an die Herzogin von Berry schrieb; bei Karl X. wurden ihm vor Rührung die Augen feucht. «Ein Nichts brachte ihn zum Weinen», sagte sein Friseur. Er wehrte sich gegen diese Erregbarkeit und umgab sich mit einem Panzer von Gefühllosigkeit; ein hartes Herz hatte er immer schon gehabt; er wurde ein Monstrum an Egoismus. Gegen Madame Récamier betrug er sich widerwärtig. Sie sagte 1841 zu Loménie: «Monsieur de Chateaubriand besitzt viel Noblesse, eine ungeheure Selbstachtung, ein sehr großes Zartgefühl: er ist bereit, für die Personen, die er liebt, jedes Opfer zu bringen. Aber er besitzt nicht einen Schatten von wahrer Empfindsamkeit. Mehr als einmal hat er mir Leid zugefügt.» Alphonse de Custine berichtet: «Monsieur de Chateaubriand ist noch nicht 75 Jahre alt, und alles fehlt ihm bereits, aber vor allem fehlt er sich selbst. Jeden Abend nimmt er von dieser armen Frau seinen letzten Abschied... Man trifft sie in Tränen aufgelöst wie eine junge Person... Sie verzehrt sich, sie härmt sich, und weder sie noch ihre Freunde vermögen etwas auszurichten gegen dieses alte verwöhnte Kind.» Die Herzogin von Dino notiert 1842: « [Barante] sagt mir auch, daß Monsieur de Chateaubriand, den er in Abbaye-aux-Bois bei Madame Récamier trifft, mürrisch und schweigsam geworden ist, unzufrieden mit allem und allen. Madame Récamier hat keine leichte Aufgabe, denn es geht darum, den Zorn eines kranken Stolzes zu besänftigen und für die Gemütsbewegungen des Erfolgs Ersatz zu schaffen.»

1841 hatte er seine Memoiren abgeschlossen; allerdings sah er sie bis zu seinem Tod immer wieder durch. 1843 begann er auf Anraten seines Beichtvaters mit der Arbeit an *Vie de Rancé*. Mehr und mehr zog er sich in sich selbst zurück. Er schrieb Briefe, vor allem an Frauen. Aber er las nichts mehr. «Nicht die Sehkraft fehlt ihm zum Lesen, sondern der Geschmack am Lesen», notierte Ballanche. In Gesellschaft war er schweigsam und sauertöpfisch. Gesundheitlich ging es ihm schlecht; von 1840 an wurde er von Rheumatismus und Hustenanfällen gequält. Alle Beschreibungen von ihm, die seine Zeitgenossen uns hinterlassen haben, sind deprimierend. Mit einer einzigen Ausnahme. Custine schreibt 1840: «Monsieur de Chateaubriand ist frischer denn je und wahrheitsliebender als in seiner Jugend ... Seitdem er nichts mehr zu erreichen hofft, hat er an Aufrichtigkeit gewonnen ... Ich schätze ihn so, wie er gegenwärtig ist, mehr.» Aber drei Jahre später findet er diese ‹Aufrichtigkeit› unangenehm: «Das Alter läßt den großen Schriftsteller neidisch und schamlos werden. Er spricht alles aus, was er zuvor verschwieg.» In diesem Jahr macht sich Ballanche Sorge um die Gesundheit seines Freundes: «Monsieur de Chateaubriand verfällt auf grausame Weise ... Nun ist das Alter wirklich eingetreten.»

Er war trotzdem imstande, sich nach London zu begeben, wo er sich mit dem Herzog von Bordeaux traf. Es war eine der größten Freuden seines Alters. Der Prinz bezeigte ihm die herzlichsten Gefühle: er saß am Rand seines Bettes, er fuhr allein mit ihm im Wagen aus. Chateaubriand fühlte sich «entzückt und voller Hoffnung», aber sein Glück zeigte sich nur in Tränen: «Da bin ich und heule wie ein Tier», notiert er. Cuvillier-Fleury schrieb an Freunde: «Chateaubriand war mitleiderregend und konnte nur weinen ... Er hatte mehr von jenen Klageweibern, die den Leichenzügen folgen, als von einem überzeugten Vorläufer der legitimistischen Renaissance, und seine Tränen brachten seine Freunde zum Verzweifeln.»

1844 erlebte er einen Schicksalsschlag, der ihn vollends erschütterte: Émile Girardin hatte das Recht erworben, die *Mémoires d'outre-tombe* im Feuilleton in *La Presse* zu veröffentlichen, bevor sie in Buchform erschienen. Der 1836 unterzeichnete Vertrag hatte diese Möglichkeit nicht vorgesehen und enthielt keine Verfügung, die es untersagte. Chateaubriand gab seiner Empörung in einem unveröffentlicht gebliebenen Vorwort Ausdruck: «Ohne Achtung gegenüber meinem absoluten Willen, ohne Rücksicht auf mein Andenken wird man meine Gedanken en detail verkaufen.» Er fühlte sich als Schriftsteller wie auch in seiner Menschenwürde verletzt. Wieder nahm er sich sein Manuskript vor und strich Stellen, die ihm unter dieser neuen Perspektive indiskret erschienen. Erst 1847 erhielt das Werk seine endgültige Form.

1845 hatte Chateaubriand noch die Kraft, nach Venedig zu reisen, um den Herzog von Bordeaux ein zweites Mal zu treffen. Doch wurde er jetzt immer schweigsamer, unbeweglicher und trübsinniger. 1846 war Manuel betroffen von seinem Aussehen: «Er war alt, sehr alt, und gleichsam beschämt, es zu sein, so gebrochen, als habe der Greis den Mann entstellt.» Er übertrieb seine Taubheit, verkapselte sich für Stunden in seinem Mutismus und saß regungslos, wie gelähmt, in seinem Sessel.

Für Augenblicke kehrte er ins Leben zurück: «Nun gut», schreibt Sainte-Beuve, «dieser Mann, den wir schließlich stumm und mürrisch haben dasitzen sehen, der nein zu allem sagte, er hat charmante Rückfälle, lichte Momente.» Doch nach und nach versteinerte er vollends. Victor Hugo schreibt 1847: «[Alexis de Saint-Priest] hatte diesen Morgen Monsieur de Chateaubriand gesehen, will sagen, ein Gespenst. Monsieur de Chateaubriand ist völlig gelähmt; er geht nicht mehr, er rührt sich nicht mehr. Einzig sein Kopf lebt. Er war sehr gerötet, hatte traurige und erloschene Augen. Er hat sich aufgerichtet, er hat ein paar undeutliche Worte gesprochen.»

Seine Frau starb 1847. Madame Récamier war blind geworden: man trug Chateaubriand an ihr Bett, und sie hielten sich schweigend die Hand. Die politischen Ereignisse drangen nur noch halb in sein Bewußtsein. Im Februar 1848 bemerkt Graf d'Estourmiel: «Nichts kommt der tiefen Indifferenz gleich, mit der Monsieur de Chateaubriand, der einst so leidenschaftlich an der Politik Anteil nahm, die Revolutionen hinnimmt... Als man ihm die Nachricht vom Sturz der Juli-Regierung brachte, beschränkte er sich darauf zu sagen: ‹Das ist gut. Das mußte kommen.›» Er starb gleich nach dem Juni-Aufstand.[1]

Der Fall Lamartine hat etwas Exemplarisches und Extremes. Ich sagte – und wir haben es gesehen –, daß das Glück oder Unglück, das die Menschen im Alter erfahren, den Gedanken einer immanenten Gerechtigkeit ausschließt. Bei Lamartine indes sind es die Fehler seiner Jugend und seines Mannesalters, die er in seinen letzten Jahren bitter bezahlt hat.

In seiner Jugend hatte er das Geld, den Luxus, alles Mondäne und den Ruhm geliebt. Der Ruhm, den er sich als Dichter erworben hatte, genügte ihm nicht. Es war sein Ehrgeiz, ein großer Politiker zu werden. Er war ein Narziß, anmaßend, eitel, er spielte den Grandseigneur und verschwendete mehrere Erbschaften. Nach einer anfänglichen Niederlage wurde er 1830 in die Académie Française gewählt. Seine literarische Popularität war zu dieser Zeit ungeheuer groß. Als glühender Legitimist bemühte er sich, sobald er das nötige Alter erreicht hatte, um einen Abgeordnetensitz: beim erstenmal erlitt er eine Niederlage, dann wurde er gewählt. Es widerstrebte ihm, rechts oder in der Mitte zu sitzen; er hätte seinen Platz lieber ‹oben› gehabt: über den Parteien. Er war mit La Mennais befreundet – der sich im übrigen von seiner Zickzackpolitik distanzierte – und wünschte eine ‹Minderung› der sozialen Ungerechtigkeit: er hatte die Existenz des Proletariats entdeckt. Aber er hatte Angst davor und riet, es nicht ‹aufzurühren›: «Sie werden dort finden, was seit aller Ewigkeit Blindheit ist, Nonsens, blutgieriger Neid auf jede soziale Überlegenheit, Niederträchtigkeit und Grausamkeit.» Er war Grundbesitzer, er hing leidenschaftlich an seinem Besitz, und er wollte vor allem die Ordnung aufrechterhalten; ande-

1 Aufstand der Pariser Arbeiterschaft im Juni 1848, der durch General Cavaignac blutig niedergeschlagen wurde. Chateaubriand starb am 4. Juli 1848. (Anm. d. Übers.)

rerseits stand er der Entwicklung des Kapitalismus und der Geschäftswelt feindlich gegenüber. Er griff die Bankiers an, die industrielle Konzentration, den Geldfeudalismus, was ihm viele Feinde unter den Besitzenden einbrachte. Und alle warfen ihm seinen Wankelmut vor. Von den Legitimisten gewählt, sprach er sich 1834 für die Freiheit aus, dann wieder unterstützte er reaktionäre Gesetze.

Er war wütend auf die Konservativen, die ihm mehrere Niederlagen beigebracht hatten – so war ihm der Vorsitz der Kammer verweigert worden –, und brach deshalb 1843 mit der bürgerlichen Monarchie und schloß sich der Opposition an. Voller Selbstbewunderung und in dem Glauben, alles zu wissen, meinte er mehr und mehr, er sei zu einer großen politischen Karriere bestimmt. Er beschloß, der Herold der Demokratie zu werden. «Denken Sie daran, daß Sie zu sehr den Luxus, die Pferde, das Spiel geliebt haben. Scheuen Sie sich, die Popularität zu sehr zu lieben», riet ihm ein Freund. Die Popularität war in der Tat seine neueste Passion. 1848 glaubte er seine Stunde gekommen. Die Opposition triumphierte. Das Volk forderte die Republik. Lamartine setzte sich an die Spitze der Bewegung. Doch in Wirklichkeit hatte er Angst vor tiefgreifenden sozialen Umwälzungen; er verteidigte die Republik nur, weil er in ihr die konservativste Form der Gesellschaft sah; tatsächlich implizierte sie das allgemeine Wahlrecht, das dem ‹Volks-Vulkan› einen ‹Ausbruch›, ein ‹Dampfablassen› ermöglichte. Da 1848 die Bauern dem Proletariat überlegen waren und selbstverständlich konservativ wählten, war es das Volk selbst, das sich den ‹Roten› entgegenstellte. Wenn Lamartine nun die Republik gründete, so war es sein Ziel, die Ordnung zu wahren. Und dieses Doppelspiel bringt ihm seinen Triumph vom Februar ein. Die Republikaner sehen in ihm den Mann, der die Republik verwirklicht hat, die anderen den Mann, der sie zu erhalten wußte. Auf diese Weise gilt er mit 58 Jahren als «der Mann des Gemeinwohls».

Am 27. Februar schreibt er an seine Nichte: «Legitimisten, Katholiken, Republikaner schließen sich mir an wie einer einzigen Partei.» Am 23. April wurde er in 10 Départements mit 10 Millionen Stimmen gewählt. Er schrieb: «Ich bin ein wahres Wunder in meinen Augen. Nirgendwo kann ich mich blikken lassen, ohne daß ich einen Aufruhr von Liebe hervorrufe.» Aber die Zweideutigkeit, auf der diese Einmütigkeit beruhte, mußte notwendigerweise an den Tag kommen: man wurde gewahr, daß er – weit davon entfernt, die Rechte und die Linke in seiner Person zu versöhnen – weder die eine noch die andere vertrat, und er galt plötzlich nichts mehr.

Die Rechte fühlte sich als erste verraten. Sie hatte erwartet, daß er allein die Macht ergriff, und wollte ihm jene ihrer Männer unterstellen, die die Republikaner verjagt und die sogleich den Bürgerkrieg entfesselt hätten: er aber wollte das Werk, auf das er so stolz war, nicht so schnell begraben. Er lehnte die Rolle des Liquidators ab und erreichte, daß ein Exekutivausschuß von 5 Mitgliedern ernannt wurde. Von diesem Augenblick an wurde Lamartine gehaßt; er wurde nur auf den vierten Platz im Ausschuß gewählt, vor Ledru-Rollin, der als Extremist angesehen und von ihm unterstützt wurde. Die rechten Gazetten und die Salons tobten gegen ihn. Man beschuldigte ihn, er habe die Ereignisse vom 15.

Mai angezettelt, als 150 000 Pariser, von den ‹Clubs› zusammengerufen, die Nationalversammlung stürmten. Am 21. Mai verweigerte ihm die Nationalgarde auf dem Champ-de-Mars den Gruß. Unterdessen bereitete er durch seine Politik das Massaker vor, das ihn beim Volk verhaßt machen sollte. Er ernannte Cavaignac zum Kriegsminister und ließ ihn beträchtliche Macht an sich reißen. Anfang Juni willigte er in die Schließung der Nationalwerkstätten ein. Als er begriff, daß Blut fließen würde, forderte er, um den Aufstand zu verhindern, eine gewaltige Schaustellung militärischer Macht: sie wurde ihm verweigert. Er demissionierte am 24. Juni und mit ihm der gesamte Ausschuß. Cavaignac ließ die Arbeiter niederschießen und übte einige Monate lang eine regelrechte Diktatur aus: die Nationalgarde nahm an dem Massaker teil. Lamartine schrieb an seine Nichte Valentine: «Ich habe kein einziges blondes Haar mehr, alles ist weiß wie der Winter.» Und ferner: «Als Staatsmann und als Tribun bin ich am Ende, dieser Nerv ist zerrissen.» Er war anmaßend und gedankenlos genug gewesen, nicht vorauszusehen, daß seine Doppelzüngigkeit zwangsläufig zu diesem Desaster führen mußte: das Proletariat konnte nicht dulden, daß man unter Berufung auf seine Unterstützung ein Regime errichtete, das seine Forderungen in den Staub treten würde, und die Besitzenden konnten die Revolte der Arbeiter nicht anders ersticken als in Blut.

Lamartine hielt noch eine mit Beifall aufgenommene Rede zur Präsidentenwahl, in der er forderte, daß er durch allgemeine Wahlen ernannt würde; doch da er kandidierte, ohne Kandidat zu sein, erhielt er nur 17 910 Stimmen gegen 1,5 Millionen für Cavaignac und 5,5 Millionen für Louis-Napoléon Bonaparte: «Er legte sich in dem Glauben zu Bett, er habe Frankreich an seiner Seite; trunken von sich selbst schlief er ein; er träumte von Diktatur; er erwachte: er war allein», schrieb Louis Blanc. Sein ganzes Alter war von diesen Ereignissen tragisch gezeichnet; er erholte sich nie davon. Er hatte zwei oder drei geerbte Millionen verschwendet, die Mitgift seiner Frau und fünf oder sechs Millionen, die ihm seine Bücher eingebracht hatten. Ende 1843 hatte er bereits Schulden in Höhe von 1 200 000 Francs gehabt, und infolge seiner unglücklichen Spekulationen wurde die Summe immer höher. Er schrieb wie ein Besessener, um seine Gläubiger zufriedenzustellen; seine Frau kam mit dem Kopieren nicht mehr nach. Die Zeitungen, die er gegründet hatte, wurden durch den Staatsstreich vom 2. Dezember 1851 hinweggefegt, und er verlor noch mehr Geld. Er gab seine schöne Wohnung in der rue de l'Université auf und zog in ein bescheideneres Haus; aber er behielt vier Wohnsitze, ein Heer von Dienstboten und seine Pferde; er kaufte seine Gilets und Schuhe dutzendweise. Gerichtsvollzieher und Gläubiger bedrängten ihn. Er hielt sich für einen genialen Geschäftsmann und hörte auf keinen Rat; schlechte Ernten und Bankrotterklärungen folgten aufeinander: «Ich sitze noch mehr in der Patsche und ebensosehr wie eh und je, des Kampfes und des Lebens müde: hoffen und verzweifeln, das ist schlimmer als einfache Verzweiflung. Dahin bin ich gekommen», schreibt er mit 65 Jahren. Er beutete historische Bücher aus, um seine *Lebensbeschreibungen* großer Männer verfassen zu können. Man nannte ihn einen «öffentlichen» Schriftsteller; man sprach von der «Mißachtung seines Alters», man schalt ihn in den Zeitungen und man verspottete ihn. Trotzdem behielt er einen kindlichen Stolz, der an Paraphrenie grenzte: er fand, daß der Erfolg ihm zustehe, daß die Fehlschläge eine Rache des Schicksals seien und die Welt und Gott sich nur mit ihm beschäftigten. Er nahm einen *Cours familier de littérature* in Angriff, der 1856 zu erscheinen begann. Im Vorwort bettelte er um Subskriptionen: «Meine Jahre schieben mir, wie das Phantom von Macbeth, die Hand über die Schulter und weisen mit dem Finger nicht auf Kränze, sondern auf ein Grab, und wollte Gott, daß ich darin ruhte.» Die Erinnerung an die Ereignisse von 1848 verfolgte ihn: «Glücklich die Männer, die über ihrem Werk sterben, von den Revolutionen geschlagen, an denen sie teilhatten! Der Tod ist ihre Strafe, ja, aber er ist auch ihre Zuflucht. Und die Strafe zu leben, zählt sie für euch nicht?»

Sein Name bedeutete noch etwas, denn 1857 baten ihn Freunde von Flaubert, er solle für *Madame Bovary* eintreten; er wand sich. Er fühlte sich immer mehr erdrückt vom Leben: «Das Leben ist ein Pranger, wenn nicht ein Schafott. Was ist besser, 20 Jahre geistige Agonie oder ein Beilhieb von einer Sekunde?» Er hatte aufgehört, Verse zu schreiben; dennoch verfaßte er das berühmte Gedicht *La Vigne et la maison*, in dem ein Greis, verloren in einer Welt, die ihn vergessen hat, seine Erinnerungen beschwört:

> Welche Last drückt dich, o meine Seele,
> Auf jenem Bett vergangener Tage, vom Überdruß gewendet...

Er, der ein Geck gewesen war, lief in einem abgeschabten, mit Tabakkrümeln übersäten Rock herum. Er bat, man möge zu seinen Gunsten eine staatliche Subskription auflegen. Aber er schämte sich so sehr darüber, daß er sagte: «Ich wünschte, ich wäre tot.» Und auch: «Ich bin so gedemütigt durch mein Unglück, daß ich keinen Freund zu besuchen wage aus Angst, dort einen Feind zu treffen.» Freunde hatte er so gut wie keine mehr. In der Académie mied man es, mit ihm zu sprechen, er blieb in seinem Winkel: «Mein Verbrechen ist, daß ich allen Parteien gedient und sie alle verärgert habe, indem ich sie daran hinderte, sich in den Tagen der Anarchie gegenseitig nach Belieben zu töten», schrieb er bitter in einem der zahlreichen Manifeste, in denen er seine Sache vertrat. Er konnte so viele davon veröffentlichen wie er wollte, die Subskription zahlte sich nicht aus. Er machte für sich eine so schamlose Reklame, daß ein Amerikaner ihm vorschlug, sich zwei Jahre lang in Amerika zur Schau zu stellen und in einer Stadt nach der andern seine Rede über die rote Fahne zu halten. Er war gezwungen, auf einem seiner Güter die Bäume fällen zu lassen, um sein Leben fristen zu können, aber er weigerte sich, seine Ländereien zu verkaufen. Der Magistrat von Paris überließ ihm ein sehr hübsches Haus vor den Toren der Stadt, aber er zeterte und jammerte deshalb nicht weniger. «Er hat Anfälle von Verzweiflung, die mich außer mich bringen», sagte seine Frau.

Unaufhörlich kam er auf seine politische Vergangenheit zurück, um sich daran zu trösten. Er behauptete, der Staatsmann sei dem Dichter überlegen, und er bedauerte sogar, je geschrieben zu haben. Von solchen Grübeleien abgesehen, sprach er nur noch von Geld: seine Bekannten konnten es nicht mehr ertragen. 1860 fand er sich endlich bereit, Milly zu verkaufen. Sogleich fielen seine Gläubiger über ihn her: 400 stellten sich innerhalb von 17 Tagen nacheinander bei ihm ein. Am Tage des Verkaufs trat er mit einem Büschel Efeu in der Hand in das Zimmer seiner Nichte Valentine. «Das ist alles, was mir von Milly bleibt», sagte er schluchzend. Wenig später sagte er zu einem Freund: «Mein Lieber, wollen Sie den unglücklichsten Menschen sehen, der auf Erden existiert? Dann schauen Sie mich an!»

Seine Frau starb 1863, und er heiratete heimlich Valentine. 1867 begann sich sein Verstand zu verwirren. Und er erlebte die Demütigung, daß der Kaiser ihm eine Pension bewilligte. Am 1. Mai hatte er einen Schlaganfall. Mehr und mehr verkroch er sich in sich selbst, er sagte kaum noch ein Wort. Eines Abends, als er hinaufging, um sich schlafen zu legen, hielt er inne und setzte sich auf eine Treppenstufe: «Wozu? Wozu schlafen, die Mühsal von neuem beginnen? Man lasse mich hier!» 1868 kam es, wenn er auf dem Land war, öfter vor, daß er sich nach dem Abendessen davonstahl und daß man ihn in den Feldern wiederfand. Er starb im Jahr darauf.

Dieses grausame Alter war zu einem Teil eine Folge der Fehler, die seine Jugend und seine reiferen Jahre geprägt hatten: kindische Leichtfertigkeit, Eigensinn, Eitelkeit, Geltungsdrang, Dünkel, Kritiklosigkeit, Mangel an Voraussicht. Vor allem aber sind diese letzten Jahre seines Lebens der Preis für sein Verhalten im Jahre 1848 gewesen. Damals hatte er sich deutlich zu erkennen gegeben. Aus Sucht nach Popularität hatte er den Vermittler gespielt und sich an diese Täuschung geklammert, während er in Wirklichkeit nichts als ein Heuchler gewesen war. Er, der nach seinem Hang zum Geld und zur Verschwendung, nach seiner Achtung vor aristokratischen Werten und seinem Willen, die Ordnung aufrechtzuerhalten, ein Mann der Rechten war, hatte liberal erscheinen wollen, als er die Republik verteidigte, die im Grunde seinen reaktionären Vorhaben entgegenkam. Er hatte sich aller Welt verhaßt gemacht. Die Besitzenden, die ihm von vornherein mißtrauten, hatten ihn bloßgestellt, weil er nicht bereit gewesen war, nur ihr gefügiges Werkzeug zu sein. Dennoch war er ihnen – gegen das Volk, dessen Sache er dem Schein nach zu der seinen gemacht hatte – zu Diensten gewesen und schließlich «im Blut der Arbeiter ausgerutscht».

Schlußfolgerung

Das Altern ist nicht ein *notwendiger* Abschluß der menschlichen Existenz. Es stellt nicht einmal wie der Körper das dar, was Sartre die «Notwendigkeit unserer Kontingenz» genannt hat. Sehr viele Tiere – so die Ephemeriden, die Eintagsfliegen – sterben, nachdem sie sich fortgepflanzt haben, und machen kein Verfallsstadium durch. Doch ist es eine empirische und allgemeingültige Wahrheit, daß der menschliche Organismus von einer bestimmten Anzahl von Jahren an einer Involution unterliegt. Dieser Vorgang ist unvermeidlich. Er bringt nach einer gewissen Zeit eine Reduktion der Aktivität des Individuums mit sich und sehr oft auch eine Verminderung seiner geistigen Fähigkeiten und eine Veränderung seiner Einstellung gegenüber der Welt.

Zuweilen ist das hohe Alter aus politischen oder gesellschaftlichen Gründen aufgewertet worden. Manche Menschen – so zum Beispiel die Frauen im alten China – fanden in ihm eine Zuflucht vor der Härte der normalen Lebensbedingungen. Andere finden auf Grund einer Art Lebenspessimismus Gefallen daran: wenn das Leben-wollen als Quelle des Unglücks erscheint, ist es nur logisch, einem Halbtot-sein den Vorzug zu geben. In der überwiegenden Mehrzahl jedoch erwarten die Menschen das Alter in Traurigkeit oder voller Auflehnung. Es flößt ihnen noch mehr Widerwillen ein als der Tod.

Und tatsächlich muß man das Alter, mehr noch als den Tod, als Gegensatz zum Leben betrachten. Es ist die Parodie des Lebens. Der Tod verwandelt das Leben in Schicksal, und in gewisser Hinsicht rettet er es, indem er ihm die Dimension des Absoluten verleiht: «So wie die Ewigkeit in sich das Leben endlich ändert.» Er hebt die Zeit auf. Die letzten Tage eines Menschen, den man zu Grabe trägt, haben nicht mehr Wahrheit besessen als alle anderen Tage; seine Existenz ist nun zu einer Gesamtheit geworden, in der alle Teile gleichermaßen anwesend sind – insofern sie vom Nichts ergriffen wurden. Victor Hugo ist für alle Zeiten ein 30jähriger und zugleich ein 80jähriger. Als er jedoch tatsächlich 80 Jahre alt war, verwischte bei ihm die gelebte Gegenwart die Vergangenheit. Diese Oberherrschaft ist niederdrückend, wenn – wie es fast immer der Fall ist – die Gegenwart einer Herabsetzung oder sogar einer Widerlegung dessen, was gewesen ist, gleichkommt. Die früheren Ereignisse, das erworbene Wissen behalten ihren Platz in einem erloschenen Leben: sie sind gewesen. Sobald die Erinnerung zerbröckelt, versinken sie in höhnischem Dunkel: das Leben löst sich Masche um Masche auf, wie ein abgetragenes Trikot, so daß der greise Mensch am Ende nur noch Fasern in den Händen hält.

Schlimmer noch: die Gleichgültigkeit, die ihn überkommt, leugnet seine Leidenschaften, seine Überzeugungen, sein ganzes Tun; so, wenn Monsieur de Charlus mit einem Hutabnehmen den aristokratischen Hochmut, der sein Seinsgrund gewesen ist, zerstört; oder wenn Arina Petrowna sich mit einem gehaßten Sohn aussöhnt. Wozu hat man so viel gearbeitet, wenn man feststellen muß, wie Rousseau sagte, daß die Mühe vergeblich war, da man den erzielten Resultaten nicht mehr den geringsten Wert beimißt? Michelangelos Verachtung für seine ‹Hampelmänner› ist herzzerreißend; wenn wir ihn durch seine letzten Jahre begleiten, empfinden wir traurig mit ihm die Vergeblichkeit seiner Anstrengungen. Im Tod aber vermögen solche Augenblicke der Entmutigung nichts gegen die Größe seines Werks.

Nicht alle Greise danken ab, entsagen. Im Gegenteil, viele zeichnen sich durch ihre Hartnäckigkeit aus. Dann aber werden sie oft zu Karikaturen ihrer selbst. Ohne Grund oder sogar gegen jeden Grund bleibt ihr Wille kraft einer Art Trägheitsgesetz bestehen. Anfangs *wollten* sie im Hinblick auf ein bestimmtes Ziel. Jetzt wollen sie, weil sie gewollt *haben*. Ganz allgemein treten bei ihnen Gewohnheiten, Automatismen und verschiedene Formen der Verkalkung an die Stelle der Erfindungskraft. Es ist schon etwas Wahres daran, wenn Émile Faguet [1] sagt: «Das Alter ist eine fortwährende Komödie, die der Mensch spielt, um den anderen und sich selbst etwas vorzumachen – komisch vor allem deshalb, weil er sie so schlecht spielt.»

Die Moral predigt das gelassene Hinnehmen der Übel, denen Wissenschaft und Technik nicht abzuhelfen vermögen: Schmerz, Krankheit, Alter. Ja, das beherzte Ertragen eines solchen Zustands, der uns vermindert, verleihe uns, so behauptet sie, innere Größe. Und mangels anderer Pläne solle der alte Mensch dies zu seinem Vorhaben machen. Das ist ein Spiel mit Worten: Pläne, Entwürfe beziehen sich nur auf unser Tun. Das Alter ertragen ist keine Tätigkeit. Wachsen, reifen, altern, sterben – die Vergänglichkeit der Zeit ist ein Verhängnis.

Wollen wir vermeiden, daß das Alter zu einer spöttischen Parodie unserer früheren Existenz wird, so gibt es nur eine einzige Lösung, nämlich weiterhin Ziele zu verfolgen, die unserem Leben einen Sinn verleihen: das hingebungsvolle Tätigsein für einzelne, für Gruppen oder für eine Sache, Sozialarbeit, politische, geistige oder schöpferische Arbeit. Im Gegensatz zu den Empfehlungen der Moralisten muß man sich wünschen, auch im hohen Alter noch starke Leidenschaften zu haben, die es uns ersparen, daß wir uns nur mit uns selbst beschäftigen. Das Leben behält einen Wert, solange man durch Liebe, Freundschaft, Empörung oder Mitgefühl am Leben der anderen teilnimmt. Dann bleiben auch Gründe, zu handeln oder zu sprechen. Es wird den Menschen oft geraten, sich auf ihr Alter ‹vorzubereiten›. Wenn es sich aber nur darum handelt, Geld auf die Seite zu legen, einen Alterssitz zu wählen oder Hobbies anzufangen, dann wird einem, wenn es soweit ist, wenig geholfen sein.

1 Er schrieb einen wütenden kleinen Essay gegen das Alter: *Les dix Commandements de la vieillesse* [Die Zehn Gebote des Alters].

Besser ist es, nicht zuviel ans Alter zu denken, sondern ein möglichst engagiertes und möglichst gerechtfertigtes Menschenleben zu leben, an dem man auch dann noch hängt, wenn jede Illusion verloren und die Lebenskraft geschwächt ist.

Nur werden diese Möglichkeiten lediglich einer Handvoll von Privilegierten eingeräumt, und gerade im hohen Alter vertieft sich noch der Graben zwischen ihnen und der riesigen Mehrheit der Menschen. Wenn wir die einen mit den anderen vergleichen, können wir die am Anfang dieses Buches gestellte Frage beantworten: Was ist am Verfall des Individuums unvermeidlich? In welchem Maße ist die Gesellschaft dafür verantwortlich?

Wir haben gesehen: Das Lebensalter, in dem der Altersabbau einsetzt, hängt seit jeher davon ab, welcher Klasse man angehört. Heute ist ein Bergarbeiter mit 50 Jahren ein erledigter Mann, während man unter den Privilegierten viele muntere und rüstige 80jährige trifft. Beim Arbeiter setzt der Verfall nicht nur früher ein, sondern er vollzieht sich auch schneller. In den Jahren des ‹Überlebens› ist sein zerrütteter Körper für Krankheiten und Gebrechen anfällig. Dagegen kann ein Greis, der immer die Möglichkeit hatte, auf seine körperliche Verfassung Rücksicht zu nehmen, sich bis zu seinem Tod eine nahezu unversehrte Gesundheit erhalten.

Die Ausgebeuteten sind im Alter, wenn nicht zu Elend, so doch zumindest zu großer Armut verurteilt, zu unbequemen Unterkünften, zur Einsamkeit. All das ruft bei ihnen ein Gefühl der Herabsetzung und eine allgemeine Angst hervor. Sie versinken in einer Stumpfheit, die sich auf den ganzen Organismus auswirkt; selbst die Geisteskrankheiten, die bei ihnen auftreten, sind zu einem großen Teil ein Produkt des Systems.

Auch wenn der Rentner oder Pensionär sich seine Gesundheit und seinen klaren Verstand erhalten hat, ist er dennoch einer schrecklichen Plage ausgesetzt: der Langeweile. Er hat seinen Einfluß auf die Welt verloren und vermag keinen wiederzugewinnen, da die Beschäftigungen, denen er in seiner Freizeit nachgegangen ist, entfremdet waren. Dem Handarbeiter gelingt es nicht einmal, die Zeit totzuschlagen. Sein verdrossener Müßiggang mündet in eine Apathie, die das, was ihm an physischem und geistigem Gleichgewicht noch bleibt, in Gefahr bringt.

Der Schaden, den er im Verlauf seiner Existenz erlitten hat, ist noch sehr viel radikaler. Wenn der Rentner an der Sinnlosigkeit seines gegenwärtigen Lebens verzweifelt, so deshalb, weil ihm die ganze Zeit hindurch der Sinn seiner Existenz gestohlen worden ist. Ein Gesetz, ebenso unerbittlich wie das *eherne Gesetz*, hat ihm nur gestattet, sein Leben zu reproduzieren, und ihm die Möglichkeit, Rechtfertigungen dafür zu finden, verwehrt. Wenn er nun den Zwängen seines Berufes entrinnt, sieht er um sich her nur Wüste; es war ihm nicht vergönnt, sich Entwürfen zu widmen, die die Welt mit Zielen, Werten, Seinsgründen bereichert hätten.

Und hier liegt das Verbrechen unserer Gesellschaft. Ihre ‹Alterspolitik› ist ein Skandal. Skandalöser aber noch ist die Behandlung, die sie der Mehrzahl der Menschen in ihrer Jugend und im Erwachsenenalter angedeihen läßt.

Dadurch bereitet sie schon früh die verstümmelten und elenden Lebensbedingungen vor, die das Los dieser Menschen in ihren letzten Jahren ist. Es ist Schuld der Gesellschaft, wenn der Altersabbau bei ihnen vorzeitig einsetzt und wenn er sich so rasch vollzieht, in einer physisch schmerzhaften und seelisch grauenvollen Weise, weil sie ihm mit leeren Händen gegenüberstehen. Als ausgebeutete, entfremdete Individuen werden sie, wenn ihre Kräfte sie verlassen, zwangsläufig zum ‹Ausschuß›, zum ‹Abfall› der Gesellschaft.

Deshalb sind alle Mittel, die zur Linderung der Not der Alten empfohlen werden, so unzulänglich: keines davon vermag die systematische Zerstörung, der manche Menschen während ihrer gesamten Existenz ausgesetzt sind, wiedergutzumachen. Auch wenn man sie pflegt – ihre Gesundheit kann man ihnen nicht zurückgeben. Damit, daß man ihnen menschenwürdige Altersheime baut, kann man ihnen nicht die Bildung, die Interessen und die Verantwortung vermitteln, die ihrem Leben einen Sinn gäben. Ich sage nicht, daß es vergeblich wäre, ihre Lebensbedingungen heute verbessern zu wollen; doch trägt dies in keiner Weise zu einer Lösung des eigentlichen Problems bei: wie müßte eine Gesellschaft beschaffen sein, damit ein Mensch auch im Alter ein Mensch bleiben kann?

Die Antwort ist einfach: er muß immer schon als Mensch behandelt worden sein. Das Schicksal, das sie ihren nicht mehr arbeitsfähigen Mitgliedern bereitet, enthüllt den wahren Charakter der Gesellschaft; sie hat sie immer als Material betrachtet. Sie gesteht damit ein, daß für sie nur der Profit zählt und daß ihr ‹Humanismus› reine Fassade ist. Im 19. Jahrhundert haben die herrschenden Klassen das Proletariat ausdrücklich der ‹Barbarei›, der ‹Unkultur› zugeordnet. Durch ihre Kämpfe haben die Arbeiter es erreicht, das Proletariat der Menschheit zu integrieren. Doch nur, soweit es leistungsfähig ist. Von den *gealterten* Werktätigen kehrt sich die Gesellschaft wie von einer fremden Gattung ab.

Und hier haben wir den Grund, warum die Frage in konzertiertem Schweigen übergangen wird. Die Situation der alten Menschen zeigt deutlich das Scheitern unserer Zivilisation auf. Der ganze Mensch muß erneuert werden, alle zwischenmenschlichen Beziehungen müssen neu geschaffen werden, wenn die Lebensbedingungen des alten Menschen annehmbar werden sollen. Der Mensch dürfte seinem Lebensende nicht einsam und mit leeren Händen entgegensehen. Wenn Bildung nicht ein lebloses, ein für allemal erworbenes und dann vergessenes Gut, sondern ein praktisches und lebendiges Wissen wäre, und wenn der Mensch dank dieses Wissens einen ständigen und sich im Laufe der Jahre immer wieder erneuernden Einfluß auf seine Umwelt hätte, dann würde er in jedem Alter ein aktives, nützliches Mitglied der Gesellschaft sein. Wenn er nicht von Kindheit an ‹atomisiert› wäre, abgesondert und isoliert unter anderen Atomen, wenn er an einem kollektiven Leben teil hätte, das ebenso selbstverständlich und wesentlich für ihn wäre wie sein eigenes Leben, dann würde er nie das ‹Exil› kennenlernen. Nirgendwo und zu keiner Zeit ist dieser Zustand je geschaffen worden. Die sozialistischen Länder kommen ihm zwar etwas näher als die kapitalistischen Länder, sind aber noch weit davon entfernt.

In der idealen Gesellschaft, die ich hier beschworen habe, würde, so kann man hoffen, das Alter gewissermaßen gar nicht existieren: der Mensch würde, wie es bei manchen Privilegierten vorkommt, durch Alterserscheinungen unauffällig geschwächt, aber nicht offenkundig vermindert, und eines Tages einer Krankheit erliegen; er stürbe also, ohne zuvor Herabwürdigung erfahren zu haben. Das letzte Lebensalter entspräche dann wirklich dem, als was es gewisse bürgerliche Ideologien definieren: eine Existenzphase, die sich von der Jugend und dem Erwachsenenalter unterscheidet, aber ihr eigenes Gleichgewicht besitzt und dem Menschen eine weite Skala von Möglichkeiten offenläßt.

Davon sind wir weit entfernt. Die Gesellschaft kümmert sich um den einzelnen nur in dem Maße, indem er ihr etwas einbringt. Die Jungen wissen das. Ihre Angst in dem Augenblick, da sie in das soziale Leben eintreten, entspricht genau der Angst der Alten in dem Augenblick, da sie aus dem sozialen Leben ausgeschlossen werden. In der Zwischenzeit werden die Probleme durch die Routine verdeckt. Der junge Mensch fürchtet sich vor dieser Maschinerie, die nach ihm greift, und manchmal versucht er, sich mit Steinwürfen zu wehren; der alte Mensch, von der gleichen Maschinerie ausgespien, erschöpft und nackt, hat noch seine Augen zum Weinen, sonst nichts. Zwischen beiden läuft die Maschinerie und zermalmt Menschen, und die Menschen lassen sich zermalmen, weil sie sich nicht einmal vorstellen, daß sie ihr entrinnen könnten. Wenn man begriffen hat, was die Lebensbedingungen der alten Menschen bedeuten, wird man sich nicht damit begnügen, eine großzügigere ‹Alterspolitik›, eine Erhöhung der Renten, gesunde Wohnungen und Freizeitgestaltung zu fordern. Es geht um das ganze System, und die Forderung kann nur radikal sein: das Leben verändern.

Anhang

I
Die Hundertjährigen

Hier soll noch ein Wort über eine besondere Gruppe alter Menschen gesagt werden: die Hundertjährigen. 1959 lebten in Frankreich 600 bis 700 Hundertjährige, die meisten von ihnen in der Bretagne. In der Mehrzahl werden sie nicht älter als 102 Jahre. Zwischen 1920 und 1942 erreichte in Frankreich niemand ein höheres Lebensalter als 104 Jahre. Unter den Hundertjährigen sind weitaus mehr Frauen als Männer: Dr. Delore, der 1959 eine Untersuchung durchführte, schätzt, daß im Durchschnitt mindestens 4 von 5 Hundertjährigen Frauen sind. Von den insgesamt 27 100jährigen Personen, die er befragte, waren 24 Frauen. Sie hatten die verschiedensten Berufe ausgeübt. Im Alter von 60 bis 70 Jahren hatten sie sich aus dem Berufsleben zurückgezogen, und seither lebten die meisten auf dem Land bei ihren Kindern oder Enkelkindern, einige im Hospiz oder in Altersheimen. Ihren Ehemann hatten sie vor 20 bis 40 Jahren verloren. Wirtschaftlich lebten sie in sehr bescheidenen Verhältnissen. Alle waren mager: keine der Frauen hatte je mehr als 60 Kilo gewogen. Sie hatten Freude am Essen, aßen aber wenig. Viele von ihnen waren ausgesprochen robust; das gleiche gilt für die Männer: einer von ihnen hatte noch mit 99 Jahren Billard gespielt. Manche der Frauen litten unter Alterszittern, die meisten hörten oder sahen schlecht, aber keine von ihnen war taub oder blind. Alle hatten einen guten Schlaf. Sie beschäftigten sich, indem sie lasen, strickten oder ein wenig spazierengingen. Ihr Geist war klar, sie hatten ein gutes Gedächtnis, ein selbständiges, ausgeglichenes, ja fröhliches Wesen, Sinn für Humor und Freude an jeder Art von Geselligkeit. Sie waren autoritär und behandelten ihre 70jährigen Kinder wie junge Leute. Manchmal beklagten sie sich über die neue Generation, aber die Zeit, in der sie lebten, interessierte sie, und sie hielten sich über alles, was geschah, auf dem laufenden. Einer der Faktoren ihrer Langlebigkeit schien Vererbung zu sein. Es gab bei ihnen keinerlei pathologische Antezedenzien, und sie hatten unter keinerlei chronischen Krankheiten gelitten. Vor dem Tod schienen sie sich nicht zu fürchten. Insgesamt unterschied sich ihr Verhalten stark von dem Verhalten weniger alter Greise. Verdankten sie ihr langes Leben einer außergewöhnlichen physischen und geistigen Gesundheit? Oder verlieh ihnen die Befriedigung, so lange gelebt zu haben, ihre heitere Gelassenheit? Auf diese Frage gibt die Untersuchung keine Antwort.

Dr. Grave E. Bird hat der Orientalischen Gesellschaft für Psychologie eine Studie über 400 Personen im Alter von mehr als 100 Jahren vorgelegt, die das Ergebnis 20jähriger Forschung ist. Seine Resultate stimmen mit denen von Dr.

Delore überein: «Die meisten Personen dieser Gruppe entwerfen genaue Pläne für die Zukunft; sie interessieren sich für öffentliche Angelegenheiten, bekunden oft jugendliche Begeisterung, haben ihre Steckenpferde, einen ausgeprägten Sinn für Humor, einen gesunden Appetit und besitzen eine außerordentliche Widerstandskraft. Im allgemeinen erfreuen sie sich einer vollkommenen geistigen Gesundheit, sind optimistisch und lassen nicht die geringste Furcht vor dem Tod erkennen.»

Hundertjährige, die man in den USA beobachtet hat, vermittelten den gleichen Eindruck: sie waren aktiv und glücklich. Visher hat zwei über 100 Jahre alte Männer beobachtet, die aktiv am Leben teilnahmen, zufrieden waren und bei guter Gesundheit schienen: indessen ergab sich bei ihrer Autopsie, daß sie mit zahlreichen organischen Leiden behaftet waren.

1963 berichtete die kubanische Presse über einige mehr als 100 Jahre alte Menschen, darunter über einen besonders interessanten Fall, einen ehemaligen Negersklaven, dessen Erinnerungen von einem Ethnologen auf Tonband aufgenommen wurden. Nachprüfungen seiner historischen Angaben ließen darauf schließen, daß er tatsächlich 104 Jahre alt war, wie er behauptete. Sein ausgezeichnetes, wenn auch für bestimmte Perioden ein wenig getrübtes Gedächtnis ermöglichte es ihm, sein ganzes Leben zu erzählen. Er hatte weißes Haar und erfreute sich einer guten Gesundheit; bei den ersten Unterredungen reagierte er etwas mißtrauisch, doch dann hörte er sich die Fragen seines Gesprächspartners sehr freundlich an und beantwortete sie ausführlich. Er war im vollen Besitz seiner intellektuellen Fähigkeiten.[1]

Viele angeblich Hundertjährige, die man in entlegenen Gebieten antrifft, sind es zweifellos gar nicht: da sie keine Geburtsurkunden besitzen, können sie sich guten Glaubens ein falsches Alter zuschreiben. Doch jene, die wirklich das Alter von 100 Jahren überschritten haben, sind fast immer außergewöhnliche Menschen.

1 *Esclave à Cuba* [Sklave auf Kuba] von Miguel Barnet.

II

Robert E. Burger: Wer kümmert sich um die Alten?[1]

Etwa jeder zehnte Amerikaner ist älter als 65 Jahre, und der Anteil dieser Gruppe an der Bevölkerung nimmt mit jedem Jahr zu. Zwei Drittel dieser amerikanischen Bürger haben ein chronisches Leiden – zu hohen Blutdruck, Arthritis, Diabetes oder andere Gebrechen. Trotzdem gibt es nur ungefähr 30 000 Einrichtungen verschiedenster Art, die dazu geschaffen sind, sich ihrer anzunehmen, und die Anzahl der vorhandenen Krankenbetten reicht gerade aus, daß jeder 50. entsprechend versorgt werden kann. Hinzu kommt, daß die meisten alten Menschen nicht die Bedingungen erfüllen, die sie für eine Versorgung durch die staatlichen Einrichtungen *Medicare* oder *Medicaid* qualifizieren würden. Das *mittlere* Jahreseinkommen einer alleinstehenden Person im Alter von mehr als 65 Jahren beträgt 1055 Dollar und 30 % der Angehörigen dieser Altersgruppe – ob alleinstehend oder verheiratet – leben in Armut. Demnach müssen ihre Familien in der Lage sein, etwa die Hälfte eines durchschnittlichen Nettolohnes aufzuwenden, um die notwendigste Fürsorge zu gewährleisten.

Das finanzielle Dilemma, das durch Pflegeheime aufgeworfen wird, rückt eine grundsätzlichere Frage ins Licht. Wohin sollen die alten Menschen in den USA? Die meisten Amerikaner haben sich der Ansicht angeschlossen, die Alten seien besser daran, wenn sie unter sich sind. Anscheinend glauben wir, daß ihre medizinischen Bedürfnisse sich von den unseren unterscheiden und daß man sie als Gruppe wirkungsvoller behandeln kann; daß ihren Interessen und Gefühlen entsprochen wird, wenn sie unter Altersgenossen sind; und daß sie fern von den Pressionen einer wettbewerbsorientierten, jugendlichen Welt ein längeres und glücklicheres Leben führen können. Alle diese Annahmen sind von Grund auf falsch, aber die Zwänge, die zu ihnen geführt haben, sind leicht zu verstehen. Wir waren außerstande, uns dem entscheidenden Problem zu stellen, nämlich der Rehabilitation der alten Menschen. Eine umfassende Untersuchung, die 1966 an 2000 Wohlfahrts-Patienten in New Yorker Pflegeheimen durchgeführt wurde, kam zu dem Ergebnis, daß «eine umfangreiche Rehabilitation alter Pflegeheim-Insassen weder praktisch durchführbar noch für die

1 Ein in der *Saturday Review* vom 25. Januar 1969 erschienener Artikel. © Saturday Review, Inc., 1969. Robert E. Burger ist, zusammen mit Richard Garvin, Autor des Buches *Where They Go to Die.* Sein hier veröffentlichter Aufsatz wurde von Wolfgang Eisermann ins Deutsche übersetzt.

Gesellschaft ergiebig ist... Höchste Anstrengungen zur Rehabilitation müßten früher und an anderer Stelle als in Pflegeheimen unternommen werden.» Wir haben uns daran gewöhnt, Pflegeheime nicht als Stätten der Rehabilitation anzusehen, sondern vielmehr als ‹letzte Zuflucht› für ‹schwierige› alte Menschen. So wurde das Grundprinzip jeder Rehabilitation – den Patienten aktiv zu halten – systematisch ausgeschaltet durch die Art und Weise, in der solche Heime belegt und finanziert werden. Bettlägerige Patienten erhalten eine höhere Unterstützung von der Wohlfahrt, sie erfordern weniger Aufmerksamkeit und verlassen ein Heim nur selten.

Die rasche Industrialisierung der USA hat die alten Menschen auch der Verantwortlichkeit und Funktionen beraubt, die sie in einer Agrargesellschaft besaßen. Da sie unproduktiv sind, empfinden sie sich bald als unerwünscht. So wächst auf beiden Seiten das Verlangen nach Trennung von der Gesellschaft, eine Tendenz, die zumal die Jungen und jüngeren Altersgruppen für psychologisch gerechtfertigt halten. Der Beamte tritt früher in den ‹Ruhestand›, weil er, wenn er älter als 50 Jahre ist, für eine Beförderung nicht mehr in Frage kommt. Der Arbeiter kauft sich in eine ‹Rentnersiedlung› ein (das Mindestalter, früher 53 Jahre, liegt jetzt bei 45), weil seine erwachsenen Kinder keinen echten Kontakt mehr mit ihm haben.

Diese psychologischen Zwänge, die bewirken, daß der Abstand zwischen Alten und Jungen noch größer wird, haben einen unerwarteten Antrieb aus einer anderen Quelle erhalten. Das Wunder, das viel mehr Amerikanern ein hohes Alter ermöglichte, hat es zugleich frustrierender gemacht. Dank der modernen Medizin hat sich die Lebenserwartung des amerikanischen Mannes von 49 Jahren im Jahre 1900 auf gegenwärtig fast 70 Jahre erhöht. Doch die Lebenserwartung 65jähriger Männer liegt bei nur 14 weiteren Jahren – gegenüber 13 Jahren um 1900. Wir haben das Leben im allgemeinen verlängert und so die Gruppe alter Menschen vergrößert; aber wir haben nicht das Leben der Alten verlängert. Schlimmer noch, wir haben das Leben der Alten nicht sinnvoll gemacht oder es in irgendeiner Weise befriedigend gestaltet. Statt dessen haben wir die Hauptlasten der Gesundheitspflege den Alten und ihren Familien aufgebürdet.

Die amerikanische ‹Lösung› – Pflege-, Alters-, Erholungsheime und Rentnersiedlungen – wirft die Frage auf, ob die Alten wirklich besser daran sind, wenn sie ausgeschlossen von der Gesellschaft leben. Wir konnten das Problem des enormen Bedarfs an ärztlicher Versorgung für alte Menschen nur verheimlichen, indem wir die kranken Alten den Blicken der Öffentlichkeit entzogen.

Der ‹letzte Schrei› auf dem Effektenmarkt ist, wenn man der Finanzkolumnistin Sylvia Porter glauben darf, das Geschäft mit Pflegeheimen. Noch ehe *Medicare* offiziell damit beauftragt wurde, haben Unternehmen wie Holiday Inn und Sheraton Hotels Pflegeheimketten geplant. Mindestens sieben solcher Ketten sind jetzt in öffentlichem Besitz und haben sich laut *Business Week* «größtenteils zu einem guten Geschäft entwickelt». Offensichtlich bleiben Programme, die von der Regierung finanziert werden, bei dieser Konjunktur im Hintertreffen, da sie dem Wohnungsbau für alte Menschen niedriger Einkommensgruppen im Rahmen von Sanierungsprojekten gelten. Auch der von kirchlicher Seite geförderte Bau von Wohnungskomplexen für Alte ist durch Steuergesetze finanziell ermöglicht worden. Obgleich die Kosten für die einzelne Familie immer noch hoch sind, könnte es den Anschein erwecken, als hielte die Fürsorge für die alten Menschen mit deren ärztlichen und Umwelt-Problemen Schritt.

Ein fundamentales Mißverständnis trübt jedoch das Ganze. *Medicare* befaßt sich nur mit einer kleinen Minderheit alter Menschen – mit jenen, die nach einem Krankenhausaufenthalt maximal 100 Tage pflegebedürftig sind. In der Sprache der Gesetzesverordnung (Titel XVIII der Social Security Act aus dem Jahre 1967) ist ein *Medicare*-Patient jemand, der «ausgedehnter Pflege» in einer «medizinisch orientierten» Einrichtung bedarf. ‹Ausgedehnt› heißt hier: über den Krankenhausaufenthalt hinaus, nicht ausgedehnt, was Dauer oder Intensität der Pflege betrifft. Die Idee von *Medicare* war, alte Leute aus dem Krankenhaus herauszunehmen, sobald sie angemessen in einem Pflegeheim in der Nähe eines Krankenhauses weiterbehandelt werden konnten, ehe sie nach Hause entlassen wurden. *Medicare* zahlt 16 Dollar pro Tag für jeden die geforderten Bedingungen erfüllenden Patienten an das Pflegeheim für Unterkunft, Verpflegung und ärztliche Betreuung. Es gehört nicht zu den Aufgaben von *Medicare,* alten Menschen zu helfen, die sich aus der Gesellschaft zurückziehen möchten.

Die Pflegeheimketten, für die in finanzkräftigen Kreisen lautstark geworben wird, sind nur für die speziellen Bedürfnisse einer krankenhausbezogenen, kurzfristigen Versorgung angelegt worden. Es wirft ein trauriges Licht auf die Qualität der Pflegeheime, die vor *Medicare* existierten, daß der ‹Markt› so groß ist für Einrichtungen, die gerade noch den nominellen Forderungen des Titels XVIII entsprechen. Um den Anforderungen von *Medicare* zu genügen, müssen einem Heim ein Arzt und eine staatlich geprüfte Krankenschwester ‹auf Abruf› zur Verfügung stehen, was kein Problem ist, da das Heim ohnehin einem Krankenhaus angeschlossen sein muß. Die Fachärzte, die *Medicare* verlangt, sind ebenfalls nur eine Frage des Geldes, nicht der Verfügbarkeit.

Die *Medicare*-Einrichtungen sind im engeren Sinne des Wortes Pflegeheime. Doch diese Bezeichnung wurde in der Vergangenheit so unbedenklich angewandt, daß man einen neuen Namen für erforderlich hielt. Solche Heime werden jetzt offiziell als «medizinisch orientierte Pflegeheime» bezeichnet.

Nicht-medizinisch orientierte Pflegeheime, ein Widerspruch in sich, stehen alten Menschen für langfristige Versorgung, gegebenenfalls bis zum Ableben, zur Verfügung. Derartige Einrichtungen, wie auch die zutreffender bezeichneten Erholungs- und Altersheime werden auf Grund einer weiteren Verfügung der Social Security Act von 1967 (Titel XIX) staatlich gefördert. Diese Gesetzesverordnung, *Medicaid* genannt, meist aber mit *Medicare* verwechselt, ist hinsichtlich ihrer Anwendung weiter gefaßt und hängt von den entsprechenden, in den einzelnen Bundesstaaten aufgestellten Programmen ab. *Medicaid* ist im Grunde genommen nichts Neues, soweit es die alten Menschen betrifft, und geht in vielen Fällen auch nicht über das Ausmaß der Fürsorge hinaus, wie es von staatlichen Wohlfahrtsprogrammen geboten wird. Im Rahmen von *Medicaid* erhalten die einzelnen Institutionen ungefähr die gleichen Summen wie im Rahmen früherer Programme (einen monatlichen Grundbetrag von etwa 300 Dollar pro Patient); allerdings kommt der größte Teil der Gelder jetzt aus Washington. *Medicaid* gewährleistet Bürgern aller Altersgruppen, die unter bestimmte Einkommenskategorien fallen, lediglich die finanzielle Basis für eine ärztliche Versorgung. Einwohner des Staates New York sind mit dem umfassenden Programm vertraut, das Gouverneur Rockefeller im Rahmen von *Medicaid* initiiert hat und das ungefähr jeden 10. Bewohner von New York City unmittelbar betrifft. *Medicaid* hat der Öffentlichkeit gegenüber nicht nur immer wieder die in die Höhe schnellenden Kosten einer angemessenen ärztlichen Versorgung dramatisiert, sondern anfangs auch versprochen, eine gewisse Vereinheitlichung einzuführen sowie bestimmte Anforderungen an die beteiligten Ärzte und Institutionen zu stellen.

Aber *Medicaid* hat sich, was Bestimmungen für die Institutionen angeht, die auf Grund dieses Gesetzes subventioniert werden, damit sie sich um alte Menschen kümmern, als lahm erwiesen. ‹Wohlfahrts›- oder ‹MAA› (Medical Assistance to the Aged = Ärztliche Hilfe für die Alten) -Patienten und die Heime, die sie aufnehmen, unterliegen immer noch der Verantwortlichkeit der zuständigen Dienststellen jedes einzelnen Staates. Dies hat die mächtige Lobby der Pflegeheimverbände sichergestellt, als die entscheidenden Verordnungen von *Medicaid* formuliert wurden. Die Behörden der einzelnen Staaten haben sich jahrelang mit dem Problem befaßt, wie man mit Hilfe von Bestimmungen dem Gesetz nicht entsprechende Altenheime reorganisieren kann, wenn die strenge Durchsetzung solcher Bestimmungen nur zusätzliche Härten für die Insassen bedeutet. Droht einem Heim wegen fortgesetzter Verletzung der Bestimmungen die Schließung, so zucken die Unternehmer solcher heruntergekommenen Anstalten nur die Schultern: «Was wollen Sie – sollen wir die Leute auf die Straße setzen?»

Von den rund 30 000 Institutionen, die alten Menschen eine langfristige Fürsorge bieten, erheben mehr als die Hälfte gar nicht den Anspruch, eine angemessene Pflege zu gewährleisten. In den meisten Bundesstaaten verlangt das Gesetz von Heimen, die MAA-Patienten aufnehmen, daß eine staatlich geprüfte oder eine zugelassene praktisch ausgebildete Krankenschwester täglich acht Stunden anwesend ist. Aber die Ausbildung einer ‹praktisch ausgebildeten› Krankenschwester genügt kaum den Anforderungen, die alte Patienten in psychologischer und medizinischer Hinsicht stellen. Der Mangel an staatlich geprüften Krankenschwestern in Krankenhäusern, wo man ihnen gutbezahlte Stellungen bietet, läßt auf die Qualität der Pflege schließen, die in Pflegeheimen geboten wird, wo der Durchschnittsverdienst einer staatlich geprüften Krankenschwester 2,40 Dollar in der Stunde nicht übersteigt. Eine praktisch ausgebildete Krankenschwester verdient im Durchschnitt 1,65 Dollar, und der Durchschnittsverdienst aller Beschäftigten in Pflegeheimen liegt unter 1,25 Dollar. Das Wort ‹Schwesternpersonal› ist zu einer fast bedeutungslosen Bezeichnung geworden, wird jedoch ständig von den Unternehmern der

Pflegeheime im Munde geführt, die damit ihre Tarife rechtfertigen. Stellt die zuständige Behörde fest, daß sich die Leistung eines Heimes über die Bedingung, eine ausgebildete Krankenschwester zu beschäftigen, hinwegsetzt, dann gewährt sie so lange eine ‹Gnadenfrist›, bis der Mißstand behoben werden kann. Manche Heime sind auf diese Weise für ein ganzes Jahr in den Genuß der ‹Gnadenfrist› gekommen. Die Gesundheitsbehörde des Staates Oregon hat mit dem folgenden Satz nur das allgemeine Dilemma zum Ausdruck gebracht: «Es ist eine Irreführung der Öffentlichkeit, diese Institutionen für alte Menschen als ‹Pflegeheime› zu bezeichnen, solange in ihnen keinerlei Pflegedienst versehen wird.»

Einzelne Bundesstaaten setzen diese Irreführung jedoch fort, indem sie sich weigern, ihre für diesen Sektor zuständigen Behörden neu zu organisieren. Und mit den 300 oder mehr Dollar, die der Staat monatlich für jeden Wohlfahrtspatienten ausgibt, werden auf diese Weise unzulängliche Heime subventioniert und neue geschaffen.

Eine ebenso destruktive Verschleierungstaktik wird am anderen Ende des Gesundheitswesens praktiziert. Es ist das Verfahren der Ärzte, ein Pflegeheim zu gründen oder mit zu finanzieren, in das sie dann Patienten schicken, ohne diese privaten Interessen offen darzulegen. Vor einigen Jahren bezeichnete der amerikanische Verbraucherverband dies als einen «um sich greifenden Skandal, auf den die American Medical Association (AMA) umgehend ihre Aufmerksamkeit lenken sollte». Die AMA macht jedoch mit der American Nursing Home Association gemeinsame Sache. Dem Interessenkonflikt wurde keinerlei Aufmerksamkeit geschenkt, und die Gründer von neuen Pflegeheimen haben sich offen darüber hinweggesetzt. (Die Four Seasons Nursing Centers of America, Inc., ist eines von vielen Unternehmen, die ihre Heime dadurch finanzierten, daß sie Anteile an Ärzte verkaufen. Das Unternehmen gibt an, daß oft 50 % seiner Betten von Patienten der ärztlichen Miteigentümer belegt sind.)

Potentiell gefährlicher als der Interessenkonflikt ist der moralische und finanzielle Nachdruck, mit dem sich die Ärzteschaft für Pflegeheime als *die* Lösung für die Probleme alter Menschen ausspricht. Rehabilitation ist eben kein lohnendes Feld für Investitionen.

Man kann argumentieren, daß zumindest in diesen neuen, von Ärzten finanziell geförderten Heimen jene Mißstände ausgeschlossen sind, die sich in den letzten 30 Jahren breitgemacht haben. Dennoch, auf jedes neue Heim mit Einzelzimmern, Kosmetiksalon, Cocktailstunde und Fachärzten für physikalische Therapie (Pensionspreis: 600 bis 900 Dollar im Monat) kommt ein Dutzend anderer, die davon existieren, daß sie an allen möglichen Enden sparen, um aus einer staatlichen Subvention von 300 Dollar pro Person und Monat Profit zu ziehen.

Nach Angaben der staatlichen amerikanischen Feuerverhütungs-Gesellschaft ist ein Pflegeheim bei Ausbruch eines Feuers der gefährlichste Aufenthaltsort in den USA. Brände in Pflegeheimen sind deshalb so schrecklich, weil die Opfer so hilflos sind. Die Feuerverhütungs-Gesellschaft hat erklärt, daß die

Anzahl der Todesopfer solcher Brände wesentlich vermindert werden könnte, beziehungsweise daß es überhaupt keine Toten zu geben brauchte, wenn allen Heimen die Installierung automatischer Feuerschutzanlagen zur Auflage gemacht würde. In vielen Staaten jedoch erhoben Pflege- und Altersheim-Unternehmen Einspruch gegen eine derartige Verfügung mit der Begründung, daß viele Heime dadurch finanziell ruiniert würden. Bei dem schrecklichsten Brand in der Geschichte Ohios wurde 1963 ein moderner Betonbau zum Flammengrab für 63 alte Patienten. Aber der Verband der Pflege- und Altersheime von Ohio hat sich einer Verordnung zur Installierung von Feuerschutzanlagen, die eine solche Katastrophe vielleicht verhindert hätten, erfolgreich widersetzt.

Ein zweiter Mißstand ist die Bedrohung der Gesundheit ganz allgemein. Nach Ansicht von Gerontologen ist eine der gefährlichsten ‹Behandlungen› für nicht-psychotische alte Menschen die aufgezwungene Inaktivität. Um die Gelder von *Medicaid* zu kassieren (früher waren es andere ‹Wohlfahrts›-Zuschüsse), läßt man Patienten häufiger und länger als nötig das Bett hüten, was dem Heim zusätzliche 3 bis 5 Dollar einbringt. Außerdem wird man mit diesen Patienten leichter fertig, und schließlich stellen sie ein geringeres Versicherungsrisiko dar (im Bett kann ein Patient nicht stürzen) und bleiben dem Heim länger erhalten.

Unnötig langes Liegen ist jedoch nur der Anfang des Gesundheitsrisikos für den Patienten. In den üblichen, personell unterbesetzten Heimen wird es oft versäumt, bei dem Patienten durch genügend häufigen Lagewechsel Wundgeschwüren vorzubeugen; die so entstehenden offenen Wunden (man spricht beschönigend von Wundliegen) sind ebenso schmerzhaft wie schwer zu heilen. Weit verbreitet ist auch der Mißbrauch von Medikamenten, die oft nur verabreicht werden, um Patienten besser unter Kontrolle zu halten oder um die Kosten zu verringern; die medizinischen Probleme, die sich daraus ergeben, können von unausgebildeten Hilfskräften nicht bewältigt werden. Ein in der Öffentlichkeit weniger bekanntes Unrecht besteht darin, daß man die Heiminsassen jener kleinen Annehmlichkeiten und Aktivitäten beraubt, die nun einmal zum Leben gehören und es in vielen Fällen erst lebenswert machen. Die Ernährung zum Beispiel ist in den unzulänglichen Heimen ein ständiges Problem. In den Bundesstaaten mit den anerkannt besten Pflegeheimen werden im Durchschnitt für jeden Patienten täglich 94 Cents dafür ausgegeben – laut den Zahlen, welche die Heime selbst angeben, um ihren Anspruch auf die höchstmögliche Wohlfahrtsrate zu rechtfertigen. Die alten Menschen haben kein Ziel mehr vor Augen, sie haben nicht mehr das Gefühl, etwas zu leisten – und diese Leere nutzen skrupellose Heimleiter aus, um die Patienten einzuschüchtern, um die Aufdeckung anderer Mißstände zu verhindern oder um das Gefühl der eigenen Wichtigkeit zu verstärken. Eine der Klagen, die von Besuchern solcher Heime am häufigsten geäußert wird, betrifft die Mißachtung der Privatsphäre der Patienten. Oft führen Heimleiter, um zukünftige Kunden zu beeindrukken, Besuchergruppen durch das Haus, ohne sich bei den Patienten, die sich verblüfft zur Schau gestellt sehen, auch nur im geringsten zu entschuldigen.

Der vielleicht schlimmste Mißstand ist der Mangel an Achtung vor dem Patienten. In manchen Fällen steht durchaus eine Absicht dahinter. Der bekannte Vertrag über «Pflege auf Lebenszeit» stellt eine Art Versicherungspolice dar, die von dem Patienten (oder seiner Familie) im voraus und auf einmal bezahlt wird und ihm ein Bett garantiert, so lange er lebt. Doch ob er lebt oder stirbt, das Geld befindet sich in der Hand dessen, der vom vorzeitigen Ableben des Patienten profitiert. Durch tägliche Grobheiten, Zurechtweisungen und Vorwürfe kann man einem Patienten jeden Lebenswillen nehmen und ihn umbringen. Selbst in Fällen, in denen solche Verträge auf Lebenszeit für beide Seiten lediglich eine vernünftige Vereinbarung sind, verfehlt die unbewußte Abneigung gegen einen ‹überfälligen› Gast nicht ihre Wirkung.

Trotz zahlreicher Zeitungsartikel, umfangreicher Zeugenaussagen bei Kongreß-Hearings und endloser Erfahrungsberichte von Schwestern, Patienten und deren Angehörigen besteht die offizielle Haltung des Gewerbes darin, erstens zu leugnen, daß es überhaupt Probleme gibt, und zweitens jeden nachgewiesenen Mißstand der Bürokratie der Regierung anzulasten. Als der Justizminister von Kalifornien kürzlich einen Bericht vorlegte, in dem er Ärzte, Apotheken, Krankenhäuser und Pflegeheime beschuldigte, *MediCal* (*MediCal* ist die kalifornische Version von *Medicaid*) um 8 Millionen Dollar «geprellt» zu haben, bezeichneten Sprecher dieser Gruppen die Beschuldigung als «gegenstandslos». Angeblich hat sich «nur eine kleine Minderheit» schuldig gemacht – wie immer. Doch der Staat, der jedem *MediCal* angeschlossenen Heim durch immerhin 140 000 Dollar im Jahr zahlt, behauptet, daß die meisten dieser Heime falsche Rechnungen ausstellen, sich durch übermäßigen Service bereichern, gefälschte Abrechnungen vorlegen oder sich aller drei Praktiken schuldig machen.

Das Ministerium für Gesundheit, Erziehung und Sozialfürsorge hat unter dem Eindruck des Skandals in Kalifornien eine Überprüfung von *Medicare* und *Medicaid* in allen Staaten der USA zugesagt. Diese Überprüfung könnte eine Gelegenheit sein, sowohl die sozialen und medizinischen Aspekte der Einrichtungen für alte Menschen als auch ihre finanziellen Machenschaften zu untersuchen.

Es ist zu hoffen, daß Gesetzgeber und Regierungsbehörden die sich anbietenden Alternativen zur institutionellen Fürsorge für alte Menschen prüfen werden. Auf dem parallelen Gebiet der geistig Behinderten hat die «Ent-Institutionalisierung» bereits begonnen. Drei Viertel der Einwohner der Gemeinde Botton in New England sind geistig behinderte Erwachsene; sie wurden ihrer Krankheit entsprechend isoliert, ohne daß man sie gleichzeitig einer Krankenhausatmosphäre und dem Gefühl aussetzte, in einer Anstalt eingesperrt zu sein. In jüngster Zeit haben Spezialisten für dieses Gebiet auf Kongressen in den USA verlangt, daß ‹Prämien› ein Ende gemacht wird, welche die Regierung den Institutionen für jeden behinderten Kranken gewährt, weil dadurch jede andere Form der Fürsorge und Pflege vereitelt wird.

Unter den Alternativen zur institutionellen Fürsorge für alte Menschen bieten sich zwei allgemeine Richtlinien an: daß man die Rehabilitationsbemühungen verstärkt und die alten Menschen nicht so sehr als Kranke, sondern vielmehr als Personen behandelt. Die Rehabilitation (und zwar die soziale, die psychologische wie die physische) muß, wenn sie auf breiter Basis Erfolg haben soll, ebenso rentabel gemacht werden wie die ‹letzte Pflege›. *Medicare* mit seinem höheren medizinischen Standard und der Beschränkung auf zeitlich begrenzte Fürsorge ist ein erster Schritt in diese Richtung. Aber unglücklicherweise sind diese Impulse in den erheblich weiter gefaßten und weniger selektiven Bestimmungen von *Medicaid* abgeschwächt worden.

Vielleicht besteht die einfachste Methode zur Förderung der Rehabilitation darin, die Beihilfen von *Medicare* und *Medicaid* den betroffenen Personen direkt zu gewähren, statt den Institutionen, die sie als Patienten aufnehmen. Zahlungen für bestimmte medizinische Behandlungen unter ärztlicher Aufsicht sowie für gewisse Pflege- und Hilfsdienste, sofern keine erwachsenen Angehörigen im Hause sind, könnten an die Familien geleistet werden. Falls diese Methode weniger wirkungsvoll erscheint als die Massenpflege in einer Anstalt, dann betrachte man sich den Erfolg der Homemakers Inc. Dieses profitorientierte Unternehmen, das sich inzwischen in etwa 15 größeren Städten der USA niedergelassen hat, bietet Hauspflege oder Hilfsdienste an, und zwar weit unter den Kosten von Pflege- oder Altersheimen. Ähnliche Dienste werden in manchen Ballungszentren von Gruppen angeboten, die nicht profitorientiert sind.

Medicare aber kommt nur in Notfällen für Hauspflege auf und *Medicaid* höchstens für vier Stunden täglich. Viel zu vielen alten Menschen, die verzweifelt nach irgendeiner Art persönlicher Pflege verlangen, bleibt diese Hilfe versagt – einfach weil die Programme der Regierung und der einzelnen Bundesstaaten den Erfordernissen verschiedener Institutionen entsprechen und nicht nach der Vielfalt individueller Bedürfnisse ausgerichtet sind. Beamte des Gesundheitsministeriums prüfen zur Zeit eine ‹intermediäre› Form von *Medicare,* die es erlauben würde, sich allgemein der medizinischen Bedürfnisse alter Menschen anzunehmen, nicht nur derer, die nach einem Krankenhausaufenthalt auftreten. Wenn man bedenkt, in welchem Maße wir den bestehenden Institutionen ausgeliefert sind, ist damit zumindest für den Augenblick schon etwas erreicht.

Die veränderten Bestimmungen für *Medicaid*, die 1969 in Kraft treten sollen, weisen darauf hin, daß dem Kongreß die Nachteile des gegenwärtigen Systems durchaus bekannt sind. Zwar müssen die Behörden der einzelnen Staaten das Programm noch durchsetzen, doch sollen Leistungen über die institutionelle Fürsorge hinaus garantiert und zugleich höhere Anforderungen gestellt werden, so die Offenlegung der Besitzverhältnisse bei Pflegeheimen, genaue Abrechnungen über Medikamente und schließlich eine medizinische Versorgung, deren Niveau dem von *Medicare* gleichkommt. Bis zum 31. Dezember 1969 werden Bestimmungen zum Feuerschutz für alle *Medicaid*-Einrichtungen verbindlich.

Die strikte Durchsetzung der *Medicaid*-Bestimmungen in den einzelnen Staaten der USA ist erforderlich, damit die Macht der unzulänglichen Institutionen gebrochen werden kann. Die Pflegeheimverbände müssen sich darüber klarwerden, daß diese Bestimmungen und auch Enthüllungen von Mißständen wie in dem Bericht des Justizministers von Kalifornien ihnen nur helfen, nicht aber schaden können. Der Bedarf an guten Pflegeheimen wird an einer wettbewerbsorientierten und von Profitstreben beherrschten Gesellschaft noch lange groß sein. Gleichzeitig aber darf das noch entscheidendere Bedürfnis nach gerechter, menschlicher und menschenwürdiger Behandlung von 20 Millionen alten Amerikanern nicht unerfüllt bleiben.

Charles Boucher, Senior unter den Amtsärzten im britischen Gesundheitsministerium, sagte einmal: «Unserer Meinung nach wollen alte Leute zu Hause bleiben, in ihren eigenen vier Wänden, umgeben von ihrer Habe und ihren Erinnerungen. Es spielt keine Rolle, ob es ein gutes, ein schlechtes oder ein winziges Zuhause ist. In jedem Fall, so meinen wir, sollten sie dort bleiben – dort, wo sie sich sicher fühlen und Vertrauen haben. Man könnte versucht sein zu glauben, dies sei eine Angelegenheit von Institutionen und derartigen Dingen. Aber ich finde, das wäre fast so, wie man alte Autos auf den Schrottplatz verbannt.»

III

Die Lebensbedingungen der alten Arbeiter in den sozialistischen Ländern

Während in vielen Ländern der Arbeitnehmer einen Anteil zur Sozialversicherung zahlt, der niedriger ist als der Arbeitgeberanteil – so in Frankreich, Griechenland, Italien, Portugal und in der Türkei (in Island ist er zweimal so hoch) –, wird in der UdSSR und in den Volksdemokratien die Sozialversicherung vollständig von den öffentlichen und sozialen Organisationen finanziert (außer in Ungarn, wo von den Arbeitern ein Beitrag verlangt wird). Da die Wirtschaftsform dieser Länder die Planwirtschaft ist, bildet ihre Alterspolitik einen festen Bestandteil des Planes und wird nicht durch das Spiel von Privatinteressen durchkreuzt. Das Los der alten Leute sollte dort also besser sein als in den kapitalistischen Ländern. Leider scheint das nicht immer der Fall zu sein.

Meine Angaben stammen aus den verschiedensten Quellen. Teils handelt es sich um offizielle Berichte, teils um Informationen von Privatpersonen. Im einen wie im anderen Fall ist es schwierig, ihren genauen Wert abzuschätzen. Ich gebe sie – mit allem Vorbehalt – als Hinweise wieder.

In der UdSSR stellt sich die Situation nach offiziellen Quellen folgendermaßen dar:

Die Anzahl der Personen im Alter von über 60 Jahren wird mit 20 Millionen angegeben, was etwa 10 % der Gesamtbevölkerung entspricht. Das Recht auf Sozialversicherung, wie es 1936 in der Verfassung verbrieft wurde, ist seit der Errichtung des sowjetischen Regimes anerkannt worden. Seine Anwendung wurde kontinuierlich erweitert und präzisiert. Bis 1964 profitierten die Kolchosbauern nicht davon, sie versicherten sich in gemeinnützigen Unterstützungskassen. 1964 wurde für sie eine besondere Sozialgesetzgebung eingeführt. Für freie Mitarbeiter, Künstler und Hausangestellte existieren ebenfalls Sonderregelungen. Alle Lohnempfänger fallen unter das allgemeine Versicherungssystem. Die Rente wird Männern mit 60 Jahren gewährt, wenn sie 25 Jahre lang Lohnarbeit geleistet haben, und Frauen mit 55 Jahren, wenn sie 20 Jahre Lohnarbeit geleistet haben; bei Schwerarbeit liegt die Altersgrenze für Männer bei 50 Jahren mit 20 Jahren Lohnarbeit und für Frauen bei 45 Jahren mit 15 Jahren Lohnarbeit. Erhöhungen sind vorgesehen bei Überschreitung der Anzahl der erforderlichen Arbeitsjahre um mindestens 10 Jahre. Das Staatsbudget für Renten, das im Jahre 1955 2,9 Milliarden Rubel betrug, ist 1956 durch ein Gesetz angehoben worden; es belief sich 1965 auf 10,6 Milliarden Rubel.

Je niedriger der Lohn ist, um so höher ist der Koeffizient, der bei der Rentenberechnung angewandt wird: bei einem Monatslohn bis zu 35 Rubel erhält der Rentner 100 % ; bei einem Lohn von über 100 Rubel bekommt er nur die Hälfte. Die Höchstrente ist auf 120 Rubel festgesetzt. Die Rentner sind berechtigt, gegen einen Monatslohn bis zur Höhe von 100 Rubel zu arbeiten; ihre Arbeit wird von Kommissionen der Sozialversicherung kontrolliert: ungefähr 2 % der Rentner arbeiten (die Kolchosbauern eingerechnet).

Es ist Tradition, auch in den Städten, daß die alten Eltern bei ihren Kindern wohnen. In allen sozialistischen Ländern wird diese Lösung wegen des bestehenden Wohnungsproblems gefördert. Ein hoher Prozentsatz der Frauen ist berufstätig. Sie werden früher als die Männer in den Ruhestand versetzt, damit sie, als nicht mehr berufstätige Großmütter, zu Hause die Mütter ersetzen. Die Nachteile dieser Lösung erwähnte ich bereits. Für eine Großmutter ist es eine undankbare Aufgabe, da sie immer nur eine Stellvertreterin mit nicht genau abgegrenzter Autorität ist. Die Kinder können ihr genommen werden, zum Beispiel wenn die jungen Leute an einen anderen Ort ziehen, wohin sie ihnen nicht folgen kann. Immerhin beschließen die Alten ihre Tage nicht in Einsamkeit.

Andererseits können sie in der UdSSR auch für sich allein leben; sie wohnen dann in üblichen Wohnungen und ‹Heimen›. In den letzten Jahren ist eine beträchtliche Anzahl alter Leute in besonderen Mietshäusern untergebracht worden, in denen sie die unteren Etagen bewohnen. Die zahlreichen Altersheime liegen im allgemeinen in den Stadtrandgebieten. Der Komfort ist in den meisten dieser Heime bescheiden, aber man bietet den Rentnern viele Möglichkeiten, sich kulturell zu betätigen und anderweitig zu beschäftigen. Im übrigen sind sie weit weniger von Familie und Gesellschaft abgeschnitten als bei uns.

Da der Bürger sehr viel stärker in das politische und gesellschaftliche Leben integriert ist, fühlt sich der alte Mensch nicht aus der Gemeinschaft ausgeschlossen und behält seine Aktivität bei, sei es innerhalb der Partei, in seinem Wohnviertel, seinem Haus usw.

Der Lebensstandard ist insgesamt betrachtet sehr viel niedriger als in Frankreich. Aber die Differenz zwischen der Rente und dem früheren Arbeitslohn ist erheblich geringer als bei uns; der nicht mehr berufstätige Arbeiter lebt zumindest besser als bei uns die wirtschaftlich schwach gestellten Rentner.

Dieses Bild mag ein wenig zu optimistisch sein. Man darf nicht vergessen, daß in der UdSSR – wie in den meisten sozialistischen Ländern – der offizielle Lohn nur etwa 60 % der realen Einnahmen des Arbeitnehmers ausmacht. Auf der Basis dieser Summe aber wird die Rente berechnet. Um die tatsächliche Lage der Rentner zu kennen, müßte man wissen, ob die Möglichkeit, ‹Schwarzarbeit› oder Gelegenheitsarbeiten zu verrichten, wodurch die Werktätigen ihre Einkünfte abrunden können, auch für alte Menschen gegeben ist. Wenn dies nicht der Fall ist, sinkt ihr Lebensstandard in beachtlichem Maße.

Aus Ungarn erhielt ich den folgenden Bericht:

Wie überall in der Welt ist auch in Ungarn das höhere Lebensalter mit Problemen verbunden, die jedem einzelnen und zugleich die Gesellschaft insgesamt betreffen. Dieses Bündel von Altersproblemen besteht einerseits aus den allgemeinen altersbedingten Schwierigkeiten und andererseits aus spezifischen, mit der Gesellschaftsform zusammenhängenden Schwierigkeiten. Diese sind folglich den einzelnen Ländern entsprechend unterschiedlich. In Ungarn ergibt sich daraus folgendes Bild:

In den letzten 25 Jahren zeigt die Bevölkerungsstatistik eine Überalterung der Bevölkerung auf. Sie ergibt sich aus der Verbindung von Bevölkerungsentwicklung und Verlängerung der durchschnittlichen Lebenserwartung.

Bekanntlich zeichnete sich nach dem Geburtenanstieg zu Beginn der fünfziger Jahre das folgende Jahrzehnt durch einen Geburtenrückgang ab; während 1954 mit 23 ‰ ein Höhepunkt erreicht wurde, sank die Geburtenziffer 1962 auf 12,9 ‰. Und obwohl im Laufe der letzten drei Jahre, nach dieser absteigenden Tendenz, die Kurve wieder anstieg – 1968 erreichte sie 15 ‰ –, hatte die lange Entwicklung zuvor doch eine relative Überalterung der Bevölkerung bewirkt.

Gleichzeitig ist die Bevölkerung Ungarns auch absolut gesehen älter geworden, ein Phänomen, das weitgehend auf die Gesamtheit der im Gesundheitswesen sowie der im sozialen, ökonomischen und kulturellen Bereich während der vergangenen 25 Jahre getroffenen Maßnahmen zurückzuführen ist, die eine Verlängerung der durchschnittlichen Lebensdauer bewirkten. Tatsächlich lag 1941 in Ungarn die mittlere Lebenserwartung eines Neugeborenen für die Männer bei 54,9 Jahren und für die Frauen bei 58,2 Jahren; gegenwärtig liegt sie bei 67 Jahren für die Männer und 71,8 Jahren für die Frauen. Das zeigt, daß seit dem Ende des Zweiten Weltkriegs die Anzahl und der Anteil der Menschen von 60 Jahren und darüber beträchtlich gestiegen ist. 1941 zählte man in Ungarn 997 400 Personen im Alter von über 60 Jahren, was 10,7 % der Gesamtbevölkerung entsprach; 949 beliefen sich die entsprechenden Ziffern auf 1 073 000 bzw. 11,6 %; 1960 stiegen sie auf 1 372 700 bzw. 13,8 %; für 1968 lauten die Zahlen: 1 685 000 Personen von über 60 Jahren, die 16,4 % der Gesamtbevölkerung darstellen.

Diesem Überalterungsprozeß der ungarischen Bevölkerung entsprechend sieht die Abteilung für demographische Forschung im Zentralamt für Statistik voraus, daß der Prozentsatz der Personen von 60 Jahren und darüber 1975 bei 18,5 % liegen wird. Und selbst wenn die Geburtenziffer von neuem pfeilschnell ansteigen sollte, so würde der Prozeß der Überalterung sich deswegen nicht verlangsamen, da sich die mittlere Lebenserwartung von Generation zu Generation zweifellos noch verlängern wird. So stellt sich die altersspezifische Lebenserwartung von Männern und Frauen hohen Alters in Ungarn heute folgendermaßen dar:

Gegenwärtiges Alter (Jahre)	*Erwartung der Männer (Jahre)*	*Erwartung der Frauen (Jahre)*
60	+ 15,88	+ 18,33
70	+ 9,75	+ 10,99
80	+ 5,27	+ 5,76

Auch in Ungarn sind die drei Hauptprobleme der alten Menschen die wirtschaftliche Existenz, Krankheit und Einsamkeit. Der sozialistische Staat leistet zur Minderung dieser Probleme einen bemerkenswerten Beitrag: einerseits mit Hilfe eines Systems von Sozialleistungen, andererseits durch seine allgemeine Sozialpolitik. Hier muß auf die Bedeutung der Veränderungen und Fortschritte hingewiesen werden, die sich im Vergleich zu der Lage vor 25 Jahren ereignet haben. Die bis dahin angewandten Prinzipien wurden allgemein radikal modifiziert; während zuvor die Sozialversicherungsämter – durch quantitativ und qualitativ unterschiedliche Leistungen entsprechend den verschiedenen Kategorien der Arbeiter – diskriminierend verfuhren, hat die neue Gesetzgebung, die sich nach und nach mit dem Aufbau des Sozialismus entwikkelte, eine ‹homogene› Sozialversicherung geschaffen. In der Praxis zeigen sich die Veränderungen und Fortschritte darin, daß einerseits die Anzahl der Empfänger von Sozialleistungen ständig gestiegen ist – sie kommen nunmehr auch den Bauern zugute, die vor der Befreiung im Jahre 1945 von der Sozialversicherung ausgeschlossen waren – und daß andererseits, mit der wirtschaftlichen Konsolidierung des Staates, der Umfang der Leistungen ständig und beachtenswert zugenommen hat.

Heute kommen 97 %, also praktisch die Gesamtheit der ungarischen Bevölkerung, in den Genuß der Sozialversicherung. Diese statistische Angabe bedarf einer Erklärung in zweierlei Hinsicht. Erstens unter dem Gesichtspunkt der Entwicklung: der Prozentsatz der Empfänger von Sozialleistungen ist – von 31 % im Jahre 1938 auf 47 % im Jahre 1950 und schließlich auf 85 % im Jahre 1960 – unablässig gestiegen. Zweitens im Hinblick auf die 3 %, die in der statistischen Ziffer der Leistungsempfänger fehlen: hier handelt es sich vor allem um alte Menschen, die freie Berufe ausgeübt und sich deshalb nicht um eine Altersversicherung gekümmert haben; auch wenn sie heute keine Rente erhalten, so werden ihnen doch in Krankheits- und Notfällen gewisse Sozialleistungen wie kostenlose ärztliche Behandlung, kostenlose Medikamente und kostenloser Krankenhausaufenthalt gewährt. So sind in Ungarn auch die alten Menschen in die Fürsorge der sozialistischen Gesellschaft einbezogen.

Die Existenzgrundlage ist bei der großen Mehrheit (75 %) der alten Leute durch das sogenannte homogene Pensions- und Rentengesetz gesichert. Etwas weniger als 25 % der alten Leute, die diese Zahlungen nicht erhalten, weil sie kein Anrecht darauf haben, bekommen vom Staat dennoch eine regelmäßige Unterstützung, es sei denn, ihre Familien sind gut genug situiert, um sie unterhalten zu können. Hier sei noch erwähnt, daß sich die Anzahl derer, die eine regelmäßige Unterstützung vom Staat empfangen, auf 150 000 beläuft und daß auch denjenigen, die von ihren Familien versorgt werden, von der Sozialversicherung diverse Leistungen für ärztliche Behandlung und Krankenhausaufenthalt gewährt werden.

Das Pensions- und Rentengesetz wird deshalb ‹homogen› genannt, weil es allen Werktätigen gleiche Rechte garantiert. Vor der Befreiung war die Rentenordnung so konzipiert, daß den Klassen und sozialen Schichten entsprechend Unterschiede gemacht und der einen oder anderen Privilegien zugebilligt wurden, was immer wieder zu Unzufriedenheit Anlaß gab. Das erste homogene Pensions- und Rentengesetz im sozialistischen Ungarn datiert vom 1. Januar 1952, das zweite (weiterentwickelte) wurde am 1. Oktober 1954 verkündet; das dritte, das zur Zeit in Kraft ist, eine in vielfacher Hinsicht modifizierte und verbesserte Fassung der vorangegangenen Gesetze, besteht seit dem 1. Januar 1959.

Die wesentlichen Merkmale dieses Pensions- und Rentensystems sind folgende: es bezieht sowohl die Arbeiter wie die Angestellten ein, die geistig Schaffenden, die Mitglieder der landwirtschaftlichen und handwerklichen Genossenschaften wie die privaten Handwerker, also alle Schichten der Gesellschaft; es erstreckt sich in gleicher Weise auf die Familienmitglieder der Versicherten und Rentenberechtigten; es sichert jeden einzelnen im Alter und im Falle von Invalidität; es dient speziell der Versorgung im Alter, garantiert jedoch, daß im Todesfall eines Rentenberechtigten die Zahlungen an seine Witwe, seine Eltern oder Großeltern geleistet werden, sofern er diese unterhalten hat.

Zur Zeit ist die Altersgrenze für Lohnempfänger auf 55 für die Frauen und auf 60 Jahre für die Männer festgesetzt; in der genossenschaftlich organisierten Landwirtschaft liegt sie bei 60 Jahren für die Frauen und bei 65 Jahren für die Männer; Männer, die 25 Jahre, und Frauen, die 20 Jahre in einem gesundheitsschädigenden Beruf tätig waren, haben fünf Jahre früher Anspruch auf Altersrente. Das Pensions- und Rentengesetz berücksichtigt im übrigen eine detaillierte Aufstellung der gesundheitsschädigenden Tätigkeiten; es unterscheidet verschiedene Kategorien und gewährt zum Beispiel Arbeitern, die an Arbeitsplätzen tätig gewesen sind, wo der Luftdruck das Normalmaß stark überschreitet, eine Sondervergütung.

Die Höhe der Rente wird nach der Anzahl der Dienstjahre und dem Durchschnitt der bezogenen Löhne festgesetzt. Um die volle Rente zu erhalten, muß man, nach dem Stand von 1969, 24 Jahre gearbeitet haben; von 1970 an sind 25 Arbeitsjahre die Voraussetzung. Wer mindestens 10 Arbeitsjahre nachweisen kann (also eine geringere Zeit als notwendig ist, um die volle Rente zu erhalten), bekommt eine Teilrente. Bei der Berechnung der Höhe der vollen Rente oder Teilrente spielen zwei Faktoren eine wesentliche Rolle: die Grundrente und die Zusatzrente. Die Grundrente ist mit 50 % vom Durchschnitt der bezogenen Löhne gegeben, der Zusatzbetrag (der auch bei Teilrenten gezahlt wird) richtet sich nach der Anzahl der seit dem 1. Januar 1929 geleisteten Arbeitsjahre, wobei jedes Jahr mit 1 % der Grundrente angerechnet wird.

In welchem Maße sich das ungarische Pensions- und Rentensystem im Verlauf der letzten zehn Jahre ausgeweitet hat, wird durch die folgende Tabelle illustriert; sie zeigt, wie die Zahl der Leistungsempfänger und die Höhe der vom Staat aufgewendeten Mittel zugenommen hat.

Jahr	*Anzahl der Pensionierten und Rentner (in Tausend)*	*Budgetbetrag (in Millionen Forint)*
1959	623	3722
1960	636	4427
1961	796	5080
1962	912	5737
1963	983	6421
1964	1046	6992
1965	1101	7712
1966	1156	8711
1967	1213	9514
1968	1269	10339
1969	1319	noch keine Angaben

Obwohl die ungarische Pensions- und Rentenordnung zu den fortschrittlichsten der Welt zählt, weiß man, daß sie Probleme bietet, die auf eine Lösung warten. So bestehen beispielsweise beachtliche Unterschiede zwischen den in der Vergangenheit und den in jüngerer Zeit festgesetzten Rentenbeträgen, obwohl die alten Renten mehrfach erhöht wurden. Ebenso ergeben sich Abweichungen bei Renten, die zwar nach demselben System, aber zu verschiedenen Zeiten berechnet wurden; tatsächlich sind die jetzt berechneten Renten infolge der regelmäßigen Erhöhung der Nominallöhne höher als die früher festgesetzten Renten.

Die Behörden beschäftigen sich mit diesen Problemen und vielen anderen mehr. So wurde kürzlich bei Gesprächen zwischen der Regierung und dem Zentralrat der Gewerkschaften erörtert, daß die Preissteigerungen von 1969 und in den vorangegangenen Jahren den realen Wert der Renten – wenn auch nur geringfügig – vermindert haben; der Generalsekretär des Zentralrats der Gewerkschaften forderte die Regierung auf, geeignete Maßnahmen zum Schutze der Kaufkraft der Renten zu ergreifen. Die neuen Gesetze, die Maßnahmen der Behörden und die vor nicht langer Zeit von den Unternehmen ergriffenen Initiativen tragen den Interessen und Bedürfnissen der alten Leute weitgehend Rechnung. So darf nach dem jüngst verkündeten Gesetz über die Verwaltung landwirtschaftlicher Genossenschaften niemand wegen seines Alters oder wegen Arbeitsunfähigkeit aus der Mitgliederzahl einer Genossenschaft gestrichen werden; darüber hinaus darf den Alten und Invaliden – unabhängig von der im Prinzip für die Genossenschaft zu leistenden Arbeit – nicht die Möglichkeit genommen werden, ihren eigenen Landbesitz zu nutzen.

Kürzlich hat der Gesundheitsminister Erlasse verkündet, die eine Erhöhung der regelmäßig gezahlten Sozialbeihilfen mit sich bringen und eine Verbesserung der materiellen Leistungen für Kriegsversehrte verfügen. Arbeiter wie übrigens auch Lehrer können nach Erreichen der Altersgrenze weiterarbeiten – sei es an ihren bisherigen Arbeitsplätzen oder aber in sozialen Arbeitszentralen, wie sie die lokalen Behörden geschaffen haben; man weist ihnen leichte Arbeiten zu, und ihre Arbeitszeit ist natürlich verkürzt, doch können sie auf diese Weise im allgemeinen monatlich 500 Forint – und bei manchen Beschäftigungen 800 Forint – zu ihrer niedrigen Rente hinzuverdienen. In Debrecen hat die Firma Medicor (eine Fabrik, die in die ganze Welt medizinische und chirurgische Anlagen und Geräte exportiert) in diesem Jahr auch den alten, jetzt im Ruhestand lebenden Arbeitern eine Gewinnbeteiligung ausgezahlt. In der (westungarischen) Gemeinde Kocs bestellt die landwirtschaftliche Produktionsgenossenschaft mit ihren Maschinen kostenlos die privaten Äcker der alten Arbeiter und übernimmt – ebenfalls kostenlos – die Einfahrt der Ernte.

Das andere große Problem des alten Menschen ist die Krankheit; vorbeugende Gesundheitspflege und Behandlung im Krankheitsfall sind durch die ungarische Organisation für Öffentliche Gesundheit gewährleistet, die für den hohen wissenschaftlichen Rang ihres ärztlichen Mitarbeiterstabs auch im Ausland bekannt ist. In Ungarn kann jeder die medizinischen Leistungen der Sozialversicherung in Anspruch nehmen, sei es als Versicherter, sei es als Familienmitglied eines Versicherten oder aber, wenn er beides nicht ist, im Falle von Bedürftigkeit im Alter; diese Leistungen umfassen kostenlose ärztliche Behandlung, Krankenhausaufenthalt und chirurgische Eingriffe; Medikamente werden gegen eine minimale finanzielle Selbstbeteiligung des Kranken zur Verfügung gestellt, und das gleiche gilt für Verbände, Heilwässer, Zahnprothesen, Rollstühle oder Hörgeräte. Zwar sind in den Statistiken die medizinischen Leistungen nicht nach Altersgruppen aufgeschlüsselt, doch kann man ihnen entnehmen, daß auch den Bedürfnissen der alten Menschen Rechnung getragen wird.

Zur Zeit – genauer, nach den Angaben von Ende 1969 – gibt es in Ungarn 21 865 Ärzte, also 21,3 auf 10 000 Einwohner; die Anzahl der Ärztebezirke beläuft sich auf 3549, so daß auf 2895 Einwohner ein nicht spezialisierter Bezirksarzt kommt. In Krankenhäusern, Sanatorien und Heilbädern gibt es insgesamt 82 465 Betten, das heißt 80,3 für 10 000 Einwohner; auf 100 Krankenhausbetten kommen annähernd 10 Ärzte, 36 Krankenschwestern und andere Hilfskräfte. Gerade im Zusammenhang mit den alten Menschen sei erwähnt, daß seit 1952 die Krebsvorsorge (durch Reihenuntersuchungen) im ganzen Land organisiert wurde: dank des so geschaffenen Netzes wurden 1968 in 60 Krebsstationen 510 000 präventive Untersuchungen vorgenommen. Gleichzeitig ist der Anteil der alten Leute am Verbrauch pharmazeutischer Mittel beachtlich gewesen: 1968 belief er sich auf einen Wert von 3488 Millionen Forint.

Im Zusammenhang mit der medizinischen Versorgung müssen schließlich noch die Gerontologie und die Geriatrie erwähnt werden; die Erforschung der Altersvorgänge sowie der Alterskrankheiten und der Möglichkeiten ihrer Bekämpfung hat in einem kurzen Zeitraum zu bemerkenswerten Ergebnissen geführt. Ein Team junger Ärzte, die sich auf dieses Gebiet spezialisiert haben, ist unter der Schirmherrschaft der gerontologischen Kommission der Akademie der Wissenschaften damit befaßt: ihre Arbeit steht unter dem Thema «Die biologischen Grundlagen des Alterns und ihre sozialen Begleitumstände» und ist im staatlichen Plan für langfristige Forschung vorgesehen; kürzlich nahm ein Institut für gerontologische Forschung in Budapest seine Arbeit auf. «Gerovit», ein in Ungarn hergestelltes Medikament, das den Grundumsatz stimuliert, die Blutzirkulation beschleunigt und reich an Vitaminen ist, wird heute in vielen Ländern sehr geschätzt.

Das dritte Problem, die Einsamkeit des alten Menschen, wird durch die folgenden statistischen Angaben illustriert. Mehr als 75 % der Alten leben in einem Familienmilieu; 33,9 % von ihnen leben zu zweit, 7,9 % mit ihrem Ehepartner und ihrem Kind oder ihren Kindern zusammen, 5,5 % mit ihrem Ehepartner, ihrem Kind oder ihren Kindern und deren Kind bzw. Kindern, nur 11,8 % bei einem ihrer Kinder und seiner Familie, 1 % bei einem Enkelkind, 6 % bei anderen Verwandten und 2 % bei anderen Bekannten. Doch jeder vierte im Alter von über 60 Jahren lebt allein und kann praktisch nicht auf die Hilfe einer Familie zählen. Die meisten von ihnen befinden sich in dieser Situation, weil sie nie Kinder gehabt haben, die anderen (die Minderheit) infolge von Undank oder Egoismus ihrer Kinder. Einige sind zur Einsamkeit verurteilt, weil ihre Kinder ins Ausland emigriert sind. Man kann die Anzahl der alten Menschen, die völlig allein sind, auf annähernd 400 000 veranschlagen. Ihre Einsamkeit erträglicher zu machen, zählt zu den Aufgaben der Gesellschaft.

Die Gesellschaft bemüht sich, diese Aufgabe zu bewältigen. Zur Zeit gibt es im Land 242 vom Staat, von den Gemeinden oder der Kirche eingerichtete Altersheime, die 25 220 alte Menschen beherbergen. Die Rentner beteiligen sich mit nur einem Drittel an den tatsächlichen Kosten für Unterkunft, Verpflegung usw. Allerdings beabsichtigen die Behörden, diese Kostenbeteiligung, wenn auch nur für die relativ gutsituierten Heimbewohner, zu erhöhen. Während früher ungenügende Existenzmittel der Hauptgrund für die Unterbringung in Altersheimen waren, muß man sich heute vorwiegend alter Menschen annehmen, die einsam und nicht mehr in der Lage sind, sich selbst zu versorgen.

Hinsichtlich Unterbringung, Verpflegung und Versorgung erfüllen die meisten dieser Heime alle Anforderungen. Als Beispiele seien erwähnt: das «Haus der Alten» in Szeged, das Heim für die Veteranen der Arbeiterbewegung und das Altersheim für Schauspieler in Budapest, das Heim der Reformierten Kirche in Leanyfalu, einem Badeort an der Donau. Überall gibt es eine Bibliothek, Fernsehen, Radio, einen Aufenthaltsraum und einen Raum für Spiele. Allerdings ist die Anzahl der Plätze in diesen Häusern noch unzureichend, so daß nicht allen Aufnahmeanträgen entsprochen werden kann. Zur Zeit warten fast 6000 alte Leute auf eine Möglichkeit, in eines dieser Heime einzuziehen.

Verträge über ‹Wohnrecht auf Lebenszeit› tragen ebenfalls dazu bei, die durch Einsamkeit und ungenügende Existenzmittel aufgeworfenen Probleme zu erleichtern. Diese Verträge werden im allgemeinen von alten Leuten, die eine große Wohnung haben, mit jungen Ehepaaren geschlossen, die unter der Wohnungsnot leiden. Nach den Bedingungen solcher Verträge verpflichten sich die jungen Leute, den oder die Wohnungsinhaber zu versorgen und erhalten dafür das Recht, über einen Teil der Wohnung zu verfügen, sowie die Zusicherung, die Wohnung nach dem Tode des Inhabers oder der Inhaber endgültig übernehmen zu können. Zum Schutz der Interessen der alten Leute und um Mißbrauch zu verhindern, hat die ungarische Regierung kürzlich die örtlichen Behörden ermächtigt, die tatsächlichen Verhältnisse vor der Unterzeichnung eines Vertrages zu kontrollieren und in der Folge die genaue Einhaltung des Vertrages zu überwachen.

Doch auch in einem sozialistischen Land läßt sich das Problem der Einsamkeit der alten Menschen nicht ohne weiteres lösen. So gibt es alte Leute, die aus gefühlsmäßigen oder materiellen Gründen allein und völlig für sich leben. Viele können sich nach einer Ehe, an die sie nur schöne Erinnerungen haben, nicht zu einer neuen Verbindung entschließen und halten andererseits oft an ihrer Wohnung und ihrer günstigen materiellen Situation fest. So leben 40 % der ungarischen Rentner in der Provinz in eigenen Häusern, und man hat festgestellt, daß in 68,9 % dieser Häuser die Wohnbedingungen besser sind als sonst allgemein im Land; solche Vorzüge veranlassen die alten Leute, die Einsamkeit in Kauf zu nehmen.

Angesichts dieser Tatsache bemühen sich Staat und Gesellschaft, die alten Leute nach Kräften zu unterstützen. In zahlreichen Orten haben die lokalen Organisationen der patriotischen Volksfront oder des Nationalrats der ungarischen Frauen Heime und Clubs eingerichtet, in denen die Alten den Tag verbringen können; gegenwärtig bestehen 250 solcher Heime und Clubs, in denen 7000 alte Männer und Frauen die ihnen dort gebotenen kostenlosen Leistungen nützen. Ferner wird zur Zeit ein Netz von Sozialhelfern aufgebaut, die regelmäßig nach den Alten sehen und ihnen helfen sollen. Abschließend sei noch erwähnt, daß die alten Leute vergünstigte Abonnements für den Besuch von Kinos und Sportstadien erhalten, mit denen sie Veranstaltungen ihrer Wahl beiwohnen können, und daß es in den Provinzstädten und in Budapest ermäßigte Straßenbahn- und Omnibustarife für die alten Menschen gibt.

In Rumänien existierte vor dem letzten Krieg keinerlei Sozialversicherungssystem. Über das nach dem Krieg geschaffene System erhielt ich von einem Arzt in Bukarest folgende Darstellung, die ich unter Vorbehalt weitergebe:

Das Problem muß unter zwei diametral entgegengesetzten Aspekten betrachtet werden: 1. gibt es die sogenannten ‹Sozial›- Pensionäre, das heißt Personen, die eigentlich kein Anrecht auf eine Pension haben, weil sie nicht die erforderliche Anzahl von Jahren in einer staatlichen Institution gearbeitet haben, und 2. die Staatspensionäre.

Erste Kategorie:

Die materiellen Existenzmittel sind auf ein Minimum reduziert. Die Alten erhalten eine monatliche ‹Altersentschädigung› von ungefähr 300 Lei; es versteht sich von selbst, daß dieser Betrag lächerlich ist (er entspricht dem Preis für ein Paar Schuhe). Diejenigen allerdings, die physisch noch dazu in der Lage sind, können bestimmte Tätigkeiten ausüben, wobei es sich natürlich um untergeordnete und sehr bescheiden vergütete Arbeiten handelt. Vom Beginn ihrer Tätigkeit an erhalten sie keine ‹Altersentschädigung› mehr. Doch können sie auf diese Weise unter Umständen die notwendige Zahl von Arbeitsjahren erreichen (25 Jahre), um eine Pension zu beantragen, die jedem gewährt wird, der diese Anzahl von Jahren für eine staatliche Institution tätig gewesen ist; allerdings handelt es sich hier um Ausnahmefälle, da ein Greis kaum hoffen kann, nach Erreichen der Altersgrenze noch 25 Jahre tätig zu sein. Wenn diese Pension zugestanden wird, dann wird sie nach dem zuletzt erhaltenen Arbeitslohn berechnet.

Diese Gruppe von ‹Sozial›-Pensionären setzt sich aus Personen zusammen, die keine Lohntätigkeit vor dem 23. August 1944 nachweisen können, das heißt aus selbständigen Kaufleuten und kleinen Einzelhändlern, Ärzten, die eine private Praxis hatten und nicht in einem staatlichen Krankenhaus angestellt waren, kleine Handwerker, die eine eigene Werkstatt hatten, usw.

Da die Vertreter aller dieser Berufsgruppen als ehemalige Ausbeuter betrachtet werden, sind sie dazu verurteilt, in finanzieller wie auch in sozialer Hinsicht ein extrem unsicheres Leben zu führen.

Zweite Kategorie:

a) *Pensionen im landwirtschaftlichen Bereich.* Als vor drei Jahren der Erfolg der staatlichen Kollektivierungspolitik festgestellt wurde, beschloß man, jenen Bauern Pensionen zu zahlen, die infolge von Krankheit, Invalidität oder aus Altersgründen nicht mehr in der Lage sind, ihre Einkünfte durch Arbeit zu sichern. Sie alle erhalten heute eine monatliche Pension von 40 Lei; man muß jedoch bedenken, daß bereits ein Brot, je nach der Qualität des Mehls, 2 oder 3 Lei kostet und ein Liter Öl 12 Lei.

Die pensionierten Bauern haben weder Anspruch auf kostenlose ärztliche Behandlung noch auf kostenlosen Krankenhausaufenthalt. (Die anderen Gruppen von Pensionierten erhalten Medikamente kostenlos, sofern ihre Pension 550 Lei im Monat nicht überschreitet.)

Angesichts der Tatsache, daß die Planstellen bevorzugt den jungen Leuten zugeteilt werden, sind die Alten keineswegs sicher, daß sie die Anstellungen, die sie nach Erreichen der Altersgrenze finden konnten, auch behalten können. Dies trifft übrigens auch für die Personen zu, die bei Erreichen der Altersgrenze schon einen entsprechenden Posten bekleiden: selbst wenn ihnen ihr physischer und psychischer Zustand erlaubt, ihre Tätigkeit fortzusetzen, können sie von diesem Zeitpunkt an entlassen werden, wenn man einen jüngeren Menschen für geeignet hält, die gleichen Funktionen auszuüben. Diese Regel wird unterschiedslos bei Arbeitern, Intellektuellen und sogar bei Wissenschaftlern angewandt.

Dagegen ist die Beteiligung der Alten am gesellschaftlichen Leben weit verbreitet. Die Parteimitglieder setzen ihre Aktivität innerhalb der Parteiorganisationen, denen sie angehören, fort und können bestimmte Propagandaaufgaben wie auch bestimmte Kontrollarbeiten übernehmen (Inspektion von Krankenhauseinrichtungen, Kontrolle der öffentlichen Versorgung usw.).

Alte Menschen, die nicht der Partei angehören, können ebenfalls gewisse Tätigkeiten sozialen Charakters ausüben. Bestimmte Gruppen von Alten können in den staatlichen Altenheimen aufgenommen werden, wo sie Unterkunft, Verpflegung und ärztliche Hilfe finden. Aufnahmekriterien sind die familiäre Situation des Interessenten und seine körperliche Verfassung (Vorrang haben Körperbehinderte). Die extrem strenge Auswahl ist auf die unzureichende Bettenzahl zurückzuführen; die Gründe für die Aufnahme sind oft politischer Natur. Begünstigung ist an der Tagesordnung. Übrigens stellen auch die Insassen des von der berühmten Ärztin Aslan geleiteten Instituts für Geriatrie eine Art Elitegruppe dar.

Vom ethischen Standpunkt aus betrachtet wiegt das Problem der alten Menschen schwerer. Die Lehren der gesellschaftlichen Revolution, die Schlagworte vom Kampf und von der Aktion einer neuen Gesellschaft, die im Entstehen ist («Was alt ist, muß verschwinden, was neu ist, muß seinen Platz erobern»), haben sich nachhaltig auf die Beziehungen zwischen den Generationen ausgewirkt. So werden die Alten mit Mißtrauen betrachtet und gelten allgemein als verloren für die sich im Lande vollziehende Revolution.

b) *Die Staatspensionäre.* Diejenigen, die 25 Jahre in einem staatlichen Unternehmen tätig gewesen sind, befinden sich bei Erreichen der Altersgrenze in einer eindeutig besseren Situation: sie erhalten eine Pension, deren Höhe dem Gehalt, das sie zuletzt verdienten, sehr nahe kommt.

Weitaus am günstigsten stehen jedoch diejenigen da, die den politischen Kadern angehört haben, beispielsweise beim Sicherheitsdienst oder auch beim Militär. Sie erreichen sehr viel früher als alle anderen die Altersgrenze (sie liegt in allen Kategorien für die Männer bei 60 Jahren und für die Frauen bei 55 Jahren); aber sie können, auch wenn sie ihre (sehr hohe) Pension bekommen, neue Anstellungen annehmen und so Gehalt und Pension gleichzeitig beziehen.

In der Tschechoslowakei ist die Bevölkerung überaltert. Vor 30 Jahren waren nur 10 % über 60 Jahre alt; heute sind es 17 %. Ferner hat sich der aktive Anteil der Bevölkerung vermindert, da sich die Dauer der Berufsausbildung verlängert hat. Die Altersgrenze liegt für die Männer bei 60 Jahren; Voraussetzung sind 25 Arbeitsjahre; ist die Anzahl der Arbeitsjahre höher, erhöht sich die Pension entsprechend. Sie beträgt 50 % vom Durchschnittslohn der letzten 5 oder 10 Jahre und 75 %, wenn der Werktätige 35 Jahre tätig gewesen ist. Für die Frauen liegt die Altersgrenze bei 57 Jahren, wenn sie keine Kinder haben; bei 55 Jahren, wenn sie ein Kind aufgezogen haben, bei 53, wenn sie zwei, und bei 52, wenn sie drei oder mehr Kinder aufgezogen haben. Bergarbeiter, Piloten und Männer, die einen gefährlichen Beruf ausüben, können ihre Versetzung in den Ruhestand mit 55 Jahren beantragen. In allen Berufen kann man seine Tätigkeit, sofern man dazu in der Lage ist, fortsetzen, erhält dann aber nur die Hälfte der Pension (zusätzlich zum Lohn). Da es an qualifizierten Handarbeitern fehlt, werden die Werktätigen mancher Sparten vom Staat ermuntert, ihre Versetzung in den Ruhestand hinauszuschieben. Unter den Intellektuellen und Kadern setzen viele ihre Studien fort und schließen ihre Fachausbildung erst mit 50 Jahren ab: danach können sie über lange Zeit hin große Dienste leisten. Die Chance dieser Gruppe älterer Leute besteht darin, daß die Gesellschaft auf sie angewiesen ist.

Für Handarbeiter ohne Fachausbildung stellt sich die Situation anders dar: ihre physischen Fähigkeiten nehmen nach 50 Jahren ab, und wenn sie sich verspätet in den Ruhestand versetzen lassen, vermindert sich ihr Lohn. Da sie nicht an ihrer Arbeit hängen und oft von ihr erschöpft sind, streben sie den Ruhestand an. Vor allem die Frauen sind glücklich, wenn sie mit 55 Jahren zu Hause bleiben und ihren Kindern helfen oder sich mit ihren Enkelkindern beschäftigen können. Von den Männern, die in freien Berufen tätig sind, widmen sich viele, wenn sie ihre Tätigkeit aus Altersgründen aufgegeben haben, Beschäftigungen, die ihnen Freude machen und die für die Allgemeinheit von großem Nutzen sein können: sie treten in den öffentlichen Dienst ein, unterbreiten Pläne, erteilen Ratschläge.

Die Pensionen wurden durch das Gesetz von 1964 – eine modifizierte Fassung des Gesetzes von 1956, das eine veränderte Fassung des Gesetzes von 1948 darstellte – um 8 % erhöht; diese Erhöhung ist angesichts der Preissteigerungen unzureichend. Vor 5 Jahren [1] gab es in den Zeitungen Diskussionen über die Lebensbedingungen der alten Menschen: diese klagten darüber, daß man ihnen nicht die Rechte zugestehe, die sie durch die Jahre ihres aktiven Lebens erworben hätten. Die Reaktionen der Alten sind ungefähr die gleichen wie in Frankreich: ihre Inaktivität belastet sie; sie kommen sich nutzlos vor; sie suchen ihre alten Arbeitsplätze auf und beobachten die anderen bei der Arbeit. Oft, und vor allem wenn sie persönliche Schwierigkeiten haben, werden sie krank und sterben vorzeitig. Oder sie nehmen sich das Leben: die Anzahl der Selbstmorde steigt mit dem Alter.

70 % der in Krankenhäusern liegenden alten Menschen haben niemanden, der sich um sie kümmert. Wenn sie geheilt sind, holt kein Angehöriger sie zurück. Die Anzahl der vorhandenen Betten reicht bei weitem nicht aus, obwohl sie in der Tschechoslowakei höher ist als in den anderen europäischen Ländern.

Das Wohnungsproblem macht allen Menschen schwer zu schaffen; die jungen Ehepaare wohnen bei ihren Eltern, in manchen Fällen sogar jeder Partner bei seiner eigenen Familie. Häufig leben drei Generationen unter demselben Dach, was wenig glückliche Folgen nach sich zieht.

Die Pflege- und Gesundheitsdienste sowie die Fürsorge durch Hilfe im Haus sind völlig unzureichend. Wenn die alten Leute krank und gebrechlich sind und von ihren berufstätigen Kindern vernachlässigt werden, gibt es niemanden, der sich um sie kümmert.

Während die Erwachsenengeneration diesen Zustand hinnahm, fanden ihn die jüngeren Leute skandalös. Seit Januar 1968 – dem Beginn des ‹Neuen Weges› – haben sie im ganzen Land protestiert und überall ein lebhaftes Interesse

1 Geschrieben im November 1968.

für die Alten entfacht. Kommunale Organisationen, die man bis dahin nicht beachtet hat, wurden gefördert und ausgebaut. Man kümmert sich mehr als früher um die alten Leute; Speisestätten wurden geschaffen, wo sie ihre Mahlzeiten einnehmen können. Ferner gibt es Clubs, die Veranstaltungen für sie organisieren. Theater und Kinos bieten ihnen ermäßigte Eintrittspreise an. Dank der Revolte der jungen Generation ist sich die Gesellschaft der Schwere des Problems bewußt geworden und versucht es zu lösen.

Das jugoslawische Beispiel ist deshalb interessant, weil Jugoslawien von einer sozialistischen Wirtschaft zu einer Wirtschaftsform übergegangen ist, die dem Profit eine zunehmend größere Bedeutung beimißt, was sich unmittelbar auf die Lebensbedingungen der alten Leute auswirkt.

Die jugoslawische Gesellschaft hat ein geschärftes Bewußtsein für die Probleme des Alters. Sie hat viel darüber diskutiert und Maßnahmen zum Schutz der Alten ergriffen. Bis zum 1. Januar 1965 mußte man, um eine volle Pension zu erhalten, als Mann 55 Jahre alt sein und 35 Arbeitsjahre hinter sich haben und als Frau 50 Jahre alt sein und 30jährige Berufstätigkeit nachweisen. Nach dem Gesetz sollte die Pension 72 % vom Durchschnittslohn betragen (doch in Slowenien erhielt man nur 62 %). Ehemaligen Partisanen wird die im Krieg verbrachte Zeit bei der Berechnung ihrer Berufsjahre doppelt angerechnet. Diejenigen, die sich von 1941 an am Kampf beteiligt haben, haben Anspruch auf eine Pension in der Höhe ihres letzten Arbeitslohns. Die Skala der Renten war nicht sehr weit, da die Skala der – offiziell deklarierten – Löhne sehr eng ist: die höchsten Löhne belaufen sich nur auf das Dreieinhalbfache des niedrigsten Lohns. Der Staat traf die Entscheidung, den alten Leuten ein ordentliches Auskommen zu gewährleisten, auch wenn der dafür nötige Etat die Möglichkeiten zu überschreiten schien. Die Belastungen, die der Staat zu tragen hat, sind sehr groß; da die Gesundheit sehr vieler Menschen durch den Krieg schwer in Mitleidenschaft gezogen wurde, gibt es im Lande 1 Million Rentenempfänger gegenüber 4 Millionen Gehaltsempfängern. Die Arbeitnehmer zahlen ebenso wie der Staat Beiträge. Das Geld wird keinen Sonderkassen zugeführt, sondern dient zur Investition: Fabriken, Neubauten usw.

Seit 1960 gleicht die jugoslawische Wirtschaft, die mit der Weltwirtschaft verbunden ist, ihre Preise denen der kapitalistischen Länder an; sie versucht, ihre Produktivität nach der des Weltmarktes auszurichten. Daher tendiert sie dazu, die ‹unnötigen› Kosten zu reduzieren, insbesondere solche, die der Unterhalt derer mit sich bringt, die nicht berufstätig sind. Man setzte die Altersgrenze herauf: sie liegt jetzt für Männer bei 60 Jahren (und 40 Arbeitsjahren) und für die Frauen bei 55 Jahren (und 35 Arbeitsjahren). Grundsätzlich wurden die Pensionen auf 85 % vom Lohn angehoben. Faktisch wurden sie in Slowenien auf 59 % vom Lohn gesenkt.

Um diesen Punkt gibt es einen Kampf zwischen den Generationen. Die Alten bringen vor, daß sie ihre Kräfte hergegeben haben, um den Wohlstand zu schaffen, dessen sich das Land erfreut; sie beanspruchen, daran teilzuhaben. Es sei eine Verpflichtung, die man ihnen gegenüber habe. Sie finden es ungerecht, daß das Leben für alle besser geworden ist, nur nicht für sie. Sie fordern nicht nur materielle, sondern auch politische Integration. Sie sind in der Verwaltung vertreten, welche die Gesetze durchführt, aber sie wollen auch in den politischen Versammlungen vertreten sein, welche die Gesetze machen; sie möchten den lokalen Parlamenten angehören, die sich unter anderem mit dem kommunalen Haushalt und sozialen Problemen befassen. Sie haben ihre eigene Organisation: ein Komitee, das sich der Belange der Invaliden und Pensionierten annimmt. Es gehört dem Parlament der Sozialversicherung an. Alle sind kollektiv Gewerkschaftsmitglieder. Zu ihren Kampfmitteln muß man ihre Zeitungen rechnen. In Slowenien wird ihr Monatsblatt *Upokojence* mit 110 000 Exemplaren mehr als jedes andere Blatt verkauft.

Das Altenproblem stellt sich je nach der Republik sehr verschieden dar. In den ländlichen Republiken hält sich nach wie vor die patriarchalische Kultur; der Mann herrscht über die Frau, der Großvater über die Erwachsenen. Dem Alter gegenüber übt man einen wahren Kult. Die verschiedenen Generationen leben unter demselben Dach. In Slowenien und Kroatien bestehen Wohnungsprobleme. In Slowenien gibt es 42 Häuser mit 3000 Plätzen für alte Menschen. Ferner gibt es hier 33 Erholungsheime. In Belgrad ist die Situation in dieser Hinsicht beklagenswert. In einem Artikel vom 14. April 1968 wird hervorgehoben, daß es in den Altersheimen nur 600 Plätze für die Alten gibt. «Es ist schwierig, in Belgrad alt zu sein. Man baut viele Ein- und Zwei-Zimmer-Wohnungen, aber für die alten Leute ist es schwer, eine solche Wohnung zu bekommen. Im allgemeinen gibt es für sie keinen Platz ...»

Im ganzen gesehen gilt die Situation der Alten in materieller Hinsicht als zufriedenstellend, nicht aber in psychologischer und geistiger Hinsicht. Viele sind gesundheitlich in einer schlechten Verfassung, weil sie Krieg, Gefängnis oder Konzentrationslager durchgemacht haben. In der Mehrzahl sind sie nicht in die Gesellschaft integriert: sie weist diese Menschen zurück. Das Problem der ehemaligen Partisanen ist bisher besonders schlecht gelöst.

Unter ihnen gibt es 50 000 ehemalige Offiziere. 80 % von ihnen waren Dorfbewohner und haben auf Grund ihres Eintritts in die Widerstandsbewegung nicht die Möglichkeit gehabt, ein Studium oder eine Lehre zu absolvieren: sie standen nach dem Krieg ohne Fachausbildung da. Man beschäftigte sie in der Verwaltung, aber inzwischen werden sie von einer wesentlich besser ausgebildeten Generation abgelöst und man braucht sie nicht mehr. Sie sind verbittert und stellen Forderungen. So erzählte man mir von einem ehemaligen Offizier, der mit 42 Jahren pensioniert wurde: seine Frau arbeitet in einer Buchhandlung, und er kümmert sich um den Haushalt. Fener hat man mir von einem 48jährigen ehemaligen Hauptmann erzählt, der von 1941 an Partisan gewesen ist (9 von 10 Partisanen sind gefallen) und vier Kinder hat; er ist Portier in einer Fabrik, deren Direktor ein ehemaliger Monarchist ist: er muß ihn untertänig grüßen. Solche Menschen werden zwangsläufig zu Feinden des Sozialismus. Selbst in weniger extremen Fällen stellt sich eine Frustration ein: die Partei ist alles, der einzelne nichts. Viele haben sich geweigert, sich der Parteidisziplin zu beugen; sie gelten nichts mehr. Sie haben jeden Grund zu leben verloren.

IV

Einige statistische Angaben über die Sexualität alter Menschen

Nach dem Kinsey-Report erreicht die Sexualität beim Mann um das 16. Lebensjahr ihren Höhepunkt. Die mittlere Koitus-Häufigkeit in der Jugend wird mit 2 bis 3 in der Woche für Junggesellen, mit 4 bis 8 für verheiratete Männer angegeben. Der Mittelwert sinkt für beide Gruppen auf 1,8 im Alter von 50 Jahren, auf 1,3 im Alter von 60 Jahren und auf 0,9 im Alter von 70 Jahren. Kinsey hat die Fälle von 87 männlichen Weißen und 39 Negern, die über 60 Jahre alt waren, untersucht. Die mittlere Häufigkeit der Ejakulation lag bei einmal pro Woche im Alter von 65 Jahren, bei 0,3 im Alter von 75 Jahren und bei weniger als 0,1 für die 80jährigen. Mit 60 Jahren waren 6 % völlig inaktiv, mit 70 Jahren 30 %; die Kurve führt dann weiter abwärts. Aber es gibt Ausnahmefälle. Einer der befragten Weißen ejakulierte durchschnittlich siebenmal in der Woche. Ein 88jähriger Neger schlief ein- bis viermal in der Woche mit seiner 90jährigen Frau. Mit 70 Jahren sind 25 % der Weißen impotent, mit 75 Jahren mehr als die Hälfte. Im Alter von 71 bis 86 Jahren masturbiert ein bestimmter Prozentsatz der alten Männer, und noch im Alter von 76 bis 80 Jahren werden nächtliche Pollutionen beobachtet.

Andere Erhebungen von weniger großem Umfang sind auf den Kinsey-Report gefolgt. 1959 befragte die Zeitschrift *Sexology* 6000 in *Who's Who* genannte Personen. 800 Männer, alle über 65 Jahre alt, haben geantwortet. 70 % der verheirateten Männer hatten ein geregeltes Sexualleben: im Durchschnitt 4 Koitus im Monat. Auch von der Gruppe der 104 Personen im Alter von 75 bis 92 Jahren erklärte die Hälfte, normal zu ejakulieren; 6 sagten, sie hätten mehr als achtmal im Monat sexuellen Verkehr. 25 % von ihnen pflegten zu masturbieren, teils seit jeher, teils seit dem 60. Lebensjahr. Viele, auch unter denen, die über 75 Jahre alt waren, hatten morgendliche Erektionen.

1960 haben Dr. G. Newman und Dr. C. R. Nichols in North Carolina 250 Personen, Weiße und Neger, beiderlei Geschlechts im Alter von 60 bis 93 Jahren befragt. Ihre Untersuchung erstreckte sich über einen Zeitraum von 7 Jahren. 149 der Befragten waren verheiratet und lebten mit ihren Ehegefährten zusammen. Die Häufigkeit ihrer sexuellen Kontakte schwankte zwischen einmal alle zwei Monate und dreimal in der Woche. Nach dem 75. Lebensjahr nahm die Anzahl deutlich ab. Die Neger waren sexuell aktiver als die Weißen, die Männer aktiver als die Frauen, die Angehörigen der mittleren oder unteren Schichten aktiver als die Angehörigen der wohlhabenden Klassen. (Das erklärt vielleicht auch den Unterschied im Verhalten zwischen Weißen und Schwarzen: die Neger gehören im allgemeinen den weniger begüterten Schichten an.) Diejenigen, die ein sehr reiches Sexualleben gehabt hatten, setzten es auch im Alter noch fort; bei den anderen hatte es mehr oder weniger aufgehört. Von den 101 Junggesellen oder verwitweten Männern waren nur 7 noch sexuell aktiv. Die geringe sexuelle Aktivität der befragten Frauen war ohne Zweifel darauf zurückzuführen, daß ihre Männer älter waren als sie.

1961 befragte Dr. Freeman in Philadelphia 74 Männer im Durchschnittsalter von 71 Jahren. 75 % hatten noch erotische Wünsche, aber nur 55 % befriedigten sie. Die Häufigkeit der Ejakulation variierte von dreimal in der Woche bis zu einmal alle zwei Monate; über 42 % der Befragten erklärten, im Alter von 60 Jahren seien ihre Triebregungen zurückgegangen; 25 % waren im gleichen Alter impotent geworden. Von den 80jährigen hatten noch 22 % Triebregungen, aber nur 17 % noch sexuellen Verkehr. 36 % hatten erotische Träume, 25 % reagierten auf visuelle Stimuli.

In einer 1963 in Frankreich verfaßten Arbeit trägt Dr. Destrem ergänzende Beobachtungen bei: Danach ist das Verhalten des zwischen 60 und 70 Jahre alten Menschen seinem Verhalten im mittleren Erwachsenenalter vergleichbar. Es hängt weitgehend von seinen früheren Fähigkeiten ab. Beim Handarbeiter bleibt die Sexualität stärker ausgeprägt als beim Intellektuellen. Bei Junggesellen und seit längerer Zeit verwitweten Männern weicht das Sexualverhalten von dem der verheirateten alten Männer ab. Bei diesen tragen Gewohnheit und das Vorhandensein erotischer Forderungen zur Aufrechterhaltung des Sexuallebens bei. Dagegen zieht der Tod des Ehepartners oft Impotenz nach sich. Die Häufigkeit des Koitus liegt bei etwa einmal in der Woche im Alter von 60 Jahren und einmal alle zwei Wochen im Alter von 70 Jahren. Die Häufigkeit der weitverbreiteten Masturbation entspricht der des normalen Koitus. Zwischen ihrem 70. und 80. Lebensjahr bewahren die verheirateten Männer im allgemeinen eine wenn auch verminderte sexuelle Aktivität. Die verwitweten Männer leiden häufig unter den Folgen der Triebverdrängung, manche masturbieren.

Namenregister

Sachregister

Inhalt